于省吾著作集

雙劍誃諸子新證

上册

中華書局

圖書在版編目(CIP)數據

双劍誃諸子新證/于省吾著. —北京:中華書局,2009.4
(于省吾著作集)
ISBN 978-7-101-06623-4

Ⅰ.双… Ⅱ.于… Ⅲ.先秦哲學-研究 Ⅳ.B220.5

中國版本圖書館 CIP 數據核字(2009)第 031539 號

責任編輯:陳 喬

于省吾著作集
双劍誃諸子新證
(全二册)
于省吾 著
*
中 華 書 局 出 版 發 行
(北京市豐臺區太平橋西里 38 號 100073)
http://www.zhbc.com.cn
E-mail:zhbc@zhbc.com.cn
北京瑞古冠中印刷廠印刷
*
787×1092 毫米 1/16・88½印張
2009 年 4 月第 1 版 2009 年 4 月北京第 1 次印刷
印數:1-1500 册 定價:390.00 元

ISBN 978-7-101-06623-4

晚年像

晚年創作書法作品

在書房指導研究生（右一：吴振武　右二：何琳儀）

于省吾著作集出版說明

于省吾先生（一八九六—一九八四），我國著名的古文字學家、古器物學家、訓詁學家。字思泊，號雙劍誃主人、澤螺居士、夙興叟，遼寧海城人。一九一九年畢業於瀋陽國立高等師範。早年肆力於「桐城派」古文，有《未兆廬文鈔》行世。一九三一年移居北京，從事古器物和古文字研究，先後任教於輔仁大學、燕京大學，講授古文字學和古器物學。新中國成立前後，曾任故宫博物院專門委員。一九五五年起任東北人民大學（今吉林大學）歷史系教授。

于省吾先生治學嚴謹周密，在中國古文字、古器物研究和古籍整理研究領域取得了卓越的成就，尤其是在甲骨文、金文考釋方面，貢獻極大；同時，運用古文字學研究成果及出土文物資料，對先秦典籍進行校訂和詮釋，爲研究古代典籍開闢了新的途徑，成爲「新證派」的代表人物。

于省吾先生生前出版了十三部專著，發表了近百篇學術論文，留下了豐碩的成果。爲滿足學術界研究的需要，承蒙先生家人慨允，將先生的著作無償授權我局以著作集的形式整體推出。在此，謹向先生的家人表示崇高的敬意。吉林大學圖書館爲我局提供了部分底本，謹致謝忱。

自一九三二年《雙劍誃吉金文選》的出版至一九八二年《澤螺居詩經新證　澤螺居楚辭新證》的出版，前後歷時五十年。考慮到原各書形式不同，體例有别，標點各異，本次結集出版，均據初版本製版，以存原貌。近百篇學術論文，則將彙編成《澤螺居學術論文集》，後續出版。

中華書局編輯部

二〇〇九年二月

于省吾著作集總目

雙劍誃吉金文選　大業印刷局一九三二年

雙劍誃吉金圖錄　北京琉璃廠來薰閣一九三四年

雙劍誃古器物圖錄　大業印刷局一九四〇年

雙劍誃殷契駢枝　大業印刷局一九四〇年　雙劍誃殷契駢枝續編　大業印刷局一九四一年　雙劍誃殷契駢枝三編（附古文雜釋）大業印刷局一九四三年

雙劍誃尚書新證　大業印刷局一九三四年　雙劍誃詩經新證　大業印刷局一九三六年　雙劍誃易經新證　大業印刷局一九三七年

雙劍誃諸子新證　大業印刷局一九四〇年、中華書局一九六二年

商周金文錄遺　科學出版社一九五七年

甲骨文字釋林　中華書局一九七九年

澤螺居詩經新證　澤螺居楚辭新證　中華書局一九八二年

澤螺居學術論文集

目次

上册

雙劍誃諸子新證　一九四〇年版

下册

雙劍誃諸子新證　一九六二年版

雙劍誃諸子新證

一

雙劍誃諸子新證

容庚

雙劍誃諸子新證序

自春秋以降百氏爭鳴道術分裂然其立說名家眇思閎慮上極乎壙埌玄冥之域而下晐乎人生日用之常雖準之以中道純駁互見精粗或殊然進而觀其會通固百慮一致同條共貫者也諸子流别各有師傳自師傳之道中絕而其書之幸而存於今者又益之以篆籀分隸之演變竹帛梨棗之迻易注解訓釋之紛歧浸假而篇章不可尋繹詞句不可屬讀其高文奥義晦而不彰由來尚矣清代學者輯佚覈異考文通音討其違牾疏其疑滯微言墜緒於以宣昭省吾末學淺識竊嘗有志於斯誦覽之餘時得新解本之於甲骨彝器陶石鉩

化之文，以窮其原；通之於聲韻假借，校勘異同之方，以究其變。惟思慮未周，聞見尤狹，環堵私言，烏有當乎？中華民國二十九年十月海城于省吾

凡例

一是書以古文字古器物爲佐證者約十之二三依校勘異同聲韻通假爲佐證者約十之七八其發明新義證成舊説或爲昔賢及並世作者所未道及故名新證

一墨子新證爲前數年所付印者續有所見未及追改姑合裝於此書之内

一荀子新證老子新證係依舊印重行改正者其他各證亦以付印先後之不同間有於此書立説而云詳彼書者在彼書或已删節致彼此未能互照

一世變方殷未能從容致力斯學又恐其稿之散佚遂

倉猝付印若夫詳加勘斠重爲釐定有竢將來尚希讀者有以敎之

雙劍誃諸子新證總目

雙劍誃管子新證序

管子號稱難讀，以其篇章每有俄空，字句亦多踳啎。尹知章之注此書，尚不及楊倞之注荀子。戴氏校正，甄錄衆說，頗便讀者。然如丁沉之之臆解，覼縷有失翦裁。安井氏纂詁，用力綦勤，閒有可采。至書中古文猶有存者，如獨之作蜀，涖之作立，盤之作汎作洀，以之作台（台原作貽，後人所改，見小匡篇），彊之作彊，之之作止，體之作豐，終之作冬，獲之作隻（隻原作雙，譌，見戒篇），諸之作者，余之作舍，性之作生，俾之作卑，覲之作堇，適之作啇（啇原作商，譌，見海王篇），宜之作且，均與卜辭金文相符。自揆梼昧疏學，就其所知者錄之，得與失與，以俟來哲。中華民國二十八年八月海城于省吾

雙劍誃管子新證卷一

海城于省吾

故刑罰不足以畏其意。牧民

孫星衍云：羣書治要引畏作恐，下句云故刑罰繁而意不恐，此作畏字誤。按作畏者是也。畏威字通，載籍習見，不煩舉證。此言刑罰不足以威其意也。孫據治要改畏爲恐，殊難置信。下言意不恐可也，此作恐其意則不詞矣。治要改作恐，以爲與下文意不恐相符，不知叚畏爲威，就君言則曰不足以威其意，就民言則曰意不恐。且尹注作畏意，則正文畏字不誤明矣。

不處不可久者，不偷取一世也。牧民

尹注謂所處可必使百代常行。按宋本注文可必作必可，於文爲適。

則祈羊至矣。形勢

尹注烹羊以祭，故曰祈羊。張文虎云：祈羊費解，羊疑祥字之譌。國準篇云立祈祥以固山澤，是其證。按羊祥雖字通，然下云則沈玉極矣，沈墜之玉與祈禱之羊對文，則羊仍應讀爲牛羊之羊。後解云故曰山高而不崩，則祈羊至矣。羊用以祈禱，故習稱爲祈羊。輕重甲此之謂設之以祈祥，祥亦應讀爲羊。上言鬼神，言祭言澤，則祈羊義亦相承。羊而稱祈羊，亦猶磬之稱拊磬，詳拙著泗濱浮磬考。玉之稱佩玉，壺之稱弄壺，鋸之稱

攷鋸均因其吻用之宜習而久之遂爲通稱之名也

抱蜀不言形勢

尹注抱持也蜀祠器也君人者但抱祠器以身率道雖復靜然不言廟堂之政既以修理矣按注說非是王念孫從朱東光說改蜀爲器遂謂後解作蜀亦誤殊不可從宋翔鳳從徐頲說讀祠爲治又謂抱蜀即老子之抱一其說至當漢孔宙碑祠兵亦即治兵金文治字通作𤔲𤔲祠並諧司聲又金文𤔲與辭通說文辭籀文作𤔲周禮大祝一曰祠鄭司農云祠當爲辭漢堯廟碑將辭帝堯祠作辭是其例證爾雅釋山獨者蜀郭注蜀亦孤獨石鼓文射其狷蜀蜀即豚獨

字。惟宋謂老子抱一爲天下式。式亦器義。疏矣。治器既不詞。治式亦不詞也。是未得器字之解耳。器乃氣之借字。禮記樂記。然後樂氣從之。校勘記。閩監毛本氣作器。惠棟校宋本器作氣。史記亦作氣。大戴禮文王官人。其氣寬以柔。逸周書官人解氣作器。莊子人閒世。息氣茀然。釋文。向本作諰器。孟子公孫丑。氣體之充也。禮記祭義。氣也者。神之盛也。淮南子原道。氣者生之充也。惟充且盛。則易隨物而靡。抱獨不言。所以斂其氣。後解云。所謂抱蜀者。祠器也。即所謂抱獨者。治氣也。老子十章。營魄抱一。能無離乎。專氣致柔。能嬰兒乎。管子道家者流。其抱獨治氣。與老子抱一專氣之恉。脗合無閒。此道家君人南面之要術也。自祠銅器氣之通假。不明而古義之湮。由來尚矣。

唯夜行者獨有也形勢

尹注。夜行謂陰行其德。則人不與之爭。故獨有之也。按注以夜行爲陰行非是。夜行即舍行。詳淮南子新證覽冥篇。

訾讆之人勿與任大形勢

尹注。如此之人。則亂大邦也。按宋本注文則上有任之二字。正釋本文任字。當據補。

怠倦者不及無廣者疑神形勢

尹注。無得以己及不及。疑神不神。按本文但言不及。

未言及也。疑神不神句。詞義不屬。宋本注文作無得以己不及。疑神不祐。於義爲長。當據訂。

奚待於人。權修

尹注。待謂將治之言。身既不能自治。則無以治人也。

按注讀待如字。非是。待乃特之音譌。二字並諧寺聲。莊子逍遙遊。乃今以久特聞。釋文。特崔本作待。漢書趙尹韓張兩王傳。延壽遂待用之。王念孫謂待讀爲特。均其證也。有身不治。奚特於人。言更不暇治人也。讀待如字。則義不可通。下云奚待於家。奚待於鄉。奚待於國。奚待於天下。待並應讀爲特。

孤寡無隱治立政

按金文治字均作𤔲與辭同用兮甲盤王命甲政辭成周四方責政辭即征𤔲洹子孟姜壺𤔲誓于大𤔲命𤔲誓即辭誓易繫辭釋文辭本亦作𤔲說文辭籒文作𤔲是其證此言孤寡無恃者猶得盡其辭故云孤寡無隱辭書呂刑鰥寡有辭于苗辭字與此文用法同俞樾謂治亦訟也其說未允

草木不植成立政

戴望謂宋本植作殖按作殖者是也成盛古字通易繫辭成象之謂乾釋文蜀才作盛象荀子王霸以觀其盛者也注盛讀爲成此例載籍習見殖盛謂蕃殖茂盛也

築障塞匿 立政

尹注。匿隱。按注說非。是匿應讀爲慝。詳尚書新證盤庚篇修不匿厥指下。周禮土訓。道地慝。注。地慝若障蠱然也。鄭司農云。地慝地所生惡物害人者。若虺蝮之屬。按即此文築障塞慝之謂也。孫星衍謂匿字衍。蓋不得其解耳。

立事者謹守令以行賞罰 立政

按立事金文習見。經傳假莅涖爲之。

由田之事也 立政

王念孫云。由即田字之誤。今作由田者。一本作田。一本作由。而後人誤合之也。田謂農官也。張文虎云。由疑司之誤。司田亦見小匡篇。劉師培云：由當作申。即司田也。司田稱申田，與司徒亦稱申徒同例。按王、張二說並誤，劉說是也。書君奭「割申勸寧王之德」，申乃由字之譌，詳尚書新證。幼官「由守不愼」，俞樾謂由疑申字之誤。漢書儒林傳申章昌，晉灼申章作由章。申、司一聲之轉。莊子大宗師申徒狄，釋文崔本作司徒狄。史記留侯世家以良爲韓申徒，集解引徐廣：申徒即司徒耳。均其證也。

汎山其木可以爲棺，可以爲車。（乘馬）

張文虎云：汎山不可解。按汎同渮，古盤字。小問「意者君乘駮馬而渮桓，迎日而馳乎」，注：渮，古盤字。注說是也。汎亦省作凡。墨子辭過凡回於天地之閒。節葬下。壟雖凡山陵。凡均應讀作盤。从凡从舟古文形同。詳墨子新證。盤山謂山之盤迴者。上言蔓山謂山之蔓延者。相對爲文。

經正也乘馬

安井衡謂正當爲制。按正當讀爲政。經政猶今人言常例。制無由誤爲正也。

若是安治矣七法

戴望謂治要安治作治安。按治要妄改不可爲訓。安焉也。詳經傳釋詞。若是安治矣即若是焉治矣。上下文均言治。不言安治也。

則反於無有法七

尹注用非其國別下齋校本國作自並云此當是有字按作用非其有是也古書有自每互譌

以要上事本兵之極也法七

按尹注讀爲以要上事句非是此應讀作以要上事本句兵之極也句

莫當其前莫害其後法七

丁士涵云害當作圉下文禁圉即承此二句言之圉古禦字幼官篇莫之能圉趙本亦譌作害按丁說非是害遏古字通書湯誓佚文時日曷喪孟子梁惠王作時日害喪詩長發則莫我敢曷漢書刑法志作則

莫我敢遏。是其證。然則莫害其後。即莫遏其後也。害作圉。則與下禁圉複。古人文法凡三疊筆詞均不複也。

各得其嗣 版法

尹注。嗣續也。俞樾云。嗣讀爲司。按注及俞說並非。金文嗣𤔲通用。師奎父鼎用𤔲乃父官友。師酉毀𤔲乃祖啻官。𤔲均嗣之借字。此例習見。𤔲古治字。此言遠近高下各得其治也。

是謂君心必先順教萬民鄉風 版法

尹注。必爵祿順而與之。所以教之急也。按宋本正文無是心二字。注釋順爲順而與之。殊誤。順訓古字通。

訓教譾語·

幼官弟八 幼官

尹注·幼始也·陳從始輔官齊政之法·按注說未允·幼應讀爲要·幼要一音之轉·如要眇之作幼眇·是其證·篇中所言均係官之要職即其驗也·

行敺養 幼官

尹注·謂禽獸之屬能爲苗害者·時敺逐之·所以養嘉穀也·丁士涵云·敺讀爲嘔·廣雅·嘔嘔樂也·嘔嘔喜也·呂覽務大篇·區區焉相樂也·文選聖主得賢臣頌注引應劭云·嘔喻和說貌·皆與此敺義相近·廣雅云·養樂也·韓詩外傳云·聞其徵聲·使人樂養而好施·下文

臧不忍行毆養。義亦同。按注及丁說並非。毆應讀爲嫗。禮記樂記。煦嫗覆育萬物。注氣曰煦。體曰嫗。然則毆養即嫗養。嫗與養義相因。

計凡付終 幼官

尹注。凡謂都數也。付終謂財。日月既終。付之後人。按注解付終之義未允。付應讀作符。今世官府言預算猶計凡也。言決算猶符終也。

薄百爵 幼官

按安井衡訓薄爲勉非是。薄應讀爲敷。金文敷作尃。薄从尃聲。故可通借。敷百爵猶言布百爵。

食天壤山川之故祀 幼官

俞樾云食者飭之壞字按俞說未允食與从司之字音近相假爾雅釋天春祭曰祠郭注祠之言食金文食字通作飤王孫鐘誨猷不飤即謨猷丕嗣是食嗣字通之證嗣續也此言續天壤山川之故祀也

三卿使四輔幼官

尹注諸侯三卿使天子四輔以受節制也按如注說則使應作事金文使事同字

事察伐勝之幼官

尹注伐功行賞之事必察有功不令無功者妄受可以得勝安井衡以察伐勝之行爲句上下文並與尹注異讀以下文無象勝之本例之則安井讀可通若

下文以本定獨威勝爲句則與定字居首之例不符·察應讀爲殺·左昭元年傳·周公殺管叔而蔡蔡叔·釋文·上蔡字說文作𥝩·察蔡並諧祭聲·蔡之作𥝩·猶察之作殺矣·詩皇矣·是伐是肆·即是伐是殺·孟子滕文公·殺伐用張·是殺伐古人成語·讀察如字則不詞矣·

視於新故能見未形（幼官）

尹注·未形者新事將起·所視者在新故·見未形也·陳奐云·新當爲親字之誤也·按新應讀作先·詩皇皇者華·駪駪征夫·楚詞招魂注作侁侁征夫·列女傳晉文齊姜傳·引作莘莘征夫·呂氏春秋本味·有侁氏·注·侁讀曰莘·是从先从辛字通之證·此言視於先故能見

未形。視於先與上聽於鈔下思於濬平列。注讀新如字。陳讀爲親。並失本義。

刑則交寒害釱幼官

按戴望以寒爲蹇字之誤。是也。說文。攓拔取也。莊子至樂。攓蓬而指之。司馬彪注。攓拔也。搴攓同字。是从寒从蹇古字通。惟戴望以說文蹇訓𡯌。以𡯌从允。引說文允𡯌也曲脛人也爲說。又以轄與械音近。釱與桎音近。謂梏亦械類。其說至爲曲戾。蹇字應讀作、鍵。周禮司門。掌授管鍵注。鄭司農云。鍵讀爲蹇。周禮考工記輈人。終日馳騁左不楗注。杜子春云。楗讀爲蹇。爾雅釋畜釋文。騝本或作騫。是其例證。害乃周字之形譌。上云。信利周而無私。後圖周作害。爾雅釋畜。狗四尺爲獒。注。公羊傳曰。靈公有害狗謂之獒也。按公羊宣六年傳。害作周。是其證。說文。鍵一曰車轄。爾雅序。六藝之鈐鍵。釋文。鍵一曰鎋也。鎋同轄。此文本謂交鍵周釱。周與交互文耳。周亦交也。白虎通八風。不周者不交也。轄與釱均所以拘罪人者。故云交鍵周釱。

刑則燒交彊郊（幼官）

尹注。其用刑則於彊郊焚燒而交也。丁士涵云。燒疑繞之誤。說文。繞纏也。繞交者謂纏繞相交錯也。按注釋交字既非。丁說尤誤。交乃烄之借字。說文。烄交木然也。燒烄譓語。烄亦燒也。

罰人是君也 幼官

尹注：所以君可罰人，若桀紂之人比屋可誅也。按是猶之也，詳經傳釋詞。此言至善之爲兵也，非地是求也。罰人之君也。

至威而實之以德 幼官

丁士涵云：至當爲立字之誤。立威與上立義對文。按丁說非，是至應讀爲致。

大夫任官辯事 五輔

按辯辨古字通。小子生尊：王命生辨事乐公宗。辨事即辯事也。

其爲不利彌甚宙合

尹注。不避亂世而遇害。則君益其嚴酷。臣亦偷生。不利彌甚也。按宋本注文亦作益。下益字承上益字爲言。於義爲長。

不依其樂宙合

按樂疑數之音譌。不平其稱。不滿其量。不依其數。不致其度。四句平列。不應以樂與稱量度並言。下文稱量數度。品有所成。故曰人不一事。孫子形篇。兵法一曰度。二曰量。三曰數。四曰稱。是其證。

失植之正而不謬。不可賢也。植而無能。不可善也宙合

俞樾云。此本作夫植之正而不謬。按俞說是也。惟兩

植字於前後文義不相屬疑植爲旹之譌說文古文時作旹金文旹字罕見惟麥尊時王以侯內于寢時作旹旹譌爲直後人又改爲植耳上言其於時必失失則廢而不濟此承上文再進一步言之夫時之正而不謬不可賢也時而無能不可善也下接以所賢美於聖人者以其與變隨化也即承此兩時字及能字爲言與變與隨化對文戴望改爲與變化隨則失古人之語妙矣

此言指意要功之謂也宙合

尹注凡此淺深曲直諸事皆可詳之言之指意要必得此然可以成功按指意要功不詞注讀指如字非

是。指應讀作稽。稽猶計也。荀子正名。故知者爲之分別制名以指實。指實即稽實。內業。此稽不遠。即此指不遠。書西伯戡黎。指乃功。即稽乃功。周禮大司馬。簡稽鄉民。注。稽猶計也。史記夏本紀贊。會稽者會計也。計意與要功文正相對。下文故博爲之治而計其意。是其證。

不可名而山（宙合）

劉績云。山乃止字誤。安井衡謂古本山作出。按作出者是也。此與樞言四者道之出。出字用法同。

貴之所以能成其貴者以其貴而事賤也。賢之所以能成其賢者以其賢而事不肖也。（樞言）

按上文云賤固事貴不肖固事賢此言貴而事賤賢而事不肖與上文不符事本應作使金文事使同字此文應作以其貴而使賤也以其賢而使不肖也賤事貴故貴可以使賤不肖事賢故賢可以使不肖八觀則君毋以使臣臣毋以事君矣即上使下下事上之義

則道有損瘠矣八觀

尹注有毁損羸瘠者也按宋本注文羸作羸當據正

則士不及行八觀

俞樾云及當爲服服从及聲古或止作及與及相似往往致誤按俞說非是不及行謂行無所逮也書康

詁我惟有及詩皇皇者華每懷靡及毛公鼎司余小子弗及及均謂逮及與靡及弗及反正爲義

順惡而澤者（法禁）

尹注所順習者惡事善潤飾之令有光澤按荀子宥坐順非而澤與此句例同澤釋古字通釋謂自得也注以澤爲光澤失之

故亦不損於三者（重令）

尹注更不減此三者按宋本注文減作滅是也滅字正釋損字當據訂

若此則民毋爲自用（重令）

尹注既有罪不誅有功不賞故人不自用其力也按

注增力字爲說非是自猶己也己就人主言之民毋爲自用即民毋爲己用法法則人主安能不欲民之衆爲己用也使民重爲己用奈何均其證也

禁而不止則刑罰侮法法

尹注愈禁愈犯非侮而何按廣雅釋詁侮輕也刑罰爲民所輕故云刑罰侮

國毋怪嚴法法

尹注國不作奇怪則嚴肅丁士涵云嚴當爲服字之誤按注訓嚴爲嚴肅怪嚴不詞丁以爲怪服然嚴服形殊無由致譌嚴應讀作業嚴業一聲之轉並疑毋二等字小臣舉而嚴用之齊語嚴作業是其譣怪業

如奇技淫巧之類。毋怪業與下文毋雜俗毋異禮平列。

易國之成俗者法法

尹注。易國之俗。按宋本注文之下有成字。當據補。

君臣之會六者謂之謀法法

尹注。君臣所以相合。皆欲操此六者。按宋本注文操此作謀操。當從之。注說雖未允。然謀操乃釋正文謀字可證也。

得此六者而君父不智也法法

尹注。今臣子得此六者。是君父之不智也。按宋本注文今作令。是也。此言君父令臣子與令字之義無涉。

四禍其國而無不危矣兵法

尹注一舉兵而國四禍則何爲而不危矣按宋本注文矣作哉當從之正文並無何爲二字注用何爲及哉字者作詰語以釋正文也

恃固不拔兵法

尹注拔恃固之守必多費而無功也按注說迂曲恃固不拔與上文追亡逐遁若飄風擊刺若雷電之義不相應豬飼彥博謂不拔當作必拔然上句絕地不守兩不字相對其說未允拔乃枝之形誤左穀定三年仲孫何忌及邾子盟于拔公羊拔作枝論語憲問子問公叔文子於公明賈曰世本獻公生成子當當

生文子枝。論語集解亦作枝。皇本作扱。荀子彊國扱戟加乎首。注扱或作枝。或作枝。均其證也。枝支同用古籍習見。西周策魏不能支。注支猶拒也。此言敵人雖有絕地而不能守。雖恃險固而不能枝也。

厲士利械則涉難而不匱兵法

尹注。士既厲械之利。故不匱。按注文械之利不詞。當從宋本作械又利。

竇不獨入故莫之能止竇不獨見故莫之能斂兵法

劉績云。竇疑實字誤。丁士涵云。見乃出字誤。按二說均意改。成文不可爲據。兩竇字對文。金文入內同用。內古納字。見古現字。言伐敵所得之寶物。非一人所

得專有故云寶不獨納非一人所得私自發現故云寶不獨見丁見上文有獨出獨入之語故改見爲出不知上下殊義不可牽混也

利適器之至也用敵教之盡也不能致器者不能利適

兵法

陳奐謂適古敵字利敵猶勝敵耳按陳以適爲敵是也以利敵爲勝敵古無此訓利本應作制古書利制二字多互誤篆文制字作𠛐與利形近故易譌然則此文讀爲制敵器之至也用敵教之盡也不能致器者不能制敵則文理怡順矣又按正文用敵宋本作用適注文亦作適適敵古同用不應改作敵也明矣

威不足以命之。法兵

丁士涵云威疑我字誤。命與名同。管子名命多通用。

按威乃成字之誤。成古誠字。法禁聚徒威羣。洪頤煊謂威羣當作成羣。君臣下而可威黨於下。王念孫謂威當作成。詩我行其野。成不以富。論語類淵作誠不以富是其證。上云若士而存。若後而先。故云誠不足以名之也。

雙劍誃管子新證卷二

海城于省吾

不畏惡親聞容昏生無醜也大匡

尹注君而通妹是謂惡親不畏此事達聞而容忍之然此昏愚之生於不識其類故曰昏生無醜醜類也戴望云惡親指魯言聞容當爲問咎字之誤廣雅釋詁問加也昏讀爲泯生讀爲姓毛傳曰泯滅也廣雅曰醜恥也言君以怒成二國之禍不畏魯之加咎由其滅姓無恥之甚謂公與文姜淫播其惡于萬民按戴讀昏生爲泯姓訓醜爲恥是也以聞容爲問咎則非金文聞作䎽與昏音近相假詳晏子春秋新證問

上弟七容應讀爲庸。二字古通。詳韓非子新證揚權篇。此文應讀作不畏惡親句。惛庸泯姓句。無醜也句。說文。惛不憭也。惛庸謂惛愚庸錄也。毛公鼎余非庸又婚。婚惛字通。惛庸作庸惛。義同。

朋友不能相合膠 大匡

尹注。膠交入也。按膠卽繆字之譌。繆穆字通。呂氏春秋有始。夫物合而成。注。合和也。是合繆猶和穆。弓鎛敹龢三軍徒遹。敹龢卽穆和。文有倒正耳。

臣貪承命 大匡

陳奐云。貪讀爲欽。叚借字也。貪承命言欽承君命也。大雅皇矣篇。無然歆羨。毛傳曰。無是貪羨。謂歆爲貪之段借字。古歆欽貪聲同。欽之爲貪。猶貪之爲歆矣。按古籍無言欽承命者。陳説未允。貪應讀作堪。字亦作戡。作龕。書西伯戡黎。西伯旣戡黎。説文戡作戓。爾雅釋詁。堪勝也。郭注引書作西伯堪黎。漢書五行志王心弗戓。注引孟康。戓古堪字。今左傳作堪。文選謝玄暉和伏武昌登孫權故城詩。西龕收組練。注。尚書序曰。西伯戡黎。龕與戡音義同。貪戓龕並諧今聲。故相通借。爾雅釋詁。戡克也。太玄中。時不克也。注。克堪也。臣堪承命。猶言臣克受命。羼壽編鐘。龕事朕辟皇王。龕亦克也。

魯請比於關內以從于齊大匡

尹注服請從服於齊。按宋本注文上服字作魯。當據改。

安得有其實 大匡

張文虎云。有疑當作無。按張說非是。安猶則也。詳經傳釋詞。上言君有行之名。故此云則得有其實也。

魯邑之教好邇而訓於禮 大匡

丁士涵云。邇乃學之誤。戴望云。魯邑當作魯國。邇乃遜之誤。小匡篇曰。公子舉爲人博聞而知禮。好學而辭遜。請使游於魯。遜邇形相近。此當作好遜。明矣。按丁戴二說並誤。魯邑猶言魯國。不應改邑爲國。邇藝古字通。詩民勞。柔遠能邇。克鼎番生毁作夒遠能埶。

埶古埶字今作藝書堯典歸格于藝祖大傳藝作禰均其證也古藝禮並言論語述而詩書執禮執乃埶之譌此云好邇而訓於禮即好藝而順於禮也訓順古字通詩烈文四方其訓之左哀二十六年傳訓作順書洪範于帝其訓是訓是行史記宋微子世家二訓字均作順是其證

不聞敬老國良大匡

尹注其老者國之賢良也戴望云國疑圖之誤字按戴說非是左昭二十七年傳三族國之良也即此所謂國良

諸侯之臣及國事大匡

按事應作吏．金文事吏同字．

令國子以情斷獄大匡

尹注．定罪罰者貴得其罪．按宋本注文下罪字作情．

與正文以情斷獄義符．當據改．

吾願一朝安仲父也中匡

按安猶寧也．金文言安亦言寧．貧鼎．叔氏使貧安曩

伯．睘卣．王姜命作册睘安夷伯．盂爵．王命盂寧鄧伯．

安寧同訓．

道血氣以求長年長心長德中匡

尹注．長心謂謀慮遠也．長德謂恩施廣也．按長心長

德不詞．此與長年之長不應同訓．長宜讀爲養．書大

誥民養其勸弗救漢書王莽傳民養作民長夏小正執養宮事傳養長也是執養即執長均其證也此文長心長德即養心養德孟子盡心養心莫善於寡欲易蠱大象君子以振民育德大畜大象以畜其德虞翻云有頤養象故以畜其德矣是育德畜德與養德文異而義同

往行不來 匡中

張文虎云來疑爽字之誤與上句亡字爲均按往來不爽殊爲不詞且與下句而民游世之義不相應來乃勑之古文字亦作飭勑謂約勑此言往者行者不約勑之故下云而民游世矣

彼爲其君動也。(匡小)

孫星衍云:左氏正義引作勤。洪頤煊云:勤字是。信二十八年左傳注曰:盡心盡力無所愛惜爲勤。按洪説非是。金文動字作童,毛公鼎:雩四方𠭯毋童;毋童即毋動。童重古本同字。禮記檀弓:與其鄰重汪踦往。注重當作童。彼爲其君重也,亦即彼重爲其君之倒文耳。上云:管夷吾親射寡人中鉤,殆於死,今乃用之可乎?此接以鮑叔曰:彼爲其君重也。語意相銜,且齊語作動,尤爲本不作勤之證。

與魯以戰。(匡小)

俞樾云:與以二字傳寫互誤,當作以魯與戰。按俞説

非是與謂連屬言連屬魯國以與齊戰也

具備其械器用（小匡）

尹注械器皆爲田器按宋本注文爲作謂當據正

列疏遬（小匡）

尹注遬密也按說文遬之籀文作遬遬數古字通周禮考工記弓人則莫能以遬中注故書遬或作數莊子人閒世以爲棺槨則遬腐釋文遬向崔本作數是疏遬即疏數也

服牛輅馬（小匡）

按齊語輅作軺輅馬軺馬均不詞輅當係駕之借字說文駕籀文作⿰牛各⿰牛各輅並諧各聲服牛輅馬即服牛

駕馬也。

珍異物聚小匡

按物本應作易。古書物易多互譌。詳墨子新證經上庫物也下。珍異易聚與上文奇怪時來對文。作物聚既不詞。且非對文矣。

擇其賢民使爲里君小匡

陶鴻慶云。里君當爲里司。篆書君字與司相似。故司誤爲君。上文云。十軌爲里。里有司。是其證也。按陶說非是。上文以軌有長。里有司。連有長。鄉有良人平列。此祗言里君而不及他職。自與里司有別。書酒誥越在外服。侯甸男衛邦伯。越在內服。百僚庶尹惟亞惟服宗工越百姓里居僞傳於百官族姓及卿大夫致仕居田里者按百姓即百官里居乃里君之譌矣令毁舍三事命眾卿事寮眾諸尹眾里君眾百工眾諸侯＝甸男是可證里君職務之崇要決非管五十家之里司也

維順端愨以待時使使民恭敬以勸小匡

王念孫云上使字因下使字而衍尹注曰待時待可用之時也則無使字明矣齊語作惟愼端愨以待時韋注曰待時動不違時也是其證按使字非衍文王說非是此應以使使民恭敬以勸爲句下使字應作吏金文使吏同字此言使吏民恭敬以勸也

名之曰三選（小匡）

尹注。名此人曰三大夫之選。按宋本注文之作所。於義爲長。

聽明質仁（小匡）

戴望云。冊府元龜引質作賢。按宋本質正作賢。賢仁與聽明皆平列。則作賢者是也。

渠彌於河陼（小匡）

尹注。後敎之穿渠彌亙於河陼。按宋本正文河作有。注文後作復。是也。彌當讀爲瀰。詩新臺。河水瀰瀰。傳。瀰瀰盛貌。匏有苦葉。有瀰濟盈。傳。瀰深水也。說文作濔。云水滿也。渠瀰猶言渠水。就水滿言。故云然。

破屠何匡小

尹注、屠何、東胡之先也。按、墨子非攻中作不著何。逸周書王會、不屠何青熊。孔注、不屠何亦東北夷也。是屠何乃不屠何之省語。屠著音近字通。

貽孝昭穆匡小

按、貽孝不詞。貽本應作台。後人不解台字之義。遂改爲貽。金文以字晚周多作台。詳尚書新證禹貢祗台德先下。台孝昭穆、即以孝昭穆。與上句以遺後嗣語例相仿。但後嗣可言遺。若對祖祀言不應稱貽孝也。

霸形第二十二霸形

尹注、陳霸言之形容。按、注以形爲形容、非是。西周策

周君形不好小利注・形勢也・篇中所言均霸者之勢也・霸言亦言霸王之形・又言夫輕重彊弱之形・形亦謂勢也・

於是令之縣鍾磬之榬（霸形）

俞樾云玉篇木部・榬禹煩切・絡絲籆也・或作篗・說文無榬篗二字・蓋即繯字・說文糸部・繯落也・落與絡通・廣雅釋器曰・繯絡也・又下文兩言鍾磬之縣・疑此文本作於是令之榬鍾磬之縣・鍾磬本在縣・更從而繫絡之・使牢固也・按俞訓榬爲絡・又互易縣榬二字・是不得其解・以意改成文・榬應讀作縣・穀梁隱元年傳寰內諸侯・釋文・寰古縣字・禮記王制・天子之縣內注・

縣內夏時天子所居州界名也殷曰畿周亦曰畿是穀梁之寰內即王制之縣內廣韻三十二霰縣古作寰汗簡寰音縣匡謬正俗州縣字本作寰後借縣字爲之說文新坿寰王者封畿內縣也寰同寰金文有師寰𣪘寰古寰字梡寰並諧袁聲梡之通縣猶寰之通縣矣荀子王霸縣樂奢泰游抗之修注縣簨簴也文選長笛賦磬襄弛懸注懸鐘格也簨簴所以縣樂器故亦稱簨簴爲縣於是令之縣鐘磬之縣上縣字作係字解乃動詞下縣字謂簨簴也乃名詞下兩言伐鐘磬之縣與此縣鐘磬之縣反正爲義先言縣挂故下始言伐也

諸侯爭於彊者勿與分於彊（霸形）

安井衡云。彊不可言分。讀當爲疆。按金文疆字。惟秦公毀王子啓疆尊。从土。餘均作彊。此作彊。猶存古字。

寡人不愛封侯之君焉（霸形）

戴望云。君疑賞字誤。按賞無由誤作君。安井衡謂不愛惜封之爲有土之君。是也。

楚取宋鄭而不知禁（霸形）

丁士涵云。知疑之字誤。宋本作止。止㞢形近。按金文之字通作止。此古字之僅存者。今言禁止之止。假足止之止爲之。二字有別。小篆之作㞢。非其朔也。

夫豐國之謂霸兼正之國之謂王（霸言）

尹注。但自豐其國者霸也。按豐國不詞。豐應讀作體。古豐豐同字。豊古體字。體之省作豊。亦猶大豐毀禮之省作豊也。晉語貳若體焉。注體四支也。易坤文言正位居體。虞注。體謂四支也。周禮天官序官體國經野注。體猶分也。按體與經互文耳。體亦經也。淮南子本經。帝者體太一。注體法也。法與理義相因。體國謂分理其一國也。體與兼對文。但分理其一國之謂霸。兼正他國之謂王。墨子經上。體分於兼也。體謂一體。下文得天下之衆者王。得其半者霸。衆與半亦猶兼與體矣。

夫兵幸於權權幸於地言霸

尹注：兵幸在於有權，權從在於得地，幸猶勝也。按注據誤本爲說，不可爲據。幸乃乘字之譌，卜辭乘字作[illegible]，虢季盤乘字作[illegible]，形近，故易譌。漢書朱雲傳：充宗乘貴辯口，注：乘，因也。此言兵因於權，權因於地也。下文故諸侯之得地利者，權從之。從與因義相仿。

聖人能輔時（霸言）

丁士涵云：輔時當作輔事。尹注曰：聖人能因時來輔成其事，是其證。下文謀無主則困，事無備則廢，謀字承知者善謀言，事字承聖人能輔事言。按丁說未允。聖人能輔時，與下句不能違時，一正一反爲義。注言因時，亦就輔時而推演其旨耳。如丁說，下文係雙承

此文應就事與時言之不宜以謀與事而牽混輔時違時之義且輔時即因時作輔事則不詞矣

夫無土而欲富者憂　霸言

尹注無土欲富猶緣木而求魚故憂也按宋本注文憂下無也字當據刪下注故危故孤可證

權動所惡　霸言

尹注其威權既動移所惡按宋本注文既作能當從之

則士輕死節　問

丁士涵云節者士所最重不可言輕節字衍士輕死謂不惜死也按丁説非是呂氏春秋知接桓公非輕

難而惡管子也。注：輕易也。上言禄予有功，故此云則士易死節也。

羣臣有位事官大夫者幾何人問

尹注：羣臣自有位事，乃左官於大夫。按金文位均作立，是有位事即有立事。羣臣均有位，不須再言位事。注說失之。立字經傳通用涖，此言羣臣有臨事而官大夫者幾何人也。下文其位事幾何年矣，丁士涵云：位當作涖，是也。金文立事習見，國差𨩽：國差立事。陳猷釜：陳猷立事。陳旻壺：陳旻再立事。子禾子釜：亦有立事之語。古陶鉨：陳□三立事。以上爲立事均見於齊器之證。

問男女有巧伎能利備用者幾何人問

尹注：能利備器之用。按注增器字爲說，非是。備服古字通，利備用即利服用。詳荀子新證儒效便備用下。

其宜修而不修者故何視問

尹注：視，比也。其器物宜修者，於故物何比。丁士涵云：故何當作何故，視字屬下讀。按注說是，丁說非。故何視，言其破損何所比視也。

通道阸闕問

尹注：雖通路而爲防礙者。按宋本注文防作妨，當據正。

十六道同身外事謹問

尹注·齊國凡有十六道·皆置關·並同此令·按注讀十六道同句非是·此應讀爲十六道同身句·外事謹句身申音近字通·書酒誥·酣身厥命·即侃申厥命·曹叔孫申字子我·王引之讀申爲身·見春秋名字解詁·白虎通五行·申者身也·釋名釋天·申身也·申伸古同用·荀子儒效·是猶傴伸而好升高也·注伸讀爲身·釋名釋形體·身伸也·均其例證·上云·明道以重告之云云·此言十六道同申·即同申其告令也·前後義正相承外事謹與下句則聽其名·義不相屬·事本應作吏·金文事吏同字·謹本應作堇·古覲字·不从見·詳詩經新證民勞以謹無良下·外事謹應讀作外吏覲·言外吏

之覲見者下云則聽其名視其名視其色是其事稽其德即承外吏覲爲言也

是其事問

尹注又須是正其事按上下文乃視察稽核之義此不應言是正也是應讀作視荀子解蔽是其庭可以摶鼠注是蓋當爲視是其證

令守法之官日行問

尹注日行邊鄙無關塞按王念孫改日爲曰行字屬下讀其說可從惟注文無關塞不可通宋本無作與當據改

原農事之不本者謂之游戒

尹注・原察也・農事不依本務・當原察之・按原謜古字通・廣雅釋詁謜度也・度與察義相因・

參宥而後弊 戒

尹注・三宥即周禮三宥・一曰不識・二曰過悞・三曰悼耄也・按周禮司刺壹宥曰不識・再宥曰過失・三宥曰遺忘・壹赦曰幼弱・再赦曰老旄・三赦曰惷愚・此注錯舉・未可據也・

北伐山戎出冬蔥與戎叔布之天下 戒

尹注・山戎有冬蔥戎叔・今伐之・故其物布天下・戎叔胡豆・劉師培云・齊民要術十菜茹類葵注引作出冬葵布之天下・御覽九百七十九葵類引管子云・桓公

北伐山戎，出冬葵，布之天下。是古本菍或作葵。詩魏風疏、爾雅釋草疏、列子力命篇釋文並引作葱。說文繫傳二亦引作出其山葱、戎叔。是作葱亦非訛字。蓋古有二本也。按作葵者是也。冬與終古今字。凡經傳終字，甲骨文金文通作冬。是冬葵即終葵。冬葵亦見吳其濬植物名實圖考長編。周禮考工記玉人：「杼上終葵首。」疏：「齊人謂椎爲終葵。」說文：「椎，擊也。齊謂之終葵。」戴侗六書故：「椎，木拳，所用以椎擊者也。」終葵、戎葵也。其實拳然，爲椎者象之。王筠斥戴爲陋說。然終葵即戎葵，戴必有所本。劉師培謂作葱亦非訛字，古有二本，豈其然乎。

君必行也 戒

尹注。令君行之。按宋本注文令上有故字。於義爲長。應據補。

大仁哉其朋乎 戒

尹注。故曰大仁哉其朋乎已。按宋本注文已作也。當從之。凡注複舉正文。多以也字爲語已詞。

君請矍已乎 戒

俞樾云。矍疑獲字之誤。隸書獲字或作獲。見祝睦碑。又或作獲。見靈臺碑。其左旁皆與矍相似。缺其右旁。因誤爲矍矣。按俞謂矍乃獲之誤。是也。惟言其致誤之由。則未允。甲骨文金文獲字均作隻。獵碣文吾隻尤異。獲作隻與矍相似而誤。

公曰：此四子者，其孰能一人之上也？寡人并而臣之，則其不以國寧，何也？戒

王引之云：當以「其孰能」絕句。言此四子者，其孰能以國寧也。「其孰能」下當有管仲謂其不能以國寧之語，一人之上也三句，則桓公不解其所以不能，又從而問之也。今本有脫文耳。不然，則「不以國寧」之問何自而來邪？一，皆也。「一人之上」，言四子之材皆在人之上也。按今本無脫文，王說非是。之猶於也。言此四子者，其孰能一人於上也。上云公又問曰：「不幸而失仲父也，二三大夫者，其猶能以國寧乎？」管仲對曰：「君請矍

已乎鮑叔牙之爲人也好直賓胥無之爲人也好善甯戚之爲人也能事孫在之爲人也善言是管仲之答謂四子各有一長隱寓無以爲相寧國之義無須如王說再增管仲謂其不能以國寧之語

三驚當一至（參患）

尹注驚謂耀威示武能驚敵使懼如此者三可當師之一至敵國按注讀驚如字非是驚警古字通墨子號令卒有驚事襍守即有驚孫詒讓並讀驚爲警文選歎逝賦節循虛而警立注警猶驚也是其證警謂戒備也言戒備三次當一至之勞也

屠牛坦朝解九牛而刀可以莫鐵則刃游閒也（制分）

尹注莫猶削也孫星衍云莊子養生主篇釋文云管子有屠牛坦朝解九牛而刀可剃毛與此文異戴望云御覽八百九十九獸部引屠牛長朝解九牛而刀可以割髮則刃游于其閒也淮南齊俗訓屠牛吐一朝解九牛而刀以剃毛庖丁用刀十九年而刀如新劅何則游乎衆虛之閒注屠牛吐齊之大屠衆虛之閒剖中理也按此文莫鐵本作銻莫銻既誤爲鐵後人以鐵莫不詞因改爲莫鐵說文鐵古文作銕與銻相似而譌从夷从弟形音並相近也易明夷六二夷于左股釋文夷子夏本作睇京作眱渙六四匪夷所思釋文夷荀作弟是其證銻古剃字剃之作銻亦猶

劍之作鋏，劘之作鏟，劖之作鑱也。莫毛一聲之轉，莫無古同用。詩抑，莫捫朕舌，傳，莫無，莫無音近，故譕亦作謨，撫亦作摸。後漢書馮衍傳，飢者毛食。注，案衍集毛字作無。錢大昕云，古音無如模，聲轉爲毛，今荆楚猶有此音。佩觿，河朔謂無曰毛。毛之作無，猶毛之作莫矣。然則銻莫即銻毛，亦即淮南子之剃毛也。

至而不可圍，莫知其將去也。（制分）

尹注，不可圍者，必潛而近。按必潛而近於義不符，宋本注文近作遁，當據正。

則上下體而外內别也。（君臣上）

尹注，上下各得其體也。按體與别互文耳，體亦别也。

周禮天官序官體國經野注體猶分也分與別同義

此言則上下分而外內別也

制令傳於相君臣上

尹注令因相傳戴望云宋本傳作傅當從宋本爾雅曰傅相也相助也言制令助於相也按戴說非是此言制令由相以傳布也傳與敷古字通書禹貢禹敷土荀子成相敷作傳詩長發傳奏其勇釋文傳本亦作敷金文敷通作尃毛公鼎厤自今出入尃命于外乐非先告父厝父厝舍命毋有敢憃尃命于外亦即此文制令敷於相之謂也

上之明適不足以知之君臣上

安井衡云．適偶也．按安井説非是．金文適字通作啻．適啻字通．亦詳經傳釋詞．秦策疑臣者不適三人．史記甘茂傳作疑臣者非特三人．是適猶特也．上云．而國未嘗乏於勝任之士．此云上之明特不足以知之．語氣相符．

官治者耳目之制也（君臣上）

王引之云．治字因下文官治而衍．尹注曰．官稟君命而後行．若耳目待上制而後用．（上字誤．當爲心．）故曰．官者耳目之制．則無治字明矣．按王説非是．治字不衍．金文治字與司同用．詳下篇治斧鉞者下．官治即官司．官者通稱．司者就其所主而言．注不解治字之義．故省而不言下文身立而民化身者主身之簡稱德正而官治官者官司之簡稱官治之治應讀如字與此異注解耳目之制說未允耳目待心制而後用不得云耳目之制制謂制度言國家之有官司猶人身之有耳目其制度正同故云官司者耳目之制也心術上九竅之有職官之分也注若百官之有其分也與此可互證

則婦人能食其意君臣上

俞樾云食當讀爲蝕說文虫部蝕敗創也婦人能蝕其意者婦人能敗其意也正與下文國無常法則大臣敢侵其勢文義一律下篇云便辟不能食其意義

亦同此。按蝕其意不詞。俞說非。是金文食字作飤。與嗣字通。王孫鐘誨猷不飤。不飤應讀丕嗣。此文食字應讀爲伺。嗣伺並諧司聲。書高宗肜日。王司敬民。史記殷本紀作王嗣敬民。司伺字通。食之通伺。猶飤之通嗣矣。伺之通詁訓察。此言則婦人能察其意也。下云。大臣假於女之能。以規主情。丁士涵云。規古窺字。是也。窺與伺義正相承。君臣下淫悖行食之徒。便僻不能食其意。食亦伺也。此非謂婦人能侵主意。言能伺察主意。而大臣假之。內外相與比姦。以欺上也。

下有五橫上君臣

尹注。橫謂糺察之官。得入人罪者也。五官各有其橫曰五横。按横應讀作衡。二字古通。載籍習見不煩舉證。七法。衡庫者天子之禮也。注。衡者所以平輕重。是衡與糺察之義正相因。

是故歲一言者君也。君臣上

尹注。謂正歲之朝布之縣象。按宋本注文下之字作政。當據改。

相總要者官謀士。君臣上

安井衡云。者當爲考字之誤也。按安井說非是。金文諸字均作者。者官謀士即諸官謀士也。諸作者乃古文之僅存者。注讀相總要者四字爲句。誤矣。

合而聽之則聖。君臣上

尹注。則得失相轉。可否相濟。按轉字不詞。宋本注文轉作輔。當據訂。

致賞則匱君臣下

按今本無注。宋本有賞而不已則匱六字。下致罰則虐注。罰而無節則虐。兩處注文相對。當據補。

貴之以王禁君臣下

尹注。禁令行然後知常者之可貴也。按貴之以王禁。與上句富之以國稟。稟原作裹依王引之說改相對爲文。貴者不恃王之禁令。則無以成其貴也。或讀貴爲會。殊乖本義。

天下道其道則至君臣下

尹注。君得名道則天下至。按名道不詞。宋本注文名作君。應據正。又按上道字應訓由。制分治者所道富也。王念孫謂道者由也。即其證。

治斧鉞者不敢讓刑。治軒冕者不敢讓賞。君臣下

按治斧鉞。治軒冕。二治字不詞。治本應作𤔲。金文治字通作𤔲。與司同。用經傳司徒司馬司空。金文作𤔲土𤔲馬𤔲工。是治𤔲司古字通。然則治斧鉞者即司斧鉞者。治軒冕者即司軒冕者。舊讀治如字失之。

而巧官以詔上謂之騰。君臣下

尹注。騰謂凌駕於君。張文虎云。騰疑當作勝。上篇下及上之事謂之勝。王念孫云。勝者陵也。本篇下文云

倍其官，遺其事，穆君之色，從其欲，阿而勝之，即申此文言之。按注訓騰爲淩駕，張改騰爲勝，王訓陵，並非。阿而勝之，勝應讀作稱，詳下文從其欲阿而勝之下。騰應讀作慝，騰慝並舌頭音，古韻騰蒸部，慝之部，之蒸對轉。莊子山木：王獨不見夫螣猿乎。釋文：螣本亦作騰。詩大田：去其螟螣。說文作去其螟蟘。左僖二十八年傳：糾逖王慝。漢張表碑作糾剔荷㤥。隸釋云：㤥即忒字。禮記月令：毋有差貣。呂氏春秋仲冬紀貣作忒。書洪範：民用僭忒。漢書王嘉傳作民用僭慝。是螣與螣蟘忒慝古通之證。下云：則國平而民無慝矣。注：慝，姦惡者也。巧官當依王引之說作巧言。此謂巧言

以諂上謂之姦慝下文騰至則北即慝至則背也諂上謂順上之意與騰駕勝陵之義不相涉下文屢言諂慝言慝均承此義也

則通亂隔君臣下

尹注則雖先通亂令能隔阸也按宋本注文作則先雖通亂令能隔阸也令字對先字言於文爲適應據改

從其欲阿而勝之君臣下

尹注阿曲也巧言令色委曲從君至於動也剛漸以勝之其終或至於篡殺故曰阿而勝之也按注說望文演訓不可爲據勝應讀作稱阿而稱之謂阿附其

意而稱須之也。勝稱古字通。周禮考工記弓人角不勝幹注。故書勝或作稱。鄭司農云。當言稱。禮記學記。良弓之子必學爲箕注。調乃三體相勝。釋文。勝一本作稱。是其證。

訛言於外者脅其君者也（君臣下）

尹注。假說妖妄之言以惑衆。按宋本注文以上有外字。與正文符。當據補。

天道人情通者質寵者從此數之因也（君臣下）

尹注。質。主也。能通於天道人情者。可以爲主。其不能通。但寵貴之者。可以爲從。謂臣也。言臣主數因此通而立也。丁士涵云。寵當爲窮。通窮猶尊卑也。按注訓質爲主。義猶近是。至訓寵爲寵貴。與丁謂寵當爲窮。並非。易繫辭下傳以爲質也。虞注質本也。論語衛靈公。君子義以爲質。皇疏質本也。上文云。是故有道之君者執本。即此所謂通者本之義也。寵龍古字通。遲父鐘不顯龍光。即丕顯寵光。詩酌我龍受之。即我寵受之。龍應讀作能。晏子春秋問下弟十七其竜久乎。竜即龍之別字。左傳作其能久乎。是其證。此言天道人情通之者爲本。能之者爲從。本者君也。從者臣也。事有不知其所以然而但能之者。猶非通也。此通能之別也。

是故始於患者不與其事（君臣下）

尹注言初始謀慮而憂患者乃行其事令人爲之而不自預此謂君也按注以始爲初始又以初始於患爲不詞而增謀慮爲言是爲望文演訓始應讀作治金文治均作𤔲與司通用始治並諧台聲史記夏本紀來始滑索隱曰古文尚書作在治忽書盤庚序將治亳殷正義引束晳云孔子壁中尚書作將始宅殷司於患者不與其事司主也言主其患而不參與其事也下云是以爲人上者患而不勞也則非謂始於患厥義至明

所求於人者少 君臣下

尹注求人者少按宋本注文作求人少者以上注求

己多者證之。則宋本是也。當據正。

大臣亂曰稱述（君臣下）

尹注。各稱述其己德之長而不相讓。則亂也。丁士涵云。爾雅曰。稱。好也。述遂古字通。按注及丁說並誤。述術古字通。儀禮士喪禮不述命。注古文述皆作術。詩日月報我不述。釋文述本亦作術。禮記祭義而術省之。注術當爲述聲之誤也。此例古籍習見。稱術謂稱舉道術也。稱術乃君人者之事。大臣稱術則亂矣。明法。所謂治國者主道明也。所謂亂國者臣術勝也。道與術互文耳。道亦術也。凡道家者流。均謂人主執術。不應假之於臣。此通誼也。

勸其所能君臣下

按勸觀古字通·韓非子喻老越人入宦於吳而觀之·藏本今本觀作勸·難三舉善以觀民藏本今本論衡觀作勸·列子楊朱故不爲名所觀張湛本觀作勸均其證也·上言稱德度功此言觀其所能義正相承

在於既善所以感之也小稱

尹注天下所以理在於君人内外盡善·按宋本注文人下有者字於文爲適·當據增·

嘗試往之中國諸夏蠻夷之國小稱

戴望云中國二字衍·諸夏即中國·不得於諸夏之上更言中國也·按戴說非是·中國就京師言·詩民勞惠

此中國傳中國京師也諸夏就全國言之此文言中國諸夏蠻夷三者係由近以及遠層次井然

澤之身則榮 小稱

尹注恭遜敬愛身之粉澤也故在身則榮按注以澤爲粉澤望文生義澤之身則榮與下句去之身則辱相對爲文澤乃宅之音譌古宅字讀同度故與澤音近相假莊子則陽比于大澤釋文澤本亦作宅是其證

務爲不久蓋虛不長 小稱

王引之云爲卽僞字也僞與虛正相對按王說是也惟王不釋務字乃讀務如字也務宜讀作蒙書洪範

曰蒙疏引鄭注雺聲近蒙文選三國名臣序贊孰掃雺雺注引孔傳作曰雺史記宋微子世家作曰霧說文霿籀文作雺霧霿雺同字詩常棣外禦其務李賡芸謂務讀如蒙是均務可讀蒙之證詩君子偕老蒙彼縐絺傳蒙覆也注以蓋虛爲覆蓋虛妄是也蒙與蓋對蒙亦蓋也互文耳

公憎四子者廢之官小稱

王念孫云羣書治要作公召四子者廢之是也今本召作憎廢之下有官字皆後人所增改桓公非憎四子特因管仲之言而廢之耳按王說非是此文如本作公召四子者廢之則後又何必增改乎上言管仲

諫廢四子，皆有至理。故桓公曰：「善。」此言憎四子與下言復四子，乃一時之喜怒耳。因廢四子而苛病起，而味不至，而宮中亂，而朝不治，故復之，非初聽管仲言而不憎之也。且「廢之官」三字，文極古質，後人改古文句法而爲今文句法，決不改今文句法而爲古文句法，法王氏據類書以改成文，雜志之失，多在於此。

讒賊是舍四稱

孫詒讓云：「舍」當爲「予」之借字。隸續載魏三體石經大誥「予惟小子」，「予」字古文作「舍」，是其證。按孫說是也。說文：「余，語之舒也。从八，舍省聲。」按舍从余聲，非余从舍省聲也。金文余字初作令，後作余，居毁舍作舍，魏三

體石經尚書多士予其曰予古文作舍亦其證也凡經傳予字金文通作余譏賊是余即譏賊是予也

辟若野獸無所朝處四稱

尹注野獸各恣意爲生不相統屬故無朝處也按朝處不詞册府元龜作就處當係肊改不可爲據朝應讀作周二字音近字通詩汝墳惄如調飢易林調作周說文作惄如朝飢詩綿來朝走馬即來周走馬莊子大宗師而後能朝徹朝徹即周徹淮南子俶眞譬若周雲之蘢蓯俞樾讀周爲朝漢書東方朔傳詼啁而已注啁與嘲同音均其例證左昭四年傳其藏之也周注周密也荀子正論主道利周注周密也然則

無所周處言無所密處也荀子賦篇有物於此居則周靜致下楊注訓周爲密與此言周處之義相仿

式政既蹂四稱

尹注言其法式之政既已蹂曲按爾雅釋言式用也國策秦策式於政不式於勇式於廊廟之內不式於四境之外注式皆用也然則式政即用政或以法政與下句刑罰對非是古人排句非字字相對如上文誅其艮臣敖其婦女以艮臣與婦女對可證注以爲法式之政拘文牽義矣

不蘄亡己四稱

王念孫云亡當爲正字之誤也按王說未允不煩改

雙劍誃管子新證　卷二

士爲正士古忘字此言不斷忘己故下接以遂進不退也莊子天地有治在人忘乎物忘乎天其名爲忘己忘己之人是之謂入於天是忘己乃古人成語尹注專固寵位無求去也宋本注文作直擬全生無求於去也文異而義實相仿以去詁士則尹所見本士不作正明矣

以攻賢者四稱

尹注小人所忌者君子宋本注文忌作僾別下齋校本云僾疑懼之訛是也

行義不從四稱

尹注從順也按義儀字通古籍習見金文威儀之儀

亦多作義。上云。湛湎於酒。蓋醉酒則行不檢而儀不飭。故云行儀不順。古人飲酒至重威儀。詳尚書新證顧命思夫人自亂于威儀下。若讀義如字。與上句文不相屬矣。

保貴寵矜四稱

張文虎云。疑當作保寵矜貴。按矜本作矜。諧令聲。凡古籍矜字均應作矜。矜與上文令政下文人駢親身爲韻。張改失之。

入則乘等四稱

王念孫謂乘等與黨駢。其義一也。按王說非是。乘等與黨駢異義。國語周語。乘人不義。注。乘陵也。呂氏春秋，貴直。一鼓而士畢乘之。注，乘，陵也。廣雅釋詁，陵，乘也。禮記檀弓，故喪事雖遽不陵節。注，陵，躐也。學記學不躐等也。疏，躐，踰越也。又不陵節而施之謂孫。疏，陵猶越也。乘、陵、躐一音之轉。越等與躐等之義相仿。此言入則陵越等次，出則私黨駢植也。

大昏也，博夜也。〈侈靡〉

尹注，夜謂暗昧之行也。令人主至於大昏者，則以博爲夜事故也。按注說殊誤。此承上文聖人者省諸本而游諸樂爲言。大昏、博夜，謂其世之醇穆渾沌也。博亦大，夜亦昏也。二句疊義，五輔是故博帶梨大袂列，亦博與大爲對文。

人所生往侈靡

丁士涵云疑當作則人生善張文虎云當作人心所往猶云衆所歸往也按丁張說並非人所生往四字不誤生古性字金文性字通作生言人之向往出於本性非勉强也故云性往

而祀譚次祖侈靡

尹注譚延也國敗絕祀之事延及次祖丁士涵云譚與覃通祖疑神字誤次神當爲神次按丁改次祖爲神次殊謬注謂延及次祖是讀譚爲覃訓延也次祖猶言列祖呂氏春秋季冬次諸侯之列注次列也晉語失次犯令死注次行列也然則祀覃次祖即祀延

列祖也。

仁以好任。侈靡

尹注。所謂悅以使用。按宋本注文用作人。別下齋校本云。注避諱。民多作人。

丹沙之穴不塞則商賈不處。侈靡

尹注。趨丹穴而求利。故不處也。張文虎云。不字疑衍。丹沙之穴塞則商賈不處者。言利原塞則求利者皆將他往也。按注說是。張說非。此言不塞則不處。塞則處矣。

收其春秋之時而消之。侈靡

丁士涵云。時當爲利。尹注亦作利。按時利形殊。無由致譎。時應讀爲峙。爾雅釋詁。峙具也。字亦作峙。書費誓。峙乃糗糧。疏峙具也。此言收其春秋之所積具而消之也。

好緣而好駔　修靡

尹注。緣即捐也。駔馬之壯健者。怯惡者必亂。故棄之。喻姦人之雄亦亂國當絕。洪頤煊云。古者禮服皆有緣。玉藻云。緣廣寸半。謂衣邊飾也。晏子春秋諫篇云。聖人之服中倪而不駔。今君之服駔華。不可以導衆。周禮典瑞駔圭章璧琮之渠眉。鄭注。駔讀爲組。以組穿聯六玉。好緣好駔。皆謂衣服華飾。丁士涵云。緣順也。駔猶麤也。下好當爲棄。尹所見本不誤。注文可證。

按丁謂下好當爲棄是也．餘則丁與洪說並非．注言故棄之．凡注用故字多係伸述正文之詞．緣應讀作倪．倪卽脫．緣从彖聲．與脫音近．晏子中倪而不駔．孫星衍謂倪卽脫字之俗．儀禮士喪禮褖衣．注古文褖爲緣．禮記玉藻士褖衣．注褖或作稅．喪大記士妻以稅衣．周禮內司服緣衣．注引作士妻以褖衣．稅脫字通．古籍習見．周語無禮則脫．注脫簡脫也．駔應讀作𪓐．說文𪓐．合五采鮮色．墨子節用上芊䱙不加者去之．俞樾謂芊䱙疑當作鮮且．且讀爲𪓐．是也．虘且古今字．邾王子奇鐘中諄虘諹．虘卽且字．是其證．好脫而棄𪓐．言好簡脫而棄華𪓐也．晏子之中倪而不駔

義同但晏子就衣服言之此則通論之耳

辱舉其死 修靡

尹注辱猶逆也逆地天以舉事則死也丁士涵云辱與蓐古字通用方言廣雅並云蓐厚也章炳麟云辱乃借爲辱收之蓐左昭二十九年蓐收釋文作辱可證白虎通五行釋蓐收云蓐縮也按縮與收義本相近省吾按辱舉不詞注及丁章二說並誤辱本應作振古文从手从又一也从又从寸一也白中父毀辰字作叚旂鼎辰字作辰从又从止一也叚振同字殷栔卜辭八九片今夕弗辰王自辰王自即振王師辰振古字通淮南子天文辰則振之也廣雅釋言辰振

也。說文：「辰，震也。」震、振古同用。大臣賢者死忠以振疑注：「振，救也。」說文：「振，舉救也。」漢書游俠傳：「既已振人之命。」注：「振謂舉救也。」此言振救其死，義正相符。下言辱知神次者二，辱字亦應作振。振、祇古字通，書皋陶謨：「日嚴祇敬六德。」史記夏本紀祇作振，禮記內則：「祇見孺子。」注：「祇或作振。」書盤庚：「爾謂朕曷震動萬民以遷。」漢石經震作祇，震通振。爾雅釋詁：「祇，敬也。」說文：「祇，敬也。」祇知神次，謂敬知神次也。對神而言，故曰祇。章炳麟改爲知神辱次，迂且妄矣。

百姓誰敢敖修靡

尹注：「百姓警衛，而誰敢敖者。」按宋楊忱本敢作衍，注云而誰可放敖者。今本注誤。當據訂。放字正釋衍字。是尹所見本作百姓誰衍敖明矣。誰唯古字通。淮南子道應誰知言之謂者乎。列子說符誰作唯。墨子兼愛下誰以爲二士。誰以爲二君。二誰字均應讀作唯。詩板及爾游衍。傳衍。溢也。尹注以放詁衍。與溢相因。詩鹿鳴嘉賓式燕以敖。傳敖。遊也。廣雅釋詁敖。戲也。此言衍敖猶詩言游衍矣。上云國門則塞。此云百姓唯衍敖。言百姓唯衍放遊戲。不知患之將至。故下云胡以備之。

深⿱剌黑之毋涸侈靡

尹注。⿱剌黑謂探其深情。常令見之。無使涸竭也。丁士涵云·深當作淫·多皃也·⿱刺黑乃黨之譌·涸當為錮之譌字·按注及丁說並非·⿱刺黑乃刺之異文·如邵鐘啓字之作⿱戉黑也·刺古列字·通烈·字亦作刺·大鼎刺考即烈考·召白虎毀·刺且即烈祖·秦公毀·刺＝趄＝·即烈＝桓＝·列烈與厲古字通·周禮大宗伯·以血祭祭社稷五祀五嶽·注有厲山氏之子曰柱·釋文厲本或作列·詩思齊·烈假不瑕·釋文·烈鄭作厲·此例古籍習見·此⿱刺黑字應讀為·詩有狐在彼淇厲之厲·毛傳云·厲深可厲之者·按字亦作濿作濿·石鼓文乙鼓·濿有小魚·爾雅釋水·深則厲·釋文·厲本或作濿·是其證·此言深厲之水·毋涸竭之也·

千歲毋出食侈靡

尹注。雖復千歲。常令自食其財。無使他外。則富者之財可得而收之。按注說非是。出應讀爲詘。即屈字。荀子君道。安值將卑埶出勞。出勞即屈勞。詳荀子新證。莊子達生。凡外重者內拙。淮南子說林作是故所重者在外。則內爲之掘。掘即拙字。史記貨殖傳。田農掘業。集解引徐廣曰。古拙者亦作掘也。是从出从屈一也。心術上。虛則不屈。注。屈竭也。淮南子原道。怳兮惚兮。用不屈兮。注。屈竭也。千歲毋屈食。言千歲無竭食也。富者散財。貧者得濟。故云然也。

辟之若尊譚未勝其本亡流而下侈靡

尹注、譚延也、雖堯守藏、不施必亡、猶如尊位將反、而未能勝其本、此位既不可得、自然流而下者也、丁士涵云、未當爲末、士當爲上、末勝其本、與上流而下對文成義、按注以尊爲尊位、訓譚爲延、丁謂士當爲上、並非、惟丁謂未當爲末是也、尊譚係以酒器爲喻、張佩綸謂尊譚當作尊觶、近是、从覃與从單形音并近、要之、譚必爲酒器、於義方符、言尊譚之爲物、如末勝其本、必上重下輕、傾側易倒、故云士流而下也、下云高下者不足以相待、即釋末勝其本之義、

國小而修大仁而不利猶有爭名者累哉是也修靡

尹注、不量國之小、好修遠大、雖復行仁、不遇其利、而

猶與他國爭名是必自累者也按宋本注文作不量國之小好脩遠大雖復行仁不遇其利不如小好脩遠是以猶與他國爭名是者必相累而惕宋本與今注文頗有出入宋本注文不如小如當係知字之譌

巨瘞培侈靡

丁士涵云培疑埋字誤劉師培云培即說文窨字按劉說是也說文窨地室也朱駿聲云今蘇俗猶曰地窨子詩七月三之日納于凌陰以陰爲之即周禮凌人納于凌室也按近世所發現之商周古墓多於地下架木爲室巨瘞培者謂增大其瘞埋之地室也

作此相食然後民相利侈靡

尹注如此則遞相銜親按宋本注文則下有人字於

義爲長當據補

與于殺若一者靡侈

尹注今與先受封者地均若一也按宋本注文今作

令是也當據正

霸者生功靡侈

丁士涵云生乃上字誤王者上事霸者上功二句對

文按丁說非是生與上形不相近生當作主篆文相

似而譌治國人主之大務中立本主作生霸者主功

與上句王者上事相對成義

上義而不能與小利靡侈

尹注。不可顧小利而移也。按宋本也作止。止當作之。

請問諸邊（修靡）

尹注。諸變則四變也。按宋本注文作諸邊則四邊也據正文則宋本是也。當據正。

樹表相望者（修靡）

尹注。每於高險之處。按宋本注文險作顯。是也。樹表但取其高與顯。以其易見。不必據險也。

水鼎之汨也人聚之（修靡）

張文虎云。鼎當作泉。姚叔節先生云。汨當爲洎。左傳。則去其肉而以其洎饋。人聚於水鼎之洎。以求飲也。人死於壤地之美。以求食也。按姚說是也。周禮士師洎鑊水注。洎謂增其沃汁。呂氏春秋應言多洎之則淡而不可食。注。肉汁曰洎。别下齋校本洎作洎。乃洎之譌。

不動則望有𤺺(侈靡)

尹注。君子儼然不動。則望者如牆焉。按注說望文生義。不可從。𤺺即甾字之誤。本應作𠙹或𠙹。譌爲𠷎。後人以𠷎爲不詞。又改爲𤺺。四稱以牆緣牆。王念孫謂牆當爲緇。又謂甾即災字是也。古泉兩甾之甾作𠙹。漢博士題字甾字作𠙹。武班碑菑字作菑。甾應讀爲災。此言不動則望有災也。

而君臣相上下相親則君臣之財不私藏(侈靡)

丁士涵云：而君臣相四字涉上下文而衍。按丁說非是。此文但衍上相字耳。而猶如也。詳經傳釋詞。言如君臣上下相親，則君臣之財不私藏也。

然則貪動枳而得食矣。侈靡

尹注：枳棘者所爲擁塞也。農人貪商賈而動者，則多枳塞其幸者，但得貪食而已，無餘利也。按注說迂曲不可據。枳應讀爲胑。胑與肢同。說文：胑，體四胑也。君臣下：四肢六道。注：四肢謂手足也。論語微子：四體不勤，五穀不分。四體即四胑。動胑謂勞動其胑體。上云則君臣之財不私藏，故此云貪於勞動胑體而得食矣。

曲靜之言不可以爲道 侈靡

尹注。靜，謀也。按注說未允。靜應讀爲䋫。字亦作綪。儀禮士喪禮。不綪。注。綪讀爲䋫。䋫，屈也。江沔之閒謂縈收繩索爲䋫。小爾雅廣器。詘而戾之爲䋫。說文。䋫，紆未縈繩。然則曲䋫之言。即曲屈之言。謂其言之不正直也。

再殺則齊 修靡

尹注。文王再駕伐崇。武王再伐紂也。按宋本注文下再字下有駕字。以上句例之。則有駕字是也。當據補。

以時事天以天事神以神事鬼 修靡

張文虎云。疑當云。以事天神。以事神鬼。按張說非是。三事字應作使。金文事使同字。此言以時使天。以天

使神以神使鬼讀事如字則不詞矣

智運謀而雜橐刃焉修靡

尹注雖用智運謀亦須威以成之故曰雜橐韜也按注說紆戾不可從雜本應作籥古文四聲韻籥之古文作[illegible]與雜形近故易譌橐乃槖之譌揆度吾非埏埴搖鑪橐而立黃金也橐乃槖之誤詳王氏讀書雜志籥槖亦作槖籥老子五章天地之間其猶槖籥乎虛而不屈動而愈出王注槖排槖也籥樂籥也焦竑云冶鑄所用致風之器槖櫝籥管所以鼓之也太玄失刺虛滅刃注刃滿也經傳通作牣此言智運謀而籥槖滿焉其運用之機如籥槖之刃滿風氣也

以通政事以贍民常侈靡

尹注。或滿與虛。萬人均平。按宋本注文或字作滅。是也。萬人均平。正承滅滿與虛爲言。當據正。

沮平氣之陽若如辭靜侈靡

尹注言欲沮敗平和之陽氣。默至而無形聲。如辭言之靜者。按沮當爲且之借字。或涉上文不必爲沮之沮而譌。辭應讀作嗣。古治字。凡經傳治字金文作嗣。亦作辭。說文。籀文辭从司作嗣。易繫辭。釋文。辭本亦作嗣。兮甲盤。王命甲政辭成周四方。責。假辭爲嗣。是其證。心術上。紛乎其若亂。靜之而自治。即此文治靜之義。治靜與下文胡得而治動之治動對文。注說因

文數衍殊乖本義

位而觀之佁美然後有煇侈靡

尹注得其沮氣衰敗之時立分位而觀察之佁深思貌謂深得其美理然後情魂悅而貌煇然也按注說未允位立古同字金文位字通作立佁即金文㠯字與俟字通說文佁讀若騃後漢書馬融傳鄙騃譟讙注騃音俟俟之通詁訓待呂氏春秋本生命之曰招蹷之機王念孫據選注改招爲佁謂佁之言待也此言立而觀之待美然後有光煇也

視之亦變侈靡

俞樾云亦乃天字之誤亦古作大與天字相似又涉

上句應國之稱號亦更矣因而致誤按亦乃易之假字論語述而五十以學易鄭注魯讀易爲亦素問氣厥論謂之食亦注亦易也列子黃帝二者亦知釋文亦本作易均其證也易與變義相因風與氣義相因故相對爲文

此言不奪能能不與下誠也心術上

尹注君之能不預於下之誠凡爲其所能無不誠張文虎云疑上能字當作人誠乃試字誤能字古讀若耐與試爲均按注說既非張說尤誤下能字應讀爲而能而字通詳經傳釋詞誠本應作成後人不解成字之義而改爲誠也詩節南山誰秉國成傳成平也

周禮質人掌成市之貨賄人民牛馬兵器珍異注成平也上云無代馬走無代鳥飛此言不奪其能而不與下平也是就爲君立說言上不奪下之能而不與下平也又上云心術者無爲而制竅者也按奪其能是與下爭非無爲也則與下平矣

法者所以同出上（心術）

俞樾云出疑世字之誤世隸書或作世故與出相似而誤也按同出猶言同由俞改出爲世未可從也

實不傷不亂於天下而天下治下（心術）

尹注直莫之亂則是理矣按是理不詞宋本注文是作自當據正

強而卑義信其強弱而卑義免於罪是故驕之餘卑卑之餘驕。（白心）

尹注。信音申。於驕有餘則弱。弱則卑也。於卑有餘則強。強則又驕。丁士涵云。兩義字當作者。與上文兩者字一例。信古伸字。按。者無由誤作義。丁說非是。此應讀作強而卑句。義信其強句。弱而卑句。義免於罪句。義之言宜也。上文祥於鬼者義於人。義即宜也。心術上。不宜言應也。王念孫謂不宜即上文之不義也。此謂強而卑宜伸其強。弱而卑宜免於罪。又注釋餘卑餘驕之義。至為曲妄。餘應讀為除。餘除並諧余聲。古文亦並省作余。周禮委人。凡其余聚以待頒賜。注。余當爲餘。史記屈賈列傳餘何畏懼兮。索隱楚辭餘並作余。吳仲山碑父有余財。余即餘。詩小明日月方除。箋四月爲除。爾雅釋天作四月爲余。是其明徵。蓋驕傲者則不卑屈。卑屈者則不驕傲。故云驕之除卑。卑之除驕。

爲善乎毋提提白心

孫星衍云。毛詩葛屨好人提提。傳云。提提安諦也。淮南說林訓提提者射。高誘注提提安也。爾雅釋訓作媞媞。言爲善者毋提提而安緩。按孫說是也。惟提提乃祁祁之假字。左宣二年傳提彌明。公羊宣六年傳提作祁。是其證。爾雅釋訓祁祁徐也。詩采蘩被之祁祁傳祁祁舒遲也．韓奕祁祁如雲傳祁祁徐靚也．然則毋提提即毋祁祁也．

知苟適可爲天下周白心

俞樾云周字無義．疑君字之誤．可爲天下君．猶下文言可以爲天下王也．按俞說未允．下云知周於六合之內者．即此文知苟適可爲天下周之謂也．

無還無衍白心

尹注動而爲之．按宋本注文動作勤是也．勤與無還無衍之義相符．當據正．

吾以故知古從之同也白心

丁士涵云當作古之從同．今本誤倒．尹注云知古之

從者以其同也可證按丁說非是之猶與也詳經傳釋詞從之同謂從與同也即承上文同則相從爲言瑕適皆見精也（水地）

尹注以其精神故不掩瑕適按宋本注文神作純當據改

察於淑湫（水地）

俞樾云淑當作㖩湫當作啾並以聲言說文口部㖩歎也啾小兒聲也按以文義言之淑湫當係聲之小者歎與小兒聲其文既不相屬其義亦非聲之小者俞說殊誤淑湫當係啁噍之假字亦作啁啾文選司馬相如封禪文俶儻窮變司馬遷報任安書唯倜儻

非常之人稱焉。𠐊儻即倜儻。集韻𠐊或作倜。禁藏𧋘室𢘽造。王念孫謂樵與𧋘古字通。說文𪃿之重文作𨿸。文選羽獵賦噍噍昆鳴注。噍與啾同。禮記三年問至於燕雀猶有啁噍之頃焉。是小鳥之聲爲啁噍。則此文啁啾即小聲之義。上云耳之所聽非特雷鼓之聞也。雷鼓謂聲之大者。啁啾謂聲之小者。文正相對。越之水濁重而洎。故其民愚疾而垢。水地尹注。洎浸也。濁重故愚。浸則多所漸入。故疾垢也。按洎古無訓浸者。多所漸入尤爲妄說。左襄二十八年傳而以其洎饋。釋文。洎肉汁也。此言洎謂其水之醲洎而不清。與重濁之義相應。

五漫漫六惛惛孰知之哉四時

尹注。漫漫曠遠貌。惛惛微暗貌。五謂每時之政。其理曠遠。六謂陰陽四時。其理微暗。既漫且惛。故知之者少也。安井衡云五五行也。漫漫無界限貌。六六氣。謂陰陽風雨晦冥。惛惛微暗貌。按五政五行不得但謂之五。六氣不得但謂之六。注及安井並望文生訓。此文本作其漫漫。其惛惛。古文其字作亓。亓譌爲六。後人以兩六字爲不詞。又改上文之六字爲五。遂誤爲今文之五漫漫六惛惛矣。重令。明王能勝其攻。王念孫謂其爲六之誤。余所藏古先磬六字作亣。均其證也。上文令有時。無時則必視順天之所以來。是時謂天時也．此云其漫漫．其惛惛．其字正就時字爲言．謂天時之漫漫惛惛孰知之哉．下云．唯聖人知四時．四時之時．亦正承上文時字爲言也．

鸄屋行水四時

尹注．鸄者使之．行水也．修屋壞．按宋本注文無使之行水也五字．於文爲適．此涉旁注而衍．當據删．

求有德賜布施於民者而賞之四時

按德賜乃古人成語．詛楚文亦應受皇天上帝及丕顯大神巫咸大沈久湫之幾靈德賜．是其證．

通天下遇者兼和五行

安井衡云．通天下會遇者．兼和順之．按安井説非是．

兼應讀作謙．通天下逗．遇者謙和句．言通之於天下．有所遇者．均接之以謙和之道也．

諛然告民有事五行

尹注．諛悅順貌．戴望云．諛乃讀之字誤．說文讀下引司馬法曰．師多則人讀．讀止也．字亦作讟．廣雅釋詁曰．讟怒也．按注說既失．戴說亦未爲得．止然告民有事．與怒然告民有事．均於詞不適．諛諭音近相借．荀子修身．以不善和人者謂之諛．注．諛與俞義同．莊子駢拇．雖通如俞兒．釋文．淮南子一本作申兒．疑申當爲臾．是从臾从俞．古字通也．廣雅釋言．諭曉也．曉然正形容告字也．

御其氣足則發而止五行

尹注·其閉藏之氣足·則發令休止也·按宋本無御字·是也·已詳王念孫說·惟發令不得但曰發·注乃望文生訓·不可為據·發廢古字通·莊子列禦寇·曾不發藥乎·釋文·發司馬本作廢·論語微子·廢中權·釋文·廢鄭作發·是其證·上言使人內御·此謂其閉藏之氣足·使人內御之事·則廢而止也·

慕和其衆勢

安井衡云·使其衆思慕和親·按慕和不詞·慕乃穆之音譌·叔弓鎛·翏龢三軍徒𢓊·翏同繆·繆穆古籍通用·龢同和·三軍徒𢓊·亦謂衆也·然則叔弓鎛之翏龢·即

此文之穆和矣。穆和謰語。穆亦和也。詩烝民。穆如清
風。箋。穆和也。是其證。

素質不留勢

尹注全其素質。無所留者。按注文者字本應作著。無
所留著。謂不滯於物也。下中靜不留。注中心安靜。無
所留著。是其證。

微度人勢

尹注既順於天。又微度人之所宜以合之。按微度人
應作微於人。與上句順於天對文。上下文律整齊。畫
一不容紊亂。度字涉微之旁注而誤入正文。後人因
刪於字耳。微讀字通。漢書游俠傳。解使人微知賊處

注。微伺問之也。說文。覗司也。司即伺。伺與度義相因。故後人旁注度字。玄應一切經音義二引字林。伺察也。漢書高五王傳。以爲物而司之。注。司者察視之。是微於人即察於人也。

大周之先可以奮信 勢

尹注。奮信振起貌。丁士涵云。尹見本疑作奮訊。廣雅。奮訊也。與迅同。按信乃訊之借字。非尹見本作訊也。文選王僧達和琅邪王依古詩。聊訊興士言。注。訊與信通。是其證。

獸厭走而有伏網罟。一偃一側不然不得 勢

尹注。獸所以憎厭其走者。恐前有伏網罟。故聖人不敢以直道取天下者。恐有大禍故也。偃側猶倚伏也。聖人之取天下知云云。文設武伏如其不然。則天位不可得也。陶鴻慶云尹注以網罟絕句。而曲爲之說。殊不成義。此當於伏字句絕。網罟二字屬下讀之。蓋以取獸爲喻也。獸之走伏無常。持網罟者必一偃一側。而後能得也。伏與側得亦爲韻。按注及陶說並非。然注以網罟絕句。非有誤也。大戴記夏小正。望乃伏傳。伏也者。入而不見也。史記屈賈列傳福兮禍所伏索隱。伏下身也。獸以厭走而入於網罟。其云一偃一側者。形容獸既入網罟之中。而思脫逃之狀也。不然不得者。謂獸非厭走則不能得之也。上云大周之先。

可以奮信大明之祖可以代天下索而不得求之招搖之下此言厭走取反義以喻奮訊也罟與祖下下韻側得與下文德力爲韻是於韻非有不合陶說失之又注文知云云不詞宋本作必權正當據改

令之以終其欲 正

王念孫云終當爲絕字之誤也按王說未允下言過之以絕其志意養之以化其惡明之以察其生是終絕化察四字平列不應改終爲絕以與下複也左僖二十四年傳婦怨無終注終猶已也已與絕義相因此言令之以終止其欲也

有數以至焉 九變

尹注則有數存焉於其閒故能至死也按數猶術也廣雅釋言數術也莊子天道有數存焉孟子告子今夫奕之爲數並假數爲術是其證又宋本注文死作此當據正

雙劍誃管子新證卷三

海城于省吾

不事心任法

按事應作使。金文事使同字。不使心。與下文不勞意不動力句例同。

故曰法者不可恆也任法

俞樾云。法者不可恆也。本作法者不可不慎也。豬飼彥博云。恆上脫不字。按恆上脫不字是也。惟俞謂恆爲慎字之誤。則非。恆本應作常。此漢人避諱所改。如常山亦作恆山。田常亦作田恆。此例古籍習見。常尚古同字。金文常字通作尚。此謂法者不可不崇尚也。

下云故明王之所恆者二此二者主之所恆也恆均應作常讀爲尚

君臣上下貴賤皆發焉（任法）

丁士涵云發乃法字誤俗音亂之下文云君臣上下貴賤皆法是其證按丁說未盡是發法字通非關俗音金文廢字通作灋灋古法字廢从發聲廢發字通詳五行其氣足則發而止下

皆囊於法（任法）

尹注囊者所以斂藏也張文虎云囊疑蘉之誤雒誥釋文引馬注云蘉勉也按囊於法不詞蘉於法尤非本義囊乃槖之譌槖應讀作度禮記內則注槖小囊

也。釋文囊又作橐。橐囊形近易譌。爾雅釋畜注。狀如橐駝。釋文橐字又作馲。玄應一切經音義六引字書。馲又作橐。史記甘茂傳。夫項橐生七歲爲孔子師。淮南子說林。項橐作項託。度與从乇之字通。故尚書宅字。今文皆作度。又玄應一切經音義十四引三蒼。徒跣作踱。跣又作跅。詩斯干椓之橐橐。釋文橐本或作柝。說文欜同㯷。爾雅釋器木謂之剫。玉篇木部作木謂之㯷。㯷即柝字。左隱十一年傳。山有木。工則度之。爾雅釋器注。作剫。是橐之讀度。其證至顯。晉語。君不度而貿。注。度。揆也。然則皆度於法。謂皆揆於法。左莊六年傳。必度於本末而後立衷焉。左文十八年傳。不

度於善左哀十一年傳度於禮若不度於禮度字用法皆與此同

卿相不得翦其私（任法）

俞樾云此翦字當讀爲濟聲之誤也爾雅釋言翦齊也郭注曰南方人呼翦刀爲劑刀是齊與翦聲相近又涉上文翦公財而誤耳按俞說非是翦應讀作踐禮記文王世子不翦其類也周禮甸師鄭司農注作不踐其類也禮記玉藻凡有血氣之類弗身踐也注踐當爲翦聲之誤也書成王政序遂踐奄鄭注踐讀曰翦均其例證然則翦其私即踐其私也

百官識非惠也刑罰必也（明法）

尹注必令百官識非公之惠而不敢受又知刑罰必行無妄求免罪也劉績云當依解作百官論職乃字有缺誤按注說迂曲此文本無缺誤後解作百官論職論字衍識職古同字漢脩華嶽碑周禮識方氏假識爲職是其證周禮大司寇上能糾職注職職事脩理此言百官職事脩理非由於恩惠乃由於刑罰必也惠與刑罰義正相對刑罰法也下云不爲惠於法之內也是惠與法不並行也

力罷則不能毋墮倪正世

尹注倪傲也謂疲墮而傲從也俞樾云尹注曰倪傲也則墮當讀爲惰惰與傲義相因輕重戊篇歸市亦

惰倪是其證。按注說望文生訓耳。俞謂惰與慠義相因。亦非。倪應讀作薾。易困九五劓刖。釋文鄭作倪仉。文選長笛賦作槷刖。是倪與从埶之字相通也。書堯典。歸格于藝祖。大傳藝作禰。又柔遠能邇。金文作𡕡遠能𡑞𡑞即埶。今作藝。倪旣通槷。埶可讀禰。讀邇。則倪亦可讀薾明矣。倪薾疊均。並支部字。薾亦作苶。說文作𨷾。云智少力劣也。惰薾謰語。莊子齊物論薾然疲役而不知其所歸。是薾爲疲役貌。正與惰義相因。上言財竭則不能毋侵奪。侵奪與惰薾對文。下云民已侵奪惰薾。因以法隨而誅之。侵奪者過也。惰薾者不及也。均非適中之道。故誅之以法也。

此稽不遠內業

尹注。常以此考。心不遠之安。井衡云。稽留也。按此考與此留均不詞。稽應讀作指。二字並諧旨聲。荀子正名。故知者爲之分别制名以指實。指實即稽實。詳荀子新證。此稽不遠。即此指不遠也。

從物而不移內業

尹注。物遷而從之。聖本不移。按物下疑奪遷字。注文可證。從物遷而不移。言隨物之自遷。而聖人不移。上云。與時變而不化。正相對爲文。

氣道乃生生乃思思乃知知乃止矣內業

尹注。氣得道能有生。戴望云。左氏襄二十一年傳注。

道通也·氣道乃生·猶言氣通乃生耳·尹注非·按戴說未允·安井衡讀氣字逗·當從之·古玉銘·行氣·宎則𨗈·=則神·=則下·=則定·=則固·=則明·=則張·=則退·=則天·行氣即行氣·玉銘與此文均道家之言·詞例亦相仿·

一物能化謂之神·一事能變謂之智·內業

尹注謂無心於物事·而物事自變化·按宋本注文變化作化變·當據訂正·文先言化·後言變·可證·

其徵不醜內業

尹注·醜·類也·至於徵驗·又不知其類也·丁士涵云·其徵不醜·依上文地出其形·言之徵即形也·醜當爲覩·

形與醜相似而誤。按注說既非。丁改醜爲覩尤非。醜應讀作雔。古今韻會注引孟子趙注。醜讀如雔。雔讎字通。爾雅釋詁讎匹也。說文雔雙鳥也。讀若疇。匹與雙義相同。疇同酬。詩抑無言不讎。韓詩讎作酬。說文讎猶譍也。其徵不讎。言其形徵無所應驗。若訓醜爲類。是其已有徵驗。但不類耳。與上句其精不見之義不符。

禪社首封禪

尹注山名在博縣。或云在鉅平南十三里。按漢書郊祀志周成王封泰山禪於社首。應劭曰。山名在博縣。晉灼曰。在鉅平南十二里。按注即本晉灼說。惟十二里作十三里。稍異。泰安縣志高里山在縣西南三里。

社首山在高里左二山相聯。

小以吾不識則天下不足識也閲小

尹注若能博聞多見齊其所不識則知天下遍矣。張文虎云小字誤依注似是齊字按張說是也。古文齊作𠆢。小作小。以形近而譌。齊資古字通。禮記昏義爲后服資衰注。資當爲齊。易旅九四得其資斧。釋文子夏傳及衆家並作齊斧。此例載籍習見。莊子大宗師。堯何以資汝注。資者給濟之謂。呂氏春秋情欲。又損其生以資天下之人注。資猶給。此言能資給以吾之所不識。則天下不足識也。即集衆思廣衆益之謂也。

澤命不渝信也閲小

尹注謂恩澤之命不有渝變如此者信也按注說殊誤澤釋舍古字通舍命即發命也毛公鼎斥非先告父厝父厝舍命毋又敢憃尃命于外詩羔裘舍命不渝箋舍猶處也箋說亦臆解耳

則人持莫之弑也小問

尹注持謂見劫執也弑謂殺親也按注說非是持特古字通莊子齊物論何其无特操與釋文特本或作持易大過注心无特吝釋文特或作持特直古同訓詩柏舟實維我特韓詩作實維我直也猶邪也詳經傳釋詞此言則人直莫之弑邪正言之謂人必弑之也故下云危哉君之國岌乎

芒主目伸五色，耳常五聲。七臣七主

尹注：伸謂放恣也。按詩擊鼓「不我信兮」，傳「信，極也」。疏：信古伸字。伸即終極之義。金文常字通作尚。然則目伸五色，謂目極五色也；耳常五聲，謂耳尚五聲也。

則人反其故。七臣七主

尹注：故爲先君之理。按宋本注文爲作謂，當據正。

芒主通人情以質疑。七臣七主

尹注：既不自曉，故下通人情以問所疑。安井衡云：質，成也。成其所疑以爲實。按問所疑則疑者明，猶非芒主之所爲。安井衡知注說之不可通，訓爲成其所疑，尤非本義。質應讀爲致。荀子非相：文而致實。王念孫讀致爲質。淮南子要略。約重致。剖信符。重致即重質。是其證也。此謂通人情以致其所疑。故下云故臣下無信。此文本義謂臣下可信。而芒主致其疑耳。若以質疑爲問疑。疑以問而明。又何臣下之不可信乎。

此營於物而失其情者也七臣七主

尹注。物謂臺榭車音所爲侈靡者。按宋本注文音作馬。所上有以字。此以字應在所字下。謂臺榭車馬所以爲侈靡者。應據正。

夫凶歲雷旱七臣七主

丁士涵云。雷乃霖字誤。張文虎云。據下云非無雨露。則此句專指旱。雷字疑甾之譌。按張謂此句專指旱是也・惟政雷爲畱亦非・畱字義既廣泛・且畱旱二字平列・與下文亂世煩政・暴主迷君・文例不符・雷應讀作纍・通累・說文雷作靁・靁纍並諧畾聲・故相通借・史記五帝紀是爲嫘祖・索隱一曰雷祖・正義・一作傫・文選長笛賦靁歎頹息・靁同纍・是其證・楚辭招魂・層臺累榭・注層累皆重也・然則累旱猶今俗言連旱矣・

夫冬日之不濫非愛冰也禁藏

尹注・濫謂泛冰於水以求寒・所謂濫漿・意林御覽冰作水・丁士涵云水與火體爲均・當作水・戴望云・內則有濫・以周官六飲校之・濫即涼也・呂覽節喪篇・鍾鼎壺濫・注以冰置水漿於其中爲濫・則濫近小招所謂

湅飲者。按諸說並失之。濫即鑑。金文作監。又作鑑。說文。鑑大盆也。古人用以盛氷。亦用以浴。周禮凌人。春治鑑。釋文。鑑本或作監。疏。鑑是盛氷之器。莊子則陽同濫而浴。墨子節葬下。鼎鼓几梴壺濫。鼓原作毀乃毀之譌詳墨子新證是濫乃監之借字。大差監。攻吳王大差擇乐吉金。自作御監。智君子鑑。智君子之弄鑑。其形均似大盆。左右有耳。此文就盛氷之鑑言之。言冬日之不用鑑。非愛氷也。與下文爲不適於身便於體也。義正相符。

宿夜不出者利在水也禁藏

戴望云。意林宿作日。安井衡云。宿夙通。按安井說是也。逸周書寤儆。戒維宿注。宿古文夙。金文恆言夙夜。其言宿夜者僅一見。𡨥叔𣪘豐姞憝用宿夜亯孝于諴公于𡨥叔倗友。是其證。

而民自美安。禁藏

尹注。則人美而安之。按美安不詞。注讀安如字。非是。安焉字通。七法。若是安治矣。即若是焉治矣。荀子致士。美意延年。注。美意。樂意也。上言故善者勢利之在。此接以而民自樂焉。義正相承。

故國多私勇者其兵弱。禁藏

尹注。私勇則怯於公戰。故弱。按宋本注文故下有兵字。與正文符。當據補。

聽其淫樂以廣其心禁藏

尹注使之聽淫樂心廣於嗜欲。按注讀廣如字，不詞。廣應讀作橫，橫、廣並諧黃聲。臣乘馬「國穀之櫎」，櫎卽橫字，是从廣从黃一也。禮記孔子閒居「以橫於天下」，四方」注「橫，充也」。樂記「號以立橫」注「橫，充也」。此言以橫其心，卽以充塞其心。下文「遺以竽瑟美人以塞其內」，塞與橫互文耳。

謹其忠臣禁藏

安井衡云「謹，敬也」。按謹讀如字，不詞。謹應讀爲覲，古謹覲字本均作堇。五行「堇反五藏」，丁士涵謂「堇當爲謹」。金文覲均作堇。詳詩經新證民勞篇「覲之通詁訓

見見其忠臣與下句揆其所使義相貫惟見之然後能揆度之也

一曰老老入國

按此句下宋本注文有以養老之禮養老者八字今本無當據補

聽之術曰勿望而距勿望而許九守

尹注聽言之術必須審察不可望風則有所距有所許也按注以望爲望風臆解也望應讀作妄金文忘亦作朢作諲栺改毀孫=子=毋敢朢白休虘毀虘弗敢朢公白休師朢鼎王用弗諲聖人之後猷白毀十葉不諲忘與妄並諧亡聲莊子盜跖故推正不忘

邪。釋文忘或作妄。左哀二十七年傳注言公之多忘。釋文忘本又作妄。大戴禮文王官人故得望譽注妄當爲聲誤爲望。易无妄。釋文馬鄭王肅皆云妄猶望。謂無所希望也。然則勿望而距。勿望而許。即勿妄而距。勿妄而許。言不可妄距。亦不可妄許也。

熒惑其處安在 九守

王念孫云。鬼谷子符言篇其處作之處。於義爲長。按作其者是也。不煩改字。其猶之也。詳經傳釋詞。輕重戊。當是其時。其即之也。召白虎毁對揚朕宗君其休。其亦之也。

而備訊唉 桓公問

尹注：訊，問也。唉，驚問也。安井衡云：訊唉猶問答也。按安井說是也。說文：唉，譍也。莊子知北遊：唉，予知之。釋文：唉，應聲。字亦作欸。方言十：欸，然也。南楚凡言然者曰欸。廣雅釋詁：欸，譍也。譍也然也均與答義相仿。

上相穡著者地度

尹注：穡，鉤也。謂荆棘刺條相鉤連也。張文虎云：穡無鉤義，疑當作稽。按注及張說並誤。穡本應作嗇，亦與轖繬字通。大戴禮少閒：嗇地注：嗇，收也。方言十二：嗇，合也。說文：轖，車籍交錯也。枚乘七發：中若結轖。廣雅釋詁：繬，合也。然則上相嗇著者，謂荆棘刺條上相合著也。

躍則倚倚則環　度地

尹注、倚排也、謂前後相排也、按注說誤、書盤庚、恐人倚乃身、僞傳、倚曲、楚辭大招、曾頰倚耳、注、倚辟也、禮記中庸、夫焉有所倚、疏、倚謂偏有所倚、近辟也、偏也、均與曲義相涵、蓋水波既躍、則下落必偏、偏則洄流、故云倚則環也、

君令五官之吏與三老里有司伍長行里順之　度地

安井衡云、順之、和順其氣也、按安井以順爲和順非是、順應讀作訓、二字古通、詩烈文、四方其訓之、左哀二十六年傳作四方其順之、書洪範、于帝其訓、是訓是行、史記宋微子世家作于帝其順、是順是行、是其

證也。行里訓之。猶言行里教之。下云。令之家起火爲溫其田。即所訓之事也。下又云。故吏者所以教順也。故常以冬日順三老里有司伍長。版法解。不教順則不鄉意。順均應讀爲訓。

將飲傷人。度地

按詩我將我將我享。將亦享也。將享互文耳。將享亦爲謰語。雁公鼎。用夙夕𪔂亯。曆鼎。其用夙夕𪔂亯。亯即將享。經傳享饗同用。易大有九三。公用享于天子。釋文引干注。享。享宴也。荀子王制。宰爵知賓客祭祀饗食犧牲之牢數。注。饗食。饗宴也。左莊十七年傳。饗齊戍。注。饗酒食也。然則將飲傷人。謂酒食宴飲傷人也。

五者不可害則君之法犯矣度地

姚叔節云。犯字上應有不字。文義乃合。按姚說非是。害應讀作遏。害曷古字通。古籍習見。詩長發。則莫我敢曷。漢書曷作遏。是其證。五者謂三老里有司伍長。五者猶不能遏止之。則君之法犯矣。不煩增字而義自可解。

終歲以毋敗爲固度地

按宋本固作故。是也。呂氏春秋本生。以全天爲故者也。注。故事也。故字與此文用法同。元本故譌爲效。故效形近。可知今本作固之非矣。

瀆田悉徙地員

尹注悉徙謂其地每年皆須更易也按徙疑從之譌古籍徙從每互誤悉從謂悉從其施七尺之制也

其立后而手實地員

尹注謂立君以主之手常握此地之實數也陳奐云立猶樹也后與厚同小雅傳曰手取也言五種之穀其樹厚而取實也按陳謂后與厚同是也立本應作土古鉩从立从土一也如坤作[illegible]拔作[illegible]均字作[illegible]亦作[illegible]是其證手應讀作首卯毀卯拜手䭫手即拜手䭫首儀禮士喪禮左首進鬐注古文首爲手莊子達生則捧其首而立釋文首一本作手左宣二年傳

見其手釋文手一本作首均其證也禮記射義諸侯以貍首爲節釋文首先也其土厚而首實言其土厚而先實也實謂上文五種之實五種即五穀也晉語已賴其地而又愛其實注實穀也

斥埴宜大菽與麥地員

王紹蘭云斥說文作㡿鹵下云西方鹹地也東方謂之㡿西方謂之鹵經典通作斥安井衡云斥讀爲赤聲之誤也按安井說是也莊子逍遥遊斥鷃笑之曰釋文斥本亦作尺古言赤子即尺子史記晉世家虜秦將赤斄隱赤即斥書禹貢厥土赤埴墳然則斥埴即赤埴墳之赤埴也若讀斥如字以爲斥鹵必不宜

於菽麥矣．

剽恣稾土地員

尹注．剽堅也．恣盜也．稾土謂其土多竅穴．若稾多竅．按土多竅不應曰稾土．此注之臆解也．稾應讀爲斥．詩斯干．椓之橐橐．釋文．橐本或作柝．左哀七年傳．魯擊柝聞于邾．釋文．柝字又作㯼．說文．㯼夜行所擊者．从木橐聲．易曰．重門擊㯼．又㯳．判也．从木橐聲．易曰．重門擊㯳．㯳即今柝字．是从橐从斥字通之證．稾土即斥土．下文乾而不斥．注．斥潟鹵．斥土即下潟之地．故下云蟲易全處也．

欲有與各地員

戴望云宋本朱本各皆作名各名疑皆分字之誤謂細麻之中若䖈若蒸欲有人與之分别也按戴説非是作名者是也欲俗古字通毛公鼎俗我弗作先王頓俗女弗以乃辟函于𩁹俗均應讀爲欲荀子解蔽由俗謂之道盡嗛矣注俗當爲欲莊子繕性滑欲於俗思闕誤引張本俗思作欲思釋名釋言語俗欲也俗人所欲也均其例證説文俗習也言麻之大者小者習俗均有名以與之謂種類不同稱名不一也

大者不類員地

尹注則以麻之大而類也按注文而字當作不而不篆文相似而譌正文可證

不堣不灰 地員

尹注堣謂堅不相著按堣同碣說文碣石地惡也下云沙土之次曰五堣堣亦同碣

毋驕恃力 弟子職

按恃古文作寺厲羌鐘武侄寺力是其證

沃盥徹盥 弟子職

王筠云盥器有二匜以注水槃以受水內則云少者奉槃長者奉水是也按王說是也說文沃作⿱艹沃漑灌也此謂以手灌水而洗也容庚所輯善齋彝器圖錄圖九九甲爲盤圖九九乙爲匜匜銘云隹王正月初吉丁亥夆叔作季妃盥般其釁壽萬年永保其身它

=匜=。壽考無朞。永保用之。計三十六字。般古盤字。銘在匜內而云盤般者。盤匜同時所作。乃連用之器。故云然也。近世出土盤匜雖多。似此同出爲連用之器者僅見矣。

對客無讓　弟子職

按宋本此句下有注云。對客而讓則有不足。故敬心今本脫之。當據補。

左執虛豆右執挾匕　弟子職

按說文。豆古食肉器也。近世出土豆與匕習見。均以銅爲之。古籍注多謂木曰豆。未盡然也。豆高足中有直柄。所以執也。上似盌形。匕似勺。長柄。其與勺異者。

盛物處勺圜而深七檽而淺也

是協是稽弟子職

尹注協合也稽考也謂合考書義也王筠云是協是稽但指拚禮之節奏而言若指讀書則此時尚在受業之前無從合考也按王說是也爾雅釋詁協和也呂氏春秋長利協而耰遂不顧注協和悅也書堯典若稽古帝堯鄭注稽同也韓非子主道保吾所以往而稽同之稽同謰語稽亦同也周語紀農協功注協同也莊子列禦寇孰協唐許釋文協同也左昭七年傳告之夢夢協注協合也周禮小行人協九儀賓客之禮注協合也禮記儒行古人與稽鄭注稽猶合也

廣雅釋詁稽合也協與稽均訓同訓合然則是協是稽稽亦協也協稽猶和合也上云既拚反立協稽正承立字爲言謂其反立之容儀協和也注謂合考書義望文演訓矣

雙劍誃管子新證卷四

海城于省吾

山者物之高者也形勢解

陳奐云案下文四言高行則高者當是高行之誤按陳說非是山與人異山可言高不可言高行下云山物之高者也是其證

聖人之諾已也形勢解

丁士涵云已乃言字誤下文云必諾之言故云諾言按已言形殊無由致誤丁說非是諾應也已止也諾已謂諾與不諾也下云義則諾不義則已可則諾不可則已淮南子說林諾之與已相去千里是已與諾

反正爲義也。

非斧鉞無以畏衆（版法解）

按畏應讀作威。二字古通。自下言曰畏。自上言曰威。明法解。立刑罰以威其下。下有畏於上。又云無刑罰則主無以威衆。是其證。

以事萬民（版法解）

按事應作使。事使金文同字。下文是以明君之事衆也。事亦應作使。

牧漁其民以富其家（明法解）

王念孫謂牧當爲收。謂收漁民財以自富也。按收漁不詞。牧疑敄之譌。敄古務字。毛公鼎迺敄鰥寡。敄務古今字。上云莫務治國者。此云務漁其民。莫務與務反正爲義也。且務漁其民與以富其國爲對文。作收漁則非對文矣。

故春事二十五日之内耳也　臣乘馬

丁士涵云。耳乃畢字誤。按耳無由誤爲畢。丁說非是。耳本應作弭。後人不解弭字之義。而改爲耳。弭彌古字通。周禮男巫春招弭以除疾病。注。杜子春讀弭如彌兵之彌。荀子禮論絲末彌龍所以養威也。注。彌又讀爲弭。儀禮士喪禮注。巫掌招彌以除疾病。釋文。彌又作弭。是其證。爾雅釋言。彌終也。詩生民。誕彌厥月傳。彌終。此言春事二十五日之内終也。

國穀之櫎一切什九臣乘馬

安井衡云蓋櫎橫同橫與衡通衡平也按安井說是也國蓄而財之櫎可得而平也山國軌櫎字數見櫎並應讀作衡段玉裁謂櫎即桄字於義未符按古人言一切與今人異史記李斯傳請一切逐客正義一切猶一例

民之不移也如廢方於地乘馬數

丁士涵云廢古通置公羊宣八年傳注廢置也置者不去也齊人語安井衡云廢置也置方物於地絕不轉移故以譬之按方物不應但稱方是望文生義且置方物於地但不轉耳非不可移動也廢應讀作瀍

瀵古法字。金文廢字均假瀵爲之。盂鼎。克鼎。師酉毁。師嫠毁。均有勿瀵朕命之語。卽勿廢朕命也。大戴記曾子天圓。地道曰方。太玄玄攡。方則嗇吝。注。方謂地也。太平御覽地部引文子云。地方而無涯。又云。地承天故定寧。文中子天地。圓者動。方者靜。此謂民之不移也。如取法於地之方而不可動易也。

禺筴之商日二百萬（海王）

尹注。禺讀爲偶。偶。對也。商。計也。對其大男大女食鹽者之口數而立筴以計所稅之鹽。一日計二百萬。合爲二百鍾。按計日無言商日者。注說非是。商本應作商。商古適字。金文適字通作商。輕重戊以商九州之

高商亦商之謪言以適九州之高也安井衡訓偶爲合是也此言合筴之適曰二百萬也

故民無不累於上也國蓄

戴望云通典食貨十二引此累作繫又引尹注云食者民之司命言人君唯能以食制其事所以民無不繫於號令今本繫譌作累又全脫尹注按類書每臆改古籍不可爲據累本有繫義不必改爲繫禮記儒行不累長上注累猶繫也國策齊策皆以國事累君注累屬屬與繫義相因又累與纍古同用左僖三十三年傳不以纍臣釁鼓注纍囚繫也左成三年傳兩釋纍囚注纍繫也下云列陳繫纍獲虜孟子梁惠王

係累其子弟，係累謰語，累亦係也。

物適賤則半力而無予。國蓄

俞樾云：半力二字義不可通，疑半分之誤。按俞改力爲分，殊誤。力乃刀字之譌。山至數：今刀布藏於官府。揆度：刀布爲下幣。荀子榮辱：餘刀布。注：刀布皆錢也。半刀極言其賤。近世所發現之齊化，以刀爲最多，可知其稱刀之所由來矣。

吾子有四十之籍。國蓄

按此句下宋本有注文云：六十爲大男，五十爲大女，吾子謂小男小女也。下接按古之石云云，今本無之。

泰春民之且所用者，君已廩之矣。山國軌

按且所用不詞且本應作宜宜且古本同字宜即甲骨文金文圀字之衍變墨子非命上上之所賞命固且賞非賢故賞也上之所罰命固且罰不暴故罰也且賞且罰即宜賞宜罰也詩假樂宜君宜王釋文作且君且王是其證民之宜所用者即民之所宜用者之倒文也言民之所宜用者君已廩藏之矣下同

倉廩虛則傳賤無祿山至數

安井衡云傳立也按立賤無祿語意未憭傳本應作吏金文事吏使同字此言倉廩虛則吏賤無祿矣下云外皮幣不衣於天下內國傳賤張文虎改內爲而非是外內對文國傳即國吏也

泰秋國穀去參之一（山至數）

尹注。去滅也。按宋本注文滅作減。是也。當據正。

乘天勢以隘制天下（揆度）

安井衡云。隘狹也。按隘應讀作搤。同扼。禮記禮器君子以爲隘矣。釋文隘本又作阸。儀禮士喪禮注鬲搤也。釋文搤本又作扼。是隘搤阸扼古字通。廣雅釋詁搤持也。然則隘制即扼制。安井訓隘爲狹。失之。

必起於糞土（揆度）

丁士涵云。起疑赴之誤。輕重甲篇曰。勿使赴於溝壑之中。是其明證。按丁說殊誤。溝壑可言赴糞土不可言赴。且下云。故先王謹於其始。始字正與起字相應。

上文以耕織爲言。蓋農桑以糞土爲本。今不以耕織爲務。故云飢寒凍餓必起於糞土。

隨之以法則中內摲民也。（揆度）

安井衡云。中猶應也。按安井說非是。中內與摲民對文成義。淮南子原道。是故好事者未嘗不中。注。中傷也。漢書何武傳。欲以吏事中商。注。中傷之也。中內摲民。謂中傷其內而摲夷其民也。

死而不葬者予之長度。（輕重甲）

安井衡云。度。渡同。謂濟之。按濟死者不得謂之渡。安井說非是。度宅古字通。此例古籍習見。尚書度字古文作宅。今文作度。詳尚書新證顧命篇。儀禮士喪禮筮宅注．宅葬居也．禮記喪服小記．祔葬者不筮宅注．宅葬地也．廣雅釋邱．宅葬地也．此言死而不葬者．予之長久之葬地也．

若此則士爭前戰爲顏行（輕重甲）

按顏鴈一聲之轉．漢書嚴助傳．以逆執事之顏行．注引文穎曰．顏行猶鴈行．在前行．故曰顏也．

請以令高杠柴池（輕重甲）

戴望云．柴乃寨字之誤．按戴說非是．柴池即差池．柴亦作傑．文選司馬相如上林賦．傑池茈虒旋還乎後宮注．引張揖曰．傑池參差也．高杠柴池．言高杠參差不平．故下接以使東西不相睹．南北不相見．又下云杠池平之時。池字當係羨文。後人不解柴池之義。以爲高杠與柴池對文。故加池字耳。

厭宜乘勢事之利得也計議因權事之囿大也甲輕重

安井衡云。厭禳也。祭社曰宜。囿有也。因權而計議。事之所包有者大也。按安井說非是。厭宜與計議對。議與計義相近。宜與厭義相近。國語周語克厭帝心注。厭合也。厭宜即合宜。囿應讀作侑。禮記禮器詔侑武方注。詔侑或爲詔囿。是其證。侑之通詁訓助。此言合宜而乘勢。則事之利得也。計議而因權。則事之助大也。

令以矩游爲樂甲輕重

俞樾云：矩當爲渠。說文水部：渠，水所居，从水，榘省聲。按上言大夫立沼池，此言矩游，即就沼池而言，不應再言渠。矩應讀作距。周禮考工記輪人：必矩其陰陽。注：故書矩爲距。釋名釋形體：鬢曲頭曰距。距，矩也，言其曲似矩也。是矩距字通之證。左僖二十八年傳：距躍三百。注：距躍，超越也。然則距游即在水中距躍游泳之義也。

以唐園爲本利輕重甲

安井衡云：唐，古塘字。按安井說非是。山至數：唐圉牧食之人。王念孫云：唐圉當爲唐園，字之誤也。食與飤同，謂唐園中牧飤之人也。輕重甲篇曰：以唐園爲本利．晏子春秋問篇曰．治唐園．考菲履．皆其證．按唐園即場園．詳呂氏春秋新證尊師篇下．云千鍾之家不得爲唐園．去市三百步者．不得樹葵菜．葵菜正場園所生．尤其明徵矣．

有裸之以輕重乙輕重

戴望云．有乃肴之誤字．說見後靡篇．按有應讀作又．裸之以輕重．與下句守之以高下對文．不應改有爲肴．以肴裸連讀也．

若此則民疾作而爲上虜矣乙輕重

丁士涵云．虜乃庸字誤．按丁說非是．下云．爲天下虜．虜奴也．不應改爲庸．

正籍者君之所强求也。乙輕重

安井衡云：正籍者，正户正人之籍。按安井說非是。正應讀作征。征籍與上文租籍對文。

一收之積中方都二。乙輕重

丁士涵云：收當爲畝。中方都二之數。雖不止一畝之積，要其所量可於一畝約知其數也。按丁改收爲畝，殊無所據。田可一歲二穫，此言一收，但就其一穫量之，已可抵方都二也。

而得執將首者賜之千金。乙輕重

戴望云：高誘注淮南子曰：執，主也。按執即執訊獲醜之執。戴說非。

見其若此其厚乙輕重

王念孫云。見其當依羣書治要作見禮。按治要意改。不可爲據。上其字應讀作期。謂期待也。其期古字通。武梁祠畫象。樊於其頭。其同期。是其證。

戰於莒必市里乙輕重

按必乃密之借字。春秋隱二年。紀子帛莒子盟于密注。密莒邑。漢書地理志北海郡有密鄉。今山東萊州府昌邑縣東南十五里有密鄉故城。

爭秩而走丁輕重

按秩應讀作程。秩程一聲之轉。書堯典。平秩東作。平秩南譌。平秩西成。史記五帝紀。秩皆作程。說文。載大也从大戥聲讀若詩𢧢𢧢大猷按詩巧言作秩秩大猷又說文䞣走也从走𢧢聲讀若詩威儀秩秩廣雅釋言袟程也王氏疏證云袟通作秩秩與程古聲義並同均其證也程謂騁程爭程而走猶言競程而走也

不弃我君之有萌中一國而五君之正也輕重丁吳志忠云弃乃意字誤丁士涵云之正二字當是五王之誤五王猶五君也輕重甲篇曰故爲人君而不審其號令則中一國而二君五王也是其證按弃與意之正與五王均無由致誤吳丁說並非弃同棄弃當係異字之譌漢北海相景君銘棄臣子兮鄉令景

君闕銘續母棄之吳仲山碑不幸棄世棄棄均與異形近故易譌正征古字通此言不異我君之有萌中一國而五君之征也

寡人之德子無所寵丁輕重

丁士涵云寵疑窮字誤按丁說謬寵謂榮寵楚語其寵大矣注寵榮也此言寡人之德子而對於子無所榮寵也

龍鬬於馬謂之陽丁輕重

按宋本謂作請是也馬請即馬陘也請陘古韻並隸耕部左成二年傳晉師從齊師入于丘與擊馬陘杜注丘與馬陘皆齊邑

桓公終神 輕重丁

安井衡云：終，極也。按極神不祠，安井説非是。終神即崇神，終、崇字通，詳荀子新證正論篇「荒服者終王」下。

則蟲虻巨雄翡燕小鳥皆歸之 輕重丁

丁士涵云：巨渠叚字，雄當爲庸，上林賦有庸渠，水鳥也，説文鱅鱅鳥。按丁謂巨渠叚字是也，以巨雄爲庸渠殊誤。雄乃雒字之譌，漢書古今人表雒陶，尸子作雄陶，是其證。巨雒即渠略。詩蜉蝣傳：蜉蝣，渠略也。雒、略並諧各聲。爾雅釋蟲：蜉蝣，渠略。釋文：略或作蛒。説文：蟟，𧖅蟟也，一曰蜉游，朝生莫死者。方言十一：蜉蝣，秦晉之閒謂之蟝蛒。然則巨雒即渠略矣。

敢問齊方于幾何里輕重丁

丁士涵云于即方字之誤而衍者按丁說非是于應讀作宇方于即方宇左昭四年傳失其守宇注於國四垂為宇

陰雍長城之地輕重丁

按厲羌鐘入張城長作張

以商九州之高輕重戊

戴望云商當作奠按戴說非是商乃商字之誤商古適字金文適通作商朱本商作敵適敵字通詩經新證大明天位殷適下以適九州之高言使九州之高得其適宜不受水患也

出祭王母（輕重己）

按金文凡言王母，皆謂母也。伯康毁用盤王父王母。仲𠭯父毁，以皇考與王母平列。史伯碩父鼎以皇考與王母泉母平列。是皇王乃尊大之稱。爾雅釋親以父之妣爲王母，固知其非周人之作也。

吴縣周仰公校字

雙劍誃晏子春秋新證序

晏子春秋舊本無解自平江蘇氏爲之校注徵引清儒說解已略具惟清儒所稱元刻本即明刊活字本也劉師培晏子春秋補釋考證頗詳蘇氏未及采入晏子書多古義古字如死之讀尸辟之訓輔十一月之作冰月疆之作彊萊之作棃對之作敓聞之作惛綏之作妥治之作司禮儀之作豐義如之作女龍之作竜厥之作久依之作韋翼之作翌期之作其具詳篇中惟自揆學識譾陋庸能宣其疑滯究其奧窔乎世有通學當能匡其不逮也中華民國二十七年六月海城于省吾

雙劍誃晏子春秋新證卷一

海城于省吾

昔夏之衰也有推侈諫上第一

孫星衍云：墨子明鬼篇作推哆，韓非說疑篇云：桀有侯侈。古今人表作雅移，侯推雅聲俱相近。按孫說非是，此以形誤，非以聲譌。推雅形近，不待言矣。墨子非命下：非將勤勞其惟舌。惟舌即喉舌之誤，亦猶此文推之譌侯也。

嬰奉數之筴諫上第五

孫星衍云：左傳策名委質，服虔注：古者始仕，必先書名於策，奉數之筴謂持策以待書事也。按之猶於也。

詳經傳釋詞奉數之策，謂奉數於策也。

與之薪橑諫上弟五

孫星衍云：「薪橑，御雨之具。」按孫說殊誤。管子後靡雕橑然後爨之注：「橑，薪也。」上云「無委積之氓」，委積正指薪橑言。下云：「用粟九十七萬鍾，薪橑萬三千乘，雨具必有枚數，不應以乘言也。」

死三日而畢諫上弟五

王念孫謂死字蓋衍文。俞樾謂死當作終，字之誤也。黄以周謂死句絕，言有隱匿其數少與金者，死後三日之期者，如不用令之罪也。按三家之說並誤。清儒解古書不得其義，往往改成文以遷就己說，此亦古書之一尼也死尸古字通金文及古籍斯例習見詳墨子新證大取篇按主管其事曰尸猶今人言職務爾雅釋詁職尸主也是職尸同訓諫上弟七而職計莫之從職計猶尸計麥尊死咸謂職事畢也上言巡求㞱寡用財乏者此云尸三日而畢言其職尸之事三日而畢也

辟拂嗛齊諫上弟五

按孫星衍改拂爲弗改齊爲嚌訓爲減去口味殊爲牽強且不釋辟字義尤不憭王念孫以嗛齊爲快和是從孫弗去之訓也蘇輿訓辟爲除除去甘味殊無所指黄以周以辟拂爲侍御之倖臣義則近是而謂

辟拂蹴躃皆狀歌舞之皃，亦非，辟輔也，與弼義相因。孟鼎乃辟一人，克鼎辟天子，師望鼎用辟于先王，牧毀命女辟百寮有司事，盟盨用辟我一人，辟均謂輔佐，乃古義之僅存者。辟拂猶言輔拂，劉師培謂齊資古通，是也。辟拂嗛資與酒徒滅賜對文，言輔拂損於資給，酒徒滅於賞賜也。

不可以朝 諫上第六

盧文弨謂朝字舊脫，按無朝字是也。以巳字通詳經傳釋詞上，云君奚故不朝，此對曰，君夜發不可巳，是不可巳正承君奚故不朝言，無庸意補朝字明矣。

而姦驅尤佚 諫上第八

王念孫謂尤佚即溢尤，是也。按姦驅不詞。姦驅本應作姦匿。匿古慝字。詳尚書新證盤庚篇。蓋匿字譌作區。後人不解而改爲驅耳。

今有之家諫上第十

俞樾謂此當云今有車百乘之家。傳寫奪之耳。按俞說非是。之猶是也。詳經傳釋詞。是家即承上文有車百乘者言。非有奪文也。

湝于人納女于景公諫上第十一

余所藏辜于公戟。見雙劍誃吉金圖錄。是湝于古文作辜于。

解余惑諫上第十二

孫星衍云:余一本作予。黄以周云:元刻本作予。按經傳予字甲骨文金文均作余,無作予者。

其宗廟之養鮮也。諫上第十二

按養鮮不詞,養本應作羞。爾雅釋詁:羞,進也。周禮庖人與其薦羞之物。注:備品物曰薦,致滋味乃爲羞。然則羞鮮即進鮮。説文古文養作羧,甲骨文及金文羞字均作敹,形近易譌。

而聲欲保之。諫上第十六

王念孫云:案聲字義不可通,蓋衍文也。治要無。按王説非是。治要不解聲字之義而删之也,不可爲據。聲猶言也。大戴記子張問入官:發乎聲。注:聲,言也。鬼谷子反應。以無形求有聲。注聲即言也。呂氏春秋論人。聽則觀其所行。聽聲字通。謂言則觀其所行。詳呂氏春秋新證。問上第二十一。而聲矜卹之義。聲字與此用法同。

故身死乎胡宮而不舉（諫上第十六）

孫星衍云。史記正義引顏師古云。身死乎壽宮。胡之言胡壽。蓋一宮二名。按孫說非是。胡壽一聲之轉。詩載芟。胡考之寧。即壽考之寧也。

嬰之年老不能待于君使矣（諫上第十六）

按使字不詞。本應作事。金文使事同字。外篇第十五。嬰老不能待公之事。義與此同。

今君若設文而受諫諫上第十八

俞樾謂設疑說字之誤·說讀爲悅·按俞說非是·設翕古字多通用·書盤庚·各設中于乃心·漢石經設作翕·墨子脩身·設壯日盛·即翕莊日盛·均其證也·書皋陶謨·翕受敷施·僞傳翕合也·合與受義相因·翕受謰語·翕文亦受文之義·下云惡文而疏聖賢人·疏亦與惡義相因·

政不飾而寬于小人諫上第十八

按飾飭古字通·

不易行以續蓄諫上第二十二

孫星衍云未詳·按蓄畜通用·古籍習見·不煩舉證·呂

氏春秋適威、民善之則畜也、注畜、好。孟子梁惠王、畜君者好君也、畜、好古音同隸幽部、乃音訓字也。不易行以續畜、即不易行以續好也。上云請散師以平宋、續好即平宋之義、不易行以續畜、故下云進師以近過非嬰所知也。左隱七年傳、以繼好息民、左僖四年傳、先君之好是繼、左襄元年傳、以繼好結信、是續畜猶言繼好也。

君將使嬰勑其功乎諫下第一

孫星衍謂勑當讀飭、是也。盧文弨云、功謂功效也。下云勑其意、謂革民之心也。按盧以功爲功效、殊誤。詩七月、載纘武功、傳、功、事也。崧高、世執其功、傳、功、事也。

飭謂整飭。飭其功謂整飭其事。與下云勅其意爲對文。功效就事之已有成者言。已有成不須再言整飭也。

鐘鼓成肆諫下弟一

按肆金文作聿。呂鐘。大鐘八聿。

昧墨與人比居庚肆諫下弟二

按庚乃唐之譌。淮南子修務。司馬庚諫曰。高注。庚秦大夫也。或作唐。是其證。莊子田子方。是求馬於唐肆也。唐肆乃古人成語。

當臈冰月之閒而寒諫下弟四

按下弟十三。亦有冰月服之之語。陳𧩺毁。冰月丁亥。

吳式芬謂冰月見晏子春秋，即十一月也。

今君之履（諫下第十三）

王念孫謂今君之履，本作今金玉之履，並引藝文類聚、御覽爲證。按王說非是，今君之履即指上文景公爲履之履，言景公以金銀珠玉飾履，晏子稱今君之履，今字義至明顯，非別有所指也。

履重不節（諫下第十三）

按節猶適也。呂氏春秋重己：故聖人必先適欲。注：適猶節也。下第二十四：二子同桃而節，冶專其桃而宜。節亦適也。

公苦請釋之（諫下第十三）

王念孫云：案公下脱曰字，若上亦有脱文。按此句無脱文，王説非是。若本應作固，若固音近，又涉下文兩若字而譌。固猶必也。詳經傳釋詞。公固請釋之，即公必請釋之也。

使不得入諫下第十三

孫星衍云：今本使作吏，非，以意改之。按使吏金文同字。

法其服居其室無益也諫下第十四

王念孫云：案居其二字衍，上文以居聖王之室與服聖王之服對文，此文則以法其服室與法其節儉對文，不當更有居其二字。太平御覽居處部二引無。按王說非是。但以對文爲改此文之證。不可爲訓。御覽約省此文。尤不足据。法其服居其室無益也。並三字句。古質錯落。最爲可喜。古書雖譎牾。然後人改之必有所由。若本作法其服室論其文。法非與後世不合。論其語義。後人非不能解。何以改之哉。

冠無觚羸之理諫下弟十四

孫星衍云。淮南本經訓作嬴高誘注觚嬴之理謂若馬目籠相闌干也。言無者。冠文取平直而已也。嬴讀指端嬴文之嬴。嬴俱當作嬴。按荀子儒效解果其冠。楊注引說苑作蟹螺。今說苑作堁。韓非子揚權若天若地。是謂累解。若地若天。孰疏孰親。俞樾謂累解猶蟹

螺按地解韻天親韻可證此文觚必爲解之譌

士事不文木事不鏤 諫下第十四

孫星衍云淮南本經訓士事不文木事不斲金器不鏤用此文而增金器不鏤謬也明堂之上尚質安有金器以此知晏子書之是按孫說非是淮南書所謂金器非金銀之金即古彝器以銅爲之而通稱之曰金古彝器銘文擇其吉金以爲某器之語習見金器不鏤與尚質之義不悖

故節于身謂于民 諫下第十八

王念孫謂謂當爲調調黃以周引爾雅釋詁訓謂爲勤按二說並誤謂應讀作惠書盤庚爾謂朕曷震動萬

民以遷。漢石經謂作惠。呂氏春秋開春論。而天下皆來謂矣。來謂即來惠。韓非子難三。又使攻之惠竇不得也。惠竇左傳作涓濱。下弟二十二。有惠于百姓。問上弟二十五。政不足以惠民。韓非子外儲說右上。君必惠民而已矣。惠民。惠于百姓。惠于民。義同。

嬰恐國之流失而公不得享也。諫下弟十八

俞樾云。按流失義不可通。問上篇曰。臣恐國之危失。而公不得享也。疑此文流字亦危字之誤。按危流形殊無由致誤。流乃疏字之譌。疏失猶言分失。與危失義亦相仿。外七弟五。出入周流。蘇輿謂今本左傳作疏。作流者俗本也。是其證。

景公與晏子登寢而望國諫下第十九

俞樾云：按寢非可登之地，此本作景公與晏子登路寢之臺而望國，傳寫奪之耳。按俞說非是。登寢即登路寢之簡語。下章云：景公成路寢之臺，是景公新建斯臺，當時言登寢即路寢也。

適爲不得諫下第二十

按適，啻古字通。啻，但也。爲，猶如也。詳經傳釋詞。上云：嬰將爲子復之，此云：啻爲不得，子將若何，言雖復之，但如不得，子將若何乎。

古之及今諫下第二十

王念孫云：按古之及今，本作自古及今。下文梁丘據亦曰自古及今。按王說誤。既刪之字。又增自字於古字之上。此不知如本作自古及今。後人不至改爲古之及今。之猶以也。古之及今。言古以及今也。墨子兼愛下。自古之及今。非命中作自古以及今。即其證也。

斂死不失愛。諫下第二十一

按死尸古字通。墨子大取。其類在死也。即其類在尸也。兼愛下。轉死溝壑中者。轉死即轉尸。盂鼎。迺召夾死嗣戎。毛公鼎。雩四方死毋動。卯毁。死嗣焚公室。死均應讀作尸。是其例證。斂尸不失愛。上與畜私不傷行下與送死不失哀平列。讀爲斂死。則與送死文複。下云。朽尸以留生。朽而不斂。謂之僇尸。是斂正就尸言。

田開疆諫下弟二十四

劉師培謂黄之宷本及爾雅釋水疏疆作彊。按金文疆字通作彊。惟秦公毁王子啓疆尊作疆。

迺飾射更席諫下弟二十五

按金文迺作𠕒。𠕒乃𠕒有别。訓爲汝者作乃。訓爲於是者作𠕒。

雙劍誃晏子春秋新證卷二

海城于省吾

能禁暴國之邪逆 問上第一

王念孫云：案逆字涉下文逆諫而衍，治要無。按王說殊誤。下云不能禁暴國之邪逆，復諫傲賢者之言，王以之言二字爲後人所加，尚無不可，以逆字下屬爲句，以復字亦後人所加，殊有未符。能禁暴國之邪逆與不能禁暴國之邪逆，句例一反一正，而逆字決不可删。治要意改古籍，不可據爲典要，王氏之意以爲下文逆諫與傲賢對文，不知復諫與傲賢亦對文也。周書謚法解：復佷遂過曰刺。注：去諫曰復。左僖十五年傳。愎諫違卜注。愎戾也。按戾亦違也。左昭四年傳。汏而愎諫。韓非子亡徵。愎諫而好勝。是愎諫乃古人成語。不應妄刪愎字。復援上以屬下而亂古人之句例也。

養欲而意驕（問上第二）

按養非畜養之養。養猶長也。夏小正。執養宮事。傳。養長也。左昭二十年傳。私欲養求。注。養長也。晉語。是養吾疾而干吾祿也。注。養長也。書大誥。民養其勸弗救。漢書翟方進傳。養作長。後弟十一。不以養嗜欲。言不以長嗜欲也。問下弟三十。且嬰聞養世之君子。養世即長世也。

不若修政而待其君之亂也其君離上怨其下問上第三

蘇輿云君之二字似不當有標題亦祗作待其亂無君之二字王念孫云案其君離三字文不成義當作民離其君與上怨其下對文按蘇王二氏並意改古人成文不可爲訓標題作待其亂乃約省其文不應據標題以改章內也至其君離正承其君之亂爲言詩四月亂離瘼矣是亂離乃古人謰語或分言或合言其義相因

景公伐斄問上第四

孫星衍云斄即萊也按叔弓鎛余易女釐都齊劉孫詒讓云釐都蓋齊之大都釐疑即萊故萊國來釐古

音同。

公曰：然則何若敚曰（問上第五）

蘇輿云：案敚同奪，段字，言若何而奪此患也。按蘇讀然則何若敚句，誤甚。敚應讀作對。劉師培謂黃之寀本及元龜引敚作對。按敚、對字通。洪頤煊謂此假借作對字，是也。內篇問上第十九「晏子對曰」，明刻本對作敚。上云「故讐敵進伐，天下不救，貴戚離散，百姓不與（依王念孫說改與爲與）」，此接以「公曰：然則何若」，何若本應作若何。上文「公患之，問于晏子曰：古之聖王其行若何」，即其證也。後人誤與敚字連讀，則若何敚不如何若敚之爲語順，故改易之。

則道在爲人而行在反己矣問上第五

黄以周云行蓋得之剩文上文云而失在爲己與此相反爲己則失反己則得也按黄説非是行在反己不必改行爲得反言之不反己則不能行亦即失之義也

保乂齊國問上第七

按金文保乂作保辥

荆楚惛憂問上第七

孫星衍云惛説文不憭也王念孫云案惛者悶之借字也呂氏春秋本生篇下爲匹夫而不惛高注曰惛讀憂悶之悶故曰荆楚惛憂按孫説既非王説亦誤

悶憂不訶且國不應以悶憂爲言也恪應讀作𦖞古聞字說文古文聞作𦖞玉篇耳部𦖞聋並古文聞虞世南夫子廟堂碑似聋簫韶之響魏三體石經古文聞作聋隸古定尚書及汗簡同金文通作𦖞盂鼎我𦖞殷述命蔡毀外內母敢有不𦖞者瀘鐘𦖞于四旁𨛌王子旃鐘𦖞于四方懷石磬有𦖞于百口均其證也呂氏春秋知分余何憂於龍焉注憂懼也憂與懼義相因荆楚聞憂言荆楚聞而恐懼也上云吳越受令文正相對

下之妥妥也問上第八

孫星衍云妥當爲綏按金文綏通作妥蔡姞毀用妥

多福鄭井叔鐘用妥賓戎者鼎用妥眉彔晉姜鼎用康𩞁妥褱遠邇君子均其證也此妥妥乃古字之僅存者

外則賣權重于百姓問上第九

按權重謰語重亦權也韓非子和氏大臣貪重言大臣貪權也亡徵官職可以重求言官職可以權求也

勞力歲事而不責焉問上第十一

王念孫云歲事本作事民事治也謂盡智以導民而不自矜伐勞力以治民而不加督責也後人不解事民二字之義而改事民為歲事則既與勞力不相承又與上句導民不對矣治要正作勞力事民而不責

按王氏不解歲事之義，而改從治要，疏矣。治要正以不解歲事，而改爲事民。事民既不詞，且上云「盡智導民而不伐焉」，導民之義，亦在治民之內，不知二者有何區別，甚矣王氏好改古書之妄也。歲應讀作會。孫子行軍「山林蘙薈」，六韜戰騎作「翳薉林木」。太玄玄告「日月相劌」，注：「劌之言會也。」是从歲之字與會音近字通。會事謂與事相期會，亦即赴事之義。禮記月令「以會天地之藏」，疏：「會猶趣也。」趣亦赴也。此言勞力赴事，而不督責焉。會事與上文導民正相對爲文。

夫逃人而謨問上第十二

王念孫謂人當作義，方與上下文合。按人義形異，無緣致誤。王說意改成文。殊無所據。按逃應讀作慆。墨子備蛾傅敵引哭而楡孫詒讓云。疑當爲逃之借字。古兆俞聲字多互通。如詩小雅鹿鳴示民不恌。毛傳云。恌偷也。可證。按孫說是也。荀子彊國其服不挑注挑偷也。詩蟋蟀。日月其慆。慆乃逾之叚字。生民或舂或揄。說文揄作舀。是从兆从俞从舀之字。音近相假。周語。無即慆淫。注。慆慢也。夫慆人而謨。雖成不安。與傲民舉事。雖成不榮。文例同。慆人即慢人。與傲民爲對文。

不事驕行而尚司（問上第十七）

盧文弨云。疑同墨子有上同篇。按盧說非是。司應讀

作治·金文𤔔司同用·𤔔古治字·此言不事驕行而尚治也·

是以天下不相遺問上第十八

王念孫云·案治要作上以愛民爲法·下以相親爲義·是以天下不相違·是也·上文云·明王修道·一民同俗·故云天下不相違·今本脫兩以字·違字又誤作遺·則文義皆不協·按王氏好以類書改本書·不知古籍文字簡質·必一一改成今人句例則傎矣·廣雅釋詁遺離也·莊子田子方似遺物離人而立於獨也·遺與離對文·遺亦離也·遺訓離·與治要改爲違者義不相牾·又何必據彼以改本書哉·

不能與君陷于難問上弟十九

毛公鼎。俗女弗以乃辟圅于囏。師訇𣪘。谷女弗以乃辟圅于囏。不嬰𣪘。弗以我車圅于囏。圅陷古字通。囏猶難也。

積豐義之養而聲矜卹之義問上弟二十一

俞樾云。案豐義二字。誼不可通。義當作羨。字之誤也。羨饒也。豐羨猶豐饒矣。按俞說非是。豐義乃禮儀二字之古文。說文豊行禮之器也。豐豆之豐滿者也。甲骨文金文豐豊同字。大豐𣪘王有大豐。大豐即大豊。師遽尊。醴字作豒。豊禮古今字。義儀金文通用。金文威儀之儀亦作義。外篇弟一。畏禮也。今本作畏禮義也王念孫謂作義乃古字之僅存者良可寶也周禮秋官司盟及其禮義注義音儀然則此文積豐義之養謂積禮儀之養也呂氏春秋過理臣聞其聲注聲名也矜本應作矜憐也此言佞人非能誠中形外但積禮儀之養而名矜卹之義耳上云內重爵祿而外輕之以誣行下事左右而面示正公均謂有其表而無其質也問下弟十九今禮貌以華世義亦相彷

吾欲觀于轉附朝舞問下弟一

孫星衍云管子作我遊猶軸轉斛尹知章注言我之遊必有所濟猶軸之轉載斛石孟子作轉附朝儛趙岐注轉附朝儛皆山名也星衍謂當從管子趙岐以

爲山名。蓋因下琅邪推知之。齊實無此山也。按孫從尹注非是。焦循謂之罘即轉附。朝儛即成山。于欽齊乘謂召石山在文登之東。朝召古通。儛石聲近。按此可證趙注以爲山名不誤也。

好色無别辟 問下第二

孫星衍云。辟讀如僻。按别僻不詞。孫説非是。釋名釋天。辟歷辟析也。所歷皆破析也。詩柏舟。寤辟有摽。釋文。辟本又作擘。擘即今分擘之擘。此云好色無别辟。即好色無分别之義。淮南子要略。好色無辨。注。辨别也。與此義同。劉師培引公羊莊二十年傳何休解詁云。齊侯亦淫諸姑姊妹。不嫁者七人。按此即好色無

分别之謂也·

不以威彊退人之君問下第十一

俞樾云·按退人之君·義不可通·退疑迫字之誤·按俞說非是·退乃敦之借字·金文作𣪘·敦訓迫·乃通詁·詳墨子新證明鬼下·

夫儼然辱臨敝邑問下第十四

孫星衍云·一本作大夫·然作夫亦是·秦二世刻石·夫下積二畫以爲大夫·王念孫云·一本作大夫者是·孫說謬·按金文及古鉨凡大夫均作夫=·即大夫二字之合文·此脫二積畫耳·王謂孫說謬·失之·

而女富溢尤問下第十七

按左昭三年傳而女富溢尤注女嬖寵之家按女讀爲婦女之女殊誤女如古同字師餘尊王女上侯皃尊皃從王女南女即如魏三體石經春秋如字亦作女均其例證諫上弟八民愁苦約病而姦驅乃匿之譌尤佚王念孫謂尤過也甚也尤佚即溢尤按王說是也溢乃益之後起字溢尤即益尤猶言益甚此言道殣相望而如富益尤乃承上文雖吾公室亦季世也爲言謂道殣相望民窮極矣而公室則如富益甚也言公室亦因奢侈而空虛非眞富也

以樂慆憂問下弟十七

孫星衍云說文慆說也說憂即樂憂杜預注藏非一

說詩日月其慆傳慆過也言樂過當憂按孫前說是也慆訓說乃愉之借字从舀从俞古字通詳詩經新證蟋蟀篇愉憂猶楚辭懷沙舒憂娛哀之娛

其竜久乎問下第十七

孫星衍云竜不成字序云章爲長疑即爲此則作長久也左傳作能按孫謂竜不成字非是竜字有二說一史頌毀穌賓竜古鈢長竜竜即章可證二隋董美人墓誌銘竜章鳳姿竜即龍之別構汗簡亦作竜龍與能音近故左傳作能管子君臣下寵者從寵龍古本同字言能者從也劉師培謂黃之寀本竜誤龍蓋知竜爲古文龍故逕改爲龍也按左傳既作能則後

說於義爲優・

譽厚足以導民問下第二十

按譽厚不詞・上云知慮足以安國・下云和柔足以懷衆・是知與慮・和與柔・均平列・譽與字通・古籍習見・與親與也・與厚義相因・此言親厚足以導民也・

不阿以私問下第二十

孫星衍云以一本作久・非・王念孫云・案以當作所・與下句文同一例・言于人則不阿所私・于己則不誣所能也・作久作以・皆于文義不合・按明活字本作久・以久所二字形殊・無緣致誤・後人不解久字・而改爲以・亦猶王氏之改爲所也・久即古氒字・金文氒字作久・

秦權久字作乆．乆氒古本同字．後世歧而二之．氒今通作厥．此古字之僅存者．詳墨子新證經上不阿厥私言不阿其私也．與不誣所能正相對爲文．

治唐園閒下弟二十

孫星衍云．古塘字作唐．按孫說誤矣．唐場古字通．唐園即場園．呂氏春秋尊師．治唐圃．王念孫謂唐即場之假借是也．

共恤上令閒下弟二十

按共恭古字通．金文作龔．恤愼也．共恤即敬愼．

旹其所也閒下弟二十七

按旹是也．所宜也．

謂之誕意也（問下第二十八）

墨子經說下。意相也。相即古想字。呂氏春秋知度。去想去意。意猶想也。散文則通。對文則殊。然則誕意猶言誕妄。

所殺七人（雜上第三）

孫星衍云。韓詩外傳作十餘人。新序作十人。按古文七作十。十作十。漢世猶然。故易譌也。

曲刃鉤之直兵推之（雜上第三）

蘇輿謂後漢書注曲作劒。孫星衍云。高誘注淮南子。晏子不從崔杼之盟。將見殺。晏子曰。句戟何不句直矛何不摧。不撓不義。劉師培謂推爲誤字。當從淮南高注作擢。素問五常政大論王注云。擢謂朴落。即其義。按曲不應作刎。推不應改擢。刎乃直兵。非曲刃也。曲刃謂戈戟之屬。直兵謂矛刎之屬。自外向內挽之曰鉤。自內向外刺之曰推。鉤與推對文。改推爲擢。是不知古兵之所由用者也。

請君之棄鐏 雜上第十六

孫星衍云。韓詩外傳作願君之倅樽以爲壽。新序作願請君之樽酌。後漢書注作序酌。文選注作願得君之樽爲壽。按說文。尊酒器也。或作尊。玉篇或作樽。僔又云。鐏同樽。是樽鐏僔皆尊字之俗。黃以周曰。鐏當作尊。後漢書馬融傳注作願請君之棄酌。省吾按。棄罇不詞，作倅樽者是也。古倅字本省作卒，譌爲弃，後人因改作棄。周禮夏官諸子掌國之倅，注：故書倅爲卒。鄭司農云：卒讀如物有副倅之倅。按倅亦通萃，故副車曰萃車。古鉥有萃車馬之語。易坎六四虞注：禮有副尊。蓋君之飲酒用尊非一，故有副尊，亦猶鼎之有陪鼎也。尊以儲酒，飲則用觶用爵用角，故下云罇觶具矣。尊有勺，所以𣂔酒者。甲骨文金文尊字通作奠或隮。然則罇樽僔尊均後起字矣。此文本謂范昭請君之倅尊爲無禮，故下文公曰：酌寡人之罇進之于客。孫星衍謂文選注作公令左右酌樽以獻，若禮應酌君之尊，則無須稱公曰矣。又下云范昭已飲晏子曰：徹鐏更之。鐏觶具矣。范昭佯醉不説而起舞。是晏子以酌君尊爲失禮。故徹鐏別具鐏觶。而范昭因以佯醉不説而起舞也。

夫愚者多悔不肖者自賢雜上第二十

俞樾云：按愚者多悔與不肖者自賢兩意不倫。説苑雜言篇載越石父曰：不肖人自賢也。愚者自多也。即本晏子之言。疑此文本作愚者自多。傳寫奪自字。淺人妄補悔字耳。按俞説殊誤。下云溺者不問墜。迷者不問路。即承不肖者自賢而言。溺而後問墜。迷而後問路。譬之猶臨難而遽鑄兵。噎而遽掘井。雖速亦無及矣。即承愚者多悔而言。兩段文義較然。俞説未照。

且前半均係昭公自悔之詞也。

晏子假之以悲色（雜上第二十六）

按悲色不詞。悲應讀作斐。通匪。詩淇奧有匪君子傳。匪文章貌。禮記大學作有斐君子。考工記梓人且其匪色必似鳴矣注。匪采貌也。假之以文美之色。猶言假之以好色也。

然吾失此何之有也（雜上第二十六）

孫星衍云。未詳。按之猶以也。上云。況乎齊人之懷善而死者乎。吾所以不得睹者。豈不多矣。此接以然吾失此。何以有也。此文本義甚明。晏子以泯子午之不得盡其詞。而憂失士之多。故曰何以有也。謂何以有

齊人之懷善而死者也・

北面韋盧稱無罪焉雜下弟三

孫星衍云・韋盧說苑作倚盧・文選注作徙倚・蘇輿云・案文選注見上建平王書・但彼作倚徙・音義誤倒・按管子法禁・隱行辟倚・注・倚・依也・是作倚盧義猶相仿・文選注作倚徙・蓋不解韋盧之義而改之也・韋盧即依盧・韋與依一音之轉・皆諧部字・說文・韡・許歸切・呂氏春秋愼大・親郼如夏・注・郼讀如衣・今兖州人謂殷氏皆曰衣・是郼之讀衣・猶韋之讀依矣・衣依字通・古籍習見・

故殺之斷其頭而葬之雜下弟三

王念孫云：案既言斷其頭，則無庸更言殺之。殺之二字後人所加也。說苑辯物篇有此二字，亦後人依俗本晏子加之。文選上建平王書注引作悉斷其頭而葬之，御覽人事部五作斷其頭而葬之，人事部四十作故并斷其頭而葬之，皆無殺之二字。按王說非是。言殺之者，非專就斷頭言，先殺之，後斷其頭，於義本通。說苑有殺之二字，尤其顯證。不當舍晏子說苑而以選注御覽為據也。

鴞當陛布翌（雜下弟四）

孫星衍云：翌，說苑作翼。此段音字。按古有翌異，無翼。甲骨文翌字作□，亦作□，作□，右象羽翄形。說文昱明日也。𦐖翄也。重文作翼。乃後起字。古昱日及羽翼字本均作翌。此云布翌。乃古字之僅存者。

羣臣其爵雜下第十二

孫星衍音義作之爵。云今本作其爵。據說苑改。按孫改非是。其猶之也。詳經傳釋詞。召白虎敦對揚朕宗君其休。其亦之也。

望之相相然雜下第十三

王念孫謂相當爲梠。音忽。按梠即榴。金文畱子作卣。

景公祿晏子以平陰與槀邑雜下第十六

按鬳羌鐘平陰作平隂。隂古陰字。

得以壽三族雜下第二十五

俞樾云：案國語楚語「臣能自壽也」，韋注曰：「壽，保也。」按壽讀燾，訓覆，於義亦通。周書作雒解「燾以黃土」，注：「燾，覆。」本篇弟十八「以君之賜，澤覆三族」，此云「賴君之賜，得以燾三族」，是燾即覆也。

國不可窮，窮不可竊也。雜下弟三十

俞樾云：「窮不可竊」當作「窮不可察」，言窮極之則反無以察矣，故「國不可窮也」。按「窮不可察」不詞甚矣，俞說殊誤。竊應讀作踐。古竊字每與从戔之字爲音訓。爾雅釋獸「虎竊毛謂之虥貓」，注：「竊，淺也。」釋鳥「夏扈竊玄，秋扈竊藍，冬扈竊黃，棘扈竊丹」，左昭十七年傳疏：「竊玄，淺黑也；竊藍，淺青也；竊黃，淺黃也；竊丹，淺赤也。」竊即古之淺字．說文．虢虎竊毛謂之虢苗．竊淺也．按淺踐並諧戔聲．詩東門之墠．有踐家室．傳．踐淺也．韓非子內儲說．一臣之夢踐矣．難四亦有此語．乾道本踐作淺．並其證也．此言國不可窮．窮則不可踐也．外七弟十五．後世孰將踐有齊國者乎．管子大匡．不踐其國．是均踐與國相屬爲詞也．

暴虐淫縱外七弟七

盥盪虢虐從獄．詛楚文．內之則虢虐不辜．暴均作虢．

不給則應外七弟七

按應字不詞．應宜讀作．詩閟宮．戎狄是膺．之膺．應膺古同字．金文通作雁．如雁公鼎．雁即．左僖二十四年傳邗晉應韓之應·叔公鑄·雁受君公之易光·雁受即膺受·是其證也·上云私欲養求·養長也·故此云不給則膺懲之也·下云民人苦病·夫婦皆詛·義正相承·

夫子何小寡人甚也外七第十四

王孫念云按小本作少·此後人不解少字之義而改之也·按王說非是·金文及古籍·小少通用·

此難得其知也外七第十四

盧文弨·云其疑具·蘇輿云·案治要作此難得而其難知也·義亦不可晰·疑作具是·按盧蘇說非·治要作而其難知也·適可證其字之不誤·其期古字通·詩頍弁實爲何期·釋文·期本作其·漢武梁祠畫象·樊於其頭·

期作其·是其證·左哀十六年傳·期死非勇也·注·期必也·此難得期知也·謂此難得必知也·

寡人不足以辱而先君外七弟二十四

盧文弨云·三字疑·按而猶如也·詳經傳釋詞·此言寡人不足以辱如先君·辱·謙詞·上言桓公予管仲狐與穀·又云·以爲子孫賞邑·下云·今爲夫子賞邑·通之子孫·意謂寡人雖不足以辱如先君之賞管仲·但亦欲爲夫子賞邑也·

載一願外八弟八

按載應讀作再·上云·請晏子一願·此景公又請晏子之一願·故云再一願也·孟子滕文公·自葛載·注·載一

說當作再字。詩小戎。載寢載興。文選曹植應詔詩引作再寢再興。是其證也。

出于室爲何者也外第十八

王念孫云。案當作何爲者也。言此出于室者何等人也。今本作爲何者也。則文不成義。韓詩外傳正作何爲者也。按爲何者也。義本可通。不必改作何爲者也。說文者別事詞也。或指其事。或指其物。或指其人。說見經傳釋詞。此者字即指其人。言爲何者也。即爲何人也。

何以老爲妻外第十八

王念孫云。案當作何以老妻爲。言富貴如此。何用老妻爲也今作何以老爲妻則文不成義按王氏喜改成文不可爲典要老對少爲言下云去老者謂之亂納少者謂之淫如以老妻連文則老少二字下各應增妻字豈其然乎

公曰合色寡人也（外八第十二）

俞樾云合疑否字之誤否字自爲一句按上云竊姣公也自羽人言之則曰姣公公自言之則曰色寡人上下一義中間不應有否字且合否形殊無由致譌合即盇之音假爾雅釋詁盇合也易序卦傳嗑者合也爾雅釋言曷盇也廣雅釋詁盇何也羽人姣公故景公詰以何色寡人也

昔者秦繆公乘龍舟而理天下外八第十三

按理里字通劉師培謂事類賦注及御覽引理作治按作治者非是左成二年傳先王疆理天下詩信南山我疆我理傳理分地理也穆天子傳庚辰天子大朝于宗周之廟乃里西土之數注里謂計其道里也紀年曰穆王西征還里天下億有九萬里按今本紀年里作履借字耳計其道里與理義亦相因還里天下與此文里天下之義正符

吳縣周仰公校字

雙劍誃諸子新證
二

序

墨子於諸子中最號難讀以其譌牾衍捝更見迭出既無舊注又無明以前刊本明本之傳於今者亦不多見自孫氏閒詁行世而是書始稍稍可讀孫氏所引清儒說解已略備然仍有待於後人之糾正補苴省吾舊藏有嘉靖本子彙本寶曆本又借傅沅叔先生所藏綿眇閣本堂策檻本（從芝城館銅活字本出）互相讎校復佐之以聲音通假之方古文繁渻之證擇其舊校舊說之所未及或及而未備者著於篇晚明刊本閒有明人意改處寶曆本係覆明刊茅本者雖譌牾習見而其可以糾今本之誤者實較各本為勝孫詒讓僅見迎敵祠以下殘卷余

未覩茅本然觀李氏閒詁校補所引楊校茅本與是書頗有出入寶曆本上欄有原儀氏校語每與畢王蘇俞孫諸家說合（葉德輝跋是書云寶曆七年當中國乾隆二十二年畢刻在乾隆四十九年是原儀與畢合者斷非畢本可知）王念孫謂是書以無校本而脫誤難讀亦以無校本而古字未改王氏所舉古字具詳雜志敘中茲略舉王氏所未及者如毋之作母其之作亓則固是書所習見又如諸之作者（見尚賢中）乎之作虖（見尚同上）作之作乍（見兼愛中）熏之作重（見節用中）簋之作毀（節葬下鼎鼓乃鼎毀之譌鼓雖誤字然可證墨書之本作毀不作簋也）紀之作己（見節葬下）唯之作隹呼之作乎（見明鬼下）以之作台（見經說上）寢之作寑（見經說下）圄之作吾（見公孟）右之作又（見襍守）凡此咸與彝器銘文相脗合者也篇中所舉

一依閒詁原文加以勘覈蓋考据之學遇有疑文滯義
必須深思眇慮方可得其懸解墨子所云今若過之心
者數逆於精微其此之謂乎然省吾溝瞀不學儕近延
扇自所難免略書所見以與世之治是書者相質證焉
中華民國二十七年一月海城于省吾

雙劍誃墨子新證卷一

海城于省吾

夫惡有同方取不取同而已者乎親士

畢沅云惡讀如烏言聖人之與士同方相合猶江河同源相得烏有不取諸此而自止者俞樾云此文本云夫惡有同方不取而取同己者乎同方謂同道也同己謂與己意同也聖人但取其與道同而不必其與己意同故曰夫惡有同方不取而取同己者乎按畢說未盡是俞說尤非蓋今本方下脫不字遂不可解依周秦金石刻辭及近世發現之宋以前古籍鈔本例之則此文本應作夫惡有同方不=取=同而

已者乎・是上不字即涉重文而脫辭過篇・故爲姦衺・姦衺多則刑罰深・舊無下姦衺二字・王念孫據治要補・魯問篇・而求百福於鬼神・唯恐其以牛羊祀也・孫詒讓謂當重鬼神二字・又公輸子削竹木以爲鵲成而飛之・王念孫謂今本少一鵲字・則文不足義・按此等處皆因重文而脫本書斯例習見・不勝繁舉・此言夫烏有同方不取・不取同而止者乎・上文是故江河之水・非一源之水也・千鎰之裘・非一狐之白也・義正相承・俞樾既以取不爲誤倒・又移而字於取同二字之上・又改已爲己・又謂但取其與道同・而不必其與己意同・是俞氏之說迂曲甚矣・

殺傷人之孩無存之心脩身

畢沅謂孩當讀如根荄按畢說非是孩應讀作期老子二十章如嬰兒之未孩言如嬰兒之未期也莊子天運不至乎孩而始誰言不至乎期而始誰也詳莊子新證期謂有所希求周禮司市凡萬民之期于市者注期謂欲賣買期決于市也殺傷人之期無存之心言殺傷人之期求不可存於心也

設壯日盛脩身

畢沅謂設壯疑作飾莊按畢以設爲飾非也以壯爲莊是也設應讀作翕書盤庚各設中于乃心漢石經設作翕莊子人間世故忿設無由忿設即分翕詳莊

子新證。翁莊曰盛言翁歛莊敬則日盛也。上句願欲日逾。禮記表記作安肆日偷。安肆與翁莊義正相反。

五入必而已則爲五色矣。所染

原儀氏校。一本無必則二字。按綿眇閣本子彙本均無必則二字。

夏桀染於干辛推哆。所染

畢沅引呂氏春秋云夏桀染於羊辛。按寶曆本亦作羊辛。

殷紂染於崇侯惡來。所染

按惡來即亞來。詳荀子新證儒效篇。

厲王染於厲公長父榮夷終。所染

原儀氏校厲一作號與畢沅引呂氏春秋厲作號合

又嘉靖本堂策檻本寶曆本長父均作長公

宋康染於唐鞅佃不禮所染

畢沅云呂氏春秋佃作田是禮作禋誤按寶曆本佃正作田又原儀氏校禮一作禋則與孫詒讓所引荀子楊注合

行理性於染當所染

寶曆本性作生按此與孫詒讓所引治要及呂氏春秋並作生合綿眇閣本性作在

必擇所堪所染

寶曆本擇下有其字

故百工從事皆有法所度法儀

按所猶可也。天志下。將猶有異家所以避逃之者。將猶有異國所以避逃之者矣。將無所以避逃之者矣。所以可以也。詳經傳釋詞。

莫可以爲治法法儀

法下舊有而可二字。孫詒讓據王念孫說删。按綿眇閣。本子彙本。均無而可二字。

此以莫不犓羊豢犬豬法儀

蘇時學謂犓乃芻牛兩字而誤合爲一者。按此乃古之合文。非誤合者。甲骨文金文合文之例習見。舊說謂脫牛字非是。非樂上。非以犓豢煎炙之味。吳鈔本搊作芻。亦其證也。

曰殺不辜者 法儀

聚珍本亦作曰殺不辜者。按曰各本均作日。

兼愛天下之百姓 法儀

畢沅謂舊脫愛字。以意增。按綿眇閣本子彙本兼下均有愛字。

其賊人多 法儀

舊作賊其人多。俞樾謂當作其賊人多。按寶曆本正作其賊人多。

故天禍之使遂失其國家 法儀

孫詒讓謂遂與隊通。是也。按荀子修身天其不遂乎。

遂亦應讀隊。與此語義有反正耳。

所信者不忠所忠者不信 七患

孫詒讓云。上句信字舊本譌言。又無兩者字。今據羣書治要補正。按各本均作所言不忠。所忠不信。孫改非是。此謂所言不忠。即所言忠。亦不見信也。詞句迴環簡古。唐宋類書。每意改古籍成文。遂失古人之語妙矣。

民無食則不可事 七患

按事應讀作使。金文事使同字。

則五味盡御於主 七患

原儀氏校。主一作王。

故國離冠敵則傷（七患）

按傷應讀作喪。管子君臣下。是故明君飾食飲弔傷之禮。注傷謂喪祭也。是傷喪音近字通。故國離冠敵則喪。與下句民見凶饑則亡對文。喪亦亡也。若讀傷如字。國言傷則不詞矣。

家無三年之食者子非其子也（七患）

寶曆本。子非其子也作家非其家也。按上文國無三年之食者國非其國也。依句例言之。則寶曆本爲是。

就陵阜而居。穴而處（辭過）

原儀氏校。就一作蓋。孫詒讓謂穴上疑挩一字。是孫讀穴而處句。按下句下潤濕傷民。下字屬上句。讀爲穴而處下。於義亦通。堂策檻本正以穴而處下四字為句。

以為錦繡文采靡曼之衣過辭

舊本之衣作衣之。孫詒讓據俞樾說及長短經改為之衣。按綿眇閣本子彙本均作之衣。

鑄金以為鉤過辭

按鉤謂帶鉤。近世出土之晚周帶鉤習見其花文多錯金銀以為飾。

以為身服過辭

孫詒讓引治要作以身服之。按寶曆本正作以身服之。嘉靖本堂策檻本作以身服有挩文。

欲國無亂　過辭

嘉靖本。綿眇閣本。堂策檻本。子彙本。寶曆本。國並作用。按下文君實欲天下之治而惡其亂。則亂字指天下。言作國者非是。

夏則飾饐　過辭

原儀氏校飾疑餲。按此與洪頤煊說合。

全固輕利皆已具　過辭

孫詒讓謂全治要亦作完具。下有矣字。原儀氏校。一本具下有矣字。按有矣字是也。上文冬則輕煗。夏則輕凊。皆已具矣。可證。

必厚作斂於百姓　過辭

王念孫謂作斂與籍斂同是也嘉靖本作斂補改爲科斂蓋不識作字之義而誤改

故爲姦衺姦衺多則刑罰深過辭

舊本均無下姦衺二字王念孫據治要補是也此本作故爲姦=衺=多則刑罰深凡周人文字其重文皆不復書故易脫也詳尚書新證召誥篇按本書因重文而脫者習見後並仿此

凡回於天地之間過辭

蘇時學謂回疑當作同按蘇改殊誤凡應讀作盤詳節葬下壟雖凡山陵條盤亦回也盤回謰語猶言盤旋離騷回朕車以復路兮注回旋也回迴古同用吕

覽上德德迴乎天地猶此言盤回於天地之間矣

夫婦節而天地和　辭過

寶曆本和作利按利亦和也易乾元亨利貞子夏傳利和也左襄九年傳利義之和也下文風雨節而五穀孰衣服節而肌膚和此若作天地和則複矣

無乃非有血氣者之所不能至邪　三辯

俞樾謂非字衍文按俞說非是非應讀作彼非匪彼古字通脩身篇故彼智無察畢沅謂彼當爲非亦其證也

無大後患　三辯

按事成功立無大後患大字不辭下文亦有事成功

立無大後患之語。二大字並應讀作夫。夫語詞。夫大古字通。易比象。後夫凶。即後大凶也。大鼎。善夫作善大。大差監。大差即夫差。大艮造鞅量。齊□卿夫＝眾來聘。齊夫夫牛節。辟夫夫虎節。辟夫＝信節。夫＝即大夫。秦刻石。大夫亦作夫＝。均其證也。夫＝為大夫合文此說誤

因為無智矣。三辯

嘉靖本綿眇閣本。堂策檻本。子彙本。寶曆本。智均作知。

不能以尚賢事能為政也。尚賢上

原儀氏校。事疑使。蘇時學謂事當作使。孫詒讓引漢書注訓事為役使。失之。按事使金文同字。

牆立既謹上爲鑿一門尚賢上

孫詒讓謂牆立既疑當作宮牆既立。又謂謹上疑當爲謹止。按孫説殊誤。此應讀作牆立既謹句。既謹乃墍墐之假字。説文。墍仰涂也。廣雅釋宮。墐墍塗也。説文。墐涂也。詩七月。塞向墐戶。傳。墐塗也。書梓材。既勤垣墉。惟其塗墍茨。急就篇。泥塗至墍壁垣牆。然則牆立墍墐。謂牆立以泥塗之也。上爲鑿一門。上指牆言。義正相符。

禹舉益於陰方之中尚賢上

按甲骨文地名稱某方者習見。猶今言某國。

莫不敬懼而施尚賢上

俞樾謂施當讀爲惕．並引盤庚不惕予一人．白虎通作不施予一人爲證．按惕與懼義複．俞說非是．而本應作不．而不篆文形近而譌．尚同中．而避天鬼之所憎．孫詒讓謂而舊本誤不．今據道藏本正．天志中篇同．是其證也．書盤庚．不惕之惕．乃易之假字．不惕應屬上句．讀爲惟汝含德不惕．句詳尚書新證．詩何人斯．我心易也．釋文．易韓詩作施．是施易古通之證．莫不敬懼不易．言皆敬懼不變易也．毛公鼎．夙夜敬念王畏不賜．賜亦易之假字．與此敬懼不易義相仿．不易乃古人語例．詩韓奕．朕命不易．弓鎛．虔卹不易．廣雅釋詁．虔敬也．文選七發．則卹然足以駭矣．注．卹然

驚恐貌是虔卹不易亦敬懼不易之謂也

自愚賤者爲政乎貴且智者則亂中尚賢

孫詒讓謂愚下依上文亦當有且字按嘉靖本綿眇

閣本堂策檻本子彙本寶曆本均有且字

故唯昔三代聖王堯舜禹湯文武之所以王天下正諸

侯者此亦其法已中尚賢

原儀氏校唯疑雖按唯雖古字通下文故雖昔者三

代暴王桀紂幽厲之所以失措其國家傾覆其社稷

者已此故也與此文例同

使斷獄則不中中尚賢

寶曆本無使字古人稱斷獄每以中爲言尚同中聽

獄不敢不中。牧毄不刑。不中。毋敢不明不中不刑。毋敢不尹其不中。不刑。書呂刑。惟良折獄。罔非在中。故當若之二物者中。尚賢

寶曆本之作此。

天下皆得其利中。尚賢

嘉靖本。綿眇閣本。堂策檻本。寶曆本。利均作列。與道藏本合。

廢帝之德庸中。尚賢

孫詒讓引左傳杜注。訓庸爲用。按孫說非是。書堯典。有能奮庸熙帝之載。僞傳與馬注並訓庸爲功。上言伯鯀帝之元子。此言廢帝之德庸。言伯鯀廢帝之德

與帝之功也

乃熱照無有及也（尚賢中）

孫詒讓謂此似言幽囚之日月所不照按孫說非是熱照殊不詞綿眇閣本寶曆本熱作熟是也熟熱形近易譌（呂氏春秋蕩兵注火以熱食朱本及治要熱均作熟亦其證也）熟古本作孰荀子議兵凡慮事欲孰注孰謂精審性惡思索孰察注孰察精孰而察照昭古字通下文其有昭於天下也寶曆本昭作照是其證昭謂曉喻之也左宣二年傳疏昭謂明曉此禮上言伯鯀廢帝之德庸既乃刑之于羽之郊故云乃孰審以曉喻之無有及也孰昭猶禮記內則寧孰諫之孰諫特語氣有上下之別耳

與天地同常 尚賢中

孫詒讓謂常猶言保守。按孫說非是。莊子在宥吾與天地爲常。天道則天地固有常矣。日月固有明矣。星辰固有列矣。此文上言若日之光。若月之明。可互證。太玄玄攡常變錯。注常謂天地日月星辰也。易象下傳未變常也。虞注常恆也。此承上文聖人之德爲言。言聖人之德與天地同其恆常而不易也。

明於小而不明於大也 尚賢下

孫詒讓謂上於字舊本挩。今據羣書治要增。按寶曆本有上於字。脫下於字。

王曰於 尚賢下

盂鼎王曰亓或謂即古於字

晞夫聖武知人（尚賢下）

曾伯簠逝聖元武

此安生生（尚賢下）

書盤庚敢恭生生

使不知辯（尚賢下）

孫詒讓謂舊本挩知字今據道藏本補按嘉靖本綿眇閣本堂策檻本寶曆本均有知字

王公大人骨肉之親躄瘖聾暴爲桀紂不加失也（尚賢下）

孫詒讓疑聾下挩一字又謂聾下或挩瞽字按孫說非是寶曆本躄作感是也感戚古字通書盤庚率籲

眾慼。段玉裁謂戚衛包改爲慼。是其證。上言此譬猶瘖者而使爲行人。聾者而使爲樂師。此亦專言瘖聾不言躄。暴爲之爲孫詒讓以爲如之誤。亦非。爲猶如也。詳經傳釋詞。此言王公大人骨肉之親。戚既瘖且聾。暴如桀紂。不加失也。蓋通篇多言王公大人骨肉之親。少言親戚者。後人遂改戚爲躄耳。原儀氏校慼一作蹷。按緜眇閣本堂策檻本均作蹷。蹷與躄尤爲形近易譌。尚賢中親戚則使之無故富貴面目佼好者則使之。此篇亦以骨肉之親無故富貴面目美好者連言。以是明之。

是以使百姓皆攸心解體沮以爲善垂其股肱之力尚賢

下

孫詁讓謂攸與悠通言悠忽也按孫說非是畢沅謂攸一本作放作放者是也放方古字通書堯典方命圮族漢書傅喜傳方作放莊子天地有人治道若相方釋文方本亦作放孟子梁惠王方命虐民注方猶逆也堯典之方命圮族史記五帝紀作負命毀族是以負詁方負與逆皆違背之義是以使百姓皆放心解體言使百姓皆違心解體也貴義篇是圍心而虛天下也吳玉搢謂圍心即違心放心與違心義相若沮字應讀作且

隱慝良道 尚賢下

畢沅謂慝即匿字異文按綿眇閣本堂策檻本寶曆本均作匿

推而上之以（尙賢下）

王念孫謂此五字蓋涉上文推而上之而衍按王說殊誤上文上可而利天中可而利鬼下可而利人是故推而上之若由利人言可推之於利鬼可推之於利天由下推而上之也此言推而上之以以應讀作矣呂覽適音勝理以治身則生全以以治要作矣詩天作彼徂矣岐即彼沮以岐詳詩經新證晏子春秋諫上禽獸矣力爲政元刻本矣作以寡子卣誒帝家以劉心源讀以爲矣均其例證上文若此則飢者不

得食，寒者不得衣，亂者不得治。言由飢者推至於寒者，由寒者推至於亂者，故云推而上之矣。

湯有小臣。尚賢下

弓鎛：「伊少臣唯補。」少小古字通，伊小臣亦即伊尹。

是以人是其義，以非人之義，故交相非也。尚同上

畢沅謂「非也」是舊作「非是也」，字倒，今以意改。又中篇「故相交非也」，戴望云：「當從上篇作『交相非也』。」李笠引楊校茅本正作「交相非」，並謂嘉靖本與茅本同。按諸說並非。綿眇閣本、堂策檻本此篇均作「故交相非是也」，寶曆本此及中篇均作「故交相非是也」，當從之。交相非是，謂交相非、交相是也。正承上文非與是言。書

禹貢庶土交正僞傳交俱也是以人是其義以非人之義故云俱相非俱相是也

夫明虖天下之所以亂者（尚同上）

孫詒讓云說文虍部云虖哮虖也此借爲乎字按金文烏乎之乎作虖招呼之呼作乎此虖字乃古文之僅存者

甚明察以審信（尚同上）

孫詒讓謂甚舊本譌其據王念孫引中篇改其爲甚按嘉靖本緜眇閣本堂策檻本寶曆本甚均作其其乃綦之省文从糸乃後起字荀子王霸目欲綦色注綦極也綦或爲甚傳寫誤耳按此亦綦甚易譌之證

綦明察以審信言極明察以審信也中篇作甚蓋後人不知其之通綦而改之耳綦之作其本書習見

溱溱而至者尚同上

溱溱各本均作湊湊已詳李笠校補按堂策檻本寶曆本亦作湊湊中篇作薦臻而至者疑薦臻亦本應作湊湊乃後人不解其義而改之者詩雲漢饑饉薦臻傳臻至也臻亦訓至不應曰薦臻而至湊有聚義則湊湊謂頻仍也

尚同義其上而毋有下比之心尚同中

孫詒讓引管子小匡篇尹注訓下比爲下與有衆者比而掩蓋之按此說義猶未盡比謂阿附即比周之

比齊語謂之下比注比阿黨也尚同即上同言上同其上而毋有與下爲阿附之心也下文是以皆比周隱匿而莫肯尚同其上比周隱匿即下比也

意若聞見善不以告其上尚同中

按意應讀作抑詳經傳釋詞

譬之若有苗之以五刑然尚同中

畢沅謂苗舊作量据下改按寶曆本量正作苗

呂刑之道曰尚同中

嘉靖本綿眇閣本堂策檻本寶曆本吕俱作以按以亦作㠯與吕形似而譌

政以爲便譬宗於父兄故舊尚同中

寶曆本政作故故固古字通固猶必也詳經傳釋詞孫詒讓謂政與正同失之便譬寶曆本作便嬖是也左隱三年傳公子州吁嬖人之子也注嬖親幸也洪頤煊引論語馬鄭注謂巧爲譬諭失之孫詒讓謂宗於疑宗族之誤按寶曆本正作宗族

國衆必亂尚同下

原儀氏校衆疑家

百姓爲人尚同下

戴望謂此人字讀如人偶之人按戴說義則近是而仍非確詁人尸古字通尸古夷字詳荀子新證成相篇莊子應帝王予方將與造物者爲人人應讀作夷

穆天子傳至於鄘人鄘人即鄘夷亦其證也上言古者天之始生民未有正長也此云百姓爲夷言百姓爲等夷無上下之可分也

將使助治亂刑政也尚同下

孫詒讓謂治下亂字疑衍按亂本應作𤔔𤔔金文治字凡經傳亂訓治者皆非也亂即𤔔之譌治涉旁注而衍下文唯辯而使助治天明也助治亦本應作助𤔔

唯辯而使助治天明也尚同下

王念孫讀辯爲偏孫詒讓謂辯當訓爲分按孫說是也使應讀作事金文使事同字不煩舉證言唯分辯

而之職事以助治天明也上言乃立后王君公奉以卿士師長按后王君公卿士師長各有職司故以辯事爲言中篇維辯使治天均言維分辯職事以治天均也小子生尊王命生辨事斥公宗辨辯古字通上既言命下事字不應讀作使是其譣也

則是上下相賊也 尚同下

孫詒讓謂賊舊本譌賤今依王校正按寶曆本正作賊

天子又總天下之義以尚同於天 尚同下

孫詒讓依俞樾説校改天子爲天下按嘉靖本子彙本綿眇閣本堂策檻本寶曆本均作天下

故當尚同之爲說也尚用之天子（尚同下）

同用舊本互譌。孫詒讓依蘇時學說改尚用爲尚同。又依王念孫說改尚同爲尚用。按嘉靖本。綿眇閣本。堂策檻本作故當尚同之爲說也尚同之天子。子彙本。寶曆本作故當尚同之爲說也。上用之天子。上尚古字通。蘇時學謂當作上用。與後二本合。

外爲之人（尚同下）

孫詒讓謂外爲二字疑誤。按孫說非是。下言助之視聽者。衆乃承上文古之聖王爲言。自聖王本身言之。則助之視聽者衆。均外爲之人也。

唯信身而從事（尚同下）

按下文亦云夫唯能信身而從事信身二字不詞上言助之視聽者衆下言一目之視也不若二目之視也云云均伸述相助尚同之義不應獨言信身身應讀作申詳經說上所令非身弗行條信申謂申其信也下文致信而持之係總結此章致信即信申之謂也

而不可不察尚同下

舊本作而不察畢沅云當云不可不察按子彙本寶曆本均作而不可不察

故盜賊亡有兼愛上

畢沅謂亡有二字舊倒非下同按畢改非是有亡各

本無一作士有者·有古音讀若以·故與以字通·書皋陶謨·車服以庸·春秋繁露度制·作輦服有庸·詩皇矣·臨下有赫·潛夫論班祿·有作以·此例古書習見·士應讀如無·故盜賊有士·綿眇閣本·有士作有無·此文有士三見·並應讀作以無·故不孝不慈以無·故盜賊以無·故大夫之相亂家·諸侯之相攻國者以無·三以無上均用故字·係結語·句例相同·若依畢改·讀爲故盜賊無有尚可·讀故不孝不慈無有·讀故大夫之相亂家諸侯之相攻國者無有·殊爲不詞·至下文之盜賊無有·與此三以無之作結語者不同·不得據彼以改此也·

然則崇此害亦何用生哉兼愛中

俞樾謂崇字無義，乃察字之誤。按崇乃祟之誤，非察之誤。祟乃察之借字也。甲骨文恆稱其出來希，希應讀作祟。祟殺蔡察古字通。說文古文殺作𣏂。孟子萬章殺三苗于三危，說文作𢿱三苗。𢿱从祟得聲。左昭元年傳周公殺管叔而蔡蔡叔，釋文引說文蔡作𣏟。禮記鄉飲酒義愁之以時察守義者也，注察或爲殺。均其證也。

以不相愛生邪兼愛中

俞樾云，當作以相愛生邪，乃反言以問之。按俞說是也。寶曆本正無不字。

天下之難物于故也兼愛中

于舊作於。孫詒讓據道藏本改於爲于。按嘉靖本寶曆本於亦作于。又孫詒讓疑于即迂之借字。俞樾謂於故二字當爲衍文。按二說並非。物乃利之譌字。甲骨文金文利字多作𥝢。故易掍也。于猶與也。詳經傳釋詞。言天下之難利與故也。下云子墨子言曰。天下之士君子特不識其利辯其故也。正承此利與故爲言。

故臣爲之也兼愛中

王念孫謂爲上脫能字。下文故臣能之也。王謂能下脫爲字。按王說非是。能爲或分言或合言。不必强爲畫一也。

朝有黧黑之色（兼愛中）

色舊作危。原儀氏校危。疑色。按此與王引之說合。

越王親自鼓其士而進之（兼愛中）

畢沅謂而進之下。舊有曰字。衍文。按綿眇閣本。無曰字。

以楗東土之水（兼愛中）

嘉靖本。寶曆本。楗作揵。綿眇閣本。堂策檻本。均作揵。畢沅云。說文云。楗門限。則此蓋言限也。按漢書賈誼傳。淮陽包陳以南揵之江。揵亦應讀爲楗。言淮陽包陳以南限之江也。王念孫以如淳訓揵爲接。遂謂揵當爲捷字之誤．失之．

以利荆楚干越與南夷之民（兼愛中）

嘉靖本．綿眇閣本．堂策檻本．寶曆本．均作以利楚荆越與南夷之民．王念孫以楚荆二字爲誤倒．按楚荆二字不倒．𢦏毁．𢦏馭．從王南征．伐楚荆．是其證．

乍光于四方于西土（兼愛中）

兼愛下．乍照光于四方于西土．孫星衍謂乍古與作通．按古籀作字作乍．不从人．此可證墨書每存古字也．

天屑臨文王慈（兼愛中）

孫詒讓引後漢書注．訓屑爲顧．按孫說非是．屑說文

作眉書多士大淫泆有辭馬本泆作眉眉佾古同字

詳尚書新證多士篇眉應讀作異佾異雙聲並喻母

字爾雅釋詁臨視也言天對於文王之慈惠特加殊

異之臨視也猶今俗書牘言青睞盂鼎古天異臨子

古讀故眉臨即異臨是異臨乃古人語例

連獨無兄弟者兼愛中

畢沅云連同鰥音相近字之異也經典或作煢或作

惸皆假音王引之云無兄弟不得謂之鰥鰥煢惸三

字聲與連皆不相近連疑當作逴與連相似而誤逴

猶獨也俞樾云連當讀爲離孫詒讓云連疑當讀爲

矜一聲之轉連獨猶言窮苦煢獨耳按畢孫讀是王

俞二說並誤。古矜獨之矜本作矜，乃鰥之借字。書多士「予惟率肆矜爾」，論語則「哀矜而勿喜」，論衡引矜並作憐，是矜本應作矜。矜憐音近，又憐與連聲韻同。詩菀柳「矜」與「天」「臻」韻，何草不黃「矜」與「玄」「民」韻，桑柔「矜」與「旬」「民」「天」「塡」韻，是尤可證本作矜不作矜矣。矜獨無兄弟者，言矜夫與獨夫，而又無兄弟可依者。王說「無兄弟不得謂之鰥」，不知此非釋無兄弟謂之鰥也。鰥獨非盡無兄弟，特就鰥獨之無兄弟者言之，謂其情尤可憫耳。

曾孫周王有事兼愛中

按曾孫乃孫之通稱，詳詩經新證信南山篇。

又與爲人君者之不惠也兼愛下

孫詒讓謂又與舊本作人與依王念孫說改爲又與按綿眇閣本堂策檻本子彙本寶曆本人均作又

又與今人之賤人兼愛下

按賤當作賊尚賢中從而賤之賤傲萬民王念孫並以賤爲賊之誤此賤人寶曆本正作賊人是也下云執其兵刃毒藥水火以交相虧賊是承賊人爲言若云賤人賤人非盡爲賊者知其不可通也下云必曰從惡人賊人生分名乎亦其證也

姑嘗本原若衆害之所自生兼愛下

秦泰山刻石本原事業本原二字與此用法同

譬之猶以水救火也兼愛下

綿眇閣本堂策檻本子彙本均作以火救水俞樾謂本作猶以水救水以火救火也按寶曆本作以水救水與俞說合特俞氏增以火救火四字耳

出乎若方也兼愛下

畢沅謂乎舊作平以意改按子彙本綿眇閣本寶曆本平均作乎

是以聰耳明目相與視聽乎兼愛下

按與字誤聚珍本亦作與各本均作爲畢本亦作爲

誰以爲二士兼愛下

王引之謂誰當爲設按此以意改不可依據誰應讀

作唯唯語詞。下文誰以爲二君。亦同此讀。

不識將惡也兼愛下

俞樾謂惡下脫從字。按俞説非是。寶曆本作不識將擇之。原儀氏校擇之一作惡之。按本應作不識將惡擇之。之作也亦通。蓋一本脫擇字。一本脫惡字。遂致歧異。

家室奉承親戚兼愛下

綿眇閣本。子彙本家室上有然即將三字。而無上文然即敢問不識將惡擇之二句。

今歲有癘疫兼愛下

寶曆本。疫作瘦。

自古之及今（兼愛下）

戴望云。之字衍。按之非衍文。之猶以也。非命中自古以及今可證。

告於上天后（兼愛下）

孫詒讓疑后下挩土字。按孫說非是。論語堯曰敢昭告于皇皇后帝。則后下不應有土字明矣。后乃后帝之簡語。此言上天后。猶齊侯壺之言上天子。特一就人王言之。一就上帝言之耳。

然後人報我愛利吾親乎（兼愛下）

孫詒讓謂愛利上當有以字。按寶曆本有以字。與孫說合。

意我先從事乎惡人之親（兼愛下）

俞樾謂惡下脫賊字。按緜眇閣本。子彙本。均有賊字。

故約食爲其難爲也（兼愛下）

俞樾謂其當作甚。按俞改非是。其應讀作綦。綦極也。詳尚同上。下文故焚身爲其難爲也。故苴服爲其難爲也。其並應讀作綦。

其士偃前列伏水火而死有不可勝數也（兼愛下）

王念孫謂有當爲者字之誤。按寶曆本有正作者。

雙劍誃墨子新證卷二

海城于省吾

則以此人不知白黑之辯矣非攻上

原儀氏校以上脱必人下脱爲按此與孫詒讓説合綿眇閣本子彙本白黑作黑白

情欲譽之審非攻中

王念孫謂譽上有毀字而今本脱之原儀氏校亦謂譽上疑脱毀字按此説非是各本譽上均無毀字譽應讀作舉情欲舉之審言誠欲舉之審慎也此與下文賞罰之當刑政之不過失均就王公大人有權勢者言之

往而靡獘腑冷不反者（非攻中）

畢沅謂腑即腐字異文是也又謂冷爛音相近當爲爛非是按冷本應作泠泠零古字通樊敏碑士女涕泠張公神碑天時和兮甘露泠並假泠爲零詩定之方中靈雨既零傳零落也腐零謂腐朽零落也

與其涂道之脩遠（非攻中）

寶曆本道下無之字按下篇道路遼遠亦無之字

虛數於千（非攻中）

孫詒讓云案虛下疑脫城字下文云以爭虛城按孫說非是虛即易升之所謂虛邑說文虛下云古者九夫爲井四井爲邑四邑爲丘丘謂之虛虛下不必增

城字以爭虛城不得省爲以爭虛未可以例此襍守篇富人在虛虛亦謂虛邑是其證

故當攻戰而不可爲也非攻中

孫詒讓謂此文當作故當攻戰而不可非也按子彙本緜眇閣本爲均作巳於義亦通

中楚國而朝宋與及魯非攻中

蘇時學云及魯二字誤倒魯字屬上句及字屬下句也按蘇說非是與猶以也詳經傳釋詞言中楚國而朝宋以及魯也魯在宋之北故因朝宋以及魯也

而智伯莫爲强焉非攻中

按爲猶與也詳經傳釋詞

故譽之與（非攻下）

與字舊作譽王引之據下改與按寶曆本正作與

今天下之諸侯將猶多皆免攻伐并兼（非攻下）

俞樾云免字衍文天志篇云今天下之諸侯將猶皆侵凌攻伐兼并無免字可證按古人句法不得盡比齊之天志篇無多字亦不得必謂此多字爲衍文也免讀作勉呂覽審爲皆勉處矣注勉務言皆務攻伐并兼於義亦通

必順慮其義而後爲之行（非攻下）

按順慎古字通

是以動則不疑速通成得其所欲（非攻下）

孫詒讓謂速通成得其所欲。疑當作逵邇咸得其所欲。按孫說勇於改字。殊無所據。成應讀作誠。詩我行其野。成不以富。論語顏淵作誠不以富。貴義篇子之言則成善矣。成應讀作誠。並其證也。速通謂速達。上云。是故古之知者之爲天下度也。必愼慮其義而後爲之行。故接以是以動則不疑。速達誠能得其所欲也。

鬼富之 非攻下

畢沅謂鬼舊作愚。以意改。按寶曆本正作鬼。富應讀作福。詳非命上。

皆列其舟車之卒伍 非攻下

雙劍誃墨子新證 卷二 三

孫詒讓謂皆亦當作比。詳上篇。按寶曆本正作比。

墮其城郭非攻下

寶曆本墮作隳。綿眇閣本。堂策檻本。均作墜。

燔潰其祖廟非攻下

王引之謂燔與潰義不相屬。燔潰當爲燔燎。按燔燎亦不詞。燔潰應讀作燔燬。潰燬雙聲字。

卒進而柱乎鬬非攻下

戴望謂柱乃極字誤。按此說非是。柱謂楮柱。

罪死無赦非攻下

赦舊本作殺。王念孫謂當作罪死無赦。按寶曆本正作赦。

以譚其衆非攻下

寶曆本譚作殫亦憚之借字也

夫殺之人滅鬼神之主非攻下

畢沅改神爲人按畢改非是寶曆本殺作利是也殺利形近而譌神兼鬼言夫利之神滅鬼神之主言旣謂利鬼神而反滅鬼神之主不得爲利鬼與上句意將以爲利鬼乎正相應天志上其事上尊天中事鬼神下愛人又云其事上詬天中詬鬼下賊人或以鬼神並言或祇言鬼文有詳略也

率不利和非攻下

俞樾謂率讀爲將率之率按俞說誤矣又謂利即和

之誤而衍者是也按原儀氏校利疑衍與俞說合嘉靖本堂策檻本寶曆本率均作卒是也綿眇閣本作卒不和和下空一格上文言將不勇士不分兵不利教不習師不衆下云威不圉若依俞說作率不和不知已言將不勇無須再言率矣上言兵不利兵指戎器言將士兵教師卒威均有別也

害之不久 非攻下

孫詒讓謂害疑當作圉按孫說非是害應讀作遏書大誥予曷其不于前寧人圖功攸終漢書翟方進傳害作曷詩長發則莫我敢曷傳曷害也荀子議兵曷作遏是其證上言將不勇士不分兵不利教不習師

不衆卒不和。威不圉。故接以遏之不久。爭之不疾。則是國家失卒而百姓易務也。非攻下

畢沅謂卒一本作足。按此句亦見下文。然失卒與失足均不詞。緜眇閣本卒作率。卒率形近易譌。上文率不和。乃卒不和之譌。莊子人閒世注。率然拊之。釋文。率本或作卒。是其證也。按率之通詁爲循。此段先言師者之相爲不利。故云。則是國家失其所遵循而百姓易務也。下文先言是上不暇聽治。士不暇治其官府。農夫不暇稼穡。婦人不暇紡績織紝。故云則是國家失循而百姓易務也。

今不嘗觀其說非攻下

寶曆本嘗作當，嘗當古字通。

今遝夫好攻伐之君非攻下

遝舊本作還，洪頤煊云還當是遝之譌，眔逮古字通。

按寶曆本遝作逮，下文遝至乎夏王桀遝至乎商王紂，寶曆本亦均作逮。

卿制大極非攻下

孫詒讓謂疑當爲鄉制四極，鄉與卿形近。按古文卿鄉同字。

鸛鳴十夕餘非攻下

寶曆本鸛作鶴。

予既卒其命於天矣非攻下

按卒之通詁訓終。邢侯毀。帝無終命于有周。書召誥天既遐終大邦殷之命。多士。殷命終于帝。楚辭天問何親就上帝罰殷之命以不救。不救之義。亦言終也。均與此可互證。

帝乃使陰暴毀有夏之城（非攻下）

孫詒讓謂陰疑降之誤。按孫說非是。陰猶今俗言暗中。

兼夜中十日雨土于薄（非攻下）

孫詒讓謂兼夜中下有脱誤。按孫說非是。兼夜中十日雨土于薄。作一句讀。言十日夜雨土于薄也。日雨土夜中亦雨土。故曰兼夜中。周人載籍。古質錯落。清儒喜以唐宋以後之文字句法更易之。讀之雖適於口。惜失古人之本眞矣。

九鼎遷止。非攻下

按止即之。甲骨文金文之字皆如此作。今止字古作止。二字有別。

曰天命周文王伐殷有國。非攻下

按伐疑本作代。王闓運亦改伐爲代。書多方簡代夏作民主。英倫隸古定本代作伐。是其證。文王無伐殷之事。下言武王乃攻狂夫。方指伐殷言。三分天下有其二。即代殷有國之義。特未竟之緒。至武王伐殷。始成天帝之所賜耳。

成帝之來 非攻下

畢沅謂來當爲賚．按來應讀爲釐賚．即古賚字．金文釐亦作賚．詳尚書新證湯誓篇．儀禮少牢饋食禮．來女孝孫．注．來讀曰釐．詩思文．貽我來牟．漢書劉向傳．作飴我釐麰．爾雅釋詁．勞來强事．釋文．來本或作賚．均其證也．詩江漢．釐爾圭瓚．傳．釐賜也．上言予既沈漬殷紂于酒德矣．往攻之．予必使汝大堪之．故曰王既已克殷．成帝之所賜也．

通維四夷 非攻下

孫詒讓謂維當作于．按維與于形殊．無由致誤．維繫也．言徧維繫四夷也．

昔者楚熊麗始討此睢山之閒（非攻下）

畢沅謂討字當爲封。按寶曆本正作封。凡古籍言楚王熊某之熊。金文均作酓。二字音近相假。

其爲下不可勝數也（非攻下）

蘇時學云。句有脫字。當作其爲利天下不可勝數也。按蘇說非是。呂覽爲欲七日而原不下注。下。降。荀子成相紂卒易鄉啟乃下注。下。降也。上云督以正。義其名。必務寬吾衆。信吾師。以此授諸侯之師。則天下無敵矣。故此云其爲降不可勝數也。

而將不可不察者此也（非攻下）

畢沅謂舊脫下不字。以意增。按綿眇閣本有下不字。

使民用財也節用上

使舊本作便。王念孫謂便民當作使民。按寶曆本。正作使民。

冬以圉寒節用上

孫詒讓謂圉禦字通。按禁禦之禦本應作圉。圉圉字通。圉正禦假。毛公鼎以乃族干吾王身。假吾爲圉。圉亦作敔。廣雅釋詁敔禁也。甲骨文金文禦均指祭言。說文禦祀也。猶存古義。

昔者聖王爲法曰節用上

嘉靖本。綿眇閣本。堂策檻本。子彙本。寶曆本。昔下均無者字。畢本有者字。閒詁蓋沿畢本之誤。

此不惟使民蚤處家而可以倍與且不然已節用上

堂策檻本。寶曆本。不惟作惟不。孫詒讓謂且不然已。必有挩字。按孫說非是。此係問答之詞。此惟不使民蚤處家而可以倍與問也。且不然已答也。節葬下欲以衆人民。意者可邪。其說又不可矣。欲以治刑政。意者可乎。其說又不可矣。此亦問答語氣。可互證。

有與侵就𠊧橐節用上

孫詒讓疑𠊧橐之𠊧爲伏之譌。是也。然仍未知其致譌之由。𠊧本應作俘。从爰从孚。易譌。詳經說上長短前後輕重援條。俘伏乃雙聲疊韻字也。

彼其愛民謹忠利民謹厚忠信相連節用中

孫詒讓引説文訓謹爲愼按愼忠愼厚均不詞謹應讀作勤古文勤謹字並作堇左僖二十八年傳令尹其不勤民注盡心盡力無所愛惜爲勤言彼其愛民則盡心於忠利民則盡心於厚也忠信當作忠厚即承勤忠勤厚爲言古厚字或作后信字作𠉀故易譌也

飯於土塯節用中

孫詒讓引史記韓非子韓詩外傳土塯亦作土簋按土簋即陶簋凡古籍簋字金文通作㲹

雖上者三公諸侯至節用中

畢沅謂上舊作止以意改按堂策檻本寶曆本正作

上原儀氏校上一作王於義亦通

上熏烝節用中

孫詒讓謂熏道藏本吳鈔本作重誤按嘉靖本綿耿閣本亦均誤作重惟寶曆本作重此古字之僅存者金文如毛公鼎吳毀師兌毀虎冟重裏之重不从火與重相似故易譌也

誰買而使民譽之節葬下

堂策檻本寶曆本買作霸與下衍文同孫詒讓引吳鈔本衍文霸作伯二字古通

且故興天下之利節葬下

王念孫謂且故當爲是故之誤按寶曆本且正作是

未嘗之有也（節葬下）

孫詒讓謂當作未之嘗有也。按未嘗之有也。即未之嘗有也之倒文。不煩更易。

今雖毋法執厚葬久喪者言（節葬下）

王念孫謂雖與唯同。按寶曆本。雖作唯。

殆竭家室乎諸侯死者（節葬下）

畢沅謂乎當云存乎。按寶曆本。竭下有空圍。據此則室或存之譌。疑當作殆竭室家存乎諸侯死者。下室字即涉上室字而誤。

鼎鼓几梴壺濫（節葬下）

按下文亦有戈劍鼎鼓壺濫之語。鼎鼓並稱。殊爲不類·鼓乃毁之譌字·毁古簋字·凡經傳簠簋之簋·金文通作毁·周禮掌客鼎簋十有二·穆天子傳鼎敦壺尊四十·敦乃毁之譌·詳穆傳新證·古彝器毁敦有别·窸鼎·用爲寶器鼎二毁二·圅皇父毁圅皇父作琱妘盤盉尊器毁鼎·此均鼎毁並稱之證·濫即鑑·莊子則陽·同濫而浴·説文·鑑大盆也·以其可盛水·故作濫·以其以金爲之·故作鑑·金文作監·大差監·攻吳王大差擇乐吉金·自作御監·大差即夫差·

薄衣而爲寒（節葬下）

按綿眇閣本·堂策檻本·寶曆本·薄均作不·

使面目陷陬（節葬下）

盧文弨讀隰爲㬇引玉篇訓㬇爲瘦病是也孫詒讓疑隰與陬同引莊子卑陬失色爲訓失之

妻與後子死者五皆喪之三年節葬下

王念孫謂者五當爲五者俞樾謂五疑二字之誤按王俞二氏說並非五應讀作伍二字古通號令篇伍人不得斬吳鈔本寶曆本伍作五左宣十二年傳伍參漢書古今人表作五參孫叔敖碑伍舉作五舉均其證也伍謂比等也周禮小宰一曰聽政役以比居鄭司農云比居謂伍籍也比地爲伍比伍乃齊等之意荀子不苟天地比注比謂齊等也伍字應屬上句言妻與後子死者等皆喪之三年也蓋君與父母死

服三年既爲天下之通喪妻與後子死喪三年不盡爲通喪然亦有三年之義故以二者比伍言之也非儒下是妻後子與父同也墨子之意就令久喪妻後子不應與父母同是亦妻與後子并言之證也

譬猶使人三睘而毋負己也節葬下

按三之爲言屢也詳汪中述學釋三九

是城郭溝渠者寡也節葬下

原儀氏校城上脫修按此與王念孫說合

道死葬南己之市

按己市即紀市此古字之僅存者己侯鐘己姜毀紀不从糸是紀古本作己之證

壟若參耕之畝則止矣節葬下

畢沅謂則舊作取。据前漢書注改。按寶曆本取正作則。

大鞅萬領節葬下

孫詒讓謂鞅爲馬鞁具之一。無大小之分。此大字疑誤。按原儀氏校大一作六。當從之。萬領疑當讀作鑾鈴。萬鑾古音同隸元部。領鈴並諧令聲。說文。鑾人君乘車四馬鑣八鑾鈴。徐灝謂鑾系於鑣。四馬故八鑾是也。六鞅鑾鈴。與下言輿馬正相因也。

曰必捶𡍮差通壟雖凡山陵節葬下

孫詒讓以捶𡍮差通爲捶除羨道。按孫說意改成文。

殊無所據・捶應讀作隧・詩芄蘭容兮遂兮・朱駿聲謂遂垂也・捶隧音近・徐即涂・差謂交差・漢書司馬相如傳紛湛湛其差錯兮注差錯交互也・雖應讀作唯・凡應讀作盤・古盤字作般・从凡聲・凡字散氏盤作〓〓・斛比毀作〓・甲骨文盤庚合文作〓・辭過凡回於天地之閒・凡回即盤回・均其證也・此應讀作曰必隧涂差通・隴唯盤山陵言內而墓穴隧涂交通・外而邱壟則盤迴如山陵也・

操而不擇哉節葬下

畢沅謂擇同釋・按寶曆本擇作釋・下同・

未得次己而為政天志上

畢沅云。次恣字省文。下同。王引之云。次猶即也。孫詒讓謂意林引下篇。次並作恣則畢說亦通。按王說是。畢孫說非。

而求祈福於天我未嘗聞天下之所求祈福於天子者也天志上

顧廣圻謂下字衍。原儀氏校。亦謂下字衍。戴望云。中篇云。吾未知天之祈福於天子也則此文衍下字及所求二字。及者字。按而求祈福於天。求字亦應删。祈即求也。求涉旁注而衍。下篇。以禱祠祈福於天。亦無求字。金文言旂福者習見。無作求旂福者。

業萬世子孫天志上

孫詒讓云業謂子孫纂業也又疑當爲葉萬子孫葉與世同萬下世字衍古文苑秦詛楚文云葉萬子孫毋相爲不利按孫後說是也此語亦見下篇葉詛楚文作枼後人不解枼字之義遂改爲業又以業萬爲不詞因增世字枼萬即萬枼綸鎛枼萬至於辝孫子勿或俞改陳侯因資錞枼萬子孫永爲典尚余冉鉦萬枼之外子=孫=均其證也

多詐欺愚天志上

按多詐下當有者字上文强者不劫弱貴者不傲賤多詐者不欺愚此言强者劫弱貴者傲賤多詐者欺愚詞例反正相同寶曆本正作多詐者欺愚當據補

然後得爲政乎愚且賤者中天志

畢沅謂當脫貴且知者四字。按此涉重文而脫。原儀氏校一本然上有貴且知者四字。當據補。

又以先王之書馴天明不解之道也知之中天志

畢沅謂馴與訓同。按寶曆本馴作訓。

曰明哲維天臨君下土中天志

畢沅謂天舊作大。以意改。按天大古字通。不煩改字。書多士言天邑。猶召誥言大邑。甲骨文亦天邑大邑互見。大豐毁之天室即大室。綿眇閣本大作天。乃晚明人所改。非樂上章聞于大。即章聞于天。亦其證也。土舊作出。原儀氏校。出疑土誤。按此與王引之説合。

不止此而已天志中

舊脫不字·又止作上·孫詒讓據畢王二氏說正·按寶曆本作·不止此而已·

故唯毋明乎順天之意天志中

寶曆本順·作慎·二字古通·

夫豈欲其臣國萬民之相爲不利哉天志中

俞樾謂臣國當爲國臣·按俞說殊誤·國或古同字·毛公鼎康能四或·四或即四國·甲骨文國字亦作或·此言夫豈欲其臣或萬民之相爲不利哉·

撽遂萬物·以利之·天志中

俞樾云·撽當爲邀·疑本作邀·或作撽·傳寫誤合之爲

擻邀而邀又誤爲遂耳邀與交通按俞氏以遂爲邀之誤非也謂邀與交通是也从敫从交古字通詳明鬼下上以交鬼之福條齊語犧牲不略則牛羊遂注遂長也呂覽審時殺而不遂注遂長廣雅釋言遂育也交遂萬物以利之言皆長育萬物以利之也孫詒讓讀擻如字拘文牽義矣

非天之所爲也天志中

蘇時學謂非上當有莫字俞樾謂非上脫無字按蘇俞二氏說並誤下文亦有非天之所爲句非匪古字通尚書匪字通作棐呂刑明明棐常逸周書小開作明明非常匪彼古通經傳習見不煩舉證言雖豪末

之微彼天之所爲也而民得而利之則可謂厚矣厚舊作否此依俞樾說又孫詒讓謂舊本作謂今據吳鈔本正按嘉靖本綿眇閣本堂策檻本寶曆本均作爲

曰以磨爲日月星辰天志中

寶曆本磨作曆

雷降雪霜雨露天志中

王念孫謂雷蓋霣字之誤按綿眇閣本雷作布

以臨司民之善否天志中

畢沅謂司讀如伺按畢說殊誤司與𤔲金文同用𤔲古治字詩大明上帝臨女箋臨視也上言播賦百事下言爲王公侯伯使之賞賢而罰暴均言治民之事

故曰・以視治民之善否也・

爲王公侯伯（天志中）

孫詒讓云侯伯舊本作諸伯・吳鈔本作侯伯・道藏本作諸侯・畢校文義・吳本較長・按嘉靖本・綿眇閣本・堂策檻本・寶曆本・均作侯伯・

其子長而無報子求父（天志中）

蘇時學謂當云其子長而無報乎父・按原儀氏校子求父衍・

不止此而足矣（天志中）

寶曆本・足作已・與下文同・當據改・

夫胡說人殺不辜而天予之不祥哉（天志中）

夫舊作天王念孫謂天當爲夫按寶曆本正作夫

憎人賊人中天志

畢沅謂賊人二字舊脫據下文增按寶曆本有賊人

二字

不長夏以革中天志

按夏革之訓孫詒讓引傳箋爲説非是應依俞樾説

訓夏爲寬假訓革爲急

既可得留而已中天志

王念孫謂當作既可得而智已智誤爲留又誤在而

字上按寶曆本作既可得知而已

辟人無以異乎輪人之有規中天志

孫詒讓謂辟人之人當作之按寶曆本正作之

粒食之民殺一不辜者天志下

王念孫謂舊本民下衍國字按寶曆本國字作國梓者亦以國爲衍而未敢輒删按國字不應删國即或字詳中篇言今天下之國粒食之民或殺一不辜者必有一不祥也

孰予之不辜天志下

孫詒讓謂依上文當作不祥按寶曆本正作不祥

吾以賢者之必賞善罰暴也天志下

原儀氏校暴也下脱知之二字

名之曰失王天志下

蘇時學云，失字誤，上篇皆暴王，按失暴形殊，無由致誤，失應作佚，亦作泆，謂淫佚也，莊子養生主秦失弔之，釋文，失本又作佚，佚書多士誕淫厥泆，史記魯周公世家，泆作佚，即其證也。

方以水火毒藥兵刃以相賊害也天志下

按方猶並也。

丈夫以爲僕圉胥靡天志下

丈舊作大，顧廣圻謂當爲丈，按寶曆本正作丈。

必不曰文武之爲正者若此矣天志下

嘉靖本，綿眇閣本，堂策檻本，寶曆本均重爲正二字。

按重爲正二字是也，猶經說上言謂爲是，爲是之台

彼也孟子盡心曰古之人古之人皆古人之疊語不重爲政則失古人之語妙矣

狙格人之子女者乎天志下

俞樾謂狙字當爲衍文蓋即垣之誤而複者按寶曆本無狙字與俞說符又孫詒讓謂狙攄字通按金文作𢿥盂鼎𢿥酒無敢酖豐盨受囊𢿥行道从手从又一也然自狙攄行而𢿥廢矣

因以爲文義天志下

王念孫謂文當爲大字之誤按寶曆本正作大

民之爲淫暴寇亂盜賊明鬼下

畢沅謂舊脫亂字據下文增按寶曆本正有亂字

以兵刃毒藥水火退無罪人乎道路率徑下明鬼

蘇時學謂退疑當作遏。俞樾謂退疑迫字之誤。孫詒讓謂退當爲迓字之誤。按數說並非。孫詒讓謂率徑當讀爲術徑。是也。此語亦見下文。但無率徑二字。退應讀作譈。或憝。退與譈憝乃雙聲疊韻字。孟子萬章康誥曰。殺越人于貨。閔不畏死。凡民罔不譈。注譈殺也。按書康誥作凡民自得罪。寇攘姦宄。殺越人于貨。暋不畏死。罔弗憝。此文作民之爲淫暴寇亂盜賊。以兵刃毒藥水火退無罪人乎道路率徑。奪人車馬衣裘以自利者並作。由此始。書與此文詞義相仿。則退即譈之假字。無可疑也。

周宣王殺其臣杜伯而不辜明鬼下

按彝器有杜白盨。揆其篆勢。係西周器。但不識是否即此杜伯耳。

乃恐懼犇神曰無懼帝享女明德明鬼下

畢沅謂舊脱神曰無懼四字。据太平廣記增。太平御覽引作一曰字。一本作神曰二字。按一本作神曰二字是也。無懼二字。乃引者意增。堂策檻本寶曆本正作神曰。帝享女明德。凡類書所引古籍。以意改竄者多矣。未可盡以爲據也。

祩子杖揖出與言曰明鬼下

蘇時學謂下言舉揖而槀之。則揖宜從木爲楫。按原

儀氏校揖一作楫與蘇校合

施行不可以不董明鬼下

原儀氏校董疑堇按此與蘇時學俞樾說符

慎無一尺之帛一篇之書語數鬼神之有重有重之亦何書之有哉明鬼下

王念孫謂慎無當爲聖人按王說非是慎無與聖人形均甚殊無由致譌詩白駒慎爾優遊傳慎誠也巧言予慎無罪傳慎誠也又畢沅謂重有重下舊有亦何書三字衍文按畢說非是亦何書三字應在重有重之下此本作亦＝何＝書＝之有哉應讀作亦何書亦何書之有哉此古人之疊語非衍文詳天志下

今執無鬼者之言曰．先王之書．誠無一尺之帛．一篇之書．有語數鬼神者．則重又重之．亦何書亦何書之有哉．

予非爾田野葆士之欲也 明鬼下

俞樾謂葆士即寶玉．按俞說非是．孫星衍云．葆同保．鄭注月令云．小城曰保．俗作堡．言不貪其土地人民．按孫讀葆爲保是也．葆士不詞．以士爲人民．非也．原儀氏校士恐土是也．保土謂城邑土地也．

吉日丁卯 明鬼下

孫詒讓謂周以子卯爲忌日．疑此卯當爲邪．按孫說非是．友毀．唯四月初吉丁卯．叉尊．唯二月初吉丁卯．

趯尊。唯三月初吉乙卯。是周人吉日不避卯之證也。

王乎禽推哆大戲明鬼下

畢沅云。乎禽當爲手禽。或云乎同呼。按畢後說是也。古呼評字本作乎。大鼎。王乎善夫駇。頌鼎。王乎史虢生冊命。頌。師虎𣪘。王乎內史吳曰。揚𣪘。王乎內史＝先冊命。揚。斯例不勝繁舉。此書作乎。亦古字之僅存者。

賊誅孩子明鬼下

孫詒讓云。此謂紂誅殺小兒也。按孫說非是。孩子卽箕子。古从其从亥之字每音近相假。脩身篇殺傷人之孩。卽殺傷人之期。淮南子時則訓爨萁燧火。高注。

萁讀該備之該也。是其證。餘詳尚書新證微子篇。史記殷本紀箕子懼。乃詳狂爲奴。紂又囚之。此言賊誅。亦故甚其辭耳。

先庶國節窺戎明鬼下

洪頤煊引史記周本紀以證庶節即諸節。按洪說非是。洪又謂窺戎即觀兵。甚韙。言先庶國以符節觀兵也。

古之今之爲鬼明鬼下

孫詒讓謂上之字衍。按孫說非是。之猶與也。詳經傳釋詞。

吾非乃今愛其酒醴粢盛犧牲之財乎明鬼下

孫詒讓疑今當在吾上按孫說非是乃今爲古人語例公孟篇子乃今知其一身也莊子逍遙遊而後乃今將圖南是其證

其所得者臣將何哉（明鬼下）

孫詒讓謂臣字誤畢沅謂一本無此字按嘉靖本緜眇閣本堂策檻本寶曆本均有臣字子彙節本無臣字乃晚明人不解臣字之義而删之也不可爲據原儀氏校臣一作巨按作巨者是也巨詎古字通漢書高帝紀公巨能入乎注巨讀曰詎列子黄帝未巨怪也釋文巨一本作詎詎猶若也晉語詎非聖人必偏而後可言若非聖人必偏而後可也詳裴氏古書虛

字集釋其所得者詎將何哉此承上文無鬼者之言謂吾非乃今愛其酒醴粢盛犧牲之財乎其所得者若將何哉意謂無所得也

上以交鬼之福明鬼下

按交字不詞交應讀作徼从交从敫古字通論語陽貨惡徼以爲知者釋文徼鄭本作絞詩桑扈彼交匪敖漢書五行志作匪徼匪傲均其證也徼要也上以徼鬼之福言上以要鬼之福也徼福乃古人成語左文十二年傳寡君願徼福於周公魯公以事君注徼要也昭三年傳徼福於大公丁公注徼要也僖四年傳君惠徼福於敝邑之社稷釋文徼作儌要也

鍾猶是延鼎也 非樂上

孫詒讓謂延鼎蓋謂偃覆之鼎。又疑延當讀爲壁羨之羨。按孫說並非。延應讀作誕。金文誕字作延。不从言。康侯𣪘。延命康侯啚于衛。延命即誕命也。延鼎即誕鼎。書大誥肆朕誕以爾東征。漢書翟方進傳誕作大。誕鼎即大鼎。上云今王公大人唯毋處高臺厚榭之上而視之。此言鍾猶是誕鼎也。鍾謂鎛鍾。非編鍾也。言自高處下視鍾猶是大鼎也。

明不轉朴 非樂上

俞樾謂朴當作扑。扑者變之段字。按俞說非是。朴本應作扑。廣雅釋詁扑擊也。下文聲之和調。眉之轉朴。

朴亦應作扑。孫詒讓謂明眉字通。是也。古鍾前後兩面下端可擊處名曰鼓。以其可鼓擊也。轉扑謂前後擊之也。

大人鏽然奏而獨聽之上非樂

按鏽即肅之繁文。猶金文戈之作鉞。攸亦作鋚。般之作鎜。均其證也。素問五運行大論其化爲肅。注肅靜也。言大人肅靜奏而獨聽之也。下云將何樂得焉哉。言靜然奏樂而獨聽之。無樂之可言也。

其說將必與賤人不與君子上非樂

畢沅謂舊脫與君子三字。一本有。按嘉靖本綿眇閣本堂策檻本寶曆本均無與君子三字。王念孫謂此本作必將與賤人與君子。孫詒讓謂疑當作不與賤人。必與君子。按二說並非。不應讀作否。其說將必與賤人否。墨子之意。謂大人之外。惟賤人與君子。其云必與賤人。下文與賤人聽之。即承此也。其云否者。即指君子言。下文與君子聽之。即承此也。吾既爲此說。及見李笠校補。謂王本不下增則字。蓋讀不爲否也。按此適與吾說符。惟則字王闓運之意增。不可從也。

然即姑嘗數天下分事上非樂

按分應讀今字去聲。下同。非儒下。則怠於分職。分職猶分事也。

小人否似二伯黃徑上非樂

孫詒讓謂此文有挩誤蘇時學謂伯黃二字或伊尹之譌按二說殊誤似以古字通用易明夷彖傳文王以之釋文以鄭荀向作似詩旄丘必有以也儀禮特牲饋食禮注引作必有似也伯百古字通甲骨文金文伯字均作白穀梁僖三十三年傳百里子與蹇叔諫曰釋文百或作伯孟子萬章作百里奚韓非子難言作伯里子漢書食貨志有仟伯之得注伯謂百錢也徑應讀作經廣雅釋言經徑也左僖二十五年傳昔趙衰以壺飧從徑餒而弗食釋文讀徑爲經漢徐氏紀產碑雖直徑營徑營即經營是徑經古字通說文經織也从糸巠聲此文經當指絲類言似二伯黃

經應讀作以二百黃經上言其刑君子出絲二衛此言小人否以二百黃經言小人與君子不同必須以二百黃絲也

黃言孔章上（非樂）

孫詒讓謂黃疑當作其按孫說誤矣李笠謂言疑當作音是也音言字通或謂古本同字伯矩鼎用言王出內使人言應讀作音通歆歆謂歆饗與小子生尊用鄉出內使人詞例同古韻音侵部言元部如書堯典靜言庸違左文十八年傳作靖譖庸回譖亦侵部字也黃應讀簧原儀氏校黃疑簧誤是也詩君子陽陽左執簧傳簧笙也按笙中有簧故簧即指笙言穆

天子傳吹笙鼓簧注簧在笙中說文簧笙中簧也段玉裁謂經有單言簧者謂笙也然則簧音孔章謂吹笙鼓簧之音孔章也

將將銘莧磬以力非樂上

王紹蘭謂莧筦音近通用是也孫詒讓疑此當作將將鍠鍠筦磬以方按孫說非是銘字古本作名不從金邾公華鐘吝爲之名元器其舊哉名余舊釋作聽誤儀禮既夕禮取銘置于重注今文銘皆作名是其證也名應讀作鳴廣雅釋詁鳴名也王念孫謂名鳴古同聲詩猗嗟猗嗟名兮玉篇名作顯易豫上六冥豫鄭康成讀冥爲鳴按冥可讀鳴顯可讀名則名之

通鳴審矣。將將銘莧磬以力。應讀作將將鳴莞磬以力。言力鳴莞磬。其音將將也。

吾當未鹽數上非命

畢沅謂鹽盡字之譌。孫詒讓謂當疑尚之譌。按金文當尚同字。寶曆本鹽作盡。與畢說合。疑盡字爲後人不解鹽字之義而改者。王紹蘭云下云不可盡計數。則鹽非盡字之譌。按王說是也。鹽乃覃字之譌。蓋古文覃字作𠧻。後人不識。遂誤爲鹽耳。毛公鼎金簟𢐗。即詩梁山之簟茀也。番生𣪘作簟𢐗。晉姜鼎譖覃京𠧻之覃作𠪚。說文覃字作𠪚。古文作𠨱。以毛公鼎之簟字例之。則此覃字本作𠧻明矣。廣韻覃及也。吾尚

未覃數言吾尚未及數也下云天下之良書不可盡計數正伸明未及數之義王紹蘭讀鹽爲歆豔之豔失之

是以天鬼富之非命上

原儀氏校富一作福按富福古字通明鬼下上以交鬼之福魯問而求百福於鬼神均其證也

處而願之曰柰何乎使文王之地及我吾則吾利豈不亦猶文王之民也哉非命上

蘇時學云我字衍文或去上吾字亦可俞樾云則上吾字豈上利字並衍文按二說均不得其解而意改古籍成文荀子榮辱小人莫不延頸舉踵而願曰注

顧猶慕也·上吾字應讀作圄·圄與圉古字通·今言禁禦之禦·古作吾·即敔字·公孟篇·厚攻則厚吾·薄攻則薄吾·王引之讀吾爲禦·孫詒讓謂吾當爲圄之省·是也·毛公鼎·以乃族干吾王身·干吾即扞敔·左定四年經·孔圉·公羊作孔圄·禮記月令·飭鐘磬柷敔·釋文·敔本又作圉·淮南子人閒訓·馬圉·論衡逢遇·作馬圄·此皆吾敔圄圉古通之證·爾雅釋詁·圉垂也·孫注·圉國之四垂也·按垂謂邊垂·詩桑柔·孔棘我圉·傳·圉垂也·左隱十一年傳·亦聊以固吾圉也·注·圉邊垂也·柰何乎使文王之地及我圉句·則吾利句·柰何如何也·詳經傳釋詞·言如何使文王之地及我之邊垂·則吾利

矣。豈不亦猶文王之民也哉。

上之所賞命固且賞非賢故賞也上之所罰命固且罰不暴故罰也非命上

王引之謂不與非同義。是也。按且賞且罰不詞。且宜古字通。說文古文宜作𡧮。即甲骨文金文㝖字之衍變也。古文俎作𠀃或㝖。亦通且。故甲骨文㝖字亦作則。詩假樂宜君宜王。釋文作且君且王。即其證也。上云。執有命者之言曰。此云命固宜賞。命固宜罰。言賞罰乃命之宜然。非以賢與暴之故而得賞罰也。下文及中篇同。又下文云我命固且貧。且亦應讀作宜。

是以衣食之財不足非命上

畢沅謂舊脫食字·据上文增·按寶曆本·正有食字·

龔喪厥師（非命上）

江聲訓師爲衆·是也·孟鼎·率肄于酒·故喪師·師亦衆也·

無廖排漏（非命上）

寶曆本·作無僇無扇·

此特凶言之所自生（非命上）

孫詒讓謂特舊本亦譌持·依王校改·按寶曆本正作特·

以教衆愚樸人久矣（非命中）

寶曆本·作以教衆愚樸之人矣·

且敬哉無天命惟予二人而無造言不自降天之哉得之中非命

畢沅謂且當爲曰。按畢說非是。且應讀作宜。詳上篇。孫詒讓以造言連讀。並引周禮大司徒有造言之刑爲證。按孫說殊誤墨子之意。但謂不可執有命與造言無涉。此應讀作惟予二人而無造句。言不自降天之句。哉得之句。詩閔予小子。遭家不造。箋。造猶成也。思齊小子有造。左成十三年傳則是我有大造于西也。有造與不造。反正爲義。此言無造。猶不造也。後漢書鄧騭傳。遭國不造。崔駰傳。愍余生之不造兮。並用詩語。哉應讀作在。金文在哉多假才爲之。此例習見。

不煩詳舉。宜敬哉。無天命。惟予二人而無造。係引周書佚篇之文。言不自降天之。在得之。係伸述所引之語。不自降天之。即不自天降之之倒文也。宜敬哉。無天命。惟予二人而無所成。此係自傷感之語。言不自天降之。各在於其所得也。猶云事在人爲。匪降自天也。

則必可而不先立儀而言（非命下）

綿眇閣本。子彙本作則必先立儀而言。疑晚明人删節。不可爲據。寶曆本作則此可而不先立儀而言。原儀氏校。此當作不。與俞樾說合。

又曰吾命固將窮（非命下）

戴望謂又當依上文改作必。按堂策檻本、寶曆本正作必。

允不著惟天民不而葆（非命下）

孫詒讓謂著疑當爲若。允不若，信不順也。按孫以意改字，殊誤。畢沅謂而同能，是也。不應讀丕，民應讀作命。民命並明母字。信乎其大顯著惟天命不能葆也。王景義亦疑天民或即天命之聲譌，是也。下言既防凶心（防應讀作放），天加之咎，不慎厥德，天命焉葆。是天命焉葆，正承惟天命不能葆言。班彝：彝忞天命（忞讀昧），故亡。允才顯（才讀哉），唯敬德亡逌違（亡讀無），與此語義相仿。

非將勤勞其惟舌（非命下）

王念孫謂惟舌當爲喉舌・按寶曆本正作喉舌・

今也卿大夫之所以竭股肱之力（非命下）

寶曆本卿作以・草書卿字與以字相似而譌・

多治麻統葛緒（非命下）

王念孫謂統當爲絲・按寶曆本正作絲・

蕢若信而有命（非命下）

俞樾謂蕢字乃藉字之誤・藉若猶言假如也・按蕢藉形殊・無由致誤・俞氏不得其解・故任意改字・以遷就己說・蕢寶曆本作貴・應讀作遂・二字音近相通・詩既醉・孝子不匱・即孝子不墜・詳詩經新證・儀禮士喪禮注・遂之言遺也・詩小旻是用不潰于成・傳・潰遂也・角

麗奴子=孫=永寶用

中子化盤銘

中子化用保楚王用征梠（筥）用𣇯其吉金自作盥盤

㛹盤銘

齊索姬之㛹作寶盤（舊釋㛹姪）其眉壽萬年無疆子=孫=永寶用亯

齊侯盤銘

齊侯作賸寡圖孟姜盥盤用𣪘眉壽萬年無疆它=熙=男女無碁子=孫=永保用之

王說之未允也。

儒者迎妻妻之奉祭祀非儒下

孫詒讓謂疑當作迎妻妻與之奉祭祀。按妻與二字形不相近。孫說誤。之猶以也。言妻以奉祭祀也。

奉其先之祭祀弗散非儒下

盧文弨謂散當爲服。按盧說非是。方言。散。殺也。東齊曰散。散殺一聲之轉。儀禮士冠禮德之殺也注。殺猶衰也。兄弟之妻奉其先之祭祀。弗衰則喪妻子三年。必非以守奉祭祀也。言妻子死。有兄弟之妻奉其先祭祀。弗衰。則喪妻子三年。必非爲守奉祭祀而然也。

貧且亂政之本非儒下

孫詒讓謂疑當作倍政之本按孫說非是亂下仍應有亂字當作貧且亂亂政之本亂字因重文作＝而脫

是賊天下之人者也非儒下

孫詒讓云賊舊本譌作賤今依王蘇校正按綿眇閣本賤作賊

所謂古之言服者非儒下

孫詒讓云舊本挩言服二字今依王引之校增按言服二字不應據增上言君子必古言服然後仁此應之曰所謂古之者之字正指言服言

揜函弗射非儒下

孫詒讓引禮記鄭注訓揜爲困迫。又疑函爲亟之形誤。按孫說殊誤。周禮考工記。燕無函。鄭司農云。函鎧也。又函人爲甲。廣雅釋器。鋡鎧也。王念孫謂鋡字本作函。揜函弗射。下文作揜函勿射。上言君子勝不逐奔。此云揜函弗射。言但被甲以自掩護而弗射也。張純一亦以函爲甲。而訓掩爲藏。失之。

勝將因用儒術令士卒曰（非儒下）

舊本儒作傳。王念孫謂傳術當爲儒術。按綿眇閣本。傳正作儒。

暴亂之人也得活（非儒下）

王念孫謂也字涉上下文而衍。按有也字於義可通。

非衍文也。

是爲羣殘父母而深賤世也下非儒

戴望謂賤乃賊字之誤。按寶曆本正作賊。

若機辟將發也下非儒

莊子逍遙遊司馬彪注訓辟爲罔。楚辭哀時命王注：以機臂爲弩身。孫詒讓謂王說與司馬義異，未知孰是。按王說是也。莊子以機辟與罔罟爲對文，則辟非罔明矣。釋名釋兵：弩，怒也，有勢怒也。其柄曰臂，似人臂也。蓋渾言之則曰弩身，分言之則弩機之下出可

握持者爲臂也。

夫儒浩居而自順者也下非儒

畢沅謂史記作倨傲自順。孫詒讓云。王制云。喪祭用不足曰暴。有餘曰浩。鄭注云。浩猶饒也。按浩居應讀作傲倨。畢說是。孫說非。

機服勉容。非儒下

孫詒讓引大戴禮注。訓機爲危。謂危服蓋猶言危冠。按危冠不應曰危服。危服不應曰機服。孫說非。是盧文弨引晏子作異于服。勉于容。是。機應讀作異。機从幾聲。古幾字每與从異之字音近相假。左哀十六年傳注。幾。君來。釋文。幾本或作冀。史記孝武本紀。冀至殊庭焉。索隱。冀。漢書作幾。均其證也。是機服即異服。自墨家視儒者之服。以爲殊異之服也。

以教高國鮑晏非儒下

原儀氏校。教一作殺。

號人衣以酤酒非儒下

畢沅謂號褫字之誤。按寶曆本正作褫。

羸飽則僞行以自飾非儒下

舊本羸作贏。原儀氏校。贏疑羸。按此與王念孫說合。

子貢季路輔孔悝亂乎衛非儒下

孫詒讓謂子貢未聞與孔悝之亂。又引鹽鐵論子貢子皋遁逃。不能死其難。謂子貢或在衛。按原儀氏校子貢當作子羔。音誤。孔子家語及史記說苑皆作羔是。

雙劍誃墨子新證卷三

海城于省吾

止以久也經上　止無久之不止當牛非馬若矢過楹有久之不止當馬非馬若人過梁經說上

張之銳引儀禮周禮鄭注及說文謂久之本義爲歫。按張說是也。然尚未知久氒古本同字。後世歧爲二字。氒字金文作乁。詛楚文秦權久字作乁。二字形同。隸古定尚書厥字亦作氒。久厥並見母字。釋名釋疾病。厥逆氣從下厥起上行入心脅也。素問調經論不足則厥注。厥謂逆行上衝也。山海經中山經大𦤎之山有草焉。其名曰牛傷。服者不厥注。厥逆氣病。厥橛古亦音近字通莊子達生若厥株拘釋文厥本或作橛說文梱門橛也槷一曰門梱也荀子大略和之璧井里之厥也晏子春秋襍上作井里之困也禮記曲禮外言不入於梱內言不出於梱注梱門限也朱駿聲云槷又爲距字亦作嶡禮記明堂位俎夏后氏以嶡注謂中足爲橫距之象嶡之言蹷也周禮謂之距按禮記明堂位俎用梡嶡注嶡爲之距距拒古籍通用綜之厥讀如字有逆義轉爲橛有限義轉爲嶡有拒義義均相因也止以久也即止以厥也言凡物之止以有物爲限也無厥之不止當牛非馬若矢過楹無厥之不止則有厥之必止明矣言楹不當矢則矢

無限之者．而得過楹也．楹當矢．則矢不得過楹．是當矢即楹．不得以非楹當楹也．猶言當牛即牛．非馬之可以當牛也．有厥之不止．當馬非馬．若人過梁．言水能限人．而有橋梁則人得過之也．水以有梁而不以爲水．猶當馬而不以爲馬也．各家解久爲長久．張惠言謂止以久生．孫詒讓謂事歷久則止．此均望文演訓．惟張之銳謂久有歫義．然仍未知久乐本同字．故人或未之信．略爲伸證以明之．

方柱隅四讙也．經上

畢沅疑讙爲維字．孫詒讓謂吳鈔本作讙．疑皆雜之誤．張惠言謂讙亦合也．按數說者並非本義．讙應讀作觀。逸周書太子晉。遠人來驩。下文又作遠人來觀。驩讙古字通。莊子天運。名譽之觀。釋文。觀司馬本作讙。並其證也。詩緜蠻。止于丘隅。箋。丘隅。丘角也。論語述而。舉一隅。皇疏。隅。角也。柱隅。言方柱有隅角者。既有隅角。自其一面視之。但可觀其一面。自其四面視之。則可觀其四面也。大取篇。方之一面非方也。即此義。以柱隅四觀。釋方義至允恰。

似有以相攖。有不相攖也。經上 仳兩有端而后可。經說上

孫詒讓謂似當依說作仳。形近而誤。按孫說非是。詩裳裳者華。是以似之。傳。似。嗣也。斯干。似續妣祖。傳。似。嗣也。廣雅釋詁。似。續也。金文似字作㠯。伯晨鼎。㠯乃

祖考侯于[illegible]。句續也。句與嗣音近字通。故毛傳訓似爲嗣。嗣亦續也。莊子大宗師。其名爲攖寧。釋文引崔云。攖有所繫著也。下文而不攖攖也。孫詒讓訓攖爲連合。是也。凡物言續。必就其已斷言之。斷者續之反。就其已續之時言之。是有以相結也。就其未續之時言之。有不相結也。說之佌兩有端而后可佌。乃似之譌。綿眇閣本后作後。言續必兩者有端而後可結也。有端之有。畢沅謂一本作目。顧校季本堂策檻本有亦作目。按綿眇閣本寶曆本目作自。然則目乃自之譌字也。言凡物之相續。必兩者自其端結之而後可。是作有作自。於義均可通。

治求得也經上　治吾事治矣人有治南北經說上

按舊均讀治如字·故雖展轉迂曲以釋之·於義終不相符·金文治字作嗣·盂鼎迺召夾死嗣戎·死嗣戎即尸治戎·言迺輔佐主治戎兵也·卯毁死嗣燮公室·言主治燮公室也·嗣又與司同用·如經傳司徒司馬司工·金文作嗣土嗣馬嗣工·即其證·經與說四治字均應讀作司·司之通詁爲主·主謂主管其事之謂也·司主其事·乃職官之謂也·吾之司主其事·是吾之求有所得也·吾事司矣·即吾司事矣之倒文·人有司·有孫詒讓讀又·是也·言吾旣司主其事矣·人又司主之·則事權不統一·難免齟齬之患·故以南北相背爲喻也·

使謂故經上

按金文使事同字，此應作事謂故。荀子解蔽「身盡其故則美」，注「故，事也」。故有事訓，故云事謂故。經說上「故也必待所爲之成也」，此言事謂故，猶云事謂所爲之成也。

諾不一利用經上

寶曆本諾作諸。經說上五諾之諾，原儀氏校「諾一作諸」。按既言不一利用，則作諸甚合。一切經音義七十引蒼頡篇「諸，非一也」。諸之義有二：一不一，一利用。物祇一，則其用否未可知也；惟其不一，則其用固未可限也。故云利用。惟不知說之諾義耳，姑存以待考。疑五

諸即五者金文諸均作者

服執說經上 執服難成言務成之九則求執之經說上

孫詒讓引說文訓說爲相說伺九或即說之壞字按孫說非是說應讀作臬易困九五劓刖釋文荀王肅本劓刖作臲卼鄭云劓刖當爲倪仉說文隉下引周書曰邦之阢隉讀若虹蜺之蜺然則說之通臬猶倪之通臲矣廣雅釋詁臬灋也服執臬此服字指征服言執應讀爲執訊獲醜之執言服者執之科之以法也九應讀宄宄从九聲金文从宀與否每通用如親之作寴各之作客缶之作宝是其證執服難成言務成之宄則求執之此謂執而求其服難於有成言務

求其有成也。但彼仍姦宄不服。則求執之矣。

庫易也。經上

按易乃物字之譌。甲骨文金文易字作彡。古物字亦亦省作勿。故易譌也。書堯典平在朔易。史記作便在伏物。莊子應帝王物徹疏明。天道中心物愷。釋文物本亦作勿。章炳麟謂物並爲易之誤。均其證也。管子七法衡庫者天子之禮也。注庫者所以藏寶物。禮記檀弓下管庫之士。注庫物所藏。釋名釋宮室庫舍也。物所在之舍也。庫爲藏物之所。故曰庫物也。

止類以行人說在同。經下

孫詒讓疑人當作之。按孫說非是。人尸古字通。尸古夷字也・詳荀子新證成相篇・又尚同下・百姓爲人・即百姓爲夷・夷謂等夷・言止者以行之等夷爲類別也・故云說在同・亦即易繫辭方以類聚物以羣分之義也・

知而不以五路說在久經下

按經與說・凡久字有二義・一爲長久之義・一當讀爲厥・謂逆阻也・詳經上・梁啟操謂五路者五官也是也・知而不以五路・說在厥・言人之有知而不由五官以知之・必扞格而不通也・

堯之義也生於今而處於古經下　堯之義也是聲也於今經說下

孫詒讓謂生疑當作任張惠言謂名生于今按二說並非梁啟操改聲下也字爲生亦非生與聲並應讀作聖荀子富國非特以爲淫泰夸麗之聲聲應讀作聖詳荀子新證春秋文十七年經葬我小君聲姜公羊作聖姜漢書古今人表衛聲公史記索隱作聖公生與聲聲韻並同聲通聖則生亦可讀作聖明矣堯之義也聖於今而處於古言堯之義也於今稱聖而處於古堯之義也是聖也於今即於今是聖也之倒文下云所義之實處於古於今與於古對稱故作倒文也尚賢中若昔者三代聖王堯舜禹湯文武者是也下云萬王民從而譽之曰聖王至今不已亦處於

古而聖於今之謂也

二臨鑑而立景到多而若少說在寡區經下

孫詒讓謂二爲二人按孫說非是二本應作上甲骨文金文上字均作二一字均作一從不相掍後世傳寫以形近而譌大取篇愛二世有厚薄而愛二世相若孫詒讓謂二當爲上字之誤亦其證也上臨鑑而立景到言人立而置鑑於上則鑑中之景倒矣鑑中之景本多然而若少者則以鑑正景直自其下以視上則景之首部翳其全體而不見其周身說在寡區謂少所區別也說云臨正鑑景寡又云景之臭無數而必過正故同處其體俱然鑒分是正與經義相符

以檻爲搏於以爲無知也說在意經下　以楹之搏也見之其於意也不易先智意相也若楹輕於秋其於意也洋然經說下

孫詒讓謂檻當爲楹。是也。搏乃莛之假字。搏莛雙聲。並定母字。莊子齊物論。故爲是舉莛與楹。俞樾云。說文。莛。莖也。漢書東方朔傳。以莛撞鐘。莛楹以大小言。按俞說是也。此言以楹爲莛。於以爲無知也。說在意。言毀大以爲小。於以爲無知也。說在好以意爲之也。以楹之莛也。見之其於意也不易先智意相也。若楹輕於秋。其於意也洋然。上之字猶與也。詳經傳釋詞。智應讀作知。相通想。譚戒甫以爲想像是也。孫詒讓謂秋當讀爲菽。引說文以菽爲蕭。譚戒甫引爾雅郭注謂蕭即蒿。是也。言以楹與莛。可以見其好以意爲之也。但彼所以不易先知者。以其好以意想像也。如謂楹之輕於蒿也。其於意也方洋然自得。此喻人之不達事理。楹之本不可以爲莛。猶楹之本不輕於蒿也。而愚者昧之。舊說多迂曲不可解。故略爲疏通證明之。

景到在午有端與景長經下

寶曆本午作乎。

推之必往說在廢材經下

孫詒讓謂推依說當作柱。往疑當作任。又謂廢材爲置材於地按孫說殊誤廢法古字通法古本作灋金文廢字皆假灋爲之盂鼎克鼎師酉毀師嫠毀均有勿灋朕命之語即勿廢朕命也材應讀作裁禮記喪服大記夷衾質殺之裁猶冒也注裁猶制也字或爲材管子形勢裁大者衆之所比也注裁斷也說在廢材應讀作說在法裁言以法之裁斷爲準推之而必往也反之不以法裁爲準則致遠恐泥說謂夾寑者法也正釋經義畢沅謂寑寢字省文按甲骨文金文寢字均作寑譚戒甫謂寑爲太室夾爲夾室是也

唱和同患說在功下經

曹耀湘本患作串按患串字通不煩改字舊均讀功

如字。非是。功工古字通。書皋陶謨苗頑弗即工。史記夏本紀作苗頑不即功。工即同工異曲之工。

以其知過物上經說

孫詒讓謂過疑當作遇。按寶曆本正作遇。

不若愛馬著上經說

孫詒讓疑著當爲者。按寶曆本正作者。

詷爲是爲是之台彼也弗爲也上經說

孫詒讓謂詷當爲猥之借字。字又作猧是也。顧廣圻云台讀當爲詒。季本作治。孫詒讓從之。非是。按季本作治，堂策檻本亦作治。後人不解台字之義而改之也。晚周金文以字多作台。王孫鐘用亯台孝。用匽台喜。簫大史申鼎用征台迮。台御賓客。陳侯因資錞。台𢍰台嘗。楚王鈚鼎。台共歲棠。邗王壺。台為祠器。此例不可勝舉。書禹貢祗台德先。即祗以德先也。為是為是之以彼也。弗為也。言因彼而為是為是弗為也。論語子路。狷者有所不為也。義正相符。至為是重文。經下言循此循此。經說下言行者行者。天志下。必不曰文武之為正為正者若此矣。明鬼下。亦何書亦何書之有哉。孟子盡心。曰古之人古之人。均古人之疊語也。

所令非身弗行。經說上

按此釋經上令不為所作也。孫詒讓謂弗行疑當依經作所行言使他人作之非身所親行也按孫說義則近是然改弗爲所殊誤身應讀作申尚同下唯信身而從事信身即信申書酒誥酣身厥命即剛申厥命詳尚書新證荀子儒效是猶傴伸而好升高注伸讀爲身釋名釋天申身也白虎通五行申者身也釋名釋形體身伸也申伸古通用所令非身弗行應讀作所令非申弗行與經令不爲所作之義正符金文令命同字申命乃古人恆語書堯典申命義叔多士予惟時命有申易巽大象君子以申命行事彖傳重巽以申命呂氏春秋論威其令信者其敵詘令信即令伸均其證也一說讀身爲信言所令非信弗行於

義亦通．

譽之必其行也其言之忻使人督之誹必其行也其言之忻上經說

按上句其言之忻．張惠言訓忻爲忻悅．然於下句之義不符．終非達詁．原儀氏校忻一作折．是也．禮記祭法瘞埋于泰折．注折炤晳也．管子內業折折乎如在於側．注折折明貌．是折有昭明之義．督應讀作叔．督之通叔．猶毛公鼎夙夜敬念王畏不睗．即詩駿命不易之不易．亦猶金文既眚霸眚之通生也．叔善也．金文叔字作弔．今作淑．言譽之必其行也其言之昭明．使人善之也．誹必其行也其言之昭明也．舊謂下條有脫文。然析訓明。方於譽誹二義不背。蓋譽人誹人。必須言之顯明。不可牽混也。梁啟操改下句忻字爲作。是不得其解者也。

佴然也者民若法也。經說上

按此釋經上佴所然也。此與經上佴自作也之佴異。以佴與民若法之義不相承也。佴本應作弭。金文弓字作[illegible]。人字作[illegible]。形近易譌。周書作雂。解內弭父兄注。弭安也。孫詒讓訓若爲順是也。民順法與弭安之義正相應。

辯或謂之牛謂之非牛。經說上

孫詒讓云。疑當作辯者或謂之牛。或謂之非牛。按綿眇閣本。堂策檻本。寶曆本。正作或謂之非牛。爲欲雞其指智不知其害是智之罪也經上說雞脯而非怨也雞指而非愚也所爲與不所與爲相疑也非謀也同上

按曹燿湘本。雞作養。晉邦盦。惟今小子。惟晉定公名。史記作午。養之作雞。猶午之作惟矣。寶曆本。是智之罪也。是作足。雞脯而非怨也。雞作難。並較今本爲勝。養其指。智不知其害。足言顧此失彼也。大取。斷指以存掔。孟子告子。養其一指而失其肩背而不知也。與此詞意正相仿。蓋脯有臊臭之害。養指而但言害。不云害足。甚費解也。雞脯而非怨也。雞脯不詞。依寶曆

本作難脯而非怨也。則義甚相符。難讀今字去聲。謂畏難。言畏脯之膘而非智也。下云所爲與不所與爲相疑也。言不顧其害足而養指是所爲也。畏脯之膘有害而不食。是不所與爲也。非智謂愚。非愚謂智。此係假設之詞。言如以難脯爲愚。以養指爲智。是所爲與不所與爲相疑也。

處室子子母長少也。經說上

孫詒讓以處子爲處女。並謂言有子則有母長少相對爲名。按孫說非是。言有子則有母。尤爲望文生訓。寶曆本作處室子母長少也。較他本爲勝。處室猶言居室。言人之居室。有子有母有長有少也。今本衍子

字則文不成義

諾超城員止也經說上

孫詒讓云超城二字誤員止疑當爲負正按孫說非是超應讀作昭二字並諧召聲城讀作誠經說上使人視城得金范耕研讀城爲誠員云古字通書秦誓若弗云來正義云作員詩正月昏姻孔云釋文云本又作員玄鳥景員維河箋員古文作云止卽之字金文之字作止止字作止二字易混諾超城員止也應讀作諾昭誠云之也云云之謂言之謂諾者以昭示誠信言之也猶左隱三年傳所謂昭忠信也

長短前後輕重援經說上

畢沅孫詒讓均以此七字爲諾不一利用之說按諾應作諸詳經上然按字舊均不可解按本應作孚誤作爰後又改爲援援漢書古人表狐爰呂氏春秋作狐援史記六國表繇諸乞援集解一作爰是援爰古字亦通孚字盂鼎作[illegible]爰字虢季盤作[illegible]散盤作[illegible]二字形近易譌也孚通符史記律書言萬物剖符甲而出也索隱符甲猶孚甲也是其證言諸者其爲物不一而利於用者必須長短前後輕重相符合也

疑逢爲務則士下經說

孫詒讓云疑務當讀爲蝥按孫說非是務應讀作蒙史記宋微子世家曰霧索隱霧音蒙然蒙與霧亦通

按書洪範作曰蒙．文選甘泉賦．霧集而蒙合兮注．霧與蒙同詩小雅．外禦其務．李賡芸亦謂務讀如蒙則應讀作在．詳古書虛字集釋原儀氏校．謂士一作上是也．然則爲務則上．應讀作爲蒙在上．言凡有所疑者．必其上有所蒙蔽也．下以爲牛廬者夏寒爲喻．亦謂其爲蒙蔽於上以蔽日也．

去尒當俱下經說

綿眇閣本寶曆本．尒均作企．

俱用北下經說

孫詒讓謂用北疑當作由比．按寶曆本北正作比．惟用字義本可通．不必改由．

不正所挈之止於施也經說下　繩直權重相若則正矣

同上

畢沅改二心字均為正。按畢改非是。太玄。中神戰于玄注。在中為心。經說上。心中自是往相若也。心亦中也。然則心作中字解。於義甚適。

凡重上弗挈下弗收旁弗劫則下直經說下

按寶曆本上弗挈作上帝挈。是也。帝啻古字通。啻但也。詳經傳釋詞。言凡有重量之物。上但提挈之。下弗收。旁弗劫。則下直矣。說文。挈縣持也。經與說言挈均懸持之義。且經明言挈與收反。若作上弗挈。則與收劫之義不相承矣。孫詒讓疑劫為抾之借字。亦非。說

文劫以力止去曰劫義正相符

問之時若應長應有深淺大常中在兵人長所經說下孫詒讓謂長應之長疑當作其按綿眇閣本寶曆本無長應二字言若應有深淺也道藏本吳鈔本大作天綿眇閣本堂策檻本寶曆本同天大古字通大豐毀天室即大室書多士言天邑召誥作大邑即其證常尚金文同字尚上古字通詩陟岵尚慎旃哉漢石經尚作上大常中應讀作太上中言若應有深淺而不深不淺以合中爲太上也惟在兵人長所不得其解耳

若瘧病之之於瘧也經說下

按之之曹耀湘作之止。是也。金文之字作止。故易譌。畢沅謂㡧即瘧省文。按寶曆本兩㡧字正作瘧。

荆之貝也。經說下

綿眇閣本、堂策檻本、寶曆本貝作具。

今也智其色之若白也。經說下

綿眇閣本、寶曆本今下均無也字。

之人之言不可以當必不審。經說下

寶曆本無上之字。

下所請上也。經說下

孫詒讓謂請當作謂。按綿眇閣本、堂策檻本、寶曆本請正作謂。

今是不文於是而文與是經說下

孫詒讓謂而文與是當作而是文於是。按而下增是字。非也。綿眇閣本。堂策檻本。寶曆本。無是字。與作於。

爲暴人語天之爲是也而性爲暴人歌天之爲非也大取

暴人爲我爲天之以人非爲是也而性同上

孫詒讓疑性並當作惟。按孫說非是。性應讀作生。金文性作生。曹耀湘謂謌與訶同。原作歌。按曹說是也。傳兒鐘歙飤訶遯。訶遯即謌舞。是其證。

體渴興利大取

畢沅引說文訓渴爲盡。原儀氏校。渴一作得。又作謁。按作得字於義亦通。上言聖人不得爲子之事。謂聖人於親．不得盡其爲子之事．然後體得與利也．言不得．爲彼方得爲此．是不得與得．反正相承爲義也．

有有於秦馬 大取

孫詒讓謂疑作有友於秦焉．按寶曆本馬正作焉．

俔日之言也乃客之言也 大取

孫詒讓訓俔爲間．又以俔日爲儒者之誤．按孫說殊非．說文．俔譬諭也．日寶曆本作曰．是也．客應讀作格．金文格通作各．亦作客．利鼎．王客于般宮．師遽𣪘．王在周客新宮．並假客爲格．家語五儀．口不吐訓格之言．注．格法也．言譬諭而見諸口之言．乃格法之言也．下云．天下無人子墨子之言也猶在．前後義正相承．

方至尺之不至也與不至鍾之至不異大取

孫詒讓云鍾當爲千里二字之至當作之不至按孫說非是王闓運以尺鍾爲度量是也惟改與不至鍾之至不異爲與不至鍾之不至異非是方謂比方不至鍾之至即至鍾之不至之倒文也尺以度言鍾以量言言比至尺之不至與至鍾之不至不異也下云其不至同者遠近之謂也言比尺之不至與鍾之不至其二不至同者遠近之謂也

苟是石也白敗是石也盡與白同是石也唯大不與大同是有便謂焉也大取

諸非以舉量數命者敗之盡是也同上

孫詒讓謂敗當爲取便疑當爲使按孫說誤矣孫又謂唯雖通是也敗則古字通詩正月彼求我則即彼求我敗詳詩經新證莊子庚桑楚天鈞敗之釋文敗元嘉本作則說文賊敗也賊从則聲魏三體石經春秋敗字屢見並作𠟭即則字均其證也爾雅釋訓便便辯也論語季氏友便佞集解引鄭曰便辯也言苟是石也白則是石也盡與白同凡石之白均相同也是石雖大不與大同凡石之大不一致是有辯謂焉也又上云楊木之木與桃木之木相同此言諸非以舉量數命者則之盡是也以猶用也乃通詁之猶爲也詳古書虛字集釋言凡非用舉量數以命者則爲

盡是也。盡是乃申同字之義。言楊木之木。與桃木之木。不以量命。亦不以數命。故同。凡如此者。則爲盡是同也。

將劍與挺劍異。劍以形貌命者也。其形不一。故異。大取

孫詒讓訓挺爲拔。按孫說非是。挺乃梃之誤字。孟子梁惠王殺人以梃與刃。趙注。梃杖也。荀子正名。實不喻然後命。注。命謂以名命之也。言將劍與梃爲比。則劍異也。劍以形貌名者也。其形不一。故異。言劍制度不一。形貌各殊。名稱不同。故異也。梃杖而已。非如劍類別之多也。

其類在鼓栗。大取

曹耀湘訓鼓栗爲戰懼是也按鼓栗當讀作悚慄鼓悚疊韻故浸淫之辭其類在悚慄浸淫之辭猶論語顏淵浸潤之譖言浸淫之辭其類在令人戰懼也

其類在申（大取）

寶曆本申作由按作由是也上言小仁與大仁行厚相若此言其類在由由字正承行字言所由相若則行厚相若也申由形近易譌書君奭割申勸寧王之德即害由觀文王之德詳尚書新證

兼愛相若一愛相若一愛相若其類在死也（大取）

孫詒讓謂一愛相若四字重出當是衍文按死應讀作尸孟鼎迺召夾死嗣戎毛公鼎雩四方死毋動卯

毀臥劉焚公室並借死為尸兼愛下轉死溝壑中者

轉死即轉尸也即古他字畢氏謂一本作虵按堂策

檻本作虵虵也他古本同字尸之通詁訓主兼愛相

若一愛相若其類在尸他言無論兼愛一愛均以他

為主而非為我也

若若是則雖盜人人也小取

孫詒讓謂衍一人字按孫說非是上云盜人人也下

云殺盜人非殺人也是人字不衍

與心毋空乎小取

寶曆本毋作母猶存古字金文凡毋字均作母

愛人待周愛人而後為愛人不愛人不待周不愛人不

周愛因爲不愛人矣乘馬不待周乘馬然後爲乘馬也

小取

按不周愛。各本均作不失周愛。俞樾訓周爲偏。是也。以失字爲衍文。非是。而孫詒讓從之。誤矣。胡適已駁之。詳胡氏小取篇新詁。不待周乘馬。各本均無不字。孫詒讓依王引之說。於待上增不字。誤矣。按以愛人之周不周。與乘馬之周不周爲喻。兩段文義較然。舊本於前段有失字。於後段無不字。均於義甚適。以後人之隨意增損文字。轉失本義。古書因誤解而遭厄者。此類是也。乘馬待周乘馬然後爲乘馬也。也通邪。詳經傳釋詞。鄧高鏡說同。言乘馬豈待偏乘馬然後

為乘馬邪・此係反詰之詞・正言之・即乘馬不待周乘馬然後為乘馬也・不煩增字而義自明顯・

子將誰毆　耕柱

畢沅謂子舊作我・据埶文類聚太平御覽改・按畢改非是・此墨子自言上大行・駕驥與羊・我將誰毆・而令耕柱子測之也・類書不識此意而改為子・畢反據以改本書・傎矣・

驥足以責　耕柱

王念孫謂本作以驥足責・並引類聚白帖御覽為證・按驥足以責本義甚明・亦即以驥足責之倒文・不必據改也・

而陶鑄之於昆吾耕柱

王念孫謂本作鑄鼎於昆吾。金可言鑄。不可言陶。按王說殊誤。陶謂作範。鑄謂鎔金。凡古代彝器未有不用範者。近世所發現之商周陶範。固所習見。禮記禮運范金合土疏。范金者。謂爲形范。以鑄金器。是范金亦陶鑄之義。王謂後漢書注。文選注。藝文類聚。初學記。竝作鑄鼎。是不明陶鑄之義而改之也。王又謂路史作鑄陶。玉海作陶鑄之。尤可爲本不作鑄鼎之證。莊子逍遙遊。猶將陶鑄堯舜者也。是陶鑄乃古人謰語。

治徒娛耕柱

按金文治作𤔲・𤔲司字通・治徒即司徒・金文作𤔲土・官名・此司徒乃複姓・娸其名也・帝王世紀・舜爲堯司徒・支孫氏焉・

人不見耶鬼而不見而富杜耕

孫詒讓謂耶疑助之譌・是也・鬼而之而・各本均無・乃孫氏之誤衍・王引之謂富讀爲福・是也・按寶曆本作人不見而助・鬼不見而富・當據訂・

三棘六異杜耕

宋翔鳳云・棘同翮・異同翼・亦謂九鼎也・爾雅釋器・附耳外謂之釴・翼釴字通・釋器又云・款足者謂之鬲・即翮也・按宋說殊誤・上旣言鼎成四足而方。則此不應云三翮。且古方鼎無款足者。此或本書記載之異。如以九鼎爲啟鑄。亦與他書不符。楚世家居三代之傳器。吞三翮六翼。六翼當係言鼎外高起之隔。今世發現之商鼎方者有六隔。或九隔。圜鼎有六隔者。亦時有所見。

攻者農夫不得耕耕柱

按寶曆本。攻者作守者。是也。下云婦人不得織以守爲事。守正承守者言。又下云攻人者亦農夫不得耕。婦人不得織以攻爲事。是攻正承上攻人者言。攻守相對爲文。

言足以復行者常之。不足以舉行者勿常。不足以舉行

而常之杜耕

按貴義篇亦有此四句。文字略異。二常字均應讀作崇尚之尚。金文常字通作尚。

設之於卿杜耕

畢沅謂卿舊作鄉。一本如此。按卿鄉金文同字。

去而之齊杜耕

原儀氏校而一作之。按嘉靖本。緜眇閣本。堂策檻本。子彙本。寶曆本均作而。

子未智人之先有後生有反子墨子而反者杜耕

寶曆本。反均作友。

術而已杜耕

畢沅云術同述。又下文古之善者不誅。古之善者不遂畢疑誅遂均當爲述。按原儀氏校術誅遂三字疑述與畢說合。

人之其不君子者 耕柱

蘇時學謂其當爲甚字之誤。按其即綦之省文。不煩改字。

我何故疾者之不拂而不疾者之拂 耕柱

孫詒讓引說文云拂過擊也。按如孫說當謂我何故痛者之不過擊而不痛者之過擊。於義實不可通。拂弼古字通。不煩舉證。弼謂輔助也。上言擊我則疾擊彼則不疾於我。孫謂疾猶痛也。允矣。此係巫馬子之所言・謂擊我則痛・擊彼則不痛於我・我何故痛者之不助・而不痛者之助也・意謂須自助而不助人也・下云・故有我有殺彼以我・無殺我以利・前後義正相銜・

殺常之身者也耕柱

孫詒讓謂常疑當作子・按常與子形殊・無由致誤・常應讀作當・金文常與當均作尚・上云說子亦欲殺子・不說子亦欲殺子・是所謂經者口也・故此云殺當之身者也・

見人之作餅則還然竊之曰舍余食不知日月安不足乎耕柱

孫詒讓謂還疑睘之借字・引說文訓睘爲驚視・又謂

日月疑耳目之誤。按孫說非是。還營古字通。詳王氏讀書雜志荀子臣道篇。呂覽尊師。心則無營注。營惑上言羊牛犓豢。雍人但割而和之。食之不可勝食也此言見人之作餅。則惑然竊之。曰舍余食。不知日月安不足乎。意謂既言食之不可勝食。以日月計。非有所不足也。

天下莫不欲與其所好。度其所惡。耕柱

王引之謂與當爲與。度當爲廢。皆字之誤也。按王說非是。綿眇閣本。子彙本。度均作奪。度奪音近。奪與與爲對文。

子墨子自魯即齊。過故人。謂子墨子曰。貴義畢沅謂即齊二字舊倒，以意改。按即齊亦不詞，畢改非是。寶曆本魯下有之字，御覽亦作之齊，可證。故人二字應有重文，是本作子墨子自魯之齊，即過故人，故人謂子墨子曰。御覽引亦重故人二字，可證故人之有重文也。

見楚獻惠王 貴義

孫詒讓疑故書本作獻書惠王，是也。史記稱惠王名章。按本應作酓章。凡楚王名熊某，金文均作酓某。熊酓音近字通。余所藏錯金楚王酓璋戈，章作璋。

今士之用身 貴義

嘉靖本士作事。士事古字通。金文卿士均作卿事，即其證。

布不敢繼苟而讐焉 貴義

孫詒讓謂繼苟疑當作謑詢。即謑詢之或體也。按孫說殊非。謑詢之義。爲詈辱。爲無志分。於此義均無取。苟本應作茍。說文。茍自急敕也。徐灝疑此即古敬字。是也。金文敬字或不从攴。茍假借爲亟。敬亟並見母字。爾雅釋詁。疐駿肅亟遄速也。釋文。亟又作茍。即其證。不敢繼亟。即從緩之義。下云。必擇良者。均謂不敢操切從事也。又下云。今士之用身則不然。意之所欲則爲之。下則字猶即也。意之所欲即爲之。謂不遑考慮。即繼茍之義。

翟上無君上之事貴義

寶曆本君上作君王。

市賈信徙貴義

畢沅謂當爲倍徙。下同。按寶曆本正作倍徙。下同。

遇日者貴義

寶曆本遇作過。與畢沅引選注及孫詒讓引紀原作過合。

遂北至淄水貴義

按叔弓鎛。師于淄潛。淄字作𩰫。潛即滙。淄滙謂淄水之津。

子乃今知其一身也公孟

王引之謂身當爲耳．按王說非是．上下文均言共己．共己正指一身言．

著稅僞材孟公

孫詒讓疑著當作籍．按著當讀作賦．晉語底著滯淫注著附也．詩角弓如塗塗附傳附著也．是著附相爲音訓．元應一切經音義十四賦古文作䞉附䞉竝諧付聲．又畢沅云僞疑當爲貨．說文云此古貨字．讀若貴．按僞通化．僞之作化．猶譌之作訛．古幣貨字均作化．

其糈孰多孟公

糈舊作精．原儀氏校精當作糈．與王念孫說合．

昔者晉文公大布之衣公孟

寶曆本晉作衛

請舍忽公孟

畢沅謂忽舊作忍按寶曆本忽作怱上文作恕下文作惣均忽之譌

此同言而或仁不仁也公孟

按或仁下當有或字下云此同服或仁或不仁可證綿眇閣本寶曆本均有下或字當據補

蘥爲聲樂公孟

寶曆本蘥作爾

迷之公孟

孫詒讓疑迷當爲遲之誤。按迷遲形殊。無由致誤。迷應讀作弭。周禮男巫春招弭以除疾病。注。玄謂弭讀爲敉字之誤也。然則迷之通弭。猶弭之讀敉矣。詩沔水。不可弭忘。傳弭止也。此言程子無辭而出。子墨子曰。止之。反復坐。（復舊作後依王念孫說改）義正相符也。

薄攻則薄吾（公孟）

原儀氏校。一本薄吾下有者字。

而責仕於子墨子。子墨子曰（公孟）

舊脫下墨子二字。畢沅以意增。按畢增是也。此涉重文而奪。

跌鼻進而問曰（公孟）

原儀氏校跌一作趺

百門而閉一門焉公孟

舊本脫閉字原儀氏校一上脫閉與王念孫說合

言仁義而不吾毀公孟

孫詒讓謂不字當是衍文按不本應作必本書不必多互譌上文若必將舍忽易章甫嘉靖本堂策檻本寶曆本必譌不即其證

讐怨行暴失天下魯問

俞樾謂怨字乃忠字之誤按俞說非是讐怨二字非平列周禮調人注難相與爲仇讐疏讐謂報也讐怨言報怨讐怨行暴與上文說忠行義正爲對文

亟徧禮四鄰諸侯毆國而以事齊問魯

孫詒讓謂亟舊本誤作函今以意校正按寶曆本亟作亟與函形近故易譌又寶曆本毆作敵敵國屬上句於義亦通

過必反於國問魯

按過必反於國不詞過應讀作禍上言故大國之攻小國也是交相賊也故云禍必反於國又寶曆本反作及以形近而譌

殺其人民問魯

嘉靖本堂策檻本寶曆本人民作民人原儀氏校殺一作移

楚之南有啖人之國者橋其國之長子生則鮮而食之魯問

孫詒讓謂橋未詳。李笠謂疑是傳字之聲誤。按李說非是。寶曆本橋作焉。當從之。橋字本作喬。喬與焉草書形似而譌。後人又改喬爲橋。則益不可尋解矣。焉猶於也。詳經傳釋詞。焉其國之長子生。言於其國之長子生也。畢沅謂鮮一作解。李笠訓鮮爲析。於義亦通。按嘉靖本堂策檻本子彙本解均作鮮。與鮮形近。

上有過則微之以諫魯問

孫詒讓以微爲覹之借字。謂伺君之閒而諫之也。按孫說殊誤。微應讀徽。古韻同隸脂部。禮記大傳。殊徽號徽卽徽說文徽幟也春秋傳曰揚徽者公徒今左昭二十一年傳徽作𢼸號令篇城禁使卒民不欲冠𢼸職和旌者斷孫詒讓謂𢼸職卽徽識之借字是𢼸徽徽古通之證穀梁宣二年傳注繼用徽纆釋文徽纆皆繩也此言上有過則繩之以諫也

而入其善魯問

孫詒讓謂納之於善也按古納字作內金文入內同用

魯人有因子墨子而學其子者魯問

按學其子不詞學應讀作斆書盤庚盤庚斆于民僞傳斆教也下云子欲學子之子今學成矣二學字亦

應讀作斆。

翟慮耕而食天下之人矣魯問

舊本而食在天下之下。王念孫據下文乙正。按寶曆本正作翟慮耕而食天下之人矣。

則吾義豈不益進哉魯問

寶曆本義作戰。

先生苟能使子墨子於越魯問

孫詒讓謂於上依下文當有至字。按寶曆本有至字。

則是我以義糶也魯問

寶曆本糶作糴。下同。

而求百福於鬼神唯恐其以牛羊祀也魯問

孫詒讓謂當重鬼神二字。按鬼神二字涉重文而脱。

亟敗楚人魯問

舊本亟作函。王念孫謂函當爲亟。按函陷古字通讀

爲陷敗楚人。於義亦通。

公輸子削竹木以爲鵲成而飛之魯問

王念孫謂今本少一鵲字。按鵲字涉重文而脱。

須臾劉三寸之木魯問

王念孫云。劉當爲㔿。俗書斲字作斵。故㔿字亦作劉。

形與劉相似。按寶曆本劉正作斵。

故所爲功利於人謂之巧魯問

按功各本均作巧。畢本亦作巧。聚珍本與定本均作

功誤

公輸盤爲楚造雲梯之械公輸

寶曆本盤作般械作戒乃械之省文

臣以三事之攻宋也公輸

孫詒讓謂三事疑當作三吏按事吏古同字詩雨無正三事大夫常武三事就緒矢令彝尹三事四方舍三事命三事亦即三吏

而待楚寇矣公輸

孫詒讓謂舊本待作侍按嘉靖本綿眇閣本堂策檻本子彙子寶曆本均作待

雙劍誃墨子新證卷四

海城于省吾

甲兵方起於天下（備城門）

按方猶並也。莊子山木方舟而濟於河。釋文引司馬云方並也。

鉤（備城門）

馬瑞辰引六韜飛鉤以證鉤之非鉤梯。其說允矣。然謂詩傳之鉤梯以鉤鉤梯。非是。詳詩經新證。鉤之形式見余所著雙劍誃古器物圖錄。

則民亦不宜上矣（備城門）

孫詒讓謂疑當作則民死不憙上矣。按孫說非是。宜且古同字。詳非命上。且應讀作詛。謂怨詛也。

孔之各爲二幕二（備城門）

蘇時學謂幕二之二疑衍。按蘇說非是。每扇門鑿二孔。故曰孔之各爲二。二孔爲二幕。故云幕二。上言諸門戶皆令鑿而慕孔。此正承慕孔言。以申明幕孔之數也。

大鋌前長尺（備城門）

孫詒讓謂鋌疑鋋之誤。按寶曆本。鋌正作鋋。下文兩鋌交之置如平。鋌亦作鋋。

必審如攻隊之廣狹（備城門）

孫詒讓謂如當爲知。按孫說非是。如猶於也。詳經傳

釋詞·

酹穿斷城以板橋（備城門）

孫詒讓謂酹穿疑即下文令耳·按孫說非是·上云爲斬縣梁·不應忽及令耳·孫以酹爲令·是也·酹之作令·如郤王義楚鍴乍之作酢·說文穿通也·言爲斬縣梁·令通斷城以板橋也·

廣喪各丈六尺（備城門）

蘇時學謂喪爲長之誤·按堂策檻本寶曆本喪均作長·

即用取三祕合束（備城門）

綿眇閣本堂策檻本·寶曆本·本用取作取用·祕作秘·

靈丁（備城門）

孫詒讓謂靈丁疑椓弋之屬。按孫說非是。靈丁當即後世之鈴鐺。下云三丈一火耳施之。孫詒讓謂火耳疑當作犬牙。是也。犬牙施之。即施設鈴鐺之法。近世發現之周代小鈴。習見。

見一寸（備城門）

畢沅謂見疑閒字。按畢說非是。見應讀作寬。寬从莧聲。莧从見聲。故得相通。上云弋長二寸。故此言寬一寸。下云相去七寸。是言閒也。孫詒讓從畢說。遂謂相去爲前後行相去之數。失之。

節毋以竹箭楛趙掕榆可（備城門）

原儀氏校擭一作據。

播以射衜（備城門）

原儀氏校衜一作衝。

及持沙毋下千石（備城門）

按持應讀作峙。爾雅釋詁：峙，具也。即書費誓峙乃糗糧之峙。

樓軏居坫（備城門）

原儀氏校軏一作輸。

夫兩鑿（備城門）

畢沅謂兩舊作雨，以意改。按綿眇閣本、寶曆本均作兩。

一帛尉 備城門

孫詒讓疑帛或當作亭。按寶曆本正作亭。

小大俱壞伐 備城門

畢沅謂伐舊作代。以意改。按寶曆本正作伐。

晨暮卒歌以爲度 備城門

孫詒讓疑歌爲鼓之誤。按孫說非是。歌字不誤。卒歌猶後世之軍歌。至號令篇無敢歌哭於軍中。係指隨意歌哭者言。與此無涉。

客馮面而蛾傅之 備城門

畢沅謂客舊作宕。以意改。按寶曆本正作客。

丈夫千人 備城門

孫詒讓謂丈舊本譌大今從王校改按堂策檻本寶曆本大正作丈

老小千人備城門

寶曆本小作少下同

此守城之重禁之備城門

畢沅謂下之字當爲也按寶曆本正作也

諸藉車皆鐵什備城門

畢沅謂什與鉻音近按畢說非是下文亦有此語華嚴經音義上引三蒼什聚也雜也吳楚閒謂資生雜具爲什物也此言鐵什謂藉車車飾之雜具皆以鐵爲之也自近世出土之車飾徵之東周以上車飾無

用鐵者。以鐵飾車。當始自戰國時。

而出佻且比 備城門

王引之謂當作而出佻戰且北。佻與挑同。按王說是也。但挑即謂挑戰。通篇均就戰事言。戰字不必增。挑且北。乃簡語。

以爲羊黔 備高臨

王念孫云。褋守作羊坽。非作羊坽也。坽與上下兩城字爲韻。則作坽者是。集韻。坽郎丁切。峻岸也。按羊黔本應作干岑。黔坽均岑之叚字。褋守篇以爲羊坽。竇曆本坽作坽。此作黔。與坽並諧今聲。尤可爲本不作坽之證。王闓運亦謂黔岑通用字。楚王酓忎盤忎字作𢆉。羊與羊相似而譌。所染篇。夏桀染於干辛推哆。呂氏春秋。干辛作羊辛。詩伐檀。寘之河之干兮。傳。干厓也。易漸。鴻漸于干。釋文引陸注。水畔稱干。按干均謂岸也。說文。岸水厓而高者。从屵干聲。金文岸字作厈。是干岸義同。廣雅釋詁。岸高也。莊子徐無鬼。未始離于岑。注。岑岸也。釋文。岑謂崖岸也。然則干岑即岸岑。謂高崖也。積土爲高。以臨吾城。薪土俱上。以爲岸岑。蒙櫓俱前。遂屬之城。言先積土爲高。以臨近吾城。再以薪土增高。作成岸岑。蒙櫓俱前。遂會之城。此言越城垣以攻城也。

强弩之技機藉之。備高臨

孫詒讓云．當作强弩射之．校機藉之．備蛾傅篇云．守爲行臨射之．校機藉之．按孫於强弩下增射字．近是．惟改技機爲校機．又疑校機即備穴篇之鐵校．非是．作技機者是也．寶曆本技作枝．備梯篇作披機．堂策檻本披作彼．彼枝校披並技之形誤．技機謂技巧之機．即弩機也．說文．技．巧也．釋名釋兵．合名之曰機．言如機之巧也．近世出土之弩機．習見．弩機所以鉤弦．弦施於弩機之上．故云技機．藉之．藉謂苴藉．言在弩之下也．

備臨以連弩之車（備高臨）

備下舊本有矣字．王引之謂備矣之矣．即因上敗矣而衍。按王說非是。王闓運改矣爲高是也。寶曆本矣正作高，當據訂。

有儀臨備高

孫詒讓引管子尹注云：儀猶表也。謂爲表以發弩。按孫說猶未詳盡。儀即弩機牙後之上出者。夢溪筆談所謂望山。以儀爲準。可窺弦矢之高下。

用弩無數，出人六十枚，用小矢無留臨備高

孫詒讓謂出疑當作矢。又謂留疑數之誤。按孫說殊誤。人乃入字之譌。留字不誤。出入均謂矢也。上下文均言矢。中間忽言用弩無數，係補敘用弩之多也。上言矢長十尺，以繩□□矢端，如弋射，以磿鹿卷收。此言出入六十枚。即承上矢長十尺。及矢高弩臂三尺之矢言。謂長矢之係繳。用以出入。者計六十枚。出謂發。矢入謂磨鹿卷收矢也。用小矢無留。言小矢不係繳。射出之則不收。故云無留也。

遂具寇備高臨

孫詒讓謂具當作見。按孫說非是。具寇乃古人成語。曶鼎。余無逌具寇。

子墨子其哀之備梯

畢沅謂其甚字。按其乃綦之省文。

恐爲身薑備梯

畢沅謂薑同僵。土强薑爲韻。按畢說非是。寶曆本。薑

作莔。是也。漢博士題字。畱字作畗。武班碑。莔作蕾。與
蕾形近易譌。莔讀今災字。上句子亣愼之。之災爲韻。

問雲梯之守邪。備梯

守舊本闕。原儀氏校邪。上脫守。與王念孫說合。

雜亣閒以鐫劒。備梯

寶曆本。劒作劍。莊子說劍。劍士皆服斃其處也。高山
寺卷子本。劍亦作劍。

披機藉之。備梯

孫詒讓謂披機當從備蛾傅篇作枝機。按堂策檻本。
披作彼。彼披枝並技之譌。詳備高臨篇。

淺埋弗築。備梯

嘉靖本綿眇閣本堂策檻本寶曆本弗均作勿畢本亦作勿乃孫本之誤

煇火燒門備梯

畢沅謂煇備蛾傳作車孫詒讓謂車疑亦熏之譌按孫說是也吳毓師兌毀熏字作[illegible]與車形似而譌

亣廣終隊備梯

按備蛾傳篇亦有此語終應讀作崇詩蝃蝀崇朝其雨傳崇終也荀子正論荒服者終王終王即崇王詳荀子新證書君奭其終出于不詳釋文終馬本作崇禮記樂記六成復綴以崇注崇充也出載而立其廣崇隊即其廣充隊上云機衡錢城廣與隊等義亦相

仿。

皆立而待鼓而然火備梯

舊本待譌持。王念孫謂當作待鼓。按寶曆本正作待。

則令我死士備梯

按我字聚珍本作吾。是也。各本均作吾。乃定本之誤。

畢沅謂舊脫士字。据備蛾傳增。按畢說與原儀氏所

校符。

因素出兵施伏備梯

畢沅謂舊伏作休。据備蛾傳改。按寶曆本休正作伏。

灰康長五竇備穴

孫詒讓謂五疑互之誤。按孫說非是。五伍字通。詳節

葬下·伍謂齊等·言灰康長與竇齊也·

令可以救竇穴則遇 備穴

原儀氏校救一作致·

然則穴土之攻敗矣 備穴

畢沅謂穴土舊作內土·以意改·按畢説與原儀氏所校合·

有佩陒 備穴

堂策檻本竇曆·曆陒亦作偪·與王闓運本合·

爲之戶及關籥獨順得往來行亣中 備穴

孫詒讓謂獨順疑當爲繩幎二字·屬關籥爲句·按如孫讀·則得往來行亣中·與上句不相承·獨順宜屬下

句順應讀巡荀子禮論本末相順俞樾謂順讀爲巡引禮記祭義終始相巡爲證是也古玉銘巡則生逆則死巡亦應讀作順與逆爲對文言爲之戶及管籥獨巡視者得往來行其中也

趣伏此井中 穴備

畢沅謂伏舊作狀以意改按緜眇閣本正作伏

以車輪轀 穴備

孫詒讓謂轀卽輼之別體按寶曆本正作輼

救目分方鑿穴 穴備

蘇時學謂鑿疑鑿字之譌按寶曆本正作鑿

文盆毋少四斗 穴備

按金文毋字均作母，此猶存古字。

令有力四人下上之弗離（備蛾傳）

嘉靖本、緜眇閣、下堂策檻本、寶曆本弗均作勿，畢本同。離舊作難，俞樾謂難乃離字之誤。按原儀氏校難一作離，與俞說合。

軸間廣大以圉犯之𧊒其兩端以束輪（備蛾傳）

孫詒讓謂圉疑當作圍，是也。下文大圉半以上，寶曆本圉作圍，即其證。孫又謂犯之下有誤挩，非也。犯應讀作範。易繫辭範圍天地之化而不過，釋文範馬王肅張作犯。列子湯問周犯三萬里，釋文犯一本作範。按圍範即範圍也。𧊒寶曆本作融，是也。上言以車兩走孫詒讓謂兩走即兩輪此言軸閒廣大以圍範之融其兩端以束輪蓋軸閒廣大輪易脫故云圍範之融合其兩端以束輪正言圍範之事下云徧徧塗其上正言融之事

大囷半以上備蛾傅

畢沅謂囷疑圍按寶曆本正作圍

鈞禾樓備蛾傅

孫詒讓謂鈞疑當作鉤禾疑當作木按綿眇閣本堂策檻本鈞作鉤原儀氏校禾一作木均與孫說合

牧賢大夫及有方技者若工弟之舉屠酤者置廚給事弟之迎敵祠

孫詒讓謂弟疑當爲豑之省。豑與秩同。言稟食之。按孫說非是。屠酤者不應言稟食。之弟乃夷之譌。古文弟夷二字形音並相近。易明夷夷于左股。釋文夷子夏作睇。京作眱。渙匪夷所思。釋文夷荀作弟。禮記喪大記奉尸夷于堂。注夷之言尸也。金文夷狄之夷均作尸。尸之通詁訓主。孫詒讓謂牧當爲收之誤。工謂百工。是也。言收賢大夫及有方技者與百工。主之。舉屠酤者。置廚給事主之。蓋上主謂主其事。下主言舉屠酤主廚饌之事也。

移中中處澤急而奏之（迎敵祠）

孫詒讓謂移中疑當爲多卒之誤。按孫說殊誤。周禮天府·凡官府鄉州及都鄙之治中注·鄭司農云·治中謂其治職簿書之要·是古謂簿書爲中·猶今人言案卷·畢沅謂滭當爲擇·是也·俞樾訓奏爲趨向·殊誤·此言移簿書於適中之處·恐其散佚·擇急而奏之於上也·

令命昏緯狗纂馬𩣡緯（迎敵祠）

按命字衍·古文令命同用·

祝史乃告於四望山川社稷先於戎（迎敵祠）

孫詒讓謂先於戎未詳·疑當作先以戒·按孫說殊誤·此言祝史之告於四望山川社稷·在於戎事之先也·下言誓于太廟·即告戎事也·

唯乃是王（迎敵祠）

孫詒讓謂疑當作唯力是正。按孫說非是。王本應作匡。宋人避諱而改爲王。魯問匡其邪而入其善。綿眇閣本匡作匡。此宋刊本通例。嘉靖本堂策檻本寶曆本均闕匡字。並注云太祖廟諱上字。詩破斧四國是皇。王應麟詩考引齊詩作四國是匡。法言先知作四國是王。春秋繁露深察名號王者皇也王者匡也。是皇匡王亦音近義通。上云其人爲不道不脩義。詳故云唯乃是匡也。

兼左右各死而守（迎敵祠）

按死應讀作尸。金文死尸通用。詳大取篇。各死而守。

即各尸而守。

役司馬射自門右〔迎敵祠〕

孫詒讓謂役司馬蓋官名。掌徒役者。按役疑彶之譌。彶字留鼎作[illegible]。不嬰毀作[illegible]。彶即及。金文同用此司馬即上文司馬視城之司馬。上言乃命鼓俄升。先升後射。故云及司馬射自門右也。

女子爲梯末之旗〔旗幟〕

蘇時學謂梯疑當作桔楊生稊之稊。按稊末於義無取。梯末疑當作姊妹。蓋姊字省文或作㚢。譌爲弟。後人加木。遂誤爲梯。末妹古字通。晉語妹喜荀子新序均作末喜。即其證也。

雙劍誃墨子新證 卷四 一二

重質有居 旗幟

畢沅謂言居其妻子。按妻子不得曰重質。畢說非是。此重質或指他國之爲質者言。又疑質當讀爲室。荀子王制平室律。即平質律。詳荀子新證。備城門使重室子居亓上。號令以富人重室之親舍之官府。亦重室有居之謂也。

法令各有貞 旗幟

孫詒讓引廣雅釋詁訓貞爲正。又疑或爲員之譌。按孫說俱未允。書洛誥我二人共貞。馬注貞當也。廣雅釋詁貞當也。法令各有貞。言法令各有當也。

左軍於左肩 旗幟

按古戎器左軍習見軍字均作𨊠。

置鐵䍙於道之外旗幟

王引之謂䍙乃㼜字之譌。按王說非是。䍙即今罐字。元應一切經音義八罐汲器上言各二其井故云置鐵罐於道之外。金文罐作鑵。中鑵中作旅鑵。羅振玉謂其狀如觶。攷定爲酒器。按此可證古有鑵字。

視敵之居曲號令

孫詒讓謂曲部曲。又疑與之誤。按孫前說是。急就篇分別部居不雜廁。是居曲猶言部曲矣。

大將使使人行守號令

孫詒讓謂使人當作信人。按孫說非是。金文使吏同

字·使使人即使吏人·下云·四面之吏·亦皆自行其守·如大將之行·可證·

其舌及父老有守此巷中部吏皆得救之號令

孫詒讓·謂此當作者·按孫說非是·此巷猶言本巷·上云·及離守絕巷救火者斬·絕巷正與此巷相對爲文·

官吏豪傑與計堅守者十人號令

畢沅謂守者二字舊倒·以意改·按畢改非是·者古諸字·古文諸字均作者·蘇時學謂十人疑士人之譌·近是·此本應讀作官吏豪傑與計堅諸守士人·言官吏豪傑與計謀堅固諸守之士人也·陶鴻慶謂十人當作什人·於義亦通·

五日官各上喜戲居處不莊好侵侮人者一號令

孫詒讓謂疑當作日五閱之各上喜戲居處不莊好侵侮人者名。按改五日爲日五。改官爲閱。又增之字又改一爲名。似此妄改。殊不可據。此文本義甚明。一謂一次。言五日官各上奏喜戲居處不莊好侵侮人者一次也。

同邑者弗令共所守號令

嘉靖本綿聊閣本。堂策檻本。寶曆本。弗均作勿。當據改。畢本亦作勿。

皆以執毚號令

孫詒讓改執毚爲執龜。又疑當作執圭。按孫改殊誤。

毚即鑱之省文，猶金文鋁亦作呂，鑑之作監也。慧琳一切經音義五二：鑱謂有刃斲鑿者也。古代鏟鑿亦兵器也。

輒收以屬都司空若候　號令

畢沅謂收舊作牧，以意改。按寶曆本正作收。

符傳疑　號令

按尊古齋所見吉金圖有龍節虎節，銘文均有王命＝遡賃之語。遡即古傳字，賃謂傭役。說文：賃，庸也。庸傭字通。史記陳涉世家：嘗與人傭耕。索隱引廣雅：傭，役也。命傳賃謂命傳達傭役之事。增訂歷代符牌圖錄有騎遽馬節，遽即傳。此均即符傳之傳。古今注謂凡傳皆以木爲之。非是。

令吏數行閭號令

綿聯閣本閭作問。

令其怨結於敵號令

綿閣聯本怨結作結怨。

收粟米布帛錢金號令

收舊作牧。王念孫謂牧當爲收字之誤。按寶曆本正作收。

即有驚號令

畢沅謂即舊作節。以意改。按寶曆本節作即。節即古字通。下文節不法。言即不法也。齊刀即墨作節墨。

舍事後就號令

畢沅云言舍其事孫詒讓云言事急而後至按畢孫言舍事之意並非舍謂予也令鼎余其舍女臣卅家言余其予女臣卅家也居趩𣪘君舍余三鏞言君予余三鏞也舍事後就言予之事而後至也

而札書得號令

按得應讀作中周禮師氏掌國中失之事注故書中爲得杜子春云當爲得荀子正論將恐得傷其體也得傷即中傷詳荀子新證中謂簿書猶今人言案卷而札書中言札書之於簿冊也

多執數少襍守

王念孫謂少當爲賞是也然謂賞字脫去大半僅存小字因譌而爲少此說非是按少與賞以音近而譌少賞雙聲並審母字

必應城以禦之曰不足則以木椁之襍守

按嘉靖本綿眇閣本堂策檻本寶曆本應均作廣作廣者是也廣宜讀作橫書堯典光被四表漢書王莽傳作橫被四表樊毅碑作廣被四表此外漢書及漢碑作橫被廣被者習見不勝繁舉皮錫瑞謂光被即廣被亦即橫被皆充塞之義按皮說是也禮記孔子閒居以橫於天下注橫充也必橫城以禦之言必須充塞其城以禦之也莊子秋水梁麗可以衝城而不

可以窒穴衝充古字通。漢石門頌。八方所達。益域爲充。是假充爲衝。王引之謂椁當爲𢮎字之誤。按王說非是。椁應讀作敦。陳猷簋作𣪊。宗周鐘作𦎫。詩北門釋文引韓詩敦。迫。上云凡待煙衝雲梯臨之法。此言必須充塞其城以禦之。曰不足言充城之物不足。則以木敦迫之。以加厚其防禦也。

射妻舉三烽一藍（襍守）

孫詒讓謂妻疑要之譌。按孫說非是。妻齊古字通。詩經新證十月之交篇。射齊即齊射。言舉三烽則齊射之也。

雙劍誃諸子新證

三

雙劍誃荀子新證序

近世之考訂荀子者淹貫如王懷祖精醇如劉端臨辨覈如俞蔭甫劉申叔最稱有功於是書者也至王氏集解梁氏柬釋尤能薈輯衆說擷其精要省吾誦覽之餘偶有所見雜引舊籍旁徵古籀以證成己說爰舉四例略明端緒有不知譌字而誤者王制篇必將於愉殷赤心之所殷乃暇之譌愉殷即愉暇又殷之日兩見殷之日即暇之日也有不識古文而誤者王制篇治田之事也治市之事也舊均讀治如字非是古文治作𤔲與司同用治田即司田治市即司市也有隨意增損字句而誤者仲尼篇畜積修鬬王引之改爲謹畜積修鬬備不

知王制篇言畜積修飾與此句例同不宜妄改議兵篇而順暴悍勇力之屬爲之化而愿順讀應作馴擾之馴言而馴擾暴悍勇力之屬爲之感化而愿慤也王念孫引汪中云而順上疑脱九字失之有不知通假而誤者榮辱篇故成乎修修之爲注訓修爲修飾俞樾謂修之二字衍並非修修應讀作悠悠成乎悠悠之爲言成乎悠久之爲也非相篇今夫狌狌形笑亦二足而毛也形笑即形肖舊讀笑如字故不可解省吾黔淺無似豈能辨諸家之得失覃荀書之本義乎然爲學之道誠如荀子所云公生明偏生闇不可不有勉於斯言也中華民國二十六年五月海城于省吾

雙劍誃荀子新證卷一

海城于省吾

干越夷貉之子勸學

按劉端臨王念孫謂干越即吴越是也干字亦作邗邗字見於法人刻爾氏所藏之邗王壺其銘曰禺邗王于黄池爲趙孟庎邗王之惖金台爲祠器計十九字黄古黄字亦見於弭仲簠庎即介字趙孟即趙鞅邗王即吴王夫差左哀十三年傳夏公會單平公晉定公吴夫差于黄池據此則邗王即吴王尤可證成劉王二氏說

禮樂法而不說詩書故而不切春秋約而不速勸學

楊注。有大法而不曲說也。詩書但論先王故事。而不委曲切近於人。故曰學詩三百。使於四方。不能專對也。文義隱約。褒貶難明。不能使人速曉其意也。按注解詩書故而不切。及春秋文義隱約之說。義猶近是。餘均曲說。不可爲據。按法者有條理之謂也。說脫古今字。國語周語無禮則脫。注脫簡脫也。禮樂法而不脫。言有條理而不簡脫也。詩書故而不切。故古字通。盂鼎。古天異臨子。即故天異臨子也。古喪師。即故喪師也。廣雅釋詁。切近也。言詩書義甚高古而不淺近也。春秋約而不速。速數音近字通。禮記曾子問。不知其巳之遲數。注數讀爲速。祭義。其行也趨趨以數。注數之言速也史記屈賈列傳淹數之度兮集解引徐廣曰數速也大戴記曾子立事行無求數有名事無求數有成注數猶促速史記游俠列傳每至踐更數過索隱數頻也然則春秋約而不數謂簡約而不繁數蓋春秋義法謹嚴而文辭簡覈也綜之法與脫古與切約與數均上下相對爲文

問楛者勿告也告楛者勿問也說楛者勿聽也勸學

楊注楛與苦同惡也按楛應讀作固楛固並諧古聲大戴記曾子立事弗知而不問焉固也注固專固也家語五帝德則予之問也固矣注固固陋是問與固相屬爲文也然則問固者告固者說固者三固字均謂

固陋·不訓惡也·

君子知夫不全不粹之不足以為美也勸學

按全應讀作純·全純並心母字·古韻全元部·純諄部·元諄通諧·說文·純玉曰全·周禮考工記玉人天子用全注·鄭司農云·全純色也·禮記投壺·二筭為純·釋文純音全·鄭注儀禮·如字云·純全也·仲尼篇·主疏遠之則全一而不倍·全一即純一·淮南子時則·視肥臞全粹·全粹即純粹·純粹乃古人謰語·離騷·昔三后之純粹兮·易乾文言·純粹精也·莊子刻意·其神純粹·賦篇·明達純粹而無疵也·然則此言不全不粹即不純不粹也·

故誦數以貫之勸學

楊注・使習禮樂詩書之數・以貫穿之・按注說非是・俞樾謂誦數猶誦說也・較注爲優・然觀上下文之義・皆君子自修之事・數訓說・是猶對外而言・則俞說亦非・數應讀作述・上文其數則始乎誦經・注・數・術也・呂氏春秋長攻・固其數也・注・數・術・淮南子本經・用兵有術矣・注・術・數也・是數術相爲音訓・儀禮士喪禮・不述命・注・述・循也・古文述皆作術・詩日月・報我不述・韓詩作報我不術・述之作術・猶金文道之作衜也・然則誦數以貫之・即誦述以貫之・述即論語述而不作之述・謂沿循也・

則炤之以禍災 修身

楊注謂以禍災照燭之使知懼也按照應讀昭禮記中庸亦孔之昭釋文昭本又作炤老子俗人昭昭釋文昭一本作照並其證也禮記樂記蟄蟲昭蘇注昭曉也然則昭之以禍災謂曉之以禍災也

良賈不爲折閱不市 修身

楊注折損也閱賣也謂損所閱賣之物價也按注訓閱爲賣非是閱說古通用詩谷風我躬不閱左襄二十五年傳作我躬不說周語王孫說漢書古今人表作王孫閱說古脫字折脫脫亦損也周語無禮則脫注脫簡也史記禮書凡禮始乎脫索隱脫猶疏略也

疎略與簡並與損義相因然則折脫即折損也古無訓閱爲賣者注說不可爲據也

饒樂之事則佞兌而不曲 修身

楊注兌悅也言佞悅於人以求饒樂之事不曲謂直取之也俞樾謂不字爲衍文訓曲爲委曲按注及俞說並不可通釋名釋言語曲局也詩正月不敢不局傳局曲也則佞悅而不曲謂恣意爲樂佞媚喜悅而不局曲正形容小人之無忌憚也

程役而不錄 修身

楊注程功程役勞役錄檢束也按注讀錄如字不知不檢束與程役不相涉也錄應讀爲勞雙聲字也勞

辱篇。軥錄疾力。劉師培謂軥錄即劬勞之異文。是也。程役而不勞。謂有功程役使之事而不勞也。上言勞苦之事則爭先。與此正相反爲義也。

人有此三行。雖有大過。天其不遂乎。修身

俞樾云。過當爲禍。遂成也。言雖有大禍。天必不成之也。按俞說非是。遂墜古通用。王制篇小事殆乎遂。正論篇不至於廢易遂亡。王念孫並讀遂爲墜。金文墜作㒸。克鼎克不敢㒸。邾公華鐘慭穆不㒸于氒身。邢侯毁追考對不敢㒸。師寰毁師寰虔不㒸。彔伯𢦚毁女肇不㒸。漢陳球碑不隊前軌。隊即墜。是不㒸乃古人語例。然則天其不墜乎。謂天不隕墜之也。墨子法儀。故天禍之。使遂失其國家。孫詒讓讀遂爲墜。與此義亦相仿。

見由則恭而止，見閉則敬而齊。不苟

楊注：由，用也。止謂不放縱也。或曰：止，禮也。言恭而有禮也。謂閉塞道不行也。敬而齊，謂自齊整而不怨也。按注訓止爲不放縱，又訓爲禮，訓齊爲齊整。梁啓雄訓齊爲莊。是見由與見閉渾同無别，當非本義。止字本應作之。金文之字通作㞢，止字作㞢，故易譌也。詩車舝：高山仰止。釋文：仰止本或作仰之。墓門：歌以訊之。續列女傳作歌以訊止。齊次古通用。禮記昏義：爲后服資衰。注：資當爲齊。易旅九四：得其資斧。釋文：子夏傳及衆家並作齊斧陳侯因資敦因資即史記齊太公世家之齊威王因齊王子晏次鑪晏次即楚令尹嬰齊並其例證見由則恭而止見閉則敬而齊應讀作見由則恭而之見閉則敬而次注訓由爲用是也之往也穀梁僖元年傳言次非救也注次止也易師六四師左次荀注次舍也按舍亦止也言見用而道行則恭而往見閉而道塞則敬而止之與次相對爲文故齊慶舍字子之之與舍亦相反爲義也

畏法流俗不苟

楊注法效也畏效流移之俗按注讀畏如字不詞甚矣畏應讀作猥文選楊惲報孫會宗書而猥隨俗之

毀譽也注猥猶曲也然則猥法流俗謂曲效流俗也

偋五兵也榮辱

王先謙云偋當爲併妄人誤加尸爲偋耳按王說非是說文有偋字且屏幷古通書君奭小臣屏侯甸魏三體石經屏作幷屏之通幷猶偋之通併矣

若云不使榮辱

按詩雨無正云不可使亦云可使齊侯鎛是辝可使語例反正略同

以敦比其事業榮辱

楊注敦厚也比親也王引之云敦比皆治也比讀爲庀按注及王說並非詩北門王事敦我釋文韓詩云

敦迫。然則敦比猶今人言迫切。以敦比其事業。謂以迫切於其事業也。上言輴錄疾力。下言而不敢怠傲。均與迫切之義相因。彊國篇。凡人好敖慢小事。大事至然後興之務之。如是則常不勝夫敦比於小事矣。是敖慢與敦比義正相反。且大事言興言務。小事言敦比。亦對文也。

在埶注錯習俗之所積耳榮辱

按王先謙久保愛謂埶字爲衍文。非是。上文是注錯習俗之節異也。與此句法大同小異。不得據彼以改此。在埶注錯習俗之所積耳。言在於情勢注錯習俗之所積耳。無勢字則積之語意猶未足。儒效篇。豈不

至尊至富至重至嚴之情舉積此哉・情亦謂情勢・司馬遷報任安書・積威約之勢也・是亦積與勢相因爲文・

夫起於變故成乎修修之爲待盡而後備者也榮辱

楊注・言堯禹起於憂患・成於修飾・俞樾云・修之二字衍・按注及俞說並非・修修應讀作攸攸・修从攸聲・故得通用・書盤庚・修不匿厥指・俞樾孫詒讓並讀修爲攸・史記秦始皇本紀・德惠修長・索隱・王劭按張徽所錄會稽南山秦始皇碑文・修作攸・漢婁壽碑・曾祖父攸春秋・又不攸廉隅・張表碑・令德攸兮・並假攸爲修・金文攸字作攸・疑修攸古同字・攸攸亦即悠悠・古書

尤多通用。慾慾乃久遠之意，不煩舉證。上言堯禹者非生而具者也，故接以夫起於變難事故成乎慾久之所爲，待盡而後備者也。言其閱歷之深且久，非一蹴而可幾也。成乎慾慾之爲，於上下文義至爲調適。清儒每據上下文句法或類書以改古籍，得失參半矣。

然後使慤祿多少厚薄之稱榮辱

按俞樾謂慤當作穀，引孟子穀祿不平及王霸篇心好利而穀祿莫厚焉爲證。其說至塙。然之字舊均無釋，之是也。詳經傳釋詞。然後使穀祿多少厚薄是稱也。

今世俗之亂君 非相

俞樾云按下文云中君羞以爲臣則此不應言君疑本作世俗之亂民按俞說非是亂民二字於此殊費解君非指王侯言凡有權勢封邑者均可通稱爲君

今夫狌狌形笑亦二足而毛也 非相

楊注形笑者能言笑也俞樾云笑疑當作狀按注及俞說並非笑狀二字形不相近無由致誤笑應讀爲肖二字聲韻並同老子六十七章天下皆謂我道大似不肖夫唯大故似不肖若肖久矣其細也夫羅氏考異引敦煌辛本三肖字均作笑是其證淮南子墜形肖形而蕃注肖像也然則形肖猶言形像也

以說度功非相

揚注以言說度其功業也按注說誤矣言說與度功不相屬說應讀作閱詳修身篇閱謂閱歷也言聖人以今之閱歷度古人之功業也史記高祖功臣侯年表積日曰閱有功業由閱歷而來義本相因

遠舉則病繆近世則病傭非相

俞樾云世字當作舉遠舉近舉相對爲文按俞說非是遠舉之舉貫下句爲言義自相函下文亦必遠舉而不繆近世而不傭句例同清儒每喜以今人之句例改易古書烏能盡符哉

綦谿利跂非十二子離縱而跂訾者也同上

楊注綦谿未詳蓋與跂義同也利與離同離跂違俗自絜之貌謂離於物而跂足也郝懿行云綦谿者過於深陗利跂者便於走趨王先謙云綦谿猶言極深耳利與離同楊說是也離世獨立故曰離跂梁啓超云利字衍綦極也谿跂即谿刻按是數說者於荀書本義並不可通荀書以綦為極自不待言谿應讀作蹊蹊徯古通用左宣十一年傳牽牛以蹊人之田注蹊徑也慧琳一切經音義三十引通俗文邪道曰徯跂歧同字从足从止之字古文同用如踵作歱企作企躄作壁此例至夥說文無歧字說文校議議謂跂即歧字是也爾雅釋宮二達謂之歧旁注歧道旁出

也。然則綦谿利跂。應讀作極蹊利歧。極蹊與利歧爲對文。言極其邪徑而利其歧途也。下云苟以分異人爲高。不足以合大衆明大分。正言其標奇立異不循坦途也。離縱而跂訾者也。王念孫從注以離縱爲離縱。謂離縱跂訾亦疊韻字。大抵皆自異於衆之意也。此說非是。郝懿行謂縱與蹤同。是也。然以跂訾爲跂望有所思量。非也。梁啓雄謂訾借爲跐。引廣雅釋詁訓跐爲履。是也。然謂跂借爲企。引說文訓企爲舉踵。非也。按離縱跂訾應讀作離縱歧跐。謂離叛其蹤迹。而歧異其踐履也。上云今之所謂處士者。無能而云能者也。無知而云知者也。利心無足而佯無欲者也。

行僞險穢而彊高言謹慤者也。以不俗爲俗。凡此所言。均與離縱跂訿之義相符。

下脩而好作非十二子

楊注以脩立爲下。而好作爲王念孫以下脩爲不循之譌。引墨子君子循而不作爲證。按注說非是。王謂脩當爲循。是也。下非不之譌。且不循而好作。不循即好作。與上句尚法而無法。句例不符。下乃上字之譌。卜辭金文上作二。下作二。故易紊也。尚法之尚。注謂尚上也。蓋荀書本作尚法而無法。上循而好作。尚亦上也。與上互文耳。言旣以法爲上而反無法。以循爲上而反好作。無法則非上法矣。好作則非上循矣。注謂自相矛盾是也。

而衹敬之曰（非十二子）

按郾侯軍毀𡨦敬禘祀。郭沫若謂即衹敬禘祀是也。𡨦即𠚒字。𠚒衹音近字通。詳尚書新證康誥篇。

玩姦而澤（非十二子）

楊注：習姦而使有潤澤也。按注訓澤爲潤澤非是。澤釋古字通。釋謂自得也。宥坐順非而澤，管子法禁順惡而澤者，句例同。

以齊之分奉之而不足（仲尼）

楊注：分，半也。用賦稅之半也。按注說非是。分應讀今字去聲。謂分際。春秋時齊處海岱之間，最稱富饒。言

以齊之分際奉之而猶不足也若云用賦稅之半則望文演訓矣

安忘其怒出忘其讎仲尼

楊注安猶內也出猶外也言內忘忿恚之怒外忘射鉤之讎王念孫謂安語詞出字爲衍文按注及王說並非蓋安與出均指桓公當時與公子糾爭國脫險而言安則忘其危急之怒出則忘其困厄之讎古書有本義甚明因改而誤者此類是也如王說荀子書通以安案二字爲語詞豈因此而無平安之義訓乎

畜積脩鬬而能顛倒其敵者也仲尼

王引之云王霸篇謹畜積脩戰備疑此亦本作謹畜

積脩鬬備而傳寫有脫文也按王說殊不可據畜積脩鬬四字語意甚明古人自有簡語耳豈可一一比齊而改之也王制篇是以厭然畜積脩飾而物用之足也與此句例相仿

便備用儒效

楊注便備用謂精巧便於備用又王制篇便備用注備用足用也王念孫云便足用之語不詞備說文本作葡字從用從茍省淮南脩務篇注云備猶用也便備用猶言便器用耳便備用三字本篇凡三見與田野倉廩對文者二與功苦完利對文者一其見於儒效篇者則與規矩準繩對文見於富國篇者亦與田

野倉廩對文皆以二字平列按王氏讀備如字非是備服音近字通便備用即便服用服亦用也說文服用也古人自有複語耳左僖二十四年傳伯服史記鄭世家作伯犕史記趙世家今騎射之備國策作今騎射之服後漢書皇甫嵩傳義眞犕未乎注犕古服字易繫辭傳服牛乘馬說文作犕牛乘馬毛公鼎番生𣪘均云魚葡即詩象弭魚服之魚服也

至共頭而山隧儒效

楊注共河內縣名共頭蓋共縣之山名隧謂山石崩摧也隧讀爲墜盧文弨云共頭即共首見莊子王念孫云此八字亦汪氏中校語也共首見讓王篇共頭

又見呂氏春秋誠廉篇・按讓王篇・而共伯得乎共首・誠廉篇・又使保召公就微子開於共頭之下・漢書地理志共故國・北山淇水所出・淮南子墬形淇出大號・高注大號山在河內共縣北・或曰在臨慮西・說文淇水出共北山・或曰出隆慮西山・一統志北山在輝縣東北十里・又按輝縣志載共山在方山東南・一名共山首・一名共頭・俗呼為共山頭・

飛廉惡來知政（儒效）

按惡來亦見成相篇・本應作亞來・亞惡古同字・易繫辭傳・而不可惡也・釋文惡荀作亞・書大傳大誓鼓鐘惡・觀臺惡・將舟惡・宗廟惡・注・惡皆為亞・並其證也・亞

來亞其官來其名也亞古官名詳詩經新證載芟篇安陽所出商代彝器有亞字者多矣

暮宿於百泉儒效

按左定十四年傳又敗鄭師及范氏之師于百泉魏書地形志林慮郡共縣有柏門山柏門水南流名太清水輝縣志載百門泉一名珍珠泉一名搠刀泉出蘇門山下即衛河之源也中有三大泉或傳爲海眼以竿試之不知所底匯爲巨波廣數頃又蘇門山在蘇西北七里許一名蘇嶺一名百門山山下即百泉按宋邵雍隱此故傳其學者稱爲百泉學派百泉之地於西周以前舊均無考殷虛書契前編卷二十五

葉·六·口才在𠦪貞泉𩔖·次殷虛書契後編卷上十六葉·十三·癸亥卜·貞王旬亡𡆥·才六月·才𠦪泉𩔖·癸丑·口口王旬口口口才六月·口𠦪泉口𠦪貞古今字·貞彼義切·百博白切·並幫母字·金文拜字作𢷎·从手𠦪聲·拜百音亦相近·說文以爲从手𠦪·不知其爲形聲字矣·𠦪泉即百泉·在朝歌之西·相去甚近·近世學者不知𠦪泉之即百泉·而以爲𩁹泉·誤矣·

輿固馬選矣儒效

按獵碣文·吾車既工·吾馬既同·輿固猶言車工·馬選猶言馬同·

辯則速論儒效

王念孫云論決也按王說非是論應讀作倫荀書多以論爲倫下文人論王念孫謂論讀爲倫是也書堯典無相奪倫傳倫理也辯則速倫謂辯則速理此指有師有法而言上言無師無法辯則必爲誕妄誕與倫理正相反爲文

積靡使然也 儒效

楊注靡順也順其積習故能然按注訓靡爲順誤矣訓積爲習是也梁啓雄云靡同摩較注義爲允漢書董仲舒傳漸民以仁摩民以誼枚叔上吳王書漸靡使之然也與此句例同淮南子繆稱良工漸乎矩鑿之中注漸習也是積漸同訓之證

言道德之求不二後王。儒效

楊注：道德，教化也。人以教化來求，則言當時之切所宜施行之事，不二後王，師古而不以遠古也。舍後王而言遠古，是二也。按注說最爲紆曲，二字之界畫不清。舍後王而言遠古，爲二，不及後王，豈非二哉。且下言道過三代謂之蕩，法二後王謂之不雅。如注說，則法二後王亦師遠古也，與道過三代謂之蕩無所區別。上云言道德之求不下於安存，下云故諸侯問政不及安存則不告也。上云言志意之求不下於士，下云匹夫問學不及爲士則不教也。上云言道德之求不二後王，下云百家之說不及後王則不聽也。以不下於安存不下於士之句例求之則不二後王必作不下後王明矣下言不及後王即此不下後王之明證下所以譌作二者以形相近也甲骨文金文上均作𠄞下均作𠄟二均作二𠄟與二易相溷也賦篇憝革貳兵貳本作二即上之譌也非十二子篇下脩而好作本應作上循而好作各詳本篇是均二與上下易譌之證王制篇道不過三代法不貳後王道過三代謂之蕩法貳後王謂之不雅是下譌爲二又改爲貳也荀子之意本謂無過不及蕩則道過三代矣不雅則法下後王矣法下後王即不及後王之謂也過三代者過也不及後王者不及也

雙劍誃荀子新證卷二

海城于省吾

南海則有羽翮齒革曾青丹干焉王制

楊注・曾青銅之精・可繢畫及化黃金者・出蜀山越嶲・按注說是也・文選蜀都賦・其間則有虎珀丹青・注・牂牁有白曹山・出丹青・曾青・空青也・本草經云・皆出越嶲郡・朱珔曰・本草經曰・空青能化銅鐵鉛錫・作金・別錄曰・生益州山谷及越嶲山有銅處・銅精熏則生空青・此與注所引合・又西山經・騩山・淒水出焉・其中多采石・郭注・今雌黃空青綠碧之屬・皇人之山・其下多青雄黃・郭注・即雌黃也・或曰空青曾青之屬・藝文類

聚引范子計然曰．空青出巴郡．白青曾青出弘農豫章．則所出本非一地也．按青類非一．白青空青曾青均青之一種也．

東海則有紫紶魚鹽焉（王制）

王引之云．紫與茈通．管子輕重丁篇．昔萊人善染練茈之於萊純緇．緺綬之於萊亦純緇也．其周中十金是東海有紫之證．紶當爲綌．綌之譌紶．猶卻之譌却也．按王說以紶爲綌是也．然尚未知紫即絺之假字．儀禮大射儀釋文．絺劉作綌．从次从此之字古每音近通用．如資亦通作貲．爾雅釋詁．咨此也．漢書董仲舒傳．選郎吏又以富訾．注．訾與資同．非十二子篇．離縱而跂呰者也注呰讀爲恣然則絺可通綌亦可通紫矣紫絺疊韻紫綌即絺綌絺綌均葛屬祗精麤之别耳書禹貢海岱惟青州厥貢鹽絺此言絺綌魚鹽特加詳焉

司馬知師旅甲兵乘白之數王制

楊注白謂甸徒猶今之白丁也或曰白當爲百百人也劉台拱謂管子尹注以白徒爲不練之卒無武藝王引之謂白丁白徒皆不得但謂之白引逸周書以百人爲伯乘白即乘伯按是數説者均非本義司馬所主者爲師旅爲甲兵爲乘白兵謂戎器上既言師旅假令有白徒或百人之説師旅已該之矣豈應於

乘車之下。忽及白徒及百人乎。白指白旂言。字亦作旆。吳殷。王命史戊册命吳嗣旆眔叔金。孫詒讓云。周官巾車建大白以即戎。以六書之義求之。當爲從㫃白。白亦聲。金榜云。司常熊虎爲旗。巾車革路建大白。大白即熊虎。司馬法旗章殷以虎。尚威。是殷有旗矣。孫詒讓云。案金氏謂大白即熊虎之旗。其説甚塙。國語吳語云。王親秉鉞。載白旗以中陳而立。韋注云。熊虎爲旗。是其證也。又釋名釋兵云。白旆。殷旌也。以帛繼旐末也。周書克殷。又説武王斬二女。縣諸小白。彼對大白爲之。蓋即熊虎之爲襍帛者。猶大綏小綏之比。小白左定四年傳又作少帛。少小白帛字通。杜注亦謂是褋帛之物。是也。按此可證白謂白旗。大白小白統稱之曰白。逸周書克殷解。武王乃手大白以麾諸侯。注大白旗名。又云折懸諸大白。又云懸諸小白。由是言之。乘白謂車與旗至明塙矣。

治田之事也。王制　治市之事也。同上

楊注。治田田畯也。郝懿行云。力作樸素。技能寡少。故專治於田事。按治舊均讀如字。非是。郝氏不知治田之為官。乃指農夫言。尤為迂妄。金文治作嗣。與司同用。如司徒司馬司空作嗣土嗣馬嗣工是也。治田即司田。治市即司市。管子立政作申田之事也。申田即司田。詳管子新證。周禮地官有司市。

工師之事也王制

按工師國差𦉜作攻帀古戎器合文作𢀜=

脩採清王制

楊注採謂採去其穢清謂使之清潔皆謂除道路穢惡也俞樾謂採乃埰字之誤引方言證埰爲塚急就篇屏廁清溷糞土壤字亦作圊玉篇囗部圊圊圂也

按注說非是俞氏謂清爲廁是也改採爲埰誤矣塚與廁二者不相及也採應讀作寀書堯典若予寀釋文寀馬云官也史記司馬相如傳以展寀錯事集解引漢書音義寀官也寀清猶今之官廁墨子旗幟於道之外爲屏三十步而爲之圂高丈爲民圂垣高十

二尺以上。後漢書黨錮李膺傳。郡舍溷軒有奇巧注。溷軒廁屋。釋名釋宮室。廁或曰溷。言溷濁也。或曰圊。至穢之處。宜常修治使潔清也。按修采清正司市之事也。

平室律王制

楊注。平均布也。室逆旅之室。平其室之法。皆不使容姦人。若今五家爲保也。郝懿行云。室律二字不成文理。疑律當爲肆字之譌。室謂廬舍。如市樓候館之屬是也。肆謂廛肆。如粟帛牛馬各有行列是也。按注及郝說。均不得其解。而曲爲之說也。室應讀爲貿。室貿乃雙聲疊韻字。書多方。叨懫日欽。說文作叨䞓。史記貨殖傳·邳氏·漢書作貿氏·非相篇文而致實·王念孫讀致爲質·詳王氏雜志·室致並諧至聲·室之作質·猶致之作質矣·王霸篇關市幾而不征·質律禁止而不偏注·質劑也·可以爲法故言質律也·禁止而不偏謂禁止姦人·不偏聽也·周禮小宰·聽賣買以質劑·鄭司農云·質劑平市價·今之月平是也·鄭康成云·兩書一札·同而別之·長曰質·短曰劑·皆今之券書也·按鄭司農謂質劑爲平市價是也·然則平室律·應讀作平質律·平質律·猶言平市價之規程也·平質律之平·即質律禁止而不偏之不偏也·下言以時順修·使賓旅安而貨財通·正與平質律相承爲義也·

諸侯俗反 王制

久保愛云．俗當作倍．按此說非是．俗通欲．毛公鼎俗我弗作先王頎．俗即欲．莊子繕性．滑欲於俗思．闕誤引張本作欲思．解蔽篇由俗謂之道盡嗛矣．注俗當爲欲．然則諸侯俗反．即諸侯欲反．上言天下不一．故云諸侯欲反．則天王非其人也．

天下脅於暴國而黨爲吾所不欲於是者日與桀同事同行無害爲堯 王制

王先謙云．方言黨知也．梁啓超云．黨同儻．按王梁說並非．黨應讀作常．莊子天下．公而不當．釋文當崔本作黨．金文尚常當同字．陳侯因脊敦永爲典尚．即永爲典常也。留鼎，十尚卑處斥邑，即十當俾處厥邑也。

言天下爲暴國所脅，而常爲吾所不欲。於是者雖曰

與桀同事同行，仍無害其爲堯也。

功名之所就，存亡安危之所墮，必將於愉殷赤心之所

殷之日案以中立，無有所偏，而爲縱横之事，偃然王制

案兵無動。同上　殷之日安以靜兵息民。同上

郝懿行云：殷者盛也。按愉殷二字不詞，殷乃假字之

譌。古假字本作叚，叚與殷篆隸形並相似。書吕刑：惟

殷于民。墨子尚賢中作維假於民。史記高祖功臣侯

年表：故市。遷爲假相。漢書高惠高后孝文功臣表：假

相作殷相。史記建元以來王子侯者年表：雩殷。漢書

地理志琅邪郡作雩叚。假應讀作暇。古暇字本亦作叚。師寰毀今余弗叚組。叚即暇字。晉語我教茲暇豫事君。暇豫猶愉暇也。謂愉樂閑暇也。言功名之所就。存亡安危之所隨。（壁應讀隨。已詳俞氏平議。）必將在於愉樂閑暇心意赤誠之處而後可也。暇之日。則以中立無有所偏倚。而爲縱橫之事。偃然抑兵而無動也。暇之日。則以靜兵息民也。如此則上下文理均行調適。愉殷既不可通。殷之日兩見。亦均不可通。上殷之日先言誠以其國爲王者之所亦王。以其國爲危殆滅亡之所亦危殆滅亡。是上文言王言危殆滅亡與殷盛之日毫不相涉也。下殷之日先言周公孰能與鬬。安以其

國爲是者王既言王矣豈有殷盛與不殷盛之别乎且兩殷之日下一言案兵無動一言安以静兵息民均與暇之日相承爲義也

而勿忘棲遲辥越也王制　彼將日日棲遲辥越之中野同上

盧文弨云辥越即屑越後同王懋竑云棲遲辥越似是分散遺棄之意久保愛云辥越讀爲屑越狼戾也按數家之說均未詳確盧氏讀爲屑越是也然尚未知其的詁屑今作屑說文作屑屑佾古同字佾逸字通詳尚書新證多士篇逸謂士失也鄭語以逸逃於褒姒逸士也廣雅釋詁逸失也是逸越即失散之義

文選七發精神越渫注呂氏春秋曰精神勞則越高誘曰越散也宋王孝友豐水賦驚肩越於兕甲指飛揚於駟駕淮南子精神脂下迫頤注脂讀精神歇越無之歇也是肩髀歇三字同音相假

非特以爲淫泰夸麗之聲富國

俞樾云聲字衍文因也字誤作之後人妄加聲字耳下文云非特以爲淫泰也句法與此同按俞說非是聲應讀作聖綸鎛用言用孝于皇祖聖叔皇祉聖姜張孝達謂聖叔聖姜即聲叔聲姜並引春秋文十七年小君聲姜公羊作聖姜爲證是也按漢書古今人表衛聲公史記索隱作聖公上言古者先王分割而

等異之也。故使或美或惡。或厚或薄。或佚或樂。或劬或勞。下接以非特以爲淫泰夸麗之聖。將以明仁之文通仁之順也。是非特以爲淫泰夸麗之聖。正承古者先王爲言也。下文云合天下而君之。非特以爲淫泰也。固以爲王天下。治萬變。材萬物。養萬民。兼制天下者。然則非特以爲淫泰也。亦承上文合天下而君之爲言。俞氏既謂聲字爲衍文。又改之爲也。是妄改古人文從字順之文。以遷就己說。古書因誤解而遭厄者。此類是也。

掩地表畝 富國

楊注。掩地謂耕田使土相掩。王引之云。掩疑撩之譌。

按注及王說並非掩應讀作按掩按並影母字掩覃部按元部元覃通協管子大匡案田而稅案田猶言按地漢書揚雄傳各按行伍注按依也按地表畝即依地表畝猶按圖索驥之按

刺屮殖穀富國

揚注刺絕也按刺古烈字金文烈字通作剌或剌秦公㱿剌剌趄趄晉姜鼎敏揚氒光剌班㱿亡克兢氒剌[illegible]㱿用畯文考剌𦰡生盨用對剌並其證也烈草殖穀烈讀孟子益烈山澤而焚之之烈

上功勞苦富國

豬飼彥博云功事也君上以勞苦爲事也梁啓雄云

苦疑衍文．按二說並非．上應讀作尚．致士篇莫不明通方起以尚盡矣．注．尚與上同．史記仲尼弟子列傳．公西蒧字子上．索隱引家語作子尚．尚功勞苦謂崇尚事功而勞苦也．若以上爲君上．上功勞苦既不詞．且上言墨子大有天下．小有一國．是已假設墨子爲君上之詞．下文無須再言上矣．下文云．勞苦頓萃而愈無功．此又可爲苦字非衍文之證矣．

儹然要時務民富國

楊注．儹然盡人力貌．郝懿行云．儹與酋音近義同．其訓皆爲終也．王先謙引文選李注．嘈與儹古字通．謂儹然猶嘈嘈．紛雜之意．按注及郝王說均失荀子本義傮應讀作遭書大誥予造天役遺漢書造作遭呂刑兩造具備史記周本紀集解引徐廣曰造一作遭易乾象傳大人造也易順鼎讀造爲遭是也傮之通遭猶遭之通造矣廣雅釋詁造猝也論語里仁造次必於是集解引馬注造次急遽儀禮士喪禮注以造言之疏造是造次然則造然要時務民造然謂急迫之貌也

是又不可偷偏者也富國

楊注言亦不可苟且偏爲此勞民之事也王先謙豬飼彥博均謂不可二字爲衍文按偷偏應讀作渝變上文爲之出死斷亡而愉者王念孫謂愉讀爲偷王

霸篇。爲之出死斷亡而不愉者。郝懿行謂不愉或不渝之形譌。修身篇則偸儒轉脫。注或曰偸當爲輸。左隱六年。鄭人來渝平。公穀渝作輸。書呂刑輸而孚。即渝而孚。詛楚文變輸盟制。變輸即變渝。金文渝作俞。綸鎛勿或俞改。是偸渝通用之證。偏偏荀書同用。不煩舉證。書堯典徧于羣神。史記五帝紀作辯於羣神。禮記禮運大夫死宗廟謂之變。注。變當爲辯。聲之誤也。易坤文言由辯之不早辯也。釋文辯荀作變。儀禮鄉飲酒禮衆賓辯有脯醢。注今文辯皆作徧。是徧變通用之證。此文言渝變。猶詛楚文言變輸。渝亦變也。上文先言進事。繼言事進。是事進謂事已進矣。事已進矣而百姓疾之故曰是又不可渝變者也下云徙壞墮落必反無功言事已進矣進則遷易遷易而不反其初故曰不可渝變惟其不可渝變故下文以徙壞墮落爲言也是上下文密合無閒不知偷偏之爲渝變勢不得不妄改成文以遷就曲說也

潢然兼覆之養長之（富國） 潢然使天下必有餘（同上）

楊注潢與滉同潢然水大至之貌也按注說非是潢乃横之借字古从黄从光之字每音近相通詩江漢武夫洸洸鹽鐵論引作武夫潢潢說文桄充也爾雅釋言桄充也禮記樂記號以立横横以立武鄭注横充也書堯典光被四表僞傳光充漢書光作横然則

橫然兼覆之養長之·即充然兼覆之養長之也·王霸篇亦有此語·橫然使天下必有餘·即充然使天下必有餘也·

壽於旗翼富國

楊注·旗讀爲箕·箕翼二十八宿名·言壽比於星也·或曰·禮記百年曰期頤·鄭云·期要也·頤養也·按注後說是也·期極也·百年爲頤養之極·故曰期頤·

挈國以呼禮義王霸　挈國以呼功利同上

楊注·言挈提一國之人·皆使呼召禮義·久保愛云·呼猶唱也·按注及久保愛說並非·金文凡言王呼某之呼並作乎·不从口·是呼乎字通·挈國以乎禮義·以用

也乎語助言挈國用乎禮義也挈國以乎功利言挈國用乎功利也

如是則夫名聲之部發於天地之間也王霸

楊注部當爲剖王先謙云部是蔀之渻字按注及王說並非部應讀作憑左襄二十四年傳部婁無松柏風俗通山澤作培塿無松柏漢書周緤傳集注陪憑聲相近按憑憑同字莊子逍遙遊而後乃今培風釋文培本或作陪王念孫謂培之言馮也知北遊彷徨乎馮閎釋文李云馮宏皆大也楚辭離騷憑不猒乎求索注憑滿也楚人名滿曰憑大也滿也義均相因馮發於天地之間即滿發於天地之間也

若是則人臣輕職業讓賢而安隨其後（王霸）

王念孫云、業字蓋涉下文王業而衍、按此說非是、王氏最以增損古人字句、極其能事、然得失參半矣、輕職業與讓賢而爲對文、讓賢而即讓賢能而能古音近字通、易屯彖傳宜建侯而不寧、釋文鄭讀而曰能、禮記禮運、故聖人耐以天下爲一家、注耐古能字、疏、劉向說苑能字皆爲而也、按耐从而聲、能耐古籍尤多通用、舊讀作而安隨其後句、失之、

楊朱哭衢涂曰此夫過舉蹞步而覺跌千里者夫哀哭之（王霸）

郝懿行云、下一夫字疑當作末、王先謙云、下夫字上

屬爲句。按郝及王說並誤。哀哭之三字句。與上不相接。夫大古通。大鼎。善夫亦作善大。夫哀哭之。即大哀哭之。此記者之詞也。

斗斛敦槩者君道

按敦之形制。前人多未詳。又古籍每敦簋互譌。金文敦字作𩏂。簋字通作毀。穆天子傳。六敦壺尊四十。此六敦乃六毀之譌。蓋敦於彝器中僅數見。又時代皆在東周以後。窸鼎用爲寶器鼎二毀二。圅皇父毀。圅皇父作琱娟盤盉尊器毀。具自豕鼎降十又毀(毀)八兩鑘兩鍾。鄦侯毀。妳作皇妣宗君仲妃祭器八毀(毀)至敦之形制。彝器中惟陳侯午𩏂及陳侯因資𩏂而巳宋代及清代學者考定彝器所稱敦者均毁之譌秦公毁有秦漢間人所鑿款識蓋文云口一斗七升大半升器文云西元器一斗七升奉毁（羅振玉誤釋作一斗七升八）然則此篇所謂斗斛敦槩者敦亦本應作毁

竝遇變態而不窮（君道）

按態應讀作忒成相篇反覆言語生詐態王念孫讀態爲慝書洪範民用僭忒漢書王嘉傳作民用僭慝忒謂爽忒王念孫謂竝猶普也偏也此言偏遇事之爽變而應之不窮也王制篇舉措應變而不窮義亦相仿

至道大形（君道）

按形當讀作行。管子禁藏。行法不道。宋本行作刑。刑形古字通。列子湯問。太形王屋二山。注。形當作行。即其證也。

若白黑然可詘邪哉 君道

王先謙云。廣雅釋詁。詘屈也。按白黑不應言屈。詘應讀作炪。二字並諧出聲。說文。炪火光也。是炪有明訓。若白黑然可明邪哉。言若白黑之易明也。

然後隱其所憐所愛 君道

按所憐二字涉旁注而衍。錢氏攷異謂諸本無所憐二字是也。上云。如是者能愛人也。下云。唯明主爲能愛其所愛。闇主則必危其所愛。是所愛二字與上下文一意相貫。增入所憐二字。則駢枝矣。

安值將卑執出勞 君道

按出勞二字不詞。出應讀作屈。二字並諧出聲。說文。詘之重文作誳。莊子達生。凡外重者內拙。淮南子說林作是故所重者在外。則內爲之掘。史記貨殖傳田農拙業。集解引徐廣。古拙字亦作掘也。是从出从屈一也。王制篇。使國家足用而財物不屈。注屈竭也。卑執與屈勞對文。言卑其執位而竭其勞力也。

過而通情 臣道

王先謙云。君本過也。而曲通其情。按通情不詞。錢氏攷異謂通情諸本作同情。是也。過而同情。言旣有過而猶與之同情也。

然後士其刑賞而還與之致士

楊注、士當爲事。王引之云、士當爲出字之誤也。按注說是、王說非也。金文卿士皆作卿事。即其證。又古文事使同字。使猶用也。然後使其刑賞而還與之者、謂然後用其刑賞而還與之也。

隱之以阸兵議

楊注、謂隱蔽以險阸。使敵不能害。鄭氏曰、秦地多阸。藏隱其民於阸中也。按注說至爲紕繆。莊子齊物論、隱机而坐。釋文、隱、馮也。隱之以阸、謂馮恃險阻也。

宛鉅鐵釶兵議

楊注．宛地名．屬南陽．徐廣曰．大剛曰鉅．鉈與鍦同．矛也．方言云．自關而西謂之矛．吳揚之間謂之鍦．言宛地出此剛鐵爲矛．按如注說宛剛鐵矛．殊爲不詞．墨子魯問．作爲鉤强之備．畢沅云．太平御覽引作謂之鉤拒．孫詒讓云．備穴篇有鐵鉤鉅．荀子議兵篇說楚兵云．宛鉅鐵鉈．疑宛鉅亦兵器之名．楊倞注云．大剛曰鉅．恐非．按孫說是也．鉅亦兵器也．鉅應讀作鋸．鉅鋸雙聲疊韻字．鋸雄戟也．胡中有鉅者．詳予所著雙劍誃吉金圖錄考釋．近世易州所出郾戟多稱鋸．如貞松堂集古遺文卷十二．郾王詈戟．郾王詈作巨攷鋸．郾侯戠戟．郾侯戠作口萃鋸．均可爲鋸乃戟之證宛鉅鐵釶者、言宛地所出之雄戟與其鐵矛也。

機變不張　議兵

楊注、機變謂器械變動攻敵也。按注說語義含渾。城郭不辨、溝池不抇、固塞不樹、機變不張、四句平列。每句之上二字皆實有所指、是機變非巧詐明矣。機變當指機栝言。莊子齊物論、其發若機栝。發即張也。機栝即今所謂弩機。又莊子胠篋、夫弓弩畢弋機變之知多。釋文引李注、弩牙曰機。易繫辭傳、樞機之發。釋文引王廙云、機、弩牙也。墨子公孟、譬若機之將發也。然。公輸九設攻城之機變。說文、機主發謂之機。然則機變不張、即機栝不發也。

莫不親譽兵議

按譽與字通。親與謂親比之也。

而順暴悍勇力之屬爲之化而愿兵議

盧文弨汪中均謂而順上有脫文。俞樾謂而順當作順而。按諸說並迂妄不可據。順馴古字通。易坤初六象曰馴致其道，九家注馴猶順也。說文馴馬順也。周禮太宰注擾猶馴也。疏擾則馴順之義也。馴順並諧川聲，故得通借。馴謂馴擾，而馴擾暴悍勇力之屬爲之感化而愿愨也。而馴二字貫下六句爲言。暴悍勇力之屬爲之化而愿。旁辟曲私之屬爲之化而公。矜糾收繚之屬爲之化而調。皆承而馴爲言。

則劉盤盂彊國

按方言五．盌謂之盂．漢書東方朔傳．置守宮盂下．注．盂食器也．若盋而大．今之所謂盋盂也．按頤和園藏器有白盂．其形似盆而深．左右有耳．

大事已博彊國

久保愛云．博疑當作舉．按此說非是．博本應作尃．即今敷字．金文皆作尃．孟子滕文公．舉舜而敷治焉．注．敷治也．大事已敷．謂大事已治．與下句大功已立爲對文．

曷若兩者孰足爲也彊國

按注訓曷若爲何如．高亨訓若爲擇．並非．曷介古音近字通曷从匃聲金文以匃眉壽之匃詩作介詳易經新證介于石不終日條說文介畫也左昭二十年傳偪介之關注介隔也文選魏都賦與江介之湫湄注引韓詩章句介界也按介古界字若猶然也詳經傳釋詞界若兩者孰足爲也言勝人之道與勝人之埶兩者界然甚清孰足爲也不待辨矣

湯武也者乃能使說己者使耳强國

按下使字舊均讀如字非是古籀使事同字乃能使說己者事耳言乃能使悅己者事之耳

霸者之善箸焉可以時託也强國

楊注霸者其善明箸以其所託不失時也俞樾謂託

乃記字之譌。按注及俞說並非。託應讀作度。禮記少儀。不度民械。釋文度。計也。尚書凡宅字皆古文。今文作度。詳尚書新證顧命篇。儀禮士相見禮注。今文宅或爲託。呂氏春秋貴直論而家宅乎齊。御覽宅作託。霸者之善。箸焉可以時度也。言霸者之善甚顯箸焉。可以按時而計度之也。下言王者之功名不可勝日志也。志識也。上下正相對爲文。

拔戟加乎首則十指不辭斷彊國

楊注。言不惜十指而救首也。拔或作校。或作枝。郝懿行云。拔讀如少儀毋拔來之拔。鄭注拔疾也。注又云或作枝。則非。古無枝戟之名。按作枝者是也。郝說誤矣・拔枝以形近致譌・論語憲問・子問公叔文子於公明賈・世本・獻公生成子當・當生文子拔・何氏集解拔作枝・左穀定三年經・仲孫何忌及邾子盟于拔・公羊作枝・説文・戟有枝兵也・釋名釋兵・戟格也・旁有枝格也・淮南子時則・孟夏之月其兵戟・注・戟有枝榦・程瑤田・據二儀寶錄以雙枝爲戟・獨枝爲戈・按戟與戈之異・戟之內有刃・而戈之內無刃・枝出之內有刃・故曰枝戟・然則枝戟古本有此名也・上言白刃扞乎胷・則目不見流矢・是白刃與枝戟爲對文・若訓拔爲疾・則與白刃非對文矣・

雙劍誃荀子新證卷三

海城于省吾

權謀傾覆幽險而盡亡矣天論

王先謙云盡字無義衍文也按王說是也韓詩外傳及錢氏攷異引監本均無盡字

荒服者終王正論

楊注終謂世終朝嗣王也顧千里云終字疑不當有按注及顧說並非終崇古字通詩蝃蝀崇朝其雨傳崇終也書君奭其終出于不祥釋文終馬本作崇淮南子氾論不崇朝而雨天下者唯太山高注崇終也荒服者崇王謂荒服者尊王也周語又崇立上帝明

神而敬事之注。崇尊也。上言甸服者祭。侯服者祀。賓服者享。要服者貢。均四字句。荒服者崇王五字句。所以足其語勢也。言荒服者不能按時祭祀享貢。但知崇王而已。下云。彼楚越者。且時享歲貢。終王之屬也。必齊之日祭月祀之屬。然後曰受制邪。言楚越乃荒服。尊王之屬也。猶且時享歲貢。與於賓要之列。豈可爲已甚之求。必等齊之於日祭月祀甸侯之屬。然後曰受制乎。彼楚越者。且時享歲貢。終王之屬也。乃倒文言楚越者。崇王之屬也。且時享歲貢。然則崇王之屬也。正承荒服者崇王爲言也。

前有錯衡以養目正論

按毛公鼎。番生𣪘。錯衡均作遣衡。

三公奉軶持納正論

按毛公鼎。番生𣪘。軶字均作戹。

而潮陷之正論

楊注。猶於泥潮之中陷之。按注說非是。陳侯因資敦。淖昏諸侯。淖即潮字。假爲朝。朝周古字通。詩綿。來朝走馬。即來周走馬。詩經新證。莊子大宗師。而後能朝徹。武延緒讀朝徹爲周徹。淮南子俶眞。譬若周雲之蘢蓯。俞樾讀周爲朝。並其證也。而周陷之以偷取利焉。夫是之謂大姦。言而偏陷害之。以偷取利焉。夫是之謂大姦也。

將恐得傷其體也正論

俞樾云得字無義疑復字之誤按俞說非是得應讀作中今字去聲齊策是秦之計中注中得史記封禪書與王不相中索隱引三蒼云中得也周禮師氏掌國中失之事注故書中爲得杜子春云當爲得然則將恐得傷其體也謂將恐中傷其體也

龍旗九斿所以養信也禮論

楊注信謂使萬人見而信之識至尊也養猶奉也郝懿行云信與神同畫龍於旗取其神變此信蓋神之叚借按注說是郝說非也周禮大司馬司馬以旗致民注以旗者立旗期民於其下也史記高祖本紀旗

幟皆赤索隱引字林熊旗五斿謂與士卒爲期于其下故曰旗也釋名釋兵熊虎爲旗與衆期其下也旗旣有期訓則龍旗九斿所以養信也信與期義正相符郝氏讀信爲神眞臆解矣

絲末彌龍所以養威也禮論

楊注末與幦同禮記曰君羔幦虎犆鄭云覆苓也絲幦蓋織絲爲幦按注說是也毛公鼎金車𠦪辮較劉心源云易賁釋文引傅氏云賁古斑字文章貌此云𠦪繴較謂斑繴斑較也按繴即幦爾雅釋器繴謂之罿王國維云辮詩大雅作幭毛傳幭覆軾也按末幦繴幭並同音相假絲末織絲爲末所以覆軾也又注

引徐廣曰.乘輿車以金薄繆龍爲輿倚較文虎伏軾.龍首銜軛.盧文弨謂彌即說文之𤪫.按彌疑讀作檷.字亦作柅作鑈.易姤初六繫于金柅.正義引馬云柅者在車之下.所以止輪令不動者也.按柅說文作檷.子夏傳作鑈.毛公鼎.金豦.徐同柏謂假豦爲柅檷龍雕龍爲檷也.

故有天下者事十世禮論

楊注.十當爲七.穀梁傳作天子七廟.王先謙云.大戴禮史記皆作七.按作七者是也.古文十作∣.七作十.漢代金文猶然.二字形近.故易譌也.

尚拊之膈禮論

楊注，膈，擊也。按注說非是。膈金文作敽，亦鐘類也。屭羌鐘，屭羌作伐氏辟旃宗敽。文選長楊賦，拮隔鳴球。隔同膈。膈拮鳴皆動詞，隔球皆樂器。

本末相順。禮論

俞樾云，順讀爲巡。按俞說是也。古玉銘，巡則生，逆則死。巡應讀順，與逆爲對文，亦可證成俞說。

凡緣而往埋之。禮論

楊注，凡，常也。緣，因也。言其妻子如常日所服而埋之，不更加絰杖也。按注說非是。凡古文盤字，詳墨子新證節葬下。議兵，緣之以方城，注，緣，繞也。盤緣即盤繞。上言不得晝行，以昏殣。蓋刑餘罪人之喪，雖昏殣猶避人不循正路，故云盤繞而往埋之也。

象生執也禮論

楊注：象生執，謂象生時所執持之事。執或爲持。按注說非是。沐浴鬠體飯唅與執持之義不相符。執乃埶字之譌。管子明法以埶勝也，宋本埶作執，是其證。象生埶也，謂象生時之形埶也。

無帾絲歶縷翣其須以象菲帷幬尉也禮論

楊注：或曰，絲讀爲綏，歶讀爲魚。按注說非是。絲應讀如字。歶乃巤字之譌。爾雅釋獸：狒狒如人。說文作[illegible]，字又作巤，逸周書王會作費費。巤應讀作𢐀。孝經注：左輔右𢐀。釋文：𢐀本又作拂。臣道篇功伐足以成國之大利謂之拂。注。拂讀爲弼。禮記中庸釋文。費本又作拂。萬字既通拂費。拂費拂並諧弗聲。故得相通。詩韓奕。簟茀錯衡。箋。簟茀。漆簟以爲車蔽。今之藩也。按番生毀作金簟弼。絲萬即絲弼。謂織絲以爲喪車之藩也。菲帷之菲。注以爲屝爲扉。並非。菲應讀作帔。匪彼古通。不煩舉證。古文彼字但作皮。匪之通彼。猶菲之通帔矣。釋名釋衣服。帔。披也。披之肩背。不及下也。然則帔帷所以披覆帷蔽者也。幬尉之尉。注讀爲罻。以罻爲網。亦非。尉應作蔚。廣雅釋詁。蔚。翳也。翳障也。周語。是去其藏而翳其人也。注。翳猶屏也。然則蔚謂屏障也。

帶甲嬰軸歌於行伍使人之心傷樂論

俞樾云、歌於行伍、何以使人心傷、義不可通、傷當爲惕、按俞說非是、傷應讀作壯、易大壯釋文引馬云、壯傷也、郭璞云、今淮南人呼壯爲傷、即其證也、言帶甲嬰軸、歌於行伍、使人之心壯也、

鼓大麗樂論

王先謙云、方言三郭注、偶物爲麗、按王說於義實不可通、麗應讀作厲、麗厲雙聲疊韵字、宥坐篇是以威厲而不試、注厲抗也、議兵篇威厲而不試、注厲謂抗舉、鼓大厲、大厲二字平列、言鼓之聲大而抗厲也、

磬廉制樂論

按舊均讀制如字。非是。制折古音近。字通。書呂刑。制以刑。墨子尚同中作折。則刑。大戴禮保傅。不中於制獄。制獄即折獄。莊子外物。自制河以東。釋文。制應作浙。論語顏淵。片言可以折獄。釋文。魯讀折爲制。史記項羽本紀。渡浙江。索隱。制折聲相近。文選羽獵賦。不折中以泉臺。注引韋昭曰。制或爲折也。廣雅釋詁。制折也。並其例證。然則磬廉制即磬廉折。磬樂聲之清者也。故以廉折爲言。王先謙引廣雅釋詁訓廉爲棱。是也。下云。莫不廉制盡筋骨之力。廉制亦應讀爲廉折。

而宇宙裹矣解蔽

楊注裏當爲理按注說是也徂徠訓裏爲內久保愛謂裏恐裏誤並非䡣侯鼎裏字作里里理古字通

則不可以得大形之正也解蔽

梁啓超云大疑當作夫夫彼也按大作夫是也但夫不應訓爲彼大夫古通詳王霸篇夫語詞

小物引之則其正外易解蔽

梁啓雄云其正外易謂一反乎導之以理養之以清之正術也按梁說非是正應讀作征員鼎正月作征月即其證也言人之心有小物引之則其往於外甚易也引與征義相因惟引則征小物引之與上文槃水之喻微風過之相對爲文下云其心內傾蓋心之

爲物征於外則傾於内矣。

見植林以爲後人也解蔽

俞樾云疑荀子原文本作立人。按俞說殊無所據。後應讀作厚。莊子列御寇注怯而靜乃厚其身耳釋文。元嘉本厚作後。韓非子十過而後爲由余請期說苑後作厚。吕氏春秋務本以此厚望於主注厚多。周禮考工記弓人是故厚其液而節其帑注厚猶多也。見植林以爲厚人也。言見植林以爲多人也。今俗猶謂人多曰人厚。

非察是是察非解蔽

楊注衆以爲是者而非之。以爲非者而察之。按注說殊爲牽混·高亨謂察當爲際·亦非·非察是者·謂其雖非而察其有無是處也·是察非者·謂其雖是而察其有無非處也·非而察其是·是而察其非·所以如此審愼者·正下文所云謂合王制與不合王制也·

故知者爲之分別制名以指實（正名）

楊注·無名則物雜亂·故智者爲之分界制名·所以指明實事也·按注說非是·指應讀作稽·古籀稽字均作䭫·指䭫並諧旨聲·乖伯𣪘䭫首之䭫作指·手首字通·故拜手䭫首·卯𣪘作拜手䭫手·書西伯戡黎指乃功·即稽乃功·管子內業此稽不遠·即此指不遠·稽核也·言智者爲之分別制名以核實也·稽實乃古人恆語·

下文云此事之所以稽實定數也此制名之樞要也與此言分別制名以稽實正相符又下文云故名足以指實指實亦稽實也成相篇言有節稽其實亦其證也

疾養滄熱滑鈹輕重以形體異正名

楊注滑與汩同鈹與披同皆壞亂之名或曰滑如字鈹當爲鈒傳寫誤耳與澀同按注後說是也集韻二十六緝鈒色入切音澀滑澀乃古人謰語素問五藏生成篇夫脈之小大滑濇浮沈可以指別玄應一切經音義七濇古文澀說文濇不滑也言形體可別異其滑澀也

然而徵知必將待天官之當簿其類然後可也正名

楊注・當主也・簿簿書也・按注訓簿爲簿書・乃望文演訓・當應讀作嘗・性惡篇・今當試即今嘗試・君子篇先祖當賢注・當或爲嘗也・宥坐篇・亦嘗有説・王念孫謂嘗讀爲當・簿應讀作符・古从甫从付之字每音近相通・易説卦・爲附決・即爲傅決・詳易經新證・周禮小宰四曰聽稱責以傅别注・鄭大夫讀爲符别・莊子外物釋文・紨本亦作蒲・易緯乾鑿度・輔古文作軵・並其例證・性惡篇・其不同之徵也・注徵驗・此言心之徵驗知覺・必將待天官之嘗符合其類・然後可也・蓋天官之符於物・然後心有徵驗知覺也・

不治觀者之耳目正名

王念孫云治字義不可通治當爲冶字之誤也按王說非是不治觀者之耳目殊爲不詞古文治字作𤔲𤔲司金文通用經傳之司徒司馬司空金文作𤔲土𤔲馬𤔲工然則不治觀者之耳目應讀作不司觀者之耳目司主也言不主於觀者之耳目也與上句不動乎衆人之非譽均謂不爲外物所移易詞例一貫

故窮藉而無極正名

楊注藉踐履也謂踐履於無極之地按窮應讀作躬上文則白道而冥窮俞樾讀窮爲躬儀禮聘禮注鞠躬如也釋文作鞠窮故躬藉而無極言躬自踐履而

無紀極也，下言甚勞而無功，義正相承。

故可道而從之，奚以損之而亂；不可道而離之，奚以益之而治？正名

楊注：「奚以損亂而過此也，奚以益治而過此。」按錢氏攷異：「注文兩過此，諸本均作至此。」當據訂。

故人無動而不可以不與權俱。正名

王念孫云：「上不字衍。」梁啓超云：「無字衍。」按王、梁二氏說並非。此言人無有舉動而不可以不與權俱者，正言之則凡有舉動均可以與權俱也。

粥壽也。正名

梁啓雄云：「粥、鬻古今字，賣也。」按梁說非是。賣壽不詞。

粥。應讀作育。淮南子原道。毛者孕育。禮記樂記作毛者孕鬻。慧琳一切經音義五四。鬻古文作粥。文選洞簫賦。桀跖鬻博。儡以頓顇。注。鬻夏育也。古字同育。壽也。謂養壽也。其求物也。養生也。育壽也。詞例一貫。注謂也皆當爲邪。問之辭。是也。此皆就其本人之意而推言之。作爲問辭。乃偏宕之語。謂其不可得也。下云。故欲養其欲而縱其情。欲養其性而危其形。欲養其樂而攻其心。欲養其名而亂其行。言其雖享萬物之美。兼萬物之利。其所以養之者非其道。故終不得遂其所願也。

屋室廬庾葭稾蓐尚机筵而可以養形。正名

王念孫云初學記器物部引作局室蘆簾稾蓐於義爲長按王說是也然尚机筵之尚注引或曰尚言尚古高亨謂尚當作尚並非廣雅釋詁尚加也言局室蘆簾稾蓐加之以机筵而可以養形謂不重繁飾也

然而於父子之義夫婦之別不如齊魯之孝具敬父者何也性惡

楊注敬父當爲敬文傳寫誤耳王念孫云於父子之義夫婦之別上當有秦人二字具當爲共字之誤也按王增秦人二字非是上文言天非私齊魯之民而外秦人也下接以然而於父子之義夫婦之別不如齊魯之孝共敬文者何也是然而以下正承秦人爲

言無須如王說增秦人二字明矣

析速粹孰而不急（性惡）

楊注析謂析辭若堅白之論者也速謂發辭捷速粹孰所著論甚精孰也不急言不急於用也按注讀速如字非是速應讀作束速之通束猶師酉𣪘適之作啇叔向𣪘萬之作邁也析束猶言捭闔析束粹孰而不急言捭闔之術精純熟貫而不急於用也下言不恤是非不論曲直以期勝人爲意正承析束捭闔之義而言

故莫不服罪而請（君子）

俞樾云請當讀爲情按俞說是也而猶如也詳經傳

釋詞·此言故莫不服羿如情也·

雙劍誃荀子新證卷四

海城于省吾

精神相反一而不貳爲聖人成相

揚注相反謂反覆不離散也按注説是也相反謂精反於神神反於精二者不離故云一而不貳爲聖人王引之謂反當爲及失之

艮由姦詐鮮無災成相

王念孫云艮當爲長按王説非是廣雅釋詁艮長也注言長用姦詐正訓艮爲長不必爲改字之證

君法儀禁不爲成相

俞樾云君法儀之儀當讀爲俄説文人部俄行頃也

按俞說非是。爾雅釋詁。儀善也。君法儀。禁不爲。言君法善。禁其不爲善者。下云。莫不說教名不移。正言君法善而民皆說教也。又云。脩之者榮。離之者辱。孰它師。正與禁不爲句相應。

刑稱陳 成相

王念孫引畢氏恬谿說尚書曰。微子云。我祖底遂陳于上。君奭云。率惟茲有陳。訓陳爲道。按此說非是。陳之通詁訓列。刑稱陳。稱陳二字平列。謂刑之所稱與其所列也。下云。守其銀。謂守其所稱所列之限度也。

吏謹將之無鈹滑 成相

楊注。鈹與披同。滑與汩同。言不使紛披汩亂也。按注

說非是鈹乃鈒字之譌應讀爲澀詳正名篇吏謹將之無澀滑澀謂拘滯滑謂流蕩言吏之奉職不滯不流恰如其分

性得之則甚雅似者與賦

楊注似謂似續劉師培云雅似猶言雅如也按注及劉說並非上言性不得則若禽獸禽獸二字平列則雅似二字亦應平列明矣似應讀作治凡詩言似續之似金文作司或嗣伯晨鼎司乃祖考侯于𨛭師酉毁嗣乃祖啻官是司嗣並應讀作嗣又金文治字通作嗣魏兩體石經禹貢治梁及岐古文治作𤔲然則似之通治其例甚明性得之則甚雅治者與雅治與

上文言禽獸，一虚一實，而適相反爲義也。

尾𧾷而事已 賦

楊注：尾𧾷，迴盤結，則箴功畢也。按注說非是。𧾷應讀作蟺，蟺蟬古字通。蟬謂蟬蛻。說文：蛻，蛇蟬所解皮也。文選鵩鳥賦：變化而蟺。注：如蜩蟬之蛻化也。凡蟲類蛻皮爲蟺，故箴尾線脫亦曰蟺。上言尾生而事起，與尾蟺而事已相對爲文。

志愛公利 賦

鍾泰云：志愛公利，謂好利之人，重樓疏堂，謂其居處之富也。此與公正無私見謂從衡正相對，言忠者疑而貪者貴也。按鍾說是也。然公利二字不詞，公應讀作功。公利即功利。詩江漢。肇敏戎公。後漢書宋弘傳作肇敏戎功。史記孝武紀申功。封禪書作申公。是其證也。

慜革貳兵　賦

楊注。貳副也。王念孫云。貳當爲戒字之誤也。按注及王說並非。貳與戒形不相近。無由致誤。貳本作二。乃古文上字之譌也。儒效篇法二後王。謂之不雅。王制篇。法不貳後王。二作貳。古文二字作二。上字作二。故形易譌也。慜革之慜。注謂與儆同。備也。上尚古字通。詩陟岵。上愼旃哉。魯詩上作尚。尚謂崇尚。尚兵與儆革爲對文。

諸侯彤弓大夫黑弓大略

按伯晨鼎彤𢒂旅弓旅矢彤𢒂即彤弓彤矢之合文。旅盧古字通。說文黸齊謂黑爲黸。盧乃黸之省文。盧弓盧矢。即黑弓黑矢也。

不足於信者誠言大略

楊注數欲誠實其言。按注訓誠爲誠實。非是。誠應讀作盛。詩我行其野成不以富。論語顏淵作誠不以富。禮記經解繩墨誠陳。注誠或作成。墨子貴義子之言則成善矣。成即誠字。易繫辭傳成象之謂乾。釋文蜀才作盛象。周禮考工記匠人白盛。注盛之言成也。王霸篇以觀其盛者也。注盛讀爲成。是誠成盛古通之

證不足於信者盛言盛言謂多言言多言者不足於信也

正君漸於香酒可讒而得也大略

楊注雖正直之君其所漸染如香之於酒則讒邪可得而入按注讀得如字勢不得不增入字是為望文生訓得應讀作今字去聲之中詳正論篇正君漸於香酒可讒而中也言雖正直之君其中於讒言如飲香酒故下云君子之所漸不可不慎也

友者所以相有也道不同何以相有也大略

郝懿行云有者相保有也按郝說非是有右古字通右助也

藍苴路作大略

劉師培云：藍當作濫，苴當作狙，路當作略，作當作詐。

按：劉以苴爲狙，以作爲詐，是也。以藍爲濫，以路爲略，非也。豬飼彦博謂當作監狙詻詐，狙詐二字與劉讀同。以藍爲監，是也。以路爲詻，非也。路應讀作樂。穀梁閔元年：盟于洛姑。釋文：洛姑，一本作路姑。左傳作落姑。史記建元以來王子侯者年表：洛陵，索隱：表作路陵。詩斯干箋：安燕爲歡以樂之。釋文：樂音洛。本亦作落。藍苴路作，應讀作監狙樂詐。周語：使監謗者。注：監察也。史記留侯世家：良與客狙。集解引應劭：狙伺也。監狙樂詐，言監察狙伺而樂詐也。下云似知而非謂

監察狙伺樂爲詐僞·似智而實非智也·監狙樂詐·似知而非·與下文便弱易奪·似仁而非·悍戇好鬭·似勇而非·語例正同·

文王誅潘止 宥坐

按錢氏攷異引諸本潘止作潘正·

嫚令謹誅賊也 宥坐

楊注謹嚴也·按注說非·是謹應讀作勤·金文勤覲並作堇·詩民勞以謹無良·即以覲無良·詳詩經新證·嫚令勤誅·賊也·言侮嫚法令·勤於誅戮·是賊害人民也·若依注訓謹嚴·則所誅者不濫·正與本義相反·

邪民不從 宥坐

王念孫云，邪民本作躬行。按王說非是。上言𦐂二年而百姓往矣，王念孫依太平御覽改往矣爲從風。此言邪民不從，正指百姓中之姦邪不從風者言。故曰然後俟之以刑，則民知罪矣。此言先教而後刑也。下文云，亂其教，繁其刑，其民迷惑而墮焉，則從而制之，是以刑彌繁而邪不勝。是言教之不以其道而刑之也。而邪不勝，正言姦邪之多，與邪民不從之邪，前後相應。

伊稽首不其有來乎。省坐

楊注，若施德化，使下人稽首歸向，雖道遠，能無來乎。

按注說是也。俞樾以稽首爲稽道，非是。伊稽首猶孟

子之言若崩厥角稽首趙注云百姓歸周正言其歸順也不其有來乎即其有不來乎之例文也

色知而有能者小人也子道

楊注色知謂所知見於顏色有能自有其能皆矜伐之意按如注說所知見於顏色是眞知也殊與本旨不合而猶如也詳經傳釋詞言色知如有能者小人也下云故君子知之曰知之不知曰不知言之要也能之曰能之不能曰不能行之至也是君子與小人相反不以色知爲知不以如能爲能也

成王之爲叔父堯問

楊注周公先成王薨未宜知成王之謚此云成王乃

後人所加耳。按注說非是。金文如成王穆王龔王懿王等。均生稱謚號。

吳縣周仰公校字

雙劍誃老子新證序

老氏之旨以清虛謙弱自持而以家國天下爲任以救人救物爲懷而以功成不居爲歸至其研幾入微剖玄析奥以一爲體以無爲用居亂世而遠於禍患雖莊韓之説猶爲支流末光况餘子乎自來解老子者河上王弼二家之注頗行於世然人之所易知者雖不注而知之也人之所不知者雖注之而仍未盡知也至其文字各本互異如刻本石刻本古鈔本無慮數十種近世校是書者以羅氏道德經考異何氏古本道德經校刋最稱詳審省吾讀易之暇喜探玄旨爰參校異同錄其私見著之於篇以就正於方聞君子中華民國二十六年

六月海城于省吾

雙劍誃老子新證

海城于省吾

常有欲以觀其徼 一章

河上公注：徼，歸也。常有欲之人，可以觀世俗之所歸趣也。王注：徼，歸終也。凡有之爲利，必以無爲用；欲之所本，適道而後濟。故常有欲，可以觀其終物之徼也。

按徼，彭耜謂黄作竅，畢沅謂李約作傲，敦煌本作噭。噭即皦。十四章其上不皦，景龍本作噭，敦煌丙本作皎。是徼、傲、竅、皎並皦之假字也。玄應一切經音義四引埤蒼：皦，明也。論語八佾：皦如也。釋文：皦如，其音節奏分明也。上言故常無欲以觀其妙，王注：妙者，微之極也。十五章微妙玄通。微妙疊義。微妙與曒明爲對文。常俞樾讀尚是也。金文常皆作尚。故尚無者。欲以觀其微妙。尚有者。欲以觀其曒明。有無既分。則可別其微明。有無不分。則顯晦一致。十四章云。故混而爲一。其上不曒。其下不昧。是上下爲對文。曒昧爲對文。四十一章。明道若昧。明即曒也。明與昧爲對文。易屯彖傳天造草昧。釋文引董云。草昧微物。是昧與微妙義相因。河上公王弼並誤訓徼爲歸。果如是。上句妙字應改作始。欲以觀其始與欲以觀其歸。方爲對文。或訓徼爲邊。徼則上句妙字應改作中。方與邊徼爲對文。於老子本義。均未符也。

萬物作焉而不辭二章　萬物恃之而生而不辭三十四章

河上公注各自動也不辭謝而逆止恃待也萬物皆恃道而生道不辭謝而逆止也王注萬物皆由道而生既生而不知其所由按敦煌本傳奕本萬物作焉而不辭作萬物作而不爲始然老子之意始終不居不應曰而不爲始且萬物恃之而生而不辭與此句例同如讀爲萬物恃之而生而不始於義不適俞樾以不辭爲不言於義較順然不言古籍未有作不辭者按始與辭均𤔲之借字辭𤔲金文同用經典司字金文十九作𤔲如有𤔲𤔲土𤔲工𤔲馬之類是也兮甲盤王命甲政辭成周四方責政辭即征司書皋陶

雙劍誃老子新證

謨在治忽漢書律厤志作七始詠即在司訓之譌文也詳尚書新證易繫辭釋文辭本亦作𤔲說文辭籀文作𤔲按𤔲司也司訓主乃通詁萬物作焉而不司言萬物作焉而不爲之主也與下生而不有爲而不恃功成而弗居語例同萬物恃之而生而不司上而字景龍御注敦煌英倫諸本均作以言萬物恃之以生而不爲之主也與下功成不名語例同亦即長而不宰之意或謂下文有衣養萬物而不爲主主與司複按衣養萬物而不爲主（依臧疏本敦煌本刪常無欲三字）可名於小萬物歸焉而不爲主可名爲大均相對爲文伸述上文而非複也自辭司之通叚不明不辭之意遂無

從爲之解矣．

谷神不死六章

河上公注谷養也．人能養神則不死也．王注谷神谷中央無谷也．按釋文谷河上本作浴．洪頤煊謂谷浴並欲之借字．是也．詩桑柔進退維谷．即進退維欲．師訇毀谷女弗以乃辟圅于囏．谷亦作浴．毛公鼎俗我弗作先王頂．俗女弗以乃辟圅于囏．荀子解蔽由俗謂之道盡嗛矣．注俗當作欲．四十一章上德若谷．成玄英謂谷本有作俗字者．是谷浴俗欲古字通也．

心善淵八章

河上公注水深空虛．淵深清明．按詩燕燕其心塞淵

傳・淵深也・定之方中秉心塞淵箋・淵深也・太玄閑中・心淵也・注・淵深也・是心以淵言乃古人恆語也・

載營魄抱一十章

孫詒讓曰・自先秦西漢至今・釋此書者咸無異讀・惟册府元龜載唐玄宗天寶五載詔云・頃改道德經載字爲哉・仍隸屬上句・遂成注解・玄宗此讀雖與古絕異・而審文校義・亦尚可通・馬敍倫云・此章營魄抱一・專氣致柔・滌除玄覽・愛民治國・天門開闔・明白四達・皆以四字爲句・不得此獨加一載字・老子他章亦無以載字起辭者・而五十三章非道也哉・與此辭例正同・均可證哉字當屬上讀・按馬說是也・玄宗改載爲

哉。隸屬上句。於辭例文義最爲允當。抱一正就營魄言。營魄上加一載字於義已複。楚辭遠遊。載營魄而登霞兮。王注訓載爲抱。此既言抱一。不應再言載。後人見楚辭有載營魄之語。因改上句哉字爲載。以下屬爲句。金文在哉多假才爲之。哉載古通。詳詩經新證文王篇。書康誥。今民將在祇遹乃文考。舊讀至祇字句絕誤矣。應讀作今民將在句。祇遹乃文考句。今民將在。即今民戕哉。君奭。明我俊民在讓。後人于丕時。舊讀明我俊民句誤矣。應讀作明我俊民在句。即明我俊民哉。詳尚書新證。凡此均以不知讀在爲哉。而紊其句投。營魄古人謰語。用以造句。自有不同。不

可牽混·昔人據楚辭以改老子·賴有玄宗復糾正之耳·

是謂道紀十四章

河上公注·是謂知道綱紀也·王注·上古雖遠·其道存焉·按何氏校刊·易龍本紀作已·於義爲長·已者語已詞也·老子全書均言道·無言道紀者·蓋已譌爲己·後人又改爲紀·金文紀侯之紀通作己·與已形近·王注但言道不釋紀·似其所見本亦作已·

豫焉若冬涉川猶兮若畏四鄰十五章

河上公注·與與兮若冬涉川·心猶難之也·其進退猶猶如拘制·若人犯法·畏四鄰知之也·王注·冬之涉川·

豫然若欲度若不欲度其情不可得見之貌也四鄰合攻中央之主猶然不知所趣向者也按河上本豫作與借字耳淮南子兵略擊其猶猶陵其與與與與即豫豫豫與猶互文即猶豫二字分言之也猶豫雙聲謰語古籍習見舊說以猶爲多疑之獸殊誤辨見廣雅釋訓王氏疏證馬敘倫謂豫借爲趯高亨謂與當讀爲趣疏矣

其次畏之其次侮之十七章

何氏校刊諸本無下其次二字紀昀謂大典侮之上無其次二字按作其次畏之侮之者是也上句其次親而譽之河上本而作之是也諸石刊本同景龍本譽作豫

二字古通二句相對爲文。畏應讀作威。二字古通。不煩舉證。廣雅釋詁。侮輕也。威與侮義相因。上句親與譽亦義相因也。

如嬰兒之未孩二十章　聖人皆孩之四十九章

河上公注。如小兒未能答偶人時也。聖人愛念百姓。如孩嬰赤子。長養之而不責望其報。王注。如嬰兒之未能孩也。皆使和而無欲。如嬰兒也。百姓各皆注其耳目焉。吾皆孩之而已。按二十章四十九章釋文。咳本或作孩。是二句王本均應作咳。又四十九章孩字敦煌本作㤥。說文。咳。小兒笑也。孩。古文咳。孟子盡心孩提之童。趙注。孩提。二三歲之閒。在襁褓。知孩笑。可提抱者也。按近人有以說文義訓老子此語者。嬰兒生數月即能笑。豈待二三歲乎。且訓爲如嬰兒之未笑。俚淺無謂。若讀孩如字。如嬰兒之未孩。嬰兒豈不可稱孩乎。至聖人皆孩之。尤爲不辭。按古从亥从其之字每音近字通。書微子。我舊云刻子。論衡本性。刻子作孩子。易明夷六五箕子之明夷。漢書儒林傳趙賓作荄茲。釋文。劉向云。今易箕子作荄滋。淮南子時則。爨萁燧火。高注。萁讀該備之該也。其期古亦通。詩頍弁。實維何期。釋文。期本亦作其。易繫辭傳。死其將至。釋文。其亦作期。漢武梁祠畫象。樊於其頭。期作其。期朞古同字。後人强分爲二字。誤矣。書堯典朞三百有六旬有六日。僞傳。匝四時曰朞。說文。稘復其時也。引堯典朞作稘。大戴禮本命。期而生臏。注。期年。天道一備。齊語。桓公令官長期而書伐。注。期期年也。漢書律麻志。上當期之日。注。謂十二月爲一期也。如嬰兒之未咳。應讀作如嬰兒之未期。言嬰兒尚未期年。天眞未漓也。上言衆人熙熙。如享太牢。如春登臺。我獨泊兮其未兆。此言如嬰兒之未期。自言其似未期年之幼兒。不與於衆人之所樂也。聖人皆咳之。應讀作聖人皆期之。期謂期會。廣雅釋詁。期會也。上言聖人在天下。歙歙爲天下渾其心。百姓皆注其耳目。猶言百姓引領以待。聖人皆期會之。使其如願以償也。自

來解者不知咳期之音借而二句之義如在桼室之中已二千餘年矣

我愚人之心也哉沌沌兮二十章

河上公注不與俗人相隨守一不移如愚人之心也無所分别王注絕愚之人心無所别析意無所好欲猶然其情不可覩我頽然若此也無所别析不可爲明按何氏校刊易龍易玄顧本均無也哉二字又易龍易玄慶陽磻溪樓正沌沌作純純均無兮字羅氏考異英倫本亦作純純無兮字釋文沌本又作忳老子原書必古質簡淨今本虛字十九爲後人所增我愚人之心沌沌七字作一句讀於義爲適沌沌渾厚

之意。正形容愚人之心。舊以沌沌兮三字爲句。與上下辭氣不貫。且全書兮字未有不與下文相屬者。如四章。淵兮似萬物之宗。湛兮似或存。十五章。猶兮若畏四鄰。儼兮其若容（應依各本作儼若客）。渙兮若冰之將釋。敦兮其若樸。曠兮其若谷。混兮其若濁。十七章。悠兮其貴言。二十章。荒兮其未央哉。我獨泊兮其未兆。儽儽兮若無所歸。澹兮其若海。飂兮若無止。二十一章。惚兮恍兮。其中有象。恍兮惚兮。其中有物。窈兮冥兮。其中有精。二十五章。寂兮寥兮。獨立不改。三十四章。大道汜兮其可左右。五十八章。禍兮福之所倚。福兮禍之所伏。凡此均可爲沌沌兮三字不成句之證。

澹兮其若海二十章

河上公注。我獨忽忽如江海之流。莫知其所窮極也。王注。情不可覩。按河上本澹作忽。於義爲長。各本海亦作晦。仍以作海爲是。忽怳字通。二十一章。惟怳惟惚。惚兮怳兮。羅氏考異。景龍本。御注本。惚均作忽。莊子應帝王。北海之帝爲忽。釋文引李云。忽喻無形也。淮南子精神。而遊於忽區之旁。注。忽區忽怳無形之區旁也。是忽謂無邊際。忽兮正形容海之不可窮極。成疏訓晦爲闇。失之。

孔德之容二十一章

河上公注。孔大也。有大德之人。無所不容。能受垢濁處謙卑也。王注：「孔，空也。惟以空爲德，然後乃能動作從道。」按：容、庸古字通。詳韓非子新證揚權篇。庸之言用也。孔德之庸，惟道是從，言大德之用，惟道是從也。河上公以容爲容受之容，與下句惟道是從義不相貫矣。

其精甚眞，其中有信。二十一章

河上公注：「言存精氣，其妙甚眞，非有飾也。道匿功藏名，其信在中也。」王注：「信，信驗也。物反窈冥，則眞精之極得，萬物之性定，故曰其精甚眞，其中有信也。」按：自來皆讀信如字，遂不可解。「信」，「申」古通。周禮考工記輪人：「信其程圍，以爲之弱。」注：「信，古之申字。」禮記儒行：「雖危起居，竟信其志疏信讀爲伸申伸古同用儀禮士相見禮君子欠伸注古文伸作信易繫辭傳引而伸之釋文伸本又作信經傳此例不勝條舉按古神字每作伸作申鶡冠子近迭國祓伸創陸注伸或作神說文申神也風俗通怪神神者申也皇霸神者信也克鼎顯孝于申杜白盨亯孝于皇申且考申即神字精神二字乃古人謰語禮記聘義精神見於山川韓非子解老精神亂則無德淮南子精神是故精神天之有也按神者精之極易繫辭傳精義入神大戴禮曾子天圓陽之精氣曰神莊子天下不離於精謂之神人左昭七年傳是以有精爽至於神明韓非子解老聖人

愛寶其神則精盛此言其精甚眞其中有神言眞精之中有神也淮南子本經精神反於至眞上言惚兮恍兮其中有象恍兮惚兮其中有物窈兮冥兮其中有精是象與物與精並列至其精甚眞其中有神專承精字而伸述之言精既甚眞故精之中有神也自信神之通假不明世人遂不知老子言精言神之義矣

是謂要妙二十七章

河上公注能通此意是謂知微妙要道也按要妙即幽眇爾雅釋地燕曰幽州釋文引李云幽要也詩七月四月秀葽夏小正作四月秀幽書康誥又曰要囚

王靜安謂要囚即幽囚是也要幽雙聲疊韻字淮南子本經以窮要妙之望要妙即幽妙文選東京賦澤洎幽荒幽荒即要荒漢書張敞傳言之微眇書不能文也微眇猶幽妙也爾雅釋詁幽微也眇古妙字馬敘倫以要妙爲竅杪誤矣

故物或行或隨 二十九章

河上公注上所行下必隨之也按河上以上下爲言非也行謂先隨謂後也二章前後相隨羅氏考異敦煌本前作先十四章迎之不見其首隨之不見其後禮記射義諸侯以貍首爲節釋文首先也月令首種不入注首種謂稷疏首即先也是其證

或挫或隳二十九章

河上公注載安也隳危也有所安必有所危明人君不可以有爲治國與治身也按挫諸本作載傅奕本作培惟景龍敦煌二本作接隳敦煌本作隓隳乃隓之俗構俞樾謂載隳相對於義較諧然石刻本以景龍爲最可據古鈔本以敦煌爲最可據二本不應同誤載接並精母字諸本作載以音近而譌王本作挫以形似而譌接應讀爲捷接捷乃雙聲疊韻字禮記內則接以大牢注接讀爲捷公羊僖三十二年鄭伯接卒左穀作捷左莊十二年宋萬弑其君捷公羊作接荀子大略先事慮事謂之接注接讀爲捷莊子人

閒世·王公必將乘人而鬬其捷·釋文·捷作接·爾雅釋詁·捷勝也·說文敗城𨸏曰隓·𡐦篆文·是墮有敗訓·漢書趙尹張韓兩王傳贊·以失身墮功·墮功即敗功也·釋文訓隳爲毀·亦與敗義相因·捷勝與墮敗義正相反也·

夫亦將無欲·不欲以靜 三十七章

釋文無簡文·作不·羅氏考異謂景龍御注景福英倫諸本均無夫字·無亦作不·按老子夫字多爲後人所增·無作不者是也·河上公本正作亦將不欲·不欲以靜·今以古書重文之例驗之·亦將不欲·不欲以靜·本應作亦將不=欲=以靜·是無應作不之證·

夫唯道善貸且成四十一章

河上公注。成就也。言道善稟貸人精氣且成就之也。王注。貸之非唯供其乏而已。一貸之則足以永終其德。故曰善貸也。成之不如機匠之裁。無物而不濟其形。故曰善成。按敦煌本貸作始。當從之。始从台聲。與貸聲近。且貸始並之部字。周語。故高朗令終。注。終成也。又純明則終。注。終成也。書皋陶謨簫韶九成。鄭注。成猶終也。是成終互訓義同。然則善始且成。即善始且終。六十四章。愼終如始。終始對文。猶此文以成始對文也。

卻走馬以糞四十六章

河上公注．糞者糞田也．兵甲不用．卻走馬治農田．治身者卻陽精以糞其身．王注．天下有道．知足知止．無求於外．各修其內而已．故卻走馬以治田糞也．按糞敦煌本作⿱龹土．景福本作糞．別體字也．傳本作播．同音假字也．卻字從無確詁．糞田亦不應但曰糞．此乃望文生訓．卻字本應作陳．陳譌爲隙．後人又改爲卻．（卻隙古字通）莊子田子方．日夜無隙．敦煌本隙作陳．大宗師作使日夜無卻．是其證．陳田古字通．左傳陳完．史記世家作田完．戰國策田單．賈子胎教作陳單．說文．田陳也．詩東山．烝在桑野．釋文．古田陳聲同．此例古籍習見．走字自來皆以爲行走之走．誤矣．周人載籍凡言走馬無訓行走者·走趣古字通·詩十月之交·蹶維趣馬·綿·來朝走馬·書立政·趣馬小尹·大鼎·王召走馬雁·師兌毁·正師龢父𤔲左右走馬·五邑走馬·走馬亥鼎·宋[illegible]公之孫走馬亥·自作會鼎·右走馬嘉壺·右走馬嘉·自作行壺·周禮夏官趣馬·掌贊正良馬·而齊其飲食·簡其六節·掌駕說之頒·辨四時之居治·以聽馭夫·敘官·鄭注·趣馬趣養馬者也·田走馬以糞田字逗·謂田養馬以糞之也·以糞正承田字言·三十九章·昔之得一者·天得一以清·地得一以寧·神得一以靈·谷得一以盈·天地神谷四字均應逗·與此句例略相仿·周禮草人·凡糞種·騂剛用牛·赤緹用羊·墳壤用麋·渴

澤用鹿鹹瀉用貆勃壤用狐埴壚用豕彊㯺用蕡輕爂用犬月令季夏可以糞田疇荀子富國多糞肥田是可證糞種糞田糞字均有所指無單以糞爲糞田者舊或以走馬與下文戎馬爲對文尤非戎馬非不能行走者此何必以行走之馬爲說邪韓非子解老積力於田疇必且糞灌故曰天下有道卻走馬以糞也是韓子先言田疇如改韓子下文爲田走馬以糞也與上義適相承蓋自卻陳之譌不明走馬之義不解而古義之不彰由來尚矣

天下有始五十二章

河上公注始有道也按始有道不得曰有始河上說

非是老子本義。謂始即道。如注說於始下別增道字非矣。十四章。能知古始是謂道紀。紀應作已。是其證。天下當作天地。下字涉下句以爲天下母而譌。此言天地有始。以爲天下母。若作天下。有始殊爲不詞。二十五章。有物渾成。先天地生。寂兮寥兮。獨立不改。周行而不殆。可以爲天下母。其言先天地生。即此文天地有始之謂也。可以爲天下母之下。范本誤作地。亦猶此文地誤作下也。

濟其事。終身不救五十二章

按說文裘从衣求聲。一曰象形。求古文省衣。金文裘字通作衣。从衣又聲。又古音讀若以。故詩終南裘韻

梅哉七月裘韻貍大東裘韻來服試禮記學記裘韻
箕左襄四年傳裘韻駘列女傳魯臧孫母裘韻台之
母孔廣森謂裘求不同音以裘爲會意字誤矣此章
以事韻救之幽通諧人皆知之按救从求聲求从又
聲裘即衮亦从又聲是求裘救三字並从又聲非藉
古文字證之固無以知其然也

未知牝牡之合而全作五十五章

釋文全河上作峻本一作朘何氏校刋樓古作屡俞
樾云疑王氏所據本作全者乃会字之誤按俞氏昧
於古音故改全爲会全元部峻諄部元諄通轉如酸
从夋聲素官切隷元部漢書地理志金城郡有允吾

縣·應劭曰·允吾音鉛牙·又允街縣·孟康曰·允音鉛·按鉛隸元部·允夋古同字·金文駿字通作畯沇从允聲·以轉切隸元部·說文悛止也·繫傳七沿反·朱駿聲云·叚借爲銓·左哀三年傳·外內以悛·注·次也·又爲恮·廣雅釋詁悛·敬也·按文選魏都賦注引左氏傳杜注·銓·次也·故朱謂叚悛爲銓·王氏廣雅疏證·悛者·說文恮謹也·恮與悛通·是王說與朱說同·由是言之·全與酸朘屡字通·例證至顯·

其脆易泮六十四章

何氏校刊·祗范本泮作判·餘均作破·羅氏考異·諸本亦作破·按作破者是也·後人不明古音·改破爲泮·以

韻下句其微易散之散殊有未當釋文脆河上本作膬按膬與脆同說文膬耎易破也亦可爲此文不應作泮之證古韻破歌部散元部歌元對轉从皮之字古亦讀如盤詳淮南子新證齊俗篇拘罷矩折之容下奚侗謂作破不成韵疏矣

天下皆謂我道大似不肖夫唯大故似不肖六十七章

何氏校刊羅氏考異諸本均無道字按無道字是也老子凡言夫唯者多係承上之詞若作道大下不應單言夫唯大矣二章功成而弗居夫唯弗居是以不去十五章深不可識夫唯不可識故强爲之容五十九章治天事人莫若嗇夫唯嗇是謂早服是其證又

按大似不肖。似應讀作以。二十章。而我獨頑似鄙。俞樾謂似當讀作以。詳俞氏平議。以與也。言天下皆謂我大與不肖。即天下皆謂我大。天下皆謂我不肖也。夫唯大故似不肖。羅氏考異。景龍本。敦煌辛本。均無似字。當從之。後人讀上似字爲象似之似。遂不得不增下似字矣。莊子人閒世。悦賢而惡不肖。釋文肖似也。禮記雜記。某之子不肖。注。肖似也。不似言不如人。漢書吳王濞傳。吳王不肖。注。凡言不肖者。謂其鄙陋無所象似也。是不肖即不似。不似不應曰似不肖也。凡物大則無以比方。故二云夫唯大故不肖似。下二云若肖久矣其細也夫。言細小之可以象似。尤其明徵矣。

若肖久矣其細也夫六十七章

羅氏考異敦煌辛本作若笑救其小云殆有誤字。按肖笑字通上文故似不肖辛本作故不笑荀子非相今夫狌狌形笑亦二足而毛也形笑即形肖是其證。久救音近救古音亦隷之部詳五十二章濟其事終身不救下小與細同義景龍本無也夫二字。然則若笑救其小。較景龍本但奪矣字耳。

是謂配天古之極六十八章

河上公注能行此者德配天地是乃古之極要道也。按此句自來讀者至爲紛歧。河上公作是謂配天句。古之極句。俞樾謂古字爲衍文讀爲是謂配天之極句·馬其𧙗謂極字在古之二字上·讀爲是謂配天極句·古之二字連六十九章讀爲古之用兵有言句·馬敍倫從馬說·而謂天下當有之字·諸家之說·顛倒割裂·莫此爲甚·按配天二字·應有重文·本作是謂配=天=古之極·應讀作是謂配天句·配天古之極句·兹特舉金石刻辭·及古籍重文之例以證之·𦋞卣王姜令作冊𦋞安尸=白=賓𦋞貝布·應讀作王姜令作冊𦋞安尸白句·尸白賓𦋞貝布句·克鼎辟天=子=明㤈·應讀作辟天子句·天子明㤈句·毛公鼎𠂂非先告父=厝=舍命·應讀作𠂂非先告父厝句·父厝舍命句·毋敢龏=橐=迺敄鰥寡·應讀作毋敢龏橐句·

龏橐迺敄鰥寡句·井仁妄鐘用追孝侃前=文=人=其嚴在上·應讀作用追孝侃前文人句·前文人其嚴在上句·會白霝盡·㧞聖元=武=孔黹·應讀作㧞聖元武句·元武孔黹句·石鼓文君子員=邋=員斿·隸古定尚書盤庚·我后綏乃=祖=乃=父=乃詔弃女·呂刑·方告亡辜於上=帝=監民罔有馨香德·敦煌寫本毛詩·六月·既成我=服=既成·四牡既=佶=且閑·汾沮洳·彼其之子美=如=玉=殊異乎公族·唐寫本左僖八年傳·公命子=魚=辞曰·又六朝寫本左定五年傳·陽虎欲逐之·告公=山=不=狃=曰·凡此均應與金文讀法同·又古鈔本有重文

爲後人誤脫者。左昭二十七年傳。夫鄢將師矯子之命。以滅三族。國之良也。日本古鈔卷子本作以滅三=族=國之良也。應讀作以滅三族。三族國之良也。逸周書殷祝。湯以此讓三千諸侯。莫敢即位。藝文類聚太平御覽並引作湯以此三讓三千諸侯。諸侯莫敢即位。是本應作湯以此三讓三千諸=侯=莫敢即位。書召誥。乃復入錫周公曰。周公二字應有重文。詳尚書新證。再以老子本書句例證之。如六章。是謂玄牝。玄牝之門。十六章。是謂復命。復命曰常。三十章。是謂不道。不道早已。五十三章。是謂盜夸。盜夸非道也哉。今本誤脫下盜夸二字此據敦煌本五十五章。謂之不道。何氏校刊除顧本均作是謂不道不道早已。五十九章。是謂早服。早服謂之重積德。六十五章。是謂玄德。玄德深矣遠矣。七十四章。是謂代大匠斲。夫代大匠斲者。希有不傷其手矣。御注本無夫字及者字凡此均與是謂配天。配天古之極。句例相同。宗周鐘。我唯司配皇天。書君奭。故殷禮陟配天。多士。罔不配天。周頌思文。克配彼天。左莊二十二年傳。山嶽則配天。莊子天地。齧缺可以配天乎。是配天乃古人恆語。豈可如馬說讀爲是謂配天極乎。上云是謂不爭之德。是謂用人之力。此言是謂配天。配天乃古之極則也。荀子王霸。國一綦明。劉台拱訓綦爲極。謂極猶言標準。是也。

常有司殺者殺七十四章

按常應讀作當·金文常當並作尚·

民之輕死以其求生之厚七十五章

何氏校刊·易龍羅卷范彭均作生生·傅奕本作求生生·他本均作求生·當以作生生於義爲長·作求生者·後人以·生生爲費解而改之也·五十章·動之死地亦十有三·夫何故·以其生生之厚·可互證·書盤庚·敢恭生生鞠人·莊子大宗師·生生者不生·釋文引崔云·常營其生爲生生·是乃生生之的詁·

强大處下七十六章

何氏校刊·惟范本作强大·餘均作堅强·羅氏考異·敦

煌辛本亦作堅强。按作堅强者是也。堅强處下。與下句柔弱處上對文。作强大則不類矣。上云人之生也柔弱。其死也堅强。又云堅强者死之徒。柔弱者生之徒。七十八章。而攻堅强者。莫之能勝。本書或言堅强。或言剛强。無言强大者。以是明之。

天下莫不知莫能行七十八章

何氏校刊諸本不均作能。按作能者於義爲長。七十章。吾言甚易知。甚易行。天下莫能知。莫能行。是其證。上云。弱之勝强。柔之勝剛。即易知之謂也。甚易知而天下莫能知。有慨乎其言也。當其時天下皆知剛强之能勝物。而不知柔弱之能勝剛强。故云天下莫能知。

雞犬之聲相聞章八十

何氏校刋易龍易福羅卷顧本柰卷河上犬作狗。焦山作猗。餘均作犬。按作狗者是也。周人載籍恆以雞狗連稱。莊子胠篋作雞狗之音相聞。孟子梁惠王雞豚狗彘之畜。公孫丑雞鳴狗吠相聞。史記孟嘗君列傳最下坐有能爲狗盜者。客之居下坐者有能爲雞鳴。列子說符人而無義。唯食而已。是雞狗也。然則老子本作雞狗。作犬者乃後人所易。

吳縣周仰公校字

雙劍誃莊子新證序

今世通行莊子刻本譌誤甚多唐鈔本最爲近古羅氏南華眞經殘卷校記所據敦煌鈔本僅胠篋刻意山木田子方徐無鬼五篇除刻意篇餘均殘缺日本影印敦煌鈔本存天運知北遊二篇日本高山寺卷子本存庚桑楚外物寓言讓王說劍漁父天下七篇高山寺本已有狩野直喜校勘記行世清季解莊子者有王氏集解郭氏集釋然王書漏略殊甚郭書采錄衆說頗失翦裁不暇一一駁正兹就籀誦所知錄其私見後之讀莊書者亡其有取於斯乎中華民國二十八年十二月海城于省吾

雙劍誃莊子新證卷一

海城于省吾

大有逕庭 逍遙遊

釋文司馬本逕作莖李云逕庭謂激過也成疏逕庭猶過差亦是直往不顧之貌也按文選張平子西京賦劉孝標辯命論逕庭並作徑廷逕與徑應讀作楹釋名釋宮室楹齊魯讀曰輕輕逕徑並諧巠聲廷應讀作莛說文莛莖也齊物論故爲是舉莛與楹厲與西施俞樾謂莛與楹以大小言厲與西施以好醜言是也楹莛乃疊韻連緜字其義則謂大小之懸殊也疏訓過差方以智謂逕庭猶霄壤均知其義而不知

其解者也、

將旁礴萬物以爲一、世蘄乎亂、（逍遙遊）

姚鼐云、旁礴萬物以爲一、所謂合萬物爲己者、亂治也、世自化之、蘄乎治耳、彼非有意以天下爲事而治也、按金文治作𤔲、作𤔔、亂乃𤔔之譌、凡經傳亂訓治者、皆𤔔之譌文也、蘄乃金文廝字之譌、世蘄乎治四字不詞、世自化之、不得曰世蘄乎治、世大古字通、禮記曲禮不敢與世子同名注、世或爲大、公羊文十三年傳世室屋壞、昭二十五年傳宋樂世心、左穀世並作大、易乾文言善世而不伐、俞樾謂世當作大、是也、世蘄乎治、即大蘄乎治、合萬物以爲一體而大蘄乎

治也下云孰弊弊焉以天下爲事言萬物皆治不止以天下爲限也凡古言治天下者皆以人民爲限此則並萬物而治之故云大斲乎治也

以言其老洫也（齊物論）

郭注老而愈洫章炳麟云洫借爲侐說文侐靜也按二說並非釋文洫本亦作溢按作溢者是也管子小稱滿者溢之洪頤煊謂洫當作溢亦其證也溢泆佚逸古字通書禹貢溢爲滎史記溢作泆酒誥淫泆于匪彝釋文泆又作逸多士大淫泆有辭宋玉九辯顏淫溢而將罷兮楚語不敢淫逸書無逸論衡作毋佚論語微子夷逸漢石經逸作佚並其證也大宗師佚

我以老·釋文佚音逸·郭注老爲我佚成疏老既無能·暫時閒逸·然則老溢即老佚老逸也·上言其厭也如緘老逸與厭緘之義正相因也·

恢恑憰怪 齊物論

釋文恢簡文本作弔·按作弔於義亦通·下文其名爲弔詭·章炳麟謂弔詭即天下篇之諔詭是也·經傳言不叔金文通作不弔·叔弔音近字通·後世假叔爲弔·遂不知叔之本作弔矣·

順始無窮 人閒世

郭注尋常守故未肯變也·按注讀順如字非是·順應讀作愼·禮記禮器順之至也·釋文順亦作愼·荀子彊

國不可不順也注順或曰當爲慎易升君子以順德釋文順本又作慎老子六十四章慎終如始左襄二十五年傳慎始而敬終是慎始乃古人成語慎始無窮窮困也上言顏回之衛孔子阻之故以慎始無困爲言也

寡不道以懽成人閒世

郭注少有不言以成爲懽者耳按注說非是懽應讀作觀懽讙驩古同用天運名譽之觀釋文觀司馬本作讙逸周書太子晉遠人來驩下文作遠人來觀墨子經上方柱隅四讙也四讙即四觀是其證上句凡事若小若大言事無小大少有不道而可以觀成者

舊讀懽如字失之。

其德天殺人閒世

釋文天殺如字謂如天殺物也按此乃肊解不可爲據天大古通大豐𣪘天室即大室庚桑楚大道巳行矣釋文大本或作天按高山寺卷子本亦作天讓王天寒既至呂氏春秋慎人作大寒既至書多士之言天邑猶召誥之言大邑也並其例證殺謂衰殺儀禮士冠禮德之殺也注殺猶衰也禮記樂記是故志微噍殺之音作汲古閣本史記樂書作焦衰然則其德天殺即其德大衰也。

吾行卻曲人閒世

郭注曲成其行各自足矣釋文字書作迟廣雅云迟曲也按迟即迟迟曲說文作積枳文選宋玉風賦枳句來巢淮南子脩務燕枝拘並同音假字也迟積枳並諧只聲枝之通枳猶肢之作胑曲句並侯部字說文句曲也是曲句音義並相近注不釋卻字又以曲成其行爲言是不知迟曲爲雙聲謰語吾行迟曲謂吾行屈曲也

且子見執政而不違德充符

按違諱古通在宥應於禮而不諱俞樾讀諱爲違此應讀作且子見執政而不諱言無所避諱郭注以不遜釋不違成疏訓違爲避意則近是然不知違實諱

之假字也。

使日夜無郤而與物爲春德充符

釋文郤李云閒也。按李說非是。郤本應作隙。以隙訛作隟。又改爲郤耳。知北遊若白駒之過郤。釋文郤本亦作隙。即其證。田子方日夜無隙。敦煌本隙作隟。羅振玉云注稱化恆新。則作隟者是。按使日夜無隟而與物爲春。春生物日新。故云而與物爲春。正與無隟之義相符。且隟春爲韻。隟眞部。春諄部。眞諄通諧。下云是接而生時於心者也。亦係伸述無隟之義。

彼方且與造物者爲人大宗師

王引之云。人者偶也。爲人猶爲偶也。中庸仁者人也。

鄭注曰人也讀如相人偶之人以人意相存偶之言按古文人夷形近金文夷狄之夷通作[illegible]即尸字[illegible]卣亻方即人方亦即夷方甲骨文人方習見荀子成相愼聖人即愼聽夷詳荀子新證章炳麟小學答問云山海經以仁羿爲夷羿古文夷仁皆作𡰥則凡言人偶人道者亦謂醜夷爲耦醜夷之道也按寓言地有人據章氏亦謂人借爲夷是也尸夷人仁古並通禮記喪大記男女奉尸夷於堂注夷之言尸也易繫辭傳何以守位曰仁釋文出曰人云王肅作仁漢韓勑碑於是四方士仁仁通人彼方且與造物者爲人應讀作彼方且與造物者爲夷夷謂等夷言與造物

者爲等夷也。下文云。畸於人而侔於天。侔於天亦與造物者爲等夷之謂也。

有旦宅而無情死。大宗師

郭注。似形骸之變爲旦宅之日新耳。其情不以爲死。按注說至爲迂妄。釋文李本作怛㤞。詩匪風中心怛兮。傳。怛傷也。廣雅釋詁。怛憂也。宅應讀爲度。西清古鑑著錄有作册宅彝。即書顧命之作册度也。書堯典宅西曰昧谷。周禮注宅作度。五流有宅。五宅三居。史記宅並作度。立政。惟克厥宅心。漢石經宅作度。此例不勝繁舉。情精古字通。古籍習見。死字本應在精字上。淮南子精神作有綴宅而無耗精。耗與死義相因。

尤其明證矣。且有恒度而無死精。與上文有駭形而無損心正相對爲文。度謂儀度。言有憂傷之儀度而無死精也。老子六章。谷神不死。即欲神不死。詳老子新證。神與精義相因。此言而無死精。猶老子言欲神不死也。淮南子精神作有綴宅者。綴恒古韻隸脂部。綴惙字通。說文。惙憂也。與恒同義。

造適不及笑大宗師

郭注。所造者皆適。則忘適矣。故不及笑也。按注說望文生訓。造應讀作遭。書大誥。予造天役遺。漢書王莽傳造作遭。呂刑。兩造具備。史記周本紀造作遭。易乾九五象傳。大人造也。即大人遭也。亦即爻辭利見大

人之義奚侗謂適借作謫是也遭謫不及笑言既遭遣謫何及歡笑乎

纍瓦結繩竄句 駢拇

釋文崔云聚無用之語如瓦之纍繩之結也司馬云竄句謂邪說微隱穿鑿文句也按二說並非釋文一云瓦當作丸句一音鉤是也金文鉤字不从金芮公鉤內公作鑑從鐘之句是其證纍丸形容辯者言語之圓轉繩言乎直鉤言乎曲結繩竄鉤則無曲直之可言矣下云曲者不以鉤直者不以繩馬蹄曲者中鉤直者應繩是鉤繩固相屬爲文竄謂變易書堯典竄三苗于三危史記五帝紀竄作遷遷亦易也

而馬知介倪闉扼 馬蹄

釋文李云介倪猶睥睨也闉曲也司馬云言曲頸於扼以抵突也孫詒讓云扼即衡軛之軛司馬說得之倪即輗之借字說文車部云輗大車轅耑持衡者按孫說是也然介字闉字從無塙詁介應讀作遏詩甫田攸介攸止林義光云介讀爲愒說文愒息也攸愒攸止對或耘或耔而言猶生民之攸愒攸止對載晨載夙而言也介古作匃凡以介眉壽之介金文皆作匃愒從匃得聲則介愒古同音書酒誥云爾乃自介用逸又云不惟自息乃逸自介即自息介亦愒之假借也按林說是也易豫六二介于石即愒于石詳易

經新證。爾雅釋詁。遏止也。注。今以逆相止爲遏。易大有象傳。君子以遏惡揚善。虞注。遏絕。易屯注。窮困闉厄。釋文。闉塞也。周禮掌蜃。以共闉壙之蜃。注。闉猶塞也。呂氏春秋論人。不可塞也。注。塞遏也。國語晉語。是自背其信而塞其忠也。注。塞絕也。漢書刑法志。是以罔密而姦不塞。注。塞止也。金文車軛字作厄。遏闉同訓。遏輗闉軛。謂絕其輗。止其軛。不安於御事也。

於是乎天下始喬詰卓鷙。在宥

釋文。崔云。喬詰。意不平也。按崔說至含渾。喬詰應讀作狡黠。喬狡乃雙聲疊韻字。玄應一切經音義九。姣古文嬌同。後漢書楊終傳。而要結輕狡無行之客。張

衡西京賦非都盧之輕趫輕狡卽輕趫漢書王莽傳其或順指言民驕黠當誅驕黠猶狡黠也詰黠並諧吉聲故相通借

大同乎涬溟（在宥）

釋文司馬云涬溟自然氣也按涬溟當卽瀴溟涬瀴雙聲疊韻文選海賦經途瀴溟注瀴溟猶絕遠杳冥也瀴亦作嬰吳都賦嬰冥鬱岪劉注山氣暗昧之狀論衡談天溟涬濛澒氣未分之類也涬溟天地篇作溟涬按絕遠杳冥與暗昧未分之義並相因涬溟猶天地篇此之謂混冥之混冥也

方且爲緒使（天地）

郭注・將興後世事役之端・按爾雅釋詁・緒事也・方且爲緒・使・言方且爲事使也・下句方且爲物絯・事物對文・

無落吾事天地

成疏・落廢也・按疏說非・是落格古通・史記酷吏列傳・置伯格長・集解引徐廣・古村落字亦作格・詩訪落・訪予落止・即方予格止・落洛古亦通・詳詩經新證・淮南子時則・行冬令格・王引之謂格讀爲落・大師虘豆用卲洛朕文祖考・卲洛即昭格・詩雲漢昭假無贏・假格經傳同用・格之通詁爲止・爲拒・然則無格吾事・謂無阻吾事也・或謂落露聲近義同・訓露爲敗・失之・

有人治道若相放天地

郭注若相放效按注說非是放釋文作方云本亦作放書堯典方命圮族漢書方作放孟子梁惠王方命虐民趙注方猶逆也是方命即逆命有人治道若相放謂有人治道若相背逆也下文可不可然不然郭注謂以不可爲可不然爲然正伸相背逆之義

若然者豈兄堯舜之教民溟涬然弟之哉天地

郭注溟涬甚貴之謂也不肯多謝堯舜而推之爲兄也按注說殊誤兄應讀作皇古字通書大誥若兄考即若皇考詳尚書新證無逸無皇曰今日耽樂則皇自敬德漢石經皇均作兄皇通遑詩谷風遑恤我後

箋・逴暇・禮記表記作皇恤我後・溟涬猶言混冥・詳在宥大同乎涬溟・下弟本應作夷・二字形近・又涉上兄字而譌・易渙六四匪夷所思・釋文夷荀作弟・明夷六二・夷于左股・釋文子夏作睇・京作眱・大過九二枯楊生稊・後漢書方術傳注作枯楊生荑・禮記內則不敢唾洟・釋文亦作唾涕・均其證也・夷謂等夷・禮記曲禮在醜夷不爭・注夷猶儕也・史記留侯世家皆陛下故等夷・集解引徐廣夷猶儕也・若然者承上文大聖之治天下也七句爲言・豈暇堯舜之教民溟涬然等夷之哉・義謂其治天下高出於堯舜・而不暇與堯舜爲等夷也・大宗師彼方且與造物者爲人・爲人即爲夷・

夷字與此文用法同。

以二缶鍾惑而所適不得矣天地

釋文。缶應作垂。鍾應作踵。言垂脚空中。必不得有之適也。司馬本作二垂鍾。云鍾注意也。按釋文及司馬說並非。缶古文寶字。父舟毀寶字作缶。窸鼎。仲盤寶字作窑。說文寶从缶聲。以二缶鍾惑應讀作以二寶鍾惑。二寶乃承上文高言至言而言。左昭二十八年傳。而天鍾美於是。注鍾聚也。上先言大惑者終身不解。又曰而今也以天下惑。予雖有祈嚮。不可得也。不亦悲乎。大聲不入於里耳。折楊皇荂。則嗑然而笑。是故高言不止於衆人之心。至言不出。俗言勝也。於高言至言之前以大聲折揚皇荂爲喻言以高言至言之二寶說之俗人必不之解而反以聚惑故曰而所適不得矣下文知其不可得也而强之又一惑也故莫若釋之而不推正伸述不以高言至言二寶鍾惑之義老子六十七章以慈儉不敢爲天下先爲三寶則高言至言亦可稱寶此文不煩改字而語義自適俞樾改二缶鍾爲一企踵妄矣

審乎無假天道

郭注任眞而直往也按注以假爲眞假之假非是假古文作叚叚瑕字通曾伯陭壺爲德無叚即爲德無瑕淮南子精神作審乎無瑕老子二十七章善言無

瑕謫釋文瑕疵過也

夫至樂者先應之以人事順之以天理行之以五德應之以自然然後調理四時太和萬物天運

蘇轍云夫至樂者以下三十五字是注文按蘇說是也郭慶藩莊子集釋竟未採此說疏矣茲列五證以明之敦煌古鈔本無此三十五字其證一也先應之以人事順之以天理與上奏之以人徵之以天詞複其證二也調理四時太和萬物與下四時迭起萬物循生詞義俱複其證三也上言行之以禮義建之以大清清字與下文生經爲韻有此三十五字則清字失韻其證四也郭於三十五字之下無注其證五也

吾又奏之以無怠之聲調之以自然之命（天運）

郭注命之所有者非爲也皆自然耳按注讀命如字非是大宗師無以命之釋文引崔李注命名也則陽人則從而命之也釋文命名也聲與名對上云其聲揮綽其名高明亦聲與名對是其證

又奚傑然若負建鼓而求亡子者邪（天運）

敦煌古鈔本傑然作傑傑然按闕誤引張本亦作傑傑然作傑傑然者是也下傑字涉重文作=而奪天道又何偈偈乎揭仁義若擊鼓而求亡子焉偈偈即傑傑庚桑楚若規規然若喪父母揭竿而求諸海也與此文例並相仿

堯授舜舜授禹 天運

敦煌古鈔本作堯與而舜受按敦煌本是也上云子何以謂不同下云禹用力而湯用兵文王順紂而不敢逆武王逆紂而不肯順故曰不同堯授舜舜授禹是同也堯與而舜受與受正言其不同於上下文義相符

不至乎孩而始誰 天運

郭注誰者別人之意也未孩已擇人言其競教速成也釋文孩說文云笑也按注及釋文解孩字之意並非孩應讀作期老子二十章如嬰兒之未孩即如嬰兒之未期也詳老子新證此應讀作不至乎期而始

誰·言未至乎期年而知別人也·

人有心而兵有順天運

郭注此言兵有順則天下已有不順故也·按注說於文義不適·順應讀巡·順巡並諧川聲·古玉銘逆則生·巡則死·巡即順也·說文巡視行貌·兵有巡謂兵有所巡視也·上言禹之治天下·使民心變·下言殺盜非殺·然則人有心而兵有巡一語·承上起下·人有心承上使民心變而言·兵有巡起下殺盜非殺而言·舊皆讀順如字·故不可解·結

不似罍空之在大澤乎秋水

成疏·罍空蟻穴也·奚侗云·罍當作礨·空叚作坎·按蟻

穴不應在大澤。至壘坎與在大澤又何涉乎。畧應讀作螺。漢魯峻碑。礧落。朱龜碑作磥落。集韻。猓亦作⿰犭畾。是从累从畾一也。說文無螺字。以蠃爲之。易說卦離爲蠃。釋文。京作螺。管子地員。累然如僕累。王念孫謂僕累即爾雅之蚹蠃。國語吳語。其民必移就蒲蠃於東海之濱。注。蠃蚌蛤之屬。書大傳。鉅定蠃。注。蠃蝸牛也。朱駿聲云。後人別水生可食者爲螺。陸生不可食者爲蝸牛。按釋文空音孔。是也。呂氏春秋諭大。空中之無澤陂也。空亦應讀作孔。螺孔謂螺之羅旋殼孔也。螺生於澤。故曰不似螺孔之在大澤乎。下云。不似稊米之在大倉乎。爾雅郭注謂稊似稗。稊米之在大

倉與螺孔之在大澤相對爲文螺本在澤中故以螺孔爲喻也

雙劍誃莊子新證卷二

海城于省吾

遊之壇陸（至樂）

釋文壇司馬本作澶音但云水沙澶也按澶陸二字不相屬壇應讀作坦猶袒之作襢但之作亶也遊之坦陸與上句棲之深林相對爲文達生篇作宜棲之深林浮之江湖食之以委蛇則安平陸而已矣（依闕誤引劉得一本則下增安字）平陸猶此言坦陸也

吾處身也若厥株拘（達生）

釋文引李云厥豎也豎若株拘也按李說非是說文株木根也繫傳曰入土曰根在土上者曰株山海經

海内經・建木下有九枸・郭注・枸根盤錯也・然則拘乃枸之譌・列子黄帝作若橜株駒・駒乃枸之借字・厥應讀作蹷・說文蹷僵也・荀子成相・國乃蹷・注・蹷顛覆也・史記孫子吳起列傳・蹷上將・索隱引劉氏云・蹷猶斃・按顛覆與斃義相因・然則若蹷株枸・謂寧靜不動若樹木根榦之顛覆已死也・上文見痀僂者・成疏謂痀僂老人曲膂之貌・樹木之傾榦拔根・正象老人之曲膂・故曰吾處身也若蹷株枸・田子方・向者先生形體掘若槁木・掘應讀蹷・言僵若槁木也・漢書古今人表・吳厥由・注作蹷由・左宣十二年傳・韓厥・公羊襄元年經作韓屈・厥之作屈・猶掘之作蹷矣・

三月而成上下之縣木山

釋文引司馬云八音備爲縣。而聲高下。按此說非是。所謂上下之縣者。專承上文爲鐘言之。邵鐘。大鐘八聿。肆其寵四𩐁。堵肆列也。周禮小胥凡縣鐘磬。半爲堵。全爲肆。應作全爲堵。半爲肆。言八列四堵。每堵二列也。縣鐘必於虡。既每堵二列。則列有上下。故曰上下之縣。

其愛益加進木山

敦煌本愛作受。按作受者是也。下云無受人益難。是受益乃古人成語。成疏以敬愛爲言。失之。又敦煌本加作嘉。嘉从加聲。古字通。

臭腐復化爲神奇知北遊

敦煌古鈔本無復字．按下云神奇復化爲臭腐．係緟此句言之．則無復字於義爲長．

運量萬物而不匱知北遊

郭注用物而不役己．故不匱也．按注說未允．周髀算經下．凡日月運行四極之道．注．運周也．字亦通作員．天運．釋文司馬作天員．詩玄鳥景員維河傳．運均．疏．員者周匝之言．廣雅釋詁．量度也．闕誤引文劉二本匱字俱作遺．匱遺古字通．禮記祭義而老窮不遺．釋文．遺一本作匱．是其證．此言周度萬物而無所遺逸．也．義謂萬物皆在其範圍權衡之中．易繫辭傳曲成萬物而不遺。語例同。

唯無所傷者爲能與人相將迎知北遊

敦煌古鈔本人作之。按作之者是也。上云不傷物者。物亦不能傷也。是之字正指物言。物謂凡物。非專就人言。注疏均不釋人字。亦其證矣。

知能能而不能所不能知北遊

敦煌古鈔本無知字。按敦煌本是也。上云夫知遇而不知所不遇。能能與知遇對文。作知能能則不詞矣。此知字即涉上知字而誤衍。成疏分之所能能則能之。是成所見本亦無知字。

趎勉聞道達耳矣庚桑楚

釋文引崔向云勉强也本或作踠按高山寺卷子本勉作晚是也上云若趎之年者已長矣故曰晚聞道達耳矣漁父惜哉子之蚤湛於人僞而晚聞大道也可互證

然其病病者猶未病也 庚桑楚

高山寺卷子本無然其病三字按卷子本是也上句病者能言其病故此云病者猶未病也然其病涉上句言其病而誤衍

爲不善乎幽閒其中者 庚桑楚

高山寺卷子本幽閒作幽冥按作幽冥者是也幽冥與上文爲不善者顯明之中者之顯明爲對文較今

本爲勝

道通其分也其成也毀也（庚桑楚）

按此應依高山寺卷子本作道通其分也成也其成也毀也今本其分也下挩成也二字

招世之士興朝（徐無鬼）

成疏招致人物之士可以興於朝廷也按疏說非是招應讀作昭昭世之士興朝謂昭明於世之士足以興朝也

其求鈃鍾也以束縛（徐無鬼）

釋文鈃音刑又字林云鈃似小鍾而長頸又云似壺而大按說文鈃似鍾而頸長鈃即鉼朱駿聲謂鈃从

金并省聲。是朱氏已知鉼即鉼字。鉼今作瓶。以金爲之。故从金。急就篇銅鍾鼎鋞鋗鉇銚。鋞御作錭碑作鉼。喪史鉼。鉼字作鈚。鈚从金比聲。比并音近相假。鉼亦壺類。喪史鉼形制似壺而頸長。然不大於壺。近世所發現商周彝器。鉼與壺每於頸之左右有耳。耳有孔。其下圈足亦左右有孔。俗謂之穿帶壺。此言束縛謂以繩穿耳及足也。

其求唐子也而未始出域徐無鬼

郭注。唐失也。按唐無失訓。唐應讀作蕩。晉邦𥂴我皇祖𪓐公。即唐叔封於唐之唐公也。叔弓鎛虢=成唐。成唐即成湯。甲骨文成湯之湯均作唐。説文唐古文

暘蕩湯暘並諧易聲蕩子謂流蕩在外之子

堯聞舜之賢舉之童土之地曰冀得其來之澤徐無鬼

王先謙云云望得舜來而施澤也按讀來如字不詞來應讀作釐漢書劉向傳飴我釐麰注釐又讀與來同史記杞世家弟平公鬱立索隱一作郁釐譙周云名鬱來儀禮少牢饋食禮來女孝孫注來讀曰釐釐賜也詩江漢釐爾圭瓚傳釐賜也言望得舜賜童土之地以恩澤也

而不可以虧則可不謂有大揚搉乎徐無鬼

按注疏均以則字下屬爲句非是可不謂可謂莊子習語加則字於句不適則敗字通庚桑楚天鈞敗之

釋文．敗元嘉本作則．按高山寺卷子本．敗亦作則．詩正月．彼求我則．即彼求我敗．詩經新證．魏三體石經．春秋古文敗字均作劓．即今則字．是虧則即虧敗．上言頡滑有實．古今不代故云而不可以虧敗也

復命搖作則陽

郭注．搖者自搖．作者自作．莫不復命．按注讀搖如字非是．老子十六章．夫物芸芸．各復歸其根．歸根曰靜．是謂復命．復命曰常．是復命乃古人成語．謂復反於性命也．馬敘倫謂復疑爲循之譌．非是．搖應讀作猶．禮記檀弓．咏斯猶．注猶當爲搖聲之誤也秦人猶搖聲相近．淮南子要略．精搖靡覽．即精猶靡覽．按猶由

古同用由以也詳經傳釋詞復命由作即復命以作也

同濫而浴則陽

按濫即鑑說文鑑大盆也金文作監夫差監攻吳王大差擇𠂢吉金自作御監

四時殊氣天不賜故歲成　文武大人不賜故德備則陽

按金文錫字作易賜字作睗虢季盤王睗乘馬是用左王睗用弓彤矢其央睗用戉用政蠻方金文亦假睗爲易毛公鼎夙夜敬念王威不睗不睗即不易也弓鏄虔卹不易詩韓奕朕命不易文王駿命不易命之不易書盤庚惟汝含德不惕不惕亦不易也四時

殊氣天不易故歲成言天不變易其四時殊氣之節候故歲成也文武大人不易故德備言文武大人不變易其文武之度故德備也舊讀賜如字故不得其解

則天地大絯外物

釋文絯音駭奚侗云是即借絯爲駭說文曰駭驚也按天地大驚不辭甚矣絯應讀作閡上言陰陽錯行然則天地大閡謂天地大相隔閡也猶易否所謂天地不交也

於是乎有僓然而道盡外物

釋文引郭云僓順也按郭說非是高山寺卷子本僓

作遺字應讀作匱遺匱古通知北遊運量萬物而不匱闕誤引文劉二本匱俱作遺匱然竭貌正形容道盡之義

惠以歡爲驁終身之醜外物

郭注惠之而歡者無惠則醜矣然惠不可長故一惠終身醜也按注讀惠如字非是章炳麟謂惠爲發聲詞亦非惠應讀作謂書盤庚爾謂朕曷震動萬民以遷漢石經謂作惠晏子春秋諫下弟十八故節于身謂于民言節于身惠于民也呂氏春秋開春論而天下皆來謂矣來謂即來惠均其例證釋文驁或作鷔按作鷔者是也上文引老萊子曰夫不忍一世之傷

而鷔萬世之患·是但爲一時之樂也·抑固窶邪·士其略弗及邪·二句係跌宕之筆·謂以歡爲驁·終身之醜·係承夫不忍一世之傷二句而申述之也·

皆媙可以休老寧可以止遽外物

釋文·皆亦作揃搣本亦作搣·按作揃者是也·揃或省作前·前古作歬·與皆相似而譌·說文揃搣也·搣批也·苗夔謂搣蓋拊摩之意·馬叙倫謂揃搣即今按摩術也·急就篇·沐浴揃搣寡合同·顏注揃搣謂鬄拔眉髮也·按揃搣仍以苗馬說爲是·闕誤引張本休作沐·成疏·衰老之容·以此而沐浴·是成所見本休亦作沐·高山寺卷子本作皆媙可以已沐·老寧可以已遽·按上

句爲靜然可以補病是三句平列皆六字人老則寧靜故云老寧老寧亦猶老佚老佚詳齊物論篇今本作止遽與已遽同義然止字與上已字不複當以作止爲是沐誤爲休沐上落已字又以休老連讀其誤甚矣

以期年耆者寓言

郭注期待也按以期年耆者文不成義高山寺卷子本無者字年耆二字右側各有二點並注來者二字年來者者形似耆字又涉上文耆字而譌楊守敬云按注無以待人則作來者是按楊說允矣上言年先矣而無經緯本末此言以待來者是非先也於上下

文義最相符恰．

復靈以生寓言

郭注．而不復其本靈則生亡矣．按注讀靈如字．非是．靈應讀作命．書盤庚弔由靈．各孫詒讓讀靈爲令．是也．金文命令同字．呂刑．苗民弗用靈．禮記緇衣引作苗民匪用命．法言重黎喪其靈久矣．喪其靈即喪其命．詳法言新證．復靈以生．即復命以生也．老子十六章．是謂復命．復命曰常．則陽．復命搖作．是復命乃古人成語．上言夫受才乎大本．故此云復命以生也．

如觀雀蚊虻相過乎前也寓言

按高山寺卷子本作如二鶴蚊虻相過乎前者也．較今本多二字及者字二字涉上句三釜三千鍾而衍釋文出鸛云本亦作觀此句本應作如觀蚊虻相過乎前也雀字亦衍文詳俞氏平議卷子本既無雀字愈可佐證俞說

四年而物寓言

郭注與物同也按注說非是物乃易之譌易謂不難也管子小匡珍異物聚物乃易之譌詳管子新證墨子經上庫易也易本應作物詳墨子新證應帝王物徹疏明天道中心物愷章炳麟並以物爲易之誤引書堯典平在朔易五帝紀作辯在伏物爲證按物愷之物釋文本亦作勿金文勿字作彡易字作彡形近

易誤．淮南子主術．不受贑於君注．贑物也．邵瑞彭謂物爲賜之譌．是亦从勿从易形誤之證．

請問其故寓言

按王氏集解．郭氏集釋．故均作過．高山寺卷子本作請聞某過．卷子本較今本爲勝．

晉魏爲脊說劍

高山寺卷子本魏作衛．按作衛者是也．下云．周宋爲鐔．韓魏爲夾．此作魏則與下複．且晉衛在北．故爲脊．韓魏在南．故爲夾．

劍士皆服斃其處也說劍

按高山寺卷子本作劍士皆伏斃其處矣．服作伏也作矣。並較今本爲勝。

人憂其事 漁父

高山寺卷子本憂作處。按作處者是也。今本作憂者。涉下庶人之憂也而誤。禮記檀弓。何以處我。注處猶安也。上言官治其職。與人處其事。相對爲文。

眞怒未發而威。眞親未笑而和 漁父

高山寺卷子本作眞怒不嚴而威。眞親不笑而和。按發作嚴者是也。嚴與笑爲對文。上文云强怒者雖嚴不威。强親者雖笑不和。可互證。

必且有感搖而本才 列御寇

按感讀撼。才讀哉。金文及隸古定尚書。哉字多假才

爲之是應讀作必且有搣搖而本哉釋文一本才作性故郭注以本性爲言也

老弱孤寡爲意皆有以養天下

高山寺卷子本無爲意二字按卷子本是也禮記禮運矜寡孤獨廢疾者皆有所養亦無爲意二字

不見觀天下

郭注不順民望按注說非是釋文見一本作聚高山寺卷子本作取聚取古字通易萃彖傳聚以正也釋文荀作取以正是其證觀應讀作懽詳人閒世寡不道以懽成下不聚觀即不取懽也上云常反人又云非生人之行又云至於若無知之物而已皆與不取

懽之義相應。

常寬容於物下天

高山寺卷子本無容字。按無容字是也。此與下句不削於人。對文成義。郭注則自容有餘也。以容詁寬。似郭所見本亦無容字。

吳縣周仰公校字

雙劍誃韓非子新證序

韓非子舊有尹知章注其佚已久今本所存注文清儒據元何犿說定爲李瓚注然於疑文滯義鮮所發明至清季王先慎始采摭衆說爲之集解然妄改舊文踳牾迭見不逮其從兄王先謙荀子集解遠甚世變方殷善解精刋無從借參僅就王書爲之考辨或得或失俟諸來哲中華民國二十七年八月海城于省吾

雙劍誃韓非子新證卷一

海城于省吾

有功無功相事也初見秦

俞樾云，事者治也。高注呂氏春秋淮南內篇屢見，詩卷耳毛傳采采事采之也正義引鄭志答張逸云，事謂事事一一用意之事。蓋事訓治，故一一用意謂之事也。此言有功無功相事，正一一用意之義，謂分别其有功無功，不混淆也。按俞說未憭。事使金文同字，使猶用也。上云今秦出號令而行賞罰，此云有功無功相使也，言有功爲之用，無功亦爲之用，故云相使也。

此其大功也初見秦

王先慎云。策其作甚是也。其當爲甚之殘字。按王說非。其乃綦之省文。綦極也。古書其讀綦者。後人多改爲甚。墨子尚同上。其明察以審信。兼愛下。故約食爲其難爲也。其並應讀作綦。莊子讓王。子綦爲我延之以三旌之位。宋本綦作其。是其證。

長城巨防初見秦

按厲羌鐘。達征秦迮齊。入張城先會于平陰。張城即長城。

立社稷主置宗廟令率天下西面以與秦爲難初見秦

顧廣圻云。策無稷字。以廟字句絕。令字屬下。俞樾云。

策是也王先愼云立社稷主四字不誤按稷字衍顧俞說是淮南齊俗訓殷人之禮其社用石水經穀水注禮天子建國左廟右社以石爲主按以石爲主故云立社主後人多見社稷少見社主故增稷字

夫攻伐而使從者閒焉不可悔也存韓

王先愼云乾道本閒作聞顧廣圻云聞當作閒閒反閒也按不可悔也語頗突然此悔字應讀作誨誨古謀字王孫鐘誨猷不飤誨猷即謀猷書洛誥拜手稽首誨言誨言即謀言古謀字亦作每曶鼎曶迺每于顯言曶迺謀于顯也晚周字多从心如叔之作惄易之作惖是其證夫攻伐而使從者閒焉不可謀也言

非與秦王謀攻伐不可使從者離閒之也。

虛處則倓然若居濕地著而不去以極走則發矣韓存

顧廣圻云虛處逗平居也與極對文則倓然若居溼地著而不去十一字爲一句以極逗走字衍俞樾云對文則走字非衍也按此當以虛處則倓然若居濕地爲句虛乃衍字也蓋卽處字之誤而複者著而不去爲句以極走則發矣爲句極猶亟也古字通用按俞說較顧說爲優惟謂虛字爲衍文亦非虛處與亟走正爲對文不可删也。

必有忠計韓存

王先慎云荆疑四國必不欺秦按王説非是有應讀作又忠應讀作中今字去聲上言則齊人懼而從蘇之計是我兵未出而勁韓以威擒强齊以義從矣聞於諸侯也是已中計矣此言趙氏破膽荆氏狐疑故云必又中計若如王説讀忠如字不知斯自謂所謀已當豈待四國之忠計哉

而所以得與諸侯班位於天下君臣相保者韓存

按班位不詞本應作班立孟子公孫丑若是班乎注班齊等之貌也金文位字均作立班立猶言並立

則秦必興兵而圍王一都韓存

王先謙云或云一字當在道字下非也古城邑大者

皆謂之都。不必王所居方爲都。孟子云王之爲都者。臣知五人是也。韓世家公仲請王賂秦以一名都。楚陳軫言秦得韓之名都一。正與此文一都相類。按王說似是而實非也。上言城盡則聚散。聚散則無軍矣。城固守此云則秦必興兵而圍王一都。上既言城盡。則一都亦無矣。王謂不必王所居方爲都。則此一都果何據而云然。固知王說之未允也。按王一二字。乃王上二字之連書。金文上字均作二。大豐毀上帝連書作⿱二帝。宗周鐘上帝二字連書作⿱二帝。邢侯毀上下帝三字連書作⿱二帝。以此例之。則此文王上二字連書必作⿱二王。明矣。後人不解。遂似爲王一矣。此文本謂韓之敗士先殘邊邑後守國都前言邊鄙殘國固守謂邊鄙已殘固守國都也古謂京師爲國廣雅釋詁都國也又上言城盡亦謂邊鄙殘也城固守猶云國固守即指國都言城盡則守都故云秦必興兵而圍王上都古謂中央爲上四遠爲下班固西都賦實用西遷作我上都山海經西山經昆侖之邱是實惟帝之下都下都對上都而言

揔微說約經省而不飾則見以爲劌而不辯難言

王先愼云意林劌作訥按劌讀如字於文理不符意林改劌爲訥於義較適然劌訥形殊無由致譌不可爲據劌應讀作昧左莊十年傳曹劌史記刺客傳作

曹沫易略仞卦略明微故見昧釋文昧又作沬即其證也昧謂暗昧昧而不辯與揔微說約徑省而不飾之義正相應

義理雖全未必用也難言

按全應讀作純二字古通詳荀子新證勸學篇上云故度量雖正未必聽也正與純相對爲文

尹子穽於棘難言

舊注投之於穽棘中按投之於穽棘中不應曰穽於棘穽字本應作井古刑字金文刑字均作井後人不解而改爲穽然因此猶存古字棘當係地名吳語乃匍匐將入於棘闈注棘楚邑左襄二十六年傳吳於

是伐巢取駕克棘入州來杜注駕棘皆楚邑譙國酇縣東北有棘亭此言井於棘即刑於棘也

是故大臣之祿雖大不得藉威城市愛臣

俞樾云威字衍文藉當讀爲籍詩韓奕篇實畝實籍唐石經作實畝實藉是其例矣漢武帝紀籍吏民馬師古注籍者總入籍錄而取之即此籍字之義按俞說非是古人言祿亦就位言論語爲政子張學干祿集解引鄭注祿祿位也後漢書桓帝紀注天祿天位也藉與作古音近字通墨子辭過作歛即籍歛詳王氏雜志晏子春秋諫上弟十九作藉歛淮南子氾論履天子之籍注籍或作阼儀禮特牲饋食禮尸以醋

主人注。古文醋作酢。淮南子說林。蝯狖之捷來乍。繆稱。作猨狖之捷來措。莊子應帝王。作猨狙之便執斄之狗來藉。爾雅釋器。魚曰斮之。禮記內則。魚曰作之。是均从昔从乍字通之證。此言大臣之祿位雖大。不得作威城市也。作威乃古人成語。卽承上文偪威言用。是故二字。卽伸述上文之義。有度篇。臣毋或作威。書洪範。臣無有作福作威。玉食。均可爲此文作威之證。

治紀以知善敗之端。主道

按治紀不詞。金文治字作𤔔。與司同用。然則治紀卽司紀。此與上句明君守始以知萬物之源對文。又上文云道者萬物之始是非之紀也守始司紀紀即承上文言之守與司互文耳鬼谷子捭闔而守司其門戶注司主守也下云君乃無事焉又云明君無爲於上均就無爲言之若作治理解則君有爲矣與本義殊乖

不智而爲智者正主道

舊注爲臣之正按詩節南山覆怨其正傳正長也不智而爲智者長與上句不賢而爲賢者師對文

不約而善增主道

俞樾云增字義不可通兩增字疑皆會字之誤不言而善應語本老子不約而善會亦即老子所謂善結

無繩約而不可解也善會猶善結也會誤作曾又誤爲增耳王先慎云約當作事言已應事已增正承上言之增讀如簪與上應爲韻俞改增爲會迂曲不可從按俞王二說並非會與應非韻增依字爲訓於義不適增乃徵之音誤書洪範念用庶徵鄭注徵驗也不約而善徵與上句不言而善應對文徵應義相因下云言已應則執其契事已增則操其符以增與符爲言明增爲徵之誤又下云功當其事事當其言則賞功不當其事事不當其言則誅當字與徵應之義相合

數至能人之門有度

顧廣圻云能當作態態人即荀子之態臣見臣道篇

王先愼云能人即私人也見管子明法篇本書作能

字不誤三守篇不敢不下適近習能人之心即其證

按顧説是態慝古字通態人即慝人詳王氏讀書雜

志荀子成相篇

外使諸侯有度

按金文使事同字此本作外事諸侯下云内耗其國

伺其危險之陂以恐其主八姦篇爲人臣者重賦斂

盡府庫虚其國以事大國而用其威求誘其君甚者

舉兵以聚邊境而制斂於内與此可互證

勢在郎中有度

俞樾謂勢當作埶。按詩民勞柔遠能邇，金文作䪜遠能，𤞟可證此文勢之本作𤞟。𤞟即今藝字，與邇音近字通。俞謂當作埶。埶亦藝之借字。

法所以凌過遊外私也。有度

盧文弨云：遊外二字，一本作滅。顧廣圻云：凌字未詳。過當作遏。衍遊字。王先慎云：過爲遏之誤。顧說是也。一本脫外字。遊作滅。是凌爲峻字形近而譌，當在法上。傳寫誤倒耳。峻法所以遏滅外私也，與下嚴刑所以遂令懲下也句正相對。按王氏改凌爲峻，又移於法字上，殊無所據，且遏滅平列，與下句遂令亦不相對。此本作法所以凌過滅私也。凌陵字通。陵猶勝也。

易漸九五終莫之勝虞注勝陵也勝過滅私與遂令徵下對文下云刑不斷則邪不勝又云刑過不避大臣亦可爲陵過即勝過之證

準夷而高科削有度

舊注科等也削高等令就下也按上云故繩直而枉木斵枉木與高等非對文科亦木也對文則殊廣雅釋詁科本也釋木本榦也高本與枉木對文枉木就曲直言高本就上下言

非失刑德而使臣用之二柄

俞樾云失刑德而使臣用之不當有非字非字衍文

按俞說非是非匪字通匪應讀作彼言彼失刑德而

使臣用之也。彼字即承上故劫殺擁蔽之主言。墨子脩身。故彼智無察。畢沅謂彼當爲非。三辯。無乃非有血氣者之所不能至邪。非應讀作彼。均其證也。

桓公好味二柄

顧廣圻云。當衍桓公二字。此與上相承。按桓公二字不衍。顧説非是。上言齊桓公。此但言桓公。亦蒙上文爲言。且好味二字句。與上下語例不符。

人主欲見二柄

俞樾云。欲見當作見欲。與上文見好見惡一例。見好見惡。即自見其所欲矣。按俞説非是。見好見惡各有專言。此總上文而通論之。非與上文平列。古人文字分言之後。又合言之。往往倒文。乃常例也。

虛以靜後 權揚

舊注。常當虛靜以後人。按注説非。是後乃退字之譌。余義楚鐘。後字作遂。大豐毀。退字作復。古文从彳从彳無别。故易混也。靜退乃古人謰語。主道篇。靜退以爲寶。即其證也。

是故明君貴獨道之容 權揚

舊注。道以獨爲容。按注讀容如字。於義不適。容庸古字通。荀子修身。庸衆駑散。韓詩外傳作容衆好散。詩公劉。鞞琫容刀。容刀即庸刀。後漢書左雄傳。容容多後福。容容即庸庸。均其例證。庸之通詁訓用。此言貴獨道之庸。猶云貴用獨道也。上句道無雙，故曰一。一即獨道也。又上云用一之道，以名爲首，與此義正相符。老子四章道沖而用之或不盈。四十章弱者道之用。亦均以道與用屬詞之證也。

根幹不革，則動泄不失矣。權揚

王先愼云：動泄不失，當作動不失泄。泄有世音，與革字古合韻。注云無所失泄，是注所見本尚不誤。按王說非是。注不解泄字之義，而倒文以爲說，不可爲據。且革失並之部字，世泄祭部，本不通叶，不應妄改。泄應讀作曳，古从世从曳字通。詩板無然泄泄，爾雅釋訓泄泄作洩洩。儀禮士相見禮武舉前曳踵，注古文曳作栧。莊子人閒世小枝泄。釋文引崔云。泄洩同。均其證也。楚辭九歎怨思曳彗星之皓旰兮注曳引也。此言根幹不更革。則動之引之而不失矣。

上固閉內扃 權揚

王先愼云。案固疑因字之誤。按王說非是。固閉乃古人成語。不應妄改。

參咫尺已具 權揚

舊注。八尺曰咫。尺寸者所以度長短。既閉心以參驗之。咫尺以度量之。二者以具。顧廣圻云。尺字當衍。舊注以尺寸釋咫。因誤入正文也。按二說並非是。本應作上下咫尺已具。此文不拘四字句。觀上下文可知。

言從室視庭·上下咫尺已具也·此喻上雖固閉內扃·然從內視外·則上下咫尺已具·備無遺也·毛公鼎上下二字作〓·與他字連書·則每省去下畫·如邢侯毁上下帝三字連書作〓·大豐毁上帝二字連書作〓·均因連書而省去一畫也·又金文凡二三四等字·（四字亦積畫）每與他字連書而省去一橫畫·此例習見·不勝枚舉·此文上下二字與咫字之弟一畫相連·因省去下字之下畫·後人不知·遂誤爲三咫·又改三爲參·（如備內篇偶參伍之驗·顧廣圻謂參今本作三·即其證也）然其譌啎之迹·固可推尋而得之也·

其闕嚬嚬（揚權）

按嚬嚬當即喭喭之古文。論語先進。由也喭。皇疏引王弼。喭剛猛也。

木乃不神揚權

按木不應以神爲言。神本應作申。金文神字或從示。或不從示。木乃不申。申謂遂長也。

中射士諫曰十過

舊注。中射士官有上中下。孫詒讓云。呂覽高注云。中謝官名也。謝與射通。字當以射爲正。蓋即周禮夏官之射人也。中射者射人之給事宮內者。按注及孫說並誤。吳北江先生謂射乃榭之借字是也。謝榭金文作廚。號季盤。宣廚。爰鄉。春秋宣十六年。作宣榭。此言

中府・謂府中給事之臣也・

刁沿事三年十過

按沿古文作立・金文立事習見・

吾恐此將令其宗廟不拔除十過

按拔影宋本浙局本均作祓・是也・此乃王梓之誤・

以新旅與習故爭孤憤

按旅猶寄也・士徵篇云・羈旅僑士・又云・羈旅起貴以

陵故常者・即此所謂新旅之義・

夫越雖富兵彊孤憤

顧廣圻云・藏本今本雖下有國字・王先愼云・注以越

國連文・是所見本雖字即國字之誤・按王說非是・雖

下有國字是也。雖國形殊無緣致誤。且無雖字語勢未足。下云今有國者。雖地廣人衆。與此句例亦相仿。

其修士不能以貨賂事人恃其精潔（孤憤）

俞樾云其修士三字衍文也。上文云其修士且以精絜固身。其智士且以治辯進業。此云不能以貨賂事人。則總蒙修士智士爲文言其皆不能也。恃其精潔當作恃其精潔治辯。因衍其修士三字。則此文專屬修士。遂刪去治辯二字耳。按俞氏謂其修士三字衍文是也。然尚未知其致衍之由。又謂當作恃其精潔治辯。殊誤。按恃其精潔當作恃其精辯。即精絜治辯之簡語也。治通辭。金文治作𤔲。亦作辭。下云求索不得。貨賂不至。則精辯之功息。注云。精謂修士精潔也。辯謂智士辭辯也。按注說是也。下云。治亂之功。顧廣圻謂亂當作辯是也。恃其精潔。即蒙上文精絜而誤。恃其精辯。既誤爲恃其精潔。故於上文不得不增其修士三字耳。

則修智之吏廢。（孤憤）

按吏本應作事。金文吏事同字。事士古字通。金文卿士作卿事。即其證也。注云。修智之士。上文云。則修智之士。不事左右。不聽請謁矣。均其證也。

欲內相存之言則必以美名明之而微見其合於私利也（說難）

舊注。欲彼內有存恤之言。則爲陳顯義之名。明其人能爲此。又微言成此美名。於私有則利其人。必得而相存者也。顧廣圻云。內讀爲納。舊注誤。按顧說是也。此祗就下說上言之。不應曰相存。相本應作省。相省二字形音義並相近。古从木从屮一也。相省並心母字。說文。相省視也。廣雅釋詁。省視也。易井象傳。君子以勞民勸相。勸相即觀省。詳易經新證。省存疊義。周禮大行人。歲徧存。三歲徧頫。五歲徧省。注。存頫省者。王使臣於諸侯之禮。所謂問問也。禮記曲禮。昏定而晨省。注。省問其安否何如。周禮司尊彝。大喪存奠彝。注。存省也。說文。存恤問也。微猶闇也。此言明則有美

名闇則合私利乃省問存恤之言也下云欲陳危害之事則顯其毀誹而微見其合於私患也危害疊義與省存對文顯與微猶明與微也

大意無所拂悟說難

盧文弨云意史作忠顧廣圻云忠字非王先愼云御覽四百六十二引意作怒大怒謂盛怒也意忠並誤按御覽作怒義則是矣而仍非本字意與忠並意字之譌詛楚文張矜意怒意怒疊義字亦作悟集韻悟小怒也通言之悟亦怒也

雙劍誃韓非子新證卷二

海城于省吾

幾不亦難哉 姦劫弒臣

顧廣圻云幾當在難字下按顧說誤幾豈古同用詳經傳釋詞上云處非道之位被衆口之譖溺於當世之言而欲當嚴天子而求安故云豈不亦難哉

因自傷其身以視君而泣 姦劫弒臣

王先慎云視當作示以示君謂以身受傷之處示君也與下自裂其親身之裏以示君同義下正作示明此視爲示之譌按王說誤矣視示古籍多通用莊子應帝王嘗試與來以予示之釋文示本亦作視徐无

鬼。中之貨若示曰。釋文。示司馬本作視。上下文字異而義同者。古籍之常例。不應改作也。

妾以賜死若復幸於左右願君必察之無爲人笑姦劫弒臣

王先愼云。以當作不。謂不賜妾死也。按以不形殊。無由致譌。且改以爲不。於義不符。以巳古字通。此言妾巳賜死無論矣。若有復幸於左右者。謂春申君之再納妾也。君必察之。無爲人笑。言君必察之。無蹈巳往之覆轍。而爲人笑也。是借死要生。以聳動春申君。乃古今妾婦之常語也。蓋君不從。則以死要之。從之。則妾余得償其願而不死。既償其願而不死。又何言君之必察。而無爲人笑乎。王氏改以爲不。全失古人之語妙矣。

然則有術數者之爲人也 姦劫弒臣

顧廣圻云。藏本今本人下有臣字。王先愼云。人下當有主字。爲音于僞反。按王說非是。當從藏本今本增臣字。

豫讓乃自黔劓 姦劫弒臣

顧廣圻云。黔當作黥。按黔應讀爲黥。二字音近相假。不應云當作也。漢人注經。凡云當爲當作者。係就形誤言之。晏子春秋諫上弟八吾安能爲仁而愈黥民耳矣。黥民卽黔民。是其證也。

近之所見 姦劫弒臣

盧文弨云之外傳作世按作世者是也下云下比於近世可證金文之字作止世字作止故易譌也

知有謂可斷而弗敢行者可亡也（亡徵）

盧文弨云謂字衍淩本無顧廣圻云知有謂可四字爲一句按盧顧二氏說並非謂爲字通本書習見不煩詳舉知有爲可斷五字句言知有爲而不敢爲知可斷而不敢斷正與上文怯懾而弱守蚤見而心柔懦之義相應若如顧說知有旣不詞且斷字之義亦與怯懾柔懦不符

刑戮小民而逆其使（亡徵）

顧廣圻云民當作人逆當作逆按此言逆刑人也按

顧說既妄改字義亦未憭使應作事金文使事同字

此言刑戮小民而違逆其所爲之事也

懷怒思恥而專習則賊生亡徵

王先慎云習字疑誤未詳所當作按習字不誤專習謂專於近習

時以行襍公亡徵

顧廣圻云藏本同今本行作私誤按簡行而貴公者韓子之家法也按行作私於義亦通下云貴私行而賤公功者可亡也三守篇行私道而不效公忠是均以私與公並言之證

憚使羣臣輻湊用事三守

按八字應作一句讀·憚與殫古字通·上言惡自治之勞·故此云盡使羣臣輻湊用事也·

而人臣有不敢忠主。三守

按有應讀作又·上云人主雖賢不能獨計·此云而人臣又不敢忠主·言主既不能獨計·人臣又不敢忠主·故下云國則爲亡國矣·

故桃左春秋曰備內

俞樾云·左疑兀字之誤·桃兀即檮兀之異文·楚之檮兀亦有春秋之名·楚語申叔時所謂教之春秋是也·故謂之檮兀春秋矣·按俞謂左疑兀之誤非是·左乃兀之假字·兀古音屬元部·如說文髡之重文作髨·軏

作輭即其證也。左古音屬歌部，歌元對轉。

是以愚贛窳墯之民（南面）

顧廣圻云：乾道本愚作遇，譌。按顧氏爲說喜爲宋本迴護，而此反以遇爲譌。王先愼遂以據改，失之。作遇者古字通耳。莊子則陽：匿爲物而愚不識。釋文：愚一本作遇。詩巧言：遇犬獲之。釋文：遇世讀作愚。墨子書亦每以遇爲愚，不煩改字。

而輙小變（南面）

按輙當即震之異文。謂震懼也。

非數年在西也（飾邪）

王先愼云：數上不當有非字。承上此非言，下非數年在東也。非字亦衍。陶鴻慶云：兩非字皆並字之誤。按王陶二説並非。非彼古字通。詳二柄篇非失刑德條。非數年在西也。言彼數年在西也。下非數年在東也。言彼數年在東也。王氏讀非如字。與上非字複。故以爲衍文。

與吳戰而不勝邪。飾邪

顧廣圻云：今本吾作吳。按吾吳二字。他書亦有相亂者。王先愼云：乾道本吳作吾。案下均作吳。似應一律。今據改。按作吾者是也。吳越之吳。後世亦作句吳。大差監作攻吳者。濫鐘作工𠭯。金文吾字多假𠭯爲之。余所藏公子光戈作攻敔。夫差劍作攻致。致即敔。句

工攻與吳獻敔均一聲之轉然則乾道本吳作吾乃古字之僅存若本作吳後人不至改爲吾矣

以爲其身故神之爲上禮上禮神而衆人貳解老

按兩神字均於義不適神應讀作信金文神字亦作申申信古字通並詳老子新證二十一章爾雅釋詁貳疑也信與貳爲對文此言以爲其身故信之爲上禮上禮信而衆人疑也下云衆人雖貳貳亦疑也

不飾以銀黃解老

王先愼云御覽八百六引銀黃作黃金按御覽意改銀黃爲黃金非是黃謂黃金銀黃謂銀與金古亦謂黃爲金周禮司尊彝祼用斝彝黃彝注黃目以黃金

爲目後漢書班彪傳注黃戚黃金飾斧也是其證

然則爲禮者事通人之樸心者也解老

按事應讀作使金文事使同字下事通人之樸心事亦應作使

是以行軌節而舉之也解老

顧廣圻云句有誤王先愼云行謂己之所行軌節即方廉直光舉之謂以此正衆人也呂覽自知所以舉過也注舉猶正也是其證按此文無誤顧說非王訓舉爲正亦非舉應讀作與二字古多通用或涉上文舉動之舉而譌管子霸言諸侯之所與也注與親也荀子王霸不欺其與注與相親與之國上云而聖人

强以其禍敗適之則怨。衆人多而聖人寡。寡之不勝衆。數也。今舉動而與天下爲讎。非全身長生之道也。此云是以行軌節而親與之也。言不與衆爲怨。不與天下爲讎。故必須軌節而親與之也。親與與怨讎之義正相反。下言不割不劌不肆不耀。又正與親與之義相承。

胥靡有免死罪時活解老

王先謙云。有字當在罪字下。罪有時活。與終身不解文義相對。按王說非是。胥靡有免死罪時活。二句對文。有字無由誤在免字上。且惟死罪方可言時活。若但言罪非盡應死者。豈可言時活乎。

故曰咎莫憯於欲利解老

按老子四十六章作咎莫大於欲得。司馬遷報任安書作故禍莫憯於欲利。

而有以淫後爲俗解老

按有應讀作又。上云獄訟繁。倉廩虚。此言而又以淫後爲俗。故下云則國之傷也。

君人者勢重於人臣之閒喻老

王先愼云君於臣不當以閒言。閒疑上之誤。按上無由誤作閒。且改作上。則於義不符。於猶在也。言勢重在人臣之閒。謂勢重下移。故下云失則不可復得也。又下云。人君見賞。而人臣用其勢。人君見罰。而人臣

乘其威，亦與此義相承。人臣非一，故曰人臣之閒。陶

鴻慶改人爲民，亦非。

强之於黄池。喻老

按邗王壺黄池作黄沱。

夫誘道爭遠，非先則後也。喻老

王先慎云：誘道，誘馬於道也。按讀誘爲引誘之誘，非

是。淮南子主術：而秦穆公以女樂誘之。注：誘，惑。精神：

不誘於人。注：誘，惑也。上云今君後則欲逮臣，先則恐

逮於臣，即惑道也。

是謂要妙。喻老

王先慎云：河上公注：能通此意，是謂知微妙要道也。

按注說非是·要幽古字通·要妙即幽妙·詳老子新證·

君不如晚救之以敝晉齊實利說林上

王先愼云·齊當爲其之誤·下其名美此言其實利·明不當作齊·按齊其形音並殊·無緣致誤·王說非是·齊資古字通·晏子春秋諫上第五·辟拂嗛齊·即辟拂嗛資·史記齊威王名嬰齊·陳侯敦作因資·易旅九四得其資斧·子夏傳及諸家作齊斧·荀子哀公·資衰苴杖者不聽樂·注資與齊同·並其例證·考工記總目·或通四方之珍異以資之·注資取也·易乾彖傳·萬物資始·釋文引鄭注·資取也·然則資實利·謂取實利也

南望隰子家之樹蔽之說林上

王先謙云家之二字誤倒按如王說讀爲隰子之家樹蔽之非是家樹二字中間必須有之字南望二字逗上文三面皆暢是東西北三面皆無所蔽翳也惟南望而隰子家之樹蔽之語義甚明非誤倒也

斧離數創 上說林

王先愼云離割也見儀禮士冠禮注按王說非是莊子則陽子獨先離之曰釋文離著也太玄攡離乎僞者注離著也上云隰子歸使人伐之之指隰子家之樹言故云斧著數創也

令人臣之處官者皆是類也 上說林

王先愼云人主令臣聚歛附益傷損國體與教其嫁

子無異也。按王氏增人主二字爲説。望文演訓。令乃今字之譌。

正身見於奧（説林下）

王先愼云。各本無見字。御覽一百八十八引身下有見字。今據補。按正身於奧。言正身對奧而坐也。王據御覽增見字。於義反贅。

人之所有飲不足者不可不索其羽也（説林下）

趙用賢云。疑有脱文。按既以人譬鳥。作結語意完足。實無脱文。上言將欲飲於河。則必顛。乃銜其羽而飲之。此言人之所有飲不足者。亦必如鳥之自銜其羽。方不顛墜。故曰不可不索其羽也。

以千里之馬時一有其利緩說林下

王先愼云各本無以字有字藝文類聚九十三御覽八百九十六引並有以字有字今據增按類聚及御覽意增以字有字不可爲據千里之馬時一其利緩與下駑馬日售其利急相對爲文增以字有字則失古人之語妙矣

是振我過者也說林下

王先愼云孟子趙注振揚也按上云吾嘗好音此人遺我鳴琴吾好珮此人遺我玉環是與揚過無涉振應讀作順是振我過者也言是順我過者也下云以求容於我者吾恐其以我求容於人也意謂能順我

即能順人周禮大祝五曰振祭杜注振祭振讀爲愼大司馬大獸公之注愼讀爲麎是振愼字通之證愼之通順古籍習見

而道難不通說林下

王先愼云呂氏春秋作而無道也此難不二字疑衍其一按道難不通義本可通非有衍文也

雖貴欲不能行安危

按欲各本均作育乃王梓之誤

其備足以必完法守道

盧文弨云其備足以必完句凌本無必字非法字疑衍按盧說未允上云聖王之立法也其賞足以勸善

其威足以勝暴。此當作其備足以完守。聖王之立法
也。係總挈其賞其威其備三句語例同。凌本無必字
是也。其備與完法義不相屬。且與首句立法複法字
即涉上法字而誤。下文善之生如春。即承其賞言。惡
之死如秋。即承其威言。自上下相得至末。均言守備
之事。末句則君人者高枕而守已完矣。可證。

則彊弱不觳力 用人

按觳應讀作角。周禮考工記陶人鬲實五觳。鄭司農
注。觳讀爲斛。御覽八百卅引風俗通。斛角也。史記李
斯傳。方作觳抵優俳之觀。集解。觳抵即角抵。呂氏春
秋孟冬。肄射御角力。後漢書隗囂傳注。角力猶爭力

也。上言爭訟止。下言天下莫得相傷。皆彊弱不角力之謂也。

故臣主同欲而異使功名

按金文使事同字。此應作事。

雙劍誃韓非子新證卷三

海城于省吾

乃爲壇場大水之上內儲說上

王先慎云乾道本乃作遇。又云遇字爲乃字之譌。乃與迺同。爾雅。迺乃也。按金文迺字作𠧧。乃𠧧有別。𠧧爲語助。乃猶汝也。此亦可證爾雅非周人之書也。

人之塗其體被濡衣而走火者內儲說上

盧文弨云走張淩本作赴。王先慎云。各本無之字。據藝文類聚引增。按之字不必增。赴作走者是也。呂氏春秋期賢。若蟬之走明火也。注。走趨也。說文。走趨也。

因事關市以金與關吏乃舍之內儲說上

顧廣圻云因事關市以金與句絕關吏乃舍之五字爲一句王先謙云因事關市句以金與關吏句按顧王二說並非因事關市以金與關吏九字作一句讀事本應作使金文事使同字

懷左右刷則左右重內儲說下

按懷應讀作餽一聲之轉从褱从鬼古字通金文懷字作褱伯戜𣪘唯用妥神褱即用綏神鬼漢書外戚傳褱誠秉忠注褱古懷字元應一切經音義十八懷孕作褱孕漢北海相景君碑驚悝傷褱褱即懷爾雅釋訓鬼之爲言歸也詩匪風懷之好音傳懷歸也周語無所依懷注懷歸也歸餽饋古籍尤多通用不煩

舉證懷左右刷謂餽左右以刷也

今天反儲說下丙

王先慎云今天當作今若按天若形殊無緣致譌王說非上云昔天以越與吳吳不受此云今天反即下文以吳予越之謂也

爲近王必掩口儲說下丙

王先慎云爲當作若按爲若形異無由致誤爲猶如也詳經傳釋詞

黍種常貴邌有儲說下丙

王先慎云各本邌有二字作甚據藝文類聚八十五引改謂民閒邌有黍種也按黍種常貴甚於義甚適

不應據類書以改本書也。

而急去行（內儲說下）

王先慎云、行字當衍。按王說非是。去與行義相因。古人文字不避複也。

鄭桓公將欲襲鄶（內儲說下）

按鄶古本作會。員卣員從史肇伐會。是其證。

鄭縣人得車厄也（外儲說左上）

顧廣圻云、藏本同。今本厄作軛。按說作軛。王先慎云、厄即軛之通借字。按厄本應作尼。金文車尼之尼均作𠃓。不从車。軶乃後起字。

從文衣之媵七十人（外儲說左上）

王先慎云。各本文衣作衣文。據御覽乙。按文衣不詞。仍應作衣文。謂服文采之衣也。

我聞吳王築如皇之臺外儲說左上

按如皇當即姑蘇之假字。古音如姑同隸魚部。蘇亦魚部。皇陽部。魚陽對轉。

傷者母立而泣外儲說左上

盧文弨云。立疑衍。俞樾云。立字不當有。蓋即泣字之誤而衍者。王先慎云。各本作傷者之母立泣。案上之字衍。盧俞說並誤。立下脫而字。今據藝文類聚五十九。御覽四百七十七引改。按王說非。類聚及御覽以立泣不詞。意增而字。不應據改。此文本作傷者之母

立後人旁注泣字因誤入正文古泣字本或作立晏子春秋諫上第十八公出背而立立即泣說見王氏雜志

刻疎人迹其上外儲說左上

盧文弨云疎即疋之異文疋足也下人迹二字當本是注誤入正文俞樾云疎當作疎即迹字也迹籀文作速此變作疎亦猶迹之變作跡矣古本韓子當作刻人疎其上寫者依今字作迹而疎字失不删去遂誤倒在人字之上又誤其字作疎也按俞說亦未盡然師寰𣪘迹字作𨒪此从疋即从辵之形譌此本應作刻速其上至人迹二字涉旁注而衍經云且先王

之賦頌鍾鼎之銘皆播吾之迹即指此言

而誤書舉燭外儲說左上

王先愼云各本而上有云字誤作過今據藝文類聚御覽八百七十引删改按作過者是也過猶誤也下楚厲王章飲酒醉過而擊論語憲問以告者過也禮記雜記過而舉君之諱則起是均過猶誤之證類書改過爲誤而王氏反據以改本書疏矣

聞敵恐因死恐己因生外儲說左上

王先愼云上恐字下當有己字恐己因死恐己因生二句文當一律按王說殊誤乾道本浙局本己均作巳吳北江先生讀爲聞敵恐句因死句恐巳句因生

句是也

士其用子之謁外儲說左上

顧廣圻云韓策云又士子之術而廢子之謁其行乎云云此有脫文按士其猶抑其乃轉語呂氏春秋審爲士其不與愛類士其不得宋且不義猶攻之乎是士其乃古人語例此文用上當有不字於義方合後人讀士爲無以爲與不義複因刪不字耳

吳起至暮不食而待之外儲說左上

王先愼云各本作起不食待之御覽四百七十五八百四十九引並作吳起至暮不食而待之今據改按王改非是上云待公而食故人至暮不來此言起不

食待之。即吳起至暮不食而待之。類書增吳字及至暮二字。於文反贅。

李悝警其兩和曰外儲說左上

按和桓古字通。桓楹也。詳呂氏春秋新證開春論兩桓當即門衛之屬。

則徒翟黃也外儲說左下

舊注。徒。獨。按注說非。徒猶乃也。詳經傳釋詞。

猶𣎆勝而履蹻外儲說左下

顧廣圻云。𣎆勝當作羸縢。形相近也。舊注至蹻王先愼云。御覽八百二十九引𣎆作羸。注同。按顧說羸字誤。嬴𣎆攍攍字通。方言七。攍。儋也。齊楚陳宋之間曰攍，儋同擔。廣雅釋詁：攍，擔也。

吾父獨冬不失袴 外儲說左下

俞樾云：疑注所據本作終不失袴，故云雖終其冬夏無所損失。今涉注文有冬字而誤，終爲冬則不可通矣。按金文，終竟之終，冬夏之冬，均作冬。此文終作冬，乃古字之僅存者。

夫樹柤棃橘柚者食之則甘 外儲說左下

王先慎云：案藝文類聚八十六、初學記二十八引有夫字及柤棃二字，御覽九百六十九引亦有柤棃二字，今據增。按下文樹枳棘者，成而刺人，與樹橘柚者，食之則甘，相對爲文，是柤棃二字，不應據增。

況武子之生也不利於家外儲說左下

王先愼云各本況作及。今據御覽改。按及字義本可通。王改非是。

夫直議者外儲說左下

王先愼云夫當作曰。按夫曰無由致譌。王改非是。

暮而後至閉門外儲說左下

王先愼云各本無至字。閉門作門閉。據白孔六帖增改。御覽四百九十二五百一十七引作暮而門閉。按王改非是。各本作暮而後門閉。閉字亦羨文。此本作暮而後門。呂氏春秋長利。戎夷違齊如魯。天大寒而後門。後門謂不及門。後人不解後門之義。因增閉字也。

過綺烏封人而乞食外儲說左下

王先慎云。御覽八百四十九引作綺邑。按作綺邑者是也。下烏封人烏亦應作邑。綺邑即阿邑。詩萇楚猗儺其枝。猗儺即阿儺。漢高彪碑稽功猗衡。猗衡即阿衡。阿之作猗。猶阿之作綺矣。阿亦作柯。春秋莊十三年。公會齊侯盟于柯。注。此柯今濟北東阿。齊之阿邑。猶祝柯今爲祝阿。按阿有二。此乃齊地。所謂東阿。西阿屬趙。漢書地理志東郡有東阿縣。大清一統志。故城今陽穀縣東北五十里。世俗謂之阿城鎮。綺阿柯並諧可聲。古音同隸歌部。故相通借。

當此之時外儲說右上

王先愼云。各本時作爲。據御覽八百四十九引改。按作爲字於義可通。不必據改。上云魯以五月起衆爲長溝。此爲字即承上爲字爲說。

先生使弟子止徒役而飡之外儲說右上

王先愼云。各本止作令。據御覽引改。按令字不必改。止上云要作溝者於五父之衢而飡之。飡均應作湌。要與令義相因。王梓湌誤滄。說文餐重文作湌。

左右有欒子者曰陽胡潘其外儲說右上

俞樾云。欒子即蘭子也。列子說符篇。宋有蘭子者。釋文曰。凡人物不知生出者謂之蘭也。王先愼云。御覽七百五十四引潘其作潘者。按欒學字通。說文學一乳兩子也。此言學子即陽胡與潘其也。列子上言蘭子。下言並趨並馳。疑亦就兩子言之。御覽不知爲兩人名。故改其爲者。

令之昆弟博外儲說右上

王先愼云。令之當作令其。按王說非是。之猶其也。詳經傳釋詞。召伯虎毁對揚朕宗君其休。其猶之也。是其證。

上明見人備之。其不明見人惑之外儲說右上

王先愼云。惑字失韻。疑誤。按王說非是。惑備古韻並隸之部。

有十孺子皆貴於王外儲說右上

王先慎云、各本有上有中字、據御覽六百二十六七百一十八引刪、按中字不應據刪、王氏好以類書改本書、不可爲訓、

然而不售酒酸外儲說右上

王先慎云、各本然而作著然、孫云、文選與滿公琰書注、引作然而、先愼案藝文類聚九十四御覽八百二十八引作然而、今據改、按王改非是、著謂滯留、正與不售之義相符、

又舉兵而流共工於幽州之都外儲說右上

王先慎云、各本流作誅、據御覽六百四十五引改、尚

書孟子並作流・按古書記載一事而文各不同・不應互改・御覽據尚書孟子改誅爲流・而王氏反據以改本書・失之・

組已就而效之外儲說右上

王先慎云・效當作較・按王說非是・荀子議兵隆禮效功・注・效驗也・廣雅釋言效考也・驗與考義相因・

使之衣而歸外儲說右上

王先慎云・乾道本無而字・顧廣圻云衣當作夜・先慎案顧說非・御覽四百三十又八百十九八百二十六引並有而字・今據補・北堂書鈔三十六引無而字・陳禹謨據誤本改之也・按無而字是也・衣依古字通・說

文衣依也。禮記學記不學博依。注依或爲衣。詩蜉蝣於我歸處。箋歸依歸。依歸謰語。亦即此所謂衣歸也。

吾民之有喪資者 外儲說右上

按資齊古字通。此謂有喪事齊衰之服者。

田成恆設慈愛明寬厚 外儲說右下

王先愼云經無成字。成乃其謚。此作成恆。複呂氏春秋愼勢篇淮南子人閒訓同。並誤。按古人生稱謚號。且韓子書成在田齊之後。尤可名謚。並稱非複也。

奐逸出於竇中 外儲說右下

王先愼云逸當作突。按逸突形殊。無緣致譌。王改非是。左桓八年傳隨侯逸。注逸逃也。

是使民有功與無功互爭取也外儲說右下

王先愼云：各本使作用，功下無互字，據藝文類聚改。按使用同義，有功與無功正言互之義，上云使民有功與無功俱賞也可證。王據類聚增互字，於文反贅。

對曰：諸侯辟疆周行，人卻之曰：諸侯不得與天子同號。衛君乃自更曰諸侯燬外儲說右下

王先愼云：諸侯辟疆、諸侯燬兩諸字皆涉諸侯不得與天子同號句而誤，諸當作衛。按王說非是，諸字不誤。

造父因收器輟而寄載之外儲說右下

王先愼云：輟而二字倒。按王說非是，此應讀作造父

因收器輟句而寄載之句上云造父方耨此云收器輟謂輟耨也

雙劍誃韓非子新證　卷二　十

雙劍誃韓非子新證卷四

海城于省吾

天下過無已者以有盡逐無已所止者寡矣難一

王先愼云乾道本以字在已者上拾補無者字盧文弨云已者張本作有已藏本作以已顧廣圻云以已當作已以已字句絕以下屬者字當衍先愼按張榜本趙本以字在有字上是也謂天下之過不止耕漁陶三者以舜壽之有盡而治無已之過則所止者寡矣因以字誤移於上而盧顧並去者字非也今依張趙本改按顧謂以已當作已以王以盧顧去者爲非均是也者諸古本同字金文諸字均作者此古字之

僅存者此應讀作天下過無已句以諸有盡逐無已句諸乃句中語助後人不知者之即諸故移以字於者下也

善諫不聽一難

按善本應作若二字形近而譌顯學篇今夫與人相若也乾道本若作善善若互譌古書習見此本謂若諫不聽故下接以則遠其身者臣之於君也下又云不陳人臣之諫又云夫爲人臣者君有過則諫諫不聽則輕爵祿以待之又云使姦臣襲極諫而飾弒君之道是均但言諫不言善諫之證

諫不聽則輕爵祿以待之一難

王先慎云。待當作去。按待去無由致譌。王說非是。輕爵祿即有去之義。待謂俟其悔悟也。

而小臣不行見 一難

王先慎云。行當作得。按王說非是。行猶爲也。古行爲互訓。論語述而。吾無行而不與二三子者。皇疏。行猶爲也。顏淵。爲之難。皇疏。爲猶行也。不爲見。謂不爲相見之禮。上云。桓公三往而弗得見。係就桓公言之。此言小臣不行見。係就小臣言之。句各有當。

是子言分謗也 一難

顧廣圻云。藏本同。今本子作何。按句有誤。俞樾云。此當作是卻子之言。非分謗也。益謗也。今脫六字。則文義不明．下文云．故曰．卻子之言．非分謗也．益謗也．正與此應．可以據補．按今本子作何．二字形不相近．乃後人不解其義．而改爲何．俞氏據下文增六字．無以明其致脫之由．尤不可據．按也猶邪也．詳經傳釋詞．本書斯例習見．難二．不識臣之力也．君之力也．難勢．是比肩隨踵而生也．也猶邪．不煩詳舉．是子言分謗邪．係反詰之辭．意謂其不足以分謗也．章末云．吾未得卻子之所以分謗者也．即其本意．

下桓公之令是臧獲之所以信也 難一

按信伸古字通．伸字承令字言．伸令乃古人成語．詳墨子新證經說上所令非身弗行條下云．故行之而

法者雖巷伯信乎卿相行之而非法者雖大吏詘乎民萌信詘對文尤爲信應讀伸之證是繆留未有善以知言也難一

王先愼云有當作爲按王說非是有猶爲也詳經傳釋詞

公乎公乎胡不復遺其冠乎難二

王先愼云各本無其字及上乎公乎二字據藝文類聚御覽引補意林冠上亦有其字按作公胡不復遺冠乎詞本可通竊謂古書如此等處不必據類書以改之也

今桓公以任管仲之專借豎刁易牙難二

一王先謙云今字無義疑令之譌按此就事實言之改今爲令於義反乖

又使攻之惠竇不得也三難

顧廣圻云惠竇當依左傳作涓濱按惠竇卽涓瀆惠與从胃之字音近相借見呂氏春秋新證開春論周禮大宗伯注不見四竇者釋文竇本亦作瀆是其證不應改作涓濱也

死君後生臣不愧而後爲貞三難

王先愼云乾道本下後字作復拾補上後字亦作復盧文弨云復作後譌顧廣圻云今本復作後按復後互誤生下當更有生字先愼按今本復作後是也此

言君死後臣生不愧如荀息立奚齊立卓子之類而後爲貞若君朝卒而譬立遂臣事之非貞也按此本作死君復生臣不愧而後爲貞言君死復生爲臣者不愧而後爲貞乃假設之詞王說固非顧謂生下當更有生字亦非

知下明則見精沐 難三

孫詒讓云精沐疑當爲精悉說文悉詳盡也悉或變作㥶又譌作怵與沐形近因而致誤按沐悉無由致誤孫曲爲之說不可從沐乃沬之譌沬與昧古字通易豐九三日中見沬釋文沬微昧之光也是讀沬爲昧易略例卦略明微故見昧釋文昧本亦作妹又作

沬易屯彖傳天造草昧釋文引董云草昧微物然則見精沬猶言見精微也

士臣而不後君四難

顧廣圻云藏本今本不重士字按當依左傳云孫子必士爲臣而君衍不後二字王先愼云按此相傳當曰之語不同應各依本書爲是士臣即下其所以士其失所以得君也士臣之士讀若忘孫子自忘己尚爲臣故與魯君並行而不違下文孫子君於衛而後不臣於魯正申士臣而不後君之說顧氏依左傳改本書失本書恉矣按顧說既失王說亦未爲得也此仍應依藏本今本不重士字臣而不後君承上文今

子不後寡君一等爲言。下文過而不悛。承上文亦無悛容爲言。作忘臣則與過而不悛之詞例不符矣。

是比肩隨踵而生也 難勢

王先愼云：是上當有反字。按王說非。是也猶邪也。詳經傳釋詞。上言夫堯舜桀紂千世而一出。此接以是比肩隨踵而生邪。乃反詰之詞。意謂非比肩隨踵而生也。

故利在故法前令則道之。利在新法後令則道之 定法

王先愼云：道讀爲導。按道由也。不應讀爲導。

七十年而不至於霸王者 定法

顧廣圻云：七十有誤。或當作十七。按作十七是也。古

文十字作丨。七字作十。漢代金文猶然。故易譌也。

有成功立事而不敢伐其勞說疑

王先愼云。立事上當有脫字。按王說非是。成功與立事對文。有字貫成功立事爲言。

而所殺亡其身殘破其家者何也說疑

王先謙云。而下所字當衍。按所猶可也。詳經傳釋詞。

使諸侯淫說其主說疑

王先愼云。侯字衍。使諸淫說其主。謂使譎詐之士誦說於主前也。按王說非是。諸字本應作者。者諸古同字。金文諸字不从言。侯乃唯字之誤。金文唯字亦作隹。上文桀有侯後。王念孫謂侯當作隹。詳王說。使者

唯淫說其主使者即承上文外假為諸侯之寵使言隹誤為侯後人因改者為諸矣

有務解免赦罪獄以事威者說疑

按事使金文同字此本應作使

大臣官人與下先謀比周雖不法行威利在下說使

顧廣圻云藏本同今本無與下先謀雖五字按句有誤未詳按此文無誤雖惟字通古籍習見惟不法行言其所行者不軌於法也

而世尊之曰任譽之士六反

盧文弨云譽疑是俠按譽俠無由致誤譽宜讀作與弓鏄著＝器＝器即譽之古文从口从言一也縮鏄

侯氏易之邑二百又九十又九邑與鄩之民人都鄙。與應讀與是譽與字通之證。任謂任恤與謂施與。上云活賊匿姦正與任與之義相符。

今以爲足民而可以治反六

王先愼云民而當作而民。按王改非是。上文引老聃之言足。此引伸其語而言足民。下文兩言足民即其證也。

爲智者之不可信也說八

王先愼云爲當作惟。按爲字應讀今字去聲。不應改作。

以愚人之所惽說八

王先謙云，所字當衍。按王氏不得其解，故以所字爲衍文。惛應讀䎽，䎽古聞字。晏子春秋問上第七，荆楚惛憂，惛憂即聞憂。詳晏子春秋新證。聞猶知也。呂氏春秋異寶，名不可得而聞，注，聞知也。說文，聞知聞也。以愚人之所知聞與下處治事之官，而爲其所然，則事必亂矣。語義正相銜接。

大貴文學以疑法說八

按大字各本作夫，王梓誤。

不遠日中奏百說八

盧文弨云，荀子議兵篇，魏之武卒，日中而趨百里。顧廣圻云，奏應讀爲湊。按顧說非是。奏應讀作走，走猶趨也。詩緜、予曰有奔奏。釋文、奏本又作走。書君奭傳、胥附奔走。釋文、走本又作奏。淮南子說林、木者走山。注、走讀奏記之奏。呂氏春秋期賢、若蟬之走明火也。注、走趨也。釋名釋姿容、疾趨曰走、走奏也、促有所奏至也。並其例證。

故有珧銚而推車者。說八

舊注、珧蜃以蜃爲銚也、即推輪也。上古摩蜃而耨也。盧文弨云、推當作椎、下同。注即椎輪也四字不應閒在中。當云椎車即椎輪也、移置於末始得。今本注字譌且衍、不可從。顧廣圻云、推當作椎。淮南子曰、古之所爲不可更、則推車至今無蟬匷。鹽鐵論非鞅云、推車之蟬攫負子之教也亦當作椎又鹽鐵論遵道散不足世務皆言椎車則作椎字不誤可證王先慎云推字不誤管子禁藏篇云推引銚耨以當劍戟即此所本推車謂推引其車盧顧說非按王說是但銚本應作𨿅𨜮即銚耨之異文注文可證晏子春秋諫上第十八執銚耨此文銚字涉旁注而誤入正文因奪𨜮字

是無術之事也說八

王先慎云事當作士按事士古字通不應改作金文卿事即卿士是其證

事智猶不親而況於懸乎經八

顧廣圻云．智當作至．按顧說非是．事本應作使．金文事使同字．使智猶不親．與上文合．符猶不親．對文．智言使猶符言合也．

而名實當則徑之經八

顧廣圻云．而上當更有誅字．徑者謂顯誅也．按顧說非是．而如古字通．而名實當．卽如名實當也．

詭曰易經八

按易施古字通．詩何人斯．我心易也．釋文易韓詩作施．墨子尚賢上．莫不敬懼而施．而乃不之譪．不施．卽不易．詳墨子新證．淮南子要略．接徑直施．注．施．衺．衺邪古同用．齊俗．去非者非批邪施也．注．施．微曲也．微曲亦邪也。史記屈賈列傳。庚子日施兮。索隱。施猶西斜也。西斜亦與邪義相因。詭曰易。謂詭曰施也。下云是非不泄。說諫不通。而易乃不用。言而邪乃不用也。

王先謙訓易爲輕易。失之。

易視以改其澤經八

王先愼云。改當作攺。形近而誤。澤讀爲擇。謂擇守也。

按王氏謂改當作攺是也。讀澤爲擇。訓爲擇守。望文生義矣。澤應讀度。顯學篇。夫上所以陳良田大宅。乾道本宅作澤。莊子則陽。比于大澤。釋文。澤本亦作宅。宅度古字通。凡尚書宅字古文作宅。今文作度。詳尚書新證顧命丁卯命作册度下。易視以攺其度。與上句參言以知其誠．相對爲文．自昧於澤度之音．假則無以知其義矣．

一用以務近習 經八

按務字於義難通．務應讀作侮．詩常棣外禦其務．左僖二十四年傳．務作侮．毛公鼎．廼敄鰥寡．敄卽務之古文．爾雅釋言．務侮也．廣雅釋詁．侮輕也．一用以侮近習．言一其用無所專寵以輕近習也．韓子對於近習專擅．壅蔽其上．固屢以爲戒也．

卑適以觀直諂 經八

按卑適應讀作俾敵．金文俾字通作卑．曾伯簠．具既卑方．散氏盤．廼卑西宮襄武父誓曰．國差甔．卑旨卑

澥·均其證也·至適敵字通·古籍習見·俾敵以觀直詔·言使其敵對以觀其直與詔也·

伍官連縣而鄰謁過賞失過誅經八

王先愼云·失字衍·按王說非是·而隣句絕·謁乃得字之誤·謁與得行書相似而譌·墨子大取·體渴興利·原儀氏校·渴一作得·又作謁·即其證也·得過賞與失過誅相對爲文·

亂功之所生也經八

王先謙云·亂功無義·功字當衍·按王說非是·詩七月·載纘武功·傳·功·事也·此謂亂事之所生也·

故下肆很觸經八

按觸字於義不適。淩本作狼。乃臆改。觸本應作厲。厲譌爲屬。後人以爲不詞而改爲觸也。古書屬厲每互譌。詳王氏讀書雜志餘編有度篇。

法令三隅。八經

王先愼云此下當有脫文。按王說非是。三隅本應作參隅。隅偶古字通。難三專聽一臣而不敢隅君。今本隅作偶。詩抑維德之隅。漢劉熊碑隅作偶。是其證。後人不知參隅之卽參偶。因改參爲三矣。

而終不動其脛毛不改。五蠹

顧廣圻云下有脫文。按顧說非是。此應讀作而終不動句。其脛毛不改句。並無脫文。顯學篇不以天下大

利·易其脛一毛·即此脛毛不改之謂也·

趣本務而趨末作五蠹

王先慎云·拾補趨作外·盧文弨云·趨譌·舊人改·先慎按張榜本作滅·較舊義爲近·按作外作滅·與趨形殊·無由致誤·盧王說非·趨乃趍之譌·詩猗嗟巧趨蹌兮釋文趨本又作趍爾雅釋地注趨則頓釋文趨作趍周禮樂師趨以采齊注故書趨作跢老子五章以萬物爲芻狗敦煌本趙孟頫本芻作蒭蓋隸書芻多形近也趍應讀弛·亦猶移之通施·通弛·禮記大傳·絕族無移服·釋文·移本作施·荀子儒效·若夫充虛之相施易也·注·施讀曰移·至施弛字通·古籍習見·周禮小司徒凡征役之施舍注施當爲弛遂人與其施舍者注施讀爲弛左襄十八年傳乃弛弓而自後縛之釋文弛本作施爾雅釋詁弛易也釋文弛作施然則趍末作·即弛末

作也・

爲設詐稱（五蠹）

按爲應讀作僞・僞設與詐稱對文・

世之所爲烈士者（忠孝）

按爲謂古字通・

當使虎豹失其爪牙（人主）

按當嘗古字通・當使即嘗使・嘗使猶言試使也・孟子萬章是時孔子當阸・說苑至公篇當作嘗・荀子性惡今當試去君上之埶・當應讀作嘗・君子・先祖當賢・注當或爲嘗也・均其例證・

實故有所至（制分）

盧文弨云。實故舊倒。藏本作實故。顧廣圻云。今本實故作故實。按句有誤。王先謙云。故實是也。至字誤。按作故實有所至。與下句而理失其量相對。至應讀作窒。易訟彖傳。有孚窒惕。即有孚至易。詳易經新證。此言故實有所窒塞。而理亦失其程量也。

吳縣周仰公校字

雙劍誃諸子新證

四

雙劍誃吕氏春秋新證序

吕氏春秋以有許氏集釋及光華大學所輯彙校疑文滯義頗加理董漢人所注子書其備而存於今者惟高誘所注此書及淮南子耳高注簡覈爲學者之所崇尚然其意說亦不一而足清儒喜以類書改本書要其終也得失參半蓋唐宋人類書意爲加損古籍文字簡質未可盡以後世之語例文法易之也雖高郵王氏亦坐此弊惟在讀者之善擇焉茲謹録其所得以就正通學安能犖咸陽之懸金聊拾諸家之賸義耳中華民國二十七年四月海城于省吾

雙劍誃呂氏春秋新證卷一

海城于省吾

幸而得之則遁焉本生

高注遁流逸不能自禁也按遁有避義於文理不符遁通循應讀作徇金文从彳从辵同用如還作㣿遹作⿰彳矞遺作⿰彳貴遠作⿰彳袁邊作⿰彳臱德作⿺辶悳復作⿺辶复後作⿺辶後⿰彳犀作遲均其證也玄應一切經音義三引三蒼循古文作徇按徇即古徇字爾雅釋言釋文徇樊本作徇漢書賈誼傳貪夫徇財列士徇名注臣瓚曰以身從物曰徇上言其於聲色滋味也多惑者日夜求故此云幸而得之則徇焉

命之曰招蹷之機本生

王念孫據選注改招爲佁。謂佁之言待也止也。按王說是也。佁即金文⿹𠃌台字。與侯字通。管子後靡佁美。然後有煇。佁亦待也。

有殊弗知愼者重己

高注殊猶甚也。陶鴻慶謂句末當有乎字。以高注之殊猶甚也爲非。按注說是。陶說非。上言不達乎性命之情。愼之何益。意謂愼之無益也。又言是師者之愛子也。不免乎枕之以糠。是聾者之養嬰兒也。方雷而窺之于堂。此乃加倍寫法。意謂不但愼之無益而反有害也。有應讀作又。又甚弗知愼者。言較弗知愼者爲尤甚也。即上文有慎之而反害之者之謂也。

壽長至常亦然（重己）

俞樾謂常乃當字之誤。按金文常當均作尚。二字並諧尚聲。音近字通。非誤字也。

日醉而飾服（貴公）

高注飾讀曰敕。禮喪不飲酒食肉而日醉於酒。欲整喪紀。按注以服爲喪服。拘文牽義矣。此服係就普通之衣裳言。飾應讀作飭。古書多通用。不煩舉證。飭謂整飭。注謂飾讀曰敕。飭敕古亦通用。蓋醉者之衣服不整不潔。日醉而飭服。言其不可能也。

無肆掠（仲春紀）

高注。肆極掠笞也。按肆訓極。無極掠。與上言省圄圄。去桎梏。下言止獄訟。詞例不符。圄圄桎梏獄訟並係謰語。則肆掠二字。亦應平列明矣。肆應讀作殺。二字音近古通。詩皇矣是伐是肆。即是伐是殺。夏小正七月狸子肇肆。傳其或曰肆殺也。然則無肆掠即無殺掠矣。

無作大事 仲春紀

彙校引汪本朱本日刊本。無誤毋。按無毋古通用。凡經傳毋字。金文均假母爲之。墨子毋字亦往往作母。此古字之僅存者。非誤字也。

而民無走者取則行鈞也 功名

高注鈎等也等於亂暴也按等於亂暴係望文生義馮振云說文則等畫物也取則與行鈎相對爲義按則訓等古書罕見彙校謂御覽作民無走聚甚是按此不知上下文均言走不言走聚也御覽不得其解而删者字又改取爲聚與走字連讀殊誤走謂趨向歸附亦即聚義則敗古字通詳墨子新證大取篇上言今之世至寒矣至熱矣此云而民無趨向者取敗行等也言其取敗之道行爲鈎等也下云行不異亂亂敗義相因

行不異亂雖信今民猶無走功名

高注故行不異亂雖欲信利民無有歸走也俞樾謂

信疑倍字之誤。言雖寒熱加倍於今之世。民猶無可走也。楊樹達云。俞說是也。此當以行不異爲句。行不異承上句不可不異而言。亂雖倍今當爲一句。高誘以下皆失其讀。按數說者。並非本義。高注意增利字。望文生訓。俞氏以雖倍今句語義未憭。楊氏以亂雖倍今句。與民猶無走句不相應。彙校引汪本朱本曰刋本陳本繹史今作令。按作令者是也。此仍應讀作行不異亂句。雖信令民猶無走句。信令即伸令。乃古人成語。詳墨子新證經說上。論威篇。其令信者其敵詘。信應作伸。與詘爲對文。此言行同於亂。雖伸令。民猶不之歸向也。走係歸向之義。下云。民無走則王者廢矣。言民無歸向。則王者廢矣。上文云。故聖王不務歸之者。而務其所以歸。彊令之笑不樂。彊令之哭不悲。與此義亦相涵。

律中姑洗（季春紀）

高注。姑洗陽律也。姑故洗新。按余所藏周代石磬銘文姑洗作古先。

省婦使（季春紀）

高注。省其他使。按注說非是。省謂視察。使事。金文同字。省婦事。謂省視婦人之職事也。此就普徧之職務言之。下云勸蠶事。係就其專職言之。二事字各有所指。古人文字不避複也。

兵革竝起春季紀

高注：秋金氣用事，水之母也，金爲兵器，故竝起。彙校引汪本、朱本、日刊本注陰氣用事，陰爲兵器之陰，皆作金。孫人和謂金会形近致譌。按孫說非是。陰、金以音近相假。古陰字作险，從金得聲。厵羌鐘先會于平险，平险即平陰，是其證也。

是以謂之疾首盡數

高注：疾首，頭痛疾也。畢沅云：疾首猶言致疾之端。注非是。按畢說近是。惟讀首如字亦非。首、道古字通。易離注：四爲逆首。釋文：逆首，本又作逆道。逸周書芮良夫：予小臣良夫稽道謀告。稽道即稽首，是其證也。疾道謂致疾之道上云凡食無彊厚（厚下有味字從陶鴻慶說刪）無以烈味重酒是疾道字正承凡食言下云凡食之道尤可證疾首之本作疾道古讀道如首亦與厚酒韻

事心乎自然之塗（論人）

高注事治也俞樾謂事心猶立心按二說並非事本應作使事使金文同字上句而游意乎無窮之次使心與游意相對爲文

不可匿也（論人）

高注匿猶伏也按注說非是匿應讀作忒詳尚書新證盤庚篇忒謂爽變也此承上文故知知一言謂知知一則讒人困窮賢者遂興不可爽變也與上文不

可惑也不可革也義均相仿

聽則觀其所行論人

畢沅云聽謂聽言也按畢說非是上言凡論人通則觀其所禮貴則觀其所進富則觀其所養下言止則觀其所好習則觀其所言窮則觀其所不受賤則觀其所不為按通貴富止習窮賤均指被論者言若如畢說則聽言係指論人者言於義殊乖且聽為聽言亦係望文衍訓按聽應讀作聲聽聖聲古音近字通禮記樂記小人以聽過釋文聽本或作聖書無逸此厥不聽漢石經聽作聖秦泰山刻石皇帝躬聽史記秦始皇本紀聽作聖荀子富國非特以為淫泰夸麗

之聲。墨子經說下堯之義也是聲也於今。二聲字並應讀作聖。春秋文十七年經葬我小君聲姜。公羊作聖姜。漢書古今人表衛聲公。史記衛世家索隱作聖公。均其例證。大戴記子張問入官發乎聲。注聲言也。鬼谷子反應以無形求有聲。注聲即言也。聲則觀其所行。謂言則觀其所行也。

以言說一 一不欲留圜道

陳昌齊謂說一二字疑衍。許維遹謂說與鋭通。以言說一。猶云專精於一官。按二說並非。高注訓一爲道本。是也。此謂道不可以言說。說則道不欲留矣。即老子道可道非常道之義。上云。故唯而聽。唯止聽。就耳言聽而視．聽止．視就目．言此云以言說．一說就口言．陳不得其解．則刪成文以還就已說．許謂以言銳一．尤不詞矣．

湯師小臣尊師

高注．小臣謂伊尹．按注說是．墨子尚賢下湯有小臣．叔弓鎛伊少臣唯補．少臣亦卽小臣．楚辭天問何乞彼小臣．小臣均謂伊尹．

治唐圃尊師

王念孫謂唐卽場之假借．按王說是也．叔弓鎛虩＝成唐．成唐卽成湯．晉邦盦我皇祖鬺公．鬺公卽唐公．甲骨文成湯之湯均作唐．說文．唐之古文作啺．玄應

一切經音義九引字詁·唐古文𣄨暘二形同·徒當反·
漢書司馬相如傳·珉玉旁唐·注唐字本作碭·是均唐
與从易之字古通之證·

執干戚戈羽仲夏紀

高注·戈戟·長六尺六寸·按注說以戈爲戟·非是·古戎
器戈戟有别·周禮考工記冶氏·戈廣二寸·内倍之·胡
三之·援四之·戟廣寸有半寸·内三之·胡四之·援五之·
按以近世出土之周代戈戟徵之·戟較戈體細而長·
戟之内有刃·而戈内無刃·又考工記廬人·戈柲六尺
有六寸·注說當即據此·

調竽笙壎箎仲夏紀

高注：壎以土爲之，大如鴈子，其上爲六孔。按余所藏癸壎，見雙劍誃古器物圖録，前三孔，後二孔，上可吹處一孔，稍大，共六孔。

大樂君臣父子長少之所歡欣而說也。大樂

俞樾云：「大疑夫字之誤。」按俞說非。是篇名大樂，是大字不誤。禮記樂記：「大樂必易。」「大樂與天地同和。」是大樂乃古人成語。

實處空桑古樂

按空桑即窮桑。淮南子本經「以薄空桑」，注：「空桑，地名，在魯也。」左昭二十九年傳「遂濟窮桑」，注：「窮桑地在魯北。」

歸乃薦俘馘于京太室古樂

矣。今彝。用牲于京宮。京太室猶言京宮。

商人服象古樂

宋翔鳳謂商人當作南人。按宋說非。是商人有服象

之事。不得改爲南人。

以別貴賤等級之度季夏紀

高注。賤有等威。畢沅云。等威舊誤作等卑。今依左氏

宣十二年傳文改正。按威卑形殊。無由致誤。注威字

本應作畏。威畏古字通。畏卑形近。故易譌也。

則穀實解落季夏紀

畢沅云。解落月令作鮮落。按解字別體亦作觧。故易

譌。墨子魯問「則鮮而食之」，嘉靖本、子彙本鮮均作鮮。即其證也。

而巡省南土（音初）

按南土猶言南國。詩崧高之稱南國、南邦、南土，一也。中甗「王命中先省南國」，陶齋所藏玉刀銘「令大保省南國」，南國猶云南土也。

周昭王親將征荆（音初）

高注：「荆，楚也。秦莊王諱楚，避之曰荆。」按注說非是。楚荆或分言，或合言，非避諱。貞毁「貞從王伐荆」，䢅伯毁「䢅伯從王伐反荆」，荆謂楚也。犾毁「犾馭從王南征，伐楚荆」，均其證也。

其治厚者其樂治厚其治薄者其樂治薄（制樂）

畢沅云孫云李善注文選潘安仁笙賦引此其樂厚其樂薄無兩治字按選注係不解治字之義而删之治本應作台後人不解台字而改爲治墨子經說上詞爲是爲是之台彼也顧廣圻校季本台作治其誤正同台古以字晚周金文多如此作詳墨子新證此應讀作其治厚者其樂以厚其治薄者其樂以薄

宋景公之時（制樂）

高注景公元公佐之子欒按薛氏鐘鼎款識所載宋公欒鼎及余所藏宋公欒錯金戈欒均作緣是欒乃後起字史記宋世家作頭曼乃緣之合音也漢書古

今人表作兜鑠・

其名蚩尤之旗明理

䖵七・蚩尤作蠱蚘・

其器廉以深孟秋紀

高注・廉利也・象金斷割・深象陰閉藏・按禮記聘義・廉而不劌義也・疏・廉稜也・凡物之斂者易有稜・秋取其斂・廉言其隅角・其器廉以深・猶云其器有稜角而深邃也・

共工氏固次作難矣蕩兵

畢沅云・御覽次作欲・按共工氏已作難・不應曰欲・御覽不解次字之義而改之也・次應讀作恣・墨子天志

上。未得次己而爲政。畢沅謂次一本作恣。天志下。不得次己而爲政。意林次作恣。並其證也。此謂共工氏固恣縱而作難矣。

事心任精（禁塞）

按事本應作使。金文事使同字。使與任對文。

禦佐疾（仲秋紀）

高注佐疾謂療也。按注說殊誤。佐應讀作瘥。从左从差古字通。國差𦉜許印林謂國差即國佐。爾雅釋詁釋文。瑳本或作𪗋字。林云皆古嗟字。是其證也。爾雅釋詁。瘥病也。詩節南山天方薦瘥。傳瘥病。左昭十九年傳。札瘥夭昏。注小疫曰瘥。按病疫義相因。上云天子乃儺。注謂儺逐疫除不祥也。然則禦疰疾與乃儺之義正相承。

古之至兵論威

俞樾謂古乃謂字之誤。按俞說非是。古謂無緣致誤。上云。其兵之於天下也。亦無敵矣。此言古之至兵。即結束上二句。下云。故古之至兵。適可證此句古字之不誤也。

才民未合而威已諭矣論威

按御覽引作士民。蓋不解才字之義而改之也。金文在字多假才爲之。不煩舉證。諭喻古字通。經籍習見。正名篇。足以喻治之所悖。注。喻明。愼小篇。欲諭其信

於民注諭明也言古之至兵在民未合而威已明矣

晉文公造五兩之士五乘（簡選）

高注兩技也五技之人兵車五乘七十五人也俞樾云疑呂氏原文作五能之士古能字或段而爲之而兩形似因誤爲兩矣按俞說殊誤五兩即伍兩五伍字通詳墨子新證節葬下周禮小司徒五人爲伍五伍爲兩是一兩二十五人一兩當一乘五乘則七十五人矣

雖厮輿白徒（決勝）

高注白衣之徒按注說非是管子七法以教卒練士擊敺衆白徒尹注白徒謂不練之卒無武藝是白徒

非白衣之謂也·

其器宏以弇孟冬紀

高注·弇深·按爾雅釋器·圜弇上謂之鼒·注鼎斂上而小口·徐灝說文箋·凡口狹而中寬者謂之弇·然則其器宏以·弇謂其器宏大而斂口也·正與冬季閉藏之義相符·

必功致爲上物勒工名孟冬紀

按功致猶今言工緻·梁玉繩曰·後世制器鐫某造·蓋始于秦·按梁說非是·周代彝器·已有勒工名者·如國差𦉜·攻帀係·攻帀即工師·係乃工師之名·至晚周戎器·勒工師某者習見·工師二字多合文作帀=·

涉血盩肝以求之節喪

高注盩古抽字按注說不知所本盩當即說文盭字金文作盩盩戾古字通不煩舉證淮南子主術曲得其宜無所擊戾注戾破也蓋戾有乖背之義故引伸有破義涉血戾肝以求之言涉血破肝以求之也

舜葬於紀市不變其肆安死

高注市肆如故言不煩民也傳曰舜葬蒼梧九疑之山此云於紀市九疑山下亦有紀邑吳承仕云注云市肆如故是以舜葬於紀爲句文義甚明而注又云此云於紀市市爲衍文可知按吳說非是墨子節葬下稱舜道死葬南己之市己古紀字詳墨子新證此

云紀市乃南己之市之省語此文本應作舜葬於紀市＝不變其肆古籍重文均作＝以識之故易脫也注謂市肆如故又謂此云於紀市則重市字明矣王念孫謂魏志二注引此市下有廛字按既脫下市字故後人意增廛字也

故孝子忠臣親父交友不可不察於此也安死

彙校引治要交作佼按作佼者是也此作交或佼之借字佼猶好也好友與孝子忠臣親父詞例一貫獻鐘用濼好賓佼友猶好賓矣

其所非方其所是也其所是方其所非也安死

高注方比俞樾謂兩方字竝乃字之誤按注說雖未

允然可證古本作方不作乃也方猶並也並猶皆也言其所非皆其所是也其所是皆其所非也故下云是非未定

火齊必得仲冬紀

高注大酋監之皆得其齊按齊應讀作劑漢書藝文志調百藥齊和之所宜齊和即劑和火劑必得言火之調劑必得其宜火劑猶今俗言火候上言秫稻必齊齊猶備也麴櫱必時湛饎必潔水泉必香陶器必良此言火劑必得均就釀酒之次序言之也

殺身出生以徇之忠廉

高注出猶去去生必死也俞樾謂出生二字義甚迂

曲疑當作出身殺生以徇之按出應讀作詘周禮庭氏注嘻嘻出出釋文出詘云本亦作出荀子君道安值將卑埶出勞出勞即屈勞詳荀子新證詘屈古今字漢書司馬相如傳咸濟厥世而屈注應劭曰屈絕也禮記聘義其終詘然注詘絕止貌也殺身詘生謂殺身絕生也誠廉篇皆出身棄生以立其意出亦應讀作詘訓絕與棄字爲對文若讀出如字出生出身均不詞古無此等語例也

至於覲存長見

高注覲裁也彙校引類聚覲作僅按覲即僅之借字故注訓爲裁遇合篇以此游僅至於魯司寇注僅猶

裁也。可證。

悖也夫公叔死長見

許維遹讀悖也二字句。按許讀非是。悖也夫三字句。上云。而今謂寡人必以國聽鞅。故接以悖也夫。公叔死三字句。與下文公孫鞅西游秦義相接。

專於農民無有所使季冬紀

高注。獨於農民無所役使也。按專於不詞。注以獨詁專。非是。專傳古字通。論語學而傳不習乎。鄭注魯讀傳爲專。晏子春秋諫下第二。不身傳誅。孫星衍謂傳讀爲專。上言數將幾終。歲將更始。故傳於農民無有所使。古傳命用傳。墨子號令。符傳疑。傳亦符類。所以傳王命者。漢書宣帝紀。得毋用傳。注。傳。傳符也。

令宰歷卿大夫至于庶民土田之數。季冬紀

詩閟宮。土田附庸。召伯虎毀。僕庸土田多誎十。

湯武千乘也。不侵

高注。湯。殷受命之王。名天乙。彙校引張本姜本注天乙誤太乙。按太乙不誤。甲骨文作太乙。史記作天乙。天大古字通。如甲骨文天戊大戊。天邑大邑。互見。大豐毀。天室即大室。並其證也。

雙劍誃呂氏春秋新證卷二

海城于省吾

南方曰巨風有始覽

俞樾云今作巨者疑豈之壞字也按俞説非是巨豈雙聲如詎古訓豈詎从巨聲乃音訓字也

其室培濕聽言

俞樾云淮南子齊俗篇鑿培而遁之高注曰培屋後牆也此培字當從彼訓按俞説是也然仍未知培乃坏之借字漢書揚雄傳或鑿坏以遁注應劭曰坏壁也字亦作阫莊子庚桑楚正晝爲盜日中穴阫釋文向音裴云阫牆也淮南子齊俗則必有穿窬拊楗抽

箕踰備之姦，注：備，後垣也。是備亦坏之借字也。

可對而爲乎？本味

畢沅謂對字訛，當作得，並引御覽爲證。俞樾謂對字衍文。按二說並非。對、得形殊，無緣致誤，書鈔對亦作得，蓋不解對字之義而意改之。其誤與御覽同。爾雅釋言：對，遂也。詩皇矣：以對于天下。傳：對，遂也。宗周鐘：王對作宗周寶鐘。對亦遂也。儀禮聘禮：遂命使者。注：遂猶因也。上言伊尹說湯以至味，故湯曰：可遂而爲乎？言可因所說至味而爲之乎？下文對曰：君之國小，不足以具之，爲天子然後可具。正伸其不可因而爲之之故。

道者止彼在己本味

俞樾謂止疑士字之誤。言不在彼而在己也。按俞說殊誤。止即古之字。金文之字均作止。今止字古本作止。二字有別。之猶往也。道者之彼在己。言道者往於彼而在於己也。下云故審近所以知遠也。成己所以成人也。審近成己即承在己爲言。知遠成人即承之彼爲言。

客有言之於王子光者首時

彙校引衆本作子光。畢校作王子光。御覽作王子光。按作王子光者是也。闔廬名光。不名子光也。

勤以待時首時

高注，勤勞。按勤應讀作僅，古勤僅字並作堇。上言故有道之士未遇時，隱匿分竄，此云僅以待時，言無他志也。

謹耕耨之事攷長

按謹應讀作勤，古謹勤字並作堇。

故趙氏至今有刺笄之證攷長

畢沅引舊校云，證一作山。按山與證形殊，無緣致誤。作山者據國策校之也。證本應讀作隥，二字並諧登聲，或古文省作登，後人遂改爲證。穆天子傳，天子西征，乃絕隃之關隥。廣雅釋邱，隥，阪也。刺笄之山與刺笄之隥，義均相若也。

事利黔首慎人

高注：事，治也。按注說非是。事本應作使。金文事使同字。上云禹周於天下以求賢者，故此言使利黔首。

孔子憱然推琴慎人

按憱蹴字通。莊子大宗師：仲尼蹵然曰。釋文引崔云：蹵然變色貌。應帝王：陽子居蹵然曰。釋文：蹵然改容之貌。蹴亦與蹵愀音近字通。禮記曲禮：以足蹙路馬芻有誅。釋文：蹙本又作蹴。莊子田子方：諸大夫蹵然曰。釋文：蹵本或作愀。並其證也。

以禾爲量必己

俞樾謂禾即和之壞字。按俞說非是。禾乃和之借字。

郘公鈚鐘。作氒禾鐘。禾乃龢之省文。龢和字通。

吾庸敢驁霸王乎下賢

高注。庸用也。按注說非是。庸詎也。詳經傳釋詞。

東勝齊於長城下賢

驫羌鐘。逵征秦迮齊。入張城。張城即長城。管子輕重丁。長城之陽魯也。長城之陰齊也。

堪士不可以驕恣屈也報更

皋校引姜本張本。士誤事。按士事古字通。非誤字也。金文卿士皆作卿事。

而言之與響順說

陶鴻慶謂而讀爲如。按陶說是也。然自來皆讀言如字非是此承上文善説者若巧士言與説同義不應曰如言之與響也按言音古本同字吳大澂說文古籀補古鉨文謹字作[illegible]注云六國時字音言互用也墨子非樂上黃言孔章即簧音孔章詳墨子新證聽言篇其與人穀言也莊子齊物論穀言作鷇音亦其證也詩日月德音無良傳音聲而音之與響言如聲之與響謂其相應也文選漢高祖功臣頌擠響于音注引鶡冠子曰未聞音出而響過其聲者也是響音對言之證

而願安利之〔順說〕

高注願其尊高安而利也按注讀安如字又以安利

連讀，非是。下「云」，皆得其利矣。是但言利，不言安利。治要引注無安字，亦不解安字之義，而删之也。安焉古字通。王引之云：荀子榮辱篇曰：「俄則屈安窮矣。」言屈焉窮也。按孟子梁惠王：「寡人願安承教。」即願焉承教也。而「願安利之」，即「而願焉利之」也。

墨子見荆王[貴因]

墨子貴義：「子墨子南游於楚，見楚獻惠王。」按楚惠王即楚王酓章，詳墨子新證。

周鼎著饕餮，有首無身。[先識覽]

按自來出土商周之鼎，花紋不一，其著獸面者，數見不鮮。即此所謂饕餮也。

人之目以照見之也知接

按照昭字通。任數篇目之見也藉於昭。注昭明也。

無使放悖審分覽

高注放縱也。按注說非是。放方字通。書堯典。方命圮族。漢書傳喜傳方作放。孟子梁惠王。方命虐民。注方猶逆也。然則放悖即逆悖。逆與悖義相因。下文而官職煩亂悖逆矣。悖逆猶言逆悖矣。

至知不幾靜乃明幾也審分覽

高注幾近也。畢沅引盧云。此所言幾。即今人所謂機警也。按二說並非。如注說則爲至知不近。如盧說則爲至知不機警。殊不可通。禮記玉藻。御瞽幾聲之上下注·幾猶察也·管子小匡·使關市幾而不正注·幾察也·此云至知不察·靜乃明察也·即非以察察爲明之謂也·下云於知乎去幾·即於知乎去察也·

以其獸者先之所以中之也君守

高注·徼射其獸·李寶淦云·獸者蓋無知之意·按二說均讀獸如字·非是·獸應讀作守·甲骨文狩字作獸·即獸字·漢龍氏竟刻畫奇守成文章·奇守即奇獸·說文·獸守備者·廣雅釋詁·獸守也·詩車攻·搏獸于敖·後漢書安帝紀注作薄狩於敖·易明夷九三·明夷于南狩·釋文·狩本亦作守·春秋僖二十八年·天王狩于河陽·釋文·狩本又作守·此例經傳習見·不勝繁舉·此言故

若大師文者以其守者先之所以中之也守者指瑟言上言再拜其瑟前曰我效於子效於不窮也即以其守者先之之謂也

唯彼天符知度

按精諭篇天符同也注符道也莊子齊物論孰知不言之辯不道之道若有能知此之謂天府天府即天符

是之謂重塞之主知度

彙校引治要作是之謂重重塞塞之主按此本應作是之謂重＝塞＝之主應讀作是之謂重塞重塞之主凡古籍上下句中間重文均如此作均如此讀

去想去意知度

按韓非子解老故諸人之所以意想者墨子經說下意相也即意想也此尤其明證矣

周鼎著象慎勢

孫鏘鳴云此著象下亦必有言其所著之狀而脫之矣或曰著象者象物而著之於鼎按孫前後說並誤象即商人服象之象近世發現之商周兩代彝器固有著象者先識覽周鼎著饕餮離謂篇周鼎著倕適威篇周鼎有竊曲達鬱篇周鼎著鼠是均專有所指此云著象非象物之象明矣且著象下亦無脫文也

傾造大難執一

按傾危也。迼遭古字通。詳尚書新證大誥篇。傾遭大難。言危遭大難也。

此白公之所以死於法室（精諭）

高注。法室司寇也。一曰浴室。澡浴之室也。畢沅云。列子及淮南道應訓俱作浴室。按作法室者是也。法之譌浴。猶𨚫之譌却也。

令其父視曰（淫辭）

孫詒讓謂父字疑誤。按父疑僕之音誤。

堯舜許由之作（不屈）

陶鴻慶云。作當爲行字之誤。故下云他行稱此。按陶說非。是作猶爲也。爲與行義相仿。不煩改字。

大將愛子有禽者也不屈

按有當讀爲又。上言所殺者不可勝數。故此言大將愛子又禽者也。言又爲人所禽。乃古人之簡語也。

諸侯不譽不屈

高注皆道其惡也。按注讀譽如字。非是。譽與字通。順說篇因其來而與來。注。與猶助也。樂成篇吾其與之。注。與猶助也。上言天下之兵四至。眾庶誹謗。此云諸侯不與。言內而國人誹謗。外而諸侯不助也。

請近吏二人於魯君具備

畢沅云。家語屈節解吏字作史。史彙校引御覽吏作史。按吏史金文同用。

故誠有誠乃合於情精有精乃通於天乃通於天水木石之性皆可動也（具備）

吳汝綸謂下乃通於天・非重文也・乃讀爲能・按吳說非是・此言乃通於天・則水木石之性・皆可動也・即誠能格物之義・下乃通於天・即承遞上文而伸其義・古並作重文也・

而自投於蒼領之淵（離俗覽）

高注・蒼領或作青令・畢沅云・莊子作清泠・淮南齊俗訓亦同・按蒼領即滄浪・蒼通滄・領浪雙聲字・審時篇穗閱而青零・孫詒讓謂青零即蒼狼・亦其證也・

吾子胡不位之（離俗覽）

畢沅云莊子作立乎按位立古同字金文凡位字均作立

乃負石而沈於募水（離俗覽）

高注募水名也音千伯之伯畢沅云募無伯音疑蓦之譌按畢說非是募伯均屬脣音又同隸魚部乃雙聲疊韻字也

小民皆之（上德）

高注皆公己也按注說望文生義不可爲據皆借古字通書湯誓予及汝皆亡孟子梁惠王皆作偕詩無衣與子偕行漢書趙充國辛慶忌傳贊偕作皆皆偕同也上言愛惡不臧虛素以公此言小民同之義正相

承。

臣聞賢主不窮窮上德

馬敘倫云下窮字借爲終。按馬說非是。上窮字作動字解。謂迫也。下窮字謂困窘也。言賢主不窮迫於困窘也。

還歿頭前於孟勝上德

離俗覽卻而自歿。王念孫云歿之言刎也。

墨者以爲不聽鉅子不察上德

孫鏘鳴曰。墨者以爲十字疑有誤文。許維遹云察猶知也。謂墨者以爲不聽鉅子之言。是爲不知墨者之義也。於義亦通。按二說並非。如許說則不察二字句不詞。且與下文嚴罰厚賞。不足以致此。義不相承。以巳古字通。墨者謂二人巳爲謂。遂反死之鉅子。謂田襄子。上言田襄子止之曰。孟子巳傳鉅子於我矣。當聽。是田襄子巳爲鉅子。不聽正承當聽爲言也。謂二人巳反死而不聽從田襄子之言。是田襄子之止之爲不明察也。

不可而不察於此用民

按而猶以也。詳經傳釋詞。

理無自然自然而斷相過舉難

俞樾云。理無自然下奪理無二字。按俞說是也。此本作理=無=自=然=而斷相遇。下理無二字。卽涉重文而脫。

夷穢之鄉恃君覽

高注：東方曰夷。穢，夷國名。按逸周書王會穢人前兒注：穢，韓穢，東夷別種。

屋之翳蔚也長利

按廣雅釋詁：翳，障也。蔚，翳也。是翳蔚均蔽障之義。

有盛盈坌息知分

畢沅云：坌，梁仲子疑坌。按梁說非是。坌應讀作墳。从分从賁古字通，詳尚書新證洛誥篇。孫鏘鳴云：坌坌通，猶墳起也。按孫說義則是矣，而未正其讀。

親帥士民以討其故行論

按故辜古字通。史記屈賈列傳。亦夫子之辜也。索隱。漢書辜作故。餘詳尚書新證酒誥篇。辜猶罪也。此言親帥士民以討其罪也。

蓋有自云也。觀表

按云猶然也。詳經傳釋詞。

而天下皆來謂矣。開春論

洪頤煊云。釋詁。謂勤也。孫鏘鳴云。謂諸侯皆請共伯爲天子也。松皋圓謂謂當作請。按諸說並非。謂應讀作惠。書盤庚爾謂朕曷震動萬民以遷。漢石經謂作惠。晏子春秋內篇諫下弟十八。故節于身。謂于民。言節于身。惠于民也。爾雅釋言。惠。順也。管子度地。天下

之人皆歸其德而惠其義注惠順然則來惠即歸順之義

見棺之前和開春論

高注棺題曰和按和乃桓之假字史記孝文紀索隱陳楚俗桓聲近和書禹貢和夷底績釋文鄭云和讀曰洹桓洹並諧亘聲和歌部桓元部歌元對轉說文桓亭郵表也漢書酷吏尹賞傳瘞寺門桓東注如淳曰舊亭傳於四角面百步築土四方上有屋屋上有柱出高丈餘有大板貫柱四出名曰桓表縣所治夾兩邊各一桓陳宋之俗言桓聲如和今猶謂之和表禮記檀弓三家視桓楹注四植謂之桓周禮大宗伯

公執桓圭注雙植謂之桓徐灝曰雙植爲門謂之桓門公之命圭瑑爲二柱故曰桓圭因之四植者亦謂之桓特立者亦謂之桓矣按古今棺制雖有異然皆前大後小可知棺題曰桓者謂棺之前端特出者爲桓也

弊生事精 察賢

俞樾云爾雅釋詁事勤也勤勞也按俞說非是事使金文同字讀爲弊生使精則義適矣

其死者量於澤矣 期賢

高注量猶滿也按量謂量度言其死者可以澤量謂其多也莊子人閒世死者以國量乎澤若蕉蕉應讀

作揫聚也从焦从秋古字通詳王氏雜志餘編呂氏春秋察微篇言以國之死者量乎澤而若聚也人以澤量猶牛羊以谷量也澤與谷均有容積故以量爲言也

禹東至榑木之地（求人）

孫志祖謂古木字有桑音按此說非是說文榑桑神木日所出也木即指桑言不必讀木爲桑也

終身無經天下之色（求人）

高注經横理也吳承仕云横理不辭疑當作經猶理也按吳說非是彙校引張本日刋本注經廣理也當據訂

人事不謀求人

高注人不以姦邪謀之也按注說未了人事不應但稱曰人上云天地不壞鬼神不害此不當云人事不謀金文事吏同字人事應作人吏韓詩外傳五據法守職而不敢爲非者人吏也史記燕召公世家而以啟人爲吏索隱人猶臣也人吏猶言臣吏與天地鬼神詞例一貫

能意者使謹乎論於主之側貴直論

王念孫云能意上治要有若字當據補松皋圓云謹乎論於四字頗難讀疑合作謹論乎三字按能意乃直臣作謹論乎於義不符謹應讀作勤長攻篇謹耕

耨之事，即勤耕耨之事。金文勤字作堇。禮記內則「塗之以謹塗」，玉篇堇部作「堇塗」。管子五行「堇反五藏」，丁士涵云「堇當爲謹」。古謹、勤字本均作堇。此言「若能意者，使勤乎論於主之側也」。

每斮者以吾參夫二子者乎（貴直論）

高注：「每，猶當也。」按每無當訓，注說非是。每應讀作誨，誨，古謀字。說文古文謀作𧦝。王孫鐘「誨猷不飤」，即「謀猷不飤」。諫毁女某「不有昏某」，即謀。謀之作某，猶誨之作每矣。上言「齊王問吏曰：哭國之法若何？吏曰：斮」，即謀斮之謂也。

拔石社（貴直論）

畢沅云。梁仲子云。維南齊俗訓。殷人之禮。其社用石。孫鏘鳴云。石社地名。按梁說是也。周禮大司徒。設其社稷之壝。崔靈恩云。社主用石。水經注穀水。禮天子建國。左廟右社。以石爲主。

子胥兩袪高蹶而出於廷知化

高注。蹶。蹈也。按袪不應言蹈。注說非是。蹶應讀作揭。詩蕩。顛沛之揭。箋。揭。蹶貌。禮記內則。不涉不撅。注。撅。揭衣也。是揭蹶撅一聲之轉。乃音訓字也。說文。揭。高舉也。

中關而止壅塞

惠棟謂中關而止。即儀禮所謂不貫也。按賈誼過秦

論士不敢彎弓而報怨史記陳涉世家彎作貫關貫彎一聲之轉中關而止即中彎而止注云弦正半而止也即中彎之義

公孫枝徙自敷於街不苟論

孫鏘鳴云徙自百里氏辭出也街市朝也按孫讀徙如字不詞徙爲徒之譌徒猶乃也詳經傳釋詞八字應作一句讀此言公孫枝乃自陳於市朝也下云百里奚令吏行其罪謂就其自陳處行其罪也

鍾況然有音自知

王念孫云況然即鍠然說文鍠鐘聲也按金文鍠作皇亦作煌無子簠師鐘元鳴孔煌沇兒鐘元鳴孔皇

而天下皆競分職

高注競進也孫人和云治要引競下有勸字又引注云勸進也按治要意增勸字不可爲據爾雅釋言競彊也上言以其財賞故接以而天下皆競彊也競彊謂勉厲也與注訓進之義亦相因毛公旅鼎肆母有弗競競即競之別構肆母有弗競亦即皆競之義班毀士克競氏刺宗周鐘朕猷有成士競詩抑無競維人執競無競維烈傳並云無競競也

今者客所弇斂士所術施也士容論

畢沅云舊校云術皆當作述今案古亦通用按述應讀作遂詩定之方中釋文引鄭志述讀如遂事不諫

之。遂史記魯周公世家東門遂殺適立庶。索隱系本作述。均其證也。晉語是遂威而遠權。注遂申也。禮記鄉飲酒義。節文終遂焉。疏。遂謂申也。是遂施猶言申施。與弁斂爲對文。

皆知其末莫知其本眞 上農

按眞字衍文。上文屢言舍本而事末。則本下不應有眞字明矣。

⿰缶良者莊之 辯土

畢沅云。梁仲子云。⿰缶良疑即⿰缶舌字。集韻⿰缶包或從缶。按梁說是也。弭仲簠。諸友飲飤具⿰缶良。⿰缶良即⿰缶包。

苗若直獵 辯土

按獵應讀作鬣爾雅釋畜青驪繁鬣騥舍人注鬣馬鬉也金文作⿰口巤毛公鼎金⿰口巤即金鬣

稼乃多菑實其爲晦也（辯土）

按舊讀稼乃多菑實句非是此應讀作稼乃多菑句上文其蚤者先時晚者不及時寒暑不節故云稼乃多菑審時篇必遇天菑注菑害也且時菑爲韻實其爲晦也句實是也詳經傳釋詞是其爲晦也連下高而危則澤奪爲義

是以人稼之容足耨之容耨據之容手（審時）

畢沅云亢倉子作耨之容耰耘之容手按當據亢倉子訂正然容足容耰容手亦不詞容庸古字通詳韓

非子新證揚權篇庸之通詁訓用此言稼之用足耨之用耰耘之用手特就其大別言之耳

吳縣周仰公校字

雙劍誃淮南子新證序

淮南一書擷傳記之精英爲百家之鈐鍵究極玄眇總該道要而其著書適當西漢賦體昌隆之際故其詞氣瓌瑋與賈馬相頡頏是編所證僅就劉文典集解識其私見兵略篇所稱唐鈔本係依趙君萬里所校日本狄秋歌卷背記而擇錄之中華民國二十八年三月海城于省吾

雙劍誃淮南子新證卷一

海城于省吾

而大宇宙之總原道

俞樾云大下疑脫於字按俞說非是宋本大下有與字當從之與如也詳經傳釋詞此言而大如宇宙之總也

旋縣而不可究原道

注縣猶小也王念孫云縣當爲綿字之誤也逸周書和寤篇曰綿綿不絕蔓蔓若何說文綿聯微也廣雅綿小也故高注亦訓爲小旋亦小也方言𦢊短也郭璞曰便旋庳小貌𦢊與旋同此言道至微眇宜若易

窮，而實則廣大不可究也。此言旋綿，下言纖微，其義一也。按注及王說並誤。考上下文均兩句相對，而義各有別，如旋綿有小訓，下不應再言纖微矣。且旋綿不詞。旋縣仍應讀如字，縣懸古今字。周禮考工記鳧氏「鍾縣謂之旋」，注：「旋屬鍾柄，所以縣之也。」旋縣義相屬。凡物之旋轉者，必縣諸空，而無所窒礙。上文鈞旋轂轉之鈞旋，即墨子非命上所稱運鈞，亦即旋縣之類。旋縣無端可尋，故曰旋縣而不可究極也。

居前而衆弗害。原道

注：言民戴卬而愛之也。按注說非是。害乃容之譌字。上文感而後動，性之害也，俞樾謂害乃容字之誤，是

也容頌字通亦詳俞說居前而衆弗容應讀作居前而衆弗頌與上句是以處上而民弗重義正一貫若作弗害不但與弗重之語例不符且重容爲韻二字古韻並隸東部作害則失其韻矣下文天下歸之姦邪畏之以其無爭於萬物也蓋弗重弗頌是以無爭若爲人所重且頌則爭端起矣上下文義均相涵

彎綦衛之箭 原道

注彎引也綦美箭所出地名也衛利也王引之云兵略篇曰栝淇衛箘簵淇與綦同淇衛箘簵對文皆箭竹之名也方言曰簙或謂之箭裏或謂之綦竹譜曰䉙竹中博箭是䉙與綦一物也以䉙爲博箭謂之綦

以𥳑爲射箭則亦謂之棊耳。棊者箭莖之名。說文曰。萁豆莖也。豆莖謂之萁。箭莖謂之棊。聲義並同矣。乃高注原道篇云棊美箭所出地名也。衛利也。注兵略篇云。淇衛箘簬箭之所出也。竹譜引淮南而釋之云。淇園衛地。毛詩所謂瞻彼淇奧。綠竹猗猗是也。案淇乃衛之水名。先言淇而後言衛。則不詞矣。按王說未允。王謂𥳑與棊一物。又謂棊者箭莖之名。是此文棊衛之箭。即箭莖之箭。豈有箭而無莖者。且上文扜烏號之弓。烏號爲名弓。此但言箭莖。豈可爲對文乎。依兵略篇注。以淇衛爲地名。此篇以棊爲地名。以衛爲利。二說不符。頗有可疑。列子仲尼引烏號之弓棊衛之箭。張注綦地名。出美箭。衛羽也。釋文。史記綦國之竹。晉灼曰。衛之苑多竹篠。按張湛與殷敬順說亦如高注。前後之不同。綦淇字通。漢張公神碑。運置綦陽。叚綦爲淇。史記河渠書。而下淇園之竹。集解引晉灼曰。衛之苑也。多竹篠。後漢書寇恂傳。伐淇園之竹爲矢百餘萬。按淇雖爲水名。沿習既久。遂爲地名。故可與衛並稱也。張湛說以衛爲羽。羽取其速。故此注云衛利也。釋名釋兵。矢指也。其旁曰羽。如鳥羽也。鳥須羽而飛。矢須羽而前也。齊人曰衛。所以導衛矢也。按淇衛之箭。依兵略篇注。則應爲淇園衛苑之箭。依此篇注。則爲淇地衛羽之箭。二說可並存。

故聖人不以人滑天（原道）

注。天身也。不以人事滑亂其身也。莊逵吉云。天竺即身毒。故天有身義。按注以天身爲音訓。非是。故聖人不以人滑天。乃承上文而伸述之。上云循天者與道游者也。隨人者與俗交者也。此句即就上文天人爲言也。

與造化者爲人（原道）

王引之訓人爲偶。義則近是。而未盡得之。按甲骨文金文人尸字通。尸古夷字。與造化者爲夷。言與造化者爲等夷也。詳莊子新證大宗師篇。

此之謂天解（原道）

注天解天之解故也。言能明天意也。按天猶玄也。天解即老子所謂古者謂是帝之玄解之玄解也。上文執玄德於心。注玄天也。下文萬物玄同也。注玄天也。是其證。

不入於耳而不著於心原道

俞樾云。不入於耳句衍。不字。言雖入耳而不著於心也。不字涉上下句而誤衍。按俞說非是。而猶則也。詳經傳釋詞。此文本謂既不入於耳則不著於心。下接以此何以異於聾者之歌也。效人爲之而無以自樂也。聲出於口則越而散矣。注。散去耳不聞也。此喻正與不入於耳則不著於心義符。若如俞說則聾者之歌爲入於耳，豈不謬哉。

此齊民之所爲形植黎黑憂悲而不得志也。原道

俞樾云：植當讀爲殖。管子地員篇五殖之狀甚澤以疏，離拆以臞埔。是殖有臞瘠之義。形殖謂形體臞瘠也。按俞說未允。形植猶後世言柴立，不應改讀爲殖也。

則精神日以耗而彌遠。原道

趙萬里云：以字衍文。按趙說是也。日耗而彌遠，與下句久淫而不還對文。多一以字，則贅於詞矣。又宋本此句下有注云：耗，秃也。按時則篇秋行冬令耗注：耗，零落也。零落與秃義相因。

而未成兆朕俶真

注兆朕形怪也吳承仕謂怪當爲埒按形埒義雖可通但埒與怪形不相近吳說非是怪係性之譌性猶體也見讀書雜志俶真篇知不能平條形性猶形體乃古人成語下云形物之性也言形物之體也禮記月令安形性後漢書陳寵傳作安形體此言未成兆朕即未成形體故注云兆朕形性也

不可隱儀揆度而通光耀者俶真

按爾雅釋言注隱度廣雅釋詁隱度也說文儀度也是隱儀揆度四字疊義

故罷馬之死也剝之若槁俶真

注。罷老氣力竭盡故若槁也。劉文典云。御覽九百五引槁作稾。又引注云。稾。治稾也。雖含氣而形不能搖。疑是許本。按作稾者是也。槁稾以形近而譌。周禮小行人則令槁禬之。鄭司農注。稾當爲槁。漢書陳湯傳宜縣頭稾街。注。崔浩以爲稾當爲稾。是其證。且稾與餘濡爲韻。古音均屬魚部。作槁則失其韻矣。

而和以天地者乎叔真

俞樾云。和以天地義不可通。地疑倪字之誤。莊子齊物論曰。和之以天倪。按俞說非是。上云交被天和。食于地德。又云。是故能戴大員者履大方。下云。則至德天地之精也。是天地不應改爲天倪也。

此皆生一父母而閱一和也俶眞

劉文典云：生一父母不辭，生下當有於字，御覽九百七十三引正作皆生於一父母，是其證也。按劉說非是，御覽隨意竄易字句，不可爲據。覽冥勞逸若一注：一，同心也。一壹古同用，左昭十年傳而壹用之注：壹，同也。言此皆生同父母而閱同和也，生下有於字則不詞矣。

然未可以保於周室之九鼎也俶眞

按保寶字通，書大誥用寧王遺我大寶龜，魏三體石經寶作保，漢李氏鏡銘明如日月世之保，假保爲寶，此例不勝繁舉。於猶如也，詳經傳釋詞。此言未可以

寶如周室之九鼎也古以九鼎爲寶器故云然

而莫之要御夭遏者叔眞

按管子君臣要淫佚注要謂遮止之也漢書趙充國傳集注要遮也素問脈要精微論是門戶不要也注要謂禁要禁與遮義相因御禦古同用是要御猶言禁禦也

夫疾風敎木而不能拔毛髮叔眞

注敎亦拔也按廣雅釋詁拵拔也拵同敎古文从攴从手一也

斬而爲犧尊叔眞

注犧讀曰希猶疏鏤之尊按犧尊謂尊形如犧牛也

詳詩經新證閟宮犧尊將將條。

於是萬民乃始慲觟離跂 叔眞

注。慲讀簫簫無逢際之慲觟徯徑之徯也。按景宋本徯作傒。是也。說文。慲忘也。忘傒與離跂對文。

而錯擇名利 叔眞

注。錯施也。擇取也。按注訓錯爲施。非是。楚辭國殤車錯轂兮短兵接。注。錯交也。錯擇名利。謂交取名利。旣取名又取利也。

擢德攓性 叔眞

注。擢取也。攓縮也。按漢書司馬相如傳。襞積褰縐。集注引張揖。褰縮也。攓褰字通。故注訓爲縮。然下云擢扳吾性．攓取吾情．是捲不應訓縮．攓同捲．列子天瑞攓蓬而指．注攓扳也．方言十．攓取也．楚謂之攓．廣雅釋詁．擢扳也．注釋擢爲取．是擢訓扳訓取．攓亦訓扳訓取．擢與捲義同．互文耳．莊子駢拇作擢德塞性．塞亦蹇之譌．應讀爲捲．

暴行越智於天下．俶眞

注．越揚也．暴卒也．按注訓暴爲卒非．是穀梁隱五年注．暴師經年．釋文．暴露也．漢書中山靖王勝傳．數奏暴其過惡．注．暴謂披布之．字亦通襮．廣雅釋詁．襮表也．呂氏春秋忠廉．臣請爲襮．注．襮表也．露也．披布也表也．義均相仿．布行與揚智對文．

精神已越於外而事復返之俶眞

注事治也按注說非是金文事使同字而事復返之本應作而使復返之上文是故事其神者神去之事亦本應作使

心有所至而神喟然在之俶眞

按喟然係嘆息之聲於文義不符喟同嘳應讀作快說文喟重文作嘳爾雅釋詁嘳息也釋文嘳本作快又作嘳是其證也

手足之攢疾蟻俶眞

按蟻即蛘之異文說文蛘搔蛘也字亦作痒作癢作養疾蟻乃古人成語荀子榮辱骨體膚理辨寒暑疾

養彊國疾養緩急之有相先者也正名疾養滄熱滑鈹輕重以形體異均其證也

辜諫者（俶眞）

劉文典云辜當爲罪字之誤也罪古作辠傳寫遂誤爲辜耳御覽六百四十七引辜正作罪按御覽不可爲據劉說非是辜謂辜磔也周禮掌戮殺王之親者辜之注辜之言枯也謂磔之大宗伯以疈辜祭四方百物鄭司農注罷辜披磔牲以祭若今時磔狗祭以止風字亦作殆說文殆枯也磔辜也字亦作枯荀子正論斬斷枯磔枯磔即辜磔上言燔生人與辜諫者對文下云爲炮烙鑄金柱燔之事也剖賢人之心析

才士之脛辜之事也說林篇紂醢梅伯文王與諸侯構之桀辜諫者湯使人哭之辜與醢對猶此文辜與燔對不得改辜爲罪矣

蠶珥絲而商弦絕天文

注蠶老絲成自中徹外視之如金精珥表裏見故曰珥絲一曰弄絲于口商音清弦細而急故先絕也按春秋攷異郵蠶咡絲注文咡作珥云吐也與注說異

音比無射天文

注無射九月也陰氣上升陽氣下降萬物隨陽而藏無有射出見也故曰無射按注讀射如字非是詩思齊無射亦保箋訓無射爲無射才其誤正同射乃斁

之同音假字。毛公鼎肆皇天亡斁。靜毀靜學無斁。無斁與斁均斁之古文。此應言萬物隨陽而藏無厭斁也。下文云無射入無厭也。是其證。

音比姑洗天文

按余所藏周代石磬。姑洗作古先。

音比夾鐘天文

按余所藏周代石磬。夾鐘作介鍾。夾介音近。又均有輔佐之義。是二字音義並相通。

禹以爲朝晝昏夜天文

王念孫云禹字義不可通。禹當爲離。俗書離字作離。脫去右畔而爲禹耳。按王謂當爲離是也。惟離古文

省作离非脱去右畔也古化離石之離作离古文四聲韻引王存乂切韻有离字是其證

蕤賓者安而服也天文

按奠井叔鐘用妥賓妥古綏字綏蕤音近字通文選甘泉賦鸞鳳紛其銜蕤注引晉灼蕤綏也周語四曰蕤賓所以安靖神人獻酬交酢也綏有安訓故曰綏賓者安而服也

正南次州曰沃土墬形

注沃盛也五月建午稼穡盛張故曰沃土也吴承仕云案文當作稼穡盛長各本長誤張失之按吴説非是張長古字通莊子山木而王長其閒釋文長本作

張是其證。漢人注書，多用借字，未可輒改也。

南方曰巨風。墜形

注：離氣所生也。一曰愷風。俞樾云：巨乃豈之壞字，豈讀爲愷。高注云：一曰愷風。愷正字，豈借字，巨誤字耳。按俞氏以巨爲誤字，非是。巨豈形殊，無由致誤。巨乃愷之音假。詳呂氏春秋新證有始覽。

通谷其名川六百。墜形

陳昌齊云：呂氏春秋有始覽作通谷六，名川六百。此其字當爲六之譌。按陳說是也。古文其字作亓，故易譌也。

縣圃涼風樊桐在昆侖閶闔之中。墜形

注・閶闔昆侖虛門名也・縣圃涼風樊桐皆昆侖之山名也樊讀如麥飯之飯・按水經河水注引崑崙說崑崙之山三級下曰樊桐一名板桐二曰玄圃一名閬風・上曰層城一名天庭・板飯並諧反聲・玄圃即縣圃涼風即閬風・惟此書以縣圃涼風並列・所記各異・

乃有八殥 墬形

注・殥猶遠也・殥讀允嗣之允・按景宋本作殰・說文有夤字皆誤字也・秦公毀嚴龔夤天命夤字从肉不从夕・乃形近而譌・易艮九三列其夤・釋文夤鄭本作䐿・䐿即夤字・

西方有形殘之尸 墬形

注西方金金斷割攻戰之事有形殘之尸也按注讀尸如字非是尸夷古字通金文凡言蠻夷之夷均作尸易豐九四遇其夷主即遇其尸主詳易經新證周禮凌人大喪共夷槃冰注夷之言尸也禮記喪大記男女奉尸夷於堂注夷之言尸也是經傳亦尸夷互通西方有形殘之夷與上句東方有君子之國對文淮南書雜采古籍此猶存古字可寶也

河出積石墜形

注河原出昆侖伏流地中方三千里禹導而通之故出積石吳承仕云方三千里當作萬三千里萬俗書或作万故譌爲方按吳謂万譌爲方是也以万爲俗

書非也。晚周鈢文萬字已作万。乃古文也。

雒出熊耳墬形

注。熊耳山在京師上雒西北也。按金文作上洛。敔毁。王命敔追迺于上洛烬谷。左哀四年傳。楚司馬起豐析與狄戎。以臨上雒。秦策。楚魏戰於陘山。魏許秦以上洛。雒洛字通。

祭不用犧牲用圭璧更皮幣時則

注。更代也。以圭璧皮幣代犧牲也。皮謂鹿皮也。幣謂玄纁束帛也。禮記曰。幣帛圭皮告于祖禰者也。按呂氏春秋仲春紀。祭作祀。高注亦訓更爲代。如注說。則本文應作更用圭璧更皮幣。不應曰用圭璧更皮幣也。

晉語．姓利相更．注．更續也．此言用圭璧又續之以皮幣也．

令國儺九門磔攘以畢春氣 時則

注．儺散宮室中區隅幽闇之處．擊鼓大呼．以逐不祥之氣．如今驅疫逐除是也．吳承仕云．案散宮室中區隅幽闇之處．文不成義．散下當沾索字．散索猶云徧索矣．按吳說非是．方言三．散殺也．東齊曰散．禮記鄉飲酒義．愁之以時察．注．察或爲殺．是散殺察一聲之轉．散宮室中區隅幽闇之處．謂察宮室中區隅幽闇之處也．

以定晏陰之所成 時則

注晏陰微陰也。按晏陰謂陽陰也。注説非。

腐草化爲蚈 時則

注蚈馬蚿也。幽冀謂之秦渠。蚈讀奚徑之徑也。按荀子非十二子是墨翟宋鈃也注孟子作宋牼。牼與鈃同音口莖反。急就篇銅鍾鼎鋞鋗鉇銚。顔注鋞字或作鈃。是蚈可讀徑之證。

羣鳥翔 時則

注羣鳥翔。寒氣至。羣鳥肥盛。試其羽翼而高翔。翔者六翮不動也。或作養。養育其羽毛也。沈濤云呂氏春秋紀作羣鳥養羞。高氏彼注曰。寒氣將至。羣鳥養進其毛羽御寒也。雖訓羞爲進。與禮記鄭注訓爲所食者不同而其爲養羞則同疑淮南注本作或作養羞養進其羽毛也淺人不知羞有進義遂删去羞字改進爲育耳按禮注養食既不詞呂注養進亦不詞且於養進下必須增羽毛二字尤爲望文演訓疑淮南所據本是也養與翔並諧羊聲（說文養从食羊聲）作養者翔之假字耳秋高鳥飛故曰羣鳥翔月令呂氏春秋作養羞者養與羞古文相似說文古文養作羧金文羞字通作羖羞字涉旁注而誤入正文耳

蟄蟲培戶（時則）

按培應讀作附培附音近相假左襄二十四年傳部婁無松柏風俗通山澤篇作培塿無松柏說文阜部

附婁小土山也。部培附一音之轉。培戶即附戶。呂氏春秋仲秋紀作蟄蟲俯戶。俯亦附之借字。彼注云俯近其所蟄之戶。俯近即附近。尤其明證矣。

固封璽 時則

注。封璽印封也。按印封即近所發之封泥也。

毋或侵牟 時則

注。牟多。按注說非是。牟與蟊蝥蛑音近字通。說文蟊蟲食艸根者。重文作蝥。古文作蛑。漢書景帝紀侵牟萬民。李奇曰。牟食苗根蟲也。侵牟食民。比之蛑賊也。東海廟碑。收責侵侔。以侔爲之。詩桑柔降此蝥賊。箋蟲食苗根曰蟊。食節曰賊。是侵蛑乃古人成語。注訓牟爲多。於義未符。

湛熺必潔（時則）

注。湛漬也。熺炊也。必令圭潔也。湛讀審釜之審。熺炊熾火之熾也。按圭潔即蠲潔。熺亦作饎糦𩞄喜。詩天保。吉蠲爲饎。傳。饎酒食也。玄鳥。大糦是承。箋。糦黍稷也。說文。饎之重文作𩞄。大豐毀。事喜上帝。詩七月。田畯至喜。箋。喜讀爲饎。均其證也。

不可移匡（時則）

按俞樾以移匡爲迤軭。訓爲衺曲。非是。匡應讀作枉。周禮考工記輪人。則輪雖敝不匡。鄭司農注。匡枉也。越語。月盈而匡。注。匡虧也。匡訓虧。是亦讀匡爲枉。汜

論小枉而大直注枉曲也不可移枉言不可移動枉曲存其本眞也

雙劍誃淮南子新證卷二

海城于省吾

精通于天 冥覽

注精通于天者謂聖人質成上通爲天所助吳承仕云案質成當爲質誠蓋以質誠釋精也按成誠古字通不煩改字詩我行其野成不以富論語顏淵作誠不以富禮記經解繩墨誠陳注誠猶審也或作成是其證

涔雲波水 冥覽

注涔大濇水也雲出於涔似波水也按說林篇宮池涔則溢注涔多水也莊子大宗師濇乎進我色也釋

文引簡文注稸聚也達生忿稸之氣釋文引李注稸結聚也涔雲謂含雨醲厚之雲也注謂雲出於涔似於本義未符涔雲與上句旱雲對文以是明之

手徵忽怳不能覽其光覽冥

注言手雖覽得徵物不能得其光一說天道廣大手雖能徵其忽怳無形者不能覽得日月之光也按徵謂驗也覽應讀作攬廣雅釋詁攬持也注謂不能覽得日月之光是亦讀覽爲攬言以手驗之則忽怳莫測不能攬持日月之光也

惟夜行者爲能有之覽冥

注夜行喻陰行也陰行神化故能有天下也一說言

入道者。如夜行幽冥之中。爲能有召遠親近之道也。按上文故召遠者使無爲焉。親近者使無事焉。如以陰行爲言。不知陰行亦須行也。與無爲無事之義不相應。夜應讀作舍。說文。夜舍也。天下休舍也。夜舍疊韻。墨子非儒下。隱知豫力。孫詒讓讀豫爲舍。豫夜古字通。易豫卦。歸藏作夜卦。詳易經新證。豫可讀爲舍。則夜可讀作舍明矣。惟舍行者爲能有之。言惟釋去其行者爲能有之也。舍行與無爲無事之義正相涵也。

若以慈石之能連鐵也冥覽

劉文典云。連鐵。御覽七百六十七引作運鐵。按作連者是也。孟子梁惠王：「從流下而忘反謂之連。」注：「連，引也。」連鐵即引鐵也。下云「而求其引瓦」，則難矣。「引」與「連」互文耳。

其失之非乃得之也冥覽

注：「自謂失道，未必不得道也。」王念孫云：「非字義不可通，衍文也。高注云『自謂失道，未必不得道也』，則無非字明矣。」俞樾云：「非上脫未始二字，非下衍乃字，本作其失之也，未始非得之也，故高注曰：『自謂得道，乃失道者也；自謂失道，未必不得道也。』各依正文爲說耳。」文子精誠篇曰：「其得之也，乃失之也；其失之也，乃得之也。」雖用淮南文，然意同而字句固小異矣。不得據

彼改此而轉與高注不合也按王以非字爲衍文俞謂非上脱未始二字非下衍乃字不言其致衍致脱之由均意爲增損了無依據其失之非乃得之也既無衍文亦無脱文也邪古字通詳經傳釋詞其失之非乃得之邪此係反詰之語正言之其失之乃得之也文子作其失之也乃得之也已昧淮南之語妙矣

降扶風 覽冥

注降下也扶風疾風也按降隆古字通隆應讀作臨禮記喪服小記注不貳降釋文降本作隆詩都人士箋無隆殺也疏定本隆作降皇矣與爾臨衝韓詩臨作隆然則隆扶風即臨扶風上言赤螭青虬之游冀

州也入榛薄食薦梅是就地言自若乃至於玄雲之素朝陰陽交爭以下始言由下而上故曰臨扶風雜凍雨扶搖而登之扶搖而登之即承臨扶風雜凍雨言若作下扶風則不詞矣且與上下文義不符

邅回蒙汜之渚覽冥

注邅回猶倘佯也按下句尚佯冀州之際邅回與倘佯義雖相近然究有别也原道邅迴川谷之閒注邅回猶委曲也本經曲拂邅迴注邅迴轉流也楚辭離世下江湘以邅迴注邅迴運轉而行也迴回古字通是邅回謂轉回也楚辭涉江入溆浦余儃佪兮迷不知吾所如儃佪即邅迴也

入日抑節冥覽

注送日入于抑節之地按抑節即弭節抑弭古同訓精神捧心抑腹注抑按也楚辭惜誦情沈抑而不達兮注抑按也本經抑掝怒瀨以揚激波注抑止也按與止義相因離騷吾令羲和弭節兮注弭按也湘君夕弭節兮北渚注弭按也詩沔水不可弭忘傳弭止也抑節猶言按節止節也

注喙江裔冥覽

注注喙喙注地不敢動也按注說非是上云鴻鵠鶬鸛莫不憚驚伏竄此言注喙江裔注喙即拄喙謂喙不動也文選枚叔七發蚑蟜螻蟻聞之拄喙而不能

前挂注字通挂。喙謂其喙之不動。非謂其注地也。

軼鶤雞於姑餘冥覽

注。姑餘山名。在吳。按姑餘即姑蘇。越絕書外傳紀地傳作姑胥。餘蘇胥古音同隸魚部。故相通借。史記越世家越遂復棲吳王於姑蘇之山。是注以姑蘇爲山名之證。

飛黃伏皁冥覽

按召卣白懋父賜召白馬妦黃髮散。妦字當係从女丰聲。妦飛音近。疑飛黃古作妦黃。

狡蟲死冥覽

注。蟲狩也。按狩獸古字通。甲骨文狩字作獸。即古獸字詩車攻搏獸于敖後漢書安帝紀注作搏狩於敖是其證也禮記儒行鷙蟲攫搏疏蟲是鳥獸通名上云猛獸食顓民此言狡蟲死顓民生注以蟲爲就猛獸言故云蟲獸也

援絕瑞席蘿圖覽冥

注殊絕之瑞應援而致之也羅列圖籍以爲席蓐一說蘿圖車上席也王念孫云援絕瑞本作援絕應此亦涉注文而誤也案正文作絕應故注釋之曰殊絕之瑞應若正文本作絕瑞則無庸加應字以釋之矣爾雅疏引此作絕瑞則所見本已誤御覽引此正作絕應按王說非是增字以釋正文注之常例御覽不

可爲據。且應有吉凶。於文義不符。蘿應讀籙。一字同聲。並來母字。籙亦作錄。作綠。人閒篇。秦皇挾錄圖。注。挾。鋪也。秦博士盧生使入海還。奏圖錄書於始皇帝。墨子非攻下。河出綠圖。文選張平子東京賦。高祖膺籙受圖。注。膺籙謂當五勝之籙。受圖卯金刀之語。文選王元長永明十一年策秀才文。朕秉籙御天。注。尚書旋璣鈐曰。河圖命紀也。圖天地帝王終始存亡之期。錄代之矩。籙與錄同也。此謂援致絕瑞。席藉籙圖也。

羣臣準上意而懷當（覽冥）

注。準望懷思當合也。取合主意。不復以道正諫也。俞樾云懷當二字甚爲不辭高注亦曲説耳懷當乃壞常之誤言羣臣皆準上意而敗壞其典常也文子上禮篇作羣臣推上意而壞常是其明證按注説是俞説非懷當二字非不辭也當讀今字去聲懷當正與準義相應

居君臣父子之閒而競載冥覽

按載哉古字通詩文王陳錫載周左傳國語並引作陳錫哉周書洛誥丕視功載即丕視功哉禮記中庸注文王初載之載釋文載本或作哉金文哉字多假才爲之隸古定尚書亦然競才謂以才能相競爭故下云驕主而像其意也

獵不聽其樂 冥覽

注。樂崩故不復聽田獵之樂。俞樾云。聽疑德字之誤。家語本命篇。効匹夫之聽。王注曰。聽宜爲德。是其例也。德與得通。不德其樂。即不得其樂。言雖田獵而不得其樂也。按俞以聽爲聽聞。故不得其義而意改爲德。周語。民是以聽。注。聽從也。廣雅釋詁。聽從也。此言雖田獵而不從其所樂也。

西老折勝 冥覽

注。西王母折其頭上所戴勝。爲時無法度。劉文典云。北堂書鈔四十二引折勝作折滕。按書鈔不解勝字之義而改爲滕。漢書司馬相如傳。覩西王母暠然白首戴勝而穴處兮注勝婦人首飾也漢代謂之華勝釋名釋首飾華勝華象草木華也勝言人形容正等一人著之則勝也蔽髮前爲飾也續漢書輿服志后夫人服簪以瑇瑁爲擿長一尺端爲華勝上爲鳳凰爵以翡翠爲毛羽下有白珠垂黃金鑷左右一橫簪之以安蔮結惠棟云山海經曰西王母戴勝郭璞云勝玉勝也按簪端華勝或以玉爲故郭云玉勝也

奮首於路冥覽

注奮首民疲于役頓仆于路僅能搖頭耳言疲困也故曰奮首俞樾云高說極爲迂曲原文本作奮於首路首猶嚮也漢書司馬遷傳北首爭死敵師古曰首

嚮也。是其義也。相攜於道。奮於首路。言不得已。自奮勉而嚮路也。兵略篇曰。百姓之隨逮肆刑挽輅首路死者。一旦不知千萬之數。正以首路連文。可證此篇之誤。按俞氏訓首爲嚮。嚮是也。改爲奮於首路則非。奮首於路。謂奮勉以向於路。注云。故曰奮首。則正文本作奮首於路明矣。如俞說。既與注文不符。且與上句相攜於道非對文矣。

至虛無純一而不嚶喋苛事也。覽冥

注。嚶喋猶深算也。言不采取煩苛之事。按嚶喋既訓爲深算。則不采取煩苛之事。應作不深算煩苛之事。但嚶喋本無深算之義。則深算二字必有誤也。此本作嚶喋采算也。采字譌作栥。又與算字相連。後人因增水旁爲深耳。算選古字通。詩柏舟不可選也。三家詩選作算。漢書公孫賀等傳贊。斗筲之徒何足選也。論語子路選作算。是其證。廣雅釋詁選擇也。叙眞篇而錯擇名利。注擇取也。是采選即采取。又按嚶喋即唼喋。漢書司馬相如傳。唼喋青藻。注唼喋銜食也。唼同啑。玄應一切經音義八引字書。啑喋也。文選上林賦注引通俗文。水鳥食謂之啑。鳥之啄食擇而取之。故引伸有采取之義也。

二月而胅 精神

王念孫謂文子九守篇作二月而脈。按脈乃胅之譌。

爾雅釋畜犦牛注領上肉犦胅起高二尺許廣雅釋詁胅腫也慧琳一切經音義七三引通俗文肉胅曰瘤說文瘤腫也然則胅即肉瘤也

或守之於形骸之內而不見也精神

俞樾云守當作得言求之於四海之外而不能遇者或得之於形骸之內也求與得文義相應下文曰故所求多者所得少正承此而言按仍應作守爲是俞說未允既云得則必待於求此言本在形骸之內不待求而遇故言守下云故所求多者所得少所見大者所知小乃承求之於四海之外而不能遇爲言所求多所見大即求之於四海之外之謂也或言不能

遇或言所得少所知小與或守之於形骸之內而不見反正爲義也

夫有夏后氏之璜者匣匱而藏之寶之至也 精神

按莊子刻意夫有干越之劍者柙而藏之不敢用也寶之至也列子湯問柙而藏之釋文柙與匣同說文匣匱也此文不應匣匱並言匱字疑涉旁注而誤入正文

以道爲紃 精神

注紃者法也按紃應讀作循荀子非十二子及紃察之注紃與循同然則以道爲紃即以道爲循也

以死生爲一化 精神

俞樾云。文子九守篇作以千生爲一化。當從之。言生之數雖有千。而以爲一也。以千生爲一化。以萬物爲一方。兩文相儷。而意亦相準。若作死生則不類矣。且以死生爲一化。義亦未安。當據文子訂正。按俞說非是。一死生。齊萬物。乃道家要指。俞氏以爲千生與萬物相儷。拘文牽義矣。下云。細萬物則心不惑矣。齊死生則志不懾矣。亦以萬物與死生對文。是其證也。莊子德充符。胡不直使彼以死生爲一條。知北遊。死生有待邪。皆有所一體。庚桑楚。孰知有無死生之一守者。此言一化。與一條一體一守義均相仿。

是故眞人之所游精神

俞樾云是故眞人之所游本作是眞人之游也乃結上之辭文子九守篇亦有此文大略相同結之曰此眞人之游也乃其明證也按故猶固也詳經傳釋詞固者本然之辭是固眞人之所游正係結上俞說非是

且人有戒形而無損於心有綴宅而無秏精神精

注戒備也人形體備具戒或作革革改也言人形骸有改更而作化也心喻神神不損傷也綴宅身也精神居其宅則生離其宅則死言人雖死精神終不秏滅故曰無秏精也王念孫云無損於心於衍字也按王說是也莊子大宗師作且彼有駭形而無損心有

旦宅而無情死。即此文所本。戒仍應作駭。駭之作戒。猶駭之作駴矣。綴宅應讀作怛度。怛度即憂度。詳莊子新證。憂度與駭形對文。度亦形也。

故形有靡而神未嘗化者。以不化應化。精神

注。靡滅猶死也。神變歸於無形。故曰未嘗化。化猶死也。不化者精神。化者形骸。死者形為灰土。為曰化也。

吳承仕云。案為曰化也四字義不可通。疑當作故曰化也。神變歸於無形。故曰未嘗化。形骸變為灰土。故曰化。按為字無由譌作故。吳說非是。為猶謂也。古籍習見。亦詳經傳釋詞。為曰化也。即謂曰化也。

燭營指天精神

注。燭陰華也。營其竅也。上指天也。燭營讀曰括撮也。按莊子大宗師。句贅指天。成疏。項句曲大挺。如贅。釋文引李云。句贅。項椎也。其形似贅。言其上向也。括撮與句贅音近。注云燭營讀曰括撮。陳詩庭謂當作營燭。詳讀書證疑。

而況斥鷃乎精神

注。斥澤之鷃。雀飛不出頃畮。喻弱也。陶方琦云。文選七啟注引斥作尺。又引許注。雀鷃飛不過一尺。言其劣弱也。按高以斥爲斥澤。許以爲飛不過一尺。二說並誤。尺鷃謂鷃之長僅及一尺。周尺核今尺六寸。左右古人言物之小者。每以尺喻。如赤子即尺子。尺澤

即小澤尺以度言·但言尺則無澤訓也·

有天下不羨其和（精神）

注·羨過和適也·吳承仕云·疑過當作延·字之誤也·按不延其和·於本義殊乖·吳說非是·注訓羨爲過·乃讀羨爲愆也·詩板及爾游羨·釋文·羨本作衍·左昭二十一年傳·豐愆·釋文·愆本或作衍·是其證也·詩氓匪我愆期·傳·愆過也·說文·愆過也·左昭二十六年傳用愆厥位·注·愆失也·失過同義·故太玄擬易大過爲失·此言有天下不失其和·與上句無天下不虧其性·文正相對·

今贛人敖倉（精神）

注贛賜也按爾雅釋詁貢賜也釋文貢或作贛

然顔淵夭死季路菹於衛精神

注顔淵十八而卒孔子曰回不幸短命死矣故曰夭也季路仕於衛衛君父子爭國季路死孔子曰若由不得其死然言不得以壽命終也故曰然衛人醢之以爲醬故曰菹吳承仕云案衛人醢之上故曰然三字朱本作故曰夭皆衍文也文言顔淵夭季路菹注述夭菹之事皆以故曰結之文例顯白中間不得復有故曰明爲後人傳寫之譌按吳說非是言不得以壽命終也故曰然係申述若由不得其死然一語上文有待而然注然如是此謂言不得以壽命終也故

孔子言之如是也。

鐫山石鐸金玉本經

注、鐫猶鑿也。求金玉也。鐸刻金玉以爲器也。按注謂鐫山石爲求金玉，非是。鐫山石、鐸金玉二句平列。鐫山石謂鐫刻山石以爲文物也，非謂鑿山求金玉。再鐸刻金玉也。鐸與鍥古同字。荀子勸學鍥而舍之，注、鍥刻也。

而萬物燋夭本經

注、則萬物燋夭不繁茂也。按氾論篇燋而不謳，注、燋悴也。玄應一切經音義六引三蒼、燋悴作顦顇。然則此文言燋，謂燋悴也。

喬枝菱阿　本經

注。阿曲屋。俞樾云。疑高氏所據本菱字作陵。言橑檐榱題之上。雕刻樹木。故其喬枝上陵於曲阿也。按俞從注說。以阿爲曲阿。於義未允。喬枝陵阿。於上下文句例不相比類。且橑檐榱題。亦均就高處言之。豈高處之上更有曲屋乎。此句詞義均有不符。菱應讀作陵。釋名釋山。陵隆也。體隆高也。按載籍訓陵爲越爲升爲上爲乘。均有高義。阿應讀作柯。二字古通。春秋襄十九年。諸侯盟于祝柯。公羊作祝阿。是其證。詩湛露箋。使物柯葉低垂。疏。柯謂枝也。是陵亦喬。柯亦枝也。散文則通。對文則殊耳。

經誹譽本經

注。經書也。誹惡譽善。按注訓經爲書非是。莊子漁父而經子之所以。釋文引司馬云。經理也。呂氏春秋察傳是非之經。注。經理也。詩小旻匪先民是程。匪大猶是經。經與程互文耳。經亦程也。廣雅釋詁。程量也。量與理義相因。經誹譽。謂分理其誹譽。程量其誹譽也。

呼吸侵潭本經

注。侵潭。廣衍也。按潭應讀作尋。原道。故雖游於江潯海裔。注。潯讀葛覃之覃也。說山。瓠巴鼓瑟。而淫魚出聽。說文作伯牙鼓瑟。鱏魚出聽。爾雅釋言釋文。覃本又作潯。是其證也。史記孝武本紀。侵尋於泰山矣。索隱侵尋即浸淫也尋淫聲相近文選魏都賦綠芰泛濤而浸潭注浸潭漸漬也漸漬與浸淫義相仿原道浸潭苽蔣注浸潭之潤以生苽蔣既言浸潭之潤亦謂浸淫也

明可見者可得而蔽也本經

注蔽或作察按作蔽者是晉語及蔽獄之日注蔽決也左昭十四年傳叔魚蔽罪邢侯注蔽斷也決斷義相因可得而決也與上言可得而量也詞例相仿察雖有分別之義但下云色可察者作察則複

天下有能持之者有能治之者也本經

注有能持之者桀紂之民有能治之者湯武之君也

王念孫云有能治之者也當作未有能治之者也言詐僞並起天下有能以法持之者未有能以道治之者也其能治之者必待至人下文至人之治也云云是也文子下德篇作天下有能持之而未有能治之者也是其證高所見本蓋脱未字按高注上句就民言下句就君言引桀紂湯武以增成其義殊爲望文生訓然高所見本本無未字至明顯也文子不達其意而增未字王反據以改本書疏矣且王謂天下有能以法持之者未有能以道治之者也夫以法持之猶不得謂之非治也是王氏望文演訓與高注同也邪古字通詳經傳釋詞覽冥篇其失之非乃得之也

也讀邪正言之其失之乃得之也此言天下有能持之者有能治之者邪係反詰之詞正言之天下未有能持之者未有能治之者也讀也如字則失古人之語妙矣

故周鼎著倕使銜其指以明大巧之不可爲也本經

注倕堯之巧工也周鑄鼎著倕像於鼎使銜其指假令倕在見之使巧不能復踰但當銜齧其指故曰以明巧之不可爲也一說周人鑄鼎畫象鏤倕身于鼎使自銜其指以戒後世明不當大巧爲也按呂氏春秋離謂周鼎著倕而齕其指先王有以見大巧之不可爲也與此文略同注後說是也

扶撥以爲正本經

注撥任也扶治也按主術篇扶撥枉橈扶謂扶持撥謂撥正言枉橈者扶持而撥正之也亦即此扶撥以爲正之義也

嬴鏤雕琢本經

注嬴鏤文章按嬴乃蠃之譌易說卦傳爲蠃釋文京作螺姚作蠡本草蛞蝓一名陵蠡古今注作陵螺文選東征賦諒不登欅而椓蠡兮注蠡與蠃古字通漢書東方朔傳以蠡測海假蠡爲蠃方言六蠡分也楚曰蠡字亦作劙廣雅釋詁劙解也荀子彊國劙盤盂注劙割也然則此文嬴鏤即劙鏤矣劙鏤謂分解刻

鏤也。

以窮要妙之望本經

注。盡極要之觀望也。按注以要爲極要。非是。要幽古字通。要妙即幽妙。詳老子新證。

華蟲疏鏤本經

按禮記明堂位。疏屏疏。疏刻也。莊子盜跖。內周樓疏。章炳麟云。疏正作𤴓。說文。𤴓門戶青𤴓窗也。釋名釋宮室。樓謂牖戶之間有射孔。慺慺然也。是疏與鏤義相因。刻鏤使其透孔。故謂之疏鏤。

霜文沈居本經

注。鐃如霜。皆沒身中。故曰沈居。按沈湛古字通。載籍習見荀子性惡闔閭之干將莫邪鉅闕辟閭注。或曰。辟閭即湛盧。湛盧言湛然如水而黑也。居語詞。詳經傳釋詞。湛居猶湛然。言其清澈也。

人之性心有憂喪則悲。悲則哀。本經

注。有憂艱難也。喪亡也。亡失所離愛。則悲。悲則傷矣。承仕云。離愛疑當作親愛。按親離形殊。無由致誤矣。說非是。離應讀作昵。泰族篇離先稻熟。陶方琦云。說文秜字下云。稻今年落來年自生謂之秜。秜即離也。按陶說是也。昵之作離。猶離之作秜矣。

無所發貺本經

注。但中心相樂。無以發其恩賜也。按注讀貺如字。訓爲恩賜殊失本旨。貺皇古字通。書大誥若兄考。兄考即皇考。無逸無皇曰今日耽樂。則皇自敬德。漢石經皇均作兄。秦誓我皇多友之。公羊皇作況。書大傳甫刑皇於聽獄乎。注皇猶況也。詩棠棣況也永歎。釋文況或作兄。左僖十五年傳亦無貺也。釋文貺本亦作況。禮記聘義北面拜況。釋文況本亦作貺。均其證也。然則發貺即發皇。文選枚叔七發發皇耳目。是其左證。發謂開發。皇謂張大。發皇即發張之義。

非强而致之本經

注。非强行致孝子之情也。情自發于中。王念孫云。非强而致之。强下當有引字。高注當作非强引致孝子之情。今本正文脫引字。注內引字又誤作行。羣書治要引此正作非强引而致之。按非强而致之義本可通。王依治要於强下增引字。又改注文行字爲引。殊不可據。

尚與人化術主

按尚應讀作常。金文常字通作尚。

不使鬭爭術主

按使字不詞。使本應作事。金文使事同字。不事鬭爭。言不以鬭爭爲事也。下文不使風議。亦應作不事風議。

故曰樂聽其音則知其俗見其俗則知其化術主

王念孫云·樂字與下文義不相屬·當有脫文·文子精誠篇作聽其音則知其風·觀其樂即知其俗·見其俗即知其化·按王說非是·此應讀爲故曰句·樂句本無脫文·

而不能與胡人騎騵馬而服騊駼主術

按大鼎·命取⿰馬禹⿰馬冈世匹·許印林云·⿰馬禹⿰馬冈疑騊駼·⿰馬冈下有山·如⿱余品之从山也·許疑⿰馬禹⿰馬冈爲騊駼是也·惟以爲如⿱余品之从山則未允·⿰馬冈駼音假·駼魚部·⿰馬冈即⿰馬岡从岡聲·陽部·魚陽對轉·如撫之通⿺辶亡·幠之通荒·吾之通卬·舞之通⿱羽⿺辶亡·即其證也·

其猶零星之尸也主術

雙劍誃淮南子新證　卷二　一八

劉文典云·北堂書鈔九十引零作靈·按零靈古字通·論衡祭意·靈星者神也·獨斷·明星神一曰靈星·風俗通祀典·辰之神爲靈星·

脩行者競於往 主術

注·往自益也·孫詒讓云·往當爲任·形之誤也·後詮言訓云·君好智則倍時而任己·宋本任亦誤往·可與此互證·按競於任·不得云競於任己·句各有當·無以互證·孫說非是·論語述而·不保其往也·集解引鄭注·往猶去也·管子權修·無以畜之則往而不可止也·注往謂亡去也·上云主上闇而不明·羣臣黨而不忠·說談者游於辯·此言脩行者競於往·往謂去而不留也·肥

遯自修故注云往自益也

側耳而聽主術

劉文典謂御覽側耳作傾耳按賈山至言有傾耳而聽之語上云側目而視如作側耳於文爲複

所以㓻有司使無專行也主術

按㓻疑制之形譌張守節史記論字例制字作㓻法言淵騫魯仲連傷而不制司馬光云宋吳本制作㓻是其證也下文云是故有術則制人無術則制於人與此制字用法同

則奇材佻長而干次主術

注奇材非常之材佻長卒非純賢也故曰干次也按

侊長與干次對文玄應一切經音義五引字書侊輕也輕其正長而干其次位也猶今俗言不守分也

以不知爲道主術

注道常未知吳承仕云道常未知語不可通當作道尚无知按常字不必改常尚古通金文常字通作尚注未字正釋不字不應改无

若發堿決唐主術

注堿水堿也按堿乃坎之借字玉篇土部⿰土感口感切⿰土感坷漢孔耽神祠碑遭元二輱軻輱軻即轗軻从咸从感古字通易咸釋文咸感也左昭二十一年傳窕則不咸釋文咸本或作感轗軻亦即坎軻太玄經止

次六坎軻其輿易說卦傳坎陷也玄應一切經音義三引埤蒼埳亦坑也埳同坎注云堿水堿也即坎水坎也

然民有掘穴狹廬所以託身者主術

王念孫謂掘穴本作堀室堀古窟字並引治要御覽爲證按王以掘爲堀謂堀古窟字是也改穴爲室非也陶方琦引治要許注窟穴土室又引說文穴土室也爲證按陶說是也詩綿陶復陶穴即此所謂窟穴也

匡牀蒻席主術

注匡安也按莊子齊物論與王同筐牀釋文筐本亦

作匡·司馬云筐牀安牀也·崔云筐方也·一云正牀也

澤死暴骸者主術

按澤死不詞·應讀作釋尸·澤釋死尸字通·古籍習見·釋舍也·釋尸與暴骸相對爲文·

治國上使不得與焉主術

注·使不得與士傷之危·是上術也·按注說非是·使事金文同字·治國上事·言治國乃主上之事·故曰不得與焉·俞樾疑治國下脫非字·是讀使如字·故意增非字也·

侏儒瞽師人之困慰者也繆稱

注·慰可蹶也·一曰慰極·莊逵吉云·困慰本或作困懟·

注竝同疑作懟者是吳承仕云案朱本作懟懟即慰之譌也懟訓怨怒音義與困稍遠困慰者假慰爲豫詩綿維其喙矣毛傳云困也方言喙極也此注一曰慰極正與方言相應慰亦作蔚俶眞篇五藏無蔚氣注云蔚病也音義正同此字當爲慰之明證可蹶之訓未聞其審疑有譌文按困喙不詞可蹶之訓亦無譌文吳說未允慰應讀作鬱亦與蔚音近相假莊子外物慰暋沈屯釋文引李注慰鬱也後漢書仲長統傳彼之蔚蔚注蔚與鬱古字通楚辭憂苦志紆鬱其難釋注鬱愁也困鬱即困愁鬱可蹶也即愁可蹶也侏儒與瞽師不利於行故以鬱憂顛蹶爲言漢書刑

法志師朱儒注如湆曰師樂師盲瞽者朱儒短人不能走者是其證爾雅釋言鬱氣也李注鬱盛氣也素問五運行大論其令鬱蒸注鬱盛也字亦通蔚兵略篇設蔚施伏注草木蕃盛曰蔚按物盛則極故注云一曰慰極

是故聖人制其剟材繆稱

注剟疏殺也按注讀剟如字故訓為疏殺但非本義剟从叕聲與贅字通書顧命綴輅在阼階面周禮典路注綴輅作贅路公羊襄十四年傳注君若綴旒然釋文綴一本作贅荀子富國嚽菽飲水注嚽與啜同均其證也贅讀莊子駢拇附贅懸疣之贅贅材本無

可用而聖人制而用之故下云無所不用矣贅材且如此則非贅材可知矣上云天雄烏喙藥之凶毒也良醫以活人侏儒瞽師人之困慰者也人主以備樂贅材正承此義爲言

不能使無憂尋繆稱

注憂尋憂長也按憂尋與上文苟易對文訓憂長則非對文矣下文其憂尋推之也注憂尋憂深也憂深於義亦未符尋應讀作燂古从尋从覃字通詳本經篇呼吸浸潭條廣雅釋詁燂思也釋訓悇燂懷憂也王氏疏證謂憂與思同義然則此文憂燂卽憂思思與憂義相因猶上文之苟與易也

句吴其庶乎　繆稱

注。句吴夷語不正。言吴加以句也。按者減鐘作工𠭯。金文吾字亦假𠭯爲之。大差監作攻吴。余所藏公子光戈夫差劍作攻敔。句工攻與吴𠭯敔均一音之轉。

嘰而哀　繆稱

按下文紂爲象箸而箕子嘰。注。嘰唏也。史記十二諸侯年表序作紂爲象箸而箕子唏。唏與嘰音近。字通。

金錫不消釋則不流刑　繆稱

注。刑法。按刑謂范也。言金錫不消釋則不能流之於刑範。所謂陶鑄也。

岸崝者必陀　繆稱

注：崝，峭也。阤，落也。陶方琦云：崝因峭字而譌，當是峻字。按陶說非是。崝字義本可通。方言六：崝，高也。然則岸崝即岸高矣。

雙劍誃淮南子新證卷三

海城于省吾

拘罷拒折之容齊俗

注拘罷圜也拒折方也按罷無圜意罷應讀作盤古音讀罷如婆隸歌部盤元部歌元對轉周禮典同陂聲散注陂讀爲人短罷之罷按古籍罷疲字通不煩舉證詩東門之枌市也婆娑說文作市也媻娑文選神女賦又婆娑乎人閒李注婆娑猶盤姍也錢大昕論古無輕脣音謂古讀繁如鞶又轉婆音易賁六四賁如皤如釋文皤董音槃荀作波是均从皮从般聲通之證盤古文作般易明夷六二夷於左股釋文引

王肅作般云旋也拘罷本即鉤盤金文鉤作句內公鐘句內公作盨從鐘之句是其證也禮記曾子問注又以繩從兩旁鉤之釋文鉤本又作拘莊子徐無鬼上且鉤乎君釋文鉤亦作拘拒矩古字通然則拘罷拒折之容即鉤盤矩折之容也周髀算經上故折矩以爲勾廣三股修四徑隅五既方之外半其一矩環而共盤得成三四五按勾俗句字詩六月元戎十乘以先啟行傳元大也夏后氏曰鉤車先正也箋鉤鉤般行曲直有正也是鉤般乃古人成語言其容如鉤之盤如矩之折鉤盤與矩折對文鉤盤圜也矩折方也與注義正符

而仁發恲以見容齊俗

注·洴色也·按洴與迸通·文選海賦·海水迸集·注·字書曰·迸散也·發洴乃謰語·散與發義相因·此言而仁發散以見容也·

含珠鱗施 齊俗

注·鱗施玉紐也·劉台拱云·續漢書禮儀志·金縷玉柙·注·引漢舊儀曰·腰以下以玉爲札·長一尺二寸半·爲柙·下至足·亦縫以黃金縷·紐當是柙誤·按呂氏春秋節喪·含珠鱗施·注·鱗施·施玉於死者之體如魚鱗也·亦足以與劉說相發·

其所以作法不可原也 齊俗

按原古諒字·廣雅釋詁·諒度也·

指奏相反齊俗

按奏應讀作趣．詩緜．予曰有奔奏．釋文．奏本亦作走．書君奭．傳爲胥附奔走．釋文．走又作奏．說林篇．木者走山注．走讀奏記之奏．釋名釋姿容．走奏也．走古亦作趣．詩緜．來朝走馬．玉篇走部作來朝趣馬．書立政．趣馬小尹金文通作走馬．是其例證．然則指奏卽指趣．

瞽師之放意相物寫神愈舞而形乎絃者齊俗

按愈應讀作喻．謂比喻舞蹈之意而形乎絃也．

夫一是非宇宙也齊俗

按夫猶彼也．詳經傳釋詞上言此一是非隅曲也．此

與彼對文・

克殷殘商　齊俗

注・殘商誅紂子祿父・按殘商即詩閟宮實始翦商之翦商・从戔之字與翦音近相借・儀禮既夕禮緇翦注・今文翦作淺・詩甘棠勿翦勿伐・釋文引韓詩翦作剗・禮記文王世子不翦其類也・周禮甸師・鄭司農注作不踐其類也・說文引詩作實始戩商・翦戩一聲之轉・

於是百姓糜沸豪亂　齊俗

按豪應讀作秏・秏亂謰語・秏亦亂也・漢書酷吏傳贊・寖以秏廢・注・秏亂也・秏同耗・精神篇・弗疾去則志氣日秏・注・秏猶亂也・

夫乘奇技僞邪施者齊俗

按僞應讀作爲．二字古通．治要逕改作爲．非是．上文非批邪施也．是邪施乃古人成語．施亦邪也．字又作迆．說文．迆．衺行也．是其證．

褢子疏隊而擊之道應

注．疏．分也．隊．軍二百人爲一隊．分斯隊卒擊之．按分隊卒而曰疏隊．甚爲不詞．隊．古隧字．謂潛道也．疏謂疏通．言通其隧道而擊之也．

齧鈌繼以讎夷道應

注．讎夷．熟視不言貌．按讎夷卽讎眱．廣雅釋訓．讎眱直視也．與注義符．

中山公子牟道應

注。中山鮮虞之國。按杕氏壺鮮虞作鮮于。

寡人得立宗廟社稷道應

俞樾云。立字無義。疑主字之誤。劉文典云。列子說符篇及藝文類聚五十二引本書竝作寡人得奉宗廟社稷。可據以訂正俞說。非。按立奉無由致譌。立古涖字。國差𦉜。陳猷釜。並有立事之語。立事即涖事。涖臨也。此言寡人得臨宗廟社稷也。

是直聖人之糟粕耳道應

注。糟酒滓也。粕已漉之精也。陶方琦云。莊子釋文引許注作粕已漉粗糟也。今注之精二字即粗糟之譌。

按注精字乃粗字之譌。本應作粕巳漉之粗也。

襄子擊金而退之（道應）

注。軍法鼓以進衆鉦以退之。按文選東京賦司鐸授鉦。薛注。鉦鐸所以爲軍節。按鉦即句鑃。即大鐸也。郗譖尹句鑃作征城。余冉鉦作鉦鍼。

將衰楚國之爵而平其制祿損其有餘而綏其不足（道應）

按衰謂等衰。綏讀如字不詞。應讀作委。禮記明堂位夏后氏之綏。注。綏當爲緌。禮記雜記。以其綏復。注。綏當爲緌。疏。但經中綏字絲旁著妥其音雖訓爲委均其證也。齊策。願委之於子。注。委付也。此言損其有餘而付其不足也。

大貝百朋應道

注五貝爲一朋也。俞樾謂高氏泥鄭箋五貝之說。以注此文。殊非塙詁。古者實以二貝爲一朋。按王國維說玨朋。謂五貝一系。二系一朋。俞說未允。

相女童應道

注相女童相視之一曰相匠也。按視女童匠女童均失本義。周禮大僕王燕飲則相其灋。注相左右儀禮鄉飲酒禮。相者二人。注相扶工也。衆賓之少者爲之。每工一人。禮記禮器。樂有相步。注相步扶工也。然則相女童謂以女童爲扶持也。

善之則吾畜也應道

按畜應讀爲孟子畜君何尤之畜畜好也下言不善則吾讎也謂善之則吾之友好也不善則吾之讎怨也畜讎相對爲文

甲兵未及鋭弊也道應

按鋭字不詞鋭應讀作脱鋭脱古本並作兑故相通也鋭弊即脱弊

淚注而鳶肩道應

注淚水王念孫云淚注當爲渠頸高注淚水當爲渠大皆字之誤也俗書渠字或作淭淚字或作淭二形相似故渠誤爲淚廣韻淭强魚切引方言云杷宋魏之閒謂之淭挐淭即渠字玉篇云淭俗淚字皆其證

也頸誤爲注者注字右邊主爲頸字左邊巠之殘文又因淚字而誤加水旁耳按王以淚爲渠其說至當惟頸誤爲注失之牽强注當讀爲脰脰古讀如度故與注通玄應一切經音義十七駐古文住尌侸逗四形同方言七傺眙逗也注逗即今住字也漢書匈奴傳逗遛不進注逗讀與住同是均从主从豆字通之證蓋注與脰爲音假非注與頸爲形譌也爾雅釋獸麐麔短脰注脰項說文脰項也莊子德充符其脰肩肩釋文脰頸也然則渠注而鳶肩即渠脰而鳶肩矣

若士者齤然而笑曰道應

按說文齤缺齒也一曰曲齒讀若權段玉裁云按淮

南子道應訓．若士齤然而笑．謂露其齒病而笑也．

若我南游乎罔㝗之野．道應

按莊子應帝王．以處壙埌之野．釋文引李注．壙埌無

滯爲名也．罔㝗卽壙埌．字異而義同．

吾猶未能之在．道應

注．吾尚未至此地．按注讀在如字．不詞．在哉古字通．

甲骨文．在字通作才．金文在哉亦十九假才爲之．書

立政．是罔顯在厥世．漢石經在作哉．康誥．今民將在．

召誥．智藏瘝在．二在字均應讀作哉．詳尚書新證．此

言其餘一舉而千萬里．吾猶未能之哉．本書多此等

句法．詳要略篇．

乃止駕柸治悖若有喪也道應

注止其所駕之車·楚人謂恨不得爲柸治也·王念孫云·止柸治之止當爲心·隸書心字作𢗅·止字或作𣥂·二形相似·又涉上句止字而誤也·乃止駕爲句·心柸治爲句·悖若有喪也爲句·柸治疊韻字·言其心柸治然也·莊本删去止字非是·俞樾云柸治之義·高注曰·楚人謂恨不得爲柸治也·其實柸治即不怡也·不怡二字本於虞書·古人習用之·國語晉語曰·主色不怡·太史公報任少卿書曰·聽朝不怡·此言心不怡·非必楚語·因聲語而爲柸治·其義始晦矣·按俞以柸治爲不怡·其説未允·上言若士舉臂而竦身·遂入雲中·盧

敖仰而視之弗見，是當時之情形。心不怡三字，實不足以眩之，柾治二字疊韻謰語，乃怔台之假借。玉篇心部：「怔，恐也。」廣雅釋詁：「台，懼也。」是怔台乃恐懼之義，故下言「悖若有喪也」。盧敖以若士入雲爲神異，故中心恐懼也。怔台亦作謾台，怔謾一聲之轉。方言：「謾台，懼也。燕代之閒曰謾台。」是其證也。

則不能漏理其形也道應

注：「漏，補空也。」按注說未允。漏疑滿字之形譌。廣雅釋詁：「滿，充也。」「充，滿也。」孟子萬章「充類至義之盡也」，注：「充，滿也。」左襄三十一年傳「寇盜充斥」，注：「充，滿。」是滿充互訓之證。上云：「此言精神之越於外，智慮之蕩於內」，故接

以則不能充理其形也。

故大人之形不掩以繩道應

注：掩猶揮也。俞樾云：掩乃扶字之誤。管子宙合篇曰：千里之路，不可扶以繩。是其證也。按：掩扶形殊，無緣致誤。掩應讀作按。此言大人之行，不能按之以繩也。荀子富國：掩地表畝。即按地表畝，詳荀子新證。至管子言扶繩，義各有當，不應援彼以改此也。

夏日則不勝暑熱蟁䖟氾論

注：䖟讀詩云言采其莔之莔也。按：今詩載馳作言采其蝱，高習魯詩，知魯詩作莔也。

後世爲之機杼勝複氾論

按勝應讀作乘。勝乘古互爲音訓。故得相借。詩正月。靡人弗勝。傳。勝乘也。書西伯戡黎序。周人乘黎。傳。乘勝也。呂氏春秋權勳。天下兵乘之。注。乘猶勝也。均其例證。下云。彊弱相乘。注。乘加也。漢書王莽傳。前後相乘。注。乘積也。算術之乘法。亦即加積之義。加積與複義相因。上云。緂麻索縷。手經指挂。其成猶網羅。言其疏也。此言後世爲之機杼乘複。以便其用。而民得以揜形御寒。言其麻縷用機杼織之乘複密緻。故曰。揜形御寒也。

抱甀而汲。氾論

注。甀武。今兗州曰小武爲甀。幽州曰瓦。按武即甒。亦

作甒作𤮾作廡集韻九麌甒𤮾𤭛同廣雅釋器𤮾瓶也儀禮既夕禮甒二注甒亦瓦器也士冠禮一甒醴注古文甒作廡均其證也

衝絕道路氾論

按衝絕不詞衝乃衡字之誤衡橫古字通載籍習見山海經大荒西經橫道而處注言斷道也按橫道猶此言橫絕道路也史記留侯世家羽翮已就橫絕四海橫絕四海當可奈何是橫絕乃漢人成語

故桀囚於焦門而不能自非其所行氾論

按主術篇擒之焦門注焦或作巢是焦巢以音近字通

何謀之敢當汜論

王念孫云。當字義不可通。羣書治要引作何謀之敢慮是也。慮字隸書或作憲。因誤而爲當。俞樾云。當字無義。羣書治要作慮。然謀即慮也。何謀之敢慮義亦難通。當疑蓄字之誤。言救罪且不給。不暇更蓄他謀也。按王俞二說並非。當應讀作嘗。二字並諧尚聲。故相通借。荀子性惡。今當試去君上之埶。今當試即今嘗試。君子先祖當賢。注。當或爲嘗也。此例古籍習見。嘗謂嘗試。上言湯武救罪之不給。此云何謀之敢嘗試。言湯武之不敢以謀嘗試桀紂也。

莙蘋之與藁本也汜論

按芎藭即营藭說文营藭香草也芎司馬相如說营或从弓史記司馬相如傳穹窮昌蒲索隱引郭璞今歷陽呼爲江離山海經西山經其草多葯䕡芎藭注芎藭一名江蘺

闇主亂于姦臣小人之疑君子者氾論

按疑應讀作儗漢書食貨志下疑於南夷注疑讀曰儗儗猶比也禮記曲禮下儗人必於其倫注儗猶比也

薛燭庸子見若狐甲於劍而利鈍識矣氾論

注薛齊邑也燭庸氏子通利劍俞樾云狐甲之義不可曉狐疑爪字之誤按俞說是也然尚未知古狐字

本省作瓜，因而致譌也。孚子壺命瓜君孚子作鑄尊壺，命令金文同用。命瓜即令狐，是其證。

水生蠪蝂 氾論

劉台拱云：蠪當作蚝，同蚌，音棒。説山訓：明月之珠光於蚝蝂。説林訓注：蚝，大蛤。按：劉説是也。墬形篇：硥魚在其南。注：硥讀如蚌也。亦其證也。

太祖軵其肘 氾論

注：軵，擠也。讀近茸，急察言之。按：急察本應作急氣。説林篇：不發戶轔。注：轔讀似鄰，急氣言乃得之也。是其證。

枕戶橉而臥者，鬼神蹠其首 氾論

按說林篇不發戶轔注轔戶限也楚人謂之轔轔讀似鄰急氣言乃得之也此篇作橉是橉轔字通

詮言訓 詮言

注詮就也就萬物之指以言其徵事之所謂道之所依也故曰詮言按玄應一切經音義十引淮南子云詮言者所以譬類人事與相解喻也較訓詮爲就於義爲長當是許高二注之異

厭文搔法 詮言

注厭持也搔勞也按注訓搔爲勞蓋讀搔爲慅爾雅釋訓慅慅勞也然勞法不詞慅應讀作操詩白華念子懆懆懆懆即慅慅廣雅釋訓慅慅憂也荀子

正論。愋嬰注。愋嬰當爲澡嬰。是从蚤从喿字通之證。

操亦持也。厭文與操法對文。注訓厭爲持者。儀禮鄉

射禮賓厭衆賓。注。引手曰厭。是其證。

事之敗也不足以弊身詮言

王念孫云。不足以弊身。不字涉上文而衍。此言功成

則不足以償其責。事敗則適足以斃其身也。文子符

言篇作事敗足以滅身。是其證。按王說未允。弊應讀

作蔽。蔽謂覆蓋。不足以覆蓋其身。亦即滅身之義。文

子改弊爲滅。故删不字。不應據彼以改此也。

雖有聖賢之寶詮言

俞樾云。寶字無義。疑當作貧。荀子性惡篇。離其資。楊

注曰。資材也。謂雖有聖賢之材也。資與寶形似而誤。

按俞說非是。論語陽貨。懷其寶而迷其邦。皇疏。寶猶

道也。廣雅釋詁。寶道也。王氏疏證云。寶與道同義。故

書傳多竝舉之。禮運云。天不愛其道。地不愛其寶。呂

氏春秋知度篇云。以不知爲道。以奈何爲寶。太元元

衝云。晬君道也。馴臣保也。保與寶同。按王說是也。可

證俞改寶爲資之誤。

雖割國之鎦錘以事人詮言

注。六兩曰鎦。倍鎦曰錘。按鎦錘以衡言。割國之鎦錘。

不言何物。其義殊昧。竊疑鎦錘謂邊垂。當係古語之

已湮者。弓鎛。師于淄灊。灊即湩。孫詒讓謂爲淄水之

津。則義與此異。呂氏春秋應言篇。今割國之錙錘矣。而因得大官。且何地以給之。上言魏令孟卬割絳窌安邑之地以與秦王。是絳窌安邑乃魏之邊垂無疑矣。高注呂覽謂錙錘爲銖兩。於義亦未符也。

而邪氣因而不生詮

王念孫云。邪氣因而不生。本作邪氣自不生。言治身養性皆得其道。則邪氣自然不生。非常恐其生而豫備之也。今本作邪氣因而不生者。自誤爲因。後人又加而字耳。太平御覽引此正作邪氣自不生。按邪氣因而不生。義本可通。不必據類書以改成文也。

行所不得已之事而不解構耳詮

按人閒篇或解搆妄言而反當構搆字通亦作解垢莊子胠篋解垢同異之變多則俗惑於辯矣釋文引崔注解垢詭曲之辭此言而不解構即而不詭曲耳

善博者不欲牟詮言

注博其棋不傷爲謀也按楚辭招魂成梟而牟注倍勝爲牟楚策夫梟之所以能爲者以散棊佐之也夫一梟之不勝五散亦明矣史記范睢蔡澤列傳君獨不觀夫博者乎或欲大投或欲分功索隱言夫博奕或欲大投其瓊以致勝或觀其勢弱則大投地分而分功以救違按不欲牟謂五散分功不欲以一梟取勝也下云不恐不勝平心定意投得其齊行由其理

雖不必勝得籌必多前後義正相銜

不足以易其一槩詮言

按詩載馳傳進取一槩之義疏一槩者一端文選長笛賦老莊之槩也注槩猶節也一節與一端義同

日月廋而無溉於志詮言

注廋隱也溉灌也己自隱藏不以他欲灌其志也按注訓溉爲灌至爲迂曲莊子至樂我獨何能無槩然釋文引司馬注槩感也槩同概通溉史記范睢蔡澤列傳而不概於王心邪集解引徐廣概一作溉音同文選七發於是澡槩胷中注槩與溉同是其證此言而無溉於志即而無感於志也

今有美酒嘉肴以相饗，卑體婉辭以接之，欲以合歡，爭盈爵之閒，反生鬭。詮言

王念孫云。文選鮑照結客少年場行注引此，以相饗。饗上有賓字。反生鬭。反上有乃字。句法較爲完繕。按王說非是。反上不必增乃字。饗上增賓字，於文尤贅。

故神制則形從，形勝則神窮。詮言

注。神制謂情也。情欲使不作也。而形體從心以合形。勝謂人體躁動。勝其精神。神窮而去也。俞樾云，文子符言篇作故神制形則從。形勝神則窮。當從之。此申明上文神貴於形之義。言可使神制形。不可使形勝神也。觀高注則其所據本已誤。按此文神對形言。形

對神言·神制謂神制形也·形勝謂形勝神也·文子作故神制形則從·形勝神則窮·不逮此文之古質矣·且但言從言窮·不如形從神窮之明憭矣·

含牙帶角兵略

按唐鈔本帶作戴·當從之·

有毒者螫兵略

劉文典云·御覽九百四十四引螫作蠚·按唐鈔本作𧍞·與蠚同·說文蠚螫也·

萬人搔動兵略

按唐鈔本人作民·搔作騷·

故不得不中絕兵略

注中絕謂若殷王中相絕滅按唐鈔本注文作中絕謂若夏殷中相絕滅也較今本爲優

故黄帝戰於涿鹿之野兵略

按唐鈔本涿作蜀注同野作壄

不至於爲炮烙兵略

按唐鈔本烙作格是也

害百姓兵略

按唐鈔本害作虐

毋爇五穀兵略

注爇燒也按唐鈔本爇作𤈦注同

而齊桓之所以成霸也兵略

按唐鈔本齊桓下有晉文二字。無所字。以上句此湯武之所以致王例之。有所字是。

相支以日。兵略

俞樾云。相支以日。甚爲無義。文子上義篇作相交於前。當從之。交與支形似而誤。交誤爲支。因改於前爲以日。使成文義耳。按俞說非是。上既言至於伏尸流血。下無須再言相交於前。明矣。相支以日。謂其兵連禍結而不解也。下云而霸王之功不世出者。自爲之故也。相支以日。與不世出之義相因。

兵有三詆。兵略

注。詆。要事也。按詆乃柢之借。爾雅釋言。柢本也。氾論篇而利民爲本注本要故注訓爲要事也劉文典謂書鈔引詆作體按書鈔不解詆之義而改之也下文總束三柢曰今夫天下皆知事治其末而莫知務脩其本釋其根而樹其枝也正與柢義相應

鼓錞相望兵略

注錞錞于大鐘也按師猷毀十五錞鐘周禮鼓人以金錞和鼓注錞錞于也圜如碓頭大上小下樂作鳴之與鼓相和

釋其根而樹其枝也兵略

按唐鈔本釋上有是字語氣完足

刑德奇賌之數兵略

注奇賫陰陽奇秘之要按唐鈔本注文要下有非常行也四字

恆有不原之智兵略

按原猶謜也廣雅釋詁謜度也周禮大司徒測土深注測猶度也是度測同訓下文是故聖人藏於無原猶言藏於不測也

夫論除謹兵略

注論除論賢除吏謹慎也按論掄字通說文掄擇也吕氏春秋當染勞於論人而佚於官事注論猶擇也是其證

此尉之官也兵略

按唐鈔本尉上有大字。此大尉之官也。下有營軍辨賦地極錯軍處此司馬之官也十五字。又有注文軍司馬司主兵馬者也。王引之云。下言五官。而上衹有四官。寫者脱其一也。兵甲治下當有此司馬之官也一句。自論除謹至兵甲治。皆司馬之事。非尉之事。且句法亦與下不同。自正行五以下。乃是尉之事耳。按此應據唐鈔本訂補。且五官分職。既言大尉。其權亦必甚重。此文司馬。係就軍司馬言之。非大司馬也。不應增於兵甲治下明矣。

昔者楚人地南卷沅湘。兵略

劉文典云。昔者楚人地。初學記地部中引作昔荆楚之地。按唐鈔本作昔楚之地。雖無荆字。而之譌作人。固無疑也。

蛟革犀兕兵略

按唐鈔本蛟作鮫。文選吳都賦扈帶鮫函。劉注鮫函鮫魚甲可爲鎧。按蛟鮫有別。蛟龍屬。鮫魚屬。然古書多互錯。

錯車衛旁兵略

按唐鈔本錯作銷。氾論篇銷車以鬭注銷讀絙綃之綃也。

發閭左之戍兵略

注。秦皆發閭左民。未及發而秦亡也。按唐鈔本注文而上有右字。當據補。

挽輅首路死者兵略

按唐鈔本作枕輅首路而死者。於義爲長。當據訂。

非有牢甲利兵勁弩强衝也兵略

按唐鈔本牢作堅。

周錐鑿而爲刃兵略

注。周內也。撚矜以內鑽鑿也。按唐鈔本錐作鑽。是也。如本作錐。注不應曰內鑽鑿。漢書刑法志。其次用鑽鑿。是鑽鑿古人連稱之證。

至共頭而墜兵略

注。共頭山名。在河曲。共山墜隕也。按唐鈔本墜作山隊二字,荀子儒效作至共頭而山隧,隧同隊,古墜字。又注文在河曲,唐鈔本作在河内也,當從之,荀子注共河内縣名,共頭蓋共縣之山名,按古謂大河以北爲河内,至河曲在今山西永濟縣,與此無涉。

力敵則智者勝愚兵略

按唐鈔本勝愚作制遇,是也,上言德均則衆者勝寡,下言智侔則有數者禽無數,智舊作勢,依王念孫說改,唐鈔本亦作智,三句平列,今本制作勝,則與勝寡之勝複,愚遇古籍多通用。

善形者弗法也兵略

按唐鈔本善下無形字,是也,此涉上下文形字而誤衍。上。云。此皆以形相勝者也。此不應曰善形者弗法也。下云皆非善者也。善者之動也。是善下不應有形字明矣。

莫能應圉兵略

按唐鈔本應作壅。

疾雷不及塞耳兵略

注用疾雷之聲。不暇復塞耳也。按唐鈔本用作闇。是也用闇草書形近而譌。

善用兵若聲之與響兵略

按唐鈔本兵下有者字。

故紂之卒百萬之心武王之卒三千人皆專而一故千

人同心則得千人力兵略

按唐鈔本作故紂之卒百萬而有百万之心武王卒三千皆專而爲一故千人同心則得千人之力較今本爲完善惟武王下仍應有之字

動無墮容兵略

按唐鈔本墮作惰容誤爲客

故民誠從其令雖少無畏民不從令雖衆爲寡兵略

按唐鈔本從下無其字寡作衆是也下言民不從令與民誠從令反正爲義有其字於文爲贅後人以寡與衆反正爲義而改衆爲寡不知雖衆爲寡反與雖少無畏不相對矣

誠積踰而威加敵人兵略

按唐鈔本積下有精字。誠積與精踰相對。當據補。

發笱門兵略

按唐鈔本發作菝。

一人守隘而千人弗敢過也兵略

按唐鈔本隘作險。

善用閒諜兵略

注言單之反閒也。按唐鈔本注文言作諜。當據訂。

鈴縣而後動兵略

按唐鈔本鈴作權。

人不及步鋗兵略

王引之云：鋗字義不可通，鋗當作趨，隸書趨字作趍，與鋗相似而誤。淮南書中趨字多有作趍者，故知鋗爲趍之誤。人不及步趨者，用兵神速，敵人不及走避也。趨字入聲，則音促，正與上下文之木、遫、轂、木、角、格爲韻。按王說非是。鋗、趍形不相近，無由致誤。鋗乃錯字之譌，易小過初六：飛鳥以凶。王注：无所錯足。步之言錯，猶足之言錯也。錯字正與上下文爲韻。

兵之所隱議者，天道也。兵略

按：廣雅釋詁：隱，度也。度議平列，下言所圖畫者，地形也。隱議與圖畫對文。又下文云：故善用兵者，上隱之天，下隱之地，中隱之人。隱亦度也。

掩節而斷割兵略

注。掩覆也。覆其節制斷割也。按注訓掩爲覆。非是。掩

按古字通。詳道應篇不掩以繩下。掩節而斷割。即按

節而斷割也。

涉水多弓兵略

注。水中不可引弩。故以弓便。按涉水多弓不詞。本應

作涉則用弓。此言水中不便於用弩鐖以發矢。故曰

用弓。注故以弓便。以字正釋用字。且易則用車。與險

則用騎。對文。涉則用弓。與隘則用弩。對文。今作涉水

多弓。因注文水字及下文晝則多旌。夜則多火。晦冥

多鼓而誤。晝則多旌。夜則多火。二句平列。晦冥多鼓

爲單句。此古人文字奇偶之變。極整齊亦極錯落。中間不應作涉水多弓以自紊其詞例也。

擒之黄池兵略

按邗王壺黄池作黄沱。

雙劍誃淮南子新證卷四

海城于省吾

是謂玄同說山

注：玄，天也。天無所求也。人能無所求，故以之同也。吳承仕云：「之當作天，以讀爲與。注言人能無求則與天同，故謂之玄同。」按吳讀以爲與，是也。謂之當作天，非也。之字即指天言，無由誤作天也。

不愛江漢之珠而愛己之鉤說山

注：江漢雖有美珠，不爲己用，故不愛也。鉤，釣鉤也。可以得魚，故愛之。王念孫謂正文鉤字本作釣。劉台拱云：「鉤，帶鉤也。說林訓：滿堂之坐，視鉤各異，於環帶一

也。可見當時之俗。以此相矜。劉文典云：鉤以玉爲之。故得與江漢之珠相對爲譬。鈞鉤賤物。豈其類哉。按二劉說是也。晉語。申孫之矢集于桓鉤。注。鉤帶鉤也。呂氏春秋貴卒。管仲扜弓射公子小白。中鉤。注。鉤帶鉤也。莊子胠篋。竊鉤者誅。釋文鉤謂帶也。按近世發現之周秦帶鉤。或以銅爲之。或以玉爲之。此就玉鉤而言也。注及王說並非。

慶忌死劍鋒不給搏說山

注。搏捷也。慶忌吳王僚之子也。要離爲闔閭刺之。故死劍不及設其捷疾之力。按注以不給爲不及。是也。晉語。豫而後給。注。給及也。兵略篇。疾雷不及塞耳。唐

鈔本及作給是其證惟注訓搏爲捷義猶未符荀子富國是猶烏獲與焦僥搏也注搏鬬也此言慶忌死於劍鋒不及與要離搏鬬也

聖人無止無以歲賢昔日愈昨也說山

注賢愈猶勝也言今歲勝於昔歲今日勝於昨日喻聖人自修進也劉台拱謂無以之無當作是按無是形殊無由致誤無非有無之無無轉語詞也詳經傳釋詞

玉待礛諸而成器說山

注礛諸攻玉之石言物有待賤而貴者也礛廉或直言藍也按礛諸亦作厱諸說文厱諸治玉石也亦作

礛䃴廣雅釋器礛䃴礪也

尾生死其梁柱之下說山

注尾生⿱止从人按⿱止从古旅字說文旅之古文及古文四聲韻引石經古文旅並作⿱止从旅魯音近字通史記周本紀魯天子之命書序嘉禾篇作旅天子之命是其證宋本注文作尾生魯人是改旅爲魯仍應作⿱止从以存古文也

死而棄其招簣說山

注招簣稱死者浴牀上之柹也按招本應作柖廣雅釋器浴牀謂之柖

欲學歌謳者必先徵羽樂風欲美和者必先始於陽阿

采菱說山

注徵南方火羽北方水五音正樂正夫理情性動天地感鬼神莫近于詩樂風者上以風化下下以風刺上故曰風也陽阿采菱樂曲之和聲有陽阿古之名俳善和也按注文陽阿以前在樂風下是注以必先徵羽樂風爲句恐失本義此當以樂風欲美和者爲句風者歌曲之謂也論衡明雩引論語風乎舞雩說風歌也山海經大荒西經祝融生太子長琴是處榣山始作樂風注創制樂風曲也然則樂風即樂之歌曲也下之陽阿采菱正承此爲言徵羽謂五音樂風謂歌曲二者有別注蓋以爲欲學歌謳者與欲美和

者對文不知但言欲美和者殊無所指此段句法參差不盡字字相對觀上文可知也

遺人車而稅其轙說山

注轙所以縛衡也按景宋本轙作轙注同說文轙車衡載轡者爾雅釋器載轡謂之轙郭注車軛上環轡所貫也急就篇軹軾軫軨轙軜衡顏注轙車衡上貫轡環也衡者橫也橫木在馬頸上者轙爲貫轡之環注稱縛衡之說當未允也

乃知其大相去之遠說山

注遠猶多也王念孫云乃知其大大字因上文而衍乃知其相去之遠文義甚明句中不當有大字按有

大字於文可通。乃知其大逗。相去之遠句。乃知貫大與相去之遠爲言。猶云乃知其大。乃知其相去之遠也。

懸羽與炭而知燥溼之氣說山

注。燥故炭輕。溼故炭重。按景宋本溼作濕。泰族。夫濕之至也。莫見其形。而炭已重矣。與注說可互證。

故桑葉落而長年悲也說山

注。桑葉時將茹落。長年懼命盡。故感而悲也。按文選魏都賦。神惢形茹。注。茹臭敗之義也。注言茹落猶敗落也。

劉靡勿釋牛車絶轔說山

注，劉切，楚人謂門切爲轔，車行其上則斷之。孟子曰城門之軌，非兩馬之力。轔讀近藺，急舌言之乃得也。按注以劉爲切，是讀劉爲鐖。然鐖靡連稱，於古無徵。此劉靡當即羈縻之假字。漢書刑法志：是猶以鞿而御駻突。集注引晉灼：鞿，古羈字也。是劉可讀羈之證。靡縻字通，古籍習見。史記司馬相如傳其義羈縻勿絕而已。索隱：羈，馬絡頭也；縻，牛紖也。此分言之耳，合言之則牛馬均可稱羈縻也。

以手抪說林

按說文：抪，揰也。桂氏說文義證云：揰也者，疑推之譌。徐鍇韻譜：抺，推也。玉篇：抪，引推也。廣韻：抪，推。抪按桂說是也。

寒將翔水林說

注：寒將水鳥，陶方琦云：文選謝惠連擣衣詩注引許注：寒蜇蟬屬也。按當從許說。水鳥翔木，與下句各哀其所生之義不符，且上文鳥兎狐並言，不應於鳥之外再言水鳥也。

偷肥其體林說

注：偷，取也。按注說非是。荀子榮辱：今夫偷生淺知之屬。注：偷者，苟且也。史記淮南衡山王列傳：王亦偷欲休。集解引徐廣：偷，苟且也。晉語：民孰偷生。注：偷，苟也。偷肥其體，言苟肥其體。上云狗彘不擇甂甌而食，不

擇與苟且之義相符。

而殆於蝍蛆 林說

注。蝍蛆蟋蟀。爾疋謂之蜻蛚之大腹也。上蛇蛇不敢動。故曰殆於蝍蛆也。按莊子齊物論。蝍且甘帶。釋文且字或作蛆。李云。蝍且蟲名也。廣雅云。蜈公也。爾雅云。蒺藜蝍蛆。郭璞注云。似蝗大腹長角。能食蛇腦。按蜈公今廣雅釋蟲作吳公。王念孫疏證云。本草蜈蚣陶注云。一名蝍蛆。其性能制蛇。見大蛇便緣而噉其腦是也。按郭注與此注合。二說可並存。

坐者不期而拚皆如一 林說

按拚景宋本作拚。是也。說文。拚拊手也。字亦作抃。吕

氏春秋古樂帝嚳乃令人抃注兩手相擊曰抃

倚者易軵也林說

注軵讀軵濟之軵按軵應讀作踣从付从音古字通時則蟄蟲培戶培戶即附戶風俗通山澤培塿無松柏說文培塿作附婁是其證爾雅釋言斃踣也孫注前覆曰仆仆同踣上言傾者易覆也踣亦覆也互文耳

任動者車鳴也林說

注任者輦也詩云我任我輦按注說之誤已詳俞氏平議但俞謂任爲考工記之任木任木而祇稱之曰任於古無徵此任字當即任載之任動本應作重涉

上文動字而譌金文動字作童重童古同用此言載重者車鳴也呂氏春秋博志以重載則不能數里任重也是任重乃古人成語

蔏苗類絮 林說

王念孫謂蔏本作藡莊本改蔏爲蔏不知說文玉篇廣韻集韻之皆無蔏字也按景宋本亦作蔏金文適字通作商則藡之作蔏正古文之僅存者王說非也

涔則具擢對 林說

注擢對貯水器也按擢對乃銚銳之假字集韻三十四嘯銚燒器或作銚从翟从兆古字通周禮守祧掌守先王先公之廟祧鄭司農注濯讀爲祧爾雅釋魚

蚤小者趒。釋文趒衆家本作濯。釋訓佻佻契契。文選魏都賦注作嬥嬥契契。是其證也。銚从兆聲。兆對聲韻並同。朱駿聲以對爲丵字之誤。失之。方言五盌謂之盂。或謂之銚鋭。方言十三盂謂之銚鋭。

故解捽者不在於捌格在於批伔（林說）

王念孫云。劉本伉作伔。王引之云伉與伔皆抌之誤也。注內推字當爲椎。方言曰。抋抌椎也。南楚凡相椎搏曰抋。或曰攩。列子黃帝篇曰。攩抋挨抌。說文椎擊也。搋反手擊也。抌深擊也。搋與批同。故高注云批擊抌椎矣。或謂史記孫子傳夫解雜亂紛糾者不控捲。救鬭者不搏撠。批亢擣虛。形格勢禁。則自爲解耳。語意略與此同。此言批伉即史記之批亢。今知不然者。史記批亢擣虛是謂批其亢擣其虛。日知錄曰亢與劉敬傳搤其肮之肮同謂喉嚨也此文捌格批抗皆兩字平列。則與史記異義。且高注訓抗爲椎。則非伉字明矣。按王說滯於注義而改伉爲抗。訓批抗爲擊椎。擊椎安能解捽。且王謂捌格平列。擊椎與捌格有何別乎。說文新附攷謂捌即別之俗字。按別之通詁爲分。字亦作扒。廣雅釋言扒擘也。擘與分義相因。格挌字通。說文挌擊也。伉作伉是也。批伉猶言搤亢。此言解人之捽而相爭者。不在於與之分別格擊。在於批其亢使不得盡其力。而爭自息。別格批亢相對爲文。王謂皆兩字平列。疏

矣此與孫子傳言摶撚言批亢文義略同不應釋此而别爲之説也注訓伉爲推伉抗古字通抗拒與推義相因也

尾生之信不如隨牛之誕說林

注尾生效信於婦人信之失隨牛弦高矯君命爲誕以存國故不如隨牛誕也俞樾云隨牛疑當作隨生即謂漢初之隨何也按俞説未允人閒鄭伯乃以存國之功賞弦高弦高辭之曰誕而得賞則鄭國之信廢矣爲國而無信是俗敗也氾論乃矯鄭伯之命犒以十二牛賓秦師而却之以存鄭國故事有所至信反爲過誕反爲功説山弦高誕而存鄭誕者不可以

爲常隨牛雖待考然注說當有所本未可廢也

門者止之曰天下探之不窮人間

注不窮言深遠王念孫云門者止之曰下不當有天下探之不窮六字蓋錯簡也高注同太平御覽兵部八十二引此作門者止之曰我將出子無天下探之不窮六字按王說非是探謂索取窮謂窮盡漢書淮南王安傳深探其獄注探窮其根原天下探之不窮言天下索取之而不能盡也下言我將出子意謂城門雖閉而有隙可乘正以天下探之不盡而可脫出也無此六字則語氣未足

虞之與虢相恃而勢也人間

俞樾云勢字義不可通疑本作相恃而存也呂氏春秋權勳篇曰夫虢之不亡也恃虞虞之不亡也亦恃虢也若假之道則虢朝亡而虞夕從之矣即淮南所本虢不亡恃虞虞不亡恃虢故曰相恃而存也今本誤作勢者蓋因呂氏春秋此文之上有虞虢之勢是也句韓子十過篇亦有虞虢之勢正是也句疑淮南不當無此句因以意竄改非其舊矣按此文如本作相恃而存也後人無由改存爲勢俞氏不解而勢之義而爲臆說也而猶如也詳經傳釋詞如勢者即承上文輔依於車車亦依輔爲言謂虞之與虢相恃如輔車之勢也韓非呂覽均言虞虢之勢與此義不殊

特彼就虞虢言之．此就輔車言之．此就輔車言之．故有如字耳．

其始成竘然善也．人閒

注竘高壯貌．按注說未允．方言七竘貌治也．吳越飾貌爲竘．或謂之巧．貌治之說與善義應．且與下文而後果敗之說相符．

是使晉國之武舍仁而後佞．人閒

俞樾云．後字義不可通．乃從字之誤．按俞說非是．景宋本後作爲．當據訂．

雖有聖知弗能爲謀耳．患禍之所由來者萬端無方．人閒

按耳字不詞．景宋本耳作且．且下屬爲句．當從之．

羸弱服格於道 閻人

按格應讀作輅·服格即服輅·晏子春秋諫下弟二十·吾將左手擁格·王念孫謂格即輅字·是其證·

憒然自反 閻人

俞樾云·憒然非自反之貌·憒疑隤字之誤·周易繫辭傳·夫坤隤然示人簡矣·虞注曰·隤安也·馬注曰·柔貌·皆與自反之義合·劉文典云·御覽百八十引憒作喟·於義爲長·按俞說非是·憒本應作噴·憒乃噴之譌·喟乃噴之借·噴喟字通·已詳王念孫說·噴然係傷感之義·下文喟然有志焉·子發喟然有悽愴之心·即其證·

此其後子發盤罪威王而出奔 閻人

注盤辟也發得罪辟於威王俞樾云服誤爲般因又誤爲盤耳服者負之叚字按注及俞說並非盤應讀爲畔漢張表碑畔桓利貞畔桓即盤桓是其證畔叛古同用此言子發背畔得罪於威王而出奔也

其重於尊亦遠也脩務

劉文典云藝文類聚七十三御覽七百六十一引遠也竝作遠矣當從之按景宋本也正作矣

欲事起天下利脩務

注事治也王念孫云事起天下利本作事天下之利故高注云事治也今本利上脫之字其事下起字則後人依文子加之也事天下之利除萬民之害相對

爲文事下不當有起字。藝文類聚人部四。太平御覽人事部四十二七十二引此竝作欲事天下之利。除萬民之害也。是其證。按王謂今本利上脱之字。是也。王每依文子以改本書。而此起字謂爲後人依文子加之。是不得其解而爲意說也。至類書展轉相鈔。衍奪互同。尤不足據。按注訓事爲治非也。事使金文同字。上言是以聖人不高山。不廣河。蒙恥辱以干世主。非以貪祿慕位。故此接以欲使起天下之利而除萬民之害。使謂使世主爲之也。利言起而害言除。正相對爲文。

士其苦衆勞民修務

按亡乃轉語。亡其猶抑其。景宋本改亡爲忘。失之。

夫墨子跌䟃而趍千里脩務

注。跌疾行也。䟃趍走也。王引之云。書傳無訓跌爲疾行者。跌當作趹。注當作趹䟃疾行也。趨走也。今本趹字皆誤作跌。注內䟃字又誤在趨走也之上。廣雅。駃奔也。赽疾也。駃赽竝與趹通。玉篇。趹疾也。下文欶蹻趹步。高彼注云。趹趨也。是疾行爲趹也。說文。赽踶也。漢書武帝紀。馬或奔踶而致千里。踶亦奔也。踶䟃古字通。是疾行又爲䟃也。合言之則曰趹踶。古馬之善走者謂之駃騠。駃騠之言趹䟃也。疾行謂之趹䟃。故曰趹踶而趨千里。按趹䟃訓疾行。人之疾行而言趹蹏。佗書無徵。兵略。有蹏者趹。趹通赽。說文。赽踶也。卽莊子馬蹄怒則分背相踶之踶也。此文趹字不誤。漢書揚雄傳。不知一跌將赤吾之足也。注。跌足失厝也。蹏應讀作蹉跎之跎。易訟上九。終朝三褫之。釋文。褫鄭本作拕。說文。褫奪衣也。讀若沱。人間。拕其衣被。錢大昕讀拕爲褫。褫之通拕。猶蹏之通跎矣。文選西京賦注引廣雅。蹉跎失足也。是跌跎均謂足之失據也。跌跎而趍千里。乃形容其奔趨之踣頓顛仆也。上言自魯趍而十日十夜。足重繭而不休息。裂衣裳裹足。故以跌跎爲言也。

啳睽哆噅　脩務

注，啳讀權衡之權，急氣言之，睽讀夔，哆讀大口之哆，噅讀楚蔿氏之蔿，皆醜貌，按啳應讀作顴，从卷从雚字通，詩盧令，其人美且鬈，箋鬈讀當為權，玉篇女部，婘同孉，是其證，廣雅釋詁，睽醜也，說文，哆張口也，文選辨命論注引通俗文，噅口不正也，顴睽哆噅，言顴部醜陋，口大而不正也。

亂脩曲出 脩務

注，亂理之文，脩飾之巧，曲出出於不意也，按如注說則亂脩二字平列，有乖本義，亂脩與曲出對文，言所脩者亂，所出者曲，極言其文理之繁縟也。

奮翼攫肆 脩務

注攫搏也肆極也按搏極不詞注說非是肆應讀作殺二字音近相假詳呂氏春秋新證仲春紀無肆掠下攫搏與殘殺二義平列

唐碧堅忍之類 脩務

注唐碧石似玉皆堅鑽之物按忍與肕韌仞字通管子地員淖而不肕注肕堅也易革初九鞏用黃牛之革王注牛之革堅仞不可變也詩將仲子無折我樹檀傳檀彊韌之木釋文韌作忍是其證

鈍聞條達 脩務

注鈍聞猶鈍惛也王念孫云案閔與惛聲相近故高注云鈍閔猶鈍惛方言曰鈍愍惛也江湘之閒謂之

頓愍文子精誠篇作屯閔條達並與鈍閔同舊本閔誤作聞今改正按王說非是金文聞字通作䎽與惛字通詳晏子春秋問上第七荆楚惛憂下䎽之通惛並諧昏聲也

稱譽葉語脩務

注葉世也言榮曉見稱譽世傳相語至今不止王念孫云葉當爲蕐俗書蕐字作華與葉相似而誤蕐榮也稱譽蕐語至今不休言榮名常在人口也高所見本已誤作葉故訓葉爲世文子正作稱譽蕐語按王說殊誤注訓葉爲世是也金文葉作枼弓鎛至于枼曰武靈成言至于後世曰武靈成也傳兒鐘後民是

語言以此語告後民也注謂世傳相語其說不可易也

齧鈌卷銋脩務

注齧齒卷銋鈍弊無刃按注文齒字景宋本作鈌是也莊本亦誤作齒銋與卷義相仿卷銋猶言卷曲廣雅釋詁銋韏也又韏曲也

苗山之鋋羊頭之銷脩務

注苗山楚山利金所出羊頭之銷白羊子刀王念孫云鋋當爲鋌字之誤也鋌音挺說文鋌銅鐵樸也文選七命注引此篇苗山之鋋羊頭之銷又引許慎注曰鋌銅鐵樸也高注苗山楚山利金所出義與許同銷生鐵也是其證

按王說與許注合·但鋌爲銅鐵樸·銷爲生鐵·銅鐵樸與生鐵·安能水斷龍舟陸剸兕甲乎·且高注自與許說異·高本謂利金所出可以爲鋋·又謂羊頭之銷白羊子刀·不訓生鐵明矣·鋋字不誤·說文鋋小矛也·漢書司馬相如傳鋋猛氏注·鋋鐵把短矛也·墨子備城門·大鋋前長尺·此就鋋之大者言之耳·劉台拱謂銷同削·是也·周禮考工記築氏爲削·馬注偃曲却刃也·本經無所錯其剞劂削鋸·注削兩刃句刀也·曲禮金工疏·削書刀也·按近世所發現之商周古刀有小而稍曲者·似貨刀·秉末有作羊頭形者·即此所謂羊頭之削也·此言苗山之矛·羊頭之刀·其刃雖利而非著

名之器故下云雖水斷龍舟陸剸兕甲莫之服帶高注云雖有利用無所稱託故無人服帶也是高本謂因莫之稱託故無人服帶非謂銅鐵撲與生鐵之不可服帶也

燕枝拘脩務

注燕枝拘言其著樹如燕附枝也按注說乃臆解不可從枝拘即積𥠻說文積𥠻多小意而止也廣韻四紙積曲枝果也九麌𥠻曲枝果也亦作枳椇禮記明堂位殷以椇注椇之言枳椇也謂曲橈之也按木之曲枝爲積𥠻故引伸義爲屈曲之義龍夭矯與燕枝拘對文言其舞之姿勢如龍蟠夭矯燕飛屈曲也

鋒殺顏澤 泰族

按列子説符亦作鋒殺。韓非子喻老作豐殺。鋒與豐乃音之譌。道應豐上而殺下。是豐殺古人成語。

不下廟堂而衍四海 泰族

王念孫云文選東都賦注引此作不下廟堂而行於四海。於義爲長。文子精誠篇亦作不下堂而行四海。按作而行四海是也。甲骨文行字或作衍。石鼓文隹舟以行之行亦作衍。與衍相似故易譌。

若性諸己 泰族

按性生古字通。金文性字通作生。文子精誠性作出。義相仿。可證此文之不應讀性如字也。

故因則大化則細矣泰族

注能循則必大也化而欲作則小矣王念孫云化字義不可通化當爲作字之誤也聖人順民性而條暢之所謂因也反是則爲作矣原道篇曰任一人之能不足以治三畝之宅也循道理之數因天地之自然則六合不足均也故曰因則大作則細矣高注本作能循則必大也欲作則小矣今本欲作上有化而二字則後人依已誤之正文加之耳按王說非是化爲古字通書堯典平秩南訛僞傳訛化也史記五帝本紀作便程南爲汲古閣本作南譌漢書王莽傳作以勸南僞按僞爲字通古籍習見不煩舉證詩正月民之訛言

說文作民之譌言方言三譌化也是化可讀爲其證至顯化則細即爲則細爲與作義同呂氏春秋任數爲則擾矣因則靜矣可爲作爲之證注文化而欲作即爲而欲作王氏改化爲作則注之作而欲作爲不詞遂不得不删化而二字矣

甂甌有萛泰族

按萛堤字通詮言瓶甌有堤注堤瓶甌下安也

員中規方中矩動成獸止成文可以愉舞而不可以陳軍泰族

按詮言員之中規方之中矩行成獸止成文可以將少而不可以將衆文義與此相仿俞樾謂彼文獸爲

獻之誤訓獻爲賢殊有未允俶眞是故文章成獸又龍蛇虎豹曲成文章漢龍氏竟刻畫奇守成文章守獸字通詳呂氏春秋新證君守篇然則行成獸者謂獸毛有文理與止成文相對爲義不應別爲之說也

攻不待衝降而拔 泰族

按衝降即衝隆降古音讀如洪與隆音近字通禮記喪服小記注以不貳降釋文降一本作隆詩都人士綢直如髮箋無隆殺也釋文隆俗本作降是其證詩皇矣與爾臨衝韓詩作隆衝兵略故攻不待衝隆雲梯而城拔是隆衝亦作衝隆衝隆即衝降上言故守不待渠壍而固渠壍與衝隆對文

傍戟而戰秦族

按傍字不詞，傍應讀方，古籍傍旁同用，儀禮士喪禮牢中旁寸，注，今文旁爲方，書堯典共工方鳩僝功，史記五帝紀方作旁，是其證，孟子梁惠王方命虐民，注，方猶逆也，按方命即背命，方與背一聲之轉，故訓爲逆，書堯典方命圮族，史記五帝紀方作負，廣雅釋詁背，負也，背通偝，禮記明堂位天子負斧依，注，負之言偝也，釋文偝本又作背，方戟而戰，猶言背戟而戰，上言倒矢而射，倒與方互文耳，

戎伐凡伯于楚丘以歸秦族

注，凡伯，周大夫，使于魯，而戎伐之楚丘，按今山東曹

縣東南有楚丘亭。驫羌鐘。嘼敓楚京。楚京猶楚丘也。

爾雅釋丘。絕高爲之京。

皆掇取之權一切之術也泰族

按古言一切與今俗異。史記李斯傳。請一切逐客。正義一切猶一例。上言今商鞅之啟塞。申子之三符。韓非之孤憤。張儀蘇秦之從衡。下言非治之大本。事之恆常。故曰一例之術也。

劬祿疾力泰族

按荀子榮辱篇。作軥錄疾力。軥錄與劬祿以音近相假。劬祿猶言劬勞。詳劉師培荀子斠補。

雖未能抽引玄妙之中才。繁然足以觀終始矣要略按舊讀爲雖未能抽引玄妙之中句。非是。此應讀至才字句絕。才哉音近字通。金文及隸古定尚書哉字多假才爲之。詳尚書新證召誥篇智藏瘝在下。哉與上下文德事理矣爲韻。漢代習用此等句法。道應吾猶未能之哉。（哉原作在，應讀爲哉）說林。雖不能與終始哉。人閒。雖愉樂哉。揚雄解嘲。雖其人之贍智哉。語例相仿。

贏坶有無之精（要略）

注。贏繞匝也。坶靡煩也。莊逵吉云。坶一本作埒。按注說非是。莊謂坶一作埒是也。贏乃形之音譌。贏盈古字通。左宣四年傳。伯贏。呂氏春秋知分注作伯盈。漢書地理志。城陽國莒縣下。故國盈姓。三十世爲楚所滅盈即贏易屯彖傳雷雨之動滿盈集解盈作形形之通盈猶贏之通形也然則贏埒即形埒下文而以明事埒事者也注埒兆朕也又下文形埒之朕繆稱道之有篇章形埒者注形埒兆朕也列子天瑞易無形畤畤埒字通形埒有無之精言兆朕有無之精也兆朕在有無之際故有無之精以兆朕爲言也

浸想宵類要略

注宵物似也按宵肖字通故云物似也

埒略衰世古今之變要略

按史記佞幸列傳埒如韓嫣也集解引徐廣埒者疇等之名左定四年傳封畛土略注略界也文選吳都

賦。故其經略劉注略分界也。埒為疇等略為分界。是埒略即等差類別之義。亦猶下文差次仁義之分之差次也。

所以曲說攻論 要略

按攻疑巧之譌。曲說與巧論對文。泰族智伯有五過人之材。注攻文辯慧。治要攻文作巧文。是其證。

所以箴縷縩繺之間 要略

注縩綃煞也。按縩从祭聲。祭讀側賣切。縩繺當即今俗所謂縩衣繺衣之縩繺。縩繺平列言。縩繺綻裂也。

有符曮晲 要略

按曮疑睍之借。晲係睆之譌。詩燕燕序生子名完釋文・完字又作皃・穀梁隱四年傳・君完・釋文・完本又作皃・是从完从皃・形近易譌之證・詩凱風・睍睆黃鳥・傳・睍睆・好貌・睍睆亦作⿰目晏晩・燕婉・謰語・形況無定字也・上稱不妄・沒於勢利・不誘惑於事態・故以有符睍睆爲言也・

族鑄大鐘 要略

注・族・聚也・按族鑄不詞・族乃匋之譌・金文陶・文陶字均省作匋・番生毀・族字作[illegible]・筍伯大父毀・匋字作[illegible]・形近而譌・陶鑄乃古人謰語・詳墨子新證耕柱篇・而陶鑄之於昆吾・下墨子言啟鑄九鼎・其稱昆吾者・以昆吾善作陶・能爲嘉範也・呂氏春秋君守・昆吾作陶・

是其諭墨證未及此義，附識於此。

精搖靡覽要略

注：楚人謂精進為精搖，靡小皆覽之。按精進靡小皆覽之語不可通，注說非是。搖應讀作猶，禮記檀弓咏斯猶，注猶當為搖，聲之誤也。秦人猶搖聲相近，是其證。玄眇之中，精猶靡覽，言玄眇之中精猶不得見也。意謂精之又精，微不可極也。

吳縣周仰公校字

雙劍誃法言新證序

法言注釋以汪氏義疏最稱詳博閒有疏失尚須討補

玆就汪書所解與私說違異者略爲發正謏聞陋識未

能有當也中華民國二十七年十一月海城于省吾

雙劍誃法言新證

海城于省吾

曰必也淫淫則奈何吾子

汪榮寶云竊意原文當作或問景差唐勒宋玉枚乘之賦也益乎曰淫句必也則言景差諸人之賦不免於淫故爲無益賦之益者其惟則乎故後文直云淫則奈何淫則二字平列爲義則非語辭即麗以則之則謂淫與則之別若何正蒙此文而言若如今本則非特義不可通亦令後文則字上無所承失文例矣李注言無益於正也即解淫字之義當在必也字上此蓋校書者見必也則淫則奈何連文誤以則爲語

辭於義不順遂將必也字移置正文淫字上而更刪去一則字遂使正文與注均不可解矣按汪說誤矣此文本作必也淫=則=奈何應讀作必也淫則淫則奈何下淫則正承上淫則而言上則字即涉重文而脫凡唐以前鈔本及周秦人金石刻辭上下句中閒重語皆不復書必作=以代之此定例也詳老子新證六十八章其餘諸子因重文而脫字者習見韓非子尤夥不勝繁舉上文或問晏差唐勒宋玉枚乘之賦益乎此接以曰必也淫則正言晏差諸人之未能淫則故爲無益也汪氏移淫字於必也上又增則字於必也下似此妄改殊無所據

愈於妄闕也吾子

李注・言勝於不學而妄名・不知而闕廢・汪榮寶云・妄謂詭更正文・虛造不可知之書・闕謂不見通學・未嘗覩字例之條・按注及汪說讀妄如字非是・妄荒古音近字通・書無逸・不敢荒寧・毛公鼎・女毋敢妄寧・晉姜鼎・不叚妄寧・是其證也・荒闕義相因・上言或欲學蒼頡史篇・曰史乎史乎・此接以愈於荒闕也・言蒼頡史篇當時幾成絕學・史官主文字・故云勝於荒廢闕佚也・

聖人之治天下也礙諸以禮樂問道

李注・礙限・汪榮寶云・礙讀爲𢺕・樂記云・禮樂偩天地

之情達神明之德降興上下之神而凝是精粗之體領父子君臣之節鄭注云凝成也精粗謂萬物大小也然則礙諸以禮樂者成之以禮樂也按注讀礙如字汪讀礙爲凝並非礙應讀作擬二字並諧疑聲說文擬度也廣雅釋詁擬度也字亦作儗周禮射人注行則止而擬度焉釋文擬又作儗儗度疊義聖人之治天下也擬諸以禮樂者言聖人之治天下度之以禮樂也孝至君子動則擬諸事事則擬諸禮易繫辭傳而擬諸其形容是擬諸乃古人語例

下周者其書譙乎問神

汪榮寶云按音義引詩傳云譙殺也殺所戒切故注

云酷烈所引詩傳鴟鴞毛傳文說文譙嬈譊也嬈譊疊韻連語煩苛之意與酷烈義近按音義說是注及汪說並非譙訓殺殺謂衰殺儀禮士冠禮德之殺也注殺猶衰也下周者其書衰殺正承上文爲言謂無復渾渾灝灝噩噩之意汪引說文嬈譊爲說於義轉迂

迄始皇三載而咸重黎

李注皆屬秦也俞樾云咸者𢦔之叚字說文戈部𢦔絕也讀若咸經傳即以咸爲之尚書君奭篇咸劉厥敵周書世俘篇越五日甲子朝至接于商則咸劉商王紂咸皆𢦔之叚字也迄始皇三載而咸謂至始皇

三載而絕也。李注云皆屬秦也。訓咸爲皆。失之。汪榮寶云。榮謂曲園讀咸爲戌義。雖與弘範異。其以爲指六國言則同。然下文時激地保人事乎及孝公以下彊兵力農云云。均謂秦不謂六國。則所謂三載而咸者。自即就始皇言。若以爲指六國。則上下文義不能一貫。李注固非。俞說亦未得也。又云咸兼也。迄始皇而咸。猶寡見云云。至於秦兼也。按注及俞汪說並非。咸猶畢也。逸周書嘗麥解。乃左還自兩柱之間。箴大夫以爲資箴。箴並應作咸。咸謂畢也。詳逸周書新證。班毁。命錫佮鑿。咸。臣卤王曆西宮。豋。咸。趩尊。王在周格大室。咸。史懋壺。王在莽京溼宮。窺命史懋路筭。咸。咸亦均謂畢也。此云迄始皇三載而咸。言至始皇三載而畢也。上云或問六國竝。其已久矣，一病一瘳。係就六國並立時言。至始皇三載而畢者。已無病瘳之可言也。

天曷故焉重黎

李注。言無私親。惟應善人。司馬云。言何預天事。按注及司馬解故字義殊未憭。故應讀作辜。二字並諧古聲。書酒誥。辜在商邑，越殷國滅無罹。辜即故。詳尚書新證。盟盨。有辠有故。故應讀作辜。史記屈賈列傳。亦夫子之辜也。索隱曰。漢書辜作故。均其例證。辜，罪也。項羽本紀。此天之亡我。非戰之罪也。是項羽怨天而

不罪己也上云屈人者克自屈者負此接以天曷辜焉義謂羽自取滅亡不應罪天也

喪其靈久矣重黎

孫詒讓云靈謂威福之柄淵騫篇云游俠曰竊國靈也與此義同按孫說非是靈令古字通書盤庚弔由靈各靈應讀作令詳尚書新證呂刑苗民弗用靈禮記緇衣引作苗民匪用命莊子寓言復靈以生復靈即復命金文令命同字淵騫注靈命也又淵騫姦臣竊國命與竊國靈並見則靈可讀作命明矣此文言人無爲秦也喪其命久矣言秦之喪失其命久矣古者國亦言命書西伯戡黎天既訖我殷命召誥天既

遐終大邦殷之命。多士殷命終于帝。盂鼎。我聞殷述命。邢侯毁。帝無終命于有周。均其證也。

如矯世則葛溝尚矣。重黎

李注。古者未知葬送之禮。死則裹之以葛。投諸溝壑。若王孫之矯世。此事復尚爲之矣。俞樾謂裹尸何必以葛。葛疑楬之叚字。周禮蜡氏。若有死于道路者。則令埋而置楬焉。汪榮寶疏證讀溝爲篝。訓笿。義疏但釋葛以緘棺。而不釋溝字之義。蓋以前說爲未然也。按注說迂曲。俞汪二說亦非。如俞說則楬溝已較倮葬爲多事。如汪說不知古者均先言棺後言葛緘。且葛緘較倮葬尤爲煩費。於文義殊乖。葛應讀作介。介古界字葛从曷聲曷从匄聲金文匄字詩均作介詩甫田攸介攸止書酒誥爾乃自介用逸林義光均讀介爲愒其說至允詳詩經通解葛之通介猶愒之通介矣介界古字通文選魏都賦注引韓詩章句介界也左襄九年傳使介居二大國之閒注介猶閒也左昭二十年傳偪介之關注介隔也是均讀介爲界此例古籍習見不勝繁舉溝者所以通水流所以爲界畫故曰界溝上云東溝大河猶云東界大河又上言揚王孫倮葬以矯世曰矯世以禮倮乎此接以如矯世則界溝尚矣意謂倮葬矯世之非禮言倮葬尚須葬如傳尸溝壑無須以葬較諸倮葬尤爲簡易則界

于省吾著作集

雙劍誃諸子新證

下册

中華書局

雙劍誃諸子新證

再版序言

二十年前。余從事撰述羣經新證及諸子新證。羣經新證已出版者爲易書詩論語。餘如國語逸周書爾雅僅有初稿。未加理董。諸子新證係在抗戰時期倉皇付印者。現在中華書局擬重印此書。以時力所限。僅略加删訂。又附以列子新證一卷。清代考據學風。鼎盛一時。許多考據學家對于古籍之目錄辨僞輯佚校勘以及文字聲韻訓詁之學。頗能實事求是。饒有發明。但極其弊也。則流于支離穿鑿。冗蔓繁瑣。無裨宏恉。我以爲考據而得其當者。祇是史料之整理與復元工作。並不能闡明歷史之發展規律也。曩者精力未衰。聚衆本以校異同。會羣言而辨得失。邇來從事研究歷史科學。稍有進益。偶然繙檢内部。時多新解。惜無暇一一條述以補斯編之未備也。

一九六〇年于省吾序于長春

雙劍誃諸子新證總目

雙劍誃管子新證序

管子號稱難讀。以其篇章每有俄空。字句亦多踳牾。尹知章之注此書。尚不及楊倞之注荀子。戴氏校正。甄錄衆說。頗便讀者。然如丁泳之之臆解覼縷。有失翦裁。安井氏纂詁用力綦勤。閒有可采。至書中古文猶有存者。如獨之作蜀。涖之作立。盤之作汎作湔。以之作台。台原作貽。後人所改。見小匡篇。彊之作彊。之之作止。體之作豊。終之作冬。獲之作隻。隻原作矍。譌。見戒篇。諸之作者。余之作舍。性之作生。俾之作卑。覲之作堇。適之作商。商原作商。譌。見海王篇。宜之作且。均與卜辭或金文相符。自揆梼昧疏學。就其所知者錄之。得與失與。以俟來悊。一九三九年八月海城于省吾。

雙劍誃管子新證卷一

故刑罰不足以畏其意　牧民

孫星衍云。羣書治要引畏作恐。下句云。故刑罰繁而意不恐。此作畏字誤。按作畏者是也。畏威字通。載籍習見。不煩舉證。此言刑罰不足以威其意也。孫據治要改畏爲恐。殊難置信。下言意不恐可也。此作恐其意則不詞矣。治要改作恐。以爲與下文意不恐相符。不知叚畏爲威。就君言則曰不足以威其意。就民言則曰意不恐。且尹注作畏意。則正文畏字不誤明矣。

不處不可久者不偷取一世也　牧民

尹注。謂所處可必使百代常行。按宋本注文可必作必可。於文爲適。

抱蜀不言　形勢

尹注。抱持也。蜀祠器也。君人者但抱祠器。以身率道。雖復靜然不言。廟堂之政。既以修理矣。按注說非是。王念孫從朱東光說。改蜀爲器。遂謂後解作蜀亦誤。殊不可從。宋翔鳳從徐頲說。讀祠爲治。又謂抱蜀卽老子之抱一。其說至當。漢孔宙碑。祠兵亦卽治兵。金文治字通作𤔔。𤔔祠並諧司聲。又金文𤔔與辭通。說文。辭籀文作𤔔。周禮大祝。一曰祠。鄭司農云。祠當爲辭。漢堯廟碑。將辭帝堯。祠作辭。

是其例證。爾雅釋山。獨者蜀。郭注。蜀亦孤獨。石鼓文。射其豜蜀。蜀卽豚獨字。惟宋謂老子抱一爲天下式。式亦器義。疏矣。治器既不詞。治式亦不詞也。是未得器字之解耳。器乃氣之借字。禮記樂記。然後樂氣從之。校勘記。閩監毛本氣作器。大戴禮文王官人。其氣寬以柔。逸周書官人解。氣作器。莊子人閒世。息氣茀然。釋文。向本作謥器。淮南子說山。獸不可以虛氣召也。文子上德。虛氣作空器。淮南子原道。氣者生之充也。惟充且盛。則易隨物而靡。抱獨不言。所以斂其氣。後解云。所謂抱蜀者祠器也。卽所謂抱獨者治氣也。老子十章。營魄抱一。能無離乎。專氣致柔。能嬰兒乎。管子道家者流。其抱獨治氣。與老子抱一專氣之恉。脗合無閒。此道家君人南面之要術也。自祠飼器氣之通假不明。而古義之湮。由來尚矣。

唯夜行者獨有也　形勢

尹注。夜行謂陰行其德。則人不與之爭。故獨有之也。按注以夜行爲陰行非是。夜行卽舍行。詳淮南子新證覽冥篇。

訾讆之人勿與任大　形勢

尹注。如此之人。則亂大邦也。按宋本注文則上有任之二字。正釋本文任字。當據補。

怠倦者不及無廣者疑神　形勢

尹注。無得以己及不及。疑神不神。按本文但言不及。未言及也。疑神不神句。詞義不屬。宋本注文作無得以己不及。疑神不祐。於義爲長。當據訂。

奚待於人 權修

尹注。待謂將治之。言身既不能自治。則無以治人也。按注讀待如字非是。待乃特之音譌。二字並諧寺聲。莊子逍遙遊。乃今以久特聞。釋文。特崔本作待。漢書趙尹韓張兩王傳。延壽遂待用之。王念孫謂待讀爲特。均其證也。有身不治。奚特於人。言更不暇治人也。讀待如字則義不可通。下云。奚待於家。奚待於鄉。奚待於國。奚待於天下。待並應讀爲特。

孤寡無隱治 立政

按金文治字均作𤔲。與辭同用。兮甲盤。王命甲政辭成周四方責。政辭即征𤔲。洹子孟姜壺。𤔲誓于大𤔲命。𤔲誓即辭誓。易繫辭釋文。辭本亦作𤔲。說文。辭籀文作𤔲。是其證。此言孤寡無恃者。猶得盡其辭。故云孤寡無隱辭。書呂刑。鰥寡有辭于苗。辭字與此文用法同。俞樾謂治亦訟也。其說未允。

草木不植成 立政

戴望謂宋本植作殖。按作殖者是也。成盛古字通。易繫辭。成象之謂乾。釋文。蜀才作盛象。荀子王霸。以觀其盛者也注。盛讀爲成。此例載籍習見。殖盛謂蕃殖茂盛也。

築障塞匿 立政

尹注。匿隱。按注說非是。匿應讀爲慝。詳尚書新證盤庚篇修不匿厥指下。周禮土訓。道地慝注。地慝若障蠱然也。鄭司農云。地慝地所生惡物害人者。若虺蝮之屬。按即此文築障塞慝之謂也。孫星衍謂匿字衍。蓋不得其解耳。

立事者謹守令以行賞罰　立政

按立事金文習見。經傳假莅涖爲之。

由田之事也　立政

王念孫云。由卽田字之誤。今作由田者。一本作田。一本作由。而後人誤合之也。田謂農官也。張文虎云。由疑司之誤。司田亦見小匡篇。劉師培云。由當作申。卽司田也。司田稱申田。與司徒亦稱申徒同例。按王張二說並誤。劉說是也。書君奭。割申勸寧王之德。申乃由字之譌。詳尙書新證。幼官。由守不愼。俞樾謂由疑申字之誤。漢書儒林傳。申章昌。晉灼申章作由章。申司一聲之轉。莊子大宗師。申徒狄。釋文。崔本作司徒狄。史記留侯世家。以良爲韓申徒。集解引徐廣。申徒卽司徒耳。均其證也。

汎山其木可以爲棺可以爲車　乘馬

張文虎云。汎山不可解。按汎同洀。古盤字。小問。意者君乘駮馬而洀桓。迎日而馳乎注。洀古盤字。注說是也。汎亦省作凡。墨子辭過。凡回於天地之閒。節葬下。壟雖凡山陵。凡均應讀作盤。从凡从舟古文形同。詳墨子新證。盤山謂山之盤迴者。上言蔓山。謂山之蔓延者。相對爲文。

經正也　乘馬

安井衡謂正當爲制。按正當讀爲政。經政猶今人言常例。制無由誤爲正也。

若是安治矣　七法

戴望謂治要安治作治安。按治要妄改。不可爲訓。安焉也。詳經傳釋詞。若是安治矣。卽若是焉治矣。

上下文均言治。不言安治也。

則反於無有 七法

尹注。用非其國。別下齋校本國作自。並云。此當是有字。按作用非其有。是也。古書有自每互譌。

以要上事本兵之極也 七法

按尹注讀爲以要上事句。非是。此應讀作以要上事本句。兵之極也句。

莫當其前莫害其後 七法

丁士涵云。害當作圉。下文禁圉卽承此二句言之。圉古禦字。幼官篇。莫之能圉。趙本亦譌作害。按丁說非是。害遏古字通。書湯誓佚文。時日曷喪。孟子梁惠王作時日害喪。詩長發。則莫我敢曷。漢書刑法志作則莫我敢遏。是其證。然則莫害其後。卽莫遏其後也。害作圉則與下禁圉複。古人文法。凡三疊筆詞均不複也。

各得其嗣 版法

尹注。嗣續也。俞樾云。嗣讀爲司。按注及俞說並非。金文嗣𤔲通用。師奎父鼎。用𤔲乃父官友。師酉毁。𤔲乃祖啻官。𤔲均嗣之借字。此例習見。𤔲古治字。此言遠近高下。各得其治也。

是謂君心必先順教萬民鄉風 版法

尹注。必爵祿順而與之。所以教之急也。按宋本正文無是心二字。注釋順爲順而與之殊誤。順訓古字通。訓教謰語。

幼官弟八　幼官

尹注。幼始也。陳從始輔官齊政之法。按注説未允。幼應讀爲要。幼要一音之轉。如要眇之作幼眇。是其證。篇中所言均係官之要職。卽其驗也。

行毆養　幼官

尹注。謂禽獸之屬。能爲苗害者。時毆逐之。所以養嘉穀也。丁士涵云。毆讀爲嘔。廣雅。區區樂也。嘔嘔喜也。呂覽務大篇。區區焉相樂也。文選聖主得賢臣頌注引應劭云。嘔喩和説貌。皆與此毆義相近。廣雅云。養樂也。韓詩外傳云。聞其徵聲。使人樂養而好施。下文臧不忍行毆養。義亦同。按注及丁説並非。毆應讀爲嫗。禮記樂記。煦嫗覆育萬物注。氣曰煦。體曰嫗。然則毆養卽嫗養。嫗與養義相因。

計凡付終　幼官

尹注。凡謂都數也。付終謂財。日月既終。付之後人。按注解付終之義未允。付應讀作符。今世官府言預算猶計凡也。言決算猶符終也。

薄百爵　幼官

按安井衡訓薄爲勉非是。薄應讀爲敷。金文敷作尃。薄从尃聲。故可通借。敷百爵猶言布百爵。

食天壤山川之故祀　幼官

俞樾云。食者飭之壞字。按俞説未允。食與从司之字。音近相假。爾雅釋天。春祭曰祠。郭注。祠之言食。金文食字通作飤。王孫鐘。誨猷不飤。卽謨猷丕嗣。是食嗣字通之證。嗣續也。此言續天壤山川之故祀也。

三卿使四輔　幼官

尹注。諸侯三卿使天子四輔。以受節制也。按如注說則使應作事。金文使事同字。

事察伐勝之　幼官

尹注。伐功行賞之事。必察有功。不令無功者妄受。可以得勝。安井衡以察伐勝之行爲句。上下文並與尹注異讀。以下文無象勝之本例之。則安井讀可通。若下文以本定獨威勝爲句。則與定字居首之例不符。察應讀爲殺。左昭元年傳。周公殺管叔而蔡蔡叔。釋文。上蔡字說文作𡙁。察蔡並諧祭聲。蔡之作𡙁。猶察之作殺矣。詩皇矣。是伐是肆。即是伐是殺。孟子滕文公。殺伐用張。是殺伐古人成語。讀察如字則不詞矣。

視於新故能見未形　幼官

尹注。未形者新事將起。所視者在新。故見未形也。陳奐云。新當爲親字之誤也。按新應讀作先。詩皇皇者華。駪駪征夫。楚詞招魂注作侁侁征夫。列女傳晉文齊姜傳。引作莘莘征夫。呂氏春秋本味。有侁氏注。侁讀曰莘。是从先从辛字通之證。此言視於先故能見未形。視於先與上聽於鈔下思於濬平列。注讀新如字。陳讀爲親。並失本義。

刑則燒交疆郊　幼官

尹注。其用刑則於疆郊焚燒而交也。丁士涵云。燒疑繞之誤。說文。繞纏也。繞交者謂纏繞相交錯也。

按注釋交字既非。丁說尤誤。交乃烄之借字。說文。烄交木然也。燒烄謰語。烄亦燒也。

罰人是君也　幼官

尹注。所以君可罰人。若桀紂之人。比屋可誅也。按是猶之也。詳經傳釋詞。此言至善之爲兵也。非地是求也。罰人之君也。

至威而實之以德　幼官

丁士涵云。至當爲立字之誤。立威與上立義對文。按丁說非是。至應讀爲致。

大夫任官辯事　五輔

按辯辨古字通。小子生尊。王命生辨事氒公宗。辨事卽辯事也。

其爲不利彌甚　宙合

尹注。不避亂世而遇害。則君益其嚴酷。臣亦偷生。不利彌甚也。按宋本注文亦作益。下益字承上益字爲言。於義爲長。

不依其樂　宙合

按樂疑數之音譌。不平其稱。不滿其量。不依其數。不致其度。四句平列。不應以樂與稱量度並言。下文稱量數度。品有所成。故曰人不一事。孫子形篇。兵法一曰度。二曰量。三曰數。四曰稱。是其證。

此言指意要功之謂也　宙合

尹注。凡此淺深曲直諸事。皆可詳之。言之指意。要必得此然可以成功。按指意要功不詞。注讀指如字非是。指應讀作稽。稽猶計也。荀子正名。故知者爲之分別制名以指實。指實卽稽實。內業。此稽不遠。卽此指不遠。書西伯戡黎。指乃功。卽稽乃功。周禮大司馬。簡稽鄉民注。稽猶計也。史記夏本紀贊。會稽者會計也。計意與要功文正相對。下文故博爲之治而計其意。是其證。

不可名而山 宙合

劉績云。山乃止字誤。安井衡謂古本山作出。按作出者是也。此與樞言四者道之出。出字用法同。

貴之所以能成其貴者以其貴而事賤也賢之所以能成其賢者以其賢而事不肖也 樞言

按上文云。賤固事貴。不肖固事賢。此言貴而事賤。賢而事不肖。與上文不符。事本應作使。金文事使同字。此文應作以其貴而使賤也。以其賢而使不肖也。賤事貴。故貴可以使賤。不肖事賢。故賢可以使不肖。八觀。則君毋以使臣。臣毋以事君矣。卽上使下下事上之義。

則道有損瘠矣 八觀

尹注。有毀損羸瘠者也。按宋本注文羸作贏。當據正。

則士不及行 八觀

俞樾云。及當爲服。服从𠬝聲。古或止作𠬝。與及相似。往往致誤。按俞說非是。不及行謂行無所逮也。書康誥。我惟有及。詩皇皇者華。每懷靡及。毛公鼎。司余小子弗及。及均謂逮。及與靡及弗及反正爲義。

故亦不損於三者 重令

尹注。更不滅此三者。按宋本注文滅作減。是也。減字正釋損字。當據訂。

若此則民毋爲自用　重令

尹注。既有罪不誅。有功不賞。故人不自用其力也。按注增力字爲説非是。自猶己也。己就人主言之。民毋爲自用。卽民毋爲己用。法法。則人主安能不欲民之衆爲己用也。使民重爲己用奈何。均其證也。

禁而不止則刑罰侮　法法

尹注。愈禁愈犯。非侮而何。按廣雅釋詁。侮輕也。刑罰爲民所輕。故云刑罰侮。

國毋怪嚴　法法

尹注。國不作奇怪則嚴肅。丁士涵云。嚴當爲服字之誤。按注訓嚴爲嚴肅。怪嚴不詞。丁以爲怪服。然嚴服形殊。無由致譌。嚴應讀作業。嚴業一聲之轉。並疑母三等字。小匡。舉而嚴用之。齊語嚴作業。是其諗。怪業如奇技淫巧之類。毋怪業與下文毋雜俗毋異禮平列。

易國之成俗者　法法

尹注。易國之俗。按宋本注文之下有成字。當據補。

君臣之會六者謂之謀　法法

尹注。君臣所以相合。皆欲操此六者。按宋本注文操此作謀操。當從之。注説雖未允。然謀操乃釋正文謀字。可證也。

得此六者而君父不智也　法法

尹注。今臣子得此六者。是君父之不智也。按宋本注文今作令。是也。此言君父令臣子。與今字之義無涉。

四禍其國而無不危矣 兵法

尹注。一舉兵而國四禍。則何爲而不危矣。按宋本注文矣作哉。當從之。正文並無何爲二字。注用何爲及哉字者。作詰語以釋正文也。

恃固不拔 兵法

尹注。拔恃固之守。必多費而無功也。按注說迂曲。恃固不拔。與上文追亡逐遁若飄風擊刺若雷電之義不相應。豬飼彥博謂不拔當作必拔。然上句絕地不守。兩不字相對。其說未允。拔乃枝之形誤。左穀定三年。仲孫何忌及邾子盟于拔。公羊拔作枝。論語憲問。子問公叔文子於公明賈曰。世本。獻公生成子當。當生文子枝。論語集解亦作枝。皇本作拔。荀子彊國。拔戟加乎首注。拔或作校。或作枝。均其證也。枝支同用。古籍習見。西周策。魏不能支注。支猶拒也。此言敵人雖有絕地而不能守。雖恃險固而不能枝也。

厲士利械則涉難而不匱 兵法

尹注。士既厲。械之利。故不匱。按注文械之利不詞。當從宋本作械又利。

寶不獨入故莫之能止寶不獨見故莫之能斂 兵法

劉績云。寶疑實字誤。丁士涵云。見乃出字誤。按二說均意改成文。不可爲據。兩寶字對文。金文入內同用。內古納字。見古現字。言伐敵所俘之寶物。非一人所得專有。故云寶不獨納。非一人所得私自發現。故云寶不獨見。丁見上文有獨出獨入之語。故改見爲出。不知上下殊義。不可牽混也。

利適器之至也用敵教之盡也不能致器者不能利適 兵法

陳奐謂適古敵字。利敵猶勝敵耳。按陳以適爲敵是也。以利敵爲勝敵。古無此訓。利本應作制。古書利制二字多互譌。篆文制字作㓡。與利形近故易譌。然則此文讀爲制敵器之至也。用敵教之盡也。不能致器者不能制敵。則文理怡順矣。又按正文用敵。宋本作用適。注文亦作適。適敵古同用。不應改作敵也明矣。

威不足以命之 兵法

丁士涵云。威疑我字誤。命與名同。管子名命多通用。按威乃成字之誤。成古誠字。法禁。聚徒威羣。洪頤煊謂威羣當作成羣。君臣下。而可威黨於下。王念孫謂威當作成。詩我行其野。成不以富。論語顏淵作誠不以富。是其證。上云。若亡而存。若後而先。故云誠不足以名之也。

雙劍誃管子新證卷二

不畏惡親聞容昏生無醜也　大匡

尹注。君而通妹。是謂惡親。不畏此事遠聞。而容忍之。然此昏愚之生於不識其類。故曰昏生無醜。醜類也。戴望云。惡親指魯言。聞容當爲閉咎。字之誤。廣雅釋詁。閉加也。昏讀爲泯。生讀爲姓。毛傳曰。泯滅也。廣雅曰。醜恥也。言君以怒成二國之禍。不畏魯之加咎。由其滅姓無恥之甚。謂公與文姜淫。播其惡于萬民。按戴讀昏生爲泯姓。訓醜爲恥。是也。以聞容爲閉咎則非。金文聞作䎽。與惛音近相假。詳晏子春秋新證問上弟七。容應讀爲庸。二字古通。詳韓非子新證揚榷篇。此文應讀作不畏惡親句。惛庸泯姓句。無醜也句。說文。惛不憭也。惛庸謂惛愚庸錄也。毛公鼎。余非庸又婚。婚惛字通。惛庸作庸惛。義同。

朋友不能相合摎　大匡

尹注。摎交入也。按摎卽繆字之譌。繆穆字通。呂氏春秋有始。夫物合而成注。合和也。是合繆猶和穆。弓鎛。勠龢三匍徒遫。勠龢卽穆和。文有倒正耳

臣貪承命　大匡

陳奐云。貪讀爲欽。叚借字也。貪承命言欽承君命也。大雅皇矣篇。無然歆羨。毛傳曰。無是貪羨。謂歆爲貪之叚借字。古歆欽貪聲同。欽之爲貪。猶貪之爲歆矣。按古籍無言欽承命者。陳說未允。貪應讀作堪。字亦作戡作龕。書西伯戡黎。西伯既戡黎。說文。戡作𢦟。爾雅釋詁。堪勝也。郭注引書作西伯堪黎。漢書五行志。王心弗𢦟。注引孟康。𢦟古堪字。今左傳作堪。文選謝玄暉和伏武昌登孫權故城詩。西龕收組練注。尚書序曰。西伯戡黎。龕與戡音義同。貪𢦟龕並諧今聲。故相通借。爾雅釋詁。戡克也。太玄中。時不克也注。克堪也。臣堪承命。猶言臣克受命。⿱罒須壽編鐘。龕事朕辟皇王。龕亦克也。

魯請比於關內以從于齊　大匡

尹注。服請從服於齊。按宋本注文上服字作魯。當據改。

安得有其實　大匡

張文虎云。有疑當作無。按張說非是。安猶則也。詳經傳釋詞。上言君有行之名。故此云則得有其實也。

魯邑之教好邇而訓於禮　大匡

丁士涵云。邇乃學之誤。戴望云。魯邑當作魯國。邇乃遜之誤。小匡篇曰。公子舉爲人博聞而知禮。好學而辭遜。請使游於魯。遜邇形相近。此當作好遜明矣。按丁戴二說並誤。魯邑猶言魯國。不應改邑爲國。邇藝古字通。詩民勞。柔遠能邇。克鼎番生𣪘作⿺匚酉遠能⿰圭犬。⿰圭犬古埶字。今作藝。書堯典。歸格于蓺祖。大傳藝作禰。均其證也。古藝禮並言。論語述而。詩書執禮。執乃埶之譌。此云好邇而訓於禮。卽好埶而順於禮也。訓順古字通。詩烈文。四方其訓之。左哀二十六年傳。訓作順。書洪範。于帝其訓。是訓是行。史記宋微子世家。二訓字均作順。是其證。

不聞敬老國良　大匡

尹注。其老者國之賢良也。戴望云。國疑圖之誤字。按戴說非是。左昭二十七年傳。三族國之良也。即此所謂國良。

諸侯之臣及國事　大匡

按事應作吏。金文事吏同字。

令國子以情斷獄　大匡

尹注。定罪罰者。貴得其罪。按宋本注文下罪字作情。與正文以情斷獄義符。當據改。

吾願一朝安仲父也　中匡

按安猶寧也。金文言安亦言寧。貧鼎。叔氏使貧安曩伯。曩卣。王姜命作冊曩安夷伯。盂爵。王命盂寧鄧伯。安寧同訓。

往行不來　中匡

張文虎云。來疑爽字之誤。與上句亡字爲均。按往來不爽。殊爲不詞。且與下句而民游世之義不相應。來乃勑之古文。字亦作飭。勑謂約勑。此言往者行者不約勑之。故下云而民游世矣。

彼爲其君動也　小匡

孫星衍云。左氏正義引作勤。洪頤煊云。勤字是。僖二十八年左傳注曰。盡心盡力無所愛惜爲勤。按洪說非是。金文動字作童。毛公鼎。雩四方亂毋童。毋童卽毋動。童重古本同字。禮記檀弓。與其鄰重汪踦往注。重當作童。彼爲其君重也。亦卽彼重爲其君之倒文耳。上云。管夷吾親射寡人中鉤。殆於死。今乃用之可乎。此接以鮑叔曰。彼爲其君重也。語意相銜。且齊語作動。尤爲本不作勤之證。

與魯以戰　小匡

俞樾云。與以二字傳寫互誤。當作以魯與戰。按俞說非是。與謂連屬。言連屬魯國以與齊戰也。

具備其械器用　小匡

尹注。械器皆爲田器。按宋本注文爲作謂。當據正。

列疏遬　小匡

尹注。遬密也。按說文速之籀文作遬。速數古字通。周禮考工記弓人。則莫能以速中注。故書速或作數。莊子人閒世。以爲棺槨則速腐。釋文。速向崔本作數。是疏遬卽疏數也。

服牛輅馬　小匡

按齊語輅作軺。輅馬軺馬均不詞。輅當係駕之借字。說文。駕籀文作格。格輅並諧各聲。服牛輅馬。卽服牛駕馬也。

珍異物聚　小匡

按物本應作易。古書物易多互譌。詳墨子新證經上庫物也下。珍異易聚。與上文奇怪時來對文。作物聚既不詞。且非對文矣。

擇其賢民使爲里君　小匡

陶鴻慶云。里君當爲里司。篆書君字與司相似。故司誤爲君。上文云。十軌爲里。里有司。是其證也。按陶說非是。上文以軌有長里有司連有長鄉有良人平列。此祇言里君而不及他職。自與里司有別。書酒誥。越在外服。侯甸男衛邦伯。越在內服。百僚庶尹。惟亞惟服宗工。越百姓里居。僞傳。於百官族姓及卿大夫致仕居田里者。按百姓卽百官。里居乃里君之譌。夨令毁。舍三事命。眔卿事寮。眔諸尹。眔里君。眔百工。眔諸侯=甸男。是可證里君職務之崇要。決非管五十家之里司也。

維順端慤以待時使使民恭敬以勸　小匡

王念孫云。上使字因下使字而衍。尹注曰。待時待可用之時也。則無使字明矣。齊語作惟愼端慤以待時。韋注曰。待時動不違時也。是其證。按使字非衍文。王說非是。此應以使使民恭敬以勸爲句。下使字應作吏。金文使吏同字。此言使吏民恭敬以勸也。

名之曰三選　小匡

尹注。名此人曰三大夫之選。按宋本注文之作所。於義爲長。

聰明質仁　小匡

戴望云。冊府元龜引質作賢。按宋本質正作賢。賢仁與聰明皆平列。則作賢者是也。

渠彌於河陼　小匡

尹注。後教之穿渠彌亙於河隮。按宋本正文河作有。注文後作復。是也。彌當讀爲瀰。詩新臺。河水瀰瀰傳。瀰瀰盛貌。匏有苦葉。有瀰濟盈傳。瀰深水也。説文作瀰。云水滿也。渠瀰猶言渠水。就水滿言。故云然。

破屠何　小匡

尹注。屠何東胡之先也。按墨子非攻中作不著何。逸周書王會。不屠何青熊。孔注。不屠何亦東北夷也。是屠何乃不屠何之省語。屠著音近字通。

貽孝昭穆　小匡

按貽孝不詞。貽本應作台。後人不解台字之義。遂改爲貽。金文以字晚周多作台。詳尚書新證禹貢祗台德先下。台孝昭穆。即以孝昭穆。與上句以遺後嗣語例相仿。但後嗣可言遺。若對祖祀言。不應稱貽孝也。

霸形弟二十二　霸形

尹注。陳霸言之形容。按注以形爲形容非是。西周策。周君形不好小利注。形勢也。篇中所言均霸者之勢也。霸言亦言霸王之形。又言夫輕重彊弱之形。形亦謂勢也。

於是令之縣鍾磬之榬　霸形

俞樾云。玉篇木部。榬禹煩切。絡絲籰也。或作篗。説文無榬篗二字。蓋即繯字。説文糸部。繯落也。落與絡通。廣雅釋器曰。繯絡也。又下文兩言鍾磬之縣。疑此文本作於是令之榬鍾磬之縣。鍾磬本在縣。

更從而繫絡之。使牢固也。按俞訓檈爲絡。又互易縣檈二字。是不得其解。以意改成文。檈應讀作縣。穀梁隱元年傳。寰內諸侯。釋文。寰古縣字。禮記王制。天子之縣內注。縣內夏時天子所居州界名也。殷曰畿。周亦曰畿。是穀梁之寰內。卽王制之縣內。廣韻三十二霰。縣古作寰。汗簡寰音縣。匡謬正俗。州縣字本作寰。後借縣字爲之。說文新坿。寰王者封畿內縣也。寰同寰。金文有師睘毁。睘古寰字。檈睘並諧袁聲。檈之通縣。猶寰之通縣矣。荀子王霸。縣樂奢泰游抏之修注。縣簨簴也。文選長笛賦。磬襄弛懸注。懸鐘格也。簨簴所以縣樂器。故亦稱簨簴爲縣。於是令之縣鍾磬之縣。上縣字作係字解。乃動詞。下縣字謂簨簴也。乃名詞。下兩言伐鍾磬之縣。與此縣鍾磬之縣反正爲義。先言縣挂。故下始言伐也。

諸侯爭於疆者勿與分於疆　霸形

安井衡云。疆不可言分。讀當爲彊。按金文彊字。惟秦公毁王子啓疆尊从土。餘均作彊。此作疆猶存古字。

寡人不愛封侯之君焉　霸形

戴望云。君疑賞字誤。按賞無由誤作君。安井衡謂不愛惜封之爲有土之君。是也。

楚取宋鄭而不知禁　霸形

丁士涵云。知疑之字誤。宋本作止。止㞢形近。按金文之字通作止。此古字之僅存者。今言禁止之止。假足止之止爲之。二字有別。小篆之作㞢。非其朔也。

夫豐國之謂霸兼正之國之謂王　霸言

尹注。但自豐其國者霸也。按豐國不詞。豐應讀作體。古豐豊同字。豊古體字。體之省作豊。亦猶大豊毁禮之省作豊也。晉語。貳若體焉注。體四支也。易坤文言。正位居體。虞注。體謂四支也。周禮天官序官。體國經野注。體猶分也。按體與經互文耳。體亦經也。淮南子本經。帝者體太一注。體法也。法與理義相因。體國謂分理其一國也。體與兼對文。但分理其一國之謂霸。兼正他國之謂王。墨子經上。體分於兼也。體謂一體。下文得天下之衆者王。得其半者霸。衆與半亦猶兼與體矣。

夫兵幸於權權幸於地　霸言

尹注。兵幸在於有權。權從在於得地。幸猶勝也。按注據誤本爲說。不可爲據。幸乃乘字之譌。卜辭乘字作𠂢。虢季盤乘字作𠦪。形近故易譌。漢書朱雲傳。充宗乘貴辯口注。乘因也。此言兵因於權。權因於地也。下文故諸侯之得地利者權從之。從與因義相仿。

聖人能輔時　霸言

丁士涵云。輔時當作輔事。尹注曰。聖人能因時來輔成其事。是其證。下文謀無主則困。事無備則廢。謀字承知者善謀言。事字承聖人能輔事言。按丁說未允。聖人能輔時。與下句不能違時。一正一反爲義。注言因時。亦就輔時而推演其旨耳。如丁說下文係雙承此文。應就事與時言之。不宜以謀與事而牽混輔時違時之義。且輔時卽因時。作輔事則不詞矣。

夫無土而欲富者憂　霸言

尹注。無士欲富。猶緣木而求魚。故憂也。按宋本注文憂下無也字。當據删。下注故危故孤可證。

權動所惡 霸言

尹注。其威權既動移所惡。按宋本注文既作能。當從之。

則士輕死節 問

丁士涵云。節者士所最重。不可言輕。節字衍。士輕死謂不惜死也。按丁說非是。呂氏春秋知接。桓公非輕難而惡管子也注。輕易也。上言祿予有功。故此云則士易死節也。

羣臣有位事官大夫者幾何人 問

尹注。羣臣自有位事。乃左官於大夫。按金文位均作立。是有位事卽有立事。羣臣均有位不須再言位事。注說失之。立字經傳通用涖。此言羣臣有臨事而官大夫者。幾何人也。下文其位事幾何年矣。丁士涵云。位當作涖是也。金文立事習見。國差𦉜。國差立事。陳猷釜。陳猷立事。陳𠭰壺。陳𠭰再立事。子禾子釜。亦有立事之語。古陶鉨。陳□三立事。以上爲立事均見於齊器之證。

問男女有巧伎能利備用者幾何人 問

尹注。能利備器之用。按注增器字爲說。非是。備服古字通。利備用卽利服用。詳荀子新證儒效便備用下。

其宜修而不修者故何視 問

尹注。視比也。其器物宜修者。於故物何比。丁士涵云。故何當作何故。視字屬下讀。按注說是。丁說非。故何視。言其破損何所比視也。

通道阸闕 問

尹注。雖通路而爲防礙者。按宋本注文防作妨。當據正。

十六道同身外事謹 問

尹注。齊國凡有十六道。皆置關。並同此令。按注讀十六道同句非是。此應讀爲十六道同身句。外事謹句。身申音近字通。書酒誥。酣身厥命。卽侃申厥命。曹叔孫申字子我。王引之讀申爲身。見春秋名字解詁。申伸古同用。荀子儒效。是猶傴伸而好升高也注。伸讀爲身。釋名釋形體。身伸也。均其例證。上云。明道以重告之云云。此言十六道同申。卽同申其告令也。前後義正相承。外事謹與下句則聽其名。義不相屬。事本應作吏。金文事吏同字。謹本應作堇。古覲字不从見。詳詩經新證民勞以謹無良下。外事謹應讀作外吏覲。言外吏之覲見者。下云。則聽其名。視其名。視其色。是其事。稽其德。卽承外吏覲爲言也。

是其事 問

尹注。又須是正其事。按上下文乃視察稽核之義。此不應言是正也。是應讀作視。荀子解蔽。是其庭可以搏鼠注。是蓋當爲視。是其證。

令守法之官日行 問

尹注。日行邊鄙無關塞。按王念孫改日爲曰。行字屬下讀。其說可從。惟注文無關塞不可通。宋本無作與。當據改。

原農事之不本者謂之游 戒

尹注。原察也。農事不依本務。當原察之。按原諒古字通。廣雅釋詁。諒度也。度與察義相因。

參宥而後弊 戒

尹注。三宥卽周禮三宥。一曰不識。二曰過悞。三曰悼耄也。按周禮司刺。壹宥曰不識。再宥曰過失。三宥曰遺忘。壹赦曰幼弱。再赦曰老旄。三赦曰惷愚。此注錯舉。未可據也。

北伐山戎出冬葱與戎叔布之天下 戒

尹注。山戎有冬葱戎叔。今伐之。故其物布天下。戎叔胡豆。劉師培云。齊民要術十菜茹類葵注。引作出冬葵布之天下。御覽九百七十九葵類引管子云。桓公北伐山戎。出冬葵布之天下。是古本葱或作葵。詩魏風疏。爾雅釋草疏。列子力命篇釋文。並引作葱。說文繫傳二。亦引作出其山葱戎叔。是作葱亦非訛字。蓋古有二本也。按作葵者是也。冬與終古今字。凡經傳終字。甲骨文金文通作冬。是冬葵卽終葵。冬葵亦見吳其濬植物名實圖考長編。周禮考工記玉人。杼上終葵首疏。齊人謂椎爲終葵。說文。椎擊也。齊謂之終葵。戴侗六書故。椎木拳所用以椎擊者也。終葵戎葵也。其實拳然爲椎者象之。王筠斥戴爲陋說。然終葵卽戎葵。戴必有所本。劉師培謂作葱亦非訛字。古有二本。豈其然乎。

君必行也 戒

尹注。令君行之。按宋本注文令上有故字。於義爲長。應據補。

大仁哉其朋乎 戒

尹注。故曰大仁哉其朋乎已。按宋本注文已作也。當從之。凡注複舉正文。多以也字爲語已詞。

君請矍已乎 戒

俞樾云。矍疑獲字之誤。隸書獲字或作獲。見祝睦碑。又或作獲。見靈臺碑。其左旁皆與矍相似。缺其右旁。因誤爲矍矣。按俞謂矍乃獲之誤。是也。惟言其致誤之由則未允。甲骨文金文獲字均作隻。玁碣文。吾隻允異。獲作隻。與矍相似而誤

公曰此四子者其孰能一人之上也寡人并而臣之則其不以國寧何也 戒

王引之云。當以其孰能絶句。言此四子者其孰能以國寧也。其孰能下。當有管仲謂其不能以國寧之語。一人之上也三句。則桓公不解其所以不能。又從而問之也。今本有脱文耳。不然則不以國寧之問。何自而來邪。一皆也。一人之上。言四子之材。皆在人之上也。按今本無脱文。王説非是。之猶於也。言此四子者其孰能一人於上也。上云。公又問曰。不幸而失仲父也。二三大夫者其猶能以國寧乎。管仲對曰。君請獲已乎。鮑叔牙之爲人也好直。賓胥無之爲人也好善。甯戚之爲人也能事。孫在之爲人也善言。是管仲之答。謂四子各有一長。隱寓無以爲相寧國之義。無須如王説。再增管仲謂其不能以國寧之語。

三驚當一至 參患

尹注。驚謂耀威示武。能驚敵使懼。如此者三。可當師之一至敵國。按注讀驚如字非是。驚警古字通。

墨子號令。卒有驚事。禖守。卽有驚。孫詒讓並讀驚爲警。文選歎逝賦。節循虛而警立注。警猶驚也。是其證。警謂戒備也。言戒備三次。當一至之勞也。

屠牛坦朝解九牛而刀可以莫鐵則刃游閒也 制分

尹注。莫猶削也。孫星衍云。莊子養生主篇釋文云。管子有屠牛坦。朝解九牛。而刀可剃毛。與此文異。戴望云。御覽八百九十九獸部。引屠牛長朝解九牛。而刀可以割髮。則刃游于其閒也。淮南齊俗訓。屠牛吐一朝解九牛而刀以剃毛。庖丁用刀十九年。而刀如新劗。何則。游乎衆虛之閒。注。屠牛吐齊之大屠。衆虛之間。剖中理也。按此文莫鐵本作銻莫。銻旣誤爲鐵。後人以鐵莫不詞。因改爲莫鐵。說文。鐵古文作銕。與銻相似而譌。从夷从弟形音並相近也。易明夷六二。夷于左股。釋文。夷子夏本作睇。京作胰。渙六四。匪夷所思。釋文。夷荀作弟。是其證。銻古剃字。剃之作銻。亦猶劍之作鐱。劀之作鐴。劖之作鑱也。莫毛一聲之轉。莫無古同用。詩抑。莫捫朕舌傳。莫無。莫無音近。故譕亦作謨。橅亦作模。後漢書馮衍傳。飢者毛食注。案衍集毛字作無。錢大昕云。古音無如模聲。轉爲毛。今荆楚猶有此音。佩觿。河朔謂無曰毛。毛之作無。猶毛之作莫矣。然則銻莫卽銻毛。亦卽淮南子之剃毛也。

至而不可圉莫知其將去也 制分

尹注。不可圉者。必潛而近。按必潛而近。於義不符。宋本注文近作遁。當據正。

則上下體而外內別也 君臣上

尹注。上下各得其體也。按體與別互文耳。體亦別也。周禮天官序官。體國經野注。體猶分也。分與別同義。此言則上下分而外內別也。

制令傳於相　君臣上

尹注。令因相傳。戴望云。宋本傳作傅。當從宋本。爾雅曰。傅相也。相助也。言制令助於相也。按戴說非是。此言制令由相以傳布也。傳與敷古字通。書禹貢。禹敷土。荀子成相。敷作傅。詩長發。傅奏其勇。釋文。傅本亦作敷。金文敷通作尃。毛公鼎。厤自今。出入尃命于外。厥非先告父厝。父厝舍命。毋有敢惷尃命于外。亦卽此文制令敷於相之謂也。

上之明適不足以知之　君臣上

安井衡云。適偶也。按安井說非是。金文適字通作啻。適啻字通。亦詳經傳釋詞。秦策。疑臣者不適三人。史記甘茂傳作疑臣者非特三人。是適猶特也。上云。而國未嘗乏於勝任之士。此云。上之明特不足以知之。語氣相符。

官治者耳目之制也　君臣上

王引之云。治字因下文官治而衍。尹注曰。官稟君命而後行。若耳目待上制而後用。上字誤。當爲心。故曰官者耳目之制。則無治字明矣。按王說非是。治字不衍。金文治字與司同用。詳下篇治斧鉞者下。官治卽官司。左隱五年傳。官司之守。官者通稱。司者就其所主而言。注不解治字之義。故省而不言。下文身立而民化。身者主身之簡稱。德正而官治。官者官司之簡稱。官治之治應讀如字。與此異。注解耳目之制。說未允。耳目待心制而後用。不得云耳目之制。制謂制度。言國家之有官司。猶人身之有耳目。其制度正同。故云官司者耳目之制也。心術上。九竅之有職官之分也注。若百官之有其分也。與此可互證。

則婦人能食其意　君臣上

俞樾云。食當讀爲蝕。說文虫部。蝕敗創也。婦人能蝕其意者。婦人能敗其意也。正與下文國無常法。則大臣敢侵其勢。文義一律。下篇云。便辟不能食其意。義亦同此。按蝕其意不詞。俞說非是。金文食字作飤。與嗣字通。王孫鐘。誨猷不飤。不飤應讀丕嗣。此文食字應讀爲伺。嗣伺並諧司聲。書高宗肜日。王司敬民。史記殷本紀作王嗣敬民。司伺字通。食之通伺。猶飤之通嗣矣。伺之通詁訓察。此言則婦人能察其意也。下云。大臣假於女之能以規主情。丁士涵云。規古窺字。是也。窺與伺義正相承。君臣下。淫悖行食之徒。便僻不能食其意。食亦伺也。此非謂婦人能侵主意。言能伺察主意。而大臣假之。內外相與比姦以欺上也。

下有五横　君臣上

尹注。横謂糺察之官。得入人罪者也。五官各有其横曰五横。按横應讀作衡。二字古通。載籍習見。不煩舉證。七法。衡庫者天子之禮也注。衡者所以平輕重。是衡與糺察之義正相因。

是故歲一言者君也　君臣上

尹注。謂正歲之朝。布之縣象。按宋本注文下之字作政。當據改。

相總要者官謀士　君臣上

安井衡云。者當爲考字之誤也。按安井說非是。金文諸字均作者。者官謀士卽諸官謀士也。諸作者。乃古文之僅存者。注讀相總要者四字爲句。誤矣。

合而聽之則聖　君臣上

尹注。則得失相轉。可否相濟。按轉字不詞。宋本注文轉作輔。當據訂。

致賞則匱　君臣下

按今本無注。宋本有賞而不已則匱六字。下致罰則虐注。罰而無節則虐。兩處注文相對。當據補。

貴之以王禁　君臣下

尹注。禁令行然後知常者之可貴也。按貴之以王禁。與上句富之以國稟。稟原作裹。依王引之說改。相對爲文。貴者不恃王之禁令。則無以成其貴也。或讀貴爲會。殊乖本義。

天下道其道則至　君臣下

尹注。君得名道則天下至。按名道不詞。宋本注文名作君。應據正。又按上道字應訓由。制分。治者所道富也。王念孫謂道者由也。卽其證。

治斧鉞者不敢讓刑治軒冕者不敢讓賞　君臣下

按治斧鉞。治軒冕。二治字不詞。治本應作嗣。金文治字通作嗣。與司同用。經傳司徒司馬司空，金文作嗣土嗣馬嗣工。是治嗣司古字通。然則治斧鉞者卽司斧鉞者。治軒冕者卽司軒冕者。舊讀治如字。失之。

而巧官以諂上謂之勝　君臣下

尹注。騰謂淩駕於君。張文虎云。騰疑當作勝。上篇。下及上之事謂之勝。王念孫云。勝者陵也。本篇下文云。倍其官。遺其事。穆君之色。從其欲阿而勝之。卽申此文言之。按注訓騰爲淩駕。張改騰爲勝。王訓陵。並非。阿而勝之。勝應讀作稱。詳下文從其欲阿而勝之下。騰應讀作慝。騰慝並舌頭音。古韻騰蒸部。慝之部。之蒸對轉。莊子山木。王獨不見夫螣猿乎。釋文。螣本亦作騰。詩大田。去其螟螣。說文作去其螟蟘。左僖二十八年傳。糾逖王慝。漢張表碑作糾剔荷㤞。隸釋云。㤞卽忒字。禮記月令。毋有差貸。呂氏春秋仲冬紀。貸作忒。書洪範。民用僭忒。漢書王嘉傳作民用僭慝。是騰與螣蟘忒慝古通之證。下云。則國平而民無慝矣注。慝姦惡者也。巧官當依王引之說作巧言。此謂巧言以諂上謂之姦慝。下文騰至則北。卽慝至則背也。諂上謂順上之意。與騰駕勝陵之義不相涉。下文屢言諂屢言慝。均承此義也。

則通亂隔　君臣下

尹注。則雖先通亂。令能隔阨也。按宋本注文作則先雖通亂。今能隔阨也。今字對先字言。於文爲適。應據改。

從其欲阿而勝之　君臣下

尹注。阿曲也。巧言令色。委曲從君。至於動也。剛漸以勝之。其終或至於篡殺。故曰阿而勝之也。按注說望文演訓。不可爲據。勝應讀作稱。阿而稱之。謂阿附其意而稱頌之也。勝稱古字通。周禮考工記弓人。角不勝幹注。故書勝或作稱。鄭司農云。當言稱。禮記學記。良弓之子必學爲箕注。調乃三體相勝。

釋文。勝一本作稱。是其證。

訛言於外者脅其君者也　君臣下

尹注。假說妖妄之言以惑衆。按宋本注文以上有外字。與正文符。當據補。

天道人情通者質寵者從此數之因也　君臣下

尹注。質主也。能通於天道人情者。可以爲主。其不能通。但寵貴之者。可以爲從。謂臣也。言臣主數因此通而立也。丁士涵云。寵當爲窮。通窮猶尊卑也。按注訓質爲主。義猶近是。至訓寵爲寵貴。與丁謂寵當爲窮。並非。易繫辭下傳。以爲質也。虞注。質本也。論語衛靈公。君子義以爲質。皇疏。質本也。上文云。是故有道之君者執本。即此所謂通者本之義也。寵龍古字通。遲父鐘。不顯龍光。即丕顯寵光。詩酌。我龍受之。即我寵受之。龍應讀作能。晏子春秋問下弟十七。其竜久乎。竜即龍之別字。左傳作其能久乎。是其證。此言天道人情通之者爲本。能之者爲從。本者君也。從者臣也。事有不知其所以然而但能之者。猶非通也。此通能之別也。

是故始於患者不與其事　君臣下

尹注。言初始謀慮而憂患者。乃行其事。令人爲之而不自預。此謂君也。按注以始爲初始。又以初始於患爲不詞。而增謀慮爲言。是爲望文演訓。始應讀作治。金文治均作𤔲。與司通用。始治並諧台聲。史記夏本紀。來始滑。索隱曰。古文尚書作在治忽。書盤庚序。將治亳殷。正義引束晳云。孔子壁中尙書作將始宅殷。司於患者不與其事。司主也。言主其患而不參與其事也。下云。是以爲人上者。患而不勞也。則非謂始於患。厥義至明。

所求於人者少　君臣下

尹注。求人者少。按宋本注文作求人少者。以上注求己多者證之。則宋本是也。當據正。

大臣亂曰稱述　君臣下

尹注。各稱述其己德之長而不相讓則亂也。丁士涵云。爾雅曰。稱好也。述遂古字通。按注及丁說並誤。述術古字通。儀禮士喪禮。不述命注。古文述皆作術。詩日月。報我不述。釋文。述本亦作術。禮記祭義。而術省之注。術當爲述。聲之誤也。此例古籍習見。稱術謂稱舉道術也。稱術乃君人者之事。大臣稱術則亂矣。明法。所謂治國者。主道明也。所謂亂國者。臣術勝也。道與術互文耳。道亦術也。凡道家者流。均謂人主執術。不應假之於臣。此通誼也。

勸其所能　君臣下

按勸觀古字通。韓非子喻老。越人入宦於吳而觀之。藏本今本觀作勸。難三。擧善以觀民。藏本今本論衡觀作勸。列子楊朱。故不爲名所觀。張湛本觀作勸。均其證也。上言稱德度功。此言觀其所能。義正相承。

在於既善所以感之也　小稱

尹注。天下所以理。在於君人內外盡善。按宋本注文人下有者字。於文爲適。當據增。

嘗試往之中國諸夏蠻夷之國　小稱

戴望云。中國二字衍。諸夏卽中國。不得於諸夏之上更言中國也。按戴說非是。中國就京師言。詩民勞。惠此中國。傳。中國京師也。諸夏就全國言之。此文言中國諸夏蠻夷三者。係由近以及遠。層次井然。

澤之身則榮 小稱

尹注。恭遜敬愛。身之粉澤也。故在身則榮。按注以澤爲粉澤。望文生義。澤之身則榮。與下句去之身則辱。相對爲文。澤乃宅之音譌。古宅字讀同度。故與澤音近相假。莊子則陽。比于大澤。釋文。澤本亦作宅。是其證。

務爲不久蓋虛不長 小稱

王引之云。爲卽僞字也。僞與虛正相對。按王說是也。惟王不釋務字。乃讀務如字也。務宜讀作蒙。書洪範。曰蒙。疏引鄭注。雺聲近蒙。文選三國名臣序贊。孰掃雰雺。注引孔傳作曰雺。史記宋微子世家作曰霧。說文。霚籀文作雺。霧霚雺同字。詩常棣。外禦其務。李賡芸謂務讀如蒙。是均務可讀蒙之證。詩君子偕老。蒙彼縐絺傳。蒙覆也。注以蓋虛爲覆蓋虛妄是也。蒙與蓋對。蒙亦蓋也。互文耳。

公惛四子者廢之官 小稱

王念孫云。羣書治要作公召四子者廢之。是也。今本召作惛。廢之下有官字。皆後人所增改。桓公非惛四子。特因管仲之言而廢之耳。按王說非是。此文如本作公召四子者廢之。則後又何必增改乎。上言管仲諫廢四子。皆有至理。故桓公曰善。此言惛四子。與下言復四子。乃一時之喜怒耳。因廢四子而苛病起。而味不至。而宮中亂。而朝不治。故復之。非初聽管仲言而不憎之也。且廢之官三字文極古質。後人改古文句法而爲今文句法。決不改今文句法而爲古文句法。王氏據類書以改成文。雜志之失。多在於此。

讒賊是舍　四稱

孫詒讓云。舍當爲予之借字。隸續載魏三體石經大誥。予惟小子。予字古文作舍。是其證。按孫說是也。說文。余語之舒也。从八舍省聲。按舍从余聲。非余从舍省聲也。金文余字初作令。後作余。居毀。舍作舍。魏三體石經尙書多士。予其曰。予古文作舍。亦其證也。凡經傳予字金文通作余。讒賊是余。卽讒賊是予也。

式政既輮　四稱

尹注。言其法式之政。既已輮曲。按爾雅釋言。式用也。國策秦策。式於政不式於勇。式於廊廟之內。不式於四境之外注。式皆用也。然則式政卽用政。或以法政與下句刑罰對。非是。古人排句。非字字相對。如上文誅其良臣。敖其婦女。以良臣與婦女對。可證。注以爲法式之政。拘文牽義矣。

不蘄亡己　四稱

王念孫云。亡當爲正。字之誤也。按王說未允。不煩改亡爲正。亡古忘字。此言不蘄忘己。故下接以遂進不退也。莊子天地。有治在人。忘乎物。忘乎天。其名爲忘己。忘己之人。是之謂入於天。是忘己乃古人成語。尹注。專固寵位。無求去也。宋本注文作直擬全生。無求於去也。文異而義實相彷。以去詁亡。

則尹所見本亡不作正明矣。

以攻賢者　四稱

尹注。小人所忌者君子。宋本注文忌作僂。別下齋校本云。僂疑懼之訛。是也。

行義不從　四稱

尹注。從順也。按義儀字通。古籍習見。金文威儀之儀亦多作義。上云。湛湎於酒。蓋醉酒則行不檢而儀不飭。故云行儀不順。古人飲酒至重威儀。詳尙書新證顧命思夫人自亂于威儀下。若讀義如字。與上句文不相屬矣。

保貴寵矜　四稱

張文虎云。疑當作保寵矜貴。按矜本作矜。諧令聲。凡古籍矜字均應作矜。矜與上文令政下文人駢親身爲韻。張改失之。

入則乘等　四稱

王念孫謂乘等與黨駢。其義一也。按王說非是。乘等與黨駢異義。國語周語。乘人不義注。乘陵也。呂氏春秋貴直。一鼓而士畢乘之注。乘陵也。廣雅釋詁。陵乘也。禮記檀弓。故喪事雖遽不陵節注。陵躐也。學記。學不躐等也疏。躐踰越也。又不陵節而施之謂孫疏。陵猶越也。乘陵躐一音之轉。越等與躐等之義相仿。此言入則陵越等次。出則私黨駢植也。

大昏也博夜也　侈靡

尹注。夜謂暗昧之行也。令人主至於大昏者。則以博爲夜事故也。按注說殊誤。此承上文聖人者省諸本而游諸樂爲言。大昏博夜謂其世之醇穆渾沌也。博亦大夜亦昏也。二句疊義。五輔。是故博帶棃。大袂列。亦博與大爲對文。

而祀譚次祖 侈靡

尹注。譚延也。國敗絕祀之事。延及次祖。丁士涵云。譚與覃通。祖疑神字誤。次神當爲神次。按丁改次祖爲神次。殊謬。注謂延及次祖。是讀譚爲覃訓延也。次祖猶言列祖。呂氏春秋季冬。次諸侯之列注。次列也。晉語。失次犯令死注。次行列也。然則祀覃次祖。卽祀延列祖也。

仁以好任 侈靡

尹注。所謂悅以使用。按宋本注文用作人。别下齋校本云。注避諱。民多作人。

丹沙之穴不塞則商賈不處 侈靡

尹注。趨丹穴而求利。故不處也。張文虎云。不字疑衍。丹沙之穴塞則商賈不處者。言利原塞則求利者皆將他往也。按注說是。張說非。此言不塞則不處。塞則處矣。

收其春秋之時而消之 侈靡

丁士涵云。時當爲利。尹注亦作利。按時利形殊。無由致譌。時應讀爲峙。爾雅釋詁。峙具也。字亦作峙。書費誓。峙乃糗糧。疏。峙具也。此言收其春秋之所積具而消之也。

辱舉其死 侈靡

尹注。辱猶逆也。逆地天以舉事則死也。丁士涵云。辱與蓐古字通用。方言廣雅並云。蓐厚也。章炳麟云。辱乃借爲蓐收之蓐。左昭二十九年。蓐收。釋文作辱可證。白虎通五行。釋蓐收云。蓐縮也。按縮與收義本相近。省吾按辱舉不詞。注及丁章二說並誤。辱本應作振。古文从手从又一也。从又从寸一也。白中父殷。辰字作⿱辰又。旂鼎。辰字作⿱辰止。从又从止一也。⿱辰又振同字。殷栔卜辭八九片。今夕弗⿱辰止王㠯。⿱辰止王㠯卽振王師。辰振古字通。淮南子天文。辰則振之也。廣雅釋言。辰振也。說文。辰震也。震振古同用。大臣。賢者死忠以振疑注。振救也。說文。振舉救也。漢書游俠傳。旣已振人之命注。振謂舉救也。此言振救其死。義正相符。下言辱知神次者二。辱字亦應作振。振祇古字通。書臯陶謨。日嚴祇敬六德。史記夏本紀祇作振。禮記內則。祇見孺子注。祇或作振。書盤庚。爾謂朕曷震動萬民以遷。漢石經震作祇。震通振。爾雅釋詁。祇敬也。說文。祇敬也。祇知神次。謂敬知神次也。對神而言。故曰祇。章炳麟改爲知神辱次。迂且妄矣。

百姓誰敢敖　侈靡

尹注。百姓警衞。而誰敢敖者。按宋楊忱本敢作衍。注云。而誰可放敖者。今本注誤。當據訂。放字正釋衍字。是尹所見本作百姓誰衍敖明矣。誰唯古字通。淮南子道應。誰知言之謂者乎。列子說符。誰作唯。墨子兼愛下。誰以爲二士。誰以爲二君。二誰字均應讀作唯。詩板。及爾游衍傳。衍溢也。尹注以放詁衍。與溢相因。詩鹿鳴。嘉賓式燕以敖傳。敖遊也。廣雅釋詁。敖戲也。此言衍敖猶詩言游衍矣。上云。國門則塞。此云。百姓唯衍敖。言百姓唯衍放遊戲。不知患之將至。故下云胡以備之。

深𪑊之毋涸　侈靡

尹注。𪑊謂探其深情。常令見之。無使涸竭也。丁士涵云。深當作淫。多皃也。𪑊乃纛之譌。涸當爲錮之譌字。按注及丁說並非。𪑊乃刺之異文。如邵鐘䂾字之作䰛也。刺古列字。通烈。字亦作剌。大鼎。剌考卽烈考。召白虎毀。剌且卽烈祖。秦公毀。剌＝趄＝。卽烈＝桓＝。列烈與厲古字通。周禮大宗伯。以血祭祭社稷五祀五嶽注。有厲山氏之子曰柱。釋文。厲本或作列。詩思齊。烈假不瑕。釋文。烈鄭作厲。此例古籍習見。此𪑊字應讀爲詩有狐在彼淇厲之厲。毛傳云。厲深可厲之者。按字亦作濿作瀨。石鼓文乙鼓。濿有小魚。爾雅釋水。深則厲。釋文。厲本或作濿。是其證。此言深厲之水。毋涸竭之也。

千歲毋出食　侈靡

尹注。雖復千歲。常令自食其財。無使他外。則富者之財。可得而收之。按注說非是。出應讀爲詘。卽屈字。荀子君道。安值將卑埶出勞。出勞卽屈勞。莊子達生。凡外重者內拙。淮南子說林作是故所重者在外。則內爲之掘。掘卽拙字。史記貨殖傳。田農掘業。集解引徐廣曰。古拙者亦作掘也。是从出从屈一也。心術上。虛則不屈注。屈竭也。淮南子原道。怳兮惚兮用不屈兮注。屈竭也。千歲毋屈食。言千歲無竭食也。富者散財。貧者得濟。故云然也。

辟之若尊譚未勝其本亡流而下　侈靡

尹注。譚延也。雖堯守藏。不施必亡。猶如尊位將反。而未能勝其本。此位既不可得。自然流而下者也。丁士涵云。未當爲末。亡當爲上。末勝其本。與上流而下對文成義。按注以尊爲尊位。訓譚爲延。丁謂亡當爲上。並非。惟丁謂未當爲末。是也。尊譚係以酒器爲喻。張佩綸謂尊譚當作尊觶。近是。从覃與从單形音幷近。要之。譚必爲酒器。於義方符。言尊譚之爲物。如末勝其本。必上重下輕。傾側易倒。故云亡流而下也。下云。高下者不足以相待。卽釋末勝其本之義。

國小而修大仁而不利猶有爭名者累哉是也　侈靡

尹注。不量國之小。好修遠大。雖復行仁。不遇其利。而猶與他國爭名。是必自累者也。按宋本注文作不量國之小。好脩遠大。雖復行仁。不遇其利。不如小好脩遠。是以猶與他國爭名。是者必相累而惕。宋本與今注文頗有出入。宋本注文不如小。如當係知字之譌。

巨瘞培　侈靡

丁士涵云。培疑埋字誤。劉師培云。培卽說文窨字。按劉說是也。說文。窨地室也。朱駿聲云。今蘇俗猶曰地窨子。詩七月。三之日納于凌陰。以陰爲之。卽周禮凌人納于凌室也。按近世所發現之商周古墓。多於地下架木爲室。巨瘞培者。謂增大其瘞埋之地室也。

作此相食然後民相利　侈靡

尹注。如此則遞相銜親。按宋本注文則下有人字。於義爲長。當據補。

與于殺若一者　侈靡

尹注。今與先受封者。地均若一也。按宋本注文今作令。是也。當據正。

霸者生功　侈靡

丁士涵云。生乃上字誤。王者上事。霸者上功。二句對文。按丁說非是。生與上形不相近。生當作主。篆文相似而譌。治國。人主之大務。中立本主作生。霸者主功。與上句王者上事。相對成義。

上義而不能與小利　侈靡

尹注。不可顧小利而移也。按宋本也作止。止當作之。

請問諸邊　侈靡

尹注。諸變則四變也。按宋本注文作諸邊則四邊也。據正文則宋本是也。當據正。

樹表相望者　侈靡

尹注。每於高險之處。按宋本注文險作顯。是也。樹表但取其高與顯。以其易見。不必據險也。

水鼎之汨也人聚之　侈靡

張文虎云。鼎當作泉。姚叔節先生云。汨當爲洎。左傳。則去其肉而以其洎饋。人聚於水鼎之洎。以求飲也。人死於壤地之美。以求食也。按姚說是也。周禮士師。洎鑊水注。洎謂增其沃汁。呂氏春秋應言。多洎之則淡而不可食注。肉汁曰洎。別下齋校本汨作涓。乃洎之譌。

不動則望有廧　侈靡

尹注。君子儼然不動。則望者如牆焉。按注說望文生義。不可從。廧即甾字之誤。本應作甾或畓。譌爲畬。後人以畬爲不詞。又改爲廧。四稱。以繙緣繙。王念孫謂繙當爲緇。又謂甾即災字。是也。古泉兩甾之甾作畄。漢博士題字。甾字作畄。武班碑。菑字作菑。甾應讀爲災。此言不動則望有災也。

而君臣相上下相親則君臣之財不私藏　侈靡

丁士涵云。而君臣相四字。涉上下文而衍。按丁說非是。此文但衍上相字耳。而猶如也。詳經傳釋詞。言如君臣上下相親。則君臣之財不私藏也。

然則貪動枳而得食矣　侈靡

尹注。枳棘者所爲擁塞也。農人貪商賈而動者。則多枳塞。其幸者但得貪食而已。無餘利也。按注說迂曲不可據。枳應讀爲胑。與肢同。說文。胑體四胑也。君臣下。四肢六道注。四肢謂手足也。論語微子。四體不勤。五穀不分。四體卽四胑。動胑謂勞動其胑體。上云。則君臣之財不私藏。故此云貪於勞動胑體而得食矣。

曲靜之言不可以爲道　侈靡

尹注。靜謀也。按注說未允。靜應讀爲𦁽。字亦作綪。儀禮士喪禮。不綪注。綪讀爲𦁽。𦁽屈也。江沔之閒謂縈收繩索爲𦁽。小爾雅廣器。詘而戾之爲𦁽。說文。𦁽紆未縈繩。然則曲𦁽之言。卽曲屈之言。謂其言之不正直也。

再殺則齊　侈靡

尹注。文王再駕伐崇。武王再伐紂也。按宋本注文下再字下有駕字。以上句例之。則有駕字是也。當據補。

以時事天以天事神以神事鬼　侈靡

張文虎云。疑當云以事天神。以事神鬼。按張説非是。三事字應作使。金文事使同字。此言以時使天。以天使神。以神使鬼。讀事如字。則不詞矣。

智運謀而雜橐刃焉　侈靡

尹注。雖用智運謀。亦須威以成之。故曰雜橐韜也。按注説紆戾不可從。雜本應作籥。古文四聲韻。籥之古文作䶳。與雜形近故易譌。橐乃槖之譌。揆度。吾非埏埴搖鑪橐而立黃金也。橐乃槖之誤。詳王氏讀書雜志。籥槖亦作槖籥。老子五章。天地之間。其猶槖籥乎。虛而不屈。動而愈出。王注。槖排槖也。籥樂籥也。焦竑云。冶鑄所用致風之器。槖櫝籥管。所以鼓之也。太玄失。刺虛滅刃注。刃滿也。經傳通作牣。此言智運謀而籥槖滿焉。其運用之機。如籥槖之刃滿風氣也。

以通政事以贍民常　侈靡

尹注。或滿與虛。萬人均平。按宋本注文或字作減。是也。萬人均平。正承減滿與虛爲言。當據正。

沮平氣之陽若如辭靜　侈靡

尹注。言欲沮敗平和之陽氣。默至而無形聲。如辭言之靜者。按沮當爲且之借字。或涉上文不必爲沮之沮而譌。辭應讀作𤔲。古治字。凡經傳治字。金文作𤔲。亦作辭。心術上。紛乎其若亂。靜之而自治。卽此文治靜之義。治靜與下文胡得而治動之治動對文。注説因文敷衍。殊乖本義。

位而觀之佁美然後有煇　侈靡

尹注。得其沮氣衰敗之時。立分位而觀察之。佁深思貌。謂深得其美理。然後情魂悅而貌煇然也。按注說未允。位立古同字。金文位字通作立。佁卽金文句字。與俟字通。說文。佁讀若騃。後漢書馬融傳。鄙騃譟讙注。騃音俟。俟之通詁訓待。呂氏春秋本生。命之曰招蹷之機。王念孫據選注改招爲佁。謂佁之言待也。此言立而觀之。待美然後有光煇也。

視之亦變　侈靡

俞樾云。亦乃天字之誤。亦古作夾。與天字相似。又涉上句應國之稱號亦更矣因而致誤。按亦乃易之假字。論語述而。五十以學易。鄭注。魯讀易爲亦。素問氣厥論。謂之食亦注。亦易也。列子黃帝。二者亦知。釋文。亦本作易。均其證也。易與變義相因。風與氣義相因。故相對爲文。

此言不奪能能不與下誠也　心術上

尹注。君之能不預於下之誠。凡爲其所能無不誠。張文虎云。疑上能字當作人。誠乃試字誤。能字古讀若耐。與試爲均。按注說既非。張說尤誤。下能字應讀爲而。能而字通。詳經傳釋詞。誠本應作成，後人不解成字之義。而改爲誠也。詩節南山。誰秉國成傳。成平也。周禮質人。掌成市之貨賄人民牛馬兵器珍異注。成平也。上云。無代馬走。無代鳥飛。此言不奪其能。而不與下平也。是就爲君立說。言上不奪下之能。而不與下平也。又上云。心術者無爲而制竅者也。按奪其能。是與下爭。非無爲也。則與下平矣。

法者所以同出　心術上

俞樾云。出疑世字之誤。世隸書或作卋。故與出相似而誤也。按同出猶言同由。俞改出爲世。未可從也。

實不傷不亂於天下而天下治　心術下

尹注。直莫之亂。則是理矣。按是理不詞。宋本注文是作自。當據正。

强而卑義信其强弱而卑義免於罪是故驕之餘卑卑之餘驕　白心

尹注。信音申。於驕有餘則弱。弱則卑也。於卑有餘則强。强則又驕。丁士涵云。兩義字當作者。與上文兩者字一例。信古伸字。按者無由誤作義。丁說非是。此應讀作强而卑句。義信其强句。弱而卑句。義免於罪句。義之言宜也。上文祥於鬼者義於人。義卽宜也。心術上。不宜言應也。王念孫謂不宜卽上文之不義也。此謂强而卑。宜伸其强。弱而卑。宜免於罪。又注釋餘卑餘驕之義。至爲曲妄。餘應讀爲除。餘除並諧余聲。古文亦並省作余。周禮委人。凡其余聚以待頒賜注。余當爲餘。史記屈賈列傳。餘何畏懼兮。索隱。楚辭餘並作余。吳仲山碑。父有余財。余卽餘。詩小明。日月方除箋。四月爲除。爾雅釋天作四月爲余。是其明徵。蓋驕傲者則不卑屈。卑屈者則不驕傲。故云驕之除卑。卑之除驕。

爲善乎毋提提　白心

孫星衍云。毛詩葛屨。好人提提。傳云。提提安諦也。淮南說林訓。提提者射。高誘注。提提安也。爾雅釋訓作媞媞。言爲善者毋提提而安緩。按孫說是也。提提亦假作祁祁。左宣二年傳。提彌明。公羊宣六年傳。提作祁。是其證。爾雅釋訓。祁祁徐也。詩采蘩。被之祁祁傳。祁祁舒遲也。韓奕。祁祁如雲傳。祁祁徐靚也。然則毋提提卽毋祁祁也。

知苟適可爲天下周　白心

俞樾云。周字無義。疑君字之誤。可爲天下君。猶下文言可以爲天下王也。按俞說未允。下云。知周於六合之内者。卽此文知苟適可爲天下周之謂也。

無遷無衍　白心

尹注。動而爲之。按宋本注文動作勤。是也。勤與無遷無衍之義相符。當據正。

吾以故知古從之同也　白心

丁士涵云。當作古之從同。今本誤倒。尹注云。知古之從者。以其同也。可證。按丁說非是。之猶與也。詳經傳釋詞。從之同謂從與同也。卽承上文同則相從爲言。

瑕適皆見精也　水地

尹注。以其精神。故不掩瑕適。按宋本注文神作純。當據改。

察於淑湫　水地

俞樾云。淑當作⿰口叔。湫當作啾。竝以聲言。說文口部。⿰口叔歎也。啾小兒聲也。按以文義言之。淑湫當係聲之小者。歎與小兒聲。其文既不相屬。其義亦非聲之小者。俞說殊誤。淑湫當係啁噍之假字。亦作啁啾。文選司馬相如封禪文。俶儻窮變。司馬遷報任安書。唯倜儻非常之人稱焉。俶儻卽倜儻。集韻。俶或作倜。禁藏。萩室熯造。王念孫謂樵與萩古字通。說文。⿰韋焦之重文作揫。文選羽獵賦。噍噍昆鳴注。噍與啾同。禮記三年問。至於燕雀猶有啁噍之頃焉。是小鳥之聲爲啁噍。則此文啁啾卽小聲之義。上云。

耳之所聽。非特雷鼓之聞也。雷鼓謂聲之大者。啁啾謂聲之小者。文正相對。

越之水濁重而洎故其民愚疾而垢 水地

尹注。洎浸也。濁重故愚。浸則多所漸入。故疾垢也。按洎古無訓浸者。多所漸入。尤爲妄說。左襄二十八年傳。而以其洎饋。釋文。洎肉汁也。此言洎。謂其水之醲洎而不清。與重濁之義相應。

甃屋行水 四時

尹注。甃者使之行水也。修屋壞。按宋本注文無使之行水也五字。於文爲適。此涉旁注而衍。當據刪。

求有德賜布施於民者而賞之 四時

按德賜乃古人成語。詛楚文。亦應受皇天上帝及丕顯大神巫咸大沈久湫之幾靈德賜。是其證。

通天下遇者兼和 五行

安井衡云。通天下會遇者。兼和順之。按安井說非是。兼應讀作謙。通天下逗。遇者謙和句。言通之於天下。有所遇者。均接之以謙和之道也。

諛然告民有事 五行

尹注。諛悅順貌。戴望云。諛乃讀之字誤。說文讀下引司馬法曰。師多則人讀。讀止也。字亦作讟。廣雅釋詁曰。讟怒也。按注說既失。戴說亦未爲得。止然告民有事。與怒然告民有事。均於詞不適。諛諭音近相借。荀子修身。以不善和人者謂之諛注。諛與俞義同。莊子駢拇。雖通如俞兒。釋文。淮南子一本作申兒。疑申當爲臾。是从臾从俞古字通也。廣雅釋言。諭曉也。曉然正形容告字也。

御其氣足則發而止　五行

尹注。其閉藏之氣足。則發令休止也。按宋本無御字。是也。已詳王念孫說。惟發令不得但曰發。注乃望文生訓。不可爲據。發廢古字通。莊子列禦寇。曾不發藥乎。釋文。發司馬本作廢。論語微子。廢中權。釋文。廢鄭作發。是其證。上言使人內御。此謂其閉藏之氣足。使人內御之事則廢而止也。

慕和其衆　勢

安井衡云。使其衆思慕和親。按慕和不詞。慕乃穆之音譌。叔弓鎛。繆龢三軍徒𨘢。繆同繆。繆穆古籍通用。龢同和。三軍徒𨘢。亦謂衆也。然則叔弓鎛之繆龢。卽此文之穆和矣。穆和謰語。穆亦和也。詩烝民。穆如清風箋。穆和也。是其證。

素質不留　勢

尹注。全其素質。無所留者。按注文者字本應作著。無所留著。謂不滯於物也。下中靜不留注。中心安靜。無所留著。是其證。

微度人　勢

尹注。既順於天。又微度人之所宜以合之。按微度人應作微於人。與上句順於天對文。上下文律整齊畫一。不容紊亂。度字涉微之旁注而誤入正文。後人因刪於字耳。微職字通。漢書游俠傳。解使人微知賊處注。微伺問之也。說文。職司也。司卽伺。伺與度義相因。故後人旁注度字。玄應一切經音義二引字林。伺察也。漢書高五王傳。以爲物而司之注。司者察視之。是微於人卽察於人也。

獸厭走而有伏網罟一偃一側不然不得 勢

尹注。獸所以憎厭其走者。恐前有伏網罟。故聖人不敢以直道取天下者。恐有大禍故也。偃側猶倚伏也。聖人之取天下知云云。文設武伏。如其不然。則天位不可得也。陶鴻慶云。尹注以網罟絕句。而曲爲之說。殊不成義。此當於伏字句絕。網罟二字屬下讀之。蓋以取獸爲喻也。獸之走伏無常。持網罟者必一偃一側。而後能得也。伏與側得亦爲韻。按注及陶說並非。然注以網罟絕句。非有誤也。大戴記夏小正。望乃伏傳。伏也者。入而不見也。史記屈賈列傳。禍兮禍所伏。索隱。伏下身也。獸以厭走而入於網罟。其云一偃一側者。形容獸既入網罟之中。而思脫逃之狀也。不然不得者。謂獸非厭走則不能得之也。上云。大周之先。可以奮信。大明之祖。可以代天下。索而不得。求之招搖之下。此言厭走。取反義以喻奮訊也。罟與祖下下韻。側得與下文德力爲韻。是於韻非有不合。陶說失之。又注文知云云不詞。宋本作必權正。當據改。

令之以終其欲 正

王念孫云。終當爲絕。字之誤也。按王說未允。下言遏之以絕其志意。養之以化其惡。明之以察其生。是終絕化察四字平列。不應改終爲絕以與下複也。左僖二十四年傳。婦怨無終注。終猶已也。已與絕義相因。此言令之以終止其欲也。

有數以至焉 九變

尹注。則有數存焉於其閒。故能至死也。按數猶術也。廣雅釋言。數術也。莊子天道。有數存焉。孟子告子。今夫奕之爲數。並假數爲術。是其證。又宋本注文死作此。當據正。

雙劍誃管子新證卷三

不事心　任法

按事應作使。金文事使同字。不使心。與下文不勞意不動力句例同。

故曰法者不可恆也　任法

俞樾云。法者不可恆也。本作法者不可不愼也。豬飼彥博云。恆上脱不字。按恆上脱不字是也。惟俞謂恆爲愼字之誤則非。恆本應作常。此漢人避諱所改。如常山亦作恆山。田常亦作田恆。此例古籍習見。常尙古同字。金文常字通作尙。此謂法者不可不崇尙也。下云。故明王之所恆者二。此二者主之所恆也。恆均應作常。讀爲尙。

君臣上下貴賤皆發焉　任法

丁士涵云。發乃法字誤。俗音亂之。下文云。君臣上下貴賤皆法。是其證。按丁說未盡是。發法字通。非關俗音。金文廢字通作灋。灋古法字。廢从發聲。廢發字通。詳五行其氣足則發而止下。

皆囊於法　任法

尹注。囊者所以斂藏也。張文虎云。囊疑蘘之誤。雒誥釋文引馬注云。蘘勉也。按囊於法不詞。蘘於法尤非本義。囊乃橐之譌。橐應讀作度。禮記內則注。鞶小囊也。釋文。囊又作橐。橐囊形近易譌。爾雅釋畜注。狀如橐駝。釋文。橐字又作馲。玄應一切經音義六引字書。馲又作橐。史記甘茂傳。夫項橐生七歲爲孔子師。淮南子說林。項橐作項託。度與从乇之字通。故尙書宅字。今文皆作度。又玄應一切經音義十四引三蒼。徒跣作踱跣。又作跅。詩斯干。椓之橐橐。釋文。橐本或作柝。說文。欜同榜。爾雅釋器。木謂之剫。玉篇木部作木謂之榜。榜卽析字。左隱十一年傳。山有木。工則度之。爾雅釋器注作剫。是橐之讀度。其證至顯。晉語。君不度而賀注。度揆也。然則皆度於法。謂皆揆於法。左莊六年傳。必度於本末而後立衷焉。左文十八年傳。不度於善。左哀十一年傳。度於禮。若不度於禮。度字用法皆與此同。

卿相不得翦其私　任法

俞樾云。此翦字當讀爲濟。聲之誤也。爾雅釋言。翦齊也。郭注曰。南方人呼翦刀爲劑刀。是齊與翦聲相近。又涉上文翦公財而誤耳。按俞說非是。翦應讀作踐。禮記文王世子。不翦其類也。周禮甸師鄭司農注作不踐其類也。禮記玉藻。凡有血氣之類。弗身踐也注。踐當爲翦。聲之誤也。書成王政序。遂踐奄。鄭注。踐讀曰翦。均其例證。然則翦其私卽踐其私也。

百官識非惠也刑罰必也　明法

尹注。必令百官識非公之惠而不敢受。又知刑罰必行。無妄求免罪也。劉績云。當依解作百官論職。乃字有缺誤。按注說迂曲。此文本無缺誤。後解作百官論職。論字衍。識職古同字。漢脩華嶽碑。周禮識方氏。假識爲職。是其證。周禮大司寇。上能糾職注。職職事脩理。此言百官職事脩理。非由於恩惠。乃由於刑罰必也。惠與刑罰。義正相對。刑罰法也。下云。不爲惠於法之内也。是惠與法不並行也。

力罷則不能毋墮倪　正世

尹注。倪傲也。謂疲墮而傲從也。俞樾云。尹注曰倪傲也。則墮當讀爲惰。惰與傲義相因。輕重戊篇。歸市亦惰倪。是其證。按注説望文生訓耳。俞謂惰與傲義相因亦非。倪應讀作薾。易困九五。劓刖。釋文。鄭作倪伔。文選長笛賦作槷刖。是倪與从埶之字相通也。書堯典。歸格于藝祖。大傳藝作禰。又柔遠能邇。金文作𤔲遠能㹜。㹜即埶。今作藝。倪既通槷。埶可讀禰讀邇。則倪亦可讀薾明矣。倪薾疊均。並支部字。薾亦作苶。説文作薾。云智少力劣也。惰薾謰語。莊子齊物論。薾然疲役而不知其所歸。是薾爲疲役貌。正與惰義相因。上言財竭則不能毋侵奪。侵奪與惰薾對文。下云。民巳侵奪惰薾。因以法隨而誅之。侵奪者過也。惰薾者不及也。均非適中之道。故誅之以法也。

此稽不遠　内業

尹注。常以此考。心不遠之。安井衡云。稽留也。按此考與此留均不詞。稽應讀作指。二字並諧旨聲。荀子正名。故知者爲之分别制名以指實。指實即稽實。詳荀子新證。此稽不遠。即此指不遠也。

從物而不移　内業

尹注。物遷而從之。聖本不移。按物下疑奪遷字。注文可證。從物遷而不移。言隨物之自遷。而聖人不移。上云。與時變而不化。正相對爲文。

氣道乃生生乃思思乃知知乃止矣　内業

尹注。氣得道能有生。戴望云。左氏襄三十一年傳注。道通也。氣道乃生。猶言氣通乃生耳。尹注非。按戴說未允。安井衡讀氣字逗。當從之。古玉銘。行氣。宊則遀。=則神。=則下。=則定。=則固。=則明。=則長。=則退。=則天。行氣卽行氣。玉銘與此文均道家之言。詞例亦相仿。

一物能化謂之神一事能變謂之智　內業

尹注。謂無心於物事。而物事自變化。按宋本注文變化作化變。當據訂。正文先言化後言變。可證。

其徵不醜　內業

尹注。醜類也。至於徵驗。又不知其類也。丁士涵云。其徵不醜。依上文地出其形言之。徵卽形也。醜當爲覯。形與醜相似而誤。按注說既非。丁改醜爲覯尤非。醜應讀作讎。古今韻會注引孟子趙注。醜讀如雔。雔讎字通。爾雅釋詁。讎匹也。說文。雔雙鳥也。讀若醻。匹與雙義相同。醻同酬。詩抑無言不讎。韓詩讎作酬。說文。讎猶讐也。其徵不讎。言其形徵無所應驗。若訓醜爲類。是其已有徵驗。但不類耳。與上句其精不見之義不符。

禪社首　封禪

尹注。山名。在博縣。或云在鉅平南十三里。按漢書郊祀志。周成王封泰山。禪於社首。應劭曰。山名。在博縣。晉灼曰。在鉅平南十二里。按注卽本晉灼說。惟十二里作十三里。稍異。泰安縣志。高里山在縣西南三里。社首山在高里左。二山相聯。

小以吾不識則天下不足識也　小問

尹注。若能博聞多見。齊其所不識。則知天下遍矣。張文虎云。小字誤。依注似是齊字。按張說是也。古文齊作亝。小作山。以形近而譌。齊資古字通。禮記昏義。爲后服資衰注。資當爲齊。易旅九四。得其資斧。釋文。子夏傳及衆家並作齊斧。此例載籍習見。莊子大宗師。堯何以資汝注。資者給濟之謂。呂氏春秋情欲。又損其生以資天下之人注。資猶給。此言能資給以吾之所不識。則天下不足識也。卽集衆思廣衆益之謂也。

澤命不渝信也　小問

尹注。謂恩澤之命。不有渝變。如此者信也。按注說殊誤。澤釋舍古字通。舍命卽發命也。毛公鼎。厈非先告父厝。父厝舍命。毋又敢惷尃命于外。詩羔裘。舍命不渝箋。舍猶處也。箋說亦臆解耳。

則人持莫之弒也　小問

尹注。持謂見刧執也。弒謂殺親也。按注說非是。持特古字通。莊子齊物論。何其无特操與。釋文。特本或作持。易大過注。心无特吝。釋文。特或作持。特直古同訓。詩柏舟。實維我特。韓詩作實維我直。也猶邪也。詳經傳釋詞。此言則人直莫之弒邪。正言之。謂人必弒之也。故下云危哉君之國岋乎。

芒主目伸五色耳常五聲　七臣七主

尹注。伸謂放恣也。按詩擊鼓。不我信兮傳。信極也。疏。信古伸字。伸卽終極之義。金文常字通作尙。然則目伸五色。謂目極五色也。耳常五聲。謂耳尙五聲也。

則人反其故　七臣七主

尹注。故爲先君之理。按宋本注文爲作謂。當據正。

芒主通人情以質疑　七臣七主

尹注。既不自曉。故下通人情以問所疑。安井衡云。質成也。成其所疑以爲實。按問所疑則疑者明。猶非芒主之所爲。安井衡知注說之不可通。訓爲成其所疑。尤非本義。質應讀爲致。荀子非相。文而致實。王念孫讀致爲質。淮南子要略。約重致。剖信符。重致卽重質。是其證也。此謂通人情以致其所疑。故下云故臣下無信。此文本義謂臣下可信。而芒主致其疑耳。若以質疑爲問疑。疑以問而明。又何臣下之不可信乎。

此營於物而失其情者也　七臣七主

尹注。物謂臺榭車音。所爲侈靡者。按宋本注文音作馬。所上有以字。此以字應在所字下。謂臺榭車馬。所以爲侈靡者。應據正。

夫凶歲雷旱　七臣七主

丁士涵云。雷乃霖字誤。張文虎云。據下云非無雨露。則此句專指旱。雷字疑甾之譌。按張謂此句專指旱是也。惟改雷爲甾亦非。甾字義既廣泛。且甾旱二字平列。與下文亂世煩政。暴主迷君。文例不符。雷應讀作纍。通累。說文雷作靁。靁纍並諧畾聲。故相通借。史記五帝紀。是爲嫘祖。索隱。一曰雷祖。正義。一作傫。文選長笛賦。靁歎頹息。靁同纍。是其證。楚辭招魂。層臺累榭注。層累皆重也。然則累旱猶今俗言連旱矣。

夫冬日之不濫非愛冰也　禁藏

尹注。濫謂泛冰於水以求寒。所謂濫漿。意林御覽冰作水。丁士涵云。水與火體爲均。當作水。戴望云。內則有濫。以周官六飲校之。濫卽涼也。呂覽節喪篇。鍾鼎壺濫注。以冰置水漿於其中爲濫。則濫近小招所謂凍飲者。按諸說並失之。濫卽鑑。金文作監。又作鑑。說文。鑑大盆也。古人用以盛冰。亦用以浴。周禮凌人。春治鑑。釋文。鑑本或作監。疏。鑑是盛冰之器。莊子則陽。同濫而浴。墨子節葬下。鼎毀几梴壺濫。毀原作鼓。乃毀之譌。詳墨子新證。是濫乃監之借字。大差監。攻吳王大差。擇厈吉金。自作御監。智君子鑑。智君子之弄鑑。其形均似大盆。左右有耳。此文就盛冰之鑑言之。言冬日之不用鑑。非愛冰也。與下文爲不適於身便於體也。義正相符。

宿夜不出者利在水也　禁藏

戴望云。意林宿作日。安井衡云。宿夙通。按安井說是也。逸周書寤儆。戒維宿注。宿古文夙。金文恆言夙夜。其言宿夜者僅一見。𡨦叔毀。豐姞憝用宿夜亯孝于𢾭公于𡨦叔倗友。是其證。

而民自美安　禁藏

尹注。則人美而安之。按美安不詞。注讀安如字非是。安焉字通。七法。若是安治矣。卽若是焉治矣。荀子致士。美意延年注。美意樂意也。上言故善者勢利之在。此接以而民自樂焉。義正相承。

故國多私勇者其兵弱　禁藏

尹注。私勇則怯於公戰。故弱。按宋本注文故下有兵字。與正文符。當據補。

聽其淫樂以廣其心　禁藏

尹注。使之聽淫樂。心廣於嗜欲。按注讀廣如字不詞。廣應讀作横。横廣並諧黄聲。臣乘馬。國穀之櫎。櫎即横字。是从廣从黄一也。禮記孔子閒居。以横於天下四方注。横充也。樂記。號以立横注。横充也。此言以横其心。即以充塞其心。下文遺以竽瑟美人。以塞其内。塞與横互文耳。

謹其忠臣　禁藏

安井衡云。謹敬也。按謹讀如字不詞。謹應讀爲覲。金文覲均作堇。詳詩經新證民勞篇。覲之通詁訓見。見其忠臣。與下句揆其所使義相貫。惟見之然後能揆度之也。

一曰老老　入國

按此句下。宋本注文有以養老之禮養老者八字。今本無。當據補。

聽之術曰勿望而距勿望而許　九守

尹注。聽言之術。必須審察。不可望風則有所距有所許也。按注以望爲望風。臆解也。望應讀作妄。金文忘亦作朢作諲。楢改毁。孫=子=毋敢朢白休。虘毁。虘弗敢朢公白休。師朢鼎。王用弗諲聖人之後。麩白毁。十葉不諲。忘與妄並諧亡聲。莊子盜跖。故推正不忘邪。釋文。忘或作妄。左哀二十七年傳注。言公之多忘。釋文。忘本又作妄。大戴禮文王官人。故得望譽注。妄當聲誤爲望。易无妄。釋文。馬鄭王肅皆云妄猶望。謂無所希望也。然則勿望而距。勿望而許。即勿妄而距。勿妄而許。言不可妄距。亦不可妄許也。

熒惑其處安在　九守

王念孫云。鬼谷子符言篇。其處作之處。於義爲長。按作其者是也。不煩改字。其猶之也。詳經傳釋詞。輕重戊。當是其時。其卽之也。召白虎毀。對揚朕宗君其休。其亦之也。

而備訊唉　桓公問

尹注。訊問也。唉驚問也。安井衡云。訊唉猶問答也。按安井說是也。說文。唉譍也。莊子知北遊。唉予知之。釋文。唉應聲。字亦作欸。方言十。欸然也。南楚凡言然者曰欸。廣雅釋詁。欸譍也。譍也然也。均與答義相仿。

上相穡著者　度地

尹注。穡鉤也。謂荆棘刺條相鉤連也。張文虎云。穡無鉤義。疑當作稽。按注及張說並誤。穡本應作嗇。亦與轖繬字通。大戴禮少閒。嗇地注。嗇收也。方言十二。嗇合也。說文。轖車籍交錯也。枚乘七發。中若結轖。廣雅釋詁。繬合也。然則上相嗇著者。謂荆棘刺條上相合著也。

躍則倚倚則環　度地

尹注。倚排也。謂前後相排也。按注說誤。書盤庚。恐人倚乃身。僞傳。倚曲。楚辭大招。曾頰倚耳注。倚辟也。禮記中庸。夫焉有所倚疏。倚謂偏有所倚近。辟也偏也。均與曲義相涵。蓋水波旣躍。則下落必偏。偏則洄流。故云倚則環也。

君令五官之吏與三老里有司伍長行里順之　度地

安井衡云。順之和順其氣也。按安井以順爲和順非是。順應讀作訓。二字古通。詩烈文。四方其訓之。左哀二十六年傳作四方其順之。書洪範。于帝其訓。是訓是行。史記宋微子世家作于帝其順。是順是行。是其證也。行里訓之。猶言行里教之。下云。令之家起火爲溫其田。卽所訓之事也。下又云。故吏者所以教順也。故常以冬日順三老里有司伍長。版法解。不教順則不鄉意。順均應讀爲訓。

將飲傷人 度地

按詩我將。我將我享。將亦享也。將享互文耳。將享亦爲謰語。雁公鼎。用夙夕將亯。曆鼎。其用夙夕將亯。鼒亯卽將享。經傳享饗同用。易大有九三。公用享于天子。釋文引干注。享享宴也。荀子王制。宰爵知賓客祭祀饗食犧牲之牢數注。饗食饗宴也。左莊十七年傳。饗齊戍注。饗酒食也。然則將飲傷人。謂酒食宴飲傷人也。

五者不可害則君之法犯矣 度地

姚叔節云。犯字上應有不字。文義乃合。按姚說非是。害應讀作遏。害曷古字通。古籍習見。詩長發。則莫我敢曷。漢書曷作遏。是其證。五者謂三老里有司伍長。五者猶不能遏止之。則君之法犯矣。不煩增字。而義自可解。

終歲以毋敗爲固 度地

按宋本固作故。是也。呂氏春秋本生。以全天爲故者也注。故事也。故字與此文用法同。元本故譌爲效。故效形近。可知今本作固之非矣。

瀆田悉徙　地員

尹注。悉徙謂其地每年皆須更易也。按徙疑從之譌。古籍徙從每互誤。悉從謂悉從其施七尺之制也。

其立后而手實　地員

尹注。謂立君以主之。手常握此地之實數也。陳奐云。立猶樹也。后與厚同。小雅傳曰。手取也。言五種之穀。其樹厚而取實也。按陳謂后與厚同是也。立本應作土。古鉩从立从土每相混。如坤作坱。坡作[illegible]。均字作[illegible]。亦作[illegible]。是其證。手應讀作首。卯毁。卯拜手𩒨手。卽拜手𩒨首。儀禮士喪禮。左首進鬐注。古文首爲手。莊子達生。則捧其首而立。釋文。首一本作手。左宣二年傳。見其手。釋文。手一本作首。均其證也。禮記射義。諸侯以貍首爲節。釋文。首先也。其土厚而首實。言其土厚而先實也。實謂上文五種之實。五種卽五穀也。晉語。已賴其地而又愛其實注。實穀也。

斥埴宜大菽與麥　地員

王紹蘭云。斥說文作㡿。鹵下云。西方鹹地也。東方謂之㡿。西方謂之鹵。經典通作斥。安井衡云。斥讀爲赤。聲之誤也。按安井說是也。莊子逍遙遊。斥鴳笑之曰。釋文。斥本亦作尺。古言赤子卽尺子。史記晉世家。虜秦將赤。索隱。赤卽斥。書禹貢。厥土赤埴墳。然則斥埴卽赤埴墳之赤埴也。若讀斥如字。以爲斥鹵。必不宜於菽麥矣。

剽恋橐土　地員

尹注。剽堅也。恋密也。橐土謂其土多竅穴。若橐多竅。按土多竅不應曰橐土。此注之臆解也。橐應讀爲斥。詩斯干。椓之橐橐。釋文。橐本或作柝。左哀七年傳。魯擊柝聞于邾。釋文。柝字又作欜。說文。欜夜行所擊者。从木橐聲。易曰重門擊欜。又㯓判也。从木橐聲。易曰重門擊㯓。㯓卽今柝字。是从橐从斥字通之證。橐土卽斥土。下文乾而不斥注。斥潟鹵。斥土卽下濕之地。故下云。蟲易全處也。

欲有與各　地員

戴望云。宋本朱本各皆作名。各名疑皆分字之誤。謂細麻之中。若藿若蒸。欲有人與之分別也。按戴說非是。作名者是也。欲俗古字通。毛公鼎。俗我弗作先王頫。俗女弗以乃辟圅于囏。俗均應讀爲欲。荀子解蔽。由俗謂之道盡嗛矣注。俗當爲欲。莊子繕性。滑欲於俗思。闕誤引張本。俗思作欲思。釋名釋言語。俗欲也。俗人所欲也。均其例證。說文。俗習也。言麻之大者小者。習俗均有名以與之。謂種類不同。稱名不一也。

大者不類　地員

尹注。則以麻之大而類也。按注文而字當作不。而不篆文相似而譌。正文可證。

不塥不灰　地員

尹注。塥謂堅不相著。按塥同䃂。說文。䃂石地惡也。下云。沙土之次曰五塥。塥亦同䃂。

毋驕恃力　弟子職

按恃古文作寺。厲羌鐘。武侄寺力。是其證。

沃盥徹盥　弟子職

王筠云。盥器有二。匜以注水。槃以受水。內則云。少者奉槃長者奉水是也。按王說是也。說文。沃作渓。溉灌也。此謂以手灌水而洗也。容庚所輯善齋彝器圖錄。圖九九甲爲盤。圖九九乙爲匜。匜銘云。隹王正月初吉丁亥。夆叔作季妃盥般。其釁壽萬年。永保其身。它＝配＝。壽考無替。永保用之。計三十六字。般古盤字。銘在匜內而云盥般者。盤匜同時所作。乃連用之器。故云然也。近世出土盤匜雖多。似此同出爲連用之器者僅見矣。

對客無讓　弟子職

按宋本此句下有注云。對客而讓則有不足。故敬心。今本脫之。當據補。

左執虛豆右執挾匕　弟子職

按說文。豆古食肉器也。近世出土豆與匕習見。均以銅爲之。古籍注多謂木曰豆。未盡然也。豆高足。中有直柄。所以執也。上似盌形。匕似勺長柄。其與勺異者。盛物處。勺圜而深。匕橢而淺也。

是協是稽　弟子職

尹注。協合也。稽考也。謂合考書義也。王筠云。是協是稽。但指拚禮之節奏而言。若指讀書。則此時尚在受業之前。無從合考也。按王說是也。爾雅釋詁。協和也。禮記儒行。古人與稽。鄭注。稽猶合也。廣雅釋詁。稽合也。然則協稽猶和合也。上云。既拚反立。協稽正承立字爲言。謂其反立之容儀協和也。注謂合考書義。望文演訓矣。

雙劍誃管子新證卷四

山者物之高者也　形勢解

陳奐云。案下文四言高行。則高者當是高行之誤。按陳說非是。山與人異。山可言高。不可言高行。下云。山物之高者也。是其證。

聖人之諾已也　形勢解

丁士涵云。已乃言字誤。下文云。必諾之言。故云諾言。按已言形殊。無由致誤。丁說非是。諾應也。已止也。諾已謂諾與不諾也。下云。義則諾。不義則已。可則諾。不可則已。淮南子說林。諾之與已。相去千里。是已與諾反正爲義也。

非斧鉞無以畏衆　版法解

按畏應讀作威。二字古通。自下言曰畏。自上言曰威。明法解。立刑罰以威其下。下有畏於上。又云。無刑罰則主無以威衆。是其證。

以事萬民　版法解

按事應作使。事使金文同字。下文是以明君之事衆也。事亦應作使。

牧漁其民以富其家　明法解

王念孫謂牧當爲收。謂收漁民財以自富也。按收漁不詞。牧疑敄之譌。敄古務字。毛公鼎。迺敄鰥寡。敄務古今字。上云莫務治國者。此云務漁其民。莫務與務反正爲義也。且務漁其民。與以富其國爲對文。作收漁則非對文矣。

故春事二十五日之內耳也　臣乘馬

丁士涵云。耳乃畢字誤。按耳無由誤爲畢。丁說非是。耳本應作弭。後人不解弭字之義。而改爲耳。弭彌古字通。周禮男巫。春招弭以除疾病注。杜子春讀弭如彌兵之彌。荀子禮論。絲末彌龍所以養威也注。彌又讀爲弭。儀禮士喪禮注。巫掌招彌以除疾病。釋文。彌又作弭。是其證。爾雅釋言。彌終也。詩生民。誕彌厥月傳。彌終。此言春事二十五日之內終也。

國穀之橫一切什九　臣乘馬

安井衡云。蓋橫橫同。橫與衡通。衡平也。按安井說是也。國蓄。而財之橫可得而平也。山國軌。橫字數見。橫並應讀作衡。段玉裁謂橫卽桄字。於義未符。按古人言一切與今人異。史記李斯傳。請一切逐客。正義。一切猶一例。

民之不移也如廢方於地　乘馬數

丁士涵云。廢古通置。公羊宣八年傳注。廢置也。置者不去也。齊人語。安井衡云。廢置也。置方物於地。絕不轉移。故以譬之。按方物不應但稱方。是望文生義。且置方物於地。但不轉耳。非不可移動也。

廢應讀作灋。灋古法字。金文廢字均假灋爲之。盂鼎。克鼎。師酉毀。師嫠毀。均有勿灋朕命之語。卽勿廢朕命也。大戴記曾子天圓。地道曰方。太玄玄攡。方則嗇吝注。方謂地也。太平御覽地部引文子云。地方而無涯。又云。地承天故定寧。文中子天地。圓者動。方者靜。此謂民之不移也。如取法於地之方。而不可動易也。

禺筴之商日二百萬　海王

尹注。禺讀爲偶。偶對也。商計也。對其大男大女食鹽者之口數。而立筴以計所稅之鹽。一日計二百萬。合爲二百鍾。按計日無言商日者。注說非是。商本應作啇。啇古適字。金文適字通作啇。輕重戊。以商九州之高。商亦啇之譌。言以適九州之高也。安井衡訓偶爲合是也。此言合筴之。適日二百萬也。

故民無不累於上也　國蓄

戴望云。通典食貨十二引此累作繫。又引尹注云。食者民之司命。言人君唯能以食制其事。所以民無不繫於號令。今本繫譌作累。又全脫尹注。按類書每臆改古籍。不可爲據。累本有繫義。不必改爲繫。禮記儒行。不累長上注。累猶繫也。國策齊策。皆以國事累君注。累屬。屬與繫義相因。

物適賤則半力而無子　國蓄

俞樾云。半力二字義不可通。疑半分之誤。按俞改力爲分殊誤。力乃刀字之譌。山至數。今刀布藏於官府。揆度。刀布爲下幣。荀子榮辱。餘刀布注。刀布皆錢也。半刀極言其賤。近世所發現之齊化。以刀爲最多。可知其稱刀之所由來矣。

吾子有四十之籍　國蓄

按此句下宋本有注文云。六十爲大男。五十爲大女。吾子謂小男小女也。下接按古之石云云。今本無之。

泰春民之且所用者君已廩之矣　山國軌

按且所用不詞。且本應作宜。宜且古本同字。宜卽甲骨文金文𡧱字之衍變。墨子非命上。上之所賞。命固且賞。非賢故賞也。上之所罰。命固且罰。不暴故罰也。且賞且罰卽宜賞宜罰也。詩假樂。宜君宜王。釋文作且君且王。是其證。民之宜所用者。卽民之所宜用者之倒文也。言民之所宜用者。君已廩藏之矣。下同。

倉廩虛則傳賤無祿　山至數

安井衡云。傳立也。按立賤無祿。語意未憭。傳本應作吏。金文事吏使同字。此言倉廩虛則吏賤無祿矣。下云。外皮幣不衣於天下。內國傳賤。張文虎改內爲而。非是。外內對文。國傳卽國吏也。

泰秋國穀去參之一　山至數

尹注。去滅也。按宋本注文滅作減。是也。當據正。

乘天勢以隘制天下　揆度

安井衡云。隘狹也。按隘應讀作搤。同扼。禮記禮器。君子以爲隘矣。釋文。隘本又作阸。儀禮士喪禮注。鬲搤也。釋文。搤本又作扼。是隘搤阸扼古字通。廣雅釋詁。搤持也。然則隘制卽阸制。安井訓隘爲狹。失之。

必起於糞土　揆度

丁士涵云。起疑赴之誤。輕重甲篇曰。勿使赴於溝壑之中。是其明證。按丁說殊誤。溝壑可言赴。糞土不可言赴。且下云。故先王謹於其始。始字正與起字相應。上文以耕織爲言。蓋農桑以糞土爲本。今不以耕織爲務。故云飢寒凍餓。必起於糞土。

隨之以法則中內摲民也　揆度

安井衡云。中猶應也。按安井說非是。中內與摲民對文成義。淮南子原道。是故好事者未嘗不中注。中傷也。漢書何武傳。欲以吏事中商注。中傷之也。中內摲民。謂中傷其內而摲夷其民也。

若此則士爭前戰爲顔行　輕重甲

按顔鴈一聲之轉。漢書嚴助傳。以逆執事之顔行。注引文穎曰。顔行猶鴈行。在前行故曰顔也。

請以令高杠柴池　輕重甲

戴望云。柴乃𡧓字之誤。按戴說非是。柴池卽差池。柴亦作偨。文選司馬相如上林賦。偨池茈虒旋還乎後宮。注引張揖曰。偨池參差也。高杠柴池。言高杠參差不平。故下接以使東西不相睹。南北不相見。又下云。杠池平之時。池字當係羨文。後人不解柴池之義。以爲高杠與柴池對文。故加池字耳。

厭宜乘勢事之利得也計議因權事之囿大也　輕重甲

安井衡云。厭穰也。祭社曰宜。囿有也。因權而計議。事之所包有者大也。按安井說非是。厭宜與計議對。議與計義相近。宜與厭義相近。國語周語。克厭帝心注。厭合也。厭宜卽合宜。囿應讀作侑。禮記禮器。詔侑武方注。詔侑或爲詔囿。是其證。侑之通詁訓助。此言合宜而乘勢。則事之利得也。計議而因權。則事之助大也。

令以矩游爲樂 輕重甲

俞樾云。矩當爲渠。說文水部。渠水所居。从水䂓省聲。按上言大夫立沼池。此言矩游。卽就沼池而言。不應再言渠。矩應讀作距。周禮考工記輪人。必矩其陰陽注。故書矩爲距。釋名釋形體。鬢曲頭曰距。距矩也。言其曲似矩也。是矩距字通之證。左僖二十八年傳。距躍三百注。距躍超越也。然則距游卽在水中距躍游泳之義也。

以唐園爲本利 輕重甲

安井衡云。唐古塘字。按安井說非是。山至數。唐圉牧食之人。王念孫云。唐圉當爲唐園。字之誤也。食與飤同。謂唐園中牧飤之人也。輕重甲篇曰。以唐園爲本利。晏子春秋問篇曰。治唐園。考菲履。皆其證。按唐園卽場園。詳呂氏春秋新證尊師篇。下云。千鍾之家。不得爲唐園。去市三百步者。不得樹葵菜。葵菜正場園所生。尤其明徵矣。

有褋之以輕重 輕重乙

戴望云。有乃肴之誤字。說見侈靡篇。按有應讀作又。褋之以輕重。與下句守之以高下對文。不應改有爲肴。以肴褋連讀也。

若此則民疾作而爲上虜矣 輕重乙

丁士涵云。虜乃庸字誤。按丁說非是。下云。爲天下虜。虜奴也。不應改爲庸。

正籍者君之所强求也　輕重乙

安井衡云。正籍者正戶正人之籍。按安井說非是。正應讀作征。征籍與上文租籍對文。

一收之積中方都二　輕重乙

丁士涵云。收當爲畝。中方都二之數。雖不止一畝之積。要其所量。可於一畝約知其數也。按丁改收爲畝。殊無所據。田可一歲二穫。此言一收。但就其一穫量之。已可抵方都二也。

而得執將首者賜之千金　輕重乙

戴望云。高誘注淮南子曰。執主也。按執卽執訊獲醜之執。戴說非。

見其若此其厚　輕重乙

王念孫云。見其當依羣書治要作見禮。按治要意改。不可爲據。上其字應讀作期。謂期待也。其期古字通。武梁祠畫象。樊於其頭。其同期。是其證。

戰於莒必市里　輕重乙

按必乃密之借字。春秋隱二年。紀子帛莒子盟于密注。密莒邑。漢書地理志北海郡有密鄉。今山東萊州府昌邑縣東南十五里有密鄉故城。

爭秩而走　輕重丁

按秩應讀作程。秩程一聲之轉。書堯典。平秩東作。平秩南譌。平秩西成。史記五帝紀。秩皆作程。說文。𡙁大也。从大𢦏聲。讀若詩𡙁𡙁大猷。按詩巧言作秩秩大猷。又說文。𧻯走也。从走𢦏聲。讀若詩威儀秩秩。廣雅釋言。祑程也。王氏疏證云。祑通作秩。秩與程古聲義並同。均其證也。程謂驛程。爭程而走。猶言競程而走也。

不弃我君之有萌中一國而五君之正也 輕重丁

吳志忠云。弃乃意字誤。丁士涵云。之正二字。當是五王之誤。五王猶五君也。輕重甲篇曰。故爲人君而不審其號令。則中一國而二君五王也。是其證。按弃與意。之正與五王。均無由致誤。吳丁說並非。弃同棄。弃當係異字之譌。漢北海相景君銘。𢍰臣子兮。郯令景君闕銘。續母𢍰之。吳仲山碑。不幸𢍰世。𢍰𢍰均與異形近。故易譌。正征古字通。此言不異我君之有萌中一國而五君之征也。

寡人之德子無所寵 輕重丁

丁士涵云。寵疑窮字誤。按丁說謬。寵謂榮寵。楚語。其寵大矣注。寵榮也。此言寡人之德子。而對於子無所榮寵也。

龍鬭於馬謂之陽 輕重丁

按宋本謂作請。是也。馬請即馬陘也。請陘古韻並隸耕部。左成二年傳。晉師從齊師入于丘輿擊馬陘。杜注。丘輿馬陘皆齊邑。

桓公終神 輕重丁

安井衡云。終極也。按極神不詞。安井說非是。終神即崇神。終崇字通。詳荀子新證正論篇荒服者終王下。

則蟲虻巨雄翡燕小鳥皆歸之　輕重丁

丁士涵云。巨渠叚字。雄當爲庸。上林賦有庸渠。水鳥也。說文。鷛鷛鳥。按丁謂巨渠叚字。是也。以巨雄爲庸渠殊誤。雄乃雒字之譌。漢書古今人表。雒陶。尸子作雄陶。是其證。巨雒卽渠略。詩蜉蝣傳。蜉蝣渠略也。雒略並諧各聲。爾雅釋蟲。蜉蝣渠略。釋文。略或作蠶。說文。蟓蟲蟓也。一日蜉游。朝生莫死者。方言十一。蜉蟯秦晉之間謂之蝶蠶。然則巨雒卽渠略矣。

敢問齊方于幾何里　輕重丁

丁士涵云。于卽方字之誤而衍者。按丁說非是。于應讀作宇。方于卽方宇。左昭四年傳。失其守宇注。於國四垂爲宇。

陰雍長城之地　輕重丁

按鷹羌鐘。入張城。長作張。

以商九州之高　輕重戊

戴望云商當作奠。按戴說非是。商乃商字之誤。商古適字。金文適通作商。朱本商作敵。適敵字通。詳詩經新證大明天位殷適下。以適九州之高。言使九州之高。得其適宜。不受水患也。

出祭王母　輕重己

按金文凡言王母。皆謂母也。伯康𣪘。用饗王父王母。仲叡父𣪘。以皇考與王母平列。史伯碩父鼎。以皇考與王母泉母平列。是皇王乃尊大之稱。爾雅釋親以父之妣爲王母。固知其非周人之作也。

雙劍誃晏子春秋新證序

晏子春秋舊本無解。自平江蘇氏爲之校注。徵引清儒説解已略具。惟清儒所稱元刻本。即明刋活字本也。劉師培晏子春秋補釋。考證頗詳。蘇氏未及采入。晏子書多古義古字。如死之讀尸。辟之訓輔。十一月之作冰月。彊之作彊。萊之作𦿉。對之作𢿋。閽之作㤰。綏之作妥。治之作司。禮儀之作豐義。如之作女。龍之作竜。厥之作久。依之作韋。期之作其。具詳篇中。惟自揆學識謭陋。庸能宣其疑滯究其奧窔乎。世有通學。當能匡其不逮也。一九三八年六月海城于省吾。

雙劍誃晏子春秋新證卷一

昔夏之衰也有推侈　諫上弟一

孫星衍云。墨子明鬼篇作推哆。韓非説疑篇云。桀有侯侈。古今人表作雅移。侯推雅聲俱相近。按孫説非是。此以形誤。非以聲譌。推雅形近。不待言矣。墨子非命下。非將勤勞其惟舌。惟舌即喉舌之誤。亦猶此文推之譌侯也。

嬰奉數之筴　諫上弟五

孫星衍云。左傳。策名委質。服虔注。古者始仕。必先書名於策。奉數之筴。謂持策以待書事也。按之猶於也。詳經傳釋詞。奉數之策。謂奉數於策也。

與之薪橑　諫上弟五

孫星衍云。薪橑御雨之具。按孫説殊誤。管子侈靡。雕橑然後爨之注。橑薪也。上云。無委積之氓。委積正指薪橑言。下云。用粟九十七萬鍾。薪橑萬三千乘。雨具必有枚數。不應以乘言也。

死三日而畢　諫上弟五

王念孫謂死字蓋衍文。俞樾謂死當作終。字之誤也。黄以周謂死句絶。言有隱匿其數少與金者死。後三日之期者。如不用令之罪也。按三家之說並誤。淸儒解古書。不得其義。往往改成文以遷就己說。此亦古書之一戹也。死尸古字通。金文及古籍斯例習見。詳墨子新證大取篇。按主管其事曰尸。猶今人言職務。爾雅釋詁。職尸主也。是職尸同訓。諫上弟七。而職計莫之從。職計猶尸計。麥尊。死咸。謂職事畢也。上言巡求氓寡用財乏者。此云尸三日而畢。言其職尸之事。三日而畢也。

辟拂嗛齊　諫上弟五

按孫星衍改拂爲弗。改齊爲嚌。訓爲減去口味。殊爲牽强。且不釋辟字。義尤不憭。王念孫以嗛齊爲快和。是從孫弗去之訓也。蘇輿訓辟爲除。除去甘味。殊無所指。黄以周以辟拂爲侍御之倖臣。義則近是。而謂辟拂蹴躃皆狀歌舞之皃亦非。辟輔也。與弼義相因。盂鼎。乃辟一人。克鼎。辟天子。師望鼎。用辟于先王。牧毀。命女辟百寮有司事。盄盨。用辟我一人。辟均謂輔佐。乃古義之僅存者。辟拂猶言輔拂。劉師培謂齊資古通。是也。辟拂嗛資與酒徒減賜對文。言輔拂損於資給。酒徒減於賞賜也。

不可以朝　諫上弟六

盧文弨謂朝字舊脫。按無朝字是也。以已字通。詳經傳釋詞。上云。君奚故不朝。此對曰。君夜發。不可已。是不可已正承君奚故不朝言。無庸意補朝字明矣。

而姦驅尤佚　諫上弟八

王念孫謂尤佚即溢尤。是也。按姦驅不詞。姦驅本應作姦匿。匿古慝字。詳尙書新證盤庚篇。蓋匿字譌作區。後人不解而改爲驅耳。

今有之家 諫上弟十

俞樾謂此當云今有車百乘之家。傳寫奪之耳。按俞説非是。之猶是也。詳經傳釋詞。是家卽承上文有車百乘者言。非有奪文也。

滊于人納女于景公 諫上弟十一

余所藏臺于公戟。見雙劍誃吉金圖錄。是滊于古文作臺于。

解余惑 諫上弟十二

孫星衍云。余一本作予。黄以周云。元刻本作予。按經傳予字。甲骨文金文均作余。無作予者。

其宗廟之養鮮也 諫上弟十二

按養鮮不詞。養本應作羞。爾雅釋詁。羞進也。周禮庖人。與其薦羞之物注。備品物曰薦。致滋味乃爲羞。然則羞鮮卽進鮮。説文古文養作羧。甲骨文及金文羞字均作㕡。形近易譌。

而聲欲保之 諫上弟十六

王念孫云。案聲字義不可通。蓋衍文也。治要無。按王説非是。治要不解聲字之義而删之也。不可爲據。聲猶言也。大戴記子張問入官。發乎聲注。聲言也。鬼谷子反應。以無形求有聲注。聲卽言也。呂氏春秋論人。聽則觀其所行。聽聲字通。謂言則觀其所行。詳呂氏春秋新證。問上弟二十一。而聲矜卹之義。聲字與此用法同。

故身死乎胡宮而不舉　諫上弟十六

孫星衍云。史記正義引顔師古云。身死乎壽宮。胡之言胡壽。蓋一宮二名。按孫說非是。胡壽一聲之轉。詩載芟。胡考之寧。卽壽考之寧也。

嬰之年老不能待于君使矣　諫上弟十六

按使字不詞。本應作事。金文使事同字。外篇弟十五。嬰老不能待公之事。義與此同。

今君若設文而受諫　諫上弟十八

俞樾謂設疑說字之誤。說讀爲悅。按俞說非是。設翕古字多通用。書盤庚。各設中于乃心。漢石經設作翕。墨子脩身。設壯日盛。卽翕莊日盛。均其證也。書臯陶謨。翕受敷施。僞傳。翕合也。合與受義相因。翕受謰語。翕文亦受文之義。下云。惡文而疏聖賢人。疏亦與惡義相因。

政不飾而寬于小人　諫上弟十八

按飾飭古字通。

不易行以續蓄　諫上弟二十二

孫星衍云。未詳。按蓄畜通用。古籍習見。不煩舉證。呂氏春秋適威。民善之則畜也注。畜好。孟子梁惠王。畜君者好君也。畜好古音同隸幽部。乃音訓字也。不易行以續畜。卽不易行以續好也。上云請散師以平宋。續好卽平宋之義。不易行以續畜。故下云進師以近過。非嬰所知也。左隱七年傳。以繼好息民。左僖四年傳。先君之好是繼。左襄元年傳。以繼好結信。是續畜猶言繼好也。

君將使嬰勑其功乎 諫下弟一

孫星衍謂勑當讀飭。是也。盧文弨云。功謂功效也。下云。勑其意謂革民之心也。按盧以功爲功效殊誤。詩七月。載纘武功傳。功事也。崧高。世執其功傳。功事也。飭謂整飭。飭其功謂整飭其事。與下云勑其意爲對文。功效就事之已有成者言。已有成不須再言整飭也。

鐘鼓成肆 諫下弟一

按肆金文作聿。呂鐘。大鐘八聿。

昧墨與人比居庾肆 諫下弟二

按庾乃唐之譌。淮南子修務。司馬庾諫曰。高注。庾秦大夫也。或作唐。是其證。莊子田子方。是求馬於唐肆也。唐肆乃古人成語。

當臈冰月之閒而寒 諫下弟四

按下弟十三。亦有冰月服之之語。陳逆毁。冰月丁亥。吳式芬謂冰月見晏子春秋。卽十一月也。

今君之履 諫下弟十三

王念孫謂今君之履。本作今金玉之履。並引藝文類聚御覽爲證。按王說非是。今君之履。卽指上文景公爲履之履言。景公以金銀珠玉飾履。晏子稱今君之履。今字義至明顯。非別有所指也。

履重不節 諫下弟十三

按節猶適也。呂氏春秋重己。故聖人必先適欲注。適猶節也。下弟二十四。二子同桃而節。冶專其桃而宜。節亦適也。

公苦請釋之　諫下弟十三

王念孫云。案公下脫曰字。苦上亦有脫文。按此句無脫文。王說非是。苦本應作固。苦固音近。又涉下文兩苦字而譌。固猶必也。詳經傳釋詞。公固請釋之。卽公必請釋之也。

使不得入　諫下弟十三

孫星衍云。今本使作吏非。以意改之。按使吏金文同字。

法其服居其室無益也　諫下弟十四

王念孫云。案居其二字衍。上文以居聖王之室。與服聖王之服對文。此文則以法其服室。與法其節儉對文。不當更有居其二字。太平御覽居處部二引無。按王說非是。但以對文爲改此文之證。不可爲訓。御覽約省此文。尤不足据。法其服。居其室。無益也。並三字句。古質錯落。最爲可喜。古書雖譌悟。然後人改之。必有所由。若本作法其服室。論其文法。非與後世不合。論其語義。後人非不能解。何以改之哉。

冠無觚羸之理　諫下弟十四

孫星衍云。淮南本經訓作羸。高誘注。觚羸之理。謂若馬目籠相闌干也。言無者。冠文取平直而已也。羸讀指端羸文之羸。（羸俱當作蠃）按荀子儒效。解果其冠。楊注引說苑作蟹螺。今說苑作蟹堁。韓非子揚權。若天若地。是謂累解。若地若天。孰疏孰親。俞樾謂累解猶蟹螺。按地解韻。天親韻。可證此文觚必爲解之譌。

土事不文木事不鏤 諫下弟十四

孫星衍云。淮南本經訓土事不文。木事不斲。金器不鏤。用此文而增金器不鏤。謬也。明堂之上尙質。安有金器。以此知晏子書之是。按孫說非是。淮南書所謂金器非金銀之金。卽古彝器以銅爲之。而通稱之曰金。古彝器銘文。擇其吉金。以爲某器之語習見。金器不鏤。與尙質之義不悖。

故節于身謂于民 諫下弟十八

王念孫謂謂當爲調。黃以周引爾雅釋詁訓謂爲勤。按二說並誤。謂應讀作惠。書盤庚。爾謂朕曷震動萬民以遷。漢石經謂作惠。呂氏春秋開春論。而天下皆來謂矣。來謂卽來惠。韓非子難三。又使攻之惠竇不得也。惠竇左傳作渭濱。下弟二十二。有惠于百姓。問上弟二十五。政不足以惠民。韓非子外儲說右上。君必惠民而已矣。惠民。惠于百姓。惠于民。義同。

嬰恐國之流失而公不得享也 諫下弟十八

俞樾云。按流失義不可通。問上篇曰。臣恐國之危失。而公不得享也。疑此文流字亦危字之誤。按危流形殊。無由致誤。流乃疏字之譌。疏失猶言分失。與危失義亦相仿。外七弟五。出入周流。蘇輿謂今本左傳作疏。作流者俗本也。是其證。

景公與晏子登寢而望國 諫下弟十九

俞樾云。按寢非可登之地。此本作景公與晏子登路寢之臺而望國。傳寫奪之耳。按俞說非是。登寢卽登路寢之簡語。下章云。景公成路寢之臺。是景公新建斯臺。當時言登寢卽登路寢之臺也。

適爲不得　諫下弟二十

按適啻古字通。啻但也。爲猶如也。詳經傳釋詞。上云嬰將爲子復之。此云啻爲不得。子將若何。言雖復之。但如不得。子將若何乎。

古之及今　諫下弟二十

王念孫云。按古之及今本作自古及今。下文梁丘據亦曰自古及今。按王說誤。既刪之字。又增自字於古字之上。此不知如本作自古及今。後人不至改爲古之及今。之猶以也。古之及今。言古以及今也。墨子兼愛下。自古之及今。非命中作自古以及今。卽其證也。

斂死不失愛　諫下弟二十一

按死尸古字通。墨子大取。其類在死也。卽其類在尸他。兼愛下。轉死溝壑中者。轉死卽轉尸。盂鼎。迺召夾死嗣戎。毛公鼎。雩四方死毋動。卯毀。死嗣燮公室。死均應讀作尸。是其例證。斂尸不失愛。上與畜私不傷行。下與送死不失哀平列。讀爲斂死。則與送死文複。下云。朽尸以留生。朽而不斂。謂之僇尸。是斂正就尸言。

田開疆　諫下弟二十四

劉師培謂黃之寀本及爾雅釋水疏疆作彊。按金文疆字通作彊。惟秦公毀王子啓疆尊作疆。

迺飾射更席　諫下弟二十五

按金文迺作𠧧。乃𠧧有別。訓爲汝者作乃。訓爲於是者作𠧧。

雙劍誃晏子春秋新證卷二

能禁暴國之邪逆　問上弟一

王念孫云。案逆字涉下文逆諫而衍。治要無。按王說殊誤。下云。不能禁暴國之邪逆愎諫傲賢者之言。王以之言二字。爲後人所加。尚無不可。以逆字下屬爲句。以愎字亦後人所加。殊有未符。能禁暴國之邪逆。與不能禁暴國之邪逆。句例一反一正。而逆字決不可刪。治要意改古籍。不可據爲典要。王氏之意。以爲下文逆諫與傲賢對文。不知愎諫與傲賢。亦對文也。周書謚法解。愎佷遂過曰刺注。去諫曰愎。左僖十五年傳。愎諫違卜注。愎戾也。按戾亦違也。左昭四年傳。汏而愎諫。韓非子亡徵。愎諫而好勝。是愎諫乃古人成語。不應妄刪愎字。復援上以屬下。而亂古人之句例也。

養欲而意驕　問上弟二

按養非畜養之養。養猶長也。夏小正。執養宮事傳。養長也。左昭二十年傳。私欲養求注。養長也。晉語。是養吾疾而干吾祿也注。養長也。書大誥。民養其勸弗救。漢書翟方進傳。養作長。後弟十一。不以養嗜欲。言不以長嗜欲也。問下弟三十。且嬰聞養世之君子。養世卽長世也。

不若修政而待其君之亂也其君離上怨其下　問上弟三

蘇輿云。君之二字。似不當有。標題亦祇作待其亂。無君之二字。王念孫云。案其君離三字。文不成義。當作民離其君。與上怨其下對文。按蘇王二氏。並意改古人成文。不可爲訓。標題作待其亂。乃約省其文。不應據標題以改章內也。至其君離正承其君之亂爲言。詩四月。亂離瘼矣。是亂離乃古人謰語。或分言。或合言。其義相因。

景公伐斄 問上弟四

孫星衍云。斄卽萊也。按叔弓鎛。余易女釐都脊劀。孫詒讓云。釐都蓋齊之大都。釐疑卽萊。故萊國。來釐古音同。

公曰然則何若敓曰 問上弟五

蘇輿云。案敓同奪。叚字。言若何而奪此患也。按蘇讀然則何若敓句。誤甚。敓應讀作對。劉師培謂黃之宋本及元龜引敓作對。按敓對字通。洪頤煊謂此假借作對字。是也。內篇問上弟十九。晏子對曰。明刻本對作敓。上云。故讐敵進伐。天下不救。貴戚離散。百姓不與。依王念孫說改興爲與 此接以公曰。然則何若。何若本應作若何。上文公患之。問于晏子曰。古之聖王。其行若何。卽其證也。後人誤與敓字連讀。則若何敓不如何若敓之爲語順。故改易之。

則道在爲人而行在反己矣 問上弟五

黃以周云。行蓋得之剝文。上文云而失在爲己。與此相反。爲己則失。反己則得也。按黃說非是。行在反己。不必改行爲得。反言之。不反己則不能行。亦卽失之義也。

保乂齊國　問上弟七

按金文保乂作保辥。

荆楚惛憂　問上弟七

孫星衍云。惛說文不憭也。王念孫云。案惛者悶之借字也。呂氏春秋本生篇。下爲匹夫而不惛。高注曰。惛讀憂悶之悶。故曰荆楚惛憂。按孫說旣非。王說亦誤。悶憂不詞。且國不應以悶憂爲言也。惛應讀作䎽。古聞字。說文古文聞作䎽。玉篇耳部。䎽䏊並古文聞。虞世南夫子廟堂碑。似䏊簫韶之響。魏三體石經。古文聞作䏊。隸古定尙書及汗簡同。金文通作䎽。盂鼎。我䎽殷述命。蔡毀。外內母敢有不䎽。者瀘鐘。䎽于四旁。邻王子旓鐘。䎽于四方。懷石磬。有䎽于百口。均其證也。呂氏春秋知分。余何憂於龍焉注。憂懼也。憂與懼義相因。荆楚聞憂。言荆楚聞而恐懼也。上云。吳越受令。文正相對。

下之妥妥也　問上弟八

孫星衍云。妥當爲綏。按金文綏通作妥。蔡姞毀。用妥多福。鄭井叔鐘。用妥賓。㦴者鼎。用妥眉彔。晉姜鼎。用康頤妥褱遠㝬君子。均其證也。此妥妥乃古字之僅存者。

外則賣權重于百姓　問上弟九

按權重謰語。重亦權也。韓非子和氏。大臣貪重。言大臣貪權也。亡徵。官職可以重求。言官職可以權求也。

勞力歲事而不責焉　問上弟十一

王念孫云。歲事本作事民。事治也。謂盡智以導民。而不自矜伐。勞力以治民。而不加督責也。後人不解事民二字之義。而改事民爲歲事。則既與勞力不相承。又與上句導民不對矣。治要正作勞力事民而不責。按王氏不解歲事之義。而改從治要。疏矣。治要正以不解歲事。而改爲事民。事民既不詞。且上云盡智導民而不伐焉。導民之義。亦在治民之內。不知二者有何區別。甚矣王氏好改古書之妄也。歲應讀作會。孫子行軍。山林翳薈。六韜戰騎。作翳薉林木。太玄玄告。日月相劌注。劌之言會也。是从歲之字。與會音近字通。會事謂與事相期會。亦即赴事之義。禮記月令。以會天地之藏疏。會猶趣也。趣亦赴也。此言勞力赴事而不督責焉。會事與上文導民。正相對爲文。

夫逃人而謨　問上弟十二

王念孫謂人當作義。方與上下文合。按人義形異。無緣致誤。王說意改成文。殊無所據。按逃應讀作慆。墨子備蛾傅。敵引哭而榆。孫詒讓云。疑當爲逃之借字。古兆俞聲字多互通。如詩小雅鹿鳴。示民不恌。毛傳云。恌偷也。可證。按孫說是也。荀子彊國。其服不挑注。挑偷也。詩蟋蟀。日月其慆。慆乃逾之叚字。生民。或舂或揄。說文揄作舀。是从兆从俞从舀之字。音近相假。周語。無即慆淫注。慆慢也。夫慆人而謨。雖成不安。與傲民舉事。雖成不榮。文例同。慆人即慢人。與傲民爲對文。

不事驕行而尙司　問上弟十七

盧文弨云。疑同。墨子有上同篇。按盧說非是。司應讀作治。金文嗣司同用。嗣古治字。此言不事驕行而尙治也。

是以天下不相遺　問上弟十八

王念孫云。案治要作上以愛民爲法。下以相親爲義。是以天下不相違。是也。上文云。明王修道。一民同俗。故云天下不相違。今本脱兩以字。違字又誤作遺。則文義皆不協。按王氏好以類書改本書。不知古籍文字簡質。必一一改成今人句例則傎矣。廣雅釋詁。遺離也。莊子田子方。似遺物離人而立於獨也。遺與離對文。遺亦離也。遺訓離。與治要改爲違者義不相牾。又何必據彼以改本書哉。

不能與君陷于難　問上弟十九

毛公鼎。俗女弗以乃辟圅于囏。師訇毁。谷女弗以乃辟圅于囏。不嬰毁。弗以我車圅于囏。圅陷古字通。囏猶難也。

積豐義之養而聲矜卹之義　問上弟二十一

俞樾云。案豐義二字。誼不可通。義當作羨。字之誤也。羨饒也。豐羨猶豐饒矣。按俞説非是。豐義乃禮儀二字之古文。説文。豊行禮之器也。豐豆之豐滿者也。甲骨文金文豐豊同字。大豐毁。王有大豐。大豐卽大豊。師遽尊。醴字作⿰豐酉。豊禮古今字。義儀金文通用。金文威儀之儀亦作義。外篇弟一。畏禮也。今本作畏禮義也。王念孫謂作義乃古字之僅存者。良可寶也。周禮秋官司盟。及其禮義注。義音儀。然則此文積豐義之養。謂積禮儀之養也。呂氏春秋過理。臣聞其聲注。聲名也。矜本應作矝。憐也。此言佞人非能誠中形外。但積禮儀之養。而名矝卹之義耳。上云。內重爵祿。而外輕之以誣行。下事左右。而面示正公。均謂有其表而無其質也。問下弟十九。夸禮貌以華世。義亦相仿。

吾欲觀于轉附朝舞　問下弟一

孫星衍云。管子作我遊猶軸轉斛。尹知章注。言我之遊必有所濟。猶軸之轉載斛石。孟子作轉附朝儛。趙岐注。轉附朝儛。皆山名也。星衍謂當從管子。趙岐以爲山名。蓋因下琅邪推知之。齊實無此山也。按孫從尹注非是。焦循謂之罘即轉附。朝儛卽成山。于欽齊乘謂召石山在文登之東。朝召古通。儛石聲近。按此可證趙注以爲山名不誤也。

好色無別辟　問下弟二

孫星衍云。辟讀如僻。按別僻不詞。孫說非是。釋名釋天。辟歷辟析也。所歷皆破析也。詩柏舟。寤辟有摽。釋文。辟本又作擘。擘卽今分擘之擘。此云好色無別辟。卽好色無分別之義。淮南子要略。好色無辨注。辨別也。與此義同。劉師培引公羊莊二十年傳何休解詁云。齊侯亦淫諸姑姊妹。不嫁者七人。按此卽好色無分別之謂也。

不以威彊退人之君　問下弟十一

俞樾云。按退人之君。義不可通。退疑迫字之誤。按俞說非是。退乃敦之借字。金文作𦏧。敦訓迫乃通詁。詳墨子新證明鬼下。

夫儼然辱臨敝邑　問下弟十四

孫星衍云。一本作大夫。然作夫亦是。秦二世刻石。夫下積二畫。以爲大夫。王念孫云。一本作大夫者是。孫說謬。按金文及古鉩。凡大夫均作夫〓。卽大夫二字之合文。此脫二積畫耳。王謂孫說謬。失之。

而女富溢尤　問下弟十七

按左昭三年傳。而女富溢尤注。女嬖寵之家。按女讀爲婦女之女殊誤。女如古同字。師艅尊。王女上侯。臭尊。臭從王女南。女卽如。魏三體石經。春秋如字亦作女。均其例證。諫上弟八。民愁苦約病。而姦驅乃匿之謂尤佚。王念孫謂尤過也。甚也。尤佚卽溢尤。按王說是也。溢乃益之後起字。溢尤卽益尤。猶言益甚。此言道殣相望而如富益尤。乃承上文雖吾公室亦季世也爲言。謂道殣相望。民窮極矣。而公室則如富益甚也。言公室亦因奢侈而空虛。非眞富也。

以樂慆憂　問下弟十七

孫星衍云。說文。慆說也。說憂卽樂憂。杜預注藏非。一說詩日月其慆傳。慆過也。言樂過當憂。按孫前說是也。慆訓說。乃愉之借字。从舀从俞古字通。詳詩經新證蟋蟀篇。愉憂猶楚辭懷沙舒憂娛哀之娛。

其竜久乎　問下弟十七

孫星衍云。竜不成字。序云章爲長。疑卽爲此。則作長久也。左傳作能。按孫謂竜不成字非是。隋董美人墓誌銘。竜章鳳姿。竜卽龍之別構。汗簡亦作竜。龍與能音近。故左傳作能。管子君臣下。寵者從。寵龍古本同字。言能者從也。劉師培謂黃之寀本竜誤龍。蓋知竜爲古文龍。故逕改爲龍也。

譽厚足以導民　問下弟二十

按譽厚不詞。上云。知慮足以安國。下云。和柔足以懷衆。是知與慮。和與柔。均平列。譽與字通。古籍習見。與親與也。與厚義相因。此言親厚足以導民也。

不阿以私　問下弟二十

孫星衍云。以一本作久非。王念孫云。案以當作所。與下句文同一例。言于人則不阿所私。于己則不誣所能也。作久作以。皆于文義不合。按明活字本作久。以久所三字形殊。無緣致誤。後人不解久字而改爲以。亦猶王氏之改爲所也。久即古斥字。金文斥字作久。秦權久字作久。久斥古本同字。後世歧而二之。斥今通作厥。此古字之僅存者。詳墨子新證經上。不阿厥私。言不阿其私也。與不誣所能。正相對爲文。

治唐園　問下弟二十

孫星衍云。古塘字作唐。按孫說誤矣。唐場古字通。唐園即場園。呂氏春秋尊師。治唐圃。王念孫謂唐即場之假借。是也。

共恤上令　問下弟二十

按共恭古字通。金文作龏。恤愼也。共恤即敬愼。

旨其所也　問下弟二十七

按旨是也。所宜也。

謂之誕意也　問下弟二十八

墨子經說下。意相也。相即古想字。呂氏春秋知度。去想去意。意猶想也。散文則通。對文則殊。然則誕意猶言誕妄。

所殺七人　雜上弟三

孫星衍云。韓詩外傳作十餘人。新序作十人。按古文七作十。十作┼。漢世猶然。故易譌也。

曲刃鉤之直兵推之　雜上弟三

蘇輿謂後漢書注曲作劒。孫星衍云。高誘注淮南子。晏子不從崔杼之盟。將見殺。晏子曰。句戟何不句。直矛何不摧。不撓不義。劉師培謂推爲誤字。當從淮南高注作摧。素問五常政大論王注云。摧謂朴落。卽其義。按曲不應作劒。推不應改摧。劒乃直兵。非曲刃也。曲刃謂戈戟之屬。直兵謂矛劒之屬。自外向内挽之曰鉤。自内向外刺之曰推。鉤與推對文。改推爲摧。是不知古兵之所由用者也。

請君之棄罇　雜上弟十六

孫星衍云。韓詩外傳作願君之倅樽以爲壽。新序作願請君之樽酌。後漢書注作序酌。文選注作願得君之樽爲壽。按說文。尊酒器也。或作尊。玉篇或作樽僔。又云。罇同樽。是樽罇僔皆尊字之俗。黄以周曰。罇當作尊。後漢書馬融傳注作願請君之棄酌。省吾按棄罇不詞。作倅樽者是也。古倅字本省作卒。譌爲卒。後人因改作棄。周禮夏官。諸子掌國之倅注。故書倅爲卒。鄭司農云。卒讀如物有副倅之倅。按倅亦通萃。故副車曰萃車。古鉨有萃車馬之語。易坎六四虞注。禮有副尊。蓋君之飲酒。用尊非一。故有副尊。亦猶鼎之有陪鼎也。尊以儲酒。飲則用觶用爵用角。故下云罇觶具矣。尊有勺。所以斞酒者。甲骨文金文尊字通作尊或障。然則罇樽僔尊均後起字矣。此文本謂范昭請君之倅尊爲無禮。故下文公曰。酌寡人之罇。進之于客。孫星衍謂文選注作公令左右酌樽以獻。若禮應酌君之尊。則無須稱公曰矣。又下云。范昭已飲。晏子曰。徹罇更之。罇觶具矣。范昭佯醉。不說而起舞。是晏子以酌君尊爲失禮。故徹罇别具罇觶。而范昭因以佯醉不說而起舞也。

夫愚者多悔不肖者自賢 雜上弟二十

兪樾云。按愚者多悔。與不肖者自賢。兩意不倫。說苑雜言篇載越石父曰。不肖人自賢也。愚者自多也。卽本晏子之言。疑此文本作愚者自多。傳寫奪自字。淺人妄補悔字耳。按兪說殊誤。下云溺者不問墜。迷者不問路。卽承不肖者自賢而言。溺而後問墜。迷而後問路。譬之猶臨難而遽鑄兵。噎而遽掘井。雖速亦無及矣。卽承愚者多悔而言。兩段文義較然。兪說未照。且前半均係昭公自悔之詞也。

然吾失此何之有也 雜上弟二十六

孫星衍云。未詳。按之猶以也。上云。況乎齊人之懷善而死者乎。吾所以不得睹者。豈不多矣。此接以然吾失此。何以有也。此文本義甚明。晏子以泯子午之不得盡其詞。而憂失士之多。故曰何以有也。謂何以有齊人之懷善而死者也。

北面韋廬稱無罪焉 雜下弟三

孫星衍云。韋廬說苑作倚廬。文選注作徙倚。蘇輿云。案文選注見上建平王書。但彼作倚徙。音義誤倒。按管子法禁。隱行辟倚注。倚依也。是作倚廬義猶相仿。文選注作倚徙。蓋不解韋廬之義。而改之也。韋廬卽依廬。韋與依一音之轉。皆諧部字。說文。褘許歸切。呂氏春秋愼大。親郼如夏注。郼讀如衣。今兗州人謂殷氏皆曰衣。是郼之讀衣。猶韋之讀依矣。衣依字通。古籍習見。

故殺之斷其頭而葬之　雜下弟三

王念孫云。案既言斷其頭。則無庸更言殺之。殺之二字。後人所加也。說苑辯物篇有此二字。亦後人依俗本晏子加之。文選上建平王書注引作悉斷其頭而葬之。御覽人事部五作斷其頭而葬之。人事部四十作故并斷其頭而葬之。皆無殺之二字。按王說非是。言殺之者。非專就斷頭言。先殺之後斷其頭。於義本通。說苑有殺之二字。尤其顯證。不當舍晏子說苑而以選注御覽爲据也。

羣臣其爵　雜下弟十二

孫星衍音義作之爵。云今本作其爵。據說苑改。按孫改非是。其猶之也。詳經傳釋詞。召白虎毀。對揚朕宗君其休。其亦之也。

望之相相然　雜下弟十三

王念孫謂相當爲[木曰]。音忽。按[木曰]卽[木曶]。金文曶字作[illegible]。

景公祿晏子以平陰與稾邑　雜下弟十六

按鬳羌鐘。平陰作平[阝金]。[阝金]古陰字。

得以壽三族　雜下弟二十五

俞樾云。案國語楚語。臣能自壽也。韋注曰。壽保也。按壽讀燾訓覆。於義亦通。周書作雒解。燾以黃土注。燾覆。本篇弟十八。以君之賜。澤覆三族。此云賴君之賜。得以燾三族。是燾卽覆也。

國不可窮窮不可竊也　雜下弟三十

俞樾云。窮不可竊。當作窮不可察。言窮極之則反無以察矣。故國不可窮也。按窮不可察。不詞甚矣。俞說殊誤。竊應讀作踐。古竊字每與从戔之字爲音訓。爾雅釋獸。虎竊毛謂之虦貓注。竊淺也。釋鳥。夏扈竊玄。秋扈竊藍。冬扈竊黄。棘扈竊丹。左昭十七年傳疏。竊玄淺黑也。竊藍淺青也。竊黄淺黄也。竊丹淺赤也。竊卽古之淺字。說文。虦。虎竊毛謂之虦苗。竊淺也。按淺踐並諧戔聲。詩東門之墠。有踐家室傳。踐淺也。韓非子內儲說一。臣之夢踐矣。難四亦有此語。乾道本踐作淺。並其證也。此言國不可窮。窮則不可踐也。外七弟十五。後世孰將踐有齊國者乎。管子大匡。不踐其國。是均踐與國相屬爲詞也。

暴虐淫縱　外七弟七

盟盨。虩虐從獄。詛楚文。內之則虩虐不辜。暴均作虩。

不給則應　外七弟七

按應字不詞。應宜讀作詩閟宮戎狄是膺之膺。應膺古同字。金文通作雁。如雁公鼎。雁卽左僖二十四年傳邘晉應韓之應。叔公鎛。雁受君公之易光。雁受卽膺受。是其證也。上云。私欲養求。養長也。故此云不給則膺懲之也。下云民人苦病。夫婦皆詛。義正相承。

夫子何小寡人甚也　外七弟十四

王念孫云。按小本作少。此後人不解少字之義而改之也。按王說非是。金文小少通用。

此難得其知也　外七弟十四

盧文弨云。其疑具。蘇輿云。案治要作此難得而其難知也。義亦不可晰。疑作具是。按盧蘇說非。治要作而其難知也。適可證其字之不誤。其期古字通。詩頍弁。實爲何期。釋文。期本作其。漢武梁祠畫象。樊於其頭。期作其。是其證。左哀十六年傳。期死非勇也注。期必也。此難得期知也。謂此難得必知也。

寡人不足以辱而先君 外七弟二十四

盧文弨謂而先君三字疑。按而猶如也。詳經傳釋詞。此言寡人不足以辱如先君。辱謙詞。上言桓公予管仲狐與穀。又云。以爲子孫賞邑。下云。今爲夫子賞邑。通之子孫。意謂寡人雖不足以辱如先君之賞管仲。但亦欲爲夫子賞邑也。

戴一願 外八弟八

按戴應讀作再。上云。請晏子一願。此景公又請晏子之一願。故云再一願也。孟子滕文公。自葛載注。載一說當作再字。詩小戎。載寢載興。文選曹植應詔詩引作再寢再興。是其證也。

出于室爲何者也 外八弟十

王念孫云。案當作何爲者也。言此出于室者。何等人也。今本作爲何者也。則文不成義。韓詩外傳。正作何爲者也。按爲何者也。義本可通。不必改作何爲者也。說文。者別事詞也。或指其事。或指其物。或指其人。說見經傳釋詞。此者字卽指其人。言爲何者也。卽爲何人也。

何以老爲妻 外八弟十

王念孫云。案當作何以老妻爲。言富貴如此。何用老妻爲也。今作何以老爲妻。則文不成義。按王氏喜改成文。不可爲典要。老對少爲言。下云。去老者謂之亂。納少者謂之淫。如以老妻連文。則老少二字下。各應增妻字。豈其然乎。

公曰合色寡人也　外八弟十二

俞樾云。合疑否字之誤。否字自爲一句。按上云竊姣公也。自羽人言之則曰姣公。公自言之則曰色寡人。上下一義。中閒不應有否字。且合否形殊。無由致譌。合卽盍之音假。爾雅釋詁。盍合也。易序卦傳。嗑者合也。爾雅釋言。曷盍也。廣雅釋詁。盍何也。羽人姣公。故景公詰以何色寡人也。

昔者秦繆公乘龍舟而理天下　外八弟十三

按理里字通。劉師培謂事類賦注及御覽引理作治。按作治者非是。左成二年傳。先王疆理天下。詩信南山。我疆我理傳。理分地理也。穆天子傳。庚辰天子大朝于宗周之廟。乃里西土之數注。里謂計其道里也。紀年曰。穆王西征。還里天下。億有九萬里。按今本紀年里作履。借字耳。計其道里與理義亦相因。還里天下。與此文里天下之義正符。

雙劍誃墨子新證序

墨子於諸子中最號難讀。以其譌牾衍挩。更見迭出。既無舊注。又無明以前刊本。明本之傳於今者。亦不多見。自孫氏閒詁行世。而是書始稍稍可讀。孫氏所引清儒說解已略備。然仍有待於後人之糾正補苴。省吾舊藏有嘉靖本子彙本寶曆本。又借傅沅叔先生所藏綿眇閣本堂策檻本。（從芝城館銅活字本出。）互相讐校。復佐之以聲音通假之方。古文緐消之證。擇其舊校舊說之所未及或及而未備者。著於篇。晚明刊本。閒有明人意改處。寶曆本係覆明刊茅本者。雖譌牾習見。而其可以糾今本之誤者。實較各本爲勝。孫詒讓僅見迎敵祠以下殘卷。余未覩茅本。然觀李氏閒詁校補所引楊校茅本。與是書頗有出入。寶曆本上欄。有原儀氏校語。每與畢王蘇俞孫諸家說合。（葉德輝跋是書云。寶曆七年。當中國乾隆二十二年。畢刻在乾隆四十九年。是原儀與畢合者。斷非畢本可知。）王念孫謂墨子以無校本而脫誤難讀。亦以無校本而古字未改。王氏所舉古字。具詳雜志敍中。茲略舉王氏所未及者。如毋之作母。其之作亓。則固是書所習見。又如諸之作者。（見尚賢中。）乎之作虖。（見尚同上。）作之作乍。（見兼愛中。）熏之作熏。（見節用中。）簋之作毀。（節葬下。鼎鼓乃鼎毀之譌。鼓雖誤字。然可證墨書之本作毀。不作簋也。）紀之作己。（見節葬下。）唯之作隹。呼之作乎。（見明鬼下。）以之作台。（見經說上。）寢之作寑。（見經說下。）圄之作吾。（見公孟。）右之作又。（見襍守。）凡此咸與古文字相脗合者也。篇中所舉。一依閒詁原文。加以勘覈。蓋考据之學。遇有疑文滯義。必須深思眇慮。方可得其懸解。墨子所云今若過之心者數逆於精微。其此之謂乎。然省吾溝瞀不學。僢迮疑肩。自所難免。略書所見。以與世之治是書者相質證焉。一九三八年一月海城于省吾。

雙劍誃墨子新證卷一

夫惡有同方取不取同而已者乎　親士

畢沅云。惡讀如烏。言聖人之與士同方相合。猶江河同源相得。烏有不取諸此而自止者。俞樾云。此文本云。夫惡有同方不取而取同己者乎。同方謂同道也。同己謂與己意同也。聖人但取其與道同。而不必其與己意同。故曰。夫惡有同方不取而取同己者乎。按畢說未盡是。俞說尤非。蓋今本方下脫不字。遂不可解。依周秦金石刻辭及近世發現之宋以前古籍鈔本例之。則此文本應作夫惡有同方不=取=同而已者乎。是上不字卽涉重文而脫。辭過篇。故爲姦衺。姦衺多則刑罰深。舊無下姦衺二字。王念孫據治要補。魯問篇。而求百福於鬼神。唯恐其以牛羊祀也。孫詒讓謂當重鬼神二字。又公輸子削竹木以爲鵲。成而飛之。王念孫謂今本少一鵲字。則文不足義。按此等處皆因重文而脫。本書斯例習見。不勝緐舉。此言夫烏有同方不取。不取同而止者乎。上文是故江河之水。非一源之水也。千鎰之裘。非一狐之白也。義正相承。俞樾既以取不爲誤倒。又移而字於取同二字之上。又改已爲己。又謂但取其與道同。而不必其與己意同。是俞氏之說。迂曲甚矣。

殺傷人之孩無存之心　脩身

畢沅謂孩當讀如根荄。按畢說非是。孩應讀作期。老子二十章。如嬰兒之未孩。言如嬰兒之未期也。莊子天運。不至乎孩而始誰。言不至乎期而始誰也。詳莊子新證。期謂有所希求。周禮司市。凡萬民之期于市者注。期謂欲賣買期決于市也。殺傷人之期。無存之心。言殺傷人之期求。不可存於心也。

設壯日盛　脩身

畢沅謂設壯疑作飾莊。按畢以設爲飾非也。以壯爲莊是也。設應讀作翕。書盤庚。各設中于乃心。漢石經設作翕。莊子人閒世。故忿設無由。忿設卽分翕。詳莊子新證。翕莊日盛。言翕歛莊敬則日盛也。上句願欲日逾。禮記表記作安肆日偷。安肆與翕莊。義正相反。

五入必而已則爲五色矣　所染

原儀氏校。一本無必則二字。按綿眇閣本。子彙本。均無必則二字。

夏桀染於干辛推哆　所染

畢沅引呂氏春秋云。夏桀染於羊辛。按寶曆本亦作羊辛。

殷紂染於崇侯惡來　所染

按惡來卽亞來。詳荀子新證儒效篇。

厲王染於厲公長父榮夷終　所染

原儀氏校。厲一作虢。與畢沅引呂氏春秋厲作虢合。又嘉靖本。堂策檻本。寶曆本。長父均作長公。

宋康染於唐鞅佃不禮　所染

畢沅云。呂氏春秋佃作田。是。禮作禮。誤。按寶曆本佃正作田。又原儀氏校。禮一作禮。則與孫詒讓所引荀子楊注合。

行理性於染當　所染

寶曆本性作生。按此與孫詒讓所引治要及呂氏春秋並作生合。綿眇閣本性作在。

必擇所堪　所染

寶曆本擇下有其字。

故百工從事皆有法所度　法儀

按所猶可也。天志下。將猶有異家所以避逃之者。將猶有異國所以避逃之者矣。將無所以避逃之者矣。所以可以也。詳經傳釋詞。

莫可以爲治法　法儀

法下舊有而可二字。孫詒讓據王念孫說删。按綿眇閣本。子彙本。均無而可二字。

此以莫不犓羊豢犬豬　法儀

蘇時學謂犓乃芻牛兩字而誤合爲一者。按此乃古之合文。非誤合者。甲骨文金文合文之例習見。舊說謂脫牛字非是。

曰殺不辜者　法儀

聚珍本亦作曰殺不辜者。按曰各本均作日。

兼愛天下之百姓　法儀

畢沅謂舊脱愛字。以意增。按綿眇閣本。子彙本。兼下均有愛字。

其賊人多　法儀

舊作賊其人多。俞樾謂當作其賊人多。按寶曆本正作其賊人多。

故天禍之使遂失其國家　法儀

孫詒讓謂遂與隊通。是也。按荀子修身。天其不遂乎。遂亦應讀隊。與此語義有反正耳。

所信者不忠所忠者不信　七患

孫詒讓云。上句信字。舊本譌言。又無兩者字。今據羣書治要補正。按各本均作所言不忠。所忠不信。孫改非是。此謂所言不忠。即所言忠。亦不見信也。詞句迴環簡古。唐宋類書。每意改古籍成文。遂失古人之語妙矣。

民無食則不可事　七患

按事應讀作使。金文事使同字。

則五味盡御於主　七患

原儀氏校。主一作王。

故國離寇敵則傷　七患

按傷應讀作喪。管子君臣下。是故明君飾食飲弔傷之禮注。傷謂喪祭也。是傷喪音近字通。故國離寇敵則喪。與下句民見凶饑則亡對文。喪亦亡也。若讀傷如字。國言傷則不詞矣。

家無三年之食者子非其子也　七患

寶曆本。子非其子也作家非其家也。按上文國無三年之食者。國非其國也。依句例言之。則寶曆本爲是。

就陵阜而居穴而處　辭過

原儀氏校。就一作蓋。孫詒讓謂穴上疑捝一字。是孫讀穴而處句。按下句下潤濕傷民。下字屬上句。讀爲穴而處下。於義亦通。堂策檻本。正以穴而處下四字爲句。

以爲錦繡文采靡曼之衣　辭過

舊本之衣作衣之。孫詒讓據俞樾說及長短經改爲之衣。按綿眇閣本。子彙本。均作之衣。

鑄金以爲鉤　辭過

按鉤謂帶鉤。近世出土之晚周帶鉤習見。其花文多錯金銀以爲飾。

以爲身服　辭過

孫詒讓引治要作以身服之。按寶曆本正作以身服之。嘉靖本。堂策檻本。作以身服。有捝文。

欲國無亂　辭過

嘉靖本。綿眇閣本。堂策檻本。子彙本。寶曆本。國並作用。按下文君實欲天下之治而惡其亂。則亂字指天下言。作國者非是。

夏則飾饐 辭過

原儀氏校。飾疑餲。按此與洪頤煊說合。

全固輕利皆已具 辭過

孫詒讓謂全治要亦作完。具下有矣字。原儀氏校。一本具下有矣字。按有矣字是也。上文冬則輕煗。夏則輕凊。皆已具矣。可證。

必厚作斂於百姓 辭過

王念孫謂作斂與籍斂同。是也。嘉靖本作斂補改爲科斂。蓋不識作字之義而誤改。

故爲姦衺姦衺多則刑罰深 辭過

舊本均無下姦衺二字。王念孫據治要補。是也。此本作故爲姦〻衺〻多則刑罰深。凡周人文字。其重文皆不複書。故易脫也。詳尙書新證召誥篇。按本書因重文而脫者習見。後並仿此。

凡回於天地之間 辭過

蘇時學謂回疑當作同。按蘇改殊誤。凡應讀作盤。詳節葬下壟雖凡山陵條。盤亦回也。盤回謰語。猶言盤旋。離騷。回朕車以復路兮注。回旋也。回迴古同用。呂覽上德。德迴乎天地。猶此言盤回於天地之間矣。

夫婦節而天地和 辭過

寶曆本和作利。按利亦和也。易乾元亨利貞。子夏傳。利和也。左襄九年傳。利義之和也。下文風雨節而五穀孰。衣服節而肌膚和。此若作天地和則複矣。

無乃非有血氣者之所不能至邪　三辯

俞樾謂非字衍文。按俞説非是。非應讀作彼。非匪彼古字通。脩身篇。故彼智無察。畢沅謂彼當爲非。亦其證也。

無大後患　三辯

按事成功立。無大後患。大字不辭。下文亦有事成功立無大後患之語。二大字並應讀作夫。夫語詞。夫大古字通。易比象。後夫凶。卽後大凶也。大鼎。善夫作善大。大差監。大差卽夫差。均其證也。

因爲無智矣　三辯

嘉靖本。綿眇閣本。堂策檻本。子彙本。寶曆本。智均作知。

不能以尚賢事能爲政也　尚賢上

原儀氏校。事疑使。蘇時學謂事當作使。孫詒讓引漢書注訓事爲役使。失之。按事使金文同字。

牆立既謹上爲鑿一門　尚賢上

孫詒讓謂牆立既疑當作宮牆既立。又謂謹上疑當爲謹止。按孫説殊誤。此應讀作牆立既謹句。既謹乃墍墐之假字。説文。墍仰涂也。廣雅釋宮。墐墍塗也。説文。墐涂也。詩七月。塞向墐戶傳。墐塗也。書梓材。既勤垣墉。惟其塗墍茨。急就篇。泥塗堊墍壁垣牆。然則牆立墍墐。謂牆立以泥塗之也。上爲鑿一門。上指牆言。義正相符。

禹舉益於陰方之中　尚賢上

按甲骨文地名稱某方者習見。猶今言某國。

莫不敬懼而施　尚賢上

俞樾謂施當讀爲惕。並引盤庚不惕予一人。白虎通作不施予一人爲證。按惕與懼義複。俞說非是。而本應作不。而不篆文形近而譌。尚同中。而避天鬼之所憎。孫詒讓謂而舊本誤不。今據道藏本正。天志中篇同。是其證也。書盤庚。不惕之惕。乃易之假字。不惕應屬上句。讀爲惟汝含德不惕句。詳尚書新證。詩何人斯。我心易也。釋文。易韓詩作施。是施易古通之證。莫不敬懼不易。言皆敬懼不變易也。毛公鼎。夙夜敬念王畏不賜。賜亦易之假字。與此敬懼不易義相仿。不易乃古人語例。詩韓奕。朕命不易。弓鎛。虔卹不易。廣雅釋詁。虔敬也。文選七發。則卹然足以駭矣注。卹然驚恐貌。是虔卹不易。亦敬懼不易之謂也。

自愚賤者爲政乎貴且智者則亂　尚賢中

孫詒讓謂愚下依上文亦當有且字。按嘉靖本。綿眇閣本。堂策檻本。子彙本。寶曆本。均有且字。

故唯昔三代聖王堯舜禹湯文武之所以王天下正諸侯者此亦其法已　尚賢中

原儀氏校。唯疑雖。按唯雖古字通。下文故雖昔者三代暴王。桀紂幽厲之所以失措其國家。傾覆其社稷者。已此故也。與此文例同。

使斷獄則不中　尚賢中

寶曆本無使字。古人稱斷獄。每以中爲言。尙同中。聽獄不敢不中。牧毀。不刑不中。毋敢不明不中不刑。毋敢不尹其不中不刑。書呂刑。惟良折獄。罔非在中。

故當若之二物者　尙賢中

寶曆本之作此。

天下皆得其利　尙賢中

嘉靖本。綿眇閣本。堂策檻本。寶曆本。利均作列。與道藏本合。

廢帝之德庸　尙賢中

孫詒讓引左傳杜注訓庸爲用。按孫說非是。書堯典。有能奮庸熙帝之載。僞傳與馬注並訓庸爲功。上言伯鯀帝之元子。此言廢帝之德庸。言伯鯀廢帝之德與帝之功也。

乃熱照無有及也　尙賢中

孫詒讓謂此似言幽囚之日月所不照。按孫說非是。熱照殊不詞。綿眇閣本。寶曆本。熱作熟。是也。熟熱形近易譌。呂氏春秋蕩兵注。火以爇食。朱本及治要爇均作熟。亦其證也。熟古本作孰。荀子議兵。凡慮事欲孰注。孰謂精審。性惡。思索孰察注。孰察精孰而察。照昭古字通。下文其有昭於天下也。寶曆本昭作照。是其證。昭謂曉喻之也。左宣二年傳疏。昭謂明曉此禮。上言伯鯀廢帝之德庸。既乃刑之于羽之郊。故云。乃孰審以曉喻之無有及也。孰昭猶禮記內則寧孰諫之孰諫。特語氣有上下之別耳。

與天地同常　尙賢中

孫詒讓謂常猶言保守。按孫說非是。莊子在宥。吾與天地爲常。天道。則天地固有常矣。日月固有明矣。星辰固有列矣。此文上言若日之光。若月之明。可互證。太玄玄攡。常變錯注。常謂天地日月星辰也。易象下傳。未變常也。虞注。常恆也。此承上文聖人之德爲言。言聖人之德與天地同其恆常而不易也。

明於小而不明於大也 尚賢下

孫詒讓謂上於字舊本挩。今據羣書治要增。按寶曆本有上於字。脫下於字。

睎夫聖武知人 尚賢下

曾伯簠。哲聖元武。

此安生生 尚賢下

書盤庚。敢恭生生。

使不知辯 尚賢下

孫詒讓謂舊本挩知字。今據道藏本補。按嘉靖本。綿眇閣本。堂策檻本。寶曆本。均有知字。

王公大人骨肉之親躄瘖聾暴爲桀紂不加失也 尚賢下

孫詒讓疑聾下挩一字。又謂聾下或挩瞽字。按孫說非是。寶曆本躄作慼。是也。慼戚古字通。書盤庚。率籲衆慼。段玉裁謂戚衛包改爲慼。是其證。上言此譬猶瘖者而使爲行人。聾者而使爲樂師。此亦專言瘖聾。不言躄。暴爲之爲。孫詒讓以爲如之譌。亦非。爲猶如也。詳經傳釋詞。此言王公大人骨肉之親戚。既瘠且聾。暴如桀紂。不加失也。蓋通篇多言王公大人骨肉之親。少言親戚者。後人遂改戚爲璧耳。原儀氏校。慼一作蹙。按綿眇閣本。堂策檻本。均作蹙。蹙與璧尤爲形近易譌。尙賢中。親戚則使之。無故富貴面目佼好者則使之。此篇亦以骨肉之親無故富貴面目美好者連言。以是明之。

是以使百姓皆攸心解體沮以爲善垂其股肱之力　尙賢下

孫詒讓謂攸與悠通。言悠忽也。按孫說非是。畢沅謂攸一本作放。作放者是也。放方古字通。書堯典。方命圮族。漢書傅喜傳。方作放。莊子天地。有人治道若相方。釋文。方本亦作放。孟子梁惠王。方命虐民注。方猶逆也。堯典之方命圮族。史記五帝紀作負命毀族。是以負詁方。負與逆皆違背之義。是以使百姓皆放心解體。言使百姓皆違心解體也。貴義篇。是圍心而虛天下也。吳玉搢謂圍心即違心。放心與違心義相若。沮字應讀作且。

隱慝良道　尙賢下

畢沅謂慝卽匿字異文。按綿眇閣本。堂策檻本。寶曆本。均作匿。

推而上之以　尙賢下

王念孫謂此五字蓋涉上文推而上之而衍。按王說殊誤。上文上可而利天。中可而利鬼。下可而利人。是故推而上之。若由利人言。可推之於利鬼。可推之於利天。由下推而上之也。此言推而上之以。以應讀作矣。呂覽適音。勝理以治身。則生全以。以治要作矣。詩天作。彼徂矣岐。卽彼沮以岐。晏子春秋諫上。禽獸矣力爲政。明活字本矣作以。均其例證。上文若此則飢者不得食。寒者不得衣。亂者不得治。

言由飢者推至於寒者。由寒者推至於亂者。故云推而上之矣。

湯有小臣 尙賢下

弓鎛。伊少臣唯補。少小古字通。伊小臣亦卽伊尹。

是以人是其義以非人之義故交相非也 尙同上

畢沅謂非也是舊作非是也。字倒。今以意改。又中篇故相交非也。載望云。當從上篇作交相非也。李笠引楊校茅本。正作交相非。並謂嘉靖本與茅本同。按諸説並非。緜眇閣本。堂策檻本。此篇均作故交相非是也。寶曆本。此及中篇均作故交相非是也。當從之。交相非是。謂交相非交相是也。正承上文非與是言。書禹貢。庶土交正。僞傳。交俱也。是以人是其義。以非人之義。故云俱相非俱相是也。

夫明虖天下之所以亂者 尙同上

孫詒讓云。説文虍部云。虖哮虖也。此借爲乎字。按金文烏乎之乎作虖。招呼之呼作乎。此虖字乃古文之僅存者。

甚明察以審信 尙同上

孫詒讓謂甚舊本譌其。據王念孫引中篇改其爲甚。按嘉靖本。緜眇閣本。堂策檻本。寶曆本。甚均作其。其乃棊之省文。从糸乃後起字。荀子王霸。目欲棊色注。棊極也。棊或爲甚。傳寫誤耳。按此亦棊甚易譌之證。棊明察以審信。言極明察以審信也。中篇作甚。蓋後人不知其之通棊而改之耳。棊之作其。本書習見。

溱溱而至者　尙同上

溱溱各本均作湊湊。已詳李笠校補。按堂策檻本。寶曆本。亦作湊湊。中篇作荐臻而至者。疑荐臻亦本應作湊湊。乃後人不解其義而改之者。詩雲漢。饑饉薦臻傳。臻至也。臻亦訓至。不應曰荐臻而至。湊有聚義。則湊湊謂頻仍也。

尙同義其上而毋有下比之心　尙同中

孫詒讓引管子小匡篇尹注。訓下比爲下與有衆者比而掩蓋之。按此說義猶未盡。比謂阿附。卽比周之比。齊語。謂之下比注。比阿黨也。尙同卽上同。言上同其上。而毋有與下爲阿附之心也。下文是以皆比周隱匿而莫肯尙同其上。比周隱匿。卽下比也。

意若聞見善不以告其上　尙同中

按意應讀作抑。詳經傳釋詞。

譬之若有苗之以五刑然　尙同中

畢沅謂苗舊作量。据下改。按寶曆本量正作苗。

呂刑之道曰　尙同中

嘉靖本。緜眇閣本。堂策檻本。寶曆本。呂俱作以。按以亦作目。與呂形似而譌。

政以爲便譬宗於父兄故舊　尙同中

寶曆本政作故。故固古字通。固猶必也。詳經傳釋詞。孫詒讓謂政與正同。失之。便譬寶曆本作便嬖。

是也。左隱三年傳。公子州吁嬖人之子也注。嬖親幸也。洪頤煊引論語馬鄭注。謂巧爲譬諭。失之。孫詒讓謂宗於疑宗族之誤。按寶曆本正作宗族。

國衆必亂 尙同下

原儀氏校。衆疑家。

百姓爲人 尙同下

戴望謂此人字讀如人偶之人。按戴說義則近是。而仍非確詁。人尸古字通。尸古夷字。詳拙箸釋人尸仁𡰥夷。莊子應帝王。予方將與造物者爲人。人應讀作夷。穆天子傳。至於鄘人。鄘人卽鄘夷。亦其證也。上言古者天之始生民。未有正長也。此云。百姓爲夷。言百姓爲等夷。無上下之可分也。

將使助治亂刑政也 尙同下

孫詒讓謂治下亂字疑衍。按亂本應作𤔔。𤔔金文治字。凡經傳亂訓治者皆非也。亂卽𤔔之譌。治涉旁注而衍。下文唯辯而使助治天明也。助治亦本應作助𤔔。

則是上下相賊也 尙同下

孫詒讓謂賊舊本譌賤。今依王校正。按寶曆本正作賊。

天子又總天下之義以尙同於天 尙同下

孫詒讓依俞樾說校改天子爲天下。按嘉靖本。子彙本。綿眇閣本。堂策檻本。寶曆本。均作天下。

故當尙同之爲說也尙用之天子 尙同下

同用舊本互譌。孫詒讓依蘇時學說改尙用爲尙同。又依王念孫說改尙同爲尙用。按嘉靖本。緜眇閣本。堂策檻本。作故當尙同之爲說也。尙同之天子。子彙本。寶曆本。作故當尙同之爲說也。上用之天子。上尙古字通。蘇時學謂當作上用。與後二本合。

外爲之人　尙同下

孫詒讓謂外爲二字疑誤。按孫說非是。下言助之視聽者衆。乃承上文古之聖王爲言。自聖王本身言之。則助之視聽者衆。均外爲之人也。

唯信身而從事　尙同下

按下文亦云。夫唯能信身而從事。信身二字不詞。上言助之視聽者衆。下言一目之視也。不若二目之視也云云。均伸述相助尙同之義。不應獨言信身。身應讀作申。詳經說上所令非身弗行條。信申謂申其信也。下文致信而持之。係總結此章。致信卽信申之謂也。

而不可不察　尙同下

舊本作而不察。畢沅云。當云不可不察。按子彙本。寶曆本。均作而不可不察。

然則崇此害亦何用生哉　兼愛中

俞樾謂崇字無義。乃察字之誤。按崇乃祟之誤。非察之誤。祟乃察之借字也。甲骨文恆稱其㞢來希。希應讀作祟。祟殺蔡察古字通。說文古文殺作希。孟子萬章。殺三苗于三危。說文作𡧂三苗。𡧂从祟得聲。左昭元年傳。周公殺管叔而蔡蔡叔。釋文引說文。蔡作䊛。禮記鄉飲酒義。愁之以時察守義者也注。察或爲殺。均其證也。

以不相愛生邪　兼愛中

俞樾云。當作以相愛生邪。乃反言以問之。按俞說是也。寶曆本正無不字。

天下之難物于故也　兼愛中

于舊作於。孫詒讓據道藏本改於爲于。按嘉靖本。寶曆本。於亦作于。又孫詒讓疑于卽迂之借字。俞樾謂於故二字當爲衍文。按二說並非。物乃利之譌字。甲骨文金文利字多作㓟。故易掍也。于猶與也。詳經傳釋詞。言天下之難。利與故也。下云。子墨子言曰。天下之士君子。特不識其利辯其故也。正承此利與故爲言。

故臣爲之也　兼愛中

王念孫謂爲上脫能字。下文故臣能之也。王謂能下脫爲字。按王說非是。能爲或分言或合言。不必强爲畫一也。

朝有黧黑之色　兼愛中

色舊作危。原儀氏校。危疑色。按此與王引之說合。

越王親自鼓其士而進之　兼愛中

畢沅謂而進之下。舊有日字。衍文。按綿眇閣本。無日字。

以楗東土之水　兼愛中

嘉靖本。寶曆本。楗作揵。緜眇閣本。堂策檻本。均作楗。畢沅云。説文云。楗門限。則此葢言限也。按漢書賈誼傳。淮陽包陳以南揵之江。揵亦應讀爲楗。言淮陽包陳以南限之江也。王念孫以如淳訓揵爲接。遂謂揵當爲捷字之誤。失之。

以利荆楚干越與南夷之民　兼愛中

嘉靖本。緜眇閣本。堂策檻本。寶曆本。均作以利楚荆越與南夷之民。王念孫以楚荆二字爲誤倒。按楚荆二字不倒。𢦏毁。𢦏馭。從王南征。伐楚荆。是其證。

乍光于四方于西土　兼愛中

兼愛下。乍照光于四方于西土。孫星衍謂乍古與作通。按古籀作字作乍。不从人。此可證墨書每存古字也。

天屑臨文王慈　兼愛中

孫詒讓引後漢書注。訓屑爲顧。按孫説非是。屑説文作屑。書多士。大淫泆有辭。馬本泆作屑。屑佾古同字。詳尚書新證多士篇。屑應讀作異。佾異雙聲。並喻母字。爾雅釋詁。臨視也。言天對於文王之慈惠。特加殊異之臨視也。猶今俗書牘言青睞。盂鼎。古天異臨子。古讀故。𡳐臨卽異臨。是異臨乃古人語例。

連獨無兄弟者　兼愛中

畢沅云。連同鰥。音相近。字之異也。經典或作煢。或作惸。皆假音。王引之云。無兄弟不得謂之鰥。鰥煢懧三字。聲與連皆不相近。連疑當作逴。與連相似而誤。逴猶獨也。俞樾云。連當讀爲離。孫詒讓云。連疑當讀爲矜。一聲之轉。連獨猶言窮苦煢獨耳。按畢孫讀是。王俞二說並誤。古矜獨之矜本作矝。乃鰥之借字。書多士。予惟率肆矜爾。論語。則哀矜而勿喜。論衡引矜並作憐。是矜本應作矝。矝憐音近。又憐與連聲韻同。詩菀柳。矝與天臻韻。何草不黃。矝與玄民韻。桑柔。矝與旬民天塡韻。是尤可證本作矝不作矜矣。矝獨無兄弟者。言矝夫與獨夫而又無兄弟可依者。王說無兄弟不得謂之鰥。不知此非釋無兄弟謂之鰥也。鰥獨非盡無兄弟。特就鰥獨之無兄弟者言之。謂其情尤可憫耳。

曾孫周王有事　兼愛中

按曾孫乃孫之通稱。詳詩經新證信南山篇。

又與爲人君者之不惠也　兼愛下

孫詒讓謂又與舊本作人與。依王念孫說改爲又與。按綿眇閣本。堂策檻本。子彙本。寶曆本。人均作又。

又與今人之賤人　兼愛下

按賤當作賊。尚賢中。從而賤之。賤傲萬民。王念孫並以賤爲賊之誤。此賤人寶曆本正作賊人。是也。下云。執其兵刃毒藥水火以交相虧賊。是承賊人爲言。若云賤人。賤人非盡爲賊者。知其不可通也。下云。必曰從惡人賊人生分名乎。亦其證也。

姑嘗本原若衆害之所自生　兼愛下

秦泰山刻石。本原事業。本原二字與此用法同。

譬之猶以水救火也　兼愛下

綿眇閣本。堂策檻本。子彙本。均作以火救水。俞樾謂本作猶以水救水以火救火也。按寶曆本作以水救水。與俞說合。特俞氏增以火救火四字耳。

出乎若方也　兼愛下

畢沅謂乎舊作平。以意改。按子彙本。綿眇閣本。寶曆本。平均作乎。

是以聰耳明目相與視聽乎　兼愛下

按與字誤。聚珍本亦作與。各本均作爲。畢本亦作爲。

誰以爲二士　兼愛下

王引之謂誰當爲設。按此以意改。不可依據。誰應讀作唯。唯語詞。下文誰以爲二君。亦同此讀。

不識將惡也　兼愛下

俞樾謂惡下脱從字。按俞說非是。寶曆本作不識將擇之。原儀氏校。擇之一作惡之。按本應作不識將惡擇之。之作也亦通。蓋一本脱擇字。一本脱惡字。遂致歧異。

家室奉承親戚　兼愛下

綿眇閣本。子彙本。家室上有然即將三字。而無上文然即敢問不識將惡擇之二句。

今歲有癘疫　兼愛下

寶曆本疫作瘕。

自古之及今　兼愛下

戴望云。之字衍。按之非衍文。之猶以也。非命中。自古以及今。可證。

告於上天后　兼愛下

孫詒讓疑后下挩土字。按孫說非是。論語堯曰。敢昭告于皇皇后帝。則后下不應有土字明矣。后乃后帝之簡語。此言上天后。猶齊侯壺之言上天子。特一就人王言之。一就上帝言之耳。

然後人報我愛利吾親乎　兼愛下

孫詒讓謂愛利上當有以字。按寶曆本有以字。與孫說合。

意我先從事乎惡人之親　兼愛下

俞樾謂惡下脱賊字。按綿眇閣本。子彙本。均有賊字。

故約食爲其難爲也　兼愛下

俞樾謂其當作甚。按俞改非是。其應讀作綦。綦極也。詳尙同上。下文故焚身爲其難爲也。故苴服爲其難爲也。其並應讀作綦。

其士偃前列伏水火而死有不可勝數也　兼愛下

王念孫謂有當爲者字之誤。按寶曆本有正作者。

雙劍誃墨子新證卷二

則以此人不知白黑之辯矣　非攻上

原儀氏校。以上脫必。人下脫爲。按此與孫詒讓說合。綿眇閣本。子彙本。白黑作黑白。

情欲譽之審　非攻中

王念孫謂譽上有毀字。而今本脫之。原儀氏校。亦謂譽上疑脫毀字。按此説非是。各本譽上均無毀字。譽應讀作舉。情欲舉之審。言誠欲舉之審愼也。此與下文賞罰之當。刑政之不過失。均就王公大人有權勢者言之。

往而靡獘腑冷不反者　非攻中

畢沅謂腑卽腐字異文。是也。又謂冷爛音相近。當爲爛。非是。按冷本應作泠。泠零古字通。樊敏碑。士女涕泠。張公神碑。天時和兮甘露泠。並假泠爲零。詩定之方中。靈雨既零傳。零落也。腐零謂腐朽零落也。

與其涂道之脩遠　非攻中

寶曆本道下無之字。按下篇。道路遼遠。亦無之字。

虛數於千　非攻中

孫詒讓云。案虛下疑脫城字。下文云。以爭虛城。按孫說非是。虛即易升之所謂虛邑。說文虛下云。古者九夫爲井。四井爲邑。四邑爲丘。丘謂之虛。虛下不必增城字。以爭虛城。不得省爲以爭虛。未可以例此。襍守篇。富人在虛。虛亦謂虛邑。是其證。

故當攻戰而不可爲也　非攻中

孫詒讓謂此文當作故當攻戰而不可非也。按子彙本。綿眇閣本。爲均作已。於義亦通。

中楚國而朝宋與及魯　非攻中

蘇時學云。及魯二字誤倒。魯字屬上句。及字屬下句也。按蘇說非是。與猶以也。詳經傳釋詞。言中楚國而朝宋以及魯也。魯在宋之北。故因朝宋以及魯也。

而智伯莫爲强焉　非攻中

按爲猶與也。詳經傳釋詞。

故譽之與　非攻下

與字舊作譽。王引之據下改與。按寶曆本正作與。

必順慮其義而後爲之行　非攻下

按順愼古字通。

是以動則不疑速通成得其所欲　非攻下

孫詒讓謂速通成得其所欲。疑當作遠邇咸得其所欲。按孫說勇於改字。殊無所據。成應讀作誠。詩我行其野。成不以富。論語顏淵。作誠不以富。貴義篇。子之言則成善矣。成應讀作誠。並其證也。速通謂速達。上云。是故古之知者之爲天下度也。必愼慮其義而後爲之行。故接以是以動則不疑。速達誠能得其所欲也。

鬼富之　非攻下

畢沅謂鬼舊作愚。以意改。按寶曆本正作鬼。富應讀作福。詳非命上。

皆列其舟車之卒伍　非攻下

孫詒讓謂皆亦當作比。詳上篇。按寶曆本正作比。

墮其城郭　非攻下

寶曆本墮作隳。綿眇閣本。堂策檻本。均作墜。

燔潰其祖廟　非攻下

王引之謂燔與潰義不相屬。燔潰當爲燔燎。按燔燎亦不詞。燔潰應讀作燔燬。潰燬雙聲字。

卒進而柱乎鬭　非攻下

戴望謂柱乃極字誤。按此說非是。柱謂榰柱。

罪死無赦　非攻下

赦舊本作殺。王念孫謂當作罪死無赦。按寶曆本正作赦。

以譁其衆　非攻下

寳曆本譁作殫。亦憚之借字也。

夫殺之人滅鬼神之主　非攻下

寳曆本殺作利。

率不利和　非攻下

俞樾謂率讀爲將率之率。按俞說誤矣。又謂利即和之誤而衍者。是也。按原儀氏校。利疑衍。與俞說合。嘉靖本。堂策檻本。寳曆本。率均作卒。是也。綿眇閣本作卒不和。和下空一格。上文言將不勇。士不分。兵不利。敎不習。師不衆。下云。威不圉。若依俞說作率不和。不知已言將不勇。無須再言率矣。上言兵不利。兵指戎器言。將士兵敎師卒威。均有別也。

害之不久　非攻下

孫詒讓謂害疑當作圍。按孫說非是。害應讀作遏。書大誥。予曷其不于前寧人圖功攸終。漢書翟方進傳。害作曷。詩長發。則莫我敢曷傳。曷害也。荀子議兵。曷作遏。是其證。上言將不勇。士不分。兵不利。敎不習。師不衆。卒不和。威不圉。故接以遏之不久。爭之不疾。

則是國家失卒而百姓易務也　非攻下

畢沅謂卒一本作足。按此句亦見下文。然失卒與失足均不詞。綿眇閣本卒作率。卒率形近易譌。上文率不和。乃卒不和之譌。莊子人間世注。率然拊之。釋文。率本或作卒。是其證也。按率之通詁爲循。此段先言師者之相爲不利。故云。則是國家失其所遵循而百姓易務也。下文先言是上不暇聽治。士不暇治其官府。農夫不暇稼穡。婦人不暇紡績織紝。故云。則是國家失循而百姓易務也。

今不嘗觀其說　非攻下

寶曆本嘗作當。嘗當古字通。

今遝夫好攻伐之君　非攻下

遝舊本作還。洪頤煊云。還當是遝之譌。眔逮古字通。按寶曆本遝作逮。下文遝至乎夏王桀。遝至乎商王紂。寶曆本亦均作逮。

卿制大極　非攻下

孫詒讓謂疑當爲鄉制四極。鄉與卿形近。按古文卿鄉同字。

鸖鳴十夕餘　非攻下

寶曆本鸖作鶴。

予既卒其命於天矣　非攻下

按卒之通詁訓終。邢侯毁。帝無終命于有周。書召誥。天既遐終大邦殷之命。多士。殷命終于帝。楚辭天問。何親就上帝罰殷之命以不救。不救之義。亦言終也。均與此可互證。

𥤯夜中十日雨土于薄　非攻下

孫詒讓謂𥤯夜中下有脱誤。按孫說非是。𥤯夜中十日雨土于薄作一句讀。言十日夜雨土于薄也。日雨土。夜中亦雨土。故曰兼夜中。周人載籍。古質錯落。淸儒喜以唐宋以後之文字句法更易之。讀之雖適於口。惜失古人之本眞矣。

九鼎遷止　非攻下

按止卽之。甲骨文金文之字皆如此作。今止字古作止。二字有別。

曰天命周文王伐殷有國　非攻下

按伐疑本作代。王闓運亦改伐爲代。書多方。簡代夏作民主。英倫隸古定本。代作伐。是其證。文王無伐殷之事。下言武王乃攻狂夫。方指伐殷言。

成帝之來　非攻下

畢沅謂來當爲賚。按來應讀爲釐。賚卽古賚字。金文釐亦作賚。詳尙書新證湯誓篇。儀禮少牢饋食禮。來女孝孫注。來讀曰釐。詩思文。貽我來牟。漢書劉向傳。作飴我釐麰。爾雅釋詁。勑來强事。釋文。來本或作賚。均其證也。詩江漢。釐爾圭瓚傳。釐賜也。上言予既沈漬殷紂于酒德矣。往攻之。予必使汝大堪之。故曰。王旣已克殷。成帝之所賜也。

通維四夷　非攻下

孫詒讓謂維當作于。按維與于形殊。無由致誤。維繫也。言徧維繫四夷也。

昔者楚熊麗始討此睢山之閒　非攻下

畢沅謂討字當爲封。按寶曆本正作封。凡古籍言楚王熊某之熊。金文均作酓。二字音近相假。

其爲下不可勝數也　非攻下

蘇時學云。句有脫字。當作其爲利天下。不可勝數也。按蘇說非是。呂覽爲欲。七日而原不下注。下降。荀子成相。紂卒易鄉啓乃下注。下降也。上云。督以正。義其名。必務寬吾衆。信吾師。以此授諸侯之師。則天下無敵矣。故此云。其爲降不可勝數也。

而將不可不察者此也　非攻下

畢沅謂舊脫下不字。以意增。按綿眇閣本有下不字。

使民用財也　節用上

使舊本作便。王念孫謂便民當作使民。按寶曆本正作使民。

冬以圉寒　節用上

孫詒讓謂圉禦字通。按禁禦之禦應作圉。圉圉字通。圉正禦假。毛公鼎。以乃族干吾王身。吾古圉字。圉亦作敔。廣雅釋詁。敔禁也。金文禦均指祭言。說文。禦祀也。猶存古義。

昔者聖王爲法曰　節用上

嘉靖本。綿眇閣本。堂策檻本。子彙本。寶曆本。昔下均無者字。畢本有者字。閒詁蓋沿畢本之誤。

此不惟使民蚤處家而可以倍與且不然已　節用上

堂策檻本。寶曆本。不惟作惟不。孫詒讓謂且不然已。必有挩字。按孫說非是。此係問答之詞。此惟不使民蚤處家而可以倍與。問也。且不然已。答也。節葬下。欲以衆人民。意者可邪。其說又不可矣。欲以治刑政。意者可乎。其說又不可矣。此亦問答語氣。可互證。

彼其愛民謹忠利民謹厚忠信相連 節用中

孫詒讓引說文訓謹爲愼。按愼忠愼厚均不詞。謹應讀作勤。古文勤謹字並作堇。左僖二十八年傳。令尹其不勤民注。盡心盡力無所愛惜爲勤。言彼其愛民則盡心於忠。利民則盡心於厚也。忠信當作忠厚。卽承勤忠勤厚爲言。古厚字或作后。信字作㐰。故易譌也。

飯於土塯 節用中

孫詒讓引史記。韓非子。韓詩外傳。土塯亦作土簋。按土簋卽陶簋。凡古籍簋字。金文通作毁。

雖上者三公諸侯至 節用中

畢沅謂上舊作止。以意改。按堂策檻本。寶曆本。正作上。原儀氏校。上一作王。於義亦通。

上熏烝 節用中

孫詒讓謂熏道藏本吳鈔本作重。誤。按嘉靖本。綿眇閣本。亦均誤作重。惟寶曆本作重。此古字之僅存者。金文如毛公鼎。吳毁。師兌毁。虎冟熏裏之熏。不从火。與重相似。故易譌也。

誰賈而使民譽之 節葬下

堂策檻本。寶曆本。賈作霸。與下衍文同。孫詒讓引吳鈔本。衍文霸作伯。二字古通。

且故興天下之利 節葬下

王念孫謂且故當爲是故之誤。按寶曆本且正作是。

未嘗之有也　節葬下

孫詒讓謂當作未之嘗有也。按未嘗之有也。卽未之嘗有也之倒文。不煩更易。

今雖毋法執厚葬久喪者言　節葬下

王念孫謂雖與唯同。按寶曆本雖作唯。

殆竭家室乎諸侯死者　節葬下

畢沅謂乎當云存乎。按寶曆本竭下有空圍。據此則室或存之譌。疑當作殆竭室家。存乎諸侯死者。下室字卽涉上室字而誤。

鼎鼓几梴壺濫　節葬下

按下文亦有戈劒鼎鼓壺濫之語。鼎鼓並稱。殊爲不類。鼓乃毀之譌字。毀古簋字。凡經傳簠簋之簋。金文通作毀。周禮掌客。鼎簋十有二。穆天子傳。鼎敦壺尊四十。敦乃毀之譌。詳穆傳新證。古彝器毀敦有別。宻鼎。用爲寶器鼎二毀二。函皇父毀。函皇父作琱娟盤盉尊器毀鼎。此均鼎毀並稱之證。濫卽鑑。莊子則陽。同濫而浴。說文。鑑大盆也。以其可盛水故作濫。以其以金爲之故作鑑。金文作監。大差監。攻吳王大差。擇氒吉金。自作御監。大差卽夫差。

薄衣而爲寒　節葬下

按綿眇閣本。堂策檻本。寶曆本。薄均作不。

使面目陷陬　節葬下

盧文弨讀隁爲殦。引玉篇訓殦爲瘦病。是也。孫詒讓疑隁與阪同。引莊子卑阪失色爲訓。失之。

妻與後子死者五皆喪之三年 節葬下

王念孫謂者五當爲五者。俞樾謂五疑二字之誤。按王俞二氏説並非。五應讀作伍。二字古通。號令篇。伍人不得斬。吳鈔本。寶曆本。伍作五。左宣十二年傳。伍參。漢書古今人表作五參。孫叔敖碑。伍舉作五舉。均其證也。伍謂比等也。周禮小宰。一曰聽政役以比居。鄭司農云。比居謂伍籍也。比地爲伍。比伍乃齊等之意。荀子不苟。天地比注。比謂齊等也。伍字應屬上句。言妻與後子死者等。皆喪之三年也。蓋君與父母死。服三年。既爲天下之通喪。妻與後子死。喪三年。不盡爲通喪。然亦有三年之義。故以二者比伍言之也。非儒下。是妻後子與父同也。墨子之意。就令久喪。妻後子不應與父母同。是亦妻與後子并言之證也。

譬猶使人三睘而毋負己也 節葬下

按三之爲言屢也。詳汪中述學釋三九。

是城郭溝渠者寡也 節葬下

原儀氏校。城上脱修。按此與王念孫説合。

道死葬南己之市 節葬下

按己市即紀市。此古字之僅存者。己侯鐘。己姜毀。不从糸。是紀古本作己之證。

壟若參耕之畝則止矣 節葬下

畢沅謂則舊作取。據前漢書注改。按寶曆本取正作則。

大鞅萬領　節葬下

孫詒讓謂鞅爲馬鞁具之一。無大小之分。此大字疑誤。按原儀氏校。大一作六。當從之。萬領疑當讀作鑾鈴。萬鑾古音同隸元部。領鈴並諧令聲。說文。鑾人君乘車。四馬鑣。八鑾鈴。徐灝謂鑾系於鑣。四馬故八鑾。是也。六鞅鑾鈴。與下言輿馬正相因也。

曰必捶垛差通壟雖凡山陵　節葬下

孫詒讓以捶垛差通爲捶除羨道。按孫說意改成文。殊無所據。捶應讀作隧。詩芄蘭。容兮遂兮。朱駿聲謂遂垂也。捶隧音近。垛卽涂。差謂交差。漢書司馬相如傳。紛湛湛其差錯兮注。差錯交互也。雖應讀作唯。凡應讀作盤。古盤字作殷。从凡聲。凡字散氏盤作凡凡。𣪘比毀作凡。甲骨文。盤庚合文作[illegible]。辭過。凡回於天地之閒。凡回卽盤回。均其證也。此應讀作曰必隧涂差通。壟唯盤山陵。言內而墓穴。隧涂交通。外而邱壟。則盤迴如山陵也。

操而不擇哉　節葬下

畢沅謂擇同釋。按寶曆本擇作釋。下同。

未得次己而爲政　天志上

畢沅云。次恣字省文。下同。王引之云。次猶卽也。孫詒讓謂意林引下篇。次並作恣。則畢說亦通。按王說是。畢孫說非。

而求祈福於天我未嘗聞天下之所求祈福於天子者也　天志上

顧廣圻謂下字衍。原儀氏校。亦謂下字衍。戴望云。中篇云。吾未知天之祈福於天子也。則此文衍下字。及所求二字。及者字。按而求祈福於天。求字亦應刪。祈卽求也。求涉旁注而衍。下篇。以禱祠祈福於天。亦無求字。金文言旂福者習見。無作求旂福者。

業萬世子孫　天志上

孫詒讓云。業謂子孫纂業也。又疑當爲葉萬子孫。葉與世同。萬下世字衍。古文苑秦詛楚文云。葉萬子孫。毋相爲不利。按孫後說是也。此語亦見下篇。葉詛楚文作枼。後人不解枼字之義。遂改爲業。又以業萬爲不詞。因增世字。枼萬卽萬枼。綸鎛。枼萬至於辝孫子。勿或俞改。陳侯因脊錞。枼萬子孫。永爲典尙。余冉鉦。萬枼之外。子=孫=。均其證也。

多詐欺愚　天志上

按多詐下當有者字。上文强者不劫弱。貴者不傲賤。多詐者不欺愚。此言强者劫弱。貴者傲賤。多詐者欺愚。詞例反正相同。寶曆本正作多詐者欺愚。當據補。

然後得爲政乎愚且賤者　天志中

畢沅謂當脫貴且知者四字。按此涉重文而脫。原儀氏校。一本然上有貴且知者四字。當據補。

又以先王之書馴天明不解之道也知之　天志中

畢沅謂馴與訓同。按寶曆本馴作訓。

曰明哲維天臨君下土　天志中

土舊作出。原儀氏校。出疑土誤。按此與王引之說合。

不止此而已　天志中

舊脫不字。又止作上。孫詒讓據畢王二氏說正。按寶曆本作不止此而已。

故唯毋明乎順天之意　天志中

寶曆本順作愼。二字古通。

夫豈欲其臣國萬民之相爲不利哉　天志中

俞樾謂臣國當爲國臣。按俞說殊誤。國或古同字。毛公鼎。康能四或。四或卽四國。保卣。殷東或。或卽國。此言夫豈欲其臣或萬民之相爲不利哉。

撽遂萬物以利之　天志中

俞樾云。撽當爲邀。疑本作邀。或作撽。傳寫誤合之爲撽邀。而邀又誤爲遂耳。邀與交通。按俞氏以遂爲邀之誤。非也。謂邀與交通。是也。从敫从交古字通。詳明鬼下上以交鬼之福條。齊語。犧牲不略則牛羊遂注。遂長也。呂覽審時。殺而不遂注。遂長。廣雅釋言。遂育也。交遂萬物以利之。言皆長育萬物以利之也。孫詒讓讀撽如字。拘文牽義矣。

非天之所爲也　天志中

蘇時學謂非上當有莫字。俞樾謂非上脫無字。按蘇俞二氏說並誤。下文亦有非天之所爲句。非匪古字通。尙書匪字通作棐。呂刑。明明棐常。逸周書小開作明明非常。匪彼古通。經傳習見。不煩擧證。言雖豪末之微。彼天之所爲也。而民得而利之。則可謂厚矣。厚舊作否。此依俞樾說。又孫詒讓謂爲舊本作謂。今據吳鈔本正。按嘉靖本。綿眇閣本。堂策檻本。寶曆本。均作爲。

日以磿爲日月星辰 天志中

寶曆本磿作曆。

雷降雪霜雨露 天志中

王念孫謂雷蓋賈字之誤。按綿眇閣本雷作布。

以臨司民之善否 天志中

畢沅謂司讀如伺。按畢說殊誤。司與嗣金文同用。嗣古治字。詩大明。上帝臨女箋。臨視也。上言播賦百事。下言爲王公侯伯。使之賞賢而罰暴。均言治民之事。故曰。以視治民之善否也。

爲王公侯伯 天志中

孫詒讓云。侯伯舊本作諸伯。吳鈔本作侯伯。道藏本作諸侯。審校文義。吳本較長。按嘉靖本。綿眇閣本。堂策檻本。寶曆本。均作侯伯。

其子長而無報子求父 天志中

蘇時學謂當云其子長而無報乎父。按原儀氏校。子求父衍。

不止此而足矣 天志中

寶曆本足作已。與下文同。當據改。

夫胡說人殺不辜而天予之不祥哉　天志中

夫舊作天。王念孫謂天當爲夫。按寶曆本正作夫。

憎人賊人　天志中

畢沅謂賊人二字舊脫。据下文增。按寶曆本有賊人二字。

不長夏以革　天志中

按夏革之訓。孫詒讓引傳箋爲說。非是。應依俞樾說訓夏爲寬假。訓革爲急。

既可得留而已　天志中

王念孫謂當作既可得而智已。智誤爲留。又誤在而字上。按寶曆本作既可得知而已。

辟人無以異乎輪人之有規　天志中

孫詒讓謂辟人之人當作之。按寶曆本正作之。

粒食之民殺一不辜者　天志下

王念孫謂舊本民下衍國字。按寶曆本國字作國。梓者亦以國爲衍。而未敢輒刪。按國字不應刪。國即或字。詳中篇。言今天下之國。粒食之民。或殺一不辜者。必有一不祥也。

孰予之不辜　天志下

孫詒讓謂依上文當作不祥。按寶曆本正作不祥。

吾以賢者之必賞善罰暴也 天志下

原儀氏校。暴也下脫知之二字。

名之曰失王 天志下

蘇時學云。失字誤。上篇皆暴王。按失暴形殊。無由致誤。失應作佚。亦作泆。謂淫佚也。莊子養生主。秦失弔之。釋文。失本又作佚。書多士。誕淫厥泆。史記魯周公世家。泆作佚。即其證也。

方以水火毒藥兵刃以相賊害也 天志下

按方猶並也。

丈夫以爲僕圉胥靡 天志下

丈舊作大。顧廣圻謂當爲丈。按寶曆本正作丈。

必不曰文武之爲正者若此矣 天志下

嘉靖本。緜眇閣本。堂策檻本。寶曆本。均重爲正二字。按重爲正二字是也。猶經說上言謂爲是爲是之台彼也。孟子盡心。曰古之人古之人。皆古人之疊語。不重爲政。則失古人之語妙矣。

抯格人之子女者乎 天志下

俞樾謂抯字當爲衍文。蓋即垣之誤而複者。按寶曆本無抯字。與俞說符。又孫詒讓謂抯摣字通。按金文作叡。盂鼎。叡酒無敢醺。盟盨。受夔叡行道。从手从又一也。然自抯摣行而叡廢矣。

因以爲文義 天志下

王念孫謂文當爲大字之誤。按寶曆本正作大。

民之爲淫暴寇亂盜賊　明鬼下

畢沅謂舊脫亂字。據下文增。按寶曆本正有亂字。

以兵刃毒藥水火退無罪人乎道路率徑　明鬼下

蘇時學謂退疑當作遇。俞樾謂退疑迫字之誤。孫詒讓謂退當爲迓字之誤。按數說並非。孫詒讓謂率徑當讀爲術徑。是也。此語亦見下文。但無率徑二字。退應讀作譈或憝。退與譈憝乃雙聲疊韻字。孟子萬章。康誥曰。殺越人于貨。閔不畏死。凡民罔不譈注。譈殺也。按書康誥作凡民自得罪。寇攘姦宄。殺越人于貨。暋不畏死。罔弗憝。此文作民之爲淫暴寇亂盜賊。以兵刃毒藥水火。退無罪人乎道路率徑。奪人車馬衣裘以自利者並作。由此始。書與此文。詞義相仿。則退卽譈之假字。無可疑也。

周宣王殺其臣杜伯而不辜　明鬼下

按彝器有杜白盨。揆其篆勢。係西周器。但不識是否卽此杜伯耳。

乃恐懼犇神曰無懼帝享女明德　明鬼下

畢沅謂舊脫神曰無懼四字。據太平廣記增。太平御覽引作一曰字。一本作神曰二字。按一本作神曰二字是也。無懼二字。乃引者意增。堂策檻本。寶曆本。正作神曰。帝享女明德。凡類書所引古籍。以意改竄者多矣。未可盡以爲據也。

祩子杖揖出與言曰　明鬼下

蘇時學謂下言舉揖而棄之。則揖宜從木爲楫。按原儀氏校。揖一作楫。與蘇校合。

施行不可以不董 明鬼下

原儀氏校。董疑堇。按此與蘇時學俞樾說符。

愼無一尺之帛一篇之書語數鬼神之有重有重之亦何書之有哉 明鬼下

王念孫謂愼無當爲聖人。按王說非是。愼無與聖人。形均甚殊。無由致譌。詩白駒。愼爾優遊傳。愼誠也。巧言。予愼無罪傳。愼誠也。又畢沅謂重有重下。舊有亦何書三字。衍文。按畢說非是。亦何書三字。應在重有重之下。此本作亦＝何＝書＝之有哉。應讀作亦何書亦何書之有哉。此古人之疊語。非衍文。詳天志下。今執無鬼者之言曰。先王之書。誠無一尺之帛。一篇之書。有語數鬼神者。則重又重之。亦何書亦何書之有哉。

予非爾田野葆士之欲也 明鬼下

俞樾謂葆士卽寶玉。按俞說非是。孫星衍云。葆同保。鄭注月令云。小城曰保。俗作堡。言不貪其土地人民。按孫讀葆爲保。是也。葆士不詞。以士爲人民。非也。原儀氏校。士恐土。是也。保土謂城邑土地也。

吉日丁卯 明鬼下

孫詒讓謂周以子卯爲忌日。疑此卯當爲丣。按孫說非是。友毁。唯四月初吉丁卯。叉尊。唯二月初吉丁卯。趩尊。唯三月初吉乙卯。是周人吉日不避卯之證也。

王乎禽推哆大戲　明鬼下

畢沅云。乎禽當爲手禽。或云。乎同呼。按畢後説是也。金文呼均作乎。此書作乎。亦古字之僅存者。

賊誅孩子　明鬼下

孫詒讓云。此謂紂誅殺小兒也。按孫説非是。孩子卽箕子。古从其从亥之字。每音近相假。脩身篇。殺傷人之孩。卽殺傷人之期。淮南子時則訓。爨萁燧火。高注。萁讀該備之該也。是其證。餘詳尚書新證微子篇。史記殷本紀。箕子懼。乃詳狂爲奴。紂又囚之。此言賊誅。亦故甚其辭耳。

先庶國節窺戎　明鬼下

洪頤煊引史記周本紀以證庶節卽諸節。按洪説非是。洪又謂窺戎卽觀兵。甚韙。言先庶國以符節觀兵也。

古之今之爲鬼　明鬼下

孫詒讓謂上之字衍。按孫説非是。之猶與也。詳經傳釋詞。

吾非乃今愛其酒醴粢盛犧牲之財乎　明鬼下

孫詒讓疑今當在吾上。按孫説非是。乃今爲古人語例。公孟篇。子乃今知其一身也。莊子逍遥遊。而後乃今將圖南。是其證。

其所得者臣將何哉　明鬼下

孫詒讓謂臣字誤。畢沅謂一本無此字。按嘉靖本。緜眇閣本。堂策檻本。寶曆本。均有臣字。子彙節本無臣字。乃晚明人不解臣字之義而删之也。不可爲據。原儀氏校。臣一作巨。按作巨者是也。巨詎古字通。漢書高帝紀。公巨能入乎注。巨讀曰詎。列子黄帝。未巨怪也。釋文。巨一本作詎。詎猶若也。晉語。詎非聖人。必偏而後可。言若非聖人。必偏而後可也。詳裴氏古書虚字集釋。其所得者。詎將何哉。此承上文無鬼者之言。謂吾非乃今愛其酒醴粢盛犧牲之財乎。其所得者。若將何哉。意謂無所得也。

上以交鬼之福　明鬼下

按交字不詞。交應讀作徼。从交从敫古字通。論語陽貨。惡徼以爲知者。釋文。徼鄭本作絞。詩桑扈。彼交匪敖。漢書五行志作匪徼匪傲。均其證也。徼要也。上以徼鬼之福。言上以要鬼之福也。徼福乃古人成語。左文十二年傳。寡君願徼福於周公魯公以事君注。徼要也。昭三年傳。徼福於大公丁公注。徼要也。僖四年傳。君惠徼福於敝邑之社稷。釋文。徼作儌。要也。

明不轉朴　非樂上

俞樾謂朴當作抃。抃者變之叚字。按俞説非是。朴本應作扑。廣雅釋詁。扑擊也。下文聲之和調。眉之轉朴。朴亦應作扑。孫詒讓謂明眉字通。是也。古鍾前後兩面下端可擊處名曰鼓。以其可鼓擊也。轉扑謂前後擊之也。

大人鏽然奏而獨聽之　非樂上

按鏽即肅之繁文。猶金文戈之作鈛。攸亦作鋚。般之作鎜。均其證也。素問五運行大論。其化爲肅注。肅靜也。言大人肅靜奏而獨聽之也。下云。將何樂得焉哉。言靜然奏樂而獨聽之。無樂之可言也。

其說將必與賤人不與君子　非樂上

畢沅謂舊脫與君子三字。一本有。按嘉靖本。綿眇閣本。堂策檻本。寶曆本。均無與君子三字。王念孫謂此本作必將與賤人與君子。孫詒讓謂疑當作不與賤人。必與君子。按二說並非。不應讀作否。其說將必與賤人否。墨子之意。謂大人之外。惟賤人與君子。其云必與賤人。下文與賤人聽之。卽承此也。其云否者。卽指君子言。下文與君子聽之。卽承此也。吾既爲此說。及見李笠校補。謂王本不下增則字。蓋讀不爲否也。按此適與吾說符。惟則字王闓運之意增。不可從也。

然卽姑嘗數天下分事　非樂上

按分應讀今字去聲。下同。非儒下。則怠於分職。分職猶分事也。

小人否似二伯黃徑　非樂上

孫詒讓謂此文有挩誤。蘇時學謂伯黃二字。或伊尹之譌。按二說殊誤。似以古字通用。易明夷彖傳。文王以之。釋文。以鄭荀向作似。詩旄丘。必有以也。儀禮特牲饋食禮注。引作必有似也。伯百古字通。甲骨文。金文。伯字均作白。穀梁僖三十三年傳。百里子與蹇叔諫曰。釋文。百或作伯。孟子萬章作百里奚。韓非子難言作伯里子。漢書食貨志。有仟伯之得注。伯謂百錢也。徑應讀作經。廣雅釋言。經徑也。左僖二十五年傳。昔趙衰以壺飧從。徑餒而弗食。釋文。讀徑爲經。漢徐氏紀產碑。雖直徑菅。徑菅卽經管。是徑經古字通。說文。經織也。从絲巠聲。此文經當指絲類言。似二伯黃徑。應讀作以二百黃經。上言其刑君子出絲二衛。此言小人否。以二百黃經。言小人與君子不同。必須以二百黃絲也。

黃言孔章　非樂上

孫詒讓謂黃疑當作其。按孫説誤矣。李笠謂言疑當作音。是也。音言字通。其實古本同字。伯矩鼎。用言王出內使人。言應讀作音。通歆。歆謂歆饗。與小子生尊用鄉出內使人。詞例同。古韻音侵部。言元部。如書堯典。靜言庸違。左文十八年傳作靖譖庸回。譖亦侵部字也。黃應讀簧。原儀氏校。黃疑簧誤。是也。詩君子陽陽。左執簧傳。簧笙也。按笙中有簧。故簧即指笙言。穆天子傳。吹笙鼓簧注。簧在笙中。説文。簧笙中簧也。段玉裁謂經有單言簧者。謂笙也。然則簧音孔章。謂吹笙鼓簧之音孔章也。

將將銘莧磬以力　非樂上

王紹蘭謂莧筦音近通用。是也。孫詒讓疑此當作將將鍠鍠。筦磬以方。按孫説非是。銘字古本作名。不從金。邾公華鐘。眘爲之名。元器其舊哉。名余舊釋作聽。誤。儀禮既夕禮。取銘置于重注。今文銘皆作名。是其證也。名應讀作鳴。廣雅釋詁。鳴名也。王念孫謂名鳴古同聲。詩猗嗟。猗嗟名兮。玉篇。名作顛。易豫上六。冥豫。鄭康成讀冥爲鳴。按冥可讀鳴。顛可讀名。則名之通鳴審矣。將將銘莧磬以力。應讀作將將鳴筦磬以力。言力鳴筦磬。其音將將也。

吾當未鹽數　非命上

畢沅謂鹽盡字之譌。孫詒讓謂當疑尙之譌。按金文當尙同字。寶曆本鹽作盡。與畢説合。疑盡字爲後人不解鹽字之義而改者。王紹蘭云。下云不可盡計數。則鹽非盡字之譌。按王説是也。鹽乃覃字之譌。蓋古文覃字作盧。後人不識。遂誤爲鹽耳。毛公鼎。金簟弼。即詩梁山之簟茀也。番生毀作簟弼。晉姜鼎。譒覃京𠂤之覃作𩫖。說文覃字作𩫖。古文作𡨗。以毛公鼎之𥂕字例之。則此覃字本作𥂕明矣。廣韻。覃及也。吾尚未覃數。言吾尚未及數也。下云。天下之良書。不可盡計數。正伸明未及數之義。王紹蘭讀鹽爲歆艷之艷。失之。

是以天鬼富之 非命上

原儀氏校。富一作福。按富福古字通。明鬼下。上以交鬼之福。魯問。而求百福於鬼神。均其證也。

處而願之曰奈何乎使文王之地及我吾則吾利豈不亦猶文王之民也哉 非命上

蘇時學云。我字衍文。或去上吾字亦可。俞樾云。則上吾字。豈上利字。並衍文。按二說均不得其解。而意改古籍成文。荀子榮辱。小人莫不延頸舉踵而願曰注。願猶慕也。上吾字應讀作圉。圉與圄古字通。今言禁禦之禦。古作吾。即敔字。公孟篇。厚攻則厚吾。薄攻則薄吾。王引之讀吾爲禦。孫詒讓謂吾當爲圄之省。是也。毛公鼎。以乃族干吾王身。干吾即扞敔。左定四年經。孔圉。公羊作孔圄。禮記月令。飭鍾磬柷敔。釋文。敔本又作圉。淮南子人閒訓。馬圉。論衡逢遇作馬圄。此皆吾敔圄圉古通之證。爾雅釋詁。圉垂也。孫注。圉國之四垂也。按垂謂邊垂。詩桑柔。孔棘我圉傳。圉垂也。左隱十一年傳。亦聊以固吾圉也注。圉邊垂也。奈何乎使文王之地及我圉句。則吾利句。奈何如何也。詳經傳釋詞。言如何使文王之地及我之邊垂。則吾利矣。豈不亦猶文王之民也哉。

上之所賞命固且賞非賢故賞也上之所罰命固且罰不暴故罰也 非命上

王引之謂不與非同義。是也。按且賞且罰不詞。且宜古字通。說文古文宜作𡧍。即甲骨文金文𡧍字之衍變也。古文俎作囟或圂。亦通且。故甲骨文劇字亦作刞。詩假樂。宜君宜王。釋文作且君且王。卽其證也。上云。執有命者之言曰。此云。命固宜賞。命固宜罰。言賞罰乃命之宜然。非以賢與暴之故而得賞罰也。下文及中篇同。又下文云。我命固且貧。且亦應讀作宜。

是以衣食之財不足 非命上

畢沅謂舊脫食字。据上文增。按寶曆本正有食字。

龔喪厥師 非命上

江聲訓師爲衆。是也。盂鼎。率肆于酒。故喪師。師亦衆也。

無廖排漏 非命上

寶曆本作無僇無扁。

此特凶言之所自生 非命上

孫詒讓謂特舊本亦譌持。依王校改。按寶曆本正作特。

以教衆愚樸人久矣 非命中

寶曆本作以敎衆愚樸之人矣。

且敬哉無天命惟予二人而無造言不自降天之哉得之 非命中

畢沅謂且當爲曰。按畢說非是。且應讀作宜。詳上篇。孫詒讓以造言連讀。並引周禮大司徒有造言之刑爲證。按孫說殊誤。墨子之意。但謂不可執有命。與造言無涉。此應讀作惟予二人而無造句。言不自降天之句。哉得之句。詩閔子小子。遭家不造箋。造猶成也。思齊。小子有造。左成十三年傳。則是我有大造于西也。有造與不造反正爲義。此言無造。猶不造也。後漢書鄧騭傳。遭國不造。崔駰傳。愍余生之不造兮。並用詩語。哉應讀作在。金文在哉多假才爲之。此例習見。不煩詳舉。宜敬哉。無天命。惟予二人而無造。係引周書佚篇之文。言不自降天之。在得之。係仲述所引之語。不自降天之。即不自天降之之倒文也。宜敬哉。無天命。惟予二人而無所成。此係自傷感之語。言不自天降之。各在於其所得也。猶云事在人爲。匪降自天也。

則必可而不先立儀而言　非命下

綿眇閣本。子彙本。作則必先立儀而言。疑晚明人刪節。不可爲據。寶曆本作則此可而不先立儀而言。原儀氏校。此當作不。與俞樾說合。

又曰吾命固將窮　非命下

戴望謂又當依上文改作必。按堂策檻本。寶曆本。正作必。

允不著惟天民不而葆　非命下

孫詒讓謂著疑當爲若。允不若。信不順也。按孫以意改字。殊誤。畢沅謂而同能。是也。不應讀丕。民應讀作命。民命並明母字。信乎其大顯著。惟天命不能葆也。王景羲亦疑天民或即天命之聲譌。是也。下言既防凶心。防應讀作放天加之咎。不愼厥德。天命焉葆。是天命焉葆。正承惟天命不能葆言。班簋彝忞天命。忞讀昧故亡。允才顯。才讀哉唯敬德亡逌違。亡讀無與此語義相仿。

非將勤勞其惟舌　非命下

王念孫謂惟舌當爲喉舌。按寶曆本正作喉舌。

今也卿大夫之所以竭股肱之力　非命下

寶曆本卿作以。草書卿字與以字相似而譌。

多治麻統葛緒　非命下

王念孫謂統當爲絲。按寶曆本正作絲。

藖若信而有命　非命下

俞樾謂藖字乃藉字之誤。藉若猶言假如也。按藖藉形殊。無由致誤。俞氏不得其解。故任意改字以遷就己說。藖寶曆本作貴。應讀作遂。二字音近相通。詩旣醉。孝子不匱。卽孝子不墜。詳詩經新證。藖若信而有命。言遂若信而有命也。

祗褍爲僕　非儒下

王念孫謂祗當爲袨。袨褍卽玄端。按王說非是。儀禮士昏禮。主人爵弁纁裳緇袘注。主人壻也。不言衣與帶而言袘者。空其文。明其與袘俱用。緇袘謂緣。按祗褍卽緇袘之假字。緇从甾聲。从甾之字與祗通。詳尚書新證康誥篇。袘說文作衼。與褍爲雙聲。古韻衼歌部。褍元部。歌元對轉。古昏禮主人無用玄端者。固知王說之未允也。

儒者迎妻妻之奉祭祀　非儒下

孫詒讓謂疑當作迎妻與之奉祭祀。按妻與二字形不相近。孫說誤。之猶以也。言妻以奉祭祀也。

奉其先之祭祀弗散　非儒下

盧文弨謂散當爲服。按盧說非是。方言。散殺也。東齊曰散。散殺一聲之轉。儀禮士冠禮。德之殺也注。殺猶衰也。兄弟之妻。奉其先之祭祀弗衰。則喪妻子三年。必非以守奉祭祀也。言妻子死。有兄弟之妻。奉其先祭祀弗衰。則喪妻子三年。必非爲守奉祭祀而然也。

貧且亂政之本　非儒下

孫詒讓謂疑當作倍政之本。按孫說非是。亂下仍應有亂字。當作貧且亂。亂政之本。亂字因重文作＝而脫。

是賊天下之人者也　非儒下

孫詒讓云。賊舊本譌作賤。今依王蘇校正。按綿眇閣本賤作賊。

所謂古之言服者　非儒下

孫詒讓云。舊本挩言服二字。今依王引之校增。按言服二字。不應據增。上言君子必古言服然後仁。此應之曰。所謂古之者。之字正指言服言。

揜函弗射　非儒下

孫詒讓引禮記鄭注。訓揜爲困迫。又疑函爲亟之形誤。按孫說殊誤。周禮考工記。燕無函。鄭司農云。函鎧也。又函人爲甲。廣雅釋器。銿鎧也。王念孫謂銿字本作圅。揜函弗射下文作揜函勿射。上言君子勝不逐奔。此云揜函弗射。言但被甲以自掩護。而弗射也。張純一亦以函爲甲。而訓掩爲藏。失之。

勝將因用儒術令士卒曰 非儒下

舊本濡作傳。王念孫謂傳術當爲儒術。按緜眇閣本傳正作儒。

暴亂之人也得活 非儒下

王念孫謂也字涉上下文而衍。按有也字於義可通。非衍文也。

是爲羣殘父母而深賤世也 非儒下

戴望謂賤乃賊字之誤。按寶曆本正作賊。

若機辟將發也 非儒下

莊子逍遙遊司馬彪注訓辟爲罔。楚辭哀時命王注。以機臂爲弩身。孫詒讓謂王說與司馬義異。未知孰是。按王說是也。莊子以機辟與罔罟爲對文。則辟非罔明矣。釋名釋兵。弩怒也。有勢怒也。其柄曰臂。似人臂也。蓋渾言之。則曰弩身。分言之。則弩機之下出可握持者爲臂也。

夫儒浩居而自順者也 非儒下

畢沅謂史記作倨傲自順。孫詒讓云。王制云。喪祭用不足曰暴。有餘曰浩。鄭注云。浩猶饒也。按浩居應讀作傲倨。畢說是。孫說非。

機服勉容 非儒下

孫詒讓引大戴禮注訓機爲危。謂危服蓋猶言危冠。按危冠不應曰危服。危服不應曰機服。孫說非是。

盧文弨引晏子作異于服。勉于容。是機應讀作異。機从幾聲。古幾字每與从異之字音近相假。左哀十六年傳注。幾君來。釋文。幾本或作冀。史記孝武本紀。冀至殊庭焉。索隱。冀漢書作幾。均其證也。是機服卽異服。自墨家視儒者之服以爲殊異之服也。

以敎高國鮑晏　非儒下

原儀氏校。敎一作殺。

號人衣以酤酒　非儒下

畢沅謂號褫字之誤。按實曆本正作褫。

羸飽則僞行以自飾　非儒下

舊本羸作贏。原儀氏校。贏疑羸。按此與王念孫說合。

子貢季路輔孔悝亂乎衛　非儒下

孫詒讓謂子貢未聞與孔悝之亂。又引鹽鐵論。子貢子皐遁逃。不能死其難。謂子貢或在衛。按原儀氏校。子貢當作子羔。音誤。孔子家語及史記說苑皆作羔。是。

雙劍誃墨子新證卷三

止以久也 經上 止無久之不止當牛非馬若矢過楹有久之不止當馬非馬若人過梁 經說上

張之銳引儀禮周禮鄭注及說文。謂久之本義爲歫。按張說是也。然尚未知久乓古本同字。後世歧爲二字。乓字金文作乁。詛楚文。秦權。久字作乁。二字形同。隸古定尚書厥字亦作乓。久厥並見毋字。釋名釋疾病。厥逆氣。從下厥起。上行入心脅也。素問調經論。不足則厥注。厥謂逆行上衝也。山海經中山經。大𦗚之山有草焉。其名曰牛傷。服者不厥注。厥逆氣病。厥橜古亦音近字通。莊子達生。若厥株拘。釋文。厥本或作橛。說文。梱。門橛也。橜。一曰門梱也。荀子大略。和之璧。井里之厥也。晏子春秋襍上作井里之困也。禮記曲禮。外言不入於梱。內言不出於梱注。梱門限也。朱駿聲云。橜又爲距。字亦作嶡。禮記明堂位。俎夏后氏以嶡注。謂中足爲橫距之象。嶡之言蹷也。周禮謂之距。按禮記明堂位。俎用梡嶡注。嶡爲之距。距拒古籍通用。綜之。厥讀如字。有逆義。轉爲橛。有限義。轉爲嶡。有拒義。義均相因也。止以久也。即止以厥也。言凡物之止。以有物爲限也。無厥之不止。當牛非馬。若矢過楹。無厥之不止。則有厥之必止明矣。言楹不當矢。則矢無限之者。而得過楹也。楹當矢。則矢不得過楹。是當矢即楹。不得以非楹當楹也。猶言當牛即牛。非馬之可以當牛也。有厥之不止。當馬非馬。若人過梁。

言水能限人。而有橋梁則人得過之也。水以有梁而不以爲水。猶當馬而不以爲馬也。各家解久爲長久。張惠言謂止以久生。孫詒讓謂事歷久則止。此均望文演訓。惟張之鋭謂久有歫義。然仍未知久乒本同字。故人或未之信。略爲伸證以明之。

方柱隅四讙也　經上

畢沅疑讙爲維字。孫詒讓謂吴鈔本作驩。疑皆雜之誤。張惠言謂讙亦合也。按數說者。並非本義。讙應讀作觀。逸周書太子晉。遠人來驩。下文又作遠人來觀。觀讙古字通。莊子天運。名譽之觀。釋文。觀司馬本作讙。並其證也。詩綿蠻。止于丘隅。箋。丘隅丘角也。論語述而。舉一隅。皇疏。隅角也。柱隅言方柱有隅角者。既有隅角。自其一面視之。但可觀其一面。自其四面視之。則可觀其四面也。大取篇。方之一面非方也。卽此義。以柱隅四觀釋方。義至允恰。

似有以相攖有不相攖也　經上　仳兩有端而后可　經說上

孫詒讓謂似當依說作仳。形近而誤。按孫說非是。詩裳裳者華。是以似之傳。似嗣也。斯干。似續妣祖傳。似嗣也。廣雅釋詁。似續也。金文似字作句。伯晨鼎。句乃祖考侯于䡅。句續也。句與嗣音近字通。故毛傳訓似爲嗣。嗣亦續也。莊子大宗師。其名爲攖寧。釋文引崔云。攖有所繫著也。下文而不攖攖也。孫詒讓訓攖爲連合。是也。凡物言續。必就其已斷言之。斷者續之反。就其已續之時言之。是有以相結也。就其未續之時言之。有不相結也。說之仳兩有端而后可。仳乃似之譌。綿眇閣本后作後。言續必兩者有端而後可結也。有端之有。畢沅謂一本作目。顧校季本。堂策檻本。有亦作目。按綿眇閣本。

寶曆本。目作自。然則目乃自之譌字也。言凡物之相續。必兩者自其端結之而後可。是作有作自。於義均可通。

治求得也　經上　治吾事治矣人有治南北　經說上

按舊均讀治如字。故雖展轉迂曲以釋之。於義終不相符。金文治字作𤔔。𤔔又與司同用。如經傳司徒司馬司工。金文作𤔔土𤔔馬𤔔工。卽其證。經與說四治字均應讀作司。司之通詁爲主。主謂主管其事之謂也。司主其事。乃職官之謂也。吾之司主其事。是吾之求有所得也。吾事司矣。卽吾司事矣之倒文。人有司。有孫詒讓讀又。是也。言吾既司主其事矣。人又司主之。則事權不統一。難免齟齬之患。故以南北相背爲喩也。

使謂故　經上

按金文使事同字。此應作事謂故。荀子解蔽。身盡其故則美注。故事也。故有事訓。故云事謂故。經說上。故也必待所爲之成也。此言事謂故。猶云事謂所爲之成也。

諸不一利用　經上

寶曆本諸作諸。經說上。五諸之諸。原儀氏校。諸一作諸。按既言不一利用。則作諸甚合。一切經音義七十引蒼頡篇。諸非一也。

庳易也　經上

按易乃物字之譌。甲骨文金文易字作𢆉。古物字亦省作勿。故易譌也。書堯典。平在朔易。史記作便在伏物。莊子應帝王。物徹疏明。天道。中心物愷。釋文。物本亦作勿。章炳麟謂物並爲易之誤。均其證也。管子七法。衡庫者天子之禮也注。庫者所以藏寶物。禮記檀弓下。管庫之士注。庫物所藏。釋名釋宮室。庫舍也。物所在之舍也。庫爲藏物之所。故曰庫物也。

止類以行人說在同　經下

孫詒讓疑人當作之。按孫說非是。人尸古字通。尸古夷字也。詳莊子新證大宗師。又尙同下。百姓爲人。卽百姓爲夷。夷謂等夷。言止者以行之等夷爲類別也。故云說在同。亦卽易繫辭方以類聚物以羣分之義。

知而不以五路說在久　經下

按經與說。凡久字有二義。一爲長久之義。一當讀爲厥。謂逆阻也。詳經上。梁啓超謂五路者。五官也。是也。知而不以五路。說在厥。言人之有知。而不由五官以知之。必扞格而不通也。

堯之義也生於今而處於古　經下　堯之義也是聲也於今　經說下

孫詒讓謂生疑當作任。張惠言謂名生于今。按二說並非。梁啓超改聲下也字爲生。亦非。生與聲。並應讀作聖。荀子富國。非特以爲淫泰夸麗之聲。聲應讀作聖。詳荀子新證。春秋文十七年經。葬我小君聲姜。公羊作聖姜。漢書古今人表。衛聲公。史記索隱作聖公。生與聲古亦通用。禮記鄉飲酒。左聖鄉仁注。聖之言生也。春秋宣十八年。歸父還自晉。至笙。公穀笙作檉。是其證。堯之義也。聖於今而處於古。言堯之義也。於今稱聖。而處於古。堯之義也。是聖也於今。卽於今是聖也之倒文。下云。所義之實處於古。於今與於古對稱。故作倒文也。尙賢中。若昔者三代聖王。堯舜禹湯文武者是也。下云。萬王民從而譽之曰聖王。至今不已。亦處於古而聖於今之謂也。

二臨鑑而立景到多而若少說在寡區　經下

孫詒讓謂二爲二人。按孫說非是。二本應作上。甲骨文。金文。上字均作二。二字均作二。從不相掍。後世傳寫以形近而譌。大取篇。愛二世有厚薄。而愛二世相若。孫詒讓謂二當爲上字之誤。亦其證也。上臨鑑而立。景到。言人立而置鑑於上。則鑑中之景倒矣。鑑中之景本多。然而若少者。則以鑑正景直。自其下以視上。則景之首部。翳其全體。而不見其周身。說在寡區。謂少所區別也。說云。臨正鑑景寡。又云。景之臭無數。而必過正。故同處。其體俱。然鑒分。是正與經義相符。

以檻爲摶於以爲無知也說在意　經下　　以楹之摶也見之其於意也不易先智意相也若楹輕於秋其於意也洋然　經說下

孫詒讓謂檻當爲楹。是也。摶乃莛之假字。摶莛雙聲。並定母字。莊子齊物論。故爲是擧莛與楹。兪樾云。說文。莛莖也。漢書東方朔傳。以莛撞鐘。莛楹以大小言。按兪說是也。此言以楹爲莛。於以爲無知也。說在意。言毀大以爲小。於以爲無知也。說在好以意爲之也。以楹之莛也見之。其於意也不易先智。意相也。若楹輕於秋。其於意也洋然。上之字猶與也。詳經傳釋詞。智應讀作知。相通想。譚戒甫以爲想像。是也。孫詒讓謂秋當讀爲萩。引說文以萩爲蕭。譚戒甫引爾雅郭注謂蕭卽蒿。是也。言以楹與莛。可以見其好以意爲之也。但彼所以不易先知者。以其好以意想像也。如謂楹之輕於蒿也。其於意也方洋然自得。此喻人之不達事理。楹之本不可以爲莛。猶楹之本不輕於莒也。而愚者昧之。舊說多迂曲不可解。故略爲疏通證明之。

景到在午有端與景長　經下

寶曆本午作乎。

推之必往說在廢材　經下

孫詒讓謂推依說當作柱。往疑當作住。又謂廢材爲置材於地。按孫說殊誤。廢法古字通。法古本作灋。金文廢字。皆假灋爲之。材應讀作裁。禮記喪服大記。夷衾質殺之裁猶冒也注。裁猶制也。字或爲材。管子形勢。裁大者。衆之所比也注。裁斷也。說在廢材。應讀作說在法裁。言以法之裁斷爲準。推之而必往也。反之。不以法裁爲準。則致遠恐泥。說謂夾寢者法也。正釋經義。

唱和同患說在功　經下

曹耀湘本患作串。按患串字通。不煩改字。舊均讀功如字。非是。功工古字通。書臯陶謨。苗頑弗卽工。史記夏本紀。作苗頑不卽功。工卽同工異曲之工。

以其知過物　經說上

孫詒讓謂過疑當作遇。按寶曆本正作遇。

不若愛馬著　經說上

孫詒讓疑著當爲者。按寶曆本正作者。

謂爲是爲是之台彼也弗爲也　經說上

孫詒讓謂謂當爲猬之借字。字又作狷。是也。顧廣圻云。台讀當爲詒。季本作治。孫詒讓從之。非是。按季本作治。堂策檻本亦作治。後人不解台字之義而改之也。晚周金文。以字多作台。王孫鐘。用亯台孝。用匽台喜。齎大史申鼎。用征台迮。台御賓客。陳侯因資錞。台𤼷台嘗。楚王鈋鼎。台共歲嘗。邗王壺。台爲祠器。此例不可勝舉。書禹貢。祗台德先。即祗以德先也。爲是爲是之以彼也。弗爲也。言因彼而爲是爲是弗爲也。論語子路。狷者有所不爲也。義正相符。至爲是重文。經下言循此循此。經說下言行者行者。天志下。必不曰文武之爲正爲正者若此矣。明鬼下。亦何書亦何書之有哉。孟子盡心。曰古之人古之人。均古人之疊語也。

所令非身弗行　經說上

按此釋經上令不爲所作也。孫詒讓謂弗行疑當依經作所行。言使他人作之。非身所親行也。按孫說義則近是。然改弗爲所。殊誤。身應讀作申。尙同下。唯信身而從事。信身即信申。書酒誥。酣身厥命。即剛申厥命。詳尙書新證。荀子儒效。是猶傴伸而好升高注。伸讀爲身。釋名釋天。申身也。白虎通五行。申者身也。釋名釋形體。身伸也。申伸古通用。所令非身弗行。應讀作所令非申弗行。與經令不爲所作之義正符。金文令命同字。申命乃古人恆語。書堯典。申命羲叔。多士。予惟時命有申。易巽大象。君子以申命行事。彖傳。重巽以申命。呂氏春秋論威。其令信者其敵詘。令信即令伸。均其證也。一說讀身爲信。言所令非信弗行。於義亦通。

譽之必其行也其言之忻使人督之誹必其行也其言之忻　經說上

按上句其言之忻。張惠言訓忻爲忻悅。然於下句之義不符。終非達詁。原儀氏校。忻一作折。是也。禮記祭法。瘗埋于泰折注。折炤晢也。管子内業。折折乎如在於側注。折折明貌。是折有昭明之義。督應讀作叔。督之通叔。猶毛公鼎夙夜敬念王畏不賜。即詩駿命不易之不易。亦猶金文既眚霸。眚之通生也。叔善也。金文叔字作弔。今作淑。言譽之。必其行也。其言之昭明。使人善之也。誹。必其行也。其言之昭明也。舊謂下條有脱文。然折訓明。方於譽誹二義不背。蓋譽人誹人。必須言之顯明。不可牽混也。梁啓超改下句忻字爲怍。是不得其解者也。

佴然也者民若法也　經說上

按此釋經上佴所然也。此與經上佴自作也之佴異。以佴與民若法之義不相承也。佴本應作弭。金文。弓字作𢎗。人字作𠃌。形近易譌。周書作雒解。内弭父兄注。弭安也。孫詒讓訓若爲順。是也。民順法與弭安之義正相應。

辯或謂之牛謂之非牛　經說上

孫詒讓云。疑當作辯者或謂之牛。或謂之非牛。按緜眇閣本。堂策檻本。寶曆本。正作或謂之非牛。

處室子子母長少也　經說上

孫詒讓以處子爲處女。並謂言有子則有母。長少相對爲名。按孫說非是。言有子則有母。尤爲望文生訓。寶曆本作處室子母長少也。較他本爲勝。處室猶言居室。言人之居室。有子有母有長有少也。今本衍子字。則文不成義。

諸超城員止也　經說上

孫詒讓云。超城二字誤。員止疑當爲負正。按孫說非是。超應讀作昭。二字並諧召聲。城讀作誠。經說上。使人視城得金。范耕研讀城爲誠。員云古字通。書秦誓。若弗云來。正義。云作員。詩正月。昏姻孔云。釋文。云本又作員。玄鳥。景員維河箋。員古文作云。止即之字。金文之字作止。止字作㞢。二字易掍。諸超城員止也。應讀作諸昭誠云之也。云之謂言之。謂諸者。以昭示誠信言之也。猶左隱三年傳所謂昭忠信也。

長短前後輕重援　經說上

畢沅孫詒讓均以此七字爲諸不一利用之說。按諸應作諸。詳經上。然援字舊均不可解。援本應作爭。誤作爰。後又改爲援。漢書古今人表。狐爰。呂氏春秋作狐援。史記六國表。緜諸乞援。集解。一作爰。是援爰古字亦通。爭字盂鼎作𢍏。爰字虢季盤作𤔔。散盤作𤔔。二字形近易譌也。爭通符。史記律書。言萬物剖符甲而出也。索隱。符甲猶爭甲也。是其證。言諸者其爲物不一。而利於用者。必須長短前後輕重相符合也。

疑逢爲務則士　經說下

孫詒讓云。疑務當讀爲鍪。按孫說非是。務應讀作蒙。史記宋微子世家。曰霧。索隱。霧音蒙。然蒙與霧亦通。按書洪範作曰蒙。文選甘泉賦。霧集而蒙合兮注。霧與蒙同。詩小雅。外禦其務。李賡芸亦謂務讀如蒙。則應讀作在。詳古書虛字集釋。原儀氏校。謂士一作上。是也。然則爲務則上。應讀作爲蒙在上。言凡有所疑者。必其上有所蒙蔽也。下以爲牛廬者夏寒爲喻。亦謂其爲蒙蔽於上以蔽日也。

去尒當俱　經說下

綿眇閣本。寶曆本。尒均作企。

俱用北　經說下

孫詒讓謂用北疑當作由比。按寶曆本北正作比。惟用字義本可通。不必改由。

凡重上弗挈下弗收旁弗劫則下直　經說下

按寶曆本上弗挈作上帝挈。是也。帝啻古字通。啻但也。詳經傳釋詞。言凡有重量之物。上但提挈之。下弗收。旁弗劫。則下直矣。說文。挈縣持也。經與說言挈均懸持之義。且經明言挈與收反。若作上弗挈。則與收劫之義不相承矣。孫詒讓疑劫爲抾之借字。亦非。說文。劫以力止去曰劫。義正相符。

若𤵸病之之於𤵸也　經說下

按之之曹耀湘作之止。是也。金文之字作止。故易譌。畢沅謂𤵸卽瘧省文。按寶曆本兩𤵸字正作瘧。

荆之貝也　經說下

綿眇閣本。堂策檻本。寶曆本。貝作具。

今也智其色之若白也　經說下

綿眇閣本。寶曆本。今下均無也字。

之人之言不可以當必不審 經說下

寶曆本無上之字。

下所請上也 經說下

孫詒讓謂請當作謂。按綿眇閣本。堂策檻本。寶曆本。請正作謂。

今是不文於是而文與是 經說下

孫詒讓謂而文與是。當作而是文於是。按而下增是字。非也。綿眇閣本。堂策檻本。寶曆本。無是字。與作於。

爲暴人語天之爲是也而性爲暴人歌天之爲非也 大取　暴人爲我爲天之以人非爲是也而性 同上

孫詒讓疑性並當作惟。按孫說非是。性應讀作生。金文性作生。曹耀湘謂謌與訶同。原作歌。按曹說是也。儔兒鐘。歙飤訶遷。訶遷即謌舞。是其證。

體渴興利 大取

畢沅引說文訓渴爲盡。原儀氏校。渴一作得。又作謁。按作得字於義亦通。上言聖人不得爲子之事。謂聖人於親。不得盡其爲子之事。然後體得興利也。言不得爲彼。方得爲此。是不得與得。反正相承爲義也。

有有於秦馬 大取

孫詒讓疑作有友於秦焉。按寶曆本馬正作焉。

倪日之言也乃客之言也　大取

孫詒讓訓倪爲閒。又以倪日爲儒者之誤。按孫說殊非。說文。倪譬諭也。日寶曆本作口。是也。客應讀作格。金文格通作各。亦作客。利鼎。王客于般宮。師遽毁。王在周。客新宮。並假客爲格。家語五儀。口不吐訓格之言注。格法也。言譬諭而見諸口之言。乃格法之言也。下云。天下無人。子墨子之言也猶在。前後義正相承。

苟是石也白敗是石也盡與白同是石也唯大不與大同是有便謂焉也　大取　　諸非以舉量數命者敗之盡是也　同上

孫詒讓謂敗當爲取。便疑當爲使。按孫說誤矣。孫又謂唯雖通。是也。敗則古字通。詩正月。彼求我則。即彼求我敗。詳詩經新證。莊子庚桑楚。天鈞敗之。釋文。敗元嘉本作則。說文。賊敗也。賊從則聲。魏三體石經。春秋敗字屢見。並作㓷。即則字。均其證也。爾雅釋訓。便便辯也。論語季氏。友便佞。集解引鄭曰。便辯也。言苟是石也白。則是石也盡與白同。凡石之白。均相同也。是石雖大。不與大同。凡石之大不一致。是有辯謂焉也。又上云。楊木之木。與桃木之木相同。此言諸非以舉量數命者。則之盡是也。以猶用也。乃通詁。之猶爲也。詳古書虛字集釋。言凡非用舉量數以命者。則爲盡是也。盡是乃申同字之義。言楊木之木。與桃木之木。不以量命。亦不以數命。故同。凡如此者。則爲盡是同也。

將劒與挺劒異劒以形貌命者也其形不一故異　大取

孫詒讓訓挺爲拔。按孫說非是。挺乃梃之誤字。孟子梁惠王。殺人以梃與刃。趙注。梃杖也。荀子正名。實不喻然後命注。命謂以名命之也。言將劒與梃爲比。則劒異也。劒以形貌名者也。其形不一。故異。言劒制度不一。形貌各殊。名稱不同。故異也。梃杖而已。非如劒類別之多也。

其類在鼓栗　大取

曹耀湘訓鼓栗爲戰懼。是也。按鼓栗當讀作悚慄。鼓悚疊韻。故浸淫之辭。其類在悚慄。浸淫之辭。猶論語顏淵浸潤之譖。言浸淫之辭。其類在令人戰懼也。

其類在申　大取

寶曆本申作由。按作由是也。上言小仁與大仁。行厚相若。此言其類在由。由字正承行字言。所由相若。則行厚相若也。申由形近易譌。書君奭。割申勸寧王之德。卽害由觀文王之德。詳尙書新證。

兼愛相若一愛相若一愛相若其類在死也　大取

孫詒讓謂一愛相若。四字重出。當是衍文。按死應讀作尸。盂鼎。迺召夾尸嗣戎。毛公鼎。雩四方尸毋動。卯毀。尸嗣燚公室。並借死爲尸。兼愛下。轉死溝壑中者。轉死卽轉尸。也卽古他字。畢氏謂一本作虵。按堂策檻本作虵。虵也他古本同字。尸之通詁訓主。兼愛相若。一愛相若。其類在尸他。言無論兼愛一愛。均以他爲主。而非爲我也。

若若是則雖盜人人也　小取

孫詒讓謂衍一人字。按孫說非是。上云。盜人人也。下云。殺盜人非殺人也。是人字不衍。

與心毋空乎　小取

寶曆本毋作母。猶存古字。金文凡毋字均作母。

愛人待周愛人而後爲愛人不愛人不待周不愛人不周愛因爲不愛人矣乘馬不待周乘馬然後爲乘馬也　小取

按不周愛。各本均作不失周愛。俞樾訓周爲徧。是也。以失字爲衍文。非是。而孫詒讓從之。誤矣。胡適已駁之。詳胡氏小取篇新詁。不待周乘馬。各本均無不字。孫詒讓依王引之說。於待上增不字。誤矣。按以愛人之周不周。與乘馬之周不周爲喻。兩段文義較然。舊本於前段有失字。於後段無不字。均於義甚適。以後人之隨意增損文字。轉失本義。古書因誤解而遭厄者。此類是也。乘馬待周乘馬然後爲乘馬也。也通邪。詳經傳釋詞。鄧高鏡說同。言乘馬豈待徧乘馬然後爲乘馬邪。此係反詰之詞。正言之。卽乘馬不待周乘馬然後爲乘馬也。不煩增字。而義自明顯。

子將誰毆　耕柱

畢沅謂子舊作我。据藝文類聚太平御覽改。按畢改非是。此墨子自言上大行。駕驥與羊。我將誰毆。而令耕柱子測之也。類書不識此意而改爲子。畢反據以改本書。傎矣。

驥足以責　耕柱

王念孫謂本作以驥足責。並引類聚白帖御覽爲證。按驥足以責。本義甚明。亦卽以驥足責之倒文。不必據改也

而陶鑄之於昆吾　耕柱

王念孫謂本作鑄鼎於昆吾。金可言鑄。不可言陶。按王說殊誤。陶謂作範。鑄謂鎔金。凡古代彝器。未有不用範者。近世所發現之商周陶範。固所習見。禮記禮運。范金合土疏。范金者。謂爲形范以鑄金器。是范金亦陶鑄之義。王謂後漢書注。文選注。藝文類聚。初學記。竝作鑄鼎。是不明陶鑄之義而改之也。王又謂路史作鑄陶。玉海作陶鑄之。尤可爲本不作鑄鼎之證。莊子逍遙遊。猶將陶鑄堯舜者也。是陶鑄乃古人謰語。

治徒娛　耕柱

按金文治作𤔲。𤔲司字通。治徒即司徒。金文作𤔲土。官名。此司徒乃複姓。娛其名也。漢印有治徒光。帝王世紀。舜爲堯司徒。支孫氏焉。

人不見而耶鬼而不見而富　耕柱

孫詒讓謂耶疑助之譌。是也。鬼而之而。各本均無。乃孫氏之誤衍。王引之謂富讀爲福。是也。按寶曆本作人不見而助。鬼不見而富。當據訂。

三棘六異　耕柱

宋翔鳳云。棘同翮。異同翼。亦謂九鼎也。爾雅釋器。附耳外謂之釴。翼釴字通。釋器又云。款足者謂之鬲。即翮也。按宋說殊誤。上既言鼎成四足而方。則此不應云三翮。且古方鼎無款足者。此或本書記載之異。如以九鼎爲啓鑄。亦與他書不符。楚世家。居三代之傳器。吞三翮六翼。六翼當係言鼎外高起之隔。今世發現之商鼎。方者有六隔。或九隔。圜鼎有六隔者。亦時有所見。

攻者農夫不得耕　耕柱

按寶曆本攻者作守者。是也。下云。婦人不得織。以守爲事。守正承守者言。又下云。攻人者。亦農夫不得耕。婦人不得織。以攻爲事。是攻正承上攻人者言。攻守相對爲文。

言足以復行者常之不足以舉行者勿常不足以舉行而常之　耕柱

按貴義篇亦有此四句。文字略異。三常字均應讀作崇尙之尙。金文。常字通作尙。

設之於卿　耕柱

畢沅謂卿舊作鄉。一本如此。按卿鄉金文同字。

去而之齊　耕柱

原儀氏校。而一作之。按嘉靖本。綿眇閣本。堂策檻本。子彙本。寶曆本。均作而。

子未智人之先有後生有反子墨子而反者　耕柱

寶曆本反均作友。

術而已　耕柱

畢沅云。術同述。又下文古之善者不誅。古之善者不遂。畢疑誅遂均當爲述。按原儀氏校。術誅遂三字疑述。與畢說合。

人之其不君子者　耕柱

蘇時學謂其當爲甚字之誤。按其卽綦之省文。不煩改字。

我何故疾者之不拂而不疾者之拂　耕柱

孫詒讓引說文云。拂過擊也。按如孫說。當謂我何故痛者之不過擊。而不痛者之過擊。於義實不可通。拂弼古字通。不煩舉證。弼謂輔助也。上言擊我則疾。擊彼則不疾於我。孫謂疾猶痛也。允矣。此係巫馬子之所言。謂擊我則痛。擊彼則不痛於我。我何故痛者之不助。而不痛者之助也。意謂須自助而不助人也。下云。故有我有殺彼以我。無殺我以利。前後義正相銜。

殺常之身者也　耕柱

孫詒讓謂常疑當作子。按常與子形殊。無由致誤。常應讀作當。金文。常與當均作尙。上云。說子亦欲殺子。不說子亦欲殺子。是所謂經者口也。故此云。殺當之身者也。

見人之作餅則還然竊之曰舍余食不知日月安不足乎　耕柱

孫詒讓謂還疑睘之借字。引說文訓睘爲驚視。又謂日月疑耳目之誤。按孫說非是。還營古字通。詳王氏讀書雜志荀子臣道篇。呂覽尊師。心則無營注。營惑。上言羊牛犓豢。雍人但割而和之。食之不可勝食也。此言見人之作餅。則惑然竊之。曰舍余食。不知日月安不足乎。意謂既言食之不可勝食。以日月計。非有所不足也。

天下莫不欲與其所好度其所惡　耕柱

王引之謂與當爲興。度當爲廢。皆字之誤也。按王說非是。綿眇閣本。子彙本。度均作奪。度奪音近。奪與與爲對文。

子墨子自魯卽齊過故人謂子墨子曰　貴義

畢沅謂卽齊二字舊倒。以意改。按卽齊亦不詞。畢改非是。寶曆本魯下有之字。御覽亦作之齊。可證。故人二字應有重文。是本作子墨子自魯之齊。卽過故人。故人謂子墨子曰。御覽引亦重故人二字。可證故人之有重文也。

見楚獻惠王　貴義

孫詒讓疑故書本作獻書惠王。是也。史記稱惠王名章。按本應作酓章。凡楚王名熊某。金文均作酓某。熊酓音近字通。余所藏錯金楚王酓璋戈章作璋。

今士之用身　貴義

嘉靖本士作事。士事古字通。金文。卿士均作卿事。卽其證。

布不敢繼苟而讎焉　貴義

孫詒讓謂繼苟疑當作謑訽。卽謑訽之或體也。按孫說殊非。謑訽之義爲詈辱。爲無志分。於此義均無取。苟本應作茍。說文。茍自急敕也。徐灝疑此卽古敬字。是也。金文敬字或不从攴。茍假借爲亟。敬亟並見母字。爾雅釋詁。寁駿肅亟遄速也。釋文。亟又作茍。卽其證。不敢繼亟卽從緩之義。下云。必擇良者。均謂不敢操切從事也。又下云。今士之用身則不然。意之所欲則爲之。下則字猶卽也。意之所欲卽爲之。謂不遑考慮。卽繼茍之義。

翟上無君上之事　貴義

寶曆本君上作君王。

市賈信徙　貴義

畢沅謂當爲倍徙。下同。按寶曆本正作倍徙。下同。

遇日者　貴義

寶曆本遇作過。與畢沅引選注及孫詒讓引紀原作過合。

遂北至淄水　貴義

按叔弓鎛。師于淄澛。淄字作𤃍。澛卽涶。淄涶謂淄水之津。

子乃今知其一身也　公孟

王引之謂身當爲耳。按王說非是。上下文均言共己。共己正指一身言。

著稅僞材　公孟

孫詒讓疑著當作籍。按著當讀作賦。晉語。底著滯淫注。著附也。詩角弓。如塗塗附傳。附著也。是著附相爲音訓。元應一切經音義十四。賦古文作賻。附賻並諧付聲。又畢沅云。僞疑當爲賜。說文云。此古貨字。讀若貴。按僞通化。僞之作化。猶譌之作訛。古幣貨字均作化。

其糈孰多　公孟

糈舊作精。原儀氏校。精當作糈。與王念孫說合。

昔者晉文公大布之衣　公孟

寶曆本晉作衛。

請舍忽　公孟

畢沅謂忽舊作怱。按寶曆本忽作忽。上文作𢗀。下文作惣。均忽之譌。

此同言而或仁不仁也　公孟

按或仁下當有或字。下云。此同服或仁或不仁可證。綿眇閣本。寶曆本。均有下或字。當據補。

薾爲聲樂　公孟

寶曆本薾作爾。

迷之　公孟

孫詒讓疑迷當爲還之誤。按迷還形殊。無由致誤。迷應讀作弭。周禮男巫。春招弭以除疾病注。玄謂弭讀爲敉。字之誤也。然則迷之通弭。猶弭之讀敉矣。詩沔水。不可弭忘傳。弭止也。此言程子無辭而出。子墨子曰。止之。反復坐。復舊作後。依王念孫說改。義正相符也。

薄攻則薄吾　公孟

原儀氏校。一本薄吾下有者字。

而責仕於子墨子子墨子曰　公孟

舊脫下墨子二字。畢沅以意增。按畢增是也。此涉重文而奪。

跌鼻進而問曰　公孟

原儀氏校。跌一作趺。

百門而閉一門焉　公孟

舊本脫閉字。原儀氏校。一上脫閉。與王念孫說合。

言仁義而不吾毀　公孟

孫詒讓謂不字當是衍文。按不本應作必。本書不必多互譌。上文若必將舍忽易章甫。嘉靖本。堂策檻本。寶曆本。必譌不。即其證。

讐怨行暴失天下　魯問

俞樾謂怨字乃忠字之誤。按俞說非是。讐怨二字非平列。周禮調人注。難相與爲仇讎疏。讎謂報也。讐怨言報怨。讐怨行暴。與上文說忠行義正爲對文。

亟徧禮四鄰諸侯毆國而以事齊　魯問

孫詒讓謂亟舊本誤作亟。今以意校正。按寶曆本亟作亟。與亟形近。故易譌。又寶曆本毆作敵。敵國屬上句。於義亦通。

過必反於國　魯問

按過必反於國不詞。過應讀作禍。上言故大國之攻小國也。是交相賊也。故云。禍必反於國。又寶曆本反作及。以形近而譌。

殺其人民　魯問

嘉靖本。堂策檻本。寶曆本。人民作民人。原儀氏校。殺一作移。

楚之南有啖人之國者橋其國之長子生則鮮而食之　魯問

孫詒讓謂橋未詳。李笠謂疑是傳字之聲誤。按李説非是。寶曆本橋作焉。當從之。橋字本作喬。喬與焉草書形似而譌。後人又改喬爲橋。則益不可尋解矣。焉猶於也。詳經傳釋詞。焉其國之長子生。言於其國之長子生也。畢沅謂鮮一作解。李笠訓鮮爲析。於義亦通。按嘉靖本。堂策檻本。子彙本。解均作解。與鮮形近。

上有過則微之以諫　魯問

孫詒讓以微爲䙆之借字。謂伺君之間而諫之也。按孫説殊誤。微應讀徽。古韻同隸脂部。穀梁宣二年傳注。繳用徽纆。釋文。徽纆皆繩也。此言上有過則繩之以諫也。

而人其善　魯問

孫詒讓謂納之於善也。按古納字作內。金文入內同用。

魯人有因子墨子而學其子者　魯問

按學其子不詞。學應讀作斆。書盤庚。盤庚斆于民。僞傳。斆教也。下云。子欲學子之子。今學成矣。二學字亦應讀作斆。

翟慮耕而食天下之人矣　魯問

舊本而食在天下之下。王念孫據下文乙正。按寶曆本正作翟慮耕而食天下之人矣。

則吾義豈不益進哉　魯問

寶曆本義作戰。

先生苟能使子墨子於越　魯問

孫詒讓謂於上依下文當有至字。按寶曆本有至字。

則是我以義糶也　魯問

寶曆本糶作糴。下同。

而求百福於鬼神唯恐其以牛羊祀也　魯問

孫詒讓謂當重鬼神二字。按鬼神二字涉重文而脫。

亟敗楚人　魯問

舊本亟作函。王念孫謂函當爲亟。按函陷古字通。讀爲陷敗楚人。於義亦通。

公輸子削竹木以爲䧿成而飛之　魯問

王念孫謂今本少一䧿字。按䧿字涉重文而脫。

須臾劉三寸之木　魯問

王念孫云。劉當爲㔍。俗書斲字作斵。故㔍字亦作劉。形與劉相似。按寶曆本劉正作斵。

故所爲功利於人謂之巧　魯問

按功各本均作巧。畢本亦作巧。聚珍本與定本均作功。誤。

公輸盤爲楚造雲梯之械　公輸

寶曆本盤作般。械作戒。乃械之省文。

臣以三事之攻宋也　公輸

孫詒讓謂三事疑當作三吏。按事吏古同字。詩雨無正。三事大夫。常武。三事就緒。矢令彝。尹三事四方。舍三事命。三事亦即三吏。

而待楚寇矣　公輸

孫詒讓謂舊本待作侍。按嘉靖本。緜眇閣本。堂策檻本。子彙本。寶曆本。均作待。

雙劍誃墨子新證卷四

甲兵方起於天下　備城門

按方猶並也。莊子山木。方舟而濟於河。釋文引司馬云。方並也。

鉤　備城門

馬瑞辰引六韜飛鉤以證鉤之非鉤梯。其說允矣。然謂詩傳之鉤梯。以鉤鉤梯。非是。詳詩經新證。鉤之形式。見余所著雙劍誃古器物圖錄。

則民亦不宜上矣　備城門

孫詒讓謂疑當作則民死不惪上矣。按孫說非是。宜且古同字。詳非命上。且應讀作詛。謂怨詛也。

孔之各爲二幕二　備城門

蘇時學謂幕二之二疑衍。按蘇說非是。每扇門鑿二孔。故曰孔之各爲二。二孔爲二幕。故云幕二。上言諸門戶皆令鑿而幕孔。此正承幕孔言。以申明幕孔之數也。

大鋋前長尺　備城門

孫詒讓謂鋋疑鋌之誤。按寶曆本鋌正作鋋。下文兩鋌交之置如平。鋌亦作鋋。

必審如攻隊之廣狹　備城門

孫詒讓謂如當爲知。按孫說非是。如猶於也。詳經傳釋詞。

酚穿斷城以板橋　備城門

孫詒讓謂酚穿疑卽下文令耳。按孫說非是。上云爲斬縣梁。不應忽及令耳。孫以酚爲令。是也。酚之作令。如郤王義楚鍴乍之作酢。說文。穿通也。言爲斬縣梁。令通斷城以板橋也。

廣喪各丈六尺　備城門

蘇時學謂喪爲長之誤。按堂策檻本。寶曆本。喪均作長。

卽用取三祕合束　備城門

綿眇閣本。堂策檻本。寶曆本。用取作取用。祕作秘。

靈丁　備城門

孫詒讓謂靈丁疑椓弋之屬。按孫說非是。靈丁當卽後世之鈴鐺。下云。三丈一火耳施之。孫詒讓謂火耳疑當作犬牙。是也。犬牙施之。卽施設鈴鐺之法。近世發現之周代小鈴。習見。

見一寸　備城門

畢沅謂見疑閒字。按畢說非是。見應讀作寬。寬从萈聲。萈从見聲。故得相通。上云。弋長二寸。故此言寬一寸。下云。相去七寸。是言閒也。孫詒讓從畢說。遂謂相去爲前後行相去之數。失之。

節毋以竹箭楛趙擴楡可　備城門

原儀氏校。擭一作攫。

播以射衙　備城門

原儀氏校。衙一作衛。

及持沙毋下千石　備城門

按持應讀作峙。爾雅釋詁。峙具也。即書費誓峙乃糗糧之峙。

樓輣居坫　備城門

原儀氏校。輣一作輸。

夫兩鑿　備城門

畢沅謂兩舊作雨。以意改。按綿眇閣本。寶曆本。均作雨。

一帛尉　備城門

孫詒讓疑帛或當作亭。按寶曆本正作亭。

小大俱壞伐　備城門

畢沅謂伐舊作代。以意改。按寶曆本正作伐。

晨暮卒歌以爲度　備城門

孫詒讓疑歌爲鼓之誤。按孫說非是。歌字不誤。卒歌猶後世之軍歌。至號令篇無敢歌哭於軍中。係指隨意歌哭者言。與此無涉。

客馮面而蛾傅之　備城門

畢沅謂客舊作宕。以意改。按寶曆本正作客。

丈夫千人　備城門

孫詒讓謂丈舊本譌大。今從王校改。按堂策檻本。寶曆本。大正作丈。

老小千人　備城門

寶曆本小作少。下同。

此守城之重禁之　備城門

畢沅謂下之字當爲也。按寶曆本正作也。

諸藉車皆鐵什　備城門

畢沅謂什與銽音近。按畢說非是。下文亦有此語。華嚴經音義上引三蒼。什聚也。雜也。吳楚閒謂資生雜具爲什物也。此言鐵什。謂藉車車飾之雜具。皆以鐵爲之也。自近世出土之車飾徵之。東周以上。車飾無用鐵者。以鐵飾車。當始自戰國時。

而出佻且比　備城門

王引之謂當作而出佻戰且北。佻與挑同。按王說是也。但挑卽謂挑戰。通篇均就戰事言。戰字不必增。挑且北。乃簡語。

以爲羊黔　備高臨

王念孫云。褋守作羊坽。非作羊坽也。坽與上下兩城字爲韻。則作坽者是。集韻。坽郎丁切。峻岸也。按羊黔本應作干岑。黔坽均岑之叚字。褋守篇。以爲羊坽。寶曆本坽作岭。此作黔。與坽並諧今聲。尤可爲本不作坽之證。王闓運亦謂黔岑通用字。楚王酓忎盤。忎字作[illegible]。羊與羊相似而譌。所染篇。夏桀染於干辛推哆。呂氏春秋。干辛作羊辛。詩伐檀。寘之河之干兮傳。干厓也。易漸。鴻漸于干。釋文引陸注。水畔稱干。按干均謂岸也。說文。岸水厓而高者。从屵干聲。金文岸字作厈。是干岸義同。廣雅釋詁。岑高也。莊子徐無鬼。未始離于岑注。岑岸也。釋文。岑謂崖岸也。然則干岑即岸岑。謂高崖也。積土爲高。以臨吾城。薪土俱上。以爲岸岑。蒙櫓俱前。遂屬之城。言先積土爲高。以臨近吾城。再以薪土增高。作成岸岑。蒙櫓俱前。遂會之城。此言越城垣以攻城也。

强弩之技機藉之　備高臨

孫詒讓云。當作强弩射之。校機藉之。備蛾傅篇云。守爲行臨射之。校機藉之。按孫於强弩下增射字。近是。惟改技機爲校機。又疑校機即備穴篇之鐵校。非是。作技機者。是也。寶曆本技作枝。備梯篇作披機。堂策檻本。披作彼。彼枝校披並技之形譌。技機謂技巧之機。即弩機也。說文。技巧也。釋名釋兵。合名之曰機。言如機之巧也。近世出土之弩機習見。弩機所以鉤弦。弦施於弩機之上。故云技機藉之。藉謂苴籍。言在弩之下也。

備臨以連弩之車　備高臨

備下舊本有矣字。王引之謂備矣之矣。即因上敗矣而衍。按王說非是。王闓運改矣爲高。是也。寶曆本矢正作高。當據訂。

有儀　備高臨

孫詒讓引管子尹注云。儀猶表也。謂爲表以發弩。按孫說猶未詳盡。儀卽弩機牙後之上出者。夢溪筆談所謂望山。以儀爲準。可窺弦矢之高下。

用弩無數出人六十枚用小矢無留　備高臨

孫詒讓謂出疑當作矢。又謂留疑數之誤。按孫說殊誤。人乃入字之譌。留字不誤。出入均謂矢也。上下文均言矢。中閒忽言用弩無數。係補敘用弩之多也。上言矢長十尺。以繩□□矢端。如弋射。以磨鹿卷收。此言出入六十枚。卽承上矢長十尺。及矢高弩臂三尺之矢言。謂長矢之係繳。用以出入者。計六十枚。出謂發矢。入謂磨鹿卷收矢也。用小矢無留。言小矢不係繳。射出之則不收。故云無留也。

遂具寇　備高臨

孫詒讓謂具當作見。按孫說非是。具寇乃古人成語。曶鼎。余無逌具寇。

子墨子其哀之　備梯

畢沅謂其甚字。按其乃綦之省文。

恐爲身薑　備梯

畢沅謂薑同僵。亡强薑爲韻。按畢說非是。寶曆本薑作菑。是也。漢博士題字。甾字作甾。武班碑。菑作葘。與薑形近易譌。菑讀今災字。上句子亣慎之。之災爲韻。

問雲梯之守邪　備梯

守舊本闕。原儀氏校。邪上脫守。與王念孫説合。

雜亣閒以鐫劔　備梯

寶曆本劒作釼。莊子説劍。劍士皆服斃其處也。高山寺卷子本劍亦作釼。

披機藉之　備梯

孫詒讓謂披機當從備蛾傅篇作校機。按堂策檻本披作彼。彼披校並技之譌。詳備高臨篇。

淺埋弗築　備梯

嘉靖本。綿眇閣本。堂策檻本。寶曆本。弗均作勿。畢本亦作勿。乃孫本之誤。

燀火燒門　備梯

畢沅謂燀備蛾傅作車。孫詒讓謂車疑亦熏之譌。按孫説是也。吳毀。師兌毀。熏字作𤋱。與車形似而譌。

亣廣終隊　備梯

按備蛾傅篇亦有此語。終應讀作崇。詩蝃蝀。崇朝其雨傳。崇終也。荀子正論。荒服者終王。終王卽崇王。詳荀子新證。書君奭。其終出于不詳。釋文。終馬本作崇。禮記樂記。六成復綴以崇注。崇充也。出載而立。其廣崇隊。卽其廣充隊。上云。機衝錢城。廣與隊等。義亦相仿。

皆立而待鼓而然火　備梯

舊本待譌持。王念孫謂當作待鼓。按寶曆本正作待。

則令我死士　備梯

按我字聚珍本作吾。是也。各本均作吾。乃定本之誤。畢沅謂舊脱士字。据備蛾傅增。按畢説與原儀氏所校符。

因素出兵施伏　備梯

畢沅謂舊伏作休。据備蛾傅改。按寶曆本休正作伏。

灰康長五竇　備穴

孫詒讓謂五疑亙之誤。按孫説非是。五伍字通。詳節葬下。伍謂齊等。言灰康長與竇齊也。

令可以救竇穴則遇　備穴

原儀氏校。救一作致。

然則穴土之攻敗矣　備穴

畢沅謂穴土舊作内土。以意改。按畢説與原儀氏所校合。

有傂陇　備穴

堂策檻本。寶曆本。陇亦作傂。與王闓運本合。

爲之戶及關籥獨順得往來行亣中　備穴

孫詒讓謂獨順疑當爲繩幎二字。屬關籥爲句。按如孫讀。則得往來行亣中。與上句不相承。獨順宜屬下句。順應讀巡。荀子禮論。本末相順。俞樾謂順讀爲巡。引禮記祭義終始相巡爲證。是也。古玉銘。巡則生。逆則死。巡亦應讀作順。與逆爲對文。言爲之戶及管籥。獨巡視者得往來行其中也。

趣伏此井中　備穴

畢沅謂伏舊作狀。以意改。按綿眇閣本正作伏。

以車輪轀　備穴

孫詒讓謂轀卽輼之別體。按寶曆本正作輼。

救目分方鑿穴　備穴

蘇時學謂鑿疑鑿字之譌。按寶曆本正作鑿。

文盆母少四斗　備穴

按金文毋字均作母。此猶存古字。

令有力四人下上之弗離　備蛾傅

嘉靖本。綿眇閣本。堂策檻本。寶曆本。弗均作勿。畢本同。離舊作難。俞樾謂難乃離字之誤。按原儀氏校。難一作離。與俞說合。

軸閒廣大以圂犯之融其兩端以束輪　備蛾傅

孫詒讓謂圂疑當作圜。是也。下文大圂半以上。寶曆本圂作圜。卽其證。孫又謂犯之下有誤挩。非也。犯應讀作範。易繫辭。範圍天地之化而不過。釋文。範馬王肅張作犯。列子湯問。周犯三萬里。釋文。犯一本作範。按圍範卽範圍也。融寶曆本作融。是也。上言以車兩走。孫詒讓謂兩走卽兩輪。此言軸閒廣大。以圍範之。融其兩端以束輪。蓋軸閒廣大。輪易脫。故云圍範之。融合其兩端以束輪。正言圍範之事。下云。偏偏塗其上。正言融之事。

大國半以上　備蛾傅

畢沅謂國疑圍。按寶曆本正作圍。

鈞禾樓　備蛾傅

孫詒讓謂鈞疑當作鉤。禾疑當作木。按緜眇閣本。堂策檻本。鈞作鉤。原儀氏校。禾一作木。均與孫說合。

牧賢大夫及有方技者若工弟之舉屠酤者置廚給事弟之　迎敵祠

孫詒讓謂弟疑當爲鮷之省。鮷與秩同。言廩食之。按孫說非是。屠酤者不應言廩食之。弟乃夷之譌。古文弟夷二字形音並相近。易明夷。夷于左股。釋文。夷子夏作睇。京作眱。渙。匪夷所思。釋文。夷荀作弟。禮記喪大記。奉尸夷于堂注。夷之言尸也。金文夷狄之夷均作尸。尸之通詁訓主。孫詒讓謂牧當爲收之誤。工謂百工。是也。言收賢大夫及有方技者與百工主之。舉屠酤者置廚給事主之。蓋上主謂主其事。下主言舉屠酤主廚饌之事也。

移中中處澤急而奏之　迎敵祠

孫詒讓謂移中疑當爲多卒之誤。按孫說殊誤。周禮天府。凡官府鄉州及都鄙之治中注。鄭司農云。治中謂其治職簿書之要。是古謂簿書爲中。猶今人言案卷。畢沅謂澤當爲擇。是也。俞樾訓奏爲趨向。殊誤。此言移簿書於適中之處。恐其散佚。擇急而奏之於上也。

令命昏緯狗纂馬擥緯　迎敵祠

按命字衍。古文令命同用。

祝史乃告於四望山川社稷先於戎　迎敵祠

孫詒讓謂先於戎未詳。疑當作先以戒。按孫說殊誤。此言祝史之告於四望山川社稷。在於戎事之先也。下言誓于太廟。卽告戎事也。

唯乃是王　迎敵祠

孫詒讓謂疑當作唯力是正。按孫說非是。王本應作匡。宋人避諱而改爲王。魯問。匡其邪而入其善。緜眇閣本匡作匩。此宋刋本通例。嘉靖本。堂策檻本。寶曆本。均闕匡字。並注云。太祖廟諱上字。詩破斧。四國是皇。王應麟詩考引齊詩作四國是匡。法言先知作四國是王。春秋繁露深察名號。王者皇也。王者匡也。是皇匡王亦音近義通。上云。其人爲不道。不脩義詳。故云。唯乃是匡也。

皋左右各死而守　迎敵祠

按死應讀作尸。金文死尸通用。詳大取篇。各死而守。卽各尸而守。

役司馬射自門右　迎敵祠

孫詒讓謂役司馬蓋官名。掌徒役者。按役疑彶之譌。彶字曶鼎作彶。不𡢁毁作𢓊。彶卽及。金文同用。

此司馬卽上文司馬視城之司馬。上言乃命鼓俄升。先升後射。故云。及司馬射自門右也。

女子爲梯末之旗　旗幟

蘇時學謂梯疑當作桔槔生稊之稊。按稊末於義無取。梯末疑當作姊妹。蓋姊字省文或作𠂔。譌爲弟。後人加木。遂誤爲梯。末妹古字通。晉語。妹喜。荀子。新序。均作末喜。卽其證也。

重質有居　旗幟

畢沅謂言居其妻子。按妻子不得曰重質。畢說非是。此重質或指他國之爲質者言。又疑質當讀爲室。荀子王制。平室律卽平質律。詳荀子新證。備城門。使重室子居亣上。號令。以富人重室之親。舍之官府。亦重室有居之謂也。

法令各有貞　旗幟

孫詒讓引廣雅釋詁訓貞爲正。又疑或爲員之譌。按孫說俱未允。書洛誥。我二人共貞。馬注。貞當也。廣雅釋詁。貞當也。法令各有貞。言法令各有當也。

左軍於左肩　旗幟

按古戎器左軍習見。軍字均作𠕈。

置鐵𤮯於道之外　旗幟

王引之謂𤮯乃雍字之譌。按王說非是。𤮯卽今罐字。元應一切經音義八。罐汲器。上言各二其井。故云置鐵罐於道之外。金文罐作鑵。中鑵。中作旅鑵。羅振玉謂其狀如觶。攷定爲酒器。按此可證古有

鑵字

視敵之居曲　號令

孫詒讓謂曲部曲。又疑與之誤。按孫前說是。急就篇。分別部居不雜廁。是居曲猶言部曲矣。

大將使使人行守　號令

孫詒讓謂使人當作信人。按孫說非是。金文使吏同字。使使人即使吏人。下云。四面之吏。亦皆自行其守。如大將之行。可證。

其舌及父老有守此巷中部吏皆得救之　號令

孫詒讓謂此當作者。按孫說非是。此巷猶言本巷。上云。及離守絕巷救火者斬。絕巷正與此巷相對爲文。

官吏豪傑與計堅守者十人　號令

畢沅謂守者二字舊倒。以意改。按畢改非是。者古諸字。古文諸字均作者。蘇時學謂十人疑士人之譌。近是。此本應讀作官吏豪傑與計堅諸守士人。言官吏豪傑與計謀堅固諸守之士人也。陶鴻慶謂十人當作什人。於義亦通。

五日官各上喜戲居處不莊好侵侮人者一　號令

孫詒讓謂疑當作日五閲之。各上喜戲居處不莊好侵侮人者名。按改五日爲日五。改官爲閲。又增之字。又改一爲名。似此妄改。殊不可據。此文本義甚明。一謂一次。言五日官各上奏喜戲居處不莊好侵侮人者一次也。

同邑者弗令共所守　號令

嘉靖本。緜眇閣本。堂策檻本。寶曆本。弗均作勿。當據改。畢本亦作勿。

皆以執毚　號令

孫詒讓改執毚爲執龜。又疑當作執圭。按孫改殊誤。毚卽鑱之省文。猶金文鋁亦作呂鑑之作監也。慧琳一切經音義五二。鑱謂有刃斲鑿者也。古代鏟鑿。亦兵器也。

輒收以屬都司空若候　號令

畢沅謂收舊作牧。以意改。按寶曆本正作收。

符傳疑　號令

按尊古齋所見吉金圖有龍節虎節。銘文均有王命＝遡。賃一梏。飤之。遡古傳字。賃古任字。梏古檐字。言此傳所至之處。凡能勝任一檐者。爲具饌食也。說詳拙箸鄂君啓節考釋。增訂歷代符牌圖錄。有騎遡馬節。遡卽傳。此均卽符傳之傳。古今注謂凡傳皆以木爲之。非是。

令吏數行閭　號令

緜眇閣本閭作問。

令其怨結於敵　號令

緜閣眇本怨結作結怨。

收粟米布帛錢金 號令

收舊作牧。王念孫謂牧當爲收字之誤。按寶曆本正作收。

卽有驚 號令

畢沅謂卽舊作節。以意改。 按寶曆本節作卽。 節卽古字通。下文節不法。言卽不法也。齊刀。卽墨作節墨。

舍事後就 號令

畢沅云。言舍其事。孫詒讓云。言事急而後至。按畢孫言舍事之意並非。舍謂予也。令鼎。余其舍女臣卅家。言余其予女臣卅家也。居趜戲毀。君舍余三鏞。 言君予余三鏞也。 舍事後就。 言予之事而後至也。

而札書得 號令

按得應讀作中。周禮師氏。掌國中失之事注。故書中爲得。杜子春云。當爲得。荀子正論。將恐得傷其體也。得傷卽中傷。詳荀子新證。中謂簿書。猶今人言案卷。而札書中。言札書之於簿冊也。

多執數少 襍守

王念孫謂少當爲賞。是也。然謂賞字脫去大半。僅存小字。因譌而爲少。此說非是。按少與賞以音近而譌。少賞雙聲。並審母字。

必應城以禦之曰不足則以木椁之 襍守

按嘉靖本。綿眇閣本。堂策檻本。寶曆本。應均作廣。作廣者是也。廣宜讀作横。書堯典。光被四表。漢書王莽傳作横被四表。樊毅碑作廣被四表。此外漢書及漢碑作横被廣被者習見。不勝繁舉。皮錫瑞謂光被卽廣被。亦卽横被。皆充塞之義。按皮說是也。禮記孔子閒居。以横於天下注。横充也。必横城以禦之。言必須充塞其城以禦之也。莊子秋水。梁麗可以衝城。而不可以窒穴。衝充古字通。漢石門頌。八方所達。益域爲充。是假充爲衝。王引之謂椁當爲㨃字之誤。按王說非是。椁應讀作敦。陳猷釜作敦。宗周鐘作𩫖。詩北門釋文引韓詩。敦迫。上云。凡待煙衝雲梯臨之法。此言必須充塞其城以禦之。曰不足。言充城之物不足。則以木敦迫之。以加厚其防禦也。

射妻舉三烽一藍　襍守

孫詒讓謂妻疑要之譌。按孫說非是。妻齊古字通。詳詩經新證十月之交篇。射齊卽齊射。言舉三烽則齊射之也。

雙劍誃荀子新證序

近世之考訂荀子者。淹貫如王懷祖。精醇如劉端臨。辨覈如俞蔭甫劉申叔。最稱有功於是書者也。至王氏集解。梁氏柬釋。尤能薈輯衆說。擷其精要。省吾誦覽之餘。偶有所見。雜引舊籍。旁徵古籀。以證成己說。爰舉四例。略明端緒。有不知譌字而誤者。王制篇。必將於愉殷赤心之所。殷乃暇之譌。愉殷即愉暇。又殷之日兩見。殷之日。即暇之日也。有不識古文而誤者。王制篇。治田之事也。治市之事也。舊均讀治如字。非是。古文治作
。與司同用。治田即司田。治市即司市也。有隨意增損字句而誤者。仲尼篇。畜積修鬭。王引之改爲謹畜積。修鬭備。不知王制篇言畜積修飾。與此句例同。不宜妄改。議兵篇。而順暴悍勇力之屬。爲之化而愿。順讀應作馴擾之馴。言而馴擾暴悍勇力之屬。爲之感化而愿慤也。王念孫引汪中云。而順上疑脫九字。失之。有不知通假而誤者。榮辱篇。故成乎修修之爲。注訓修爲修飾。俞樾謂修之二字衍。並非。修修應讀作悠悠。成乎悠悠之爲。言成乎悠久之爲也。非相篇。今夫狌狌形笑。亦二足而毛也。形笑卽形肖。舊讀笑如字。故不可解。省吾黭淺無似。豈能辨諸家之得失。撢荀書之本義乎。然爲學之道。誠如荀子所云。公生明。偏生闇。不可不有勉於斯言也。一九三七年五月海城于省吾。

雙劍誃荀子新證卷一

干越夷貉之子　勸學

按劉端臨王念孫謂干越卽吳越。是也。干字亦作邗。邗字見於法人刻爾氏所藏之邗王壺。其銘曰。禺邗王于黃池。爲趙孟疥。邗王之惖金。台爲祠器。計十九字。黄古黃字。亦見於弭仲簠。疥卽介字。趙孟卽趙鞅。邗王卽吳王夫差。左哀十三年傳。夏。公會單平公晉定公吳夫差于黃池。據此則邗王卽吳王。尤可證成劉王二氏說。

禮樂法而不說詩書故而不切春秋約而不速　勸學

楊注。有大法而不曲說也。詩書但論先王故事。而不委曲切近於人。故曰學詩三百。使於四方。不能專對也。文義隱約。褒貶難明。不能使人速曉其意也。按注解詩書故而不切。及春秋文義隱約之說。義猶近是。餘均曲說。不可爲據。按法者有條理之謂也。說脫古今字。國語周語。無禮則脫注。脫簡脫也。禮樂法而不脫。言有條理而不簡脫也。詩書故而不切。故古字通。盂鼎。古天異臨子。卽故天異臨子也。古喪師。卽故喪師也。廣雅釋詁。切近也。言詩書義甚高古。而不淺近也。春秋約而不速。速數音近字通。禮記曾子問。不知其已之遲數注。數讀爲速。祭義。其行也趨趨以數注。數之言速也。史記屈賈列傳。淹數之度兮。集解引徐廣曰。數速也。大戴記曾子立事。行無求數有名。事無求數有成注。數猶促速。史記游俠列傳。每至踐更數過。索隱。數頻也。然則春秋約而不數。謂簡約而不繁數。蓋春秋義法謹嚴。而文辭簡覈也。綜之。法與脫。古與切。約與數。均上下相對爲文。

問楛者勿告也告楛者勿問也說楛者勿聽也　勸學

楊注。楛與苦同。惡也。按楛應讀作固。楛固並諧古聲。大戴記曾子立事。弗知而不問焉固也注。固專固也。家語五帝德。則予之問也固矣注。固陋。是問與固相屬爲文也。然則問固者。告固者。說固者。三固字均謂固陋。不訓惡也。

君子知夫不全不粹之不足以爲美也　勸學

按全應讀作純。全純並心母字。古韻全元部。純諄部。元諄通諧。說文。純玉曰全。周禮考工記玉人。天子用全注。鄭司農云。全純色也。禮記投壺。一筭爲純。釋文。純音全。鄭注儀禮如字云。純全也。仲尼篇。主疏遠之則全一而不倍。全一卽純一。淮南子時則。視肥臞全粹。全粹卽純粹。純粹乃古人謰語。離騷。昔三后之純粹兮。易乾文言。純粹精也。莊子刻意。其神純粹。賦篇。明達純粹而無疵也。然則此言不全不粹。卽不純不粹也。

故誦數以貫之　勸學

楊注。使習禮樂詩書之數。以貫穿之。按注說非是。俞樾謂誦數猶誦說也。較注爲優。然觀上下文之義。皆君子自修之事。數訓說。是猶對外而言。則俞說亦非。數應讀作述。上文其數則始乎誦經注。數術也。呂氏春秋長攻。固其數也注。數術。淮南子本經。用兵有術矣注。術數也。是數術相爲音訓。儀禮士喪禮。不述命注。述循也。古文述皆作術。詩日月。報我不述。韓詩作報我不術。述之作術。猶金文道之作衜也。然則誦數以貫之。卽誦述以貫之。述卽論語述而不作之述。謂沿循也。

則炤之以禍災 修身

楊注。謂以禍災照燭之。使知懼也。按照應讀昭。禮記中庸。亦孔之昭。釋文。昭本又作炤。老子。俗人昭昭。釋文。昭一本作照。並其證也。禮記樂記。蟄蟲昭蘇注。昭曉也。然則昭之以禍災。謂曉之以禍災也。

良賈不爲折閱不市 修身

楊注。折損也。閱賣也。謂損所閱賣之物價也。按注訓閱爲賣。非是。閱說古通用。詩谷風。我躬不閱。左襄二十五年傳作我躬不說。周語。王孫說。漢書古今人表作王孫閱。說古脫字。折脫。脫亦損也。周語。無禮則脫注。脫簡也。史記禮書。凡禮始乎脫。索隱。脫猶疎略也。疎略與簡。並與損義相因。然則折脫卽折損也。古無訓閱爲賣者。注說不可爲據也。

饒樂之事則佞兌而不曲 修身

楊注。兌悅也。言佞悅於人。以求饒樂之事。不曲謂直取之也。俞樾謂不字爲衍文。訓曲爲委曲。按注及俞說並不可通。釋名釋言語。曲局也。詩正月。不敢不局傳。局曲也。則佞悅而不曲。謂恣意爲樂。佞媚喜悅而不局曲。正形容小人之無忌憚也。

程役而不錄　修身

楊注。程功程。役勞役。錄檢束也。按注讀錄如字。不知不檢束與程役不相涉也。錄應讀爲勞。雙聲字也。榮辱篇。軥錄疾力。劉師培謂軥錄卽劬勞之異文。是也。程役而不勞。謂有期程役使之事而不勞也。上言勞苦之事則爭先。與此正相反爲義也。

人有此三行雖有大過天其不遂乎　修身

俞樾云。過當爲禍。遂成也。言雖有大禍。天必不成之也。按俞說非是。遂墜古通用。王制篇。小事殆乎遂。正論篇。不至於廢易遂亡。王念孫並讀遂爲墜。金文墜作㒸。克鼎。克不敢㒸。邾公華鐘。慹穆不㒸于氒身。邢侯毁。追考對不敢㒸。師寰毁。師寰虔不㒸。彔伯㦰毁。女肇不㒸。漢陳球碑。不隊前軌。隊卽墜。是不㒸乃古人語例。然則天其不墜乎。謂天不隕墜之也。　墨子法儀。故天禍之。使遂失其國家。孫詒讓讀遂爲墜。與此義亦相仿。

見由則恭而止見閉則敬而齊　不苟

楊注。由用也。止謂不放縱也。或曰。止禮也。言恭而有禮也。謂閉塞道不行也。敬而齊。謂自齊整而不怨也。按注訓止爲不放縱。又訓爲禮。訓齊爲齊整。梁啓雄訓齊爲莊。是見由與見閉渾同無別。當非本義。止字本應作之。金文之字通作止。止字作止。故易譌也。　詩車舝。高山仰止。釋文。仰止本或作仰之。墓門。歌以訊之。續列女傳作歌以訊止。齊次古通用。禮記昏義。爲后服資衰注。資當爲齊。易旅九四。得其資斧。釋文。子夏傳及衆家並作齊斧。陳侯因資敦。因資卽史記齊太公世家之齊威王因齊。王子晏次鑪。晏次卽楚令尹嬰齊。並其例證。見由則恭而止。見閉則敬而齊。應讀作見由則恭而之。見閉則敬而次。注訓由爲用。是也。之往也。穀梁僖元年傳。言次非救也注。次止也。易師六四。師左次。荀注。次舍也。按舍亦止也。言見用而道行。則恭而往。見閉而道塞。則敬而止。之與次相對爲文。故齊慶舍字子之。之與舍亦相反爲義也。

畏法流俗　不苟

楊注。法效也。畏效流移之俗。按注讀畏如字。不詞甚矣。畏應讀作猥。文選楊惲報孫會宗書。而猥隨俗之毀譽也注。猥猶曲也。然則猥法流俗。謂曲效流俗也。

屏五兵也　榮辱

王先謙云屏當爲併。妄人誤加尸爲屏耳。按王說非是。說文有屏字。且屏并古通。書君奭。小臣屏侯甸。魏三體石經屏作并。屏之通并。猶屏之通併矣。

若云不使　榮辱

按詩雨無正。云不可使。亦云可使。齊侯鎛。是辝可使。語例反正略同。

以敦比其事業　榮辱

楊注。敦厚也。比親也。王引之云。敦比皆治也。比讀爲庀。按注及王說並非。詩北門。王事敦我。釋文。韓詩云敦迫。然則敦比猶今人言迫切。以敦比其事業。謂以迫切於其事業也。上言軥錄疾力。下言而不敢怠傲。均與迫切之義相因。彊國篇。凡人好敖慢小事。大事至然後興之務之。如是則常不勝夫敦比於小事矣。是敖慢與敦比義正相反。且大事言與言務。小事言敦比。亦對文也。

在埶注錯習俗之所積耳　榮辱

按王先謙久保愛謂埶字爲衍文。非是。上文是注錯習俗之節異也。與此句法大同小異。不得據彼以改此。在埶注錯習俗之所積耳。言在於情勢注錯習俗之所積耳。無勢字則積之語意猶未足。儒效篇。豈不至尊至富至重至嚴之情舉積此哉。情亦謂情勢。司馬遷報任安書。積威約之勢也。是亦積與勢相因爲文。

夫起於變故成乎修修之爲待盡而後備者也　榮辱

楊注。言堯禹起於憂患。成於修飾。俞樾云。修之二字衍。按注及俞說並非。修修應讀作攸攸。修从攸聲。故得通用。書盤庚。修不匿厥指。俞樾孫詒讓並讀修爲攸。史記秦始皇本紀。德惠修長。索隱。王劭按張徽所錄會稽南山秦始皇碑文。修作攸。漢婁壽碑。曾祖父攸春秋。又不攸廉隅。張表碑。令德攸兮。並假攸爲修。金文攸字作攸。修攸古同字。攸攸亦卽悠悠。古書尤多通用。悠悠乃久遠之意。不煩舉證。上言堯禹者非生而具者也。故接以夫起於變難事故。成乎悠久之所爲。待盡而後備者也。言其閱歷之深且久。非一蹴而可幾也。成乎悠悠之爲。於上下文義。至爲調適。清儒每據上下文句法或類書以改古籍。得失參半矣。

然後使慤祿多少厚薄之稱　榮辱

按俞樾謂慤當作穀。引孟子穀祿不平。及王霸篇心好利而穀祿莫厚焉爲證。其說至塙。然之字舊均無釋。之是也。詳經傳釋詞。然後使穀祿多少厚薄是稱也。

今世俗之亂君 非相

俞樾云。按下文云。中君羞以爲臣。則此不應言君。疑本作世俗之亂民。按俞說非是。亂民二字。於此殊費解。君非指王侯言。凡有權勢封邑者。均可通稱爲君。

今夫狌狌形笑亦二足而毛也 非相

楊注。形笑者。能言笑也。俞樾云。笑疑當作肰。按注及俞說並非。笑肰二字。形不相近。無由致誤。笑應讀爲肖。二字聲韻並同。老子六十七章。天下皆謂我道大似不肖。夫唯大。故似不肖。若肖。久矣其細也夫。羅氏考異引敦煌辛本。三肖字均作笑。是其證。淮南子墬形。肖形而蕃注。肖像也。然則形肖猶言形像也。

以說度功 非相

楊注。以言說度其功業也。按注說誤矣。言說與度功不相屬。說應讀作閱。詳修身篇。閱謂閱歷也。言聖人以今之閱歷。度古人之功業也。史記高祖功臣侯年表。積日曰閱。有功業由閱歷而來。義本相因。

遠舉則病繆近世則病傭 非相

俞樾云。世字當作舉。遠舉近舉相對爲文。按俞說非是。遠舉之舉。貫下句爲言。義自相函。下文亦必遠舉而不繆。近世而不傭。句例同。清儒每喜以今人之句例。改易古書。烏能盡符哉。

綦谿利跂 非十二子 離縱而跂訾者也 同上

楊注。綦谿未詳。蓋與跂義同也。利與離同。離跂違俗自絜之貌。謂離於物而跂足也。郝懿行云。綦谿者過於深陷。利跂者便於走趨。王先謙云。綦谿猶言極深耳。利與離同。楊說是也。離世獨立。故曰離跂。梁啓超云。利字衍。綦極也。谿跂即谿刻。按是數說者。於荀書本義。並不可通。荀書以綦爲極。自不待言。谿應讀作蹊。蹊徯古通用。左宣十一年傳。牽牛以蹊人之田注。蹊徑也。慧琳一切經音義三十引通俗文。邪道曰徯。跂歧同字。从足从止之字古文同用。如踵作歱。⿱人足作企。躄作壁。此例至夥。說文無歧字。說文校議議謂跂即歧字是也。爾雅釋宮。二達謂之歧旁注。歧道旁出也。然則綦谿利跂。應讀作極蹊利歧。極蹊與利歧爲對文。言極其邪徑而利其歧途也。下云。苟以分異人爲高。不足以合大衆明大分。正言其標奇立異。不循坦途也。離縱而跂訾者也。王念孫從注以離縱爲離縰。謂離縰跂訾亦疊韻字。大抵皆自異於衆之意也。此說非是。郝懿行謂縱與蹤同。是也。然以跂訾爲跂望有所思量。非也。梁啓雄謂訾借爲跐。引廣雅釋詁訓跐爲履。是也。然謂跂借爲企。引說文訓企爲舉踵。非也。按離縱跂訾。應讀作離蹤歧跐。謂離叛其蹤迹。而歧異其踐履也。上云。今之所謂處士者。無能而云能者也。無知而云知者也。利心無足而佯無欲者也。行僞險穢而彊高言謹慤者也。以不俗爲俗。凡此所言。均與離縱歧跐之義相符。

下脩而好作　非十二子

楊注。以脩立爲下。而好作爲。王念孫以下脩爲不循之譌。引墨子君子循而不作爲證。按注說非是。王謂脩當爲循。是也。下非不之譌。且不循而好作。不循即好作。與上句尚法而無法。句例不符。下乃上字之譌。卜辭金文上作二。下作二。故易紊也。尙法之尙。注謂尙上也。蓋荀書本作尙法而無法。上循而好作。尙亦上也。與上互文耳。言既以法爲上而反無法。以循爲上而反好作。無法則非上法矣。好作則非上循矣。注謂自相矛盾。是也。

而祗敬之曰 非十二子

按鄙侯𡚬毁。叀敬禴祀。郭沫若謂叀即祗敬禴祀。是也。叀即甾字。甾祗音近字通。詳尙書新證康誥篇。

以齊之分奉之而不足 仲尼

楊注。分半也。用賦稅之半也。按注說非是。分應讀今字去聲。謂分際。春秋時齊處海岱之間。最稱富饒。言以齊之分際奉之而猶不足也。若云用賦稅之半。則望文演訓矣。

安忘其怒出忘其讎 仲尼

楊注。安猶內也。出猶外也。言內忘忿恚之怒。外忘射鉤之讎。王念孫謂安語詞。出字爲衍文。按注及王說並非。蓋安與出均指桓公當時與公子糾爭國脫險而言。安則忘其危急之怒。出則忘其困厄之讎。古書有本義甚明。因改而誤者。此類是也。如王說荀子書通以安案二字爲語詞。豈因此而無平安之義訓乎。

畜積脩鬬而能顚倒其敵者也 仲尼

王引之云。王霸篇。謹畜積。脩戰備。疑此亦本作謹畜積。脩鬬備。而傳寫有脫文也。按王說殊不可據。畜積脩鬬四字。語意甚明。古人自有簡語耳。豈可一一比齊而改之也。王制篇。是以厭然畜積脩飾而物用之足也。與此句例相仿。

便備用　儒效

楊注。便備用謂精巧便於備用。又王制篇。便備用注。備用足用也。王念孫云。便足用之語不詞。備說文本作葡。字從用從茍省。淮南脩務篇注云。備猶用也。便備用猶言便器用耳。便備用三字。本篇凡一見。與田野倉廩對文者二。與功苦完利對文者一。其見於儒效篇者。則與規矩準繩對文。見於富國篇者。亦與田野倉廩對文。皆以二字平列。按王氏讀備如字非是。備服音近字通。便備用卽便服用。服亦用也。說文。服用也。古人自有複語耳。左僖二十四年傳。伯服。史記鄭世家作伯犕。史記趙世家。今騎射之備。國策作今騎射之服。後漢書皇甫嵩傳。義眞犕未乎注。犕古服字。易繫辭傳。服牛乘馬。說文作犕牛乘馬。毛公鼎。番生毁。均云魚葡。卽詩象弭魚服之魚服也。

至共頭而山隧　儒效

楊注。共河內縣名。共頭蓋共縣之山名。隧謂山石崩摧也。隧讀爲墜。盧文弨云。共頭卽共首。見莊子。王念孫云。此八字亦汪氏中校語也。共首見讓王篇。共頭又見呂氏春秋誠廉篇。按讓王篇。而共伯得乎共首。誠廉篇。又使保召公就微子開於共頭之下。漢書地理志。共故國。北山淇水所出。淮南子墬形。淇出大號。高注。大號山在河內共縣北。或曰。在臨慮西。說文。淇水出共北山。或曰出隆慮西山。一統志。北山在輝縣東北十里。又按輝縣志載共山在方山東南。一名共山首。一名共頭。俗呼爲共山頭。

按惡來亦見成相篇。本應作亞來。亞惡古同字。易繫辭傳。而不可惡也。釋文。惡荀作亞。書大傳大誓。鼓鐘惡觀臺惡將舟惡宗廟惡注。惡皆爲亞。並其證也。亞來。亞其官來其名也。亞古官名。詳詩經新證載芟篇。安陽所出商代彝器。有亞字者多矣。

暮宿於百泉 儒效

按左定十四年傳。又敗鄭師及范氏之師于百泉。魏書地形志。林慮郡共縣有柏門山。柏門水南流名太清水。輝縣志載百門泉一名珍珠泉。一名搠刀泉。出蘇門山下。卽衛河之源也。中有三大泉。或傳爲海眼。以竿試之。不知所底。匯爲巨波。廣數頃。又蘇門山在蘇西北七里許。一名蘇嶺。一名百門山。山下卽百泉。按宋邵雍隱此。故傳其學者。稱爲百泉學派。百泉之地。於西周以前。舊均無考。殷虛書契前編卷二。十五葉。六。□才在𠦪賁泉餗次。殷虛書契後編卷上。十六葉。十三。癸亥卜。貞。王旬亡𡆥。才六月。才𠦪泉餗。癸丑。□□王旬□□。才六月。□𠦪泉□。𠦪賁古今字。賁彼義切。百博白切。並幫母字。金文拜字作捧。从手𠦪聲。拜百音亦相近。說文以爲从手𠦪。不知其爲形聲字矣。𠦪泉卽百泉。在朝歌之西。相去甚近。近世學者。不知𠦪泉之卽百泉。而以爲雩泉。誤矣。

輿固馬選矣 儒效

按獵碣文。吾車既工。吾馬既同。輿固猶言車工。馬選猶言馬同。

辯則速論 儒效

王念孫云。論決也。按王説非是。論應讀作倫。荀書多以論爲倫。下文人論。王念孫謂論讀爲倫。是也。書堯典。無相奪倫傳。倫理也。辯則速倫。謂辯則速理。此指有師有法而言。上言無師無法。辯則必爲誕。妄誕與倫理。正相反爲文。

積靡使然也　儒效

楊注。靡順也。順其積習。故能然。按注訓靡爲順。誤矣。訓積爲習。是也。梁啓雄云。靡同摩。較注義爲允。漢書董仲舒傳。漸民以仁。摩民以誼。枚叔上吳王書。漸靡使之然也。與此句例同。淮南子繆稱。良工漸乎矩鑿之中注。漸習也。是積漸同訓之證。

言道德之求不二後王　儒效

楊注。道德教化也。人以教化來求。則言當時之切。所宜施行之事。不二後王。師古而不以遠古也。舍後王而言遠古。是二也。按注説最爲紆曲。二字之界畫不清。舍後王而言遠古爲二。不及後王。豈非二哉。且下言道過三代謂之蕩。法二後王謂之不雅。如注説。則法二後王。亦師遠古也。與道過三代謂之蕩。無所區別。上云。言道德之求。不下於安存。下云。故諸侯問政。不及安存。則不告也。上云。言志意之求。不下於士。下云。匹夫問學。不及爲士。則不教也。上云。言道德之求。不二後王。下云。百家之説。不及後王。則不聽也。以不下於安存不下於士之句例求之。則不二後王。必作不下後王明矣。下言不及後王。即此不下後王之明證。下所以譌作二者。以形相近也。甲骨文金文上均作𠄞。下均作𠄟。𠄞與𠄟易相溷也。王制篇。道不過三代。法不貳後王。道過三代謂之蕩。法貳後王謂之不雅。

是下譌爲二。又改爲貳也。荀子之意。本謂無過不及。蕩則道過三代矣。不雅則法下後王矣。法下後王。卽不及後王之謂也。過三代者。過也。不及後王者。不及也。

雙劍誃荀子新證卷二

南海則有羽翮齒革曾青丹干焉　王制

楊注。曾青銅之精。可繢畫及化黃金者。出蜀山越巂。按注說是也。文選蜀都賦。其間則有虎珀丹青注。牂牁有白曹山。出丹青曾青空青也。本草經云。皆出越巂郡。朱珔曰。本草經曰。空青能化銅鐵鉛錫。作金別錄曰。生益州山谷及越巂山有銅處。銅精熏則生空青。此與注所引合。又西山經。騩山淒水出焉。其中多采石。郭注。今雌黃空青綠碧之屬。皇人之山。其下多青雄黃。郭注。即雌黃也。或曰空青曾青之屬。藝文類聚引范子計然曰。空青出巴郡。白青曾青出弘農豫章。則所出本非一地也。按青類非一。白青空青曾青均青之一種也。

東海則有紫紶魚鹽焉　王制

王引之云。紫與茈通。管子輕重丁篇。昔萊人善染。練茈之於萊純緇。緺綬之於萊。亦純緇也。其周中十金。是東海有紫之證。紶當爲綌。綌之譌紶。猶卻之譌却也。按王說以紶爲綌。是也。然尚未知紫即絺之假字。儀禮大射儀釋文。絺劉作綌。从次从此之字古每音近通用。如資亦通作貲。爾雅釋詁。咨此也。漢書董仲舒傳。選郎吏又以富訾注。訾與資同。非十二子篇。離縱而跂訾者也注。訾讀爲恣。然則絺可通綌。亦可通紫矣。紫絺疊韻。紫綌卽絺綌。絺綌均葛屬。祗精麤之別耳。書禹貢。海岱惟青州。厥貢鹽絺。此言絺綌魚鹽。特加詳焉。

司馬知師旅甲兵乘白之數 王制

楊注。白謂甸徒。猶今之白丁也。或曰。白當爲百。百人也。劉台拱謂管子尹注以白徒爲不練之卒無武藝。王引之謂白丁白徒皆不得但謂之白。引逸周書以百人爲白。乘白卽乘伯。按是數說者。均非本義。司馬所主者爲師旅。爲甲兵。爲乘白。兵謂戎器。 上旣言師旅。假令有白徒或百人之說。師旅已該之矣。豈應於乘車之下。忽及白徒及百人乎。白指白旆言。字亦作旆。吳毁。王命史戊冊命吳。嗣旃眔叔金。孫詒讓云。周官巾車建大白以卽戎。以六書之義求之。當爲從㫃白。白亦聲。金榜云。司常熊虎爲旗。巾車革路建大白。大白卽熊虎。司馬法旗章。殷以虎尚威。是殷有旗矣。孫詒讓云。案金氏謂大白卽熊虎之旗。其說甚塙。國語吳語云。王親秉鉞。載白旗。以中陳而立。韋注云。熊虎爲旗。是其證也。又釋名釋兵云。白旆殷旌也。以帛繼旐末也。周書克殷。又說武王斬二女。縣諸小白。彼對大白爲之。蓋卽熊虎之爲襍帛者。猶大綏小綏之比。小白左定四年傳又作少帛。少小白帛字通。杜注亦謂是襍帛之物。是也。按此可證白謂白旗。大白小白統稱之曰白。逸周書克殷解。武王乃手大白以麾諸侯注。大白旗名。又云。折縣諸大白。又云。縣諸小白。由是言之。乘白謂車與旗至明塙矣。

治田之事也 王制 治市之事也 同上

楊注。治田田畯也。郝懿行云。力作樸素。技能寡少。故專治於田事。按治舊均讀如字。非是。郝氏不知治田之爲官。乃指農夫言。尤爲迂妄。金文治作𤔲。與司同用。如司徒司馬司空作𤔲土𤔲馬𤔲工是也。治田即司田。治市即司市。管子立政作申田之事也。申田即司田。詳管子新證。周禮地官有司市。

工師之事也　王制

按工師。國差𦉜作攻帀。＝古戎器合文作帀＝。

脩採清　王制

楊注。採謂採去其穢。清謂使之清潔。皆謂除道路穢惡也。俞樾謂採乃埰字之誤。引方言證埰爲冢。急就篇。屏廁清溷糞土壤。字亦作圊。玉篇口部。圊圊圂也。按注說非是。俞氏謂清爲廁是也。改採爲埰。誤矣。冢與廁。二者不相及也。採應讀作采。書堯典。若予采。釋文。采馬云官也。史記司馬相如傳。以展采錯事。集解引漢書音義。采官也。采清猶今之官廁。周禮宮人。爲其井匽。鄭司農注。匽路廁也。按井匽應作屏匽。墨子旗幟。於道之外爲屏。三十步而爲之圜。高丈。爲民圂。垣高十二尺以上。即指官廁言之。

平室律　王制

楊注。平均布也。室逆旅之室。平其室之法。皆不使容姦人。若今五家爲保也。郝懿行云。室律二字。不成文理。疑律當爲肆字之譌。室謂廬舍。如市樓候館之屬是也。肆謂廛肆。如粟帛牛馬各有行列是也。按注及郝說。均不得其解而曲爲之說也。室應讀爲質。室質乃雙聲疊韻字。書多方。叨懫日欽。說文作叨𡐛。史記貨殖傳。郅氏。漢書作質氏。非相篇。文而致實。王念孫讀致爲質。詳王氏雜志。室致並諧至聲。室之作質。猶致之作質矣。王霸篇。關市幾而不征。質律禁止而不偏注。質劑也。可以爲法。故言質律也。禁止而不偏。謂禁止姦人。不偏聽也。周禮小宰。聽賣買以質劑。鄭司農云。質劑平市價。今之月平是也。鄭康成云。兩書一札。同而别之。長曰質。短曰劑。皆今之券書也。按鄭司農謂質劑爲平市價是也。然則平室律。應讀作平質律。平質律。猶言平市價之規程也。平質律之平。卽質律禁止而不偏之不偏也。下言以時順修。使賓旅安而貨財通。正與平質律相承爲義也。

諸侯俗反　王制

久保愛云。俗當作倍。按此說非是。俗通欲。毛公鼎。俗我弗作先王頌。俗卽欲。莊子繕性。滑欲於俗思。闕誤引張本作欲思。解蔽篇。由俗謂之道盡嗛矣注。俗當爲欲。然則諸侯俗反。卽諸侯欲反。上言天下不一。故云諸侯欲反。則天王非其人也。

天下脅於暴國而黨爲吾所不欲於是者日與桀同事同行無害爲堯　王制

王先謙云。方言。黨知也。梁啓超云。黨同儻。按王梁說並非。黨應讀作常。莊子天下。公而不當。釋文。當崔本作黨。金文尙常當同字。陳侯因脊敦。永爲典尙。卽永爲典常也。曶鼎。廿尙卑處氒邑。卽廿當俾處厥邑也。言天下爲暴國所脅。而常爲吾所不欲於是者。雖日與桀同事同行。仍無害其爲堯也。

功名之所就存亡安危之所墮必將於愉殷赤心之所　王制　殷之日案以中立無有所偏而爲縱横之事偃然案兵無動　同上　殷之日安以靜兵息民　同上

郝懿行云。殷者盛也。按愉殷二字不詞。殷乃假字之譌。古假字本作叚。叚與殷篆隸形並相似。書呂刑。惟殷于民。墨子尙賢中作維假於民。史記高祖功臣侯年表。故市。遷爲假相。漢書高惠高后孝文功臣表。假相作殷相。史記建元以來王子侯者年表。雩殷。漢書地理志琅邪郡作雩叚。假應讀作暇。古暇字本亦作叚。師寰毀。今余弗叚組。叚卽暇字。晉語。我敎兹暇豫事君。暇豫猶愉暇也。謂愉樂閑暇也。言功名之所就。存亡安危之所隨。墮應讀隨。已詳俞氏平議。必將在於愉樂閑暇心意赤誠之處而後可也。暇之日。則以中立無有所偏倚。而爲縱横之事。偃然抑兵而無動也。暇之日。則以靜兵息民也。如此則上下文理。均行調適。愉殷既不可通。殷之日兩見。亦均不可通。上殷之日。先言誠以其國爲王者之所亦王。以其國爲危殆滅亡之所。亦危殆滅亡。是上文言王言危殆滅亡。與殷盛之日。毫不相涉也。下殷之日。先言周公孰能與鬬。安以其國爲是者王。既言王矣。豈有殷盛與不殷盛之別乎。且兩殷之日下。一言案兵無動。一言安以靜兵息民。均與暇之日。相承爲義也。

而勿忘棲遲薛越也 王制　彼將日日棲遲薛越之中野 同上

盧文弨云。薛越卽屑越。後同。王懋竑云。棲遲薛越。似是分散遺棄之意。久保愛云。薛越讀爲屑越。狠戾也。按數家之說。均未詳確。盧氏讀爲屑越。是也。然尙未知其的詁。屑今作屑。說文作屑。屑佾古同字。佾逸字通。詳尙書新證多士篇。逸謂亡失也。鄭語。以逸逃於褒注。逸亡也。廣雅釋詁。逸失也。是逸越卽失散之義。文選七發。精神越渫注。呂氏春秋曰。精神勞則越。高誘曰。越散也。宋王孝友豐水賦。驚屑越於兕甲。指飛揚於駟駕。淮南子精神腸下迫頤注。腸讀精神歇越無之歇也。是屑薛歇三字。同音相假。

非特以爲淫泰夸麗之聲　富國

俞樾云。聲字衍文。因也字誤作之。後人妄加聲字耳。下文云。非特以爲淫泰也。句法與此同。按俞說非是。聲應讀作聖。綸鎛。用亯用孝于皇祖聖叔皇祉聖姜。張孝達謂聖叔聖姜卽聲叔聲姜。並引春秋文十七年小君聲姜。公羊作聖姜爲證。是也。按漢書古今人表。衛聲公。史記索隱作聖公。上言古者先王分割而等異之也。故使或美或惡。或厚或薄。或佚或樂。或劬或勞。下接以非特以爲淫泰夸麗之聖。將以明仁之文通仁之順也。是非特以爲淫泰夸麗之聖。正承古者先王爲言也。下文云。合天下而君之。非特以爲淫泰也。固以爲王天下。治萬變。材萬物。養萬民。兼制天下者。然則非特以爲淫泰也。亦承上文合天下而君之爲言。俞氏既謂聲字爲衍文。又改之爲也。是妄改古人文從字順之文。以遷就己說。古書因誤解而遭厄者。此類是也。

掩地表畝　富國

楊注。掩地謂耕田使土相掩。王引之云。掩疑撩之譌。按注及王說並非。掩應讀作按。掩按並影母字。掩覃部。按元部。元覃通協。管子大匡。案田而稅。案田猶言按地。漢書揚雄傳。各按行伍注。按依也。按地表畝。卽依地表畝。猶按圖索驥之按。

刺屮殖穀　富國

楊注。刺絕也。按刺古烈字。金文烈字通作刺或剌。秦公毀。剌剌桓桓。晉姜鼎。敏揚氒光剌。班毀。亡克競氒剌。翏生盨。用對剌。並其證也。烈草殖穀。烈讀孟子益烈山澤而焚之之烈。

上功勞苦　富國

豬飼彥博云。功事也。君上以勞苦爲事也。梁啓雄云。苦疑衍文。按二說並非。上應讀作尙。致士篇。莫不明通方起以尙盡矣注。尙與上同。史記仲尼弟子列傳。公西葴字子上。索隱引家語作子尙。尙功勞苦。謂崇尙事功而勞苦也。若以上爲君上。上功勞苦旣不詞。且上言墨子大有天下。小有一國。是已假設墨子爲君上之詞。下文無須再言上矣。下文云。勞苦頓萃而愈無功。此又可爲苦字非衍文之證矣。

傮然要時務民　富國

楊注。傮然盡人力貌。郝懿行云。傮與酋音近義同。其訓皆爲終也。王先謙引文選李注。傮古字通。謂傮然猶嘈嘈紛雜之意。按注及郝王說均失荀子本義。傮應讀作造。書大誥。予造天役遺。漢書造作遭。呂刑。兩造具備。史記周本紀。集解引徐廣曰。造一作遭。易乾象傳。大人造也。易順鼎讀造爲遭。是也。傮之通造。猶遭之通造矣。廣雅釋詁。造猝也。論語里仁。造次必於是。集解引馬注。造次急遽。儀禮士喪禮注。以造言之疏。造是造次。然則造然要時務民。造然謂急迫之貌也。

是又不可偷偏者也　富國

楊注。言亦不可苟且偏爲此勞民之事也。王先謙豬飼彥博均謂不可二字爲衍文。按偷偏應讀作渝變。上文爲之出死斷亡而愉者。王念孫謂愉讀爲偷。王霸篇。爲之出死斷亡而不愉者。郝懿行謂不愉或不渝之形譌。修身篇。則偷儒轉脫注。或曰偷當爲輸。左隱六年。鄭人來渝平。公穀渝作輸。書呂刑。輸而孚。卽渝而孚。詛楚文。變輸盟制。變輸卽變渝。金文渝作俞。綸鎛。勿或俞改。是偷渝通用之證。偏偏荀書同用。不煩舉證。書堯典。徧于羣神。史記五帝紀作辯於羣神。禮記禮運。大夫死宗廟謂之變注。變當爲辯。聲之誤也。易坤文言。由辯之不早辯也。釋文。辯荀作變。儀禮鄉飲酒禮。衆賓辯有脯醢注。今文辯皆作徧。是徧變通用之證。此文言渝變。猶詛楚文言變輸。渝亦變也。上文先言進事。繼言事進。是事進謂事已進矣。事已進矣。而百姓疾之。故曰是又不可渝變者也。下云。徙壞墮落。必反無功。言事已進矣。進則遷易。遷易而不反其初。故曰不可渝變。惟其不可渝變。故下文以徙壞墮落爲言也。是上下文密合無閒。不知偷徧之爲渝變。勢不得不妄改成文以遷就曲說也。

潢然兼覆之養長之　富國　潢然使天下必有餘　同上

楊注。潢與滉同。潢然水大至之貌也。按注說非是。潢乃橫之借字。古从黄从光之字。每音近相通。詩江漢。武夫洸洸。鹽鐵論引作武夫潢潢。說文。桄充也。爾雅釋言。桄充也。禮記樂記。號以立橫。橫以立武。鄭注。橫充也。書堯典。光被四表。僞傳。光充。漢書光作橫。然則橫然兼覆之養長之。即充然兼覆之養長之也。王霸篇亦有此語。橫然使天下必有餘。即充然使天下必有餘也。

壽於旗翼　富國

楊注。旗讀爲箕。箕翼二十八宿名。言壽比於星也。或曰。禮記百年曰期頤。鄭云。期要也。頤養也。按注後說是也。期極也。百年爲頤養之極。故曰期頤。

挈國以呼禮義　王霸　挈國以呼功利　同上

楊注。言挈提一國之人。皆使呼召禮義。久保愛云。呼猶唱也。按注及久保愛說並非。金文凡言王呼某之呼並作乎。不从口。是呼乎字通。挈國以乎禮義。以用也。乎語助。言挈國用乎禮義也。挈國以乎功利。言挈國用乎功利也。

如是則夫名聲之部發於天地之間也　王霸

楊注。部當爲剖。王先謙云。部是蔀之渻字。按注及王說並非。部應讀作馮。左襄二十四年傳。部婁無松柏。風俗通山澤作培塿無松柏。漢書周緤傳集注。陪馮聲相近。按馮馮同字。莊子逍遙遊。而後乃今培風。釋文。培本或作陪。王念孫謂培之言馮也。知北遊。彷徨乎馮閎。釋文。李云。馮宏皆大也。楚辭離騷。憑不厭乎求索注。憑滿也。楚人名滿曰憑。大也滿也。義均相因。馮發於天地之間。卽滿發於天地之間也。

若是則人臣輕職業讓賢而安隨其後　王霸

王念孫云。業字蓋涉下文王業而衍。按此說非是。王氏最以增損古人字句。極其能事。然得失參半矣。輕職業與讓賢而爲對文。讓賢而卽讓賢能。而能古音近字通。易屯象傳。宜建侯而不寧。釋文。鄭讀而曰能。禮記禮運。故聖人耐以天下爲一家注。耐古能字。疏。劉向說苑。能字皆爲而也。按耐从而聲。能耐古籍尤多通用。舊讀作而安隨其後句。失之。

楊朱哭衢涂曰此夫過舉蹞步而覺跌千里者夫哀哭之　王霸

郝懿行云。下一夫字疑當作末。王先謙云。下夫字上屬爲句。按郝及王說並誤。哀哭之三字句。與上不相接。夫大古通。大鼎。善夫亦作善大。夫哀哭之。卽大哀哭之。此記者之詞也。

斗斛敦槩者　君道

按敦之形制。前人多未詳。又古籍每敦簋互譌。金文敦字作𩐁。簋字通作𣪘。穆天子傳。六敦壺尊四十。此六敦乃六𣪘之譌。蓋敦於彝器中僅數見。又時代皆在東周以後。𢉩鼎。用爲寶器鼎二𣪘二。𠷎皇父𣪘。𠷎皇父作琱娟盤盉尊器𣪘。具自豕鼎降十又𩛥𣪘八。兩鑘兩鐳。鄘侯𣪘。妳作皇妣𡨦君仲妃祭器八𩛥。𣪘至敦之形制。彝器中惟陳侯午𩐁及陳侯因𬮐𩐁而已。宋代及清代學者。考定彝器。所稱敦者。均𣪘之譌。秦公𣪘有秦漢間人所鑿欵識。蓋文云。𠃊一斗七升大半升。器文云。西元器一斗七升奉𣪘。羅振玉誤釋作一斗七升八然則此篇所謂斗斛敦槩者。敦亦本應作𣪘。

竝遇變態而不窮　君道

按態應讀作忒。成相篇。反覆言語生詐態。王念孫讀態爲慝。書洪範。民用僭忒。漢書王嘉傳作民用僭慝。忒謂爽忒。王念孫謂竝猶普也徧也。此言徧遇事之爽變而應之不窮也。王制篇。舉措應變而不窮。義亦相仿。

至道大形　君道

按形當讀作行。管子禁藏。行法不道。宋本行作刑。刑形古字通。列子湯問。太形王屋二山注。形當作行。卽其證也。

若白黑然可詘邪哉　君道

王先謙云。廣雅釋詁。詘屈也。按白黑不應言屈。詘應讀作炪。二字並諧出聲。說文。炪火光也。是炪有明訓。若白黑然。可明邪哉。言若白黑之易明也。

然後隱其所憐所愛 君道

按所憐二字涉旁注而衍。錢氏攷異謂諸本無所憐二字。是也。上云。如是者。能愛人也。下云。唯明主爲能愛其所愛。闇主則必危其所愛。是所愛二字。與上下文一意相貫。增入所憐二字則駢枝矣。

安値將卑埶出勞 君道

按出勞二字不詞。出應讀作屈。二字並諧出聲。說文。詘之重文作誳。詳管子新證侈靡篇千歲毋出食條。王制篇。使國家足用而財物不屈注。屈竭也。卑埶與屈勞對文。言卑其埶位而竭其勞力也。

過而通情 臣道

王先謙云。君本過也。而曲通其情。按通情不詞。錢氏攷異謂通情諸本作同情。是也。過而同情。言既有過而猶與之同情也。

然後士其刑賞而還與之 致士

楊注。士當爲事。王引之云。士當爲出。字之誤也。按注說是王說非也。金文卿士皆作卿事。卽其證。

隱之以阸 議兵

楊注。謂隱蔽以險阸。使敵不能害。鄭氏曰。秦地多阸。藏隱其民於阸中也。按注說至爲紕繆。莊子齊物論。隱机而坐。釋文。隱馮也。隱之以阸。謂馮恃險阻也。

宛鉅鐵鉇 議兵

楊注。宛地名。屬南陽。徐廣曰。大剛曰鉅。鉇與鍦同。矛也。方言云。自關而西謂之矛。吳揚之間謂之鍦。言宛地出此剛鐵爲矛。按如注說宛剛鐵矛。殊爲不詞。墨子魯問。作爲鉤强之備。畢沅云。太平御覽引作謂之鉤拒。孫詒讓云。備穴篇有鐵鉤鉅。荀子議兵篇說楚兵云。宛鉅鐵鉇。疑宛鉅亦兵器之名。楊倞注云。大剛曰鉅。恐非。按孫說是也。鉅亦兵器也。鉅應讀作鋸。鉅鋸雙聲疊韻字。鋸雄戟也。胡中有舵者。詳予所著雙劍誃吉金圖錄考釋。近世易州所出郾戟多稱鋸。如貞松堂集古遺文卷十二。郾王詈戟。郾王詈作巨玫鋸。郾侯戠戟。郾侯戠作□萃鋸。均可爲鋸乃戟之證。宛鉅鐵鉇者。言宛地所出之雄戟與其鐵矛也。

機變不張　議兵

楊注。機變謂器械變動攻敵也。按注說語義含渾。城郭不辨。溝池不抇。固塞不樹。機變不張。四句平列。每句之上二字。皆實有所指。是機變非巧詐明矣。機變當指機栝言。莊子齊物論。其發若機栝。發即張也。機栝即今所謂弩機。又莊子胠篋。夫弓弩畢弋機變之知多。釋文引李注。弩牙曰機。易繫辭傳。樞機之發。釋文引王廙云。機弩牙也。墨子公孟。譬若機之將發也然。公輸。九設攻城之機變。說文。機主發謂之機。然則機變不張。即機栝不發也。

莫不親譽　議兵

按譽與字通。親與謂親比之也。

而順暴悍勇力之屬爲之化而愿　議兵

盧文弨汪中均謂而順上有脱文。俞樾謂而順當作順而。按諸説並迂妄不可據。順馴古字通。易坤初六象曰。馴致其道。九家注。馴猶順也。説文。馴馬順也。周禮太宰注。擾猶馴也。疏。擾則馴。順之義也。馴順並諧川聲。故得通借。馴謂馴擾。而馴擾暴悍勇力之屬爲之感化而愿慤也。而馴二字。貫下六句爲言。暴悍勇力之屬。爲之化而愿。旁辟曲私之屬。爲之化而公。矜糾收繚之屬。爲之化而調。皆承而馴爲言。

則劙盤盂　彊國

按方言五。盌謂之盂。漢書東方朔傳。置守宫盂下注。盂食器也。若盋而大。今之所謂盋盂也。按頤和園藏器有白盂。其形似盆而深。左右有耳。

大事已博　彊國

久保愛云。博疑當作舉。按此説非是。博本應作尃。即今敷字。金文皆作尃。孟子滕文公。舉舜而敷治焉注。敷治也。大事已敷。謂大事已治。與下句大功已立爲對文。

曷若兩者孰足爲也　彊國

按注訓曷若爲何如。高亨訓若爲擇。並非。曷介古音近字通。曷从匃聲。金文从匃眉壽之匃詩作介。詳易經新證介于石不終日條。説文。介畫也。左昭二十年傳。偪介之關注。介隔也。文選魏都賦。與江介之湫湄。注引韓詩章句。介界也。按介古界字。若猶然也。詳經傳釋詞。界若兩者。孰足爲也。言勝人之道與勝人之埶。兩者界然甚清。孰足爲也。不待辨矣。

湯武也者乃能使說己者使耳 彊國

按下使字舊均讀如字。非是。古籀使事同字。乃能使說己者事耳。言乃能使悅己者事之耳。

霸者之善箸焉可以時託也 彊國

楊注。霸者其善明箸。以其所託。不失時也。俞樾謂託乃記字之譌。按注及俞說並非。託應讀作度。禮記少儀。不度民械。釋文。度計也。尙書凡宅字皆古文。今文作度。詳尙書新證顧命篇。儀禮士相見禮注。今文宅或爲託。呂氏春秋貴直論。而家宅乎齊。御覽宅作託。霸者之善。箸焉可以時度也。言霸者之善。甚顯箸焉。可以按時而計度之也。下言王者之功名。不可勝日志也。志識也。上下正相對爲文。

拔戟加乎首則十指不辭斷 彊國

楊注。言不惜十指而救首也。拔或作椄。或作枝。郝懿行云。拔讀如少儀毋拔來之拔。鄭注拔疾也。注又云或作枝則非。古無枝戟之名。按作枝者是也。郝說誤矣。拔枝以形近致譌。論語憲問。子問公叔文子於公明賈。世本。獻公生成子當。當生文子拔。何氏集解拔作枝。左穀定三年經。仲孫何忌及邾子盟于拔。公羊作枝。說文。戟有枝兵也。釋名釋兵。戟格也。旁有枝格也。淮南子時則。孟夏之月其兵戟注。戟有枝榦。程瑤田據二儀寶錄以雙枝爲戟。獨枝爲戈。按戟與戈之異。戟之內有刃。而戈之內無刃。枝出之內有刃。故曰枝戟。然則枝戟古本有此名也。上言白刃扞乎胷。則目不見流矢。是白刃與枝戟爲對文。若訓拔爲疾。則與白刃非對文矣。

雙劍誃荀子新證卷三

權謀傾覆幽險而盡亡矣　天論

王先謙云。盡字無義。衍文也。按王說是也。韓詩外傳及錢氏攷異引監本。均無盡字。

荒服者終王　正論

楊注。終謂世終朝嗣王也。顧千里云。終字疑不當有。按注及顧說並非。終崇古字通。詩蝃蝀。崇朝其雨傳。崇終也。書君奭。其終出于不祥。釋文。終馬本作崇。淮南子氾論。不崇朝而雨天下者唯太山。高注。崇終也。荒服者崇王。謂荒服者尊王也。周語。又崇立上帝明神而敬事之注。崇尊也。上言甸服者祭。侯服者祀。賓服者享。要服者貢。均四字句。荒服者崇王五字句。所以足其語勢也。言荒服者不能按時祭祀享貢。但知崇王而已。下云。彼楚越者。且時享歲貢。終王之屬也。必齊之日祭月祀之屬。然後曰受制邪。言楚越乃荒服尊王之屬也。猶且時享歲貢。與於賓要之列。豈可爲已甚之求。必等齊之於日祭月祀甸侯之屬。然後曰受制乎。彼楚越者。且時享歲貢。終王之屬也。乃倒文。言楚越者。崇王之屬也。且時享歲貢。然則崇王之屬也。正承荒服者崇王爲言也。

前有錯衡以養目　正論

按毛公鼎。番生毀。錯衡均作遣衡。

三公奉軶持納　正論

按毛公鼎。番生毀。軶字均作厄。

而潮陷之　正論

楊注。猶於泥潮之中陷之。按注說非是。陳侯因資敦。淖昏諸侯。淖卽潮字。假爲朝。朝周古字通。詩緜。來朝走馬。卽來周走馬。詳詩經新證。莊子大宗師。而後能朝徹。武延緒讀朝徹爲周徹。淮南子俶眞。譬若周雲之蘢蓯。俞樾讀周爲朝。並其證也。而周陷之。以偷取利焉。夫是之謂大姦。言而徧陷害之。以偷取利焉。夫是之謂大姦也。

將恐得傷其體也　正論

俞樾云。得字無義。疑復字之誤。按俞說非是。得應讀作中。今字去聲。齊策。是秦之計中注。中得。史記封禪書。與王不相中。索隱引三蒼云。中得也。周禮師氏。掌國中失之事注。故書中爲得。杜子春云。當爲得。然則將恐得傷其體也。謂將恐中傷其體也。

龍旗九斿所以養信也　禮論

楊注。信謂使萬人見而信之。識至尊也。養猶奉也。郝懿行云。信與神同。畫龍於旗。取其神變。此信蓋神之叚借。按注說是郝說非也。周禮大司馬。司馬以旗致民注。以旗者。立旗期民於其下也。史記高祖本紀。旗幟皆赤。索隱引字林。熊旗五斿。謂與士卒爲期于其下。故曰旗也。釋名釋兵。熊虎爲旗。與衆期其下也。旗既有期訓。則龍旗九斿。所以養信也。信與期義正相符。郝氏讀信爲神。負臆解矣。

絲末彌龍所以養威也 禮論

楊注。末與幦同。禮記曰。君羔幦虎犆。鄭云。覆苓也。絲幦蓋織絲爲幦。按注說是也。毛公鼎。金車奉縏較。劉心源云。易賁釋文引傅氏云。賁古斑字。文章貌。此云奉縏較。謂斑縏斑較也。按縏卽幦。爾雅釋器。縏謂之罿。王國維云。縏詩大雅作幭。毛傳。幭覆軾也。按末幦縏幭並同音相假。絲末。織絲爲末。所以覆軾也。又注引徐廣曰。乘輿車以金薄繆龍爲輿倚較。文虎伏軾。龍首銜軛。盧文弨謂彌卽說文之靡。按彌疑讀作檷。字亦作柅作鑈。易姤初六。繫于金柅。正義引馬云。柅者在車之下。所以止輪令不動者也。按柅說文作檷。子夏傳作鑈。毛公鼎。金豙。徐同柏謂假豙爲柅。檷龍雕龍爲檷也。

故有天下者事十世 禮論

楊注。十當爲七。穀梁傳作天子七廟。王先謙云。大戴禮史記皆作七。按作七者是也。古文十作十。七作十。漢代金文猶然。二字形近。故易譌也。

侚揤之膈 禮論

楊注。膈擊也。按注說非是。膈金文作敲。亦鐘類也。厵羌鐘。厵羌作㦰氏辟旟宗敲。文選長楊賦。拮隔鳴球。隔同膈。拮鳴皆動詞。隔球皆樂器。

本末相順 禮論

俞樾云。順讀爲巡。按俞說是也。古玉銘。巡則生。逆則死。巡應讀順。與逆爲對文。亦可證成俞說。

凡緣而往埋之 禮論

楊注。凡常也。緣因也。言其妻子如常日所服而埋之。不更加絰杖也。按注說非是。凡古文盤字。詳墨子新證節葬下。議兵。緣之以方城注。緣繞也。盤緣即盤繞。上言不得晝行以昏殣。蓋刑餘罪人之喪。雖昏殣猶避人不循正路。故云盤繞而往埋之也。

象生執也 禮論

楊注。象生執謂象生時所執持之事。執或爲持。按注說非是。沐浴鬠體飯唅與執持之義不相符。執乃埶字之譌。管子明法。以埶勝也。宋本埶作執。是其證。象生埶也。謂象生時之形埶也。

無帾絲歶縷翣其須以象菲帷幬尉也 禮論

楊注。或曰絲讀爲綏。歶讀爲魚。按注說非是。絲應讀如字。歶乃嵎字之譌。爾雅釋獸。狒狒如人。說文作𥝁。字又作嵎。逸周書王會作費費。嵎應讀作弼。孝經注。左輔右弼。釋文。弼本又作拂。臣道篇。功伐足以成國之大利謂之拂注。拂讀爲弼。禮記中庸釋文。費本又作拂。嵎字既通狒費。狒費拂並諧弗聲。故得相通。詩韓奕。簟茀錯衡箋。簟茀。漆簟以爲車蔽。今之藩也。按番生毀作金簟弼。絲嵎即絲弼。謂織絲以爲喪車之藩也。菲帷之菲。注以爲扉爲扉。並非。菲應讀作帔。匪彼古通。不煩舉證。古文彼字但作皮。匪之通彼。猶菲之通帔矣。釋名釋衣服。帔披也。披之肩背。不及下也。然則帔帷所以披覆帷蔽者也。幬尉之尉。注讀爲蔚。以蔚爲綱。亦非。尉應作蔚。廣雅釋詁。蔚翳也。翳障也。周語。是去其藏而翳其人也注。翳猶屏也。然則蔚謂屏障也。

帶甲嬰軸歌於行伍使人之心傷　樂論

俞樾云。歌於行伍。何以使人心傷。義不可通。傷當爲愓。按俞說非是。傷應讀作壯。易大壯釋文引馬云。壯傷也。郭璞云。今淮南人呼壯爲傷。卽其證也。言帶甲嬰軸。歌於行伍。使人之心壯也。

鼓大麗　樂論

王先謙云。方言三郭注。偶物爲麗。按王說於義實不可通。麗應讀作厲。麗厲雙聲疊韵字。呂氏春秋有始覽。西北曰厲風。淮南子墬形作西北曰麗風。宥坐篇。是以威厲而不試注。厲抗也。鼓大厲。大厲二字平列。言鼓之聲大而抗厲也。

磬廉制　樂論

按舊均讀制如字。非是。制折古音近字通。書呂刑。制以刑。墨子尙同中作折則刑。大戴禮保傅。不中於制獄。制獄卽折獄。莊子外物。自制河以東。釋文。制應作浙。論語顏淵。片言可以折獄。釋文。魯讀折爲制。史記項羽本紀。渡浙江。索隱。制折聲相近。並其例證。然則磬廉制卽磬廉折。磬樂聲之淸者也。故以廉折爲言。王先謙引廣雅釋詁訓廉爲棱。是也。下云。莫不廉制盡筋骨之力。廉制亦應讀爲廉折。

而宇宙裏矣　解蔽

楊注。裏當爲理。按注說是也。徂徠訓裏爲內。久保愛謂裏恐裏誤。並非。𨌺侯鼎。裏字作里。里理古字通。

小物引之則其正外易　解蔽

梁啓雄云。其正外易。謂一反乎導之以理養之以清之正術也。按梁說非是。正應讀作征。員鼎。正月作征月。卽其證也。言人之心有小物引之。則其往於外甚易也。引與征義相因。惟引則征。小物引之。與上文槃水之喻。微風過之。相對爲文。下云。其心内傾。蓋心之爲物。征於外則傾於内矣。

見植林以爲後人也　解蔽

俞樾云。疑荀子原文本作立人。按俞說殊無所據。後應讀作厚。莊子列御寇注。怯而靜乃厚其身耳。釋文。元嘉本厚作後。韓非子十過。而後爲由余請期。說苑後作厚。吕氏春秋務本。以此厚望於主注。厚多。周禮考工記弓人。是故厚其液而節其帑注。厚猶多也。見植林以爲厚人也。言見植林以爲多人也。今俗猶謂人多曰人厚。

非察是是察非　解蔽

楊注。衆以爲是者而非之。以爲非者而察之。按注說殊爲牽混。高亨謂察當爲際。亦非。非察是者。謂其雖非而察其有無是處也。是察非者。謂其雖是而察其有無非處也。非而察其是。是而察其非。所以如此審愼者。正下文所云。謂合王制與不合王制也。

故知者爲之分別制名以指實　正名

楊注。無名則物雜亂。故智者爲之分界制名。所以指明實事也。按注說非是。指應讀作稽。古籀稽字均作䭫。指䭫並諧旨聲。兮伯毁。䭫首之䭫作指。手首字通。故拜手䭫首。卯毁作拜手䭫手。書西伯戡黎。

指乃功。卽稽乃功。管子内業。此稽不遠。卽此指不遠。稽核也。言智者爲之分別制名以核實也。稽實乃古人例語。下文云。此事之所以稽實定數也。此制名之樞要也。與此言分別制名以稽實正相符。又下文云。故名足以指實。指實亦稽實也。成相篇。言有節。稽其實。亦其證也。

疾養滄熱滑鈹輕重以形體異　正名

楊注。滑與汩同。鈹與披同。皆壞亂之名。或曰。滑如字。鈹當爲鈒。傳寫誤耳。與澀同。按注後說是也。集韻二十六緝。鈒色入切。音澀。滑澀乃古人謰語。素問五藏生成篇。夫脈之小大滑濇浮沈。可以指別。玄應一切經音義七。濇古文澀。說文。濇不滑也。言形體可別異其滑澀也。

不治觀者之耳目　正名

王念孫云。治字義不可通。治當爲治。字之誤也。按王說非是。不治觀者之耳目。殊爲不詞。古文治字作𤔔。𤔔司金文通用。經傳之司徒司馬司空。金文作𤔔土𤔔馬𤔔工。然則不治觀者之耳目。應讀作不司觀者之耳目。司主也。言不主於觀者之耳目也。與上句不動乎衆人之非譽。均謂不爲外物所移易。詞例一貫。

故窮藉而無極　正名

楊注。藉踐履也。謂踐履於無極之地。按窮應讀作躬。上文則白道而冥窮。俞樾讀窮爲躬。儀禮聘禮注。鞠躬如也。釋文作鞠窮。故躬藉而無極。言躬自踐履而無紀極也。下言甚勞而無功。義正相承。

故可道而從之奚以損之而亂不可道而離之奚以益之而治　正名

楊注。奚以損亂而過此也。奚以益治而過此。按錢氏攷異。注文兩過此諸本均作至此。當據訂。

故人無動而不可以不與權俱 正名

王念孫云。上不字衍。梁啓超云。無字衍。按王梁二氏說並非。此言人無有舉動而不可以不與權俱者。正言之。則凡有舉動。均可以與權俱也。

屋室廬庾葭稾蓐尙机筵而可以養形 正名

王念孫云。初學記器物部引作局室蘆簾稾蓐。於義爲長。按王說是也。然尙机筵之尙。注引或曰。尙言尙古。高亨謂尙當作㡀。並非。廣雅釋詁。尙加也。言局室蘆簾稾蓐。加之以机筵。而可以養形。謂不重繁飾也。

然而於父子之義夫婦之別不如齊魯之孝具敬父者何也 性惡

楊注。敬父當爲敬文。傳寫誤耳。王念孫云。於父子之義夫婦之別上。當有秦人二字。具當爲共。字之誤也。按王增秦人二字非是。上文言天非私齊魯之民而外秦人也。下接以然而於父子之義。夫婦之別。不如齊魯之孝共敬文者。何也。是然而以下。正承秦人爲言。無須如王說增秦人二字明矣。

故莫不服罪而請 君子

兪樾云。請當讀爲情。按兪說是也。而猶如也。詳經傳釋詞。此言故莫不服罪如情也。

雙劍誃荀子新證卷四

精神相反一而不貳爲聖人　成相

楊注。相反謂反覆不離散也。按注說是也。相反謂精反於神。神反於精。二者不離。故云一而不貳爲聖人。王引之謂反當爲及。失之。

良由姦詐鮮無災　成相

王念孫云。良當爲長。按王說非是。廣雅釋詁。良長也。注言長用姦詐。正訓良爲長。不必爲改字之證。

君法儀禁不爲　成相

俞樾云。君法儀之儀當讀爲俄。說文人部。俄行頃也。按俞說非是。爾雅釋詁。儀善也。君法儀。禁不爲。言君法善。禁其不爲善者。下云。莫不說教名不移。正言君法善而民皆說教也。又云。脩之者榮離之者辱孰它師。正與禁不爲句相應。

吏謹將之無鈹滑　成相

楊注。鈹與披同。滑與汩同。言不使紛披汩亂也。按注說非是。鈹乃鈒字之譌。應讀爲澀。詳正名篇。吏謹將之無澀滑。澀謂拘滯。滑謂流蕩。言吏之奉職。不滯不流。恰如其分。

尾邅而事已　賦

楊注。尾邅迴盤結。則箴功畢也。按注說非是。邅應讀作蟺。蟺蟬古字通。蟬謂蟬蛻。説文。蛻蛇蟬所解皮也。文選鵩鳥賦。變化而蟺注。如蜩蟬之蛻化也。凡蟲類蛻皮爲蟺。故箴尾線脫亦曰蟺。上言尾生而事起。與尾蟺而事已相對爲文。

志愛公利　賦

鍾泰云。志愛公利。謂好利之人。重樓疏堂。謂其居處之富也。此與公正無私見謂從衡正相對。言忠者疑而貪者貴也。按鍾說是也。然公利二字不詞。公應讀作功。公利卽功利。詩江漢。肇敏戎公。後漢書宋弘傳作肇敏戎功。史記孝武紀。申功。封禪書作申公。是其證也。

諸侯彤弓大夫黑弓　大略

按伯晨鼎。彤彡。旅弓旅矢。彤彡卽彤弓彤矢之合文。旅盧古字通。說文。黸齊謂黑爲黸。盧乃黸之省文。盧弓盧矢。卽黑弓黑矢也。

不足於信者誠言　大略

楊注。數欲誠實其言。按注訓誠爲誠實非是。誠應讀作盛。詩我行其野。成不以富。論語顏淵作誠不以富。禮記經解。繩墨誠陳注。誠或作成。墨子貴義。子之言則成善矣。成卽誠字。易繫辭傳。成象之謂乾。釋文。蜀才作盛象。周禮考工記匠人。白盛注。盛之言成也。王霸篇。以觀其盛者也注。盛讀爲成。是誠成盛古通之證。不足於信者盛言。盛言謂多言。言多言者不足於信也。

正君漸於香酒可讒而得也　大略

楊注。雖正直之君。其所漸染。如香之於酒。則讒邪可得而入。按注讀得如字。勢不得不增入字。是爲望文生訓。得應讀作今字去聲之中。詳正論篇。正君漸於香酒。可讒而中也。言雖正直之君。其中於讒言。如飲香酒。故下云。君子之所漸。不可不慎也。

友者所以相有也道不同何以相有也　大略

郝懿行云。有者相保有也。按郝說非是。有右古字通。右助也。

藍苴路作　大略

劉師培云。藍當作濫。苴當作狙。路當作略。作當作詐。按劉以苴爲狙。以作爲詐。是也。以藍爲濫。以路爲略。非也。豬飼彥博謂當作監狙詒詐。狙詐二字與劉讀同。以藍爲監。是也。以路爲詒。非也。路應讀作樂。穀梁閔元年。盟于洛姑。釋文。洛姑一本作路姑。左傳作落姑。史記建元以來王子侯者年表。洛陵。索隱。表作路陵。詩斯干箋。安燕爲歡以樂之。釋文。樂音洛。本亦作落。藍苴路作。應讀作監狙樂詐。周語。使監謗者注。監察也。史記留侯世家。良與客狙。集解引應劭。狙伺也。監狙樂詐。言監察狙伺而樂詐也。下云。似知而非。謂監察狙伺。樂爲詐僞。似智而實非智也。監狙樂詐。似知而非。與下文偄弱易奪。似仁而非。悍戇好鬭。似勇而非。語例正同。

文王誅潘止　宥坐

按錢氏攷異引諸本潘止作潘正。

嫚令謹誅賊也　宥坐

楊注。謹嚴也。按注說非是。謹應讀作勤。金文勤覲並作堇。詩民勞。以謹無良。卽以覲無良。詳詩經新證。嫚令勤誅。賊也。言侮嫚法令。勤於誅戮。是賊害人民也。若依注訓謹嚴。則所誅者不濫。正與本義相反。

邪民不從　宥坐

王念孫云。邪民本作躬行。按王說非是。上言綦三年而百姓往矣。王念孫依太平御覽改往矣爲從風。此言邪民不從。正指百姓中之姦邪不從風者言。故曰然後俟之以刑。則民知罪矣。此言先敎而後刑也。下文云。亂其敎。繁其刑。其民迷惑而墮焉。則從而制之。是以刑彌繁而邪不勝。是言敎之不以其道而刑之也。而邪不勝。正言姦邪之多。與邪民不從之邪。前後相應。

伊稽首不其有來乎　宥坐

楊注。若施德化。使下人稽首歸向。雖道遠能無來乎。按注說是也。俞樾以稽首爲稽道。非是。伊稽首。猶孟子之言若崩厥角稽首。趙注云。百姓歸周。正言其歸順也。不其有來乎。卽其有不來乎之倒文也。

色知而有能者小人也　子道

楊注。色知謂所知見於顏色。有能自有其能。皆矜伐之意。按如注說。所知見於顏色。是眞知也。殊與本旨不合。而猶知也。詳經傳釋詞。言色知如有能者小人也。下云。故君子知之曰知之。不知曰不知。言之要也。能之曰能之。不能曰不能。行之至也。是君子與小人相反。不以色知爲知。不以如能爲能也。

成王之爲叔父　堯問

楊注。周公先成王薨。未宜知成王之謚。此云成王。乃後人所加耳。按注說非是。金文如成王穆王龏王懿王等。均生稱謚號。

雙劍誃老子新證序

老氏之旨。以淸虚謙弱自持。而以家國天下爲任。以救人救物爲懷。而以功成不居爲歸。至其研幾入微。剖玄析奧。以一爲體。以無爲用。居亂世而遠於禍患。雖莊韓之說。猶爲支流末光。況餘子乎。自來解老子者。河上王弼二家之注。頗行於世。然人之所易知者。雖不注而知之也。人之所不知者。雖注之而仍未盡知也。至其文字各本互異。如刻本石刻本古鈔本。無慮數十種。近世校是書者。以羅氏道德經考異。何氏古本道德經校刋最稱詳審。省吾讀易之暇。喜探玄旨。爰參校異同。錄其私見。著之於篇。以就正於方聞君子。一九三七年六月海城于省吾。

雙劍誃老子新證

常有欲以觀其徼 一章

河上公注。徼歸也。常有欲之人。可以觀世俗之所歸趣也。王注。徼歸終也。凡有之爲利。必以無爲用。欲之所本。適道而後濟。故常有欲。可以觀其終物之徼也。按徼彭耜謂黄作竅。畢沅謂李約作儌。敦煌本作噭。噭卽皦。十四章。其上不皦。景龍本作皦。敦煌丙本作皎。是徼儌竅皎並皦之假字也。玄應一切經音義四引埤蒼。皦明也。論語八佾。皦如也。釋文。皦如其音節奏分明也。上言故常無。欲以觀其妙。王注。妙者微之極也。十五章微妙玄通。微妙疊義。微妙與皦明爲對文。常俞樾讀尙。是也。金文常皆作尙。故尙無者。欲以觀其微妙。尙有者。欲以觀其皦明。有無既分。則可別其微明。有無不分。則顯晦一致。十四章云。故混而爲一。其上不皦。其下不昧。是上下爲對文。皦昧爲對文。四十一章。明道若昧。明卽皦也。明與昧爲對文。易屯彖傳。天造草昧。釋文引董云。草昧微物。是昧與微妙義相因。河上公王弼並誤訓徼爲歸。果如是。上句妙字應改作始。欲以觀其始。與欲以觀其歸。方爲對文。或訓徼爲邊徼。則上句妙字應改作中。方與邊徼爲對文。於老子本義。均未符也。

萬物作焉而不辭 二章 萬物恃之而生而不辭 三十四章

河上公注。各自動也。不辭謝而逆止。恃待也。萬物皆恃道而生。道不辭謝而逆止也。王注。萬物皆由道而生。既生而不知其所由。按敦煌本。傅奕本。萬物作焉而不辭。作萬物作而不爲始。然老子之意始終不居。不應曰而不爲始。且萬物恃之而生而不辭。與此句例同。如讀爲萬物恃之而生而不始。於義不適。俞樾以不辭爲不言。於義較順。然不言古籍未有作不辭者。按始與辭均嗣之借字。辭嗣金文同用。經典司字金文十九作嗣。如有嗣嗣土嗣工嗣馬之類是也。兮甲盤。王命甲政辭成周四方責。政辭卽征司。書皋陶謨。在治忽。漢書律厤志作七始詠。卽在司訓之譌文也。詳尙書新證。易繫辭。釋文。辭本亦作嗣。說文。辭籀文作嗣。按嗣司也。司訓主乃通詁。萬物作焉而不司。言萬物作焉而不爲之主也。與下生而不有。爲而不恃。功成而弗居。語例同。萬物恃之而生而不司。上而字景龍御注敦煌英倫諸本均作以。言萬物恃之以生而不爲之主也。與下功成不名語例同。亦卽長而不宰之意。或謂下文有衣養萬物而不爲主。主與司複。按衣養萬物而不爲主（依臧疏本敦煌本删常無欲三字）可名於小。萬物歸焉而不爲主可名爲大。均相對爲文。伸述上文而非複也。自辭司之通叚不明。不辭之意。遂無從爲之解矣。

谷神不死　六章

河上公注。谷養也。人能養神則不死也。王注。谷神谷中央無谷也。按釋文。谷河上本作浴。洪頤煊謂谷浴並欲之借字。是也。想爾注。谷者欲也。精結爲神。欲令神不死。當結精自守。亦讀谷爲欲。

心善淵　八章

河上公注。水深空虛。淵深清明。按詩燕燕。其心塞淵傳。淵深也。定之方中。秉心塞淵箋。淵深也。太玄閑。中心淵也注。淵深也。是心以淵言。乃古人恆語也。

載營魄抱一　十章

孫詒讓曰。自先秦西漢至今。釋此書者咸無異讀。惟冊府元龜載唐玄宗天寶五載詔云。頃改道德經載字爲哉。仍隸屬上句。遂成注解。玄宗此讀。雖與古絕異。而審文校義。亦尚可通。馬敍倫云。此章營魄抱一。專氣致柔。滌除玄覽。愛民治國。天門開闔。明白四達。皆以四字爲句。不得此獨加一載字。老子他章亦無以載字起辭者。而五十三章非道也哉。與此辭例正同。均可證哉字當屬上讀。按馬說是也。玄宗改載爲哉。隸屬上句。於辭例文義最爲允當。抱一正就營魄言。營魄上加一載字於義已複。楚辭遠遊。載營魄而登霞兮。王注訓載爲抱。此既言抱一。不應再言載。後人見楚辭有載營魄之語。因改上句哉字爲載。以下屬爲句。金文在哉多假才爲之。哉載古通。詳詩經新證文王篇。書康誥。今民將在。祗遹乃文考。舊讀至祗字句絕。誤矣。應讀作今民將在句。祗遹乃文考句。今民將在。卽今民戕哉。君奭。明我俊民在。讓後人于丕時。舊讀明我俊民句。誤矣。應讀作明我俊民在句。卽明我俊民哉。詳尙書新證。凡此均以不知讀在爲哉而紊其句投。營魄古人謰語。用以造句。自有不同。不可牽混。昔人據楚辭以改老子。賴有玄宗復糾正之耳。又按營魄卽魂魄。古讀營如環。環與魂音近。說文引韓非曰。自營爲厶。今本韓非子五蠹營作環。詩還。子之還兮。漢書地理志引作子之營兮。又閔予小子。嬛嬛在疚。漢書匡衡傳引作煢煢在疚。均其例證。營環魂並雙聲字。以韻言之。耕部與元部諄部古每通諧。

是謂道紀　十四章

河上公注。是謂知道綱紀也。王注。上古雖遠。其道存焉。按何氏校刋。易龍本紀作已。於義爲長。已者語已詞也。老子全書均言道無言道紀者。蓋已譌爲己。後人又改爲紀。金文紀侯之紀通作己。與已形近。王注但言道不釋紀。似其所見本亦作已。

豫焉若冬涉川猶兮若畏四鄰　十五章

河上公注。與與兮若冬涉川。心猶難之也。其進退猶猶如拘制。若人犯法畏四鄰知之也。王注。冬之涉川。豫然若欲度若不欲度。其情不可得見之貌也。四鄰合攻中央之主。猶然不知所趣向者也。按河上本豫作與借字耳。淮南子兵略。擊其猶猶。陵其與與。與與卽豫豫。豫與猶互文。卽猶豫二字分言之也。猶豫雙聲謰語。古籍習見。舊說以猶爲多疑之獸殊誤。辨見廣雅釋訓王氏疏證。馬敍倫謂豫借爲趯。高亨謂與當讀爲趣。疏矣。

其次畏之其次侮之　十七章

何氏校刋。諸本無下其次二字。紀昀謂大典侮之上無其次二字。按作其次畏之侮之者是也。上句其次親而譽之。河上本而作之是也。諸石刋本同。景龍本譽作豫二字古通 二句相對爲文。畏應讀作威。二字古通。不煩舉證。廣雅釋詁。侮輕也。威與侮義相因。上句親與譽亦義相因也。

如嬰兒之未孩　二十章　聖人皆孩之　四十九章

河上公注。如小兒未能答偶人時也。聖人愛念百姓。如孩孾赤子。長養之而不責望其報。王注。如嬰兒之未能孩也。皆使和而無欲。如嬰兒也。百姓各皆注其耳目焉。吾皆孩之而已。按二十章四十九章釋文。咳本或作孩。是二句王本均應作咳。又四十九章孩字敦煌本作核。說文。咳小兒笑也。孩古文咳。孟子盡心。孩提之童。趙注。孩提二三歲之間。在襁褓知孩笑可提抱者也。按近人有以說文義訓老子此語者。嬰兒生數月卽能笑。豈待二三歲乎。且訓爲如嬰兒之未笑。但淺無謂。若讀孩如字。如嬰兒之未孩。嬰兒豈不可稱孩乎。至聖人皆孩之。尤爲不辭。按古从亥从其之字每音近字通。書微子。我舊云刻子。論衡本性。刻子作孩子。易明夷六五。箕子之明夷。漢書儒林傳趙賓作荄茲。釋文。劉向云。今易箕子作荄滋。淮南子時則。爨萁燧火。高注。萁讀該備之該也。孟子萬章之亥唐。抱朴子逸民作期唐。其期古亦通。詩頍弁。實維何期。釋文。期本亦作其。易繫辭傳。死其將至。釋文。其亦作期。漢武梁祠畫象。樊於其頭。期作其。期朞古同字。後人强分爲二字。誤矣。書堯典。朞三百有六旬有六日。僞傳。匝四時曰朞。大戴禮本命。期而生臏注。期年天道一備。漢書律厤志上。當期之日注。謂十二月爲一期也。如嬰兒之未咳。應讀作如嬰兒之未期。言嬰兒尙未期年。天眞未漓也。上言衆人熙熙。如享太牢。如春登臺。我獨泊兮其未兆。此言如嬰兒之未期。自言其似未期年之幼兒。不與於衆人之所樂也。聖人皆咳之。應讀作聖人皆期之。期謂期會。廣雅釋詁。期會也。上言聖人在天下。歙歙爲天下渾其心。百姓皆注其耳目。猶言百姓引領以待。聖人皆期會之。使其如願以償也。自來解者。不知咳期之音借。而二句之義。如在桼室之中。已二千餘年矣。

我愚人之心也哉沌沌兮 二十章

河上公注。不與俗人相隨。守一不移。如愚人之心也。無所分別。王注。絕愚之人。心無所別析。意無所好欲。猶然其情不可覩。我頹然若此也。無所別析。不可爲明。按何氏校刋。易龍易玄顧本均無也哉二字。又易龍易玄慶陽磻溪樓正沌沌作純純。均無兮字。羅氏考異。英倫本亦作純純。無兮字。釋文。沌本又作忳。老子原書必古質簡淨。今本虛字十九爲後人所增。我愚人之心沌沌。七字作一句讀。於義爲適。沌沌渾厚之意。正形容愚人之心。舊以沌沌兮三字爲句。與上下辭氣不貫。且全書兮字未有不與下文相屬者。如四章。淵兮似萬物之宗。湛兮似或存。十五章。猶兮若畏四鄰。儼兮其若容。應依各本作儼若客 渙兮若冰之將釋。敦兮其若樸。曠兮其若谷。混兮其若濁。十七章。悠兮其貴言。二十章。荒兮其未央哉。我獨泊兮其未兆。儽儽兮若無所歸。澹兮其若海。飂兮若無止。二十一章。惚兮恍兮。其中有象。恍兮惚兮。其中有物。窈兮冥兮。其中有精。二十五章。寂兮寥兮。獨立不改。三十四章。大道氾兮其可左右。五十八章。禍兮福之所倚。福兮禍之所伏。凡此均可爲沌沌兮三字不成句之證。

澹兮其若海　二十章

河上公注。我獨忽忽如江海之流。莫知其所窮極也。王注。情不可覩。按河上本澹作忽。於義爲長。各本海亦作晦。仍以作海爲是。忽惚字通。二十一章。惟恍惟惚。惚兮恍兮。羅氏考異。景龍本。御注本。惚均作忽。莊子應帝王。北海之帝爲忽。釋文引李云。忽喻無形也。淮南子精神。而遊於忽區之旁注。忽區忽恍無形之區旁也。是忽謂無邊際。忽兮正形容海之不可窮極。成疏訓晦爲闇。失之。

孔德之容　二十一章

河上公注。孔大也。有大德之人無所不容。能受垢濁處謙卑也。王注。孔空也。惟以空爲德。然後乃能動作從道。按容庸古字通。詳韓非子新證揚權篇。庸之言用也。孔德之庸。惟道是從。言大德之用。惟道是從也。河上公以容爲容受之容。與下句惟道是從。義不相貫矣。

其精甚眞其中有信　二十一章

河上公注。言存精氣。其妙甚眞。非有飾也。道匿功藏。名其信在中也。王注。信信驗也。物反窈冥。則眞精之極得。萬物之性定。故曰其精甚眞。其中有信也。按自來皆讀信如字。遂不可解結。信申古通。周禮考工記輪人。信其桯圍疏。信古之申字。漢印複姓之申屠習見。亦作信屠。禮記儒行。雖危起居竟信其志疏。信讀爲伸。申伸古同用。儀禮士相見禮。君子欠伸注。古文伸作信。易繫辭傳。引而伸之。釋文。伸本又作信。經傳此例。不勝條舉。按古神字每作伸作申。鶡冠子近迭。國被伸創。陸注。伸或作神。說文。申神也。風俗通怪神。神者申也。皇霸。神者信也。克鼎。顯孝于申。杜白盨。亯孝于皇申且考。申卽神字。按神者精之極。易繫辭傳。精義入神。韓詩外傳二。論治氣養心之術云。博則精。精則神。此言其精甚眞。其中有神。言眞精之中有神也。淮南子本經。精神反於至眞。上言惚兮恍兮其中有象。恍兮惚兮其中有物。窈兮冥兮其中有精。是象與物與精並列。至其精甚眞。其中有神。專承精字而伸述之。言精既甚眞。故精之中有神也。自信神之通假不明。世人遂不知老子言精言神之義矣。

是謂要妙　二十七章

河上公注。能通此意。是謂知微妙要道也。按要妙卽幽眇。爾雅釋地。燕曰幽州。釋文引李云。幽要也。

詩七月。四月秀葽。夏小正作四月秀幽。書康誥。又曰要囚。王靜安謂要囚卽幽囚。是也。要幽雙聲疊韻字。淮南子本經。以窮要妙之望。要妙卽幽妙。文選東京賦。澤洎幽荒。幽荒卽要荒。漢書張敞傳。言之微眇。書不能文也。微眇猶幽妙也。爾雅釋詁。幽微也。眇古妙字。馬敍倫以要妙爲竅杪誤矣。

故物或行或隨　二十九章

河上公注。上所行下必隨之也。按河上以上下爲言。非也。行謂先隨謂後也。二章。前後相隨。羅氏考異。敦煌本前作先。十四章。迎之不見其首。隨之不見其後。禮記射義。諸侯以貍首爲節。釋文。首先也。月令。首種不入注。首種謂稷。疏。首卽先也。是其證。

或挫或隳　二十九章

河上公注。載安也。隳危也。有所安必有所危。明人君不可以有爲治國與治身也。按挫諸本作載。傅奕本作培。惟景龍敦煌二本作接。隳敦煌本作墮。隳乃墮之俗構。俞樾謂載隳相對。於義較諧。然石刻本以景龍爲最可據。古鈔本以敦煌爲最可據。二本不應同誤。載接並精母字。諸本作載。以音近而譌。王本作挫。以形似而譌。接應讀爲捷。接捷乃雙聲疊韻字。禮記內則。接以大牢注。接讀爲捷。公羊僖三十二年。鄭伯接卒。左穀作捷。左莊十二年。宋萬弑其君捷。公羊作接。荀子大略。先事慮事謂之接注。接讀爲捷。莊子人閒世。王公必將乘人而鬬其捷。釋文。捷作接。爾雅釋詁。捷勝也。說文。敗城自曰隓。墮篆文。是墮有敗訓。漢書趙尹張韓兩王傳贊。以失身墮功。墮功卽敗功也。釋文訓隳爲毀。亦與敗義相因。捷勝與墮敗。義正相反也。

夫亦將無欲不欲以靜　三十七章

釋文。無簡文作不。羅氏考異謂景龍御注景福英倫諸本均無夫字。無亦作不。按老子夫字多爲後人所增。無作不者是也。河上公本正作亦將不欲。不欲以靜。今以古書重文之例驗之。亦將不欲。不欲以靜。本應作亦將不＝欲＝以靜。是無應作不之證。

夫唯道善貸且成　四十一章

河上公注。成就也。言道善稟貸人精氣且成就之也。王注。貸之非唯供其乏而已。一貸之則足以永終其德。故曰善貸也。成之不如機匠之裁。無物而不濟其形。故曰善成。按敦煌本貸作始。當從之。始从台聲。與貸聲近。且貸始並之部字。周語。故高朗令終注。終成也。又純明則終注。終成也。書臯陶謨。簫韶九成。鄭注。成猶終也。是成終互訓義同。然則善始且成。即善始且終。六十四章。愼終如始。終始對文。猶此文以成始對文也。

郤走馬以糞　四十六章

河上公注。糞者糞田也。兵甲不用。郤走馬治農田。治身者郤陽精以糞其身。王注。天下有道。知足知止。無求於外。各修其內而已。故郤走馬以治田糞也。按糞敦煌本作糞。景福本作糞。別體字也。傅本作播。同音假字也。郤字從無確詁。糞田亦不應但曰糞。此乃望文生訓。郤字本應作陳。陳譌爲隙。後人又改爲郤。郤隙古字通　莊子田子方。日夜無隙。敦煌本隙作陳。大宗師作使日夜無郤。是其證。陳田古字通。左傳陳完。史記世家作田完。戰國策田單。賈子胎教作陳單。說文。田陳也。詩東山。烝在桑野。

釋文。古田陳聲同。此例古籍習見。走字自來皆以爲行走之走。誤矣。周人載籍凡言走馬無訓行走者。走趣古字通。詩十月之交。蹶維趣馬。緜。來朝走馬。書立政。趣馬小尹。大鼎。王召𧺆馬雁。師兌毀。正師龢父嗣左右𧺆馬五邑𧺆馬。𧺆馬亥鼎。宋𦨣公之孫𧺆馬亥。自作會鼎。右𧺆馬嘉壺。右𧺆馬嘉。自作行壺。周禮夏官趣馬。掌贊正良馬。而齊其飲食。簡其六節。掌駕說之頒。辨四時之居治。以聽馭夫。敍官。鄭注。趣馬趣養馬者也。田走馬以糞。田字逗。謂田養馬以糞之也。以糞正承田字言。三十九章。昔之得一者。天得一以淸。地得一以寧。神得一以靈。谷得一以盈。天地神谷四字均應逗。與此句例略相仿。周禮草人。凡糞種。騂剛用牛。赤緹用羊。墳壤用麋。渴澤用鹿。鹹潟用貆。勃壤用狐。埴壚用豕。彊㯺用蕡。輕爂用犬。月令季夏。可以糞田疇。荀子富國。多糞肥田。是可證糞種糞田糞字均有所指。無單以糞爲糞田者。舊或以走馬與下文戎馬爲對文。尤非。戎馬非不能行走者。此何必以行走之馬爲說邪。韓非子解老。積力於田疇。必且糞灌。故曰天下有道。卻走馬以糞也。是韓子先言田疇。如改韓子下文爲田走馬以糞也。與上義適相承。蓋自卻陳之譌不明。走馬之義不解。而古義之不彰。由來尙矣。

天下有始　五十二章

河上公注。始有道也。按始有道不得曰有始。河上說非是。老子本義。謂始卽道。如注說於始下別增道字非矣。十四章。能知古始。是謂道紀。紀應作巳 是其證。天下當作天地。下字涉下句以爲天下母而譌。此言天地有始。以爲天下母。若作天下有始。殊爲不詞。二十五章。有物渾成。先天地生。寂兮寥兮。獨立不改。周行而不殆。可以爲天下母。其言先天地生。卽此文天地有始之謂也。可以爲天下母之下。范本誤作地。亦猶此文地誤作下也。

濟其事終身不救　五十二章

按說文裘从衣求聲。一曰象形。求古文省衣。金文裘字通作衰。从衣又聲。又古音讀若以。故詩終南。裘韻梅哉。七月。裘韻貍。大東。裘韻來服試。禮記學記。裘韻箕。左襄四年傳。裘韻駘。列女傳魯臧孫母。裘韻台之母。孔廣森謂裘求不同音。以裘爲會意字。誤矣。此章以事韻救。之幽通諧。人皆知之。按救从求聲。求从又聲。裘卽衰。亦从又聲。是求裘救三字並从又聲。非藉古文字證之。固無以知其然也。

是謂盜夸　五十三章

韓非子解老盜夸作盜竽。謂竽也者五聲之長也。姚鼐已譏其訛。而俞樾從之。按各本夸誇互作。夸古誇字。盜誇卽誕誇。盜誕雙聲。獵碣文。帛魚鱳=。其盜氐鮮。盜應讀作涎。謂白魚在水中所吐之涎沫至鮮明也。說文㳄字段注。㳄俗作涎。郭注爾雅作唌。按古文四聲韻上聲二十三旱。誕古文作唌。从言从口一也。盜字本應从皿㳄聲。說文以欲皿爲盜。誤以形聲爲會意。㳄涎並屬邪紐。古讀邪歸定。詳錢玄同古音無邪紐證。盜誇卽誕誇。上言服文綵。帶利劍。厭飲食。財貨有餘。正就誕誇爲言。誕誇亦作夸誕。荀子不苟。夸誕生惑。楊注。矜誇妄誕則貪惑於物也。楊注與老子之說可以互證。

未知牝牡之合而全作　五十五章

釋文。全河上作峻。本一作朘。何氏校刋。樓古作屡。俞樾云。疑王氏所據本作全者。乃会字之誤。按俞氏昧於古音。故改全爲会。全元部。峻諄部。元諄通轉。如酸从夋聲。素官切。隸元部。漢書地理志。金城郡有允吾縣。應劭曰。允吾音鉛牙。又允街縣。孟康曰。允音鉛。按鉛隸元部。允夋古同字。金文駿字通作畯沇从允聲。以轉切。隸元部。說文。悛止也。繫傳七沿反。朱駿聲云。叚借爲銓。左哀三年傳。外內以悛注。次也。又爲恮。廣雅釋詁。悛敬也。按文選魏都賦注引左氏傳杜注。銓次也。故朱謂叚悛爲銓。王氏廣雅疏證。悛者。說文恮謹也。恮與悛通。是王說與朱說同。由是言之。全與峻朘屡字通。例證至顯。

其脆易泮　六十四章

何氏校刋。祗范本泮作判。餘均作破。羅氏考異。諸本亦作破。按作破者是也。後人不明古音。改破爲泮。以韻下句其微易散之散。殊有未當。釋文。脆河上本作膬。按膬與脆同。說文。膬耎易破也。亦可爲此文不應作泮之證。古韻破歌部。散元部。歌元對轉。从皮之字古亦讀如盤。詳淮南子新證齊俗篇拘罷矩折之容下。奚侗謂作破不成韵。疏矣。

天下皆謂我道大似不肖夫唯大故似不肖　六十七章

何氏校刋。羅氏考異。諸本均無道字。按無道字是也。老子凡言夫唯者。多係承上之詞。若作道大。下不應單言夫唯大矣。二章。功成而弗居。夫唯弗居。是以不去。十五章。深不可識。夫唯不可識。故强爲之容。五十九章。治天事人莫若嗇。夫唯嗇。是謂早服。是其證。又按大似不肖。似應讀作以。二十章。而我獨頑似鄙。俞樾謂似當讀作以。詳俞氏平議。以與也。言天下皆謂我大與不肖。即天下皆謂我大。

天下皆謂我不肖也。夫唯大故似不肖。羅氏考異。景龍本。敦煌辛本。均無似字。當從之。後人讀上似字爲象似之似。遂不得不增下似字矣。莊子人閒世。悅賢而惡不肖。釋文。肖似也。禮記雜記。某之子不肖注。肖似也。不似言不如人。漢書吳王濞傳。吳王不肖注。凡言不肖者。謂其鄙陋無所象似也。是不肖卽不似。不應曰似不肖也。凡物大則無以比方。故云夫唯大故不肖似。下云。若肖。久矣其細也夫。言細小之可以象似。尤其明徵矣。

若肖久矣其細也夫 六十七章

羅氏考異。敦煌辛本作若笑救其小。云殆有誤字。按肖笑字通。上文故似不肖。辛本作故不笑。荀子非相。今夫狌狌形笑。亦二足而毛也。形笑卽形肖。是其證。久救音近。救古音亦隸之部。詳五十二章濟其事終身不救下。小與細同義。景龍本無也夫二字。然則若笑救其小。較景龍本但奪矣字耳。

是謂配天古之極 六十八章

河上公注。能行此者。德配天地。是乃古之極要道也。按此句自來讀者至爲紛歧。河上公作是謂配天句。古之極句。俞樾謂古字爲衍文。讀爲是謂配天之極句。馬其昶謂極字在古之二字上。讀爲是謂配天極句。古之二字連六十九章讀爲古之用兵有言句。馬敍倫從馬說。而謂天下當有之字。諸家之說。顚倒割裂。莫此爲甚。按配天二字。應有重文。本作是謂配=天=古之極。應讀作是謂配天句。配天古之極句。玆特舉金石刻辭。及古籍重文之例以證之。睘卣。王姜令作冊睘安尸=白=賓睘貝布。應讀作王姜令作冊睘安尸白句。尸白賓睘貝布句。克鼎。辟天=子=明悊。應讀作辟天子句。天子明悊句。

毛公鼎。𠂤非先告父=厝=舍命。應讀作𠂤非先告父厝句。父厝舍命句。母敢𢍜=橐=湎孜鰥寡。應讀作母敢𢍜橐句。𢍜橐湎孜鰥寡句。井仁妄鐘。用追孝侃前=文=人=其嚴在上。應讀作用追孝侃前文人句。前文人其嚴在上句。曾白霥簠。悊聖元=武=孔𢓊。應讀作悊聖元武句。元武孔𢓊句。石鼓文。君子員=邋=員斿。隸古定尚書盤庚。我后綏乃=祖=乃=父=乃舀弃女。呂刑。方告亡辜於上=帝=監民罔有馨香德。敦煌寫本毛詩。六月。既成我=服=既成。四牡既=佶=且閑。汾沮洳。彼其之子美=如=玉=殊異乎公族。唐寫本左僖八年傳。公命子=魚=辭曰。又六朝寫本左定五年傳。陽虎欲逐之。告公=山=不=狃=曰。凡此均應與金文讀法同。又古鈔本有重文爲後人誤脱者。左昭二十七年傳。夫鄢將師矯子之命。以滅三族。國之良也。日本古鈔卷子本作以滅三=族=國之良也。應讀作以滅三族。三族國之良也。逸周書殷祝。湯以此讓三千諸侯莫敢卽位。藝文類聚太平御覽並引作湯以此三讓三千諸侯。諸侯莫敢卽位。是本應作湯以此三讓三千諸=侯=莫敢卽位。書召誥。乃復入錫周公曰。周公二字應有重文。詳尚書新證。再以老子本書句例證之。如六章。是謂玄牝。玄牝之門。十六章。是謂復命。復命曰常。三十章。是謂不道。不道早已。五十三章。是謂盜夸。盜夸非道也哉。今本誤脱下盜夸二字此據敦煌本 五十五章。謂之不道。何氏校刊除顧本均作是謂不道 不道早已。五十九章。是謂早服。早服謂之重積德。六十五章。是謂玄德。玄德深矣遠矣。七十四章。是謂代大匠斲。夫代大匠斲者。希有不傷其手矣。御注本無夫字及者字 凡此均與是謂配天。配天古之極。句例相同。宗周鐘。我唯司配皇天。書君奭。故殷禮陟配天。多士。罔不配天。周頌思文。克配彼天。左莊三十二年傳。山嶽則配天。莊子天地。齧缺可以配天乎。是配天乃古人恆語。豈可如馬説讀爲是謂配天極乎。上云。是謂不爭之德。是謂用人之力。此言是謂配天。配天乃古之極則也。荀子王霸。國一綦明。劉台拱訓綦爲極。謂極猶言標準。是也。

常有司殺者殺　七十四章

按常應讀作當。金文常當並作尙。

民之輕死以其求生之厚　七十五章

何氏校刋。易龍羅卷范彭均作生生。傅奕本作求生生。他本均作求生。當以作生生於義爲長。作求生者。後人以生生爲費解而改之也。五十章。動之死地。亦十有三。夫何故。以其生生之厚可互證。書盤庚。敢恭生生鞠人。莊子大宗師。生生者不生。釋文引崔云。常營其生爲生生。是乃生生之的詁。

强大處下　七十六章

何氏校刋。惟范本作强大。餘均作堅强。羅氏考異。敦煌辛本亦作堅强。按作堅强者是也。堅强處下。與下句柔弱處上對文。作强大則不類矣。上云。人之生也柔弱。其死也堅强。又云。堅强者死之徒。柔弱者生之徒。七十八章。而攻堅强者。莫之能勝。本書或言堅强。或言剛强。無言强大者。以是明之。

天下莫不知莫能行　七十八章

何氏校刋。諸本不均作能。按作能者於義爲長。七十章。吾言甚易知甚易行。天下莫能知莫能行。是其證。上云。弱之勝强。柔之勝剛。卽易知之謂也。甚易知而天下莫能知。有慨乎其言也。當其時天下皆知剛强之能勝物。而不知柔弱之能勝剛强。故云天下莫能知。

雞犬之聲相聞 八十章

何氏校刊。易龍易福羅卷顧本柰卷河上犬作狗。焦山作猗。餘均作犬。按作狗者是也。周人載籍恆以雞狗連稱。莊子胠篋作雞狗之音相聞。孟子梁惠王。雞豚狗彘之畜。公孫丑。雞鳴狗吠相聞。史記孟嘗君列傳。最下坐有能爲狗盜者。客之居下坐者。有能爲雞鳴。列子說符。人而無義。唯食而已。是雞狗也。然則老子本作雞狗。作犬者乃後人所易。

雙劍誃莊子新證序

今世通行莊子刻本。譌誤甚多。唐鈔本最爲近古。羅氏南華眞經殘卷校記所據敦煌鈔本。僅胠篋刻意山木田子方徐無鬼五篇。除刻意篇。餘均殘缺。日本影印敦煌鈔本。存天運知北遊二篇。日本高山寺卷子本。存庚桑楚外物寓言讓王說劍漁父天下七篇。高山寺本已有狩野直喜校勘記行世。淸季解莊子者。有王氏集解郭氏集釋。然王書漏略殊甚。郭書采錄衆說。頗失翦裁。不暇一一駁正。玆就籀誦所知。錄其私見。後之讀莊書者。亡其有取於斯乎。一九三九年十二月海城于省吾。

雙劍誃莊子新證卷一

大有逕庭　逍遙遊

釋文。司馬本逕作莖。李云。逕庭謂激過也。成疏。逕庭猶過差。亦是直往不顧之貌也。按文選張平子西京賦。劉孝標辯命論。逕庭並作徑廷。逕與徑應讀作楹。釋名釋宮室。楹齊魯讀曰輕。輕逕徑並諧巠聲。廷應讀作莛。說文。莛莖也。齊物論。故爲是舉莛與楹。厲與西施。俞樾謂莛與楹以大小言。厲與西施以好醜言。是也。楹莛乃疊韻連綿字。其義則謂大小之懸殊也。疏訓過差。方以智謂逕庭猶霄壤。均知其義而不知其解者也。

將旁礴萬物以爲一世蘄乎亂　逍遙遊

姚鼐云。旁礴萬物以爲一。所謂合萬物爲己者。亂治也。世自化之。蘄乎治耳。彼非有意以天下爲事而治也。按金文治作嗣作嗣。亂乃嗣之譌。凡經傳亂訓治者。皆嗣之譌文也。蘄乃金文旂字之譌。世蘄乎治四字不詞。世自化之。不得曰世蘄乎治。世大古字通。禮記曲禮。不敢與世子同名注。世或爲大。公羊文十三年傳。世室屋壞。昭二十五年傳。宋樂世心。左穀世並作大。易乾文言。善世而不伐。俞樾謂世當作大。是也。世蘄乎治。卽大蘄乎治。合萬物以爲一體而大蘄乎治也。下云。孰弊弊焉以天下爲事。言萬物皆治。不止以天下爲限也。凡古言治天下者。皆以人民爲限。此則並萬物而治之。故云大蘄乎治也。

以言其老洫也　齊物論

郭注。老而愈洫。章炳麟云。洫借爲侐。說文。侐靜也。按二説並非。釋文。洫本亦作溢。按作溢者是也。管子小稱。滿者洫之。洪頤煊謂洫當作溢。亦其證也。溢泆佚逸古字通。書禹貢。溢爲滎。史記溢作泆。酒誥。淫泆于匪彝。釋文。泆又作逸。多士。大淫泆有辭。宋玉九辯。顔淫溢而將罷兮。楚語。不敢淫逸。書無逸。論衡作毋佚。論語微子。夷逸。漢石經逸作佚。並其證也。大宗師。佚我以老。釋文。佚音逸。郭注。老爲我佚。成疏。老既無能。暫時閒逸。然則老溢卽老佚老逸也。上言其厭也如緘。老逸與厭緘之義正相因也。

恢恑憰怪　齊物論

釋文。恢簡文本作弔。按作弔於義亦通。下文其名爲弔詭。章炳麟謂弔詭卽天下篇之諔詭。是也。經傳言不叔。金文通作不弔。叔弔音近字通。後世假叔爲弔。遂不知叔之本作弔矣。

順始無窮　人閒世

郭注。尋常守故未肯變也。按注讀順如字非是。順應讀作慎。禮記禮器。順之至也。釋文。順亦作愼。荀子彊國。不可不順也注。順或曰當爲愼。易升。君子以順德。釋文。順本又作愼。老子六十四章。愼終如始。左襄二十五年傳。愼始而敬終。是愼始乃古人成語。愼始無窮。窮困也。上言顔回之衞。孔子阻之。

故以愼始無困爲言也。

寡不道以懽成　人閒世

郭注。少有不言以成爲懽者耳。按注説非是。懽應讀作觀。懽讙驩古同用。天運。名譽之觀。釋文。觀司馬本作讙。逸周書太子晉。遠人來驩。下文作遠人來觀。墨子經上。方柱隅四讙也。四讙卽四觀。是其證。上句凡事若小若大。言事無小大。少有不道而可以觀成者。舊讀懽如字失之。

其德天殺　人閒世

釋文。天殺如字。謂如天殺物也。按此乃肊解。不可爲據。天大古通。大豐毀。天室卽大室。庚桑楚。大道已行矣。釋文。大本或作天。按高山寺卷子本亦作天。讓王。天寒旣至。呂氏春秋愼人作大寒旣至。書多士之言天邑。猶召誥之言大邑也。並其例證。殺謂衰殺。儀禮士冠禮。德之殺也注。殺猶衰也。禮記樂記。是故志微噍殺之音作。汲古閣本史記樂書作焦衰。然則其德天殺。卽其德大衰也。

吾行郤曲　人閒世

郭注。曲成其行。各自足矣。釋文。字書作𧾷。廣雅云。𧾷曲也。按𧾷卽迟。迟曲説文作稽䅑。文選宋玉風賦。枳句來巢。淮南子脩務。燕枝拘。並同音假字也。迟稽枳並諧只聲。枝之通枳。猶肢之作胑。曲句並侯部字。説文。句曲也。是曲句音義並相近。注不釋郤字。又以曲成其行爲言。是不知迟曲爲雙聲謰語。吾行迟曲。謂吾行屈曲也。

且子見執政而不違　德充符

按違諱古通。在宥。應於禮而不諱。俞樾讀諱爲違。此應讀作且子見執政而不諱。言無所避諱。郭注以不遜釋不違。成疏訓違爲避。意則近是。然不知違實諱之假字也。

使日夜無郤而與物爲春　德充符

釋文。郤李云閒也。按李說非是。郤本應作陳。以陳訛作隙。又改爲郤耳。知北遊。若白駒之過郤。釋文。郤本亦作隙。卽其證。田子方。日夜無隙。敦煌本隙作陳。羅振玉云。注稱化恆新。則作陳者是。按使日夜無陳。而與物爲春。春生物日新。故云而與物爲春。正與無陳之義相符。且陳春爲韻。陳眞部。春諄部。眞諄通諧。下云。是接而生時於心者也。亦係伸述無陳之義。

彼方且與造物者爲人　大宗師

王引之云。人者偶也。爲人猶爲偶也。中庸。仁者人也。鄭注曰。人也讀如相人偶之人。以人意相存偶之言。按古文人夷形近。金文夷狄之夷通作[illegible]。卽尸字。[illegible]卣。亻方卽人方。亦卽夷方。淮南子齊俗訓。上與神明爲友。下與造物爲人。人應讀作夷。章炳麟小學答問云。山海經以仁羿爲夷羿。古文夷仁皆作𡰥。則凡言人偶人道者。亦謂醜夷爲耦。醜夷之道也。按寓言地有人據。章氏亦謂人借爲夷。是也。尸夷人仁古並通。禮記喪大記。男女奉尸夷於堂注。夷之言尸也。易繫辭傳。何以守位曰仁。釋文出曰人。云王肅作仁。漢韓勑碑。於是四方士仁。仁通人。彼方且與造物者爲人。應讀作彼方且與造物者爲夷。夷謂等夷。言與造物者爲等夷也。下文云。畸於人而侔於天。侔於天亦與造物者爲等夷之謂也。

有且宅而無情死　大宗師

郭注。似形骸之變爲旦宅之日新耳。其情不以爲死。按注說至爲迂妄。釋文。李本作怛咤。詩匪風。中心怛兮傳。怛傷也。廣雅釋詁。怛憂也。宅應讀爲度。西清古鑑著錄有作冊宅彝。卽書顧命之作冊度也。書堯典。宅西曰昧谷。周禮注宅作度。五流有宅。五宅三居。史記宅並作度。立政。惟克厥宅心。漢石經宅作度。此例不勝繁舉。情精古字通。古籍習見。死字本應在精字上。淮南子精神作有綴宅而無秏精。秏與死義相因。尤其明證矣。且有怛度而無死精。與上文有駭形而無損心正相對爲文。度謂儀度。言有憂傷之儀度而無死精也。老子六章。谷神不死。卽欲神不死。詳老子新證。神與精義相因。此言而無死精。猶老子言欲神不死也。淮南子精神作有綴宅者。綴怛古韻隸脂部。綴惙字通。說文。惙憂也。與怛同義。

造適不及笑　大宗師

郭注。所造者皆適則忘適矣。故不及笑也。按注說望文生訓。造應讀作遭。書大誥。予造天役遺。漢書王莽傳造作遭。呂刑。兩造具備。史記周本紀造作遭。易乾九五象傳。大人造也。卽大人遭也。亦卽爻辭利見大人之義。奚侗謂適借作謫。是也。遭謫不及笑。言旣遭遣謫。何及歡笑乎。

纍瓦結繩竄句　駢拇

釋文。崔云。聚無用之語。如瓦之纍繩之結也。司馬云。竄句謂邪說微隱。穿鑿文句也。按二說並非。釋文。一云瓦當作丸。句一音鉤。是也。金文鉤字不从金。芮公鉤。內公作鑄從鐘之句。是其證。纍丸形容辯者言語之圓轉。繩言乎直。鉤言乎曲。結繩竄鉤則無曲直之可言矣。下云。曲者不以鉤。直者不以繩。馬蹄。曲者中鉤。直者應繩。是鉤繩固相屬爲文。竄謂變易。書堯典。竄三苗于三危。史記五帝紀竄作遷。遷亦易也。

而馬知介倪闉扼　馬蹄

釋文。李云。介倪猶睥睨也。闉曲也。司馬云。言曲頸於扼以抵突也。孫詒讓云。扼卽衡軛之軛。司馬說得之。倪卽輗之借字。說文車部云。輗大車轅耑持衡者。按孫說是也。然介字闉字從無塙詁。介應讀作愒。詩甫田。攸介攸止。林義光云。介讀爲愒。說文。愒息也。攸愒攸止對或耘或耔而言。猶生民之攸愒攸止對載震載夙而言也。介古作匃。凡以介眉壽之介。金文皆作匃。愒從匃得聲。則介愒古同音。書酒誥云。爾乃自介用逸。又云。不惟自息乃逸。自介卽自息。介亦愒之假借也。按林說是也。易豫六二。介于石。卽愒于石。詳易經新證。爾雅釋詁。遏止也注。今以逆相止爲遏。易大有象傳。君子以遏惡揚善。虞注遏絕。易屯注。窮困闉厄。釋文。闉塞也。周禮掌蜃。以共闉壙之蜃注。闉猶塞也。呂氏春秋論人。不可塞也注。塞遏也。國語晉語。是自背其信而塞其忠也注。塞絕也。漢書刑法志。是以罔密而姦不塞注。塞止也。金文車軛字作厄。遏闉同訓。遏輗闉軛。謂絕其輗止其軛。不安於御事也。

於是乎天下始喬詰卓鷙　在宥

釋文。崔云。喬詰意不平也。按崔說至含渾。喬詰應讀作狡黠。喬狡乃雙聲疊韻字。玄應一切經音義九。姣古文嬌同。後漢書楊終傳。而要結輕狡無行之客。張衡西京賦。非都盧之輕趫。輕狡卽輕趫。漢書王莽傳。其或順指。言民驕黠當誅。驕黠猶狡黠也。詰黠並諧吉聲。故相通借。

大同乎涬溟　在宥

釋文。司馬云。涬溟自然氣也。按涬溟當卽滜溟。涬滜雙聲疊韻。文選海賦。經途滜溟注。滜溟猶絕遠杳冥也。滜亦作㠥。吳都賦㠥冥鬱岪。劉注。山氣暗昧之狀。論衡談天。溟涬濛澒。氣未分之類也。涬溟天地篇作溟涬。按絕遠杳冥與暗昧未分之義並相因。涬溟猶天地篇此之謂混冥之混冥也。

方且爲緒使　天地

郭注。將興後世事役之端。按爾雅釋詁。緒事也。方且爲緒使。言方且爲事使也。下句方且爲物絯。事物對文。

無落吾事　天地

成疏。落廢也。按疏說非是。落格古通。史記酷吏列傳。置伯格長。集解引徐廣。古村落字亦作格。詩訪落。訪予落止。卽方予格止。落洛古亦通。詳詩經新證。淮南子時則。行冬令格。王引之謂格讀爲落。大師虘豆。用卲洛朕文祖考。卲洛卽昭格。詩雲漢。昭假無贏。假格經傳同用。格之通詁爲止爲拒。然則無格吾事。謂無阻吾事也。或謂落露聲近義同。訓露爲敗。失之。

有人治道若相放　天地

郭注。若相放效。按注說非是。放釋文作方。云本亦作放。書堯典。方命圮族。漢書方作放。孟子梁惠王。方命虐民。趙注。方猶逆也。是方命卽逆命。有人治道若相放。謂有人治道若相背逆也。下文可不可。然不然。郭注謂以不可爲可。不然爲然。正伸相背逆之義。

若然者豈兄堯舜之教民溟涬然弟之哉　天地

郭注。溟涬甚貴之謂也。不肯多謝堯舜。而推之爲兄也。按注說殊誤。兄應讀作皇。古字通。書大誥。若兄考。卽若皇考。詳尙書新證。無逸。無皇曰今日耽樂。則皇自敬德。漢石經皇均作兄。皇通遑。詩谷風。遑恤我後箋。遑暇。禮記表記作皇恤我後。溟涬猶言混冥。詳在宥大同乎涬溟下。弟本應作夷。二字形近。又涉上兄字而譌。易渙六四。匪夷所思。釋文。夷荀作弟。明夷六二。夷于左股。釋文。子夏作睇。京作眱。大過九二。枯楊生稊。後漢書方術傳注作枯楊生荑。禮記內則。不敢噦洟。釋文。亦作噦涕。均其證也。夷謂等夷。禮記曲禮。在醜夷不爭注。夷猶儕也。史記留侯世家。皆陛下故等夷。集解引徐廣。夷猶儕也。若然者承上文大聖之治天下也七句爲言。豈暇堯舜之教民溟涬然等夷之哉。義謂其治天下高出於堯舜。而不暇與堯舜爲等夷也。大宗師。彼方且與造物者爲人。爲人卽爲夷。夷字與此文用法同。

以二缶鍾惑而所適不得矣　天地

釋文。缶應作垂。鍾應作踵。言垂脚空中。必不得有之適也。司馬本作二垂鍾。云鍾注意也。按釋文及司馬說並非。缶古文寶字。父舟毁。寶字作缶。窓鼎。仲盤。寶字作宝。說文。寶从缶聲。以二缶鍾惑。應讀作以二寶鍾惑。二寶乃承上文高言至言而言。左昭二十八年傳。而天鍾美於是注。鍾聚也。上先言大惑者終身不解。又曰而今也以天下惑。予雖有祈嚮。不可得也。不亦悲乎。大聲不入於里耳。折楊皇荂。則嗑然而笑。是故高言不止於衆人之心。至言不出。俗言勝也。於高言至言之前。以大聲折楊皇荂爲喻。言以高言至言之二寶說之。俗人必不之解。而反以聚惑。故曰而所適不得矣。下文知其不可得也而强之。又一惑也。故莫若釋之而不推。正仲述不以高言至言二寶鍾惑之義。老子六十七章。以慈儉不敢爲天下先爲三寶。則高言至言亦可稱寶。此文不煩改字。而語義自適。俞樾改二缶鍾爲一企鍾。妄矣。

審乎無假　天道

郭注。任眞而直往也。按注以假爲眞假之假。非是。假古文作叚。叚瑕字通。曾伯陭壺。爲德無叚。卽爲德無瑕。淮南子精神作審乎無瑕。老子二十七章。善言無瑕讁。釋文。瑕疵過也。

夫至樂者先應之以人事順之以天理行之以五德應之以自然然後調理四時太和萬物　天運

蘇轍云。夫至樂者以下三十五字是注文。按蘇說是也。郭慶藩莊子集釋竟未採此說。疏矣。玆列五證以明之。敦煌古鈔本無此三十五字。其證一也。先應之以人事。順之以天理。與上奏之以人徵之以天詞複。其證二也。調理四時。太和萬物。與下四時迭起。萬物循生。詞義俱複。其證三也。上言行之以禮義。建之以大淸。淸字與下文生經爲韻。有此三十五字。則淸字失韻。其證四也。郭於三十五字之下無注。其證五也。

吾又奏之以無怠之聲調之以自然之命　天運

郭注。命之所有者非爲也。皆自然耳。按注讀命如字非是。大宗師。無以命之。釋文引崔李注。命名也。則陽。人則從而命之也。釋文。命名也。聲與名對。上云。其聲揮綽。其名高明。亦聲與名對。是其證。

又奚傑然若負建鼓而求亡子者邪　天運

敦煌古鈔本。傑然作傑傑然。按闕誤引張本亦作傑傑然。作傑傑然者是也。下傑字涉重文作＝而奪。天道。又何偈偈乎揭仁義若擊鼓而求亡子焉。偈偈卽傑傑。庚桑楚。若規規然若喪父母揭竿而求諸海也。與此文例並相仿。

堯授舜舜授禹　天運

敦煌古鈔本作堯與而舜受。按敦煌本是也。上云。子何以謂不同。下云。禹用力而湯用兵。文王順紂而不敢逆。武王逆紂而不肯順。故曰不同。堯授舜。舜授禹。是同也。堯與而舜受。與受正言其不同。於上下文義相符。

不至乎孩而始誰　天運

郭注。誰者別人之意也。未孩已擇人。言其競教速成也。釋文。孩說文云笑也。按注及釋文解孩字之意並非。孩應讀作期。老子二十章。如嬰兒之未孩。卽如嬰兒之未期也。詳老子新證。此應讀作不至乎期而始誰。言未至乎期年而知別人也。

人有心而兵有順　天運

郭注。此言兵有順。則天下已有不順故也。按注說於文義不適。順應讀巡。順巡並諧川聲。古玉銘。逆則生。巡則死。巡卽順也。說文。巡視行貌。兵有巡謂兵有所巡視也。上言禹之治天下。使民心變。下言殺盜非殺。然則人有心而兵有巡一語。承上起下。人有心承上使民心變而言。兵有巡起下殺盜非殺而言。舊皆讀順如字。故不可解結。

不似礨空之在大澤乎　秋水

釋文。空音孔。礨孔小穴也。李云。小封也。一云。蟻冢也。成疏。礨空蟻穴也。奚侗云。礨當作礨。空叚作坎。按典籍傳注既無訓礨爲小者。亦無訓礨空爲小封與蟻冢或蟻穴者。此因莊子大小之喻。而爲杜撰之說以附會之耳。至于讀礨空爲礨坎。礨坎與大澤又何涉乎。礨字應讀作螺。螺从累聲。說文。纍从系畾聲。隸省作累。按漢魯峻碑之礧落。朱龜碑作磦落。集韻。猓亦作猵。是从累从畾一也。又畾與厽。纍與絫。均係同字。說文誤歧爲二。古籍螺字亦作蠃。易說卦。離爲蠃。釋文。京作螺。國語吳語。其民必移就蒲蠃於東海之濱。韋注。蠃蚌蛤之屬。朱駿聲說文蠃字注云。俗字作螺。又云。後人別水生可食者爲螺。陸生不可食者爲蝸牛。按秦漢以後。螺行而蠃廢。螺字所从之累既本作纍。是礨與螺並諧畾聲。則礨之應讀爲螺。礨空之爲螺孔。明確無疑。空訓爲孔。古籍習見。不煩舉例。螺孔謂螺之羅旋㲉孔也。上云。計四海之在天地之間也。不似螺孔之在大澤乎。下云。計中國之在海內。不似稊米之在大倉乎。爾雅釋草郭注謂稊似稗。稊米之在大倉。與螺孔之在大澤。對文成義。極言其小。尚書大傳夏傳。鉅定蠃。鄭注。鉅定澤也。言鉅定澤之螺。螺生澤中。故以螺孔之在大澤爲喻也。

雙劍誃莊子新證卷二

遊之壇陸　至樂

釋文。壇司馬本作澶。音但。云水沙澶也。按澶陸二字不相屬。壇應讀作坦。猶袒之作襢但之作亶也。遊之坦陸。與上句栖之深林相對爲文。達生篇作宜棲之深林。浮之江湖。食之以委蛇。則安平陸而已矣。依闕誤引劉得一本。則下增安字。平陸猶此言坦陸也。

吾處身也若厥株拘　達生

釋文引李云。厥豎也。豎若株拘也。按李說非是。說文。株木根也。繫傳曰。入土曰根。在土上者曰株。山海經海內經。建木下有九枸。郭注。枸根盤錯也。然則拘乃枸之譌。列子黃帝作若橜株駒。駒乃枸之借字。厥應讀作蹶。說文。蹶僵也。荀子成相。國乃蹷注。蹷顛覆也。史記孫子吳起列傳。蹶上將。索隱引劉氏云。蹶猶斃。按顛覆與斃義相因。然則若蹶株枸。謂寧靜不動若樹木根榦之顛覆已死也。上文見痀僂者。成疏謂痀僂老人曲膂之貌。樹木之傾榦拔根。正象老人之曲膂。故曰吾處身也若蹶株枸。田子方。向者先生形體掘若槁木。掘應讀蹶。言僵若槁木也。漢書古今人表。吳厥由。注作蹶由。左宣十二年傳。韓厥。公羊襄元年經作韓屈。厥之作屈。猶掘之作蹶矣。

三月而成上下之縣 山木

釋文引司馬云。八音備爲縣。而聲高下。按此説非是。所謂上下之縣者。專承上文爲鐘言之。邵鐘。大鐘八聿肆。其寵四鍺堵。肆列也。周禮小胥。凡縣鐘磬。半爲堵。全爲肆。應作全爲堵。半爲肆。言八列四堵每堵二列也。縣鐘必於虡。既每堵二列。則列有上下。故曰上下之縣。

其愛益加進 山木

敦煌本愛作受。按作受者是也。下云。無受人益難。是受益乃古人成語。成疏以敬愛爲言。失之。又敦煌本加作嘉。嘉从加聲。古字通。

臭腐復化爲神奇 知北遊

敦煌古鈔本無復字。按下云神奇復化爲臭腐。係緟此句言之。則無復字於義爲長。

運量萬物而不匱 知北遊

郭注。用物而不役己。故不匱也。按注説未允。周髀算經下。凡日月運行四極之道注。運周也。字亦通作員。天運。釋文司馬作天員。詩玄鳥。景員維河傳。運均。疏。員者周匝之言。廣雅釋詁。量度也。闕誤引文劉二本。匱字俱作遺。匱遺古字通。禮記祭義。而老窮不遺。釋文。遺一本作匱。是其證。此言周度萬物而無所遺逸也。義謂萬物皆在其範圍權衡之中。易繫辭傳。曲成萬物而不遺。語例同。

唯無所傷者爲能與人相將迎 知北遊

敦煌古鈔本人作之。按作之者是也。上云。不傷物者。物亦不能傷也。是之字正指物言。物謂凡物。非專就人言。注疏均不釋人字。亦其證矣。

知能能而不能所不能　知北遊

敦煌古鈔本無知字。按敦煌本是也。上云。夫知遇而不知所不遇。能能與知遇對文。作知能能則不詞矣。此知字卽涉上知字而誤衍。成疏。分之所能。能則能之。是成所見本亦無知字。

趎勉聞道達耳矣　庚桑楚

釋文引崔向云。勉强也。本或作踠。按高山寺卷子本勉作晚。是也。上云。若趎之年者已長矣。故曰晚聞道達耳矣。漁父。惜哉子之蚤湛於人僞。而晚聞大道也。可互證。

然其病病者猶未病也　庚桑楚

高山寺卷子本。無然其病三字。按卷子本是也。上句病者能言其病。故此云病者猶未病也。然其病涉上句言其病而誤衍。

爲不善乎幽閒其中者　庚桑楚

高山寺卷子本。幽閒作幽冥。按作幽冥者是也。幽冥與上文爲不善者顯明之中者之顯明爲對文。較今本爲勝。

道通其分也其成也毁也　庚桑楚

按此應依高山寺卷子本作道通。其分也成也。其成也毁也。今本其分也下。捝成也二字。

招世之士興朝　徐無鬼

成疏。招致人物之士。可以興於朝廷也。按疏說非是。招應讀作昭。昭世之士興朝。謂昭明於世之士。足以興朝也。

其求鈃鍾也以束縛　徐無鬼

釋文。鈃音刑。又字林云。鈃似小鍾而長頸。又云。似壺而大。按說文。鈃似鍾而頸長。鈃卽鉼。朱駿聲謂鈃从金幷省聲。是朱氏已知鈃卽鉼字。鉼今作瓶。以金爲之。故从金。急就篇。銅鍾鼎鋞鋗鉇銚。鋞御作鉶。碑作鉼。爽史鉼。鉼字作鈚。鈚从金比聲。比幷音近相假。鉼亦壺類。爽史鉼形制似壺而頸長。然不大於壺。近世所發現商周彝器。鉼與壺每於頸之左右有耳。耳有孔。其下圈足亦左右有孔。俗謂之穿帶壺。此言束縛。謂以繩穿耳及足也。

其求唐子也而未始出域　徐無鬼

郭注。唐失也。按唐無失訓。唐應讀作蕩。晉邦盦。我皇祖[illegible]公。卽唐叔封於唐之唐公也。叔弓鎛。虩＝成唐。成唐卽成湯。甲骨文成湯之湯均作唐。說文。唐古文啺。蕩湯啺並諧昜聲。蕩子謂流蕩在外之子。

堯聞舜之賢舉之童土之地曰冀得其來之澤　徐無鬼

王先謙云。云望得舜來而施澤也。按讀來如字不詞。來應讀作釐。漢書劉向傳。飴我釐麰注。釐又讀與來同。史記杞世家。弟平公鬱立。索隱。一作郁釐。譙周云。名鬱來。儀禮少牢饋食禮。來女孝孫注。來讀曰釐。釐賜也。詩江漢。釐爾圭瓚傳。釐賜也。言望得舜賜童土之地以恩澤也。

復命搖作　則陽

郭注。搖者自搖。作者自作。莫不復命。按注讀搖如字非是。老子十六章。夫物芸芸。各復歸其根。歸根曰靜。是謂復命。復命曰常。是復命乃古人成語。謂復反於性命也。馬叙倫謂復疑爲循之譌非是。搖應讀作猶。禮記檀弓。咏斯猶注。猶當爲搖。聲之誤也。秦人猶搖聲相近。淮南子要略。精搖靡覽。即精猶靡覽。按猶由古同用。由以也。詳經傳釋詞。復命由作。即復命以作也。

同濫而浴　則陽

按濫即鑑。說文。鑑大盆也。金文作監。夫差監。攻吳王大差。擇氒吉金。自作御監。

四時殊氣天不賜故歲成　文武大人不賜故德備　則陽

按金文錫字作易。賜字作睗。虢季盤。王睗乘馬。是用左王。睗用弓。彤矢其央。睗用戉。用政緣方。金文亦假睗爲易。毛公鼎。夙夜敬念王威不睗。不睗即不易也。弓鎛。虔卹不易。詩韓奕。朕命不易。文王。駿命不易。命之不易。書盤庚。惟汝含德不惕。不惕亦不易也。四時殊氣。天不易。故歲成。言天不變易其四時殊氣之節候。故歲成也。文武大人不易。故德備。言文武大人不變易其文武之度。故德備也。舊讀賜如字。故不得其解。

則天地大絯　外物

釋文。絯音駭。奚侗云。是即借絯爲駭。說文曰。駭驚也。按天地大驚。不辭甚矣。絯應讀作閡。上言陰陽錯行。然則天地大閡。謂天地大相隔閡也。猶易否所謂天地不交也。

於是乎有僓然而道盡　外物

釋文引郭云。僓順也。按郭說非是。高山寺卷子本僓作隤。字應讀作匱。遺匱古通。知北遊。運量萬物而不匱。闕誤引文劉二本匱俱作遺。匱然竭貌。正形容道盡之義。

惠以歡爲驁終身之醜　外物

郭注。惠之而歡者。無惠則醜矣。然惠不可長。故一惠終身醜也。按注讀惠如字非是。章炳麟謂惠爲發聲詞。亦非。惠應讀作謂。書盤庚。爾謂朕曷震動萬民以遷。漢石經謂作惠。晏子春秋諫下弟十八。故節于身謂于民。言節于身惠于民也。呂氏春秋開春論。而天下皆來謂矣。來謂卽來惠。均其例證。釋文。驁或作鷔。按作鷔者是也。上文引老萊子曰。夫不忍一世之傷。而驁萬世之患。是但爲一時之樂也。抑固窶邪。亡其略弗及邪。二句係跌宕之筆。謂以歡爲鷔。終身之醜。係承夫不忍一世之傷二句而申述之也。

眥媙可以休老寧可以止遽　外物

釋文。眥亦作揃。媙本亦作搣。按作揃者是也。揃或省作前。前古作歬。與眥相似而譌。說文。揃。搣也。搣批也。苗夔謂搣蓋拊摩之意。馬叙倫謂揃搣卽今按摩術也。急就篇。沐浴揃搣寡合同。顏注。揃搣謂鬄拔眉髮也。按揃搣仍以苗馬說爲是。闕誤引張本。休作沐。成疏。衰老之容。以此而沐浴。是成所見本休亦作沐。高山寺卷子本作眥媙可以已沐。老寧可以已遽。按上句爲靜然可以補病。是三句平列皆六字。人老則寧靜。故云老寧。老寧亦猶老佚。老佚詳齊物論篇。今本作止遽。與已遽同義。然止字與上巳字不複。當以作止爲是。沐誤爲休。沐上落巳字。又以休老連讀。其誤甚矣。

以期年耆者 寓言

郭注。期待也。按以期年耆者。文不成義。高山寺卷子本無耆字。年耆二字右側各有二點。並注來者二字。年來耆者形似。耆字又涉上文耆字而譌。楊守敬云。按注無以待人。則作來者是。按楊說允矣。上言年先矣而無經緯本末。此言以待來者。是非先也。於上下文義最相符恰。

復靈以生 寓言

郭注。而不復其本靈則生亡矣。按注讀靈如字。非是。靈應讀作命。書盤庚。弔由靈各。孫詒讓讀靈爲令。是也。金文命令同字。呂刑。苗民弗用靈。禮記緇衣引作苗民匪用命。法言重黎。喪其靈久矣。喪其靈即喪其命。詳法言新證。復靈以生。即復命以生也。老子十六章。是謂復命。復命曰常。則陽。復命搖作。是復命乃古人成語。上言夫受才乎大本。故此云復命以生也。

如觀雀蚊虻相過乎前也 寓言

按高山寺卷子本作如三鸛蚊虻相過乎前者也。較今本多三字及者字。三字涉上句三釜三千鍾而衍。釋文出鸛。云本亦作觀。此句本應作如觀蚊虻相過乎前也。雀字亦衍文。詳俞氏平議。卷子本既無雀字。愈可佐證俞說。

四年而物 寓言

郭注。與物同也。按注說非是。物乃易之譌。易謂不難也。管子小匡。珍異物聚。物乃易之譌。詳管子新證。墨子經上。庫易也。易本應作物。詳墨子新證。應帝王。物徹疏明。天道。中心物愷。章炳麟並以物爲易之誤。引書堯典平在朔易。五帝紀作辯在伏物爲證。按物愷之物。釋文本亦作勿。金文勿字作㫚。易字作㐬。形近易誤。淮南子主術。不受贛於君注。贛物也。邵瑞彭謂物爲賜之譌。是亦从勿从易形誤之證。

請問其故　寓言

按王氏集解。郭氏集釋。故均作過。高山寺卷子本作請聞某過。卷子本較今本爲勝。

晉魏爲脊　說劍

高山寺卷子本魏作衛。按作衛者是也。下云。周宋爲鐔。韓魏爲夾。此作魏則與下複。且晉衛在北故爲脊。韓魏在南故爲夾。

劍士皆服斃其處也　說劍

按高山寺卷子本作鈒士皆伏斃其處矣。服作伏。也作矣。並較今本爲勝。

人憂其事　漁父

高山寺卷子本憂作處。按作處者是也。今本作憂者。涉下庶人之憂也而誤。禮記檀弓。何以處我注。處猶安也。上言官治其職。與人處其事。相對爲文。

眞怒未發而威眞親未笑而和　漁父

高山寺卷子本作眞怒不嚴而威。眞親不笑而和。按發作嚴者是也。嚴與笑爲對文。上文云。强怒者雖嚴不威。强親者雖笑不和。可互證。

必且有感搖而本才　列御寇

按感讀撼。才讀哉。西周金文哉字皆以才爲之。是應讀作必且有撼搖而本哉。釋文。一本才作性。故郭注以本性爲言也。

老弱孤寡爲意皆有以養　天下

高山寺卷子本無爲意二字。按卷子本是也。禮記禮運。矜寡孤獨廢疾者。皆有所養。亦無爲意二字。

不見觀　天下

郭注。不順民望。按注説非是。釋文。見一本作聚。高山寺卷子本作取。聚取古字通。易萃彖傳。聚以正也。釋文。荀作取以正。是其證。觀應讀作懽。詳人間世寡不道以懽成下。不聚觀即不取懽也。上云。常反人。又云非生人之行。又云。至於若無知之物而已。皆與不取懽之義相應。

常寬容於物　天下

高山寺卷子本無容字。按無容字是也。此與下句不削於人。對文成義。郭注。則自容有餘也。以容詁寬。似郭所見本亦無容字。

雙劍誃韓非子新證序

韓非子舊有尹知章注。其佚已久。今本所存注文。淸儒據元何犿說。定爲李瓚注。然於疑文滯義。鮮所發明。至淸季王先愼。始采摭衆說。爲之集解。然妄改舊文。踳牾迭見。不逮其從兄王先謙荀子集解遠甚。世變方殷。善解精刋。無從借參。僅就王書爲之考辨。或得或失。俟諸來哲。一九三八年八月海城于省吾。

雙劍誃韓非子新證卷一

有功無功相事也 初見秦

俞樾云。事者治也。高注呂氏春秋淮南内篇屢見。詩卷耳毛傳。采采事采之也。正義引鄭志答張逸云。事謂事事一一用意之事。蓋事訓治。故一一用意謂之事也。此言有功無功相事。正一一用意之義。謂分別其有功無功。不混淆也。按俞說未憭。事使金文同字。使猶用也。上云。今秦出號令而行賞罰。此云。有功無功相使也。言有功爲之用。無功亦爲之用。故云相使也。

此其大功也 初見秦

王先愼云。策其作甚。是也。其當爲甚之殘字。按王說非。其乃綦之省文。綦極也。古書其讀綦者。後人多改爲甚。墨子尙同上。其明察以審信。兼愛下。故約食爲其難爲也。其並應讀作綦。莊子讓王。子綦爲我延之以三旌之位。宋本綦作其。是其證。

長城巨防 初見秦

按厵羌鐘。達征秦遨齊。入賬城。先會于平陰。賬城卽長城。

立社稷主置宗廟令率天下西面以與秦爲難 初見秦

顧廣圻云。策無稷字。以廟字句絕。令字屬下。俞樾云。策是也。王先愼云。立社稷主四字不誤。按稷字衍。顧俞說是。淮南齊俗訓。殷人之禮。其社用石。水經穀水注。禮天子建國。左廟右社。以石爲主。按以石爲主。故云立社主。後人多見社稷。少見社主。故增稷字。

夫攻伐而使從者閒焉不可悔也　存韓

王先愼云。乾道本閒作聞。顧廣圻云。聞當作閒。閒反閒也。按不可悔也。語頗突然。此悔字應讀作誨。誨古謀字。王孫鐘。誨猷不飤。誨猷卽謀猷。書洛誥。拜手稽首誨言。誨言卽謀言。古謀字亦作每。畱鼎。畱酒每于釁。言畱酒謀于釁也。晚周字多从心。如叔之作惄。易之作惖。是其證。夫攻伐而使從者閒焉。不可謀也。言非與秦王謀攻伐。不可使從者離閒之也

虛處則㤥然若居濕地著而不去以極走則發矣　存韓

顧廣圻云。虛處逗。平居也。與極對文。則㤥然若居溼地著而不去。十一字爲一句。以極逗。走字衍。俞樾云。顧氏視舊讀爲長。然平居不得謂之虛處。且走與處對文。則走字非衍也。按此當以虛處則㤥然若居濕地爲句。虛乃衍字也。蓋卽處字之誤而複者。著而不去爲句。以極走則發矣爲句。極猶亟也。古字通用。按俞說較顧說爲優。惟謂虛字爲衍文。亦非。虛處與亟走。正爲對文。不可刪也。

必有忠計　存韓

王先愼云。荆疑四國必不欺秦。按王說非是。有應讀作又。忠應讀作中。今字去聲。上言則齊人懼而從蘇之計。是我兵未出。而勁韓以威擒。强齊以義從矣。聞於諸侯也。是已中計矣。此言趙氏破膽。荆

氏狐疑。故云必又中計。若如王說讀忠如字。不知斯自謂所謀巳當。豈待四國之忠計哉。

而所以得與諸侯班位於天下君臣相保者 存韓

按班位不詞。本應作班立。孟子公孫丑。若是班乎注。班齊等之貌也。金文位字均作立。班立猶言並立。

揔微說約徑省而不飾則見以爲劌而不辯 難言

王先愼云。意林劌作訥。按劌讀如字。於文理不符。意林改劌爲訥。於義較適。然劌訥形殊。無由致譌。不可爲據。劌應讀作昧。左莊十年傳。曹劌。史記刺客傳作曹沬。易略例卦略。明微故見昧。釋文。昧又作沬。卽其證也。昧謂暗昧。昧而不辯。與揔微說約徑省而不飾之義正相應。

義理雖全未必用也 難言

按全應讀作純。二字古通。詳荀子新證勸學篇。上云。故度量雖正。未必聽也。正與純相對爲文。

尹子穽於棘 難言

舊注。投之於穽棘中。按投之於穽棘中。不應曰穽於棘。穽字本應作井。古刑字。金文刑字均作井。後人不解而改爲穽。然因此猶存古字。棘當係地名。吳語乃匍匐將入於棘闈注。棘楚邑。左襄二十六年傳。吳於是伐巢取駕克棘入州來。杜注。駕棘皆楚邑。譙國酇縣東北有棘亭。此言井於棘。卽刑於棘也。

是故大臣之祿雖大不得藉威城市 愛臣

俞樾云。威字衍文。藉當讀爲籍。詩韓奕篇。實畝實籍。唐石經作實畝實藉。是其例矣。漢武帝紀。籍吏民馬。師古注。籍者總入籍錄而取之。即此籍字之義。按俞說非是。古人言祿亦就位言。論語爲政。子張學干祿。集解引鄭注。祿祿位也。後漢書桓帝紀注。天祿天位也。藉與作古音近字通。墨子辭過。作斂即籍斂。詳王氏雜志。晏子春秋諫上弟十九作藉斂。淮南子氾論。履天子之籍注。籍或作阼。儀禮特牲饋食禮。尸以醋主人注。古文醋作酢。淮南子說林。蝯狖之捷來乍。繆稱作猨狖之捷來措。莊子應帝王。作猨狙之便。執斄之狗來藉。爾雅釋器。魚曰斮之。禮記內則魚曰作之。是均从昔从乍字通之證。此言大臣之祿位雖大。不得作威城市也。作威乃古人成語。即承上文偏威言。用是故二字。即伸述上文之義。有度篇。臣毋或作威。書洪範。臣無有作福作威玉食。均可爲此文作威之證。

治紀以知善敗之端　主道

按治紀不詞。金文治字作嗣。與司同用。然則治紀即司紀。此與上句明君守始以知萬物之源對文。又上文云。道者萬物之始。是非之紀也。守始司紀即承上文言之。守與司互文耳。鬼谷子捭闔。而守司其門戶注。司主守也。

不智而爲智者正　主道

舊注。爲臣之正。按詩節南山。覆怨其正傳。正長也。不智而爲智者長。與上句不賢而爲賢者師對文。

不約而善增　主道

俞樾云。增字義不可通。兩增字疑皆會字之誤。不言而善應。語本老子。不約而善會。亦即老子所謂善結無繩約而不可解也。善會猶善結也。會誤作曾。又誤爲增耳。王先愼云。約當作事。言已應事已增。

正承上言之。增讀如譖。與上應爲韻。俞改增爲會。迂曲不可從。按俞王二說並非。會與應非韻。增依字爲訓。於義不適。增乃徵之音誤。書洪範。念用庶徵。鄭注。徵驗也。不約而善徵。與上句不言而善應對文。徵應義相因。下云。言已應則執其契。事已增則操其符。以增與符爲言。明增爲徵之誤。又下云。功當其事。事當其言則賞。功不當其事。事不當其言則誅。當字與徵應之義相合。

數至能人之門　有度

顧廣圻云。能當作態。態人卽荀子之態臣。見臣道篇。王先愼云。能人卽私人也。見管子明法篇。本書作能字不誤。三守篇。不敢不下適近習能人之心。卽其證。按顧說是。態慝古字通。態人卽慝人。詳王氏讀書雜志荀子成相篇。

外使諸侯　有度

按金文使事同字。此本作外事諸侯。下云。內耗其國。伺其危險之陂。以恐其主。八姦篇。爲人臣者。重賦斂。盡府庫。虛其國以事大國。而用其威。求誘其君。甚者舉兵以聚邊境。而制斂於內。與此可互證。

勢在郎中　有度

俞樾謂勢當作暬。按詩民勞柔遠能邇。金文作⿰酉夒遠能⿰坴夫。可證此文勢之本作⿰坴夫。⿰坴夫卽今藝字。與邇音近字通。俞謂當作暬。暬亦藝之借字。

法所以凌過遊外私也　有度

盧文弨云。遊外二字。一本作滅。顧廣圻云。凌字未詳。過當作遏。衍遊字。王先愼云。過爲遏之誤。顧說是也。一本脱外字。遊作滅。是淩爲峻字形近而譌。當在法上。傳寫誤倒耳。峻法所以遏滅外私也。與下嚴刑所以遂令懲下也句正相對。按王氏改淩爲峻。又移於法字上。殊無所據。且遏滅平列。與下句遂令亦不相對。此本作法所以淩過滅私也。淩陵字通。陵猶勝也。易漸九五。終莫之勝。虞注。勝陵也。勝過滅私。與遂令懲下對文。下云。刑不斷則邪不勝。又云。刑過不避大臣。亦可爲陵過卽勝過之證。

非失刑德而使臣用之　二柄

俞樾云。失刑德而使臣用之。不當有非字。非字衍文。按俞説非是。非匪字通。匪應讀作彼。言彼失刑德而使臣用之也。彼字卽承上故劫殺擁蔽之主言。墨子脩身。故彼智無察。畢沅謂彼當爲非。三辯。無乃非有血氣者之所不能至邪。非應讀作彼。均其證也。

桓公好味　二柄

顧廣圻云。當衍桓公二字。此與上相承。按桓公二字不衍。顧説非是。上言齊桓公。此但言桓公。亦蒙上文爲言。且好味二字句。與上下語例不符。

人主欲見　二柄

俞樾云。欲見當作見欲。與上文見好見惡一例。見好見惡卽自見其所欲矣。按俞説非是。見好見惡。各有專言。此總上文而通論之。非與上文平列。古人文字。分言之後。又合言之。往往倒文。乃常例也。

虛以靜後　揚榷

舊注。常當虛靜以後人。按注說非是。後乃退字之譌。余義楚鐘。後字作逡。大豐毁。退字作復。古文从彳从辵無別。故易掍也。靜退乃古人謰語。主道篇。靜退以爲寶。卽其證也。

是故明君貴獨道之容　揚權

舊注。道以獨爲容。按注讀容如字。於義不適。容庸古字通。荀子修身。庸衆駑散。韓詩外傳作容衆好散。詩公劉。鞞琫容刀。容刀卽庸刀。後漢書左雄傳。容容多後福。容容卽庸庸。均其例證。庸之通詁訓用。此言貴獨道之庸。猶云貴用獨道也。上句道無雙故曰一。一卽獨道也。又上云。用一之道。以名爲首。與此義正相符。老子四章。道冲而用之或不盈。四十章。弱者道之用。亦均以道與用屬詞之證也。

根幹不革則動泄不失矣　揚權

王先愼云。動泄不失當作動不失泄。泄有世音。與革字古合韻。注云無所失泄。是注所見本尚不誤。按王說非是。注不解泄字之義。而倒文以爲說。不可爲據。且革失並之部字。世泄祭部。本不通叶。不應妄改。泄應讀作曳。古从世从曳字通。詩板。無然泄泄。爾雅釋訓。泄泄作洩洩。儀禮士相見禮。武擧前曳踵注。古文曳作枻。莊子人閒世。小枝泄。釋文引崔云。泄洩同。均其證也。楚辭九歎怨思。曳彗星之晧旰兮注。曳引也。此言根幹不更革。則動之引之而不失矣。

上固閉內扃　揚權

王先愼云。案固疑因字之誤。按王說非是。固閉乃古人成語。不應妄改。

參咫尺已具　揚權

舊注。八尺曰咫。尺寸者所以度長短。旣閉心以參驗之。咫尺以度量之。二者以具。顧廣圻云。尺字當衍。舊注以尺寸釋咫。因誤入正文也。按二說並非。是本應作上下咫尺已具。此文不拘四字句。觀上下文可知。言從室視庭。上下咫尺已具也。此喻上雖固閉內扃。然從內視外。則上下咫尺已具備無遺也。毛公鼎。上下二字作亖。與他字連書。則每省去下畫。如邢侯毁。上下帝三字連書作〓。大豐毁。上帝二字連書作〓。均因連書而省去一畫也。又金文凡二三四等字四字亦積畫。每與他字連書。而省去一橫畫。此例習見。不勝枚擧。此文上下二字與咫字之弟一畫相連。因省去下字之下畫。後人不知。遂誤爲三咫。又改三爲參。如備內篇。偶參伍之驗。顧廣圻謂參今本作三。卽其證也。然其譌啎之迹。固可推尋而得之也。

其鬬㘈㘈　揚權

按㘈㘈當卽喭喭之古文。論語先進。由也喭。皇疏引王弼。喭剛猛也。

木乃不神　揚權

按木不應以神爲言。神本應作申。金文神字或從示。或不從示。木乃不申。申謂遂長也。

中射士諫曰　十過

舊注。中射士官有上中下。孫詒讓云。呂覽高注云。中謝官名也。謝與射通。字當以射爲正。蓋卽周禮夏官之射人也。中射者射人之給事宮內者。按注及孫說並誤。吳北江先生謂射乃榭之借字是也。謝榭金文作〓。虢季盤。宣〓爰鄉。春秋宣十六年作宣榭。此言中〓。謂〓中給事之臣也。

刁涖事三年 十過

按涖古文作立。金文立事習見。

吾恐此將令其宗廟不扱除 十過

按扱影宋本浙局本均作祓。是也。此乃王梓之誤。

以新旅與習故爭 孤憤

按旅猶寄也。亡徵篇云。羈旅僑士。又云。羈旅起貴以陵故常者。卽此所謂新旅之義。

夫越雖富兵彊 孤憤

顧廣圻云。藏本今本雖下有國字。王先愼云。注以越國連文。是所見本雖字卽國字之誤。按王說非是。雖下有國字是也。雖國形殊。無緣致誤。且無雖字。語勢未足。下云。今有國者。雖地廣人衆。與此句例亦相仿。

其修士不能以貨賂事人恃其精潔 孤憤

俞樾云。其修士三字衍文也。上文云。其修士且以精絜固身。其智士且以治辯進業。此云不能以貨賂事人。則總蒙修士智士爲文。言其皆不能也。恃其精潔當作恃其精潔治辯。因衍其修士三字。則此文專屬修士。遂刪去治辯二字耳。按俞氏謂其修士三字衍文是也。然尙未知其致衍之由。又謂當作恃其精潔治辯。殊誤。按恃其精潔。當作恃其精辯。卽精絜治辯之簡語也。治通辭。金文治作𤔲。亦作辭。下云。求索不得。貨賂不至。則精辯之功息。注云。精謂修士精潔也。辯謂智士辭辯也。按注說是也。下云。治亂之功。顧廣圻謂亂當作辯是也。恃其精潔。卽蒙上文精絜而誤。恃其精辯既誤爲恃其精潔。故於上文不得不增其修士三字耳。

則修智之吏廢 孤憤

按吏本應作事。金文吏事同字。事士古字通。金文卿士作卿事。卽其證也。注云。修智之士。上文云。則修智之士。不事左右。不聽請謁矣。均其證也。

欲內相存之言則必以美名明之而微見其合於私利也 說難

舊注。欲彼內有存恤之言。則爲陳顯義之名。明其人能爲此。又微言成此美名。於私有則利。其人必得而相存者也。顧廣圻云。內讀爲納。舊注誤。按顧說是也。此祇就下說上言之。不應曰相存。相本應作省。相省二字形音義並相近。古从木从屮一也。相省並心母字。說文。相省視也。廣雅釋詁。省視也。易井象傳。君子以勞民勸相。勸相卽觀省。詳易經新證。省存疊義。周禮大行人。歲徧存。三歲徧頫。五歲徧省注。存頫省者。王使臣於諸侯之禮。所謂閒問也。禮記曲禮。昏定而晨省注。省問其安否何如。周禮司尊彝。大喪存奠彝注。存省也。說文。存恤問也。微猶闇也。此言明則有美名。闇則合私利。乃省問存恤之言也。下云。欲陳危害之事。則顯其毀誹。而微見其合於私患也。危害疊義。與省存對文。顯與微猶明與微也。

大意無所拂悟 說難

盧文弨云。意史作忠。顧廣圻云。忠字非。王先愼云。御覽四百六十二引意作怒。大怒謂盛怒也。意忠並誤。按御覽作怒。義則是矣。而仍非本字。意與忠並意字之譌。詛楚文。張矜意怒。意怒疊義。字亦作愔。集韻。愔小怒也。通言之愔亦怒也。

雙劍誃韓非子新證卷二

幾不亦難哉　姦劫弑臣

顧廣圻云。幾當在難字下。按顧說誤。幾豈古同用。詳經傳釋詞。上云處非道之位。被衆口之譖。溺於當世之言。而欲當嚴天子而求安。故云豈不亦難哉。

因自傷其身以視君而泣　姦劫弑臣

王先愼云。視當作示。以示君謂以身受傷之處示君也。與下自裂其親身之裏以示君同義。下正作示。明此視爲示之譌。　按王說誤矣。視示古籍多通用。莊子應帝王。嘗試與來。以予示之。釋文。示本亦作視。徐无鬼。中之質若示日。釋文。示司馬本作視。上下文字異而義同者。古籍之常例。不應改作也。

妾以賜死若復幸於左右願君必察之無爲人笑　姦劫弑臣

王先愼云。以當作不。謂不賜妾死也。按以不形殊。無由致譌。且改以爲不。於義不符。以已古字通。此言妾已賜死無論矣。若有復幸於左右者。謂春申君之再納妾也。君必察之。無爲人笑。言君必察之。無蹈已往之覆轍。而爲人笑也。是借死要生以聳動春申君。乃古今妾婦之常語也。蓋君不從則以死要之。從之則妾余得償其願而不死。既償其願而不死。又何言君之必察。而無爲人笑乎。王氏改以爲不全失古人之語妙矣。

然則有術數者之爲人也　姦劫弑臣

顧廣圻云。藏本今本人下有臣字。王先愼云。人下當有主字。爲音于僞反。按王說非是。當從藏本今本增臣字。

豫讓乃自黔劓　姦劫弑臣

顧廣圻云。黔當作黥。按黔應讀爲黥。二字音近相假。不應云當作也。漢人注經。凡云當爲當作者。係就形誤言之。晏子春秋諫上弟八。吾安能爲仁。而愈黥民耳矣。黥民卽黔民。是其證也。

近之所見　姦劫弑臣

盧文弨云。之外傳作世。按作世者是也。下云下比於近世。可證。金文之字作㞢。世字作丗。故易譌也。

知有謂可斷而弗敢行者可亡也　亡徵

盧文弨云。謂字衍。淩本無。顧廣圻云。知有謂可四字爲一句。按盧顧二氏說並非。謂爲字通。本書習見。不煩詳舉。知有爲可斷五字句。言知有爲而不敢爲。知可斷而不敢斷。正與上文怯懾而弱守蚤見而心柔懦之義相應。若如顧說。知有旣不詞。且斷字之義。亦與怯懾柔懦不符。

刑戮小民而逆其使　亡徵

顧廣圻云。民當作人。逆當作近。按此言近刑人也。按顧說旣妄改字。義亦未憭。使應作事。金文使事同字。此言刑戮小民而違逆其所爲之事也。

懷怒思恥而專習則賊生　亡徵

王先慎云。習字疑誤。未詳所當作。按習字不誤。專習謂專於近習。

時以行襍公　亡徵

顧廣圻云。藏本同。今本行作私誤。桉簡行而貴公者。韓子之家法也。按行作私於義亦通。下云。貴私行而賤公功者可亡也。三守篇。行私道而不效公忠。是均以私與公並言之證。

憚使羣臣輻湊用事　三守

按八字應作一句讀。憚與殫古字通。上言惡自治之勞。故此云盡使羣臣輻湊用事也。

而人臣有不敢忠主　三守

按有應讀作又。上云。人主雖賢。不能獨計。此云。而人臣又不敢忠主。言主既不能獨計。人臣又不敢忠主。故下云國則爲亡國矣。

故桃左春秋曰　備內

俞樾云。左疑兀字之誤。桃兀即檮兀之異文。楚之檮兀。亦有春秋之名。楚語。申叔時所謂教之春秋是也。故謂之檮兀春秋矣。按俞謂左疑兀之誤非是。左乃兀之假字。兀古音屬元部。如說文髡之重文作髨。軏作輐。卽其證也。左古音屬歌部。歌元對轉。

是以愚贛窳墯之民　南面

顧廣圻云。乾道本愚作遇譌。按顧氏爲說。喜爲宋本迴護。而此反以遇爲譌。王先慎遂以據改。失之。

作遇者古字通耳。莊子則陽。匿爲物而愚不識。釋文。愚一本作遇。詩巧言。遇犬獲之。釋文。遇世讀作愚。墨子書亦每以遇爲愚。不煩改字。

而輾小變 南面

按輾當即震之異文。謂震懼也。

非數年在西也 飾邪

王先愼云。數上不當有非字。承上此非言。下非數年在東也。非字亦衍。陶鴻慶云。兩非字皆並字之誤。按王陶二說並非。非彼古字通。詳二柄篇非失刑德條。非數年在西也。言彼數年在西也。下非數年在東也。言彼數年在東也。王氏讀非如字。與上非字複。故以爲衍文。

與吳戰而不勝 飾邪

顧廣圻云。今本吾作吳。桉吾吳二字。他書亦有相亂者。王先愼云。乾道本吳作吾。案下均作吳。似應一律。今據改。按作吾者是也。吳越之吳。後世亦作句吳。大差監作攻吳。者減鐘作工𠭯。金文吾字多假𠭯爲之。余所藏公子光戈作攻敔。夫差劍作攻致。致即敔。句工攻與吳𠭯敔。均一聲之轉。然則乾道本吳作吾。乃古字之僅存。若本作吳。後人不至改爲吾矣。

以爲其身故神之爲上禮上禮神而衆人貳 解老

按兩神字均於義不適。神應讀作信。金文神字亦作申。申信古字通。並詳老子新證二十一章。爾雅釋詁。貳疑也。信與貳爲對文。此言以爲其身。故信之爲上禮。上禮信而衆人疑也。下云。衆人雖貳。貳亦疑也。

不飾以銀黃　解老

王先慎云。御覽八百六引銀黃作黃金。按御覽意改銀黃爲黃金非是。黃謂黃金。銀黃謂銀與金。古亦謂黃爲金。周禮司尊彝。祼用斝彝黃彝注。黃目以黃金爲目。後漢書。班彪傳注。黃戚黃金飾斧也。是其證。

然則爲禮者事通人之樸心者也　解老

按事本應作使。金文事使同字。下事通人之樸心。事亦應作使。

是以行軌節而舉之也　解老

顧廣圻云。句有誤。王先慎云。行謂己之所行。軌節卽方廉直光。舉之謂以此正衆人也。呂覽自知。所以舉過也注。舉猶正也。是其證。按此文無誤。顧說非。王訓舉爲正亦非。舉應讀作與。二字古多通用。或涉上文舉動之舉而譌。管子霸言。諸侯之所與也注。與親也。荀子王霸。不欺其與注。與相親與之國。上云。而聖人强以其禍敗適之則怨。衆人多而聖人寡。寡之不勝衆。數也。今舉動而與天下爲讎。非全身長生之道也。此云。是以行軌節而親與之也。言不與衆爲怨。不與天下爲讎。故必須軌節而親與之也。親與與怨讎之義正相反。下言不割不劌不肆不耀。又正與親與之義相承。

胥靡有免死罪時活　解老

王先謙云。有字當在罪字下。罪有時活。與終身不解文義相對。按王說非是。胥靡有免。死罪時活。二句對文。有字無由誤在免字上。且惟死罪方可言時活。若但言罪。非盡應死者。豈可言時活乎。

故曰咎莫憯於欲利 解老

按老子四十六章作咎莫大於欲得。司馬遷報任安書作故禍莫憯於欲利。

而有以淫侈爲俗 解老

按有應讀作又。上云。獄訟繁。倉廩虚。此言而又以淫侈爲俗。故下云則國之傷也。

君人者勢重於人臣之閒 喻老

王先愼云。君於臣不當以閒言。閒疑上之誤。按上無由誤作閒。且改作上。則於義不符。於猶在也。言勢重在人臣之閒。謂勢重下移。故下云。失則不可復得也。又下云。人君見賞。而人臣用其勢。人君見罰。而人臣乘其威。亦與此義相承。人臣非一。故曰人臣之閒。陶鴻慶改人爲民亦非。

强之於黄池 喻老

按邗王壺。黄池作黄沱。

夫誘道爭遠非先則後也 喻老

王先愼云。誘道誘馬於道也。按讀誘爲引誘之誘非是。淮南子主術。而秦穆公以女樂誘之注。誘惑。精神。不誘於人注。誘惑也。上云。今君後則欲逮臣。先則恐逮於臣。即惑道也。

是謂要妙 喻老

王先愼云。河上公注。能通此意。是謂知微妙要道也。按注說非是。要幽古字通。要妙即幽妙。詳老子新證。

君不如晚救之以敝晉齊實利　說林上

王先慎云。齊當爲其之誤。下其名美。此言其實利。明不當作齊。按齊其形音並殊。無緣致誤。王說非是。齊資古字通。晏子春秋諫上弟五。辟拂嗛齊。卽辟拂嗛資。史記齊威王名嬰齊。陳侯敦作因資。易旅九四。得其資斧。子夏傳及諸家作齊斧。荀子哀公。資衰苴杖者不聽樂注。資與齊同。並其例證。考工記總目。或通四方之珍異以資之注。資取也。易乾彖傳。萬物資始。釋文引鄭注。資取也。然則資實利。謂取實利也。

南望隰子家之樹蔽之　說林上

王先謙云。家之二字誤倒。按如王說讀爲隰子之家樹蔽之非是。家樹二字。中間必須有之字。南望二字逗。上文三面皆暢。是東西北三面皆無所蔽翳也。惟南望。而隰子家之樹蔽之。語義甚明。非誤倒也。

斧離數創　說林上

王先慎云。離割也。見儀禮士冠禮注。按王說非是。莊子則陽。子獨先離之曰。釋文。離著也。太玄攡。離乎僞者注。離著也。上云。隰子歸使人伐之。之指隰子家之樹言。故云斧著數創也。

令人臣之處官者皆是類也　說林上

王先慎云。人主令臣聚歛附益。傷損國體。與教其嫁子無異也。按王氏增人主二字爲說。望文演訓。令乃今字之譌。

正身見於奥　說林下

王先愼云。各本無見字。御覽一百八十八引身下有見字。今據補。按正身於奥。言正身對奥而坐也。王據御覽增見字。於義反贅。

人之所有飲不足者不可不索其羽也　說林下

趙用賢云。疑有脫文。按既以人譬鳥作結。語意完足。實無脫文。上言將欲飲於河則必顚。乃銜其羽而飲之。此言人之所有飲不足者。亦必如鳥之自銜其羽。方不顚墜。故曰不可不索其羽也。

以千里之馬時一有其利緩　說林下

王先愼云。各本無以字有字。藝文類聚九十三御覽八百九十六引並有以字有字。今據增。按類聚及御覽。意增以字有字。不可爲據。千里之馬時一。其利緩。與下駑馬日售。其利急。相對爲文。增以字有字。則失古人之語妙矣。

而道難不通　說林下

王先愼云。呂氏春秋作而無道也。此難不二字。疑衍其一。按道難不通。義本可通。非有衍文也。

雖賁欲不能行　安危

按欲各本均作育。乃王梓之誤。

其備足以必完法　守道

盧文弨云。其備足以必完句。淩本無必字非。法字疑衍。按盧說未允。上云。聖王之立法也。其賞足以勸善。其威足以勝暴。此當作其備足以完守。聖王之立法也係總挈。其賞其威其備三句語例同。淩本無必字是也。其備與完法。義不相屬。且與首句立法複。法字卽涉上法字而誤。下文善之生如春。卽承其賞言。惡之死如秋。卽承其威言。自上下相得至末。均言守備之事。末句則君人者高枕而守已完矣。可證。

則彊弱不觳力　用人

按觳應讀作角。周禮考工記陶人。鬲實五觳。鄭司農注。觳讀爲斛。御覽八百卅引風俗通。斛角也。史記李斯傳。方作觳抵優俳之觀。集解。觳抵卽角抵。呂氏春秋孟冬。肄射御角力。後漢書隗囂傳注。角力猶爭力也。上言爭訟止。下言天下莫得相傷。皆彊弱不角力之謂也。

故臣主同欲而異使　功名

按金文使事同字。此應作事。

雙劍誃韓非子新證卷三

乃爲壇場大水之上　內儲說上

王先愼云。乾道本乃作遇。又云。遇字爲乃字之譌。乃與迺同。爾雅。迺乃也。按金文迺字作𠧧。乃𠧧有別。𠧧爲語助。乃猶汝也。此亦可證爾雅非周人之書也。

人之塗其體被濡衣而走火者　內儲說上

盧文弨云。走張淩本作赴。王先愼云。各本無之字。據藝文類聚引增。按之字不必增。赴作走者是也。呂氏春秋期賢。若蟬之走明火也注。走趨也。說文。走趨也。

因事關市以金與關吏乃舍之　內儲說上

顧廣圻云。因事關市以金與句絕。關吏乃舍之五字爲一句。王先謙云。因事關市句。以金與關吏句。按顧王二說並非。因事關市以金與關吏。九字作一句讀。事本應作使。金文事使同字。

懷左右刷則左右重　內儲說下

按懷應讀作餽。一聲之轉。從褱從鬼古字通。金文懷字作褱。伯㦸毁。唯用妥神褱。卽用綏神鬼。漢書外戚傳。褱誠秉忠注。褱古懷字。元應一切經音義十八。懷孕作褱孕。漢北海相景君碑。驚慟傷褱。褱卽懷。爾雅釋訓。鬼之爲言歸也。詩匪風。懷之好音傳。懷歸也。周語。無所依懷注。懷歸也。歸餽饋古籍尤多通用。不煩舉證。通俗文。所以理髮謂之刷。釋名釋首飾。刷帥也。帥髮長短皆令上從也。懷左右刷。謂餽左右以理髮之刷也。

今天反　內儲說下

王先愼云。今天當作今若。按天若形殊。無緣致譌。王說非。上云。昔天以越與吳。吳不受。此云今天反。卽下文以吳予越之謂也。

爲近王必掩口　內儲說下

王先愼云。爲當作若。按爲若形異。無由致誤。爲猶如也。詳經傳釋詞。

黍種常貴斟有　內儲說下

王先愼云。各本斟有二字作甚。據藝文類聚八十五引改。謂民閒斟有黍種也。按黍種常貴甚。於義甚適。不應據類書以改本書也。

而急去行　內儲說下

王先愼云。行字當衍。按王說非是。去與行義相因。古人文字。不避複也。

鄭桓公將欲襲鄶　內儲說下

按鄶古本作會。員卣。員從史旗伐會。是其證。

鄭縣人得車厄也　外儲說左上

顧廣圻云。藏本同。今本厄作軛。桉說作軛。王先愼云。厄卽軛之通借字。按厄本應作戹。金文車戹之戹均作𠨊。不從車。軛乃後起字。

從文衣之媵七十人 外儲說左上

王先愼云。各本文衣作衣文。據御覽乙。按文衣不詞。仍應作衣文。謂服文采之衣也。

我聞吳王築如皇之臺 外儲說左上

按如皇當卽姑蘇之假字。古音如姑同隸魚部。蘇亦魚部。皇陽部。魚陽對轉。

傷者母立而泣 外儲說左上

盧文弨云。立疑衍。俞樾云。立字不當有。蓋卽泣字之誤而衍者。王先愼云。各本作傷者之母立泣。案上之字衍。盧俞說並誤。立下脫而字。今據藝文類聚五十九。御覽四百七十七引改。按王說非。類聚及御覽以立泣不詞。意增而字。不應據改。此文本作傷者之母立。後人旁注泣字。因誤入正文。古泣字本或作立。晏子春秋諫上弟十八。公出背而立。立卽泣。說見王氏雜志。

刻踈人迹其上 外儲說左上

盧文弨云。踈卽疋之異文。疋足也。下人迹二字當本是注。誤入正文。俞樾云。踈當作踈。卽迹字也。迹籀文作速。此變作踈。亦猶迹之變作跡矣。古本韓子當作刻人踈其上。寫者依今字作迹。而踈字失不刪去。遂誤倒在人字之上。又誤其字作踈也。按俞說亦未盡然。師寰毀。迹字作𨒪。此从疋卽从乏之形譌。此本應作刻速其上。至人迹二字涉旁注而衍。經云。且先王之賦頌。鍾鼎之銘。皆播吾之迹。卽指此言。

而誤書舉燭　外儲說左上

王先慎云。各本而上有云字。誤作過。今據藝文類聚御覽八百七十引刪改。按作過者是也。過猶誤也。下楚厲王章。飲酒醉。過而擊。論語憲問。以告者過也。禮記雜記。過而舉君之諱則起。是均過猶誤之證。類書改過爲誤。而王氏反據以改本書。疏矣。

聞敵恐因死恐己因生　外儲說左上

王先慎云。上恐字下。當有己字。恐己因死。恐己因生。二句文當一律。按王說殊誤。乾道本浙局本己均作已。吳北江先生讀爲聞敵恐句。因死句。恐已句。因生句。是也。

亡其用子之謁　外儲說左上

顧廣圻云。韓策云。又亡子之術。而廢子之謁。其行乎云云。此有脫文。按亡其猶抑其。乃轉語。呂氏春秋審爲。亡其不與。愛類。亡其不得宋且不義猶攻之乎。是亡其乃古人語例。此文用上當有不字。於義方合。後人讀亡爲無。以爲與不義複。因刪不字耳。

吳起至暮不食而待之　外儲說左上

王先慎云。各本作起不食待之。御覽四百七十五八百四十九引並作吳起至暮不食而待之。今據改。按王改非是。上云。待公而食。故人至暮不來。此言起不食待之。卽吳起至暮不食而待之。類書增吳字及至暮二字。於文反贅。

李悝警其兩和曰　外儲說左上

按和桓古字通。桓楹也。詳呂氏春秋新證開春論。兩桓當卽門衛之屬。

則徒翟黄也　外儲說左下

舊注。徒獨。按注說非。徒猶乃也。詳經傳釋詞。

猶羸勝而履蹻　外儲說左下

顧廣圻云。羸勝當作羸縢。形相近也。舊注全謬。王先愼云。御覽八百二十九引羸作羸。注同。按顧說羸字誤。羸羸攍攍字通。方言七。攍儋也。齊楚陳宋之閒曰攍。儋同擔。廣雅釋詁。攍擔也。

吾父獨冬不失袴　外儲說左下

俞樾云。疑注所據本作終不失袴。故云。雖終其冬夏。無所損失。今涉注文有冬字而誤。終爲冬則不可通矣。按金文。終竟之終冬夏之冬均作冬。此文終作冬。乃古字之僅存者。

夫樹柤棃橘柚者食之則甘　外儲說左下

王先愼云。案藝文類聚八十六初學記二十八引有夫字及柤棃二字。御覽九百六十九引亦有柤棃二字。今據增。按下文樹枳棘者。成而刺人。與樹橘柚者。食之則甘。相對爲文。是柤棃二字。不應據增。

況武子之生也不利於家　外儲說左下

王先愼云。各本況作及。今據御覽改。按及字義本可通。王改非是。

夫直議者　外儲說左下

王先慎云。夫當作曰。按夫曰無由致譌。王改非是。

暮而後至閉門　外儲說左下

王先慎云。各本無至字。閉門作門閉。據白孔六帖增改。御覽四百九十二五百一十七引作暮而門閉。按王改非是。各本作暮而後門閉。閉字亦羨文。此本作暮而後門。呂氏春秋長利。戎夷違齊如魯。天大寒而後門。後門謂不及門。後人不解後門之義。因增閉字也。

過綺烏封人而乞食　外儲說左下

王先慎云。御覽八百四十九引作綺邑。按作綺邑者是也。下烏封人。烏亦應作邑。綺邑卽阿邑。詩萇楚。猗儺其枝。猗儺卽阿儺。漢高彪碑。稽功猗衡。猗衡卽阿衡。阿之作猗。猶阿之作綺矣。阿亦作柯。春秋莊十三年。公會齊侯盟于柯注。此柯今濟北東阿。齊之阿邑。猶祝柯今爲祝阿。按阿有二。此乃齊地。所謂東阿。西阿屬趙。漢書地理志。東郡有東阿縣。大清一統志。故城今陽穀縣東北五十里。世俗謂之阿城鎭。綺阿柯並諧可聲。古音同隸歌部。故相通借。

當此之時　外儲說右上

王先慎云。各本時作爲。據御覽八百四十九引改。按作爲字於義可通。不必據改。上云。魯以五月起衆爲長溝。此爲字卽承上爲字爲說。

先生使弟子止徒役而飡之　外儲說右上

王先慎云。各本止作令。據御覽引改。按令字不必改止。上云。要作溝者於五父之衢而飡之。飡均應作滄。要與令義相因。王梓滄誤滄。說文。飧重文作滄。

令之昆弟博 外儲說右上

王先愼云。令之當作令其。按王說非是。之猶其也。詳經傳釋詞。召伯虎𣪘。對揚朕宗君其休。其猶之也。是其證。

上明見人備之其不明見人惑之 外儲說右上

王先愼云。惑字失韻疑誤。按王說非是。惑備古韻並隸之部。

有十孺子皆貴於王 外儲說右上

王先愼云。各本有上有中字。據御覽六百二十六七百一十八引刪。按中字不應據刪。王氏好以類書改本書。不可爲訓。

然而不售酒酸 外儲說右上

王先愼云。各本然而作著然。孫云。文選與滿公琰書注。引作然而。先愼案藝文類聚九十四御覽八百二十八引作然而。今據改。按王改非是。著謂滯留。正與不售之義相符。

又舉兵而流共工於幽州之都 外儲說右上

王先愼云。各本流作誅。據御覽六百四十五引改。尙書孟子並作流。按古書記載一事。而文各不同。不應互改。御覽據尙書孟子改誅爲流。而王氏反據以改本書。失之。

組已就而效之 外儲說右上

王先愼云。效當作較。按王說非是。荀子議兵。隆禮效功注。效驗也。廣雅釋言。效考也。驗與考義相因。

使之衣而歸 外儲說右上

王先愼云。乾道本無而字。顧廣圻云。衣當作夜。先愼案顧說非。御覽四百二十。又八百十九八百二十六引並有而字。今據補。北堂書鈔三十六引無而字。陳禹謨據誤本改之也。按無而字是也。衣依古字通。說文。衣依也。禮記學記。不學博依注。依或爲衣。詩蜉蝣。於我歸處箋。歸依歸。依歸謰語。亦即此所謂衣歸也。

吾民之有喪資者 外儲說右上

按資齊古字通。此謂有喪事齊衰之服者。

㲋逸出於竇中 外儲說右下

王先愼云。逸當作突。按逸突形殊。無緣致譌。王改非是。左桓八年傳。隨侯逸注。逸逃也。

是使民有功與無功互爭取也 外儲說右下

王先愼云。各本使作用。功下無互字。據藝文類聚改。按使用同義。有功與無功正言互之義。上云。使民有功與無功俱賞也可證。王據類聚增互字。於文反贅。

對曰諸侯辟疆周行人卻之曰諸侯不得與天子同號衛君乃自更曰諸侯燬 外儲說右下

王先愼云。諸侯辟疆。諸侯燬。兩諸字皆涉諸侯不得與天子同號句而誤。諸當作衛。按王說非是。諸字不誤。

造父因收器輟而寄載之　外儲說右下

王先愼云。輟而二字倒。按王說非是。此應讀作造父因收器輟句。而寄載之句。上云。造父方耨。此云收器輟。謂輟耨也。

雙劍誃韓非子新證卷四

天下過無已者以有盡逐無已所止者寡矣 難一

王先慎云。乾道本以字在已者上。拾補無者字。盧文弨云。已者張本作有已。藏本作以已。顧廣圻云。以已當作已以。已字句絶。以下屬。者字當衍。先慎按張榜本趙本以字在有字上。是也。謂天下之過。不止耕漁陶三者。以舜壽之有盡。而治無已之過。則所止者寡矣。因以字誤移於上。而盧顧並去者字。非也。今依張趙本改。按顧謂以已當作已以。王以盧顧去者爲非。均是也。者諸古本同字。金文諸字均作者。此古字之僅存者。此應讀作天下過無已句。以諸有盡逐無已句。諸乃句中語助。後人不知者之卽諸。故移以字於者下也。

善諫不聽 難一

按善本應作若。二字形近而譌。顯學篇。今夫與人相若也。乾道本若作善。善若互譌。古書習見。此本謂若諫不聽。故下接以則遠其身者。臣之於君也。下又云。不陳人臣之諫。又云。夫爲人臣者。君有過則諫。諫不聽則輕爵祿以待之。又云。使姦臣襲極諫而飾弑君之道。是均但言諫不言善諫之證。

諫不聽則輕爵祿以待之 難一

王先愼云。待當作去。按待去無由致誤。王說非是。輕爵祿卽有去之義。待謂俟其悔悟也。

而小臣不行見　難一

王先愼云。行當作得。按王說非是。行猶爲也。古行爲互訓。論語述而。吾無行而不與二三子者。皇疏。行猶爲也。顏淵。爲之難。皇疏。爲猶行也。不爲見謂不爲相見之禮。上云。桓公三往而弗得見。係就桓公言之。此言小臣不行見。係就小臣言之。句各有當。

是子言分謗也　難一

顧廣圻云。藏本同。今本子作何。按句有誤。俞樾云。此當作是郤子之言。非分謗也。益謗也。今脫六字。則文義不明。下文云。故曰郤子之言。非分謗也。益謗也。正與此應。可以據補。按今本子作何。二字形不相近。乃後人不解其義。而改爲何。俞氏據下文增六字。無以明其致脫之由。尤不可據。按也猶邪也。詳經傳釋詞。本書斯例習見。難二。不識臣之力也。君之力也。難勢。是比肩隨踵而生也。也猶邪。不煩詳舉。是子言分謗邪。係反詰之辭。意謂其不足以分謗也。章末云。吾未得郤子之所以分謗者也。卽其本意。

下桓公之令是臧獲之所以信也　難一

按信伸古字通。伸字承令字言。伸令乃古人成語。詳墨子新證經說上所令非身弗行條。下云。故行之而法者。雖巷伯信乎卿相。行之而非法者。雖大吏詘乎民萌。信詘對文。尤爲信應讀伸之證。

是繆留未有善以知言也　難一

王先愼云。有當作爲。按王說非是。有猶爲也。詳經傳釋詞。

公乎公乎胡不復遺其冠乎　難二

王先愼云。各本無其字及上乎公乎三字。據藝文類聚御覽引補。意林冠上亦有其字。按作公胡不復遺冠乎。詞本可通。竊謂古書如此等處。不必據類書以改之也。

今桓公以任管仲之專借豎刁易牙　難二

王先謙云。今字無義。疑令之譌。按此就事實言之。改今爲令。於義反乖。

又使攻之惠竇不得也　難三

顧廣圻云。惠竇當依左傳作渭濱。按惠竇卽渭瀆。惠與从胃之字音近相借。見呂氏春秋新證開春論。周禮大宗伯注。不見四竇者。釋文。竇本亦作瀆。是其證。不應改作渭濱也。

死君後生臣不愧而後爲貞　難三

王先愼云。乾道本下後字作復。拾補上後字亦作復。盧文弨云。復作後譌。顧廣圻云。今本復作後。桉復後互誤。生下當更有生字。先愼按今本復作後是也。此言君死後。臣生不愧。如荀息立奚齊立卓子之類。而後爲貞。若君朝卒而讐立。遂臣事之。非貞也。按此本作死君復生。臣不愧而後爲貞。言君死復生。爲臣者不愧而後爲貞。乃假設之詞。史記趙世家。諺曰。死者復生。生者不愧。亦卽此意。王說固非。顧謂生下當更有生字。亦非。

知下明則見精沐　難三

孫詒讓云。精沐疑當爲精悉。說文。悉詳盡也。悉或變作⿰忄采。又譌作怵。與沐形近。因而致誤。按沐悉無由致誤。孫曲爲之說。不可從。沐乃沬之譌。沬與昧古字通。易豐九三。日中見沬。釋文。沬微昧之光也。是讀沬爲昧。易略例卦略。明微故見昧。釋文。昧本亦作妹。又作沬。易屯彖傳。天造草昧。釋文引董云。草昧微物。然則見精沬。猶言見精微也。

亡臣而不後君　難四

顧廣圻云。藏本今本不重亡字。桉當依左傳云孫子必亡。爲臣而君。衍不後二字。王先愼云。按此相傳當日之語不同。應各依本書爲是。亡臣即下其所以亡其失所以得君也。亡臣之亡讀若忘。孫子自忘己尚爲臣。故與魯君並行而不違。下文孫子君於衛。而後不臣於魯。正申亡臣而不後君之說。顧氏依左傳改本書。失本書恉矣。按顧說既失。王說亦未爲得也。此仍應依藏本今本不重亡字。臣而不後君。承上文今子不後寡君一等爲言。下文過而不悛。承上文亦無悛容爲言。作忘臣則與過而不悛之詞例不符矣。

是比肩隨踵而生也　難勢

王先愼云。是上當有反字。按王說非是。也猶邪也。詳經傳釋詞。上言夫堯舜桀紂千世而一出。此接以是比肩隨踵而生邪。乃反詰之詞。意謂非比肩隨踵而生也。

故利在故法前令則道之利在新法後令則道之　定法

王先愼云。道讀爲導。按道由也。不應讀爲導。

七十年而不至於霸王者　定法

顧廣圻云。七十有誤。或當作十七。按作十七是也。古文十字作⼁。七字作十。漢代金文猶然。故易譌也。

有成功立事而不敢伐其勞　說疑

王先愼云。立事上當有脫字。按王說非是。成功與立事對文。有字貫成功立事爲言。

而所殺亡其身殘破其家者何也　說疑

王先謙云。而下所字當衍。按所猶可也。詳經傳釋詞。

使諸侯淫說其主　說疑

王先愼云。侯字衍。使諸淫說其主。謂使譎詐之士誦說於主前也。按王說非是。諸字本應作者。者諸古同字。金文諸字不从言。侯乃唯字之誤。金文唯字亦作隹。上文桀有侯侈。王念孫謂侯當作隹。詳王說。使者唯淫說其主。使者卽承上文外假爲諸侯之寵使言。隹誤爲侯。後人因改者爲諸矣。

有務解免赦罪獄以事威者　說疑

按事使金文同字。此本應作使。

大臣官人與下先謀比周雖不法行威利在下　詭使

顧廣圻云。藏本同。今本無與下先謀雖五字。桉句有誤。未詳。按此文無誤。雖惟字通。古籍習見。惟不法行。言其所行者不軌於法也。

而世尊之曰任譽之士 六反

盧文弨云。譽疑是俠。按譽俠無由致誤。譽宜讀作與。弓鎛。著=⿱與口=。⿱與口卽譽之古文。从口从言一也。綸鎛。侯氏易之邑二百又九十又九邑。⿱與口鄩之民人都鄙。⿱與口應讀與。是譽與字通之證。任謂任恤。與謂施與。上云。活賊匿姦。正與任與之義相符。

今以爲足民而可以治 六反

王先愼云。民而當作而民。按王改非是。上文引老聃之言足。此引伸其語而言足民。下文兩言足民。卽其證也。

爲智者之不可信也 八說

王先愼云。爲當作惟。按爲字應讀今字去聲。不應改作。

以愚人之所惛 八說

王先謙云。所字當衍。按王氏不得其解。故以所字爲衍文。惛應讀䎽。䎽古聞字。晏子春秋問上弟七。荆楚惛憂。惛憂卽聞憂。詳晏子春秋新證。聞猶知也。呂氏春秋異寶。名不可得而聞注。聞知也。說文。聞知聞也。以愚人之所知聞。與下處治事之官。而爲其所然。則事必亂矣。語義正相銜接。

大貴文學以疑法 八說

按大字各本作夫。王梓誤。

不逮日中奏百 八說

盧文弨云。荀子議兵篇。魏之武卒。日中而趨百里。顧廣圻云。奏應讀爲湊。按顧說非是。奏應讀作走。走猶趨也。詩綿。予曰有奔奏。釋文。奏本又作走。書君奭傳。胥附奔走。釋文。走本又作奏。淮南子說林。木者走山注。走讀奏記之奏。呂氏春秋期賢。若蟬之走明火也注。走趨也。釋名釋姿容。疾趨曰走。走奏也。促有所奏至也。並其例證。

故有珧銚而推車者　八說

舊注。珧蜃以蜃爲銚也。卽推輪也。上古摩蜃而耨也。盧文弨云。推當作椎。下同。注卽椎輪也四字不應閒在中。當云椎車卽椎輪也。移置於末始得。今本注字譌且衍。不可從。顧廣圻云。推當作椎。淮南子曰。古之所爲不可更。則推車至今無蟬匷。鹽鐵論非鞅云。推車之蟬攫。負子之教也。亦當作椎。又鹽鐵論遵道散不足世務。皆言椎車。則作椎字不誤可證。王先愼云。推字不誤。管子禁藏篇云。推引銚耨以當劍戟。卽此所本。推車謂推引其車。盧顧說非。按王說是。但珧銚本應作珧蜃。卽銚耨之異文。注文可證。晏子春秋諫上弟十八。執銚耨。此文銚字涉旁注而誤入正文。因奪蜃字。

是無術之事也　八說

王先愼云。事當作士。按事士古字通。不應改作。金文卿事卽卿士。是其證。

事智猶不親而況於懸乎　八經

顧廣圻云。智當作至。按顧說非是。事本應作使。金文事使同字。使智猶不親。與上文合符猶不親對文。智言使猶符言合也。

而名實當則徑之　八經

顧廣圻云。而上當更有誅字。徑者謂顯誅也。按顧說非是。而如古字通。而名實當。卽如名實當也。

詭曰易　八經

按易施古字通。詩何人斯。我心易也。釋文。易韓詩作施。墨子尙賢上。莫不敬懼而施。而乃不之譌。不施卽不易。詳墨子新證。淮南子要略。接徑直施注。施衺。衺邪古同用。齊俗。去非者非批邪施也注。施微曲也。微曲亦邪也。史記屈賈列傳。庚子日施兮。索隱。施猶西斜也。西斜亦與邪義相因。詭曰易。謂詭曰施也。下云。是非不泄。說諫不通。而易乃不用。言而邪乃不用也。王先謙訓易爲輕易。失之。

易視以改其澤　八經

王先愼云。改當作攺。形近而誤。澤讀爲擇。謂擇守也。按王氏謂改當作攺是也。讀澤爲擇。訓爲擇守。望文生義矣。澤應讀度。顯學篇。夫上所以陳良田大宅。乾道本宅作澤。莊子則陽。比于大澤。釋文。澤本亦作宅。宅度古字通。凡尙書宅字。古文作宅。今文作度。詳尙書新證顧命丁卯命作冊度下。易視以攺其度。與上句參言以知其誠。相對爲文。自昧於澤度之音假。則無以知其義矣。

一用以務近習　八經

按務字於義難通。務應讀作侮。詩常棣。外禦其務。左僖二十四年傳。務作侮。毛公鼎。亟攷鰥寡。攷卽務之古文。爾雅釋言。務侮也。廣雅釋詁。侮輕也。一用以侮近習。言一其用無所專寵以輕近習也。韓子對於近習專擅。壅蔽其上。固屢以爲戒也。

卑適以觀直諂 八經

按卑適應讀作俾敵。金文俾字通作卑。曾伯簠。具既卑方。散氏盤。𠀠卑西宮襄武父誓曰。國差𦉜。卑旨卑瀞。均其證也。至適敵字通。古籍習見。俾敵以觀直諂。言使其敵對以觀其直與諂也。

伍官連縣而鄰謁過賞失過誅 八經

王先慎云。失字衍。按王說非是。隣字句絕。謁乃得字之誤。謁與得行書相似而譌。墨子大取。體渴與利。原儀氏校。渴一作得。又作謁。卽其證也。得過賞與失過誅相對爲文。

亂功之所生也 八經

王先謙云。亂功無義。功字當衍。按王說非是。詩七月。載纘武功傳。功事也。此謂亂事之所生也。

故下肆很觸 八經

按觸字於義不適。凌本作狠乃臆改。觸本應作厲。厲譌爲屬。後人以爲不詞而改爲觸也。古書屬厲每互譌。詳王氏讀書雜志餘編有度篇。

法令三隅 八經

王先愼云。此下當有脫文。按王說非是。三隅本應作參隅。隅偶古字通。難三。專聽一臣而不敢隅君。今本隅作偶。詩抑。維德之隅。漢劉熊碑隅作偶。是其證。後人不知參隅之卽參偶。因改參爲三矣。

而終不動其脛毛不改 五蠹

顧廣圻云。下有脫文。按顧說非是。此應讀作而終不動句。其脛毛不改句。並無脫文。顯學篇。不以天下大利。易其脛一毛。卽此脛毛不改之謂也。

趣本務而趨末作　五蠹

王先愼云。拾補趨作外。盧文弨云。趨譌舊人改。先愼按張榜本作減。較舊義爲近。按作外作減與趨形殊。無由致誤。盧王說非。趨乃趍之譌。詩猗嗟。巧趨蹌兮。釋文。趨本又作趍。爾雅釋地注。趨則頓。釋文。趨作趍。周禮樂師趨以采齊注。故書趨作跢。老子五章。以萬物爲芻狗。敦煌本趙孟頫本芻作茤。蓋隸書芻多形近也。趍應讀弛。亦猶移之通施通弛。禮記大傳。絕族無移服。釋文。移本作施。荀子儒效。若夫充虛之相施易也注。施讀曰移。至施弛字通。古籍習見。周禮小司徒凡征役之施舍注。施當爲弛。遂人與其施舍者注。施讀爲弛。左襄十八年傳。乃弛弓而自後縛之。釋文。弛本作施。爾雅釋詁。弛易也。釋文弛作施。然則趍末作。卽弛末作也。

爲設詐稱　五蠹

按爲應讀作僞。僞設與詐稱對文。

世之所爲烈士者　忠孝

按爲謂古字通。

當使虎豹失其爪牙　人主

按當嘗古字通。當使卽嘗使。猶言試使也。孟子萬章。是時孔子當阸。說苑至公篇當作嘗。荀子性惡。今當試去君上之埶。當應讀作嘗。君子。先祖當賢注。當或爲嘗也。均其例證。

實故有所至　制分

盧文弨云。實故舊倒。藏本作實故。顧廣圻云。今本實故作故實。按句有誤。王先謙云。故實是也。至字誤。按作故實有所至。與下句而理失其量相對。至應讀作窒。易訟彖傳。有孚窒惕。卽有孚至易。詳易經新證。此言故實有所窒塞。而理亦失其程量也。

雙劍誃呂氏春秋新證序

呂氏春秋以有許氏集釋及光華大學所輯彙校。疑文滯義。頗加理董。漢人所注子書。其備而存於今者惟高誘所注此書及淮南子耳。高注簡覈。爲學者之所崇尙。然其意說亦不一而足。淸儒喜以類書改本書。要其終也。得失參半。蓋唐宋人類書意爲加損。古籍文字簡質。未可盡以後世之語例文法易之也。雖高郵王氏亦坐此弊。惟在讀者之善擇焉。茲謹錄其所得。以就正通學。安能韋咸陽之懸金。聊拾諸家之賸義耳。一九三八年四月海城于省吾。

雙劍誃呂氏春秋新證卷一

幸而得之則遁焉 本生

高注。遁流逸不能自禁也。按遁有避義。於文理不符。遁通循。應讀作徇。金文从彳从辵同用。如還作儇。遹作僪。遺作僓。遠作傆。邊作傷。德作𨗦。復作𨓈。後作逡。徲作遟。均其證也。玄應一切經音義三引三蒼。循古文作彴。按彴即古徇字。爾雅釋言釋文。徇樊本作彴。漢書賈誼傳。貪夫徇財列士徇名注。臣瓚曰。以身從物曰徇。上言其於聲色滋味也多惑者。日夜求。故此云幸而得之則徇焉。

命之曰招蹷之機 本生

王念孫據選注改招爲佁。謂佁之言待也止也。按王說是也。佁即金文𤔲字。與俟字通。管子侈靡。佁美然後有煇。佁亦待也。

有殊弗知慎者 重己

高注。殊猶甚也。陶鴻慶謂句末當有乎字。以高注之殊猶甚也爲非。按注說是。陶說非。上言不達乎性命之情。慎之何益。意謂慎之無益也。又言是師者之愛子也。不免乎枕之以糠。是聾者之養嬰兒也。方雷而窺之于堂。此乃加倍寫法。意謂不但慎之無益。而反有害也。有應讀作又。又甚弗知慎者。言較弗知愼者爲尤甚也。卽上文有愼之而反害之者之謂也。

壽長至常亦然　重己

俞樾謂常乃當字之誤。按金文常當均作尙。二字並諧尙聲。音近字通。非誤字也。

日醉而飾服　貴公

高注。飾讀曰敕。禮喪不飲酒食肉。而日醉於酒。欲整喪紀。按注以服爲喪服。拘文牽義矣。此服係就普通之衣裳言。飾應讀作飭。古書多通用。不煩舉證。飭謂整飭。注謂飾讀曰敕。飭敕古亦通用。蓋醉者之衣服。不整不潔。日醉而飭服。言其不可能也。

無肆掠　仲春紀

高注。肆極掠笞也。按肆訓極。無極掠。與上言省囹圄。去桎梏。下言止獄訟。詞例不符。囹圄桎梏獄訟並係謰語。則肆掠二字。亦應平列明矣。肆應讀作殺。二字音近古通。詩皇矣。是伐是肆。卽是伐是殺。夏小正七月。貍子肇肆傳。其或曰。肆殺也。然則無肆掠卽無殺掠矣。

無作大事　仲春紀

彙校引汪本朱本日刊本。無誤毋。按無毋古通用。凡經傳毋字。金文均假母爲之。墨子毋字亦往往作母。此古字之僅存者。非誤字也。

而民無走者取則行鈞也　功名

高注。鈞等也。等於亂暴也。按等於亂暴。係望文生義。馮振云。說文。則等畫物也。取則與行鈞。相對爲義。按則訓等。古書罕見。彙校謂御覽作民無走聚甚是。按此不知上下文均言走。不言走聚也。御覽不得其解。而刪者字。又改取爲聚。與走字連讀。殊誤。走謂趨向歸附。亦卽聚義。則敗古字通。詳墨子新證大取篇。上言今之世至寒矣。至熱矣。此云而民無趨向者。取敗行等也。言其取敗之道。行爲鈞等也。下云。行不異亂。亂敗義相因。

行不異亂雖信今民猶無走　功名

高注。故行不異亂。雖欲信利。民無肎歸走也。俞樾謂信疑倍字之誤。言雖寒熱加倍於今之世。民猶無可走也。楊樹達云。俞說是也。此當以行不異爲句。行不異承上句不可不異而言。亂雖倍今當爲一句。高誘以下。皆失其讀。按數說者。並非本義。高注意增利字。望文生訓。俞氏以雖倍今句。語義未憭。楊氏以亂雖倍今句。與民猶無走句不相應。彙校引汪本朱本日刋本陳本繹史。今作令。按作令者是也。此仍應讀作行不異亂句。雖信令民猶無走句。信令卽伸令。乃古人成語。詳墨子新證經說上。論威篇。其令信者其敵詘。信應作伸。與詘爲對文。此言行同於亂。雖伸令。民猶不之歸向也。走係歸向之義。下云。民無走則王者廢矣。言民無歸向。則王者廢矣。上文云。故聖王不務歸之者。而務其所以歸。彊令之笑不樂。彊令之哭不悲。與此義亦相涵。

律中姑洗　季春紀

高注。姑洗陽律也。姑故洗新。按余所藏周代石磬。銘文姑洗作古先。

省婦使　季春紀

高注。省其他使。按注說非是。省謂視察。使事金文同字。省婦事。謂省視婦人之職事也。此就普徧之職務言之。下云。勸蠶事。係就其專職言之。二事字各有所指。古人文字。不避複也。

兵革竝起　季春紀

高注。秋金氣用事。水之母也。金爲兵器。故竝起。彙校引汪本朱本日刊本注。陰氣用事。陰爲兵器之陰皆作金。孫人和謂金会形近致譌。按孫說非是。陰金以音近相假。古陰字作陰。從金得聲。屬羌鐘。先會于平陰。平陰卽平陰。是其證也。

是以謂之疾首　盡數

高注。疾首頭痛疾也。畢沅云。疾首猶言致疾之端。注非是。按畢說近是。惟讀首如字亦非。首道古字通。易離注。四爲逆首。釋文。逆首本又作逆道。逸周書芮良夫。予小臣良夫稽道謀告。稽道卽稽首。是其證也。疾道謂致疾之道。上云。凡食無彊厚。厚下有味字。從陶鴻慶說刪。無以烈味重酒。是疾道字正承凡食言。下云。凡食之道。尤可證疾首之本作疾道。道從首聲。亦與厚酒韻。

事心乎自然之塗　論人

高注。事治也。俞樾謂事心猶立心。按二說並非。事本應作使。事使金文同字。上句而游意乎無窮之次。使心與游意相對爲文。

不可匿也　論人

高注。匿猶伏也。按注說非是。匿應讀作忒。詳尙書新證盤庚篇。忒謂爽變也。此承上文故知知一言。

謂知知一則讒人困窮。賢者遂興。不可爽變也。與上文不可惑也。不可革也。義均相仿。

聽則觀其所行　論人

畢沅云。聽謂聽言也。按畢說非是。上言凡論人。通則觀其所禮。貴則觀其所進。富則觀其所養。下言止則觀其所好。習則觀其所言。窮則觀其所不受。賤則觀其所不爲。按通貴富止習窮賤。均指被論者言。若如畢說。則聽言係指論人者言。於義殊乖。且聽爲聽言。亦係望文衍訓。按聽應讀作聲。聽聖聲古音近字通。禮記樂記。小人以聽過。釋文。聽本或作聖。書無逸。此厥不聽。漢石經。聽作聖。秦泰山刻石。皇帝躬聽。史記秦始皇本紀。聽作聖。荀子富國。非特以爲淫泰夸麗之聲。墨子經說下。堯之義也。是聲也於今。二聲字並應讀作聖。春秋文十七年經。葬我小君聲姜。公羊作聖姜。漢書古今人表。衛聲公。史記衛世家索隱作聖公。均其例證。大戴記子張問入官。發乎聲注。聲言也。鬼谷子反應。以無形求有聲注。聲卽言也。按言必有聲。稱聲猶稱言也。聲則觀其所行。謂言則觀其所行也。

以言說一一不欲留　圜道

陳昌齊謂說一二字疑衍。許維遹謂說與鋭通。以言說一。猶云專精於一官。按二說並非。高注訓一爲道本。是也。此謂道不可以言說。說則道不欲留矣。卽老子道可道非常道之義。上云。故唯而聽。唯止。聽就耳言。聽而視。聽止。視就目言。此云以言說一。說就口言。陳不得其解。則刪成文以遷就己說。許謂以言鋭一。尤不詞矣。

湯師小臣　尊師

高注。小臣謂伊尹。按注説是。墨子尙賢下。湯有小臣。叔弓鎛。伊少臣唯補。少臣亦卽小臣。楚辭天問。何乞彼小臣。小臣均謂伊尹。

治唐圃 尊師

王念孫謂唐卽場之假借。按王説是也。叔弓鎛。虩〻成唐。成唐卽成湯。晉邦盦。我皇祖⿰⿱亯昜阝公。⿰⿱亯昜阝公卽唐公。甲骨文。成湯之湯均作唐。説文。唐之古文作啺。玄應一切經音義九引字詁。唐古文⿰昜欠啺二形同。徒當反。漢書司馬相如傳。珉玉旁唐注。唐字本作碭。是均唐與从昜之字古通之證。

執干戚戈羽 仲夏紀

高注。戈戟。長六尺六寸。按注説以戈爲戟。非是。古戎器戈戟有別。周禮考工記冶氏。戈廣二寸。內倍之。胡三之。援四之。戟廣寸有半寸。內三之。胡四之。援五之。按以近世出土之周代戈戟徵之。戟較戈體細而長。戟之內有刃。而戈內無刃。又考工記廬人。戈柲六尺有六寸。注説當卽據此。

調竽笙壎篪 仲夏紀

高注。壎以土爲之。大如鴈子。其上爲六孔。按余所藏癸壎。見雙劍誃古器物圖錄。前三孔。後二孔。上可吹處一孔稍大。共六孔。

大樂君臣父子長少之所歡欣而説也 大樂

俞樾云。大疑夫字之誤。按俞説非是。篇名大樂。是大字不誤。禮記樂記。大樂必易。大樂與天地同和。是大樂乃古人成語。

實處空桑 古樂

按空桑即窮桑。淮南子本經。以薄空桑注。空桑地名在魯也。左昭二十九年傳。遂濟窮桑注。窮桑地在魯北。

歸乃薦俘馘于京太室 古樂

矢令彝。用牲于京宮。京太室猶言京宮。

商人服象 古樂

宋翔鳳謂商人當作南人。按宋說非是。卜辭有獲象及其來象之占。商人有服象之事。不得改爲南人。

則穀實解落 季夏紀

畢沅云。解落月令作鮮落。按解字別體亦作觧。故易譌。墨子魯問。則鮮而食之。嘉靖本。子彙本。鮮均作觧。卽其證也。

而巡省南土 音初

按南土猶言南國。詩崧高之稱南國南邦南土一也。中甗。王命中先省南國。陶齋所藏玉刀銘。令大保省南國。南國猶云南土也。

周昭王親將征荆 音初

高注。荆楚也。秦莊王諱楚。避之曰荆。按陳垣先生史諱舉例。引秦始皇本紀正義謂莊襄王名子楚。諱之故言荆。未引此文高注。呂覽一書雖諱楚稱荆。但稱楚爲荆則不始於秦。詩閟宮。荆舒是懲。國語周語。晉伐鄭。荆救之。詩殷武。奮伐荆楚。古本竹書紀年。昭王十六年。伐楚荆。貞毁。貞從王伐荆。過伯毁。過伯從王伐反荆。[illegible]毁。[illegible]馭。從王南征。伐楚荆。是在秦以前稱楚爲荆。爲荆楚。爲楚荆者習見。說文以荆楚二字互訓。是荆與楚一木二名。但楚人自稱楚而不稱荆。

其治厚者其樂治厚其治薄者其樂治薄　制樂

畢沅云。孫云。李善注文選潘安仁笙賦。引此其樂厚其樂薄。無兩治字。按選注係不解治字之義而删之。治本應作台。後人不解台字。而改爲治。墨子經說上。睊爲是爲是之台彼也。顧廣圻校季本。台作治。其誤正同。台古以字。晚周金文多如此作。詳墨子新證。此應讀作其治厚者其樂以厚。其治薄者其樂以薄。

宋景公之時　制樂

高注。景公元公佐之子欒。按薛氏鐘鼎款識所載宋公䜌鼎。及余所藏宋公䜌錯金戈。欒均作䜌。是欒乃後起字。史記宋世家作頭曼。乃䜌之合音也。漢書古今人表作兜欒。

其名蚩尤之旗　明理

蚘七。蚩尤作蠢蚘。

其器廉以深　孟秋紀

高注。廉利也。象金斷割。深象陰閉藏。按禮記聘義。廉而不劌義也疏。廉稜也。凡物之歛者易有稜。秋取其歛。廉言其隅角。其器廉以深。猶云其器有稜角而深邃也。

共工氏固次作難矣　蕩兵

畢沅云。御覽次作欲。按共工氏已作難。不應曰欲。御覽不解次字之義而改之也。次應讀作恣。墨子天志上。未得次己而爲政。畢沅謂次一本作恣。天志下。不得次己而爲政。意林。次作恣。並其證也。此謂共工氏固恣縱而作難矣。

事心任精　禁塞

按事本應作使。金文事使同字。使與任對文。

衞佐疾　仲秋紀

高注。佐疾謂瘵也。按注說殊誤。佐應讀作瘥。从左从差古字通。國差𦉜。許印林謂國差卽國佐。爾雅釋詁釋文。瑳本或作䑑。字林云。皆古嗟字。是其證也。爾雅釋詁。瘥病也。詩節南山。天方薦瘥傳。瘥病。左昭十九年傳。札瘥夭昏注。小疫曰瘥。按病疫義相因。上云。天子乃儺。注謂儺逐疫除不祥也。然則衞瘥疾。與乃儺之義正相承。

古之至兵　論威

俞樾謂古乃謂字之誤。按俞說非是。古謂無緣致誤。上云。其兵之於天下也。亦無敵矣。此言古之至兵。卽結束上二句。下云。故古之至兵。適可證此句古字之不誤也。

才民未合而威已諭矣　論威

按御覽引作士民。蓋不解才字之義而改之也。契文金文在字皆以才爲之。不煩舉證。諭喻古字通。經籍習見。正名篇。足以喻治之所悖注。喻明。愼小篇。欲諭其信於民注。諭明也。言古之至兵。在民未合。而威已明矣。

晉文公造五兩之士五乘　簡選

高注。兩技也。五技之人。兵車五乘。七十五人也。俞樾云。疑呂氏原文作五能之士。古能字或叚而爲之。而兩形似。因誤爲兩矣。按俞說殊誤。五兩卽伍兩。五伍字通。詳墨子新證節葬下。周禮小司徒。五人爲伍。五伍爲兩。是一兩爲二十五人。此言五人爲伍與五伍爲兩之士共五乘也。

雖斯輿白徒　決勝

高注。白衣之徒。按注說非是。管子七法。以教卒練士擊毆衆白徒。尹注。白徒謂不練之卒。無武藝。是白徒非白衣之謂也。

其器宏以弇　孟冬紀

高注。弇深。按爾雅釋器。圜弇上謂之鼒注。鼎斂上而小口。徐灝說文箋。凡口狹而中寬者謂之弇。然則其器宏以弇。謂其器宏大而斂口也。正與冬季閉藏之義相符。

必功致爲上物勒工名　孟冬紀

按功致猶今言工緻。梁玉繩曰。後世制器鐫某造。蓋始于秦。按梁說非是。周代彝器。已有勒工名者。如國差𦉜。攻帀俖。攻帀卽工師。俖乃工師之名。至晚周戎器。勒工師某者習見。工師二字多合文作帀=。

涉血盩肝以求之　節喪

高注。盩古抽字。按注說不知所本。盩當卽說文盭字。金文作盭。盭戾古字通。不煩舉證。淮南子主術。曲得其宜。無所擊戾注。戾破也。戾有乖背之義。故引伸有破義。涉血戾肝以求之。言涉血破肝以求之也。

舜葬於紀市不變其肆　安死

高注。市肆如故。言不煩民也。傳曰。舜葬蒼梧九疑之山。此云於紀市。九疑山下亦有紀邑。吳承仕云。注云市肆如故。是以舜葬於紀爲句。文義甚明。而注又云。此云於紀市。市爲衍文可知。按吳說非是。墨子節葬下。稱舜道死葬南己之市。己古紀字。詳墨子新證。此云紀市。乃南己之市之省語。此文本應作舜葬於紀市。=不變其肆。古籍重文均作=以識之。故易脫也。注謂市肆如故。又謂此云於紀市。則重市字明矣。王念孫謂魏志二注引此市下有廛字。按既脫下市字。故後人意增廛字也。

其所非方其所是也其所是方其所非也　安死

高注。方比。俞樾謂兩方字竝乃字之誤。按注說雖未允。然可證古本作方。不作乃也。方猶並也。並猶皆也。言其所非。皆其所是也。其所是。皆其所非也。故下云。是非未定。

火齊必得　仲冬紀

高注。大酋監之。皆得其齊。按齊應讀作劑。漢書藝文志。調百藥齊和之所宜。齊和卽劑和。火劑必得。言火之調劑必得其宜。火劑猶今俗言火候。上言秫稻必齊。齊猶備也麴櫱必時。湛饎必潔。水泉必香。陶器必良。此言火齊必得。均就釀酒之次序言之也。

殺身出生以徇之　忠廉

高注。出猶去。去生必死也。俞樾謂出生二字義甚迂曲。疑當作出身殺生以徇之。按出應讀作詘。周禮庭氏注。嘻嘻出出。釋文出詘。云本亦作出。荀子君道。安値將卑埶出勞。出勞卽屈勞。詳荀子新證。詘屈古今字。漢書司馬相如傳。咸濟厥世而屈注。應劭曰。屈絕也。禮記聘義。其終詘然注。詘絕止貌也。殺身詘生。謂殺身絕生也。誠廉篇。皆出身棄生以立其意。出亦應讀作詘訓絕。與棄字爲對文。若讀出如字。出生出身均不詞。古無此等語例也。

至於覲存　長見

高注。覲裁也。彙校引類聚覲作僅。按覲卽僅之借字。故注訓爲裁。遇合篇。以此游僅至於魯司寇注。僅猶裁也。可證。

悖也夫公叔死　長見

許維遹讀悖也二字句。非是。悖也夫三字句。上云。而今謂寡人必以國聽鞅。故接以悖也夫。公叔死三字句。與下文公孫鞅西游秦義相接。

專於農民無有所使　季冬紀

高注。獨於農民。無所役使也。按專於不詞。注以獨詁專非是。專傳古字通。論語學而。傳不習乎。鄭注。魯讀傳爲專。晏子春秋諫下弟三。不身傳誅。孫星衍謂傳讀爲專。上言數將幾終。歲將更始。故傳於農民。無有所使。

湯武千乘也 不侵

高注。湯殷受命之王。名天乙。彙校引張本姜本。注天乙誤太乙。按太乙不誤。甲骨文作大乙。史記作天乙。天大古字通。如甲骨文天戊大戊天邑大邑互見。大豐毁。天室卽大室。並其證也。

雙劍誃呂氏春秋新證卷二

南方曰巨風　有始覽

俞樾云。今作巨者。疑豈之壞字也。按俞說非是。巨豈雙聲。如詎古訓豈。詎从巨聲。乃音訓字也。

其室培濕　聽言

俞樾云。淮南子齊俗篇。鑿培而遁之。高注曰。培屋後牆也。此培字當從彼訓。按俞說是也。然仍未知培乃坏之借字。漢書揚雄傳。或鑿坏以遁注。應劭曰。坏壁也。字亦作阫。莊子庚桑楚。正晝爲盜。日中穴阫。釋文。向音裴。云阫牆也。淮南子齊俗。則必有穿窬拊楗抽箕踰備之姦注。備後垣也。是備亦坏之借字也。

可對而爲乎　本味

畢沅謂對字訛。當作得。並引御覽爲證。俞樾謂對字衍文。按二說並非。對得形殊。無緣致誤。書鈔對亦作得。蓋不解對字之義而意改之。其誤與御覽同。爾雅釋言。對遂也。詩皇矣。以對于天下傳。對遂也。宗周鐘。王對作宗周寶鐘。對亦遂也。儀禮聘禮。遂命使者注。遂猶因也。上言伊尹說湯以至味。故湯曰。可遂而爲乎。言可因所說至味而爲之乎。下文對曰。君之國小。不足以具之。爲天子然後可具。

正伸其不可因而爲之故。

道者止彼在己 本味

俞樾謂止疑亡字之誤。言不在彼而在己也。按俞說殊誤。止卽古之字。金文之字均作止。今止字古本作止。二字有別。之猶往也。道者之彼在己。言道者往於彼而在於己也。下云。故審近所以知遠也。成己所以成人也。審近成己卽承在己爲言。知遠成人卽承之彼爲言。

客有言之於王子光者 首時

彙校引衆本作子光。畢校作王子光。御覽作王子光。按作王子光者。是也。闔廬名光。不名子光也。

勤以待時 首時

高注。勤勞。按勤應讀作僅。古勤僅字並作堇。上言故有道之士未遇時。隱匿分竄。此云。僅以待時。言無他志也。

謹耕耨之事 長攻

按謹應讀作勤。古謹勤字並作堇。

故趙氏至今有刺笄之證 長攻

畢沅引舊校云。證一作山。按山與證形殊。無緣致誤。作山者據國策校之也。證本應讀作隥。二字並諧登聲。或古文省作登。後人遂改爲證。穆天子傳。天子西征。乃絕隃之關隥。廣雅釋邱。隥阪也。刺笄之山與刺笄之隥。義均相若也。

事利黔首　愼人

高注。事治也。按注說非是。事本應作使。金文事使同字。上云。禹周於天下以求賢者。故此言使利黔首。

孔子慽然推琴　愼人

按慽蹴字通。莊子大宗師。仲尼蹵然曰。釋文引崔云。蹵然變色貌。應帝王。陽子居蹵然曰。釋文。蹵然改容之貌。蹴亦與蹙愀音近字通。禮記曲禮。以足蹙路馬芻有誅。釋文。蹙本又作蹴。莊子田子方。諸大夫蹵然曰。釋文。蹵本或作愀。並其證也。

以禾爲量　必己

俞樾謂禾卽和之壞字。按俞說非是。禾乃和之借字。邾公釛鐘。作氒禾鐘。禾乃龢之省文。龢和字通。

吾庸敢驁霸王乎　下賢

高注。庸用也。按注說非是。庸詎也。詳經傳釋詞。

東勝齊於長城　下賢

𠫑羌鐘。𨒪征秦遬齊。入𨻰城。𨻰城卽長城。管子輕重丁。長城之陽魯也。長城之陰齊也。

堪士不可以驕恣屈也　報更

彙校引姜本張本。士誤事。按士事古字通。非誤字也。金文卿士皆作卿事。

而言之與響　順說

陶鴻慶謂而讀爲如。按陶說是也。然自來皆讀言如字。非是。此承上文善說者若巧士。言與說同義。不應曰。如言之與響也。按言音古本同字。吳大澂說文古籀補。古鉩文譴字作䜌。注云。六國時字。音言互用也。墨子非樂上。黃言孔章。卽簧音孔章。詳墨子新證。聽言篇。其與人穀言也。莊子齊物論。穀言作鷇音。亦其證也。詩日月。德音無良傳。音聲。而音之與響。言如聲之與響。謂其相應也。文選漢高祖功臣頌。擠響于音。注引鶡冠子曰。未聞音出而響過其聲者也。是響音對言之證。

而願安利之　順說

高注。願其尊高。安而利也。按注讀安如字。又以安利連讀。非是。下云。皆得其利矣。是但言利不言安利。治要引注無安字。亦不解安字之義而删之也。安焉古字通。王引之云。荀子榮辱篇曰。俄則屈安窮矣。言屈焉窮也。按孟子梁惠王。寡人願安承教。卽願焉承教也。而願安利之。卽而願焉利之也。

墨子見荆王　貴因

墨子貴義。子墨子南游於楚。見楚獻惠王。按楚惠王卽楚王酓章。詳墨子新證。

周鼎著饕餮有首無身　先識覽

按自來出土商周之鼎。花紋不一。其著獸面者。數見不尠。卽此所謂饕餮也。

人之目以照見之也　知接

按照昭字通。任數篇。目之見也藉於昭注。昭明也。

無使放悖　審分覽

高注。放縱也。按注說非是。放方字通。書堯典。方命圮族。漢書傅喜傳。方作放。孟子梁惠王。方命虐民注。方猶逆也。然則放悖卽逆悖。逆與悖義相因。下文而官職煩亂悖逆矣。悖逆猶言逆悖矣。

至知不幾靜乃明幾也 審分覽

高注。幾近也。畢沅引盧云。此所言幾。卽今人所謂機警也。按二說並非。如注說則爲至知不近。如盧說則爲至知不機警。殊不可通。禮記玉藻。御瞽幾聲之上下注。幾猶察也。管子小匡。使關市幾而不正注。幾察也。此云至知不察。靜乃明察也。卽非以察察爲明之謂也。下云。於知乎去幾。卽於知乎去察也。

以其獸者先之所以中之也 君守

高注。徼射其獸。李寶洤云。獸者蓋無知之意。按二說均讀獸如字。非是。獸應讀作守。甲骨文狩字作獸。卽獸字。漢龍氏竟。刻畫奇守成文章。奇守卽奇獸。說文。獸守備者。廣雅釋詁。獸守也。詩車攻。搏獸于敖。後漢書安帝紀注作薄狩於敖。易明夷九三。明夷于南狩。釋文。狩本亦作守。春秋僖二十八年。天王狩于河陽。釋文。狩本又作守。此例經傳習見。不勝繁舉。此言故若大師文者。以其守者先之。所以中之也。守者指瑟言。上言再拜其瑟前曰。我效於子。效於不窮也。卽以其守者先之之謂也。

唯彼天符 知度

按精諭篇。天符同也注。符道也。莊子齊物論。孰知不言之辯。不道之道。若有能知。此之謂天府。天府卽天符。

是之謂重塞之主　知度

彙校引治要作是之謂重重塞塞之主。按此本應作是之謂重〓塞〓之主。應讀作是之謂重塞。重塞之主。凡古籍上下句中間重文。均如此作。均如此讀。

去想去意　知度

按韓非子解老。故諸人之所以意想者。墨子經說下。意相也。卽意想也。此尤其明證矣。

周鼎著象　愼勢

孫鏘鳴云。此著象下。亦必有言其所著之狀而脫之矣。或曰。著象者。象物而著之於鼎。按孫前後說並誤。象卽商人服象之象。近世發現之商周兩代彝器。固有著象者。先識覽。周鼎著饕餮。離謂篇。周鼎著倕。適威篇。周鼎有竊曲。達鬱篇。周鼎著鼠。是均專有所指。此云著象。非象物之象明矣。且著象下亦無脫文也。

傾造大難　執一

按傾危也。造遭古字通。詳尙書新證大誥篇。傾遭大難。言危遭大難也。

此白公之所以死於法室　精諭

高注。法室司寇也。一曰浴室。澡浴之室也。畢沅云。列子及淮南道應訓俱作浴室。按作法室者是也。法之譌浴。猶卻之譌却也。

令其父視日　淫辭

孫詒讓謂父字疑誤。按父疑僕之音誤。

堯舜許由之作　不屈

陶鴻慶云。作當爲行字之誤。故下云他行稱此。按陶說非是。作猶爲也。爲與行義相彷。不煩改字。

大將愛子有禽者也　不屈

按有當讀爲又。上言所殺者不可勝數。故此言大將愛子又禽者也。言又爲人所禽。乃古人之簡語也。

諸侯不譽　不屈

高注。皆道其惡也。按注讀譽如字。非是。譽與字通。順說篇。因其來而與來注。與猶助也。樂成篇。吾其與之注。與猶助也。上言天下之兵四至。衆庶誹謗。此云。諸侯不與。言內而國人誹謗。外而諸侯不助也。

請近吏二人於魯君　具備

畢沅云。家語屈節解。吏字作史。彙校引御覽。吏作史。按吏史金文同用。

故誠有誠乃合於情精有精乃通於天乃通於天水木石之性皆可動也　具備

吳汝綸謂下乃通於天。非重文也。乃讀爲能。按吳說非是。此言乃通於天。則水木石之性。皆可動也。卽誠能格物之義。下乃通於天。卽承遞上文而伸其義。古並作重文也。

而自投於蒼領之淵　離俗覽

高注。蒼領或作青令。畢沅云。莊子作淸泠。淮南齊俗訓亦同。按蒼領卽滄浪。蒼通滄。領浪雙聲字。審時篇。穗閲而青零。孫詒讓謂青零卽蒼狠。亦其證也。

吾子胡不位之 離俗覽

畢沅云。莊子作立乎。按位立古同字。金文凡位字均作立。

乃負石而沈於募水 離俗覽

高注。募水名也。音千伯之伯。畢沅云。募無伯音。疑蓩之譌。按畢說非是。募伯均屬脣音。又同隸魚部。乃雙聲疊韻字也。

小民皆之 上德

高注。皆公己也。按注說望文生義。不可爲據。皆偕古字通。書湯誓。予及汝皆亡。孟子梁惠王。皆作偕。詩無衣。與子偕行。漢書趙充國辛慶忌傳贊。偕作皆。偕同也。上言愛惡不臧。虛素以公。此言小民同之。義正相承。

臣聞賢主不窮窮 上德

馬敍倫云。下窮字借爲終。按馬說非是。上窮字作動字解。謂迫也。下窮字謂困窘也。言賢主不窮迫於困窘也。

還殁頭前於孟勝 上德

離俗覽。卻而自殁。王念孫云。殁之言刎也。

墨者以爲不聽鉅子不察 上德

孫鏘鳴曰。墨者以爲十字。疑有誤文。許維遹云。察猶知也。謂墨者以爲不聽鉅子之言。是爲不知墨者之義也。於義亦通。按二説並非。如許説則不察二字句不詞。且與下文嚴罰厚賞。不足以致此。義不相承。以已古字通。墨者謂二人。已爲謂遂反死之。鉅子謂田襄子。上言田襄子止之曰。孟子已傳鉅子於我矣。當聽。是田襄子已爲鉅子。不聽正承當聽爲言也。謂二人已反死。而不聽從田襄子之言。是田襄子之止之爲不明察也。

不可而不察於此 用民

按而猶以也。詳經傳釋詞。

理無自然自然而斷相過 舉難

俞樾云。理無自然下。奪理無二字。按俞説是也。此本作理＝無＝自＝然＝而斷相過。下理無二字。即涉重文而脱。

夷穢之鄉 恃君覽

高注。東方曰夷。穢夷國名。按逸周書王會。穢人前兒注。穢韓穢。東夷别種。

屋之翳蔚也 長利

按廣雅釋詁。翳障也。蔚翳也。是翳蔚均蔽障之義。

有盛盈坌息 知分

畢沅云。坌梁仲子疑坌。按梁説非是。坌應讀作墳。从分从賁古字通。詳尚書新證洛誥篇。孫鏘鳴云。

坌坌通。猶墳起也。按孫說義則是矣。而未正其讀。

親帥士民以討其故 行論

按故辜古字通。史記屈賈列傳。亦夫子之辜也。索隱。漢書辜作故。餘詳尙書新證酒誥篇。辜猶罪也。此言親帥士民以討其罪也。

蓋有自云也 觀表

按云猶然也。詳經傳釋詞。

而天下皆來謂矣 開春論

洪頤煊云。釋詁。謂勤也。孫鏘鳴云。謂諸侯皆請共伯爲天子也。松皋圓謂謂當作請。按諸說並非。謂應讀作惠。書盤庚。爾謂朕曷震動萬民以遷。漢石經。謂作惠。晏子春秋內篇諫下弟十八。故節于身謂于民。言節于身惠于民也。爾雅釋言。惠順也。管子度地。天下之人皆歸其德而惠其義注。惠順。然則來惠卽歸順之義。

見棺之前和 開春論

高注。棺題曰和。按和乃桓之假字。史記孝文紀索隱。陳楚俗桓聲近和。書禹貢。和夷底績。釋文。鄭云。和讀曰洹。桓洹並諧亘聲。和歌部。桓元部。歌元對轉。說文。桓亭郵表也。漢書酷吏尹賞傳。瘞寺門桓東注。如淳曰。舊亭傳於四角面百步。築土四方。上有屋。屋上有柱。出高丈餘。有大板貫柱四出。名曰桓表。縣所治夾兩邊各一桓。陳宋之俗。言桓聲如和。今猶謂之和表。禮記檀弓。三家視桓楹注。

四植謂之桓。周禮大宗伯。公執桓圭注。雙植謂之桓。徐灝曰。雙植爲門謂之桓門。公之命圭。琢爲二柱。故曰桓圭。因之四植者亦謂之桓。特立者亦謂之桓矣。按楁題曰桓者。謂楁之前端特出者爲桓也。

弊生事精　察賢

俞樾云。爾雅釋詁。事勤也。勤勞也。按俞說非是。事使金文同字。讀爲弊生使精。則義適矣。

其死者量於澤矣　期賢

高注。量猶滿也。按量謂量度。言其死者可以澤量。謂其多也。莊子人閒世。死者以國量乎澤若蕉。蕉應讀作揫。聚也。从焦从秋古字通。詳王氏雜志餘編呂氏春秋察微篇。言以國之死者量乎澤而若聚也。人以澤量。猶牛羊以谷量也。澤與谷均有容積。故以量爲言也。

禹東至榑木之地　求人

孫志祖謂古木字有桑音。按此說非是。說文。榑桑神木。日所出也。木卽指桑言。不必讀木爲桑也。

終身無經天下之色　求人

高注。經橫理也。吳承仕云。橫理不辭。疑當作經猶理也。按吳說非是。彙校引張本日刋本注。經廣理也。當據訂。

人事不謀　求人

高注。人不以姦邪謀之也。按注說未了。人事不應但稱曰人。上云。天地不壞。鬼神不害。此不當云人事不謀。金文事吏同字。人事應作人吏。韓詩外傳五。據法守職而不敢爲非者。人吏也。史記燕召公世家。而以啓人爲吏。索隱。人猶臣也。人吏猶言臣吏。與天地鬼神詞例一貫。

能意者使謹乎論於主之側 貴直論

王念孫云。能意上治要有若字。當據補。松皐圓云。謹乎論於四字頗難讀。疑合作謹論乎三字。按能意乃直臣。作謹論乎於義不符。謹應讀作勤。長攻篇。謹耕耨之事。即勤耕耨之事。金文勤字作堇。禮記內則。塗之以謹塗。玉篇堇部作堇塗。管子五行。堇反五藏。丁士涵云。堇當爲謹。古謹勤字本均作堇。此言若能意者。使勤乎論於主之側也。

每斮者以吾參夫二子者乎 貴直論

高注。每猶當也。按每無當訓。注說非是。每應讀作誨。誨古謀字。說文古文謀作謩。王孫鐘。誨猷不飤。即謀猷不飤。諫毀。女某不有昏。某即謀。謀之作某。猶誨之作每矣。上言齊王問吏曰。哭國之法若何。吏曰。斮。即謀斮之謂也。

扳石社 貴直論

畢沅云。梁仲子云。淮南齊俗訓。殷人之禮。其社用石。孫鏘鳴云。石社地名。按梁說是也。周禮大司徒。設其社稷之壝。崔靈恩云。社主用石。水經注瀔水。禮天子建國。左廟右社。以石爲主。

子胥兩袪高蹶而出於廷 知化

高注。蹶蹈也。按袪不應言蹈。注說非是。蹶應讀作揭。詩蕩。顛沛之揭。箋。揭蹶貌。禮記內則。不涉不撅注。撅揭衣也。是揭蹶撅一聲之轉。乃音訓字也。說文。揭高舉也。

中關而止　壅塞

惠棟謂中關而止。卽儀禮所謂不貫也。按賈誼過秦論。士不敢彎弓而報怨。史記陳涉世家。彎作貫。關貫彎一聲之轉。中關而止。卽中彎而止。注云。弦正半而止也。卽中彎之義。

公孫枝徙自敷於街　不苟論

孫鏘鳴云。徙自百里氏辭出也。街市朝也。按孫讀徙如字。不詞。徙爲徒之譌。徒猶乃也。詳經傳釋詞。八字應作一句讀。此言公孫枝乃自陳於市朝也。下云。百里奚令吏行其罪。謂就其自陳處行其罪也。

鍾况然有音　自知

王念孫云。况然卽鍠然。説文。鍠鐘聲也。按金文鍠作皇。亦作煌。鄦子盟師鐘。元鳴孔煌。沇兒鐘。元鳴孔皇。

而天下皆競　分職

高注。競進也。孫人和云。治要引競下有勸字。又引注云。勸進也。按治要意增勸字。不可爲據。爾雅釋言。競彊也。上言以其財賞。故接以而天下皆競彊也。競彊謂勉厲也。與注訓進之義亦相因。毛公旅鼎。肆母有弗䜌。䜌卽競之别構。肆母有弗競。亦卽皆競之義。班毁。亡克競氒剌。宗周鐘。朕猷有成亡競。詩抑。無競維人。執競。無競維烈。傳並云。無競競也。

今者客所弇斂士所術施也　士容論

畢沅云。舊校云。術皆當作述。今案古亦通用。按述應讀作遂。詩定之方中。釋文引鄭志。述讀如遂事不諫之遂。史記魯周公世家。東門遂殺適立庶。索隱。系本作述。均其證也。晉語。是遂威而遠權注。遂申也。禮記鄉飲酒義。節文終遂焉疏。遂謂申也。是遂施猶言申施。與弇斂爲對文。

皆知其末莫知其本眞　上農

按眞字衍文。上文屢言舍本而事末。則本下不應有眞字明矣。

䬳者莊之　辯士

畢沅云。梁仲子云。䬳疑即飽字。集韻飽或從缶。按梁說是也。弭仲簠。諸友飲飤具䬳。䬳即飽。

苗若直獵　辯士

按獵應讀作鬣。爾雅釋畜。青驪繁鬣騥。舍人注。鬣馬鬉也。金文作巤。毛公鼎。金巤即金鬣。

稼乃多菑實其爲晦也　辯士

按舊讀稼乃多菑實句。非是。此應讀作稼乃多菑句。上文其蚤者先時。晚者不及時。寒暑不節。故云稼乃多菑。審時篇。必遇天菑注。菑害也。且時菑爲韻。實其爲晦也句。實是也。詳經傳釋詞。是其爲晦也。廼下高而危則澤奪爲義。

是以人稼之容足耨之容耨據之容手　審時

畢沅云。亢倉子作耨之容耰。耘之容手。按當據亢倉子訂正。然容足容耰容手亦不詞。容庸古字通。詳韓非子新證揚權篇。庸之通詁訓用。此言稼之用足。耨之用耰。耘之用手。特就其大別言之耳。

雙劍誃淮南子新證序

淮南一書。攟傳記之精英。爲百家之鈐鍵。究極玄眇。總該道要。而其著書適當西漢賦體昌隆之際。故其詞氣瓌瑋。與賈馬相頡頏。是編所證。僅就劉文典集解。識其私見。兵略篇所稱唐鈔本。係依趙君萬里所校日本荻秋歌卷背記而擇録之。一九三九年三月海城于省吾。

雙劍誃淮南子新證卷一

而大宇宙之總　原道

俞樾云。大下疑脫於字。按俞說非是。宋本大下有與字。當從之。與如也。詳經傳釋詞。此言而大如宇宙之總也。

旋縣而不可究　原道

注。縣猶小也。王念孫云。縣當爲緜字之誤也。逸周書和寤篇曰。緜緜不絶。蔓蔓若何。說文。緜聯微也。廣雅。緜小也。故高注亦訓爲小。旋亦小也。方言。蜁短也。郭璞曰。便旋庳小貌。蜁與旋同。此言道至微眇。宜若易窮。而實則廣大。不可究也。此言旋緜。下言纖微。其義一也。按注及王說並誤。考上下文均兩句相對。而義各有別。如旋緜有小訓。下不應再言纖微矣。且旋緜不詞。旋縣仍應讀如字。縣懸古今字。周禮考工記鳧氏。鍾縣謂之旋注。旋屬鍾柄。所以縣之也。旋縣義相屬。凡物之旋轉者。必縣諸空。而無所窒礙。上文鈞旋轂轉之鈞旋。即墨子非命上所稱運鈞。亦卽旋縣之類。旋縣無端可尋。故曰旋縣而不可究極也。

居前而衆弗害　原道

注。言民戴卬而愛之也。按注說非是。害乃容之譌字。上文感而後動。性之害也。俞樾謂害乃容字之誤。是也。容頌字通。亦詳俞說。居前而衆弗容。應讀作居前而衆弗頌。與上句是以處上而民弗重。義正一貫。若作弗害。不但與弗重之語例不符。且重容爲韻。二字古韻並隸東部。作害則失其韻矣。下文。天下歸之。姦邪畏之。以其無爭於萬物也。蓋弗重弗頌。是以無爭。若爲人所重且頌。則爭端起矣。上下文義均相涵。

故聖人不以人滑天　原道

注。天身也。不以人事滑亂其身也。莊逵吉云。天竺卽身毒。故天有身義。按注以天身爲音訓。非是。故聖人不以人滑天。乃承上文而伸述之。上云。循天者與道游者也。隨人者與俗交者也。此句卽就上文天人爲言也。

與造化者爲人　原道

王引之訓人爲偶。義則近是。而未盡得之。按甲骨文金文。人尸字通。尸古夷字。與造化者爲夷。言與造化者爲等夷也。詳莊子新證大宗師篇。

此之謂天解　原道

注。天解天之解故也。言能明天意也。按天猶玄也。天解卽老子所謂古者謂是帝之玄解之玄解也。上文執玄德於心注。玄天也。下文萬物玄同也注。玄天也。是其證。

不入於耳而不著於心　原道

俞樾云。不入於耳句衍不字。言雖入耳而不著於心也。不字涉上下句而誤衍。按俞說非是。而猶則也。詳經傳釋詞。此文本謂既不入於耳。則不著於心。下接以此何以異於聾者之歌也。效人爲之。而無以自樂也。聲出於口。則越而散矣。注。散去耳不聞也。此喻正與不入於耳則不著於心義符。若如俞說。則聾者之歌爲入於耳。豈不謬哉。

此齊民之所爲形植黎黑憂悲而不得志也 原道

俞樾云。植當讀爲殖。管子地員篇。五殖之狀。甚澤以疏。離柝以臞塉。是殖有臞瘠之義。形殖謂形體臞瘠也。按俞說未允。形植猶後世言柴立。不應改讀爲殖也。

則精神日以秏而彌遠 原道

趙萬里云。以字衍文。按趙說是也。日秏而彌遠。與下句久淫而不還對文。多一以字。則贅於詞矣。又宋本此句下有注云。秏秃也。按時則篇。秋行冬令秏注。秏零落也。零落與秃義相因。

而未成兆朕 俶眞

注。兆朕形怪也。吳承仕謂怪當爲垺。按形垺義雖可通。但垺與怪形不相近。吳說非是。怪係性之譌。性猶體也。見讀書雜志俶眞篇知不能平條。形性猶形體。乃古人成語。下云。形物之性也。言形物之體也。禮記月令。安形性。後漢書陳寵傳作安形體。此言未成兆朕。卽未成形體。故注云。兆朕形性也。

不可隱儀揆度而通光耀者 俶眞

按爾雅釋言注。隱度。廣雅釋詁。隱度也。說文。儀度也。是隱儀揆度四字疊義。

故罷馬之死也剝之若槁　俶眞

注。罷老氣力竭盡。故若槁也。劉文典云。御覽九百五引槁作槀。又引注云。槀治槀也。雖含氣而形不能搖。疑是許本。按作槀者是也。槁槀以形近而譌。周禮小行人。則令槁禬之。鄭司農注。槀當爲槁。漢書陳湯傳。宜縣頭槀街注。崔浩以爲槀當爲槀。是其證。且槀與餘濡爲韻。古音均屬魚部。作槁則失其韻矣。

而和以天地者乎　俶眞

俞樾云。和以天地。義不可通。地疑倪字之誤。莊子齊物論曰。和之以天倪。按俞說非是。上云。交被天和。食于地德。又云。是故能戴大圓者履大方。下云。則至德天地之精也。是天地不應改爲天倪也。

此皆生一父母而閱一和也　俶眞

劉文典云。生一父母不辭。生下當有於字。御覽九百七十三引正作皆生於一父母。是其證也。按劉說非是。御覽隨意竄易字句。不可爲據。覽冥。勞逸若一注。一同心也。一壹古同用。左昭十年傳。而壹用之注。壹同也。言此皆生同父母而閱同和也。生下有於字。則不詞矣。

然未可以保於周室之九鼎也　俶眞

按保寶字通。書大誥。用寧王遺我大寶龜。魏三體石經寶作保。漢李氏鏡銘。明如日月世之保。假保爲寶。此例不勝繁舉。於猶如也。詳經傳釋詞。此言未可以寶如周室之九鼎也。古以九鼎爲寶器。故云然。

而莫之要御天過者　俶眞

按管子君臣。要淫佚注。要謂遮止之也。漢書趙充國傳。集注。要遮也。素問。脉要精微論。是門戶不要也注。要謂禁要。禁與遮義相因。御禦古同用。是要御猶言禁禦也。

夫疾風㪍木而不能拔毛髮　俶眞

注。㪍亦拔也。按廣雅釋詁。挬拔也。挬同㪍。古文从攴从手一也。

斬而爲犧尊　俶眞

注。犧讀曰希。猶疏鏤之尊。按犧尊謂尊形如犧牛也。詳詩經新證閟宮犧尊將將條。

於是萬民乃始慲觟離跂　俶眞

注。慲讀簫簫無逢際之慲觟傒徑之傒也。按景宋本傒作徯。是也。說文。慲忘也。忘徯與離跂對文。

而錯擇名利　俶眞

注。錯施也。擇取也。按注訓錯爲施非是。楚辭國殤。車錯轂兮短兵接注。錯交也。錯擇名利。謂交取名利。既取名又取利也。

擢德捲性　俶眞

注。擢取也。捲縮也。按漢書司馬相如傳。襞積褰縐。集注引張揖。褰縮也。捲褰字通。故注訓爲縮。然下云擢拔吾性。攓取吾情。是捲不應訓縮。攓同捲。列子天瑞。攓蓬而指注。攓拔也。方言十。攓取也。楚謂之攓。廣雅釋詁。擢拔也。注釋擢爲取。是擢訓拔訓取。攓亦訓拔訓取。擢與捲義同。互文耳。莊子駢拇作擢德塞性。塞亦騫之譌。應讀爲搴。

暴行越智於天下　俶眞

注。越揚也。暴卒也。按注訓暴爲卒非是。穀梁隱五年注。暴師經年。釋文。暴露也。漢書中山靖王勝傳。數奏暴其過惡注。暴謂披布之。字亦通襮。廣雅釋詁。襮表也。呂氏春秋忠廉。臣請爲襮注。襮表也。露也。披布也。表也。義均相仿。布行與揚智對文。

精神已越於外而事復返之　俶眞

注。事治也。按注說非是。金文事使同字。而事復返之。本應作而使復返之。上文是故事其神者神去之。事亦本應作使。

心有所至而神喟然在之　俶眞

按喟然係嘆息之聲。於文義不符。喟同嘳。應讀作快。說文。喟重文作嘳。爾雅釋詁。嘳息也。釋文。嘳本作快。又作嘳。是其證也。

手足之攢疾蠚　俶眞

按蠚卽蛘之異文。說文。蛘搔蛘也。字亦作痒作癢作養。疾蠚乃古人成語。荀子榮辱。骨體膚理辨寒暑疾養。彊國。疾養緩急之有相先者也。正名。疾養滄熱滑鈹輕重以形體異。均其證也。

辜諫者　俶眞

劉文典云。辜當爲罪字之誤也。罪古作辠。傳寫遂誤爲辜耳。御覽六百四十七引辜正作罪。按御覽不可爲擄。劉說非是。辜謂辜磔也。周禮掌戮。殺王之親者辜之注。辜之言枯也。謂磔之。大宗伯。以疈辜祭四方百物。鄭司農注。罷辜披磔牲以祭。若今時磔狗祭以止風。字亦作殆。說文。殆枯也。磔辜也。字亦作枯。荀子正論。斬斷枯磔。枯磔卽辜磔。上言燔生人。與辜諫者對文。下云。爲炮烙。鑄金柱。燔之事也。剖賢人之心。析才士之脛。辜之事也。說林篇。紂醢梅伯。文王與諸侯構之。桀辜諫者。湯使人哭之。辜與醢對。猶此文辜與燔對。不得改辜爲罪矣。

蠶珥絲而商弦絕　天文

注。蠶老絲成。自中徹外。視之如金。精珥表裏見。故曰珥絲。一曰弄絲于口。商音淸。弦細而急。故先絕也。按春秋攷異郵。蠶咡絲。注文咡作珥。云吐也。與注說異。

音比無射　天文

注。無射九月也。陰氣上升。陽氣下降。萬物隨陽而藏。無有射出見也。故曰無射。按注讀射如字非是。詩思齊。無射亦保。箋訓無射爲無射才。其誤正同。射乃斁之同音假字。毛公鼎。肆皇天亡睪。靜毀。靜學無罤。睪與罤均斁之古文。此應言萬物隨陽而藏。無厭斁也。下文云。無射入無厭也。是其證。

音比姑洗　天文

按余所藏周代石磬。姑洗作古先。

音比夾鐘　天文

按余所藏周代石磬。夾鐘作介鍾。夾介音近。又均有輔佐之義。是二字音義並相通。

禹以爲朝晝昏夜　天文

王念孫云。禹字義不可通。禹當爲離。俗書離字作離。脫去右畔而爲禹耳。按王謂當爲離是也。惟離古文省作离。非脫去右畔也。古化。離石之離作离。古文四聲韻引王存乂切韻有离字。是其證。

韄賓者安而服也　天文

按奠井叔鐘。用妥賓。妥古綏字。綏韄音近字通。文選甘泉賦。鸞鳳紛其銜韄。注引晉灼。韄綏也。周語。四曰韄賓。所以安靖神人。獻酬交酢也。綏有安訓。故曰綏賓者。安而服也。

正南次州曰沃土　墬形

注。沃盛也。五月建午。稼穡盛張。故曰沃土也。吳承仕云。案文當作稼穡盛長。各本長誤張失之。按吳說非是。張長古字通。莊子山木。而王長其閒。釋文。長本作張。是其證。漢人注書。多用借字。未可輒改也。

南方曰巨風　墬形

注。離氣所生也。一曰愷風。俞樾云。巨乃豈之壞字。豈讀爲愷。高注云。一曰愷風。愷正字。豈借字。巨誤字耳。按俞氏以巨爲誤字。非是。巨豈形殊。無由致誤。巨乃愷之音假。詳呂氏春秋新證有始覽。

通谷其名川六百　墬形

陳昌齊云。呂氏春秋有始覽作通谷六名川六百。此其字當爲六之譌。按陳說是也。古文其字作亓。故易譌也。

縣圃涼風樊桐在昆侖閶闔之中　墜形

注。閶闔昆侖虛門名也。縣圃涼風樊桐。皆昆侖之山名也。樊讀如麥飯之飯。按水經河水注引崑崙說。崑崙之山三級。下曰樊桐。一名板桐。二曰玄圃。一名閬風。上曰層城。一名天庭。板飯並諧反聲。玄圃卽縣圃。涼風卽閬風。惟此書以縣圃涼風並列。所記各異。

乃有八殥　墜形

注。殥猶遠也。殥讀允嗣之允。按景宋本作殯。說文有夤字。皆誤字也。秦公毀。嚴龔夤天命。夤字从肉。不从夕。乃形近而譌。易艮九三。列其夤。釋文。夤鄭本作䏰。䏰卽夤字。

西方有形殘之尸　墜形

注。西方金。金斷割攻戰之事。有形殘之尸也。按注讀尸如字。非是。尸夷古字通。金文凡言蠻夷之夷均作尸。易豐九四。遇其夷主。卽遇其尸主。詳易經新證。周禮凌人。大喪共夷槃冰注。夷之言尸也。禮記喪大記。男女奉尸夷於堂注。夷之言尸也。是經傳亦尸夷互通。西方有形殘之夷。與上句東方有君子之國對文。淮南書雜采古籍。此猶存古字。可寶也。

河出積石　墜形

注。河原出昆侖。伏流地中。方三千里。禹導而通之。故出積石。吳承仕云。方三千里當作萬三千里。萬俗書或作万。故譌爲方。按吳謂万譌爲方是也。以万爲俗書非也。晚周鉨文。萬字已作万。乃古文也。

雒出熊耳　墬形

注。熊耳山在京師上雒西北也。按金文作上洛。敔毁。王命敔追遡于上洛烬谷。左哀四年傳。楚司馬起豐析與狄戎。以臨上雒。秦策。楚魏戰於陘山。魏許秦以上洛。雒洛字通。

祭不用犧牲用圭璧更皮幣　時則

注。更代也。以圭璧皮幣代犧牲也。皮謂鹿皮也。幣謂玄纁束帛也。禮記曰。幣帛圭皮告于祖禰者也。按呂氏春秋仲春紀。祭作祀。高注亦訓更爲代。如注說則本文應作更用圭璧皮幣。不應曰用圭璧更皮幣也。晉語。姓利相更注。更續也。此言用圭璧又續之以皮幣也。

令國儺九門磔攘以畢春氣　時則

注。儺散宮室中區隅幽闇之處。擊鼓大呼。以逐不祥之氣。如今驅疫逐除是也。吴承仕云。案散宮室中區隅幽闇之處。文不成義。散下當沾索字。散索猶云偏索矣。按吴說非是。方言三。散殺也。東齊曰散。禮記鄉飲酒義。愁之以時察注。察或爲殺。是散殺察一聲之轉。散宮室中區隅幽闇之處。謂察宮室中區隅幽闇之處也。

以定晏陰之所成　時則

注。晏陰微陰也。按晏陰謂陽陰也。注說非。

腐草化爲蚈　時則

注。蚈馬蚿也。幽冀謂之秦渠。蚈讀奚徑之徑也。按荀子非十二子。是墨翟宋鈃也注。孟子作宋牼。牼與鈃同音口莖反。急就篇。銅鍾鼎鋞鋗鉇銚。顔注。鋞字或作鈃。是蚈可讀徑之證。

羣鳥翔　時則

注。羣鳥翔。寒氣至。羣鳥肥盛。試其羽翼而高翔。翔者六翮不動也。或作養。養育其羽毛也。沈濤云。呂氏春秋紀作羣鳥養羞。高氏彼注曰。寒氣將至。羣鳥養進其毛羽御寒也。雖訓羞爲進。與禮記鄭注訓爲所食者不同。而其爲養羞則同。疑淮南注本作或作養羞。養進其羽毛也。淺人不知羞有進義。遂删去羞字。改進爲育耳。按禮注養食既不詞。呂注養進亦不詞。且於養進下必須增羽毛二字。尤爲望文演訓。疑淮南所據本是也。養與翔並諧羊聲說文養从食羊聲。作養者翔之假字耳。秋高鳥飛。故曰羣鳥翔。月令呂氏春秋作養羞者。養與羞古文相似。說文古文養作𢼊。金文羞字通作𦍩。羞字涉旁注而誤入正文耳。

蟄蟲培戶　時則

按培應讀作附。培附音近相假。左襄二十四年傳。部婁無松柏。風俗通山澤篇作培塿無松柏。說文阜部。附婁小土山也。部培附一音之轉。培戶卽附戶。呂氏春秋仲秋紀作蟄蟲俯戶。俯亦附之借字。彼注云。俯近其所蟄之戶。俯近卽附近。尤其明證矣。

固封璽　時則

注。封璽印封也。按印封卽近所發之封泥也。

毋或侵牟　時則

注。牟多。按注說非是。牟與蟊蝥蛑音近字通。說文。蟊蟲食艸根者。重文作蝥。古文作蛑。漢書景帝紀。侵牟萬民。李奇曰。牟食苗根蟲也。侵牟食民。比之蛑賊也。東海廟碑。收責侵侔。以侔爲之。詩桑柔。降此蝥賊箋。蟲食苗根曰蟊。食節曰賊。是侵蛑乃古人成語。注訓牟爲多。於義未符。

湛熺必潔　時則

注。湛漬也。熺炊必令圭潔也。湛讀審釜之審熺炊熾火之熾也。按圭潔卽蠲潔。熺亦作饎糦𩞄喜。詩天保。吉蠲爲饎傳。饎酒食也。玄鳥。大糦是承箋。糦黍稷也。說文。饎之重文作𩞄。大豐毁。事喜上帝。詩七月。田畯至喜箋。喜讀爲饎。均其證也。

不可移匡　時則

按俞樾以移匡爲迆軭。訓爲衺曲。非是。匡應讀作枉。周禮考工記輪人。則輪雖敝不匡。鄭司農注。匡枉也。越語。月盈而匡注。匡虧也。匡訓虧。是亦讀匡爲枉。氾論。小枉而大直注。枉曲也。不可移枉。言不可移動枉曲。存其本眞也。

雙劍誃淮南子新證卷二

精通于天　覽冥

注。精通于天者。謂聖人質成上通。爲天所助。吳承仕云。案質成當爲質誠。蓋以質誠釋精也。按成誠古字通。不煩改字。詩我行其野。成不以富。論語顏淵作誠不以富。禮記經解。繩墨誠陳注。誠猶審也。或作成。是其證。

涔雲波水　覽冥

注。涔大滀水也。雲出於涔。似波水也。按說林篇。宮池涔則溢注。涔多水也。莊子大宗師。滀乎進我色也。釋文引簡文注。滀聚也。達生。忿滀之氣。釋文引李注。滀結聚也。涔雲謂含雨醲厚之雲也。注謂雲出於涔。似於本義未符。涔雲與上句旱雲對文。以是明之。

手徵忽怳不能覽其光　覽冥

注。言手雖覽得微物。不能得其光。一說天道廣大。手雖能徵其忽怳無形者。不能覽得日月之光也。按徵謂驗也。覽應讀作攬。廣雅釋詁。攬持也。注謂不能覽得日月之光。是亦讀覽爲攬。言以手驗之。則忽怳莫測。不能攬持日月之光也。

惟夜行者爲能有之 覽冥

注。夜行喻陰行也。陰行神化。故能有天下也。一說言入道者。如夜行幽冥之中。爲能有召遠親近之道也。按上文故召遠者使無爲焉。親近者使無事焉。如以陰行爲言。不知陰行亦須行也。與無爲無事之義不相應。夜應讀作舍。說文。夜舍也。天下休舍也。夜舍疊韻。墨子非儒下。隱知豫力。孫詒讓讀豫爲舍。豫夜古字通。易豫卦。歸藏作夜卦。詳易經新證。豫可讀爲舍。則夜可讀作舍明矣。惟舍行者爲能有之。言惟釋去其行者爲能有之也。舍行與無爲無事之義。正相涵也。

若以慈石之能連鐵也 覽冥

劉文典云。連鐵御覽七百六十七引作運鐵。按作連者是也。孟子梁惠王。從流下而忘反謂之連注。連引也。連鐵卽引鐵也。下云。而求其引瓦則難矣。引與連互文耳。

其失之非乃得之也 覽冥

注。自謂失道。未必不得道也。王念孫云。非字義不可通。衍文也。高注云。自謂失道。未必不得道也。則無非字明矣。俞樾云。非上脫未始二字。非下衍乃字。本作其失之也。未始非得之也。故高注曰。自謂得道。乃失道者也。自謂失道。未必不得道也。各依正文爲說耳。文子精誠篇曰。其得之也。乃失之也。其失之也。乃得之也。雖用淮南文。然意同而字句固小異矣。不得據彼改此。而轉與高注不合也。按王以非字爲衍文。俞謂非上脫未始二字。非下衍乃字。不言其致衍致脫之由。均意爲增損。了無依據。其失之。非乃得之也。既無衍文。亦無脫文。也邪古字通。詳經傳釋詞。其失之。非乃得之邪。此係反詰之語。正言之。其失之。乃得之也。文子作其失之也。乃得之也。已昧淮南之語妙矣。

降扶風　覽冥

注。降下也。扶風疾風也。按降隆古字通。隆應讀作臨。禮記喪服小記注。不貳降。釋文。降本作隆。詩都人士箋。無隆殺也疏。定本隆作降。皇矣。與爾臨衝。韓詩。臨作隆。然則隆扶風即臨扶風。上言赤螭青虬之游冀州也。入榛薄。食薦梅。是就地言。自若乃至於玄雲之素朝。陰陽遺交爭以下。始言由下而上。故曰臨扶風。雜凍雨。扶搖而登之。扶搖而登之。即承臨扶風雜凍雨言。若作下扶風則不詞矣。且與上下文義不符。

邅回蒙汜之渚　覽冥

注。邅回猶儃佯也。按下句尙佯冀州之際。邅回與儃佯義雖相近。然究有別也。原道。邅迴川谷之閒注。邅回猶委曲也。本經。曲拂邅迴注。邅迴轉流也。楚辭離世。下江湘以邅迴注。邅迴運轉而行也。迴回古字通。是邅回謂轉回也。楚辭涉江。入漵浦余儃佪兮。迷不知吾所如。儃佪即邅迴也。

入日抑節　覽冥

注。送日入于抑節之地。按抑節即弭節。抑弭古同訓。精神。捧心抑腹注。抑按也。楚辭惜誦。情沈抑而不達兮注。抑按也。本經。抑減怒瀨以揚激波注。抑止也。按與止義相因。離騷。吾令羲和弭節兮注。弭按也。湘君。夕弭節兮北渚注。弭按也。詩沔水。不可弭忘傳。弭止也。抑節猶言按節止節也。

注喙江裔　覽冥

注。注喙。喙注地不敢動也。按注說非是。上云。鴻鵠鶬鸛。莫不憚驚伏竄。此言注喙江裔。注喙卽拄喙。謂喙不動也。文選枚叔七發。蚑蟜螻蟻聞之。拄喙而不能前。拄注字通。拄喙謂其喙之不動。非謂其注地也。

軼鶤雞於姑餘　覽冥

注。姑餘山名。在吳。按姑餘卽姑蘇。越絕書外傳紀地傳作姑胥。餘蘇胥古音同隸魚部。故相通借。史記越世家。越遂復棲吳王於姑蘇之山。是注以姑蘇爲山名之證。

飛黃伏皁　覽冥

按召卣。白懋父賜召白馬。妦黃髮敚。妦字當係从女丰聲。妦飛音近。疑飛黃古作妦黃。

狡蟲死　覽冥

注。蟲狩也。按狩獸古字通。甲骨文狩字作獸。卽古獸字。詩車攻。搏獸于敖。後漢書安帝紀注作搏狩於敖。是其證也。禮記儒行。鷙蟲攫搏疏。蟲是鳥獸通名。上云。猛獸食顓民。此言狡蟲死。顓民生。注以蟲爲就猛獸言。故云蟲獸也。

援絕瑞席蘿圖　覽冥

注。殊絕之瑞應。援而致之也。羅列圖籍。以爲席蓐。一說蘿圖車上席也。王念孫云。援絕瑞本作援絕應。此亦涉注文而誤也。案正文作絕應。故注釋之曰殊絕之瑞應。若正文本作絕瑞。則無庸加應字以釋之矣。爾雅疏引此作絕瑞。則所見本已誤。御覽引此正作絕應。按王說非是。增字以釋正文。注之常例。御覽不可爲據。且應有吉凶。於文義不符。蘿應讀籙。二字同聲。並來母字。籙亦作錄作綠。人閒篇。秦皇挾錄圖注。挾鋪也。秦博士盧生使入海還。奏圖錄書於始皇帝。墨子非攻下。河出綠圖。文選張平子東京賦。高祖膺籙受圖注。膺籙謂當五勝之籙。受圖卯金刀之語。文選王元長永明十一年策秀才文。朕秉籙御天注。尙書旋璣鈐曰。河圖命紀也。圖天地帝王終始存亡之期。錄代之矩。籙與錄同也。此謂援致絕瑞。席蘿籙圖也。

羣臣準上意而懷當　覽冥

注。準望懷思當合也。取合主意。不復以道正諫也。俞樾云。懷當二字。甚爲不辭。高注亦曲說耳。懷當乃壞常之誤。言羣臣皆準上意而敗壞其典常也。文子上禮篇作羣臣推上意而壞常。是其明證。按注說是。俞說非。懷當二字非不辭也。當讀令字去聲。懷當正與準義相應。

居君臣父子之閒而競載　覽冥

按載哉古字通。詩文王。陳錫載周。左傳國語並引作陳錫哉周。書洛誥。丕視功載。卽丕視功哉。禮記中庸注。文王初載之載。釋文載本或作哉。金文哉字多假才爲之。隸古定尙書亦然。競才謂以才能相競爭。故下云。驕主而像其意也。

獵不聽其樂　覽冥

注。樂崩故不復聽田獵之樂。俞樾云。聽疑德字之誤。家語本命篇。効匹夫之聽。王注曰。聽宜爲德。是其例也。德與得通。不德其樂。卽不得其樂。言雖田獵而不得其樂也。按俞以聽爲聽聞。故不得其義而意改爲德。周語。民是以聽注。聽從也。廣雅釋詁。聽從也。此言雖田獵而不從其所樂也。

西老折勝　覽冥

注。西王母折其頭上所戴勝。爲時無法度。劉文典云。北堂書鈔四十二引折勝作折滕。按書鈔不解勝字之義而改爲滕。漢書司馬相如傳。覩西王母皬然白首戴勝而穴處兮注。勝婦人首飾也。漢代謂之華勝。釋名。釋首飾。華勝。華象草木華也。勝言人形容正等一人著之則勝也。蔽髮前爲飾也。續漢書輿服志。后夫人服。簪以瑇瑁爲擿長一尺。端爲華勝。上爲鳳凰爵。以翡翠爲毛羽。下有白珠垂黃金鑷。左右一横簪之。以安蔮結。惠棟云。山海經曰。西王母戴勝。郭璞云。勝玉勝也。按簪端華勝或以玉爲。故郭云玉勝也。

奮首於路　覽冥

注。奮首民疲于役。頓仆于路。僅能搖頭耳。言疲困也。故曰奮首。俞樾云。高說極爲迂曲。原文本作奮於首路。首猶嚮也。漢書司馬遷傳。北首爭死敵。師古曰。首嚮也。是其義也。相攜於道。奮於首路。言不得已。自奮勉而嚮路也。兵略篇曰。百姓之隨逮肆刑挽輅首路死者。一旦不知千萬之數。正以首路連文。可證此篇之誤。按俞氏訓首爲嚮是也。改爲奮於首路則非。奮首於路謂奮勉以向於路。注云故曰奮首。則正文本作奮首於路明矣。如俞說既與注文不符。且與上句相攜於道非對文矣。

至虚無純一而不嘤喋苛事也　覽冥

注。嘤喋猶深算也。言不采取煩苛之事。按嘤喋既訓爲深算。則不采取煩苛之事。應作不深算煩苛之事。但噯喋本無深算之義。則深算二字必有譌也。此本作噯喋采算也。采字譌作罙。又與算字相連。後人因增水旁爲深耳。算選古字通。詩柏舟。不可選也。三家詩選作算。漢書公孫賀等傳贊。斗筲之徒。何足選也。論語子路。選作算。是其證。廣雅釋詁。選擇也。傚眞篇。而錯擇名利注。擇取也。是采選卽采取。又按噯喋卽唼喋。漢書司馬相如傳。唼喋青藻注。唼喋銜食也。唼同啑。玄應一切經音義八引字書。啑喋也。文選上林賦注引通俗文。水鳥食謂之啑。鳥之啄食。擇而取之。故引伸有采取之義也。

二月而肤 精神

王念孫謂文子九守篇作三月而脈。按脈乃肤之譌。爾雅釋畜。犦牛注。領上肉犦肤起。高二尺許。廣雅釋詁。肤腫也。慧琳一切經音義七三引通俗文。肉肤曰瘤。說文。瘤腫也。然則肤卽肉瘤也。

或守之於形骸之內而不見也 精神

俞樾云。守當作得。言求之於四海之外而不能遇者。或得之於形骸之內也。求與得文義相應。下文曰。故所求多者所得少。正承此而言。按仍應作守爲是。俞說未允。既云得則必待於求。此言本在形骸之內。不待求而遇。故言守。下云。故所求多者所得少。所見大者所知小。乃承求之於四海之外而不能遇爲言。所求多。所見大。卽求之於四海之外之謂也。或言不能遇。或言所得少所知小。與或守之於形骸之內而不見。反正爲義也。

夫有夏后氏之璜者匣匵而藏之寶之至也 精神

按莊子刻意。夫有干越之劍者。柙而藏之。不敢用也。寶之至也。列子湯問。柙而藏之。釋文。柙與匣同。說文。匩匵也。此文不應匩匵並言。匵字疑涉旁注而誤入正文。

以道爲紃　精神

注。紃者法也。按紃應讀作循。荀子非十二子。及紃察之注。紃與循同。然則以道爲紃。卽以道爲循也。

以死生爲一化　精神

俞樾云。文子九守篇作以千生爲一化。當從之。言生之數雖有千。而以爲一也。以千生爲一化。以萬物爲一方。兩文相儷。而意亦相準。若作死生則不類矣。且以死生爲一化。義亦未安。當據文子訂正。按俞說非是。一死生。齊萬物。乃道家要指。俞氏以爲千生與萬物相儷。拘文牽義矣。下云。細萬物則心不惑矣。齊死生則志不懾矣。亦以萬物與死生對文。是其證也。莊子德充符。胡不直使彼以死生爲一條。知北遊。死生有待邪。皆有所一體。庚桑楚。孰知有無死生之一守者。此言一化。與一條一體一守義均相仿。

是故眞人之所游　精神

俞樾云。是故眞人之所游。本作是眞人之游也。乃結上之辭。文子九守篇亦有此文。大略相同。結之曰。此眞人之游也。乃其明證也。按故猶固也。詳經傳釋詞。固者本然之辭。是固眞人之所游。正係結上。俞說非是。

且人有戒形而無損於心有綴宅而無耗精　精神

注。戒備也。人形體備具。戒或作革。革改也。言人形骸有改更而作化也。心喻神。神不損傷也。綴宅身也。精神居其宅則生。離其宅則死。言人雖死。精神終不秏滅。故曰無秏精也。王念孫云。無損於心。於衍字也。按王說是也。莊子大宗師作且彼有駭形而無損心。有旦宅而無情死。卽此文所本。戒仍應作駭。駭之作戒。猶駭之作駴矣。綴宅應讀作怛度。怛度卽憂度。詳莊子新證。憂度與駭形對文。度亦形也。

故形有摩而神未嘗化者以不化應化 精神

注。摩滅猶死也。神變歸於無形。故曰未嘗化。化猶死也。不化者精神。化者形骸。死者形爲灰土。爲日化也。吳承仕云。案爲日化也四字。義不可通。疑當作故曰化也。神變歸於無形。故曰未嘗化。形骸變爲灰土。故曰化。按爲字無由譌作故。吳說非是。爲猶謂也。古籍習見。亦詳經傳釋詞。爲日化也。卽謂日化也。

燭營指天 精神

注。燭陰華也。營其竅也。上指天也。燭營讀曰括撮也。按莊子大宗師。句贅指天。成疏。項句曲大挺如贅。釋文引李云。句贅項椎也。其形似贅。言其上向也。括撮與句贅音近。注云燭營讀曰括撮。陳詩庭謂當作營燭。詳讀書證疑。

而況斥鷃乎 精神

注。斥澤之鷃雀。飛不出頃畮。喻弱也。陶方琦云。文選七啟注引斥作尺。又引許注。雀鷃飛不過一尺。言其劣弱也。按高以斥爲斥澤。許以爲飛不過一尺。二說並誤。尺鷃謂鷃之長僅及一尺。周尺核今尺六寸左右。古人言物之小者。每以尺喻。如赤子卽尺子。尺澤卽小澤。尺以度言。但言尺則無澤訓也。

有天下不羨其和 精神

注。羨過和適也。吳承仕云。疑過當作延。字之譌也。按不延其和。於本義殊乖。吳說非是。注訓羨爲過。乃讀羨爲愆也。詩板。及爾游羨。釋文。羨本作衍。左昭二十一年傳。豐愆。釋文。愆本或作衍。是其證也。詩氓。匪我愆期傳。愆過也。說文。愆過也。左昭二十六年傳。用愆厥位注。愆失也。失過同義。故太玄擬易大過爲失。此言有天下不失其和。與上句無天下不虧其性。文正相對。

今贛人敖倉 精神

注。贛賜也。按爾雅釋詁。貢賜也。釋文。貢或作贛。

然顏淵夭死季路葅於衛 精神

注。顏淵十八而卒。孔子曰。回不幸短命死矣。故曰夭也。季路仕於衛。衛君父子爭國。季路死。孔子曰。若由不得其死然。言不得以壽命終也。故曰然。衛人醢之以爲醬。故曰葅。吳承仕云。案衛人醢之上故曰然三字。朱本作故曰夭。皆衍文也。文言顏淵夭季路葅。注述夭葅之事。皆以故曰結之。文例顯白。中間不得復有故曰。明爲後人傳寫之譌。按吳說非是。言不得以壽命終也。故曰然。係申述若由不得其死然一語。上文有待而然注。然如是。此謂言不得以壽命終也。故孔子言之如是也。

鑴山石鍥金玉 本經

注。鑴猶鑿也。求金玉也。鍥刻金玉以爲器也。按注謂鑴山石爲求金玉非是。鑴山石。鍥金玉。二句平列。鐫山石謂鐫刻山石以爲文物也。非謂鑿山求金玉。再鐫刻金玉也。鐫與鍥古同字。荀子勸學。鍥而舍之注。鍥刻也。

而萬物燋夭　本經

注。則萬物燋夭不繁茂也。按氾論篇燋而不謳注。燋悴也。玄應一切經音義六引三蒼。燋悴作顦顇。然則此文言燋謂燋悴也。

喬枝菱阿　本經

注。阿曲屋。俞樾云。疑高氏所據本菱字作淩。言橑檐榱題之上。雕刻樹木。故其喬枝上淩於曲阿也。按俞從注說。以阿爲曲阿。於義未允。喬枝淩阿。於上下文句例不相比類。且橑檐榱題。亦均就高處言之。豈高處之上更有曲屋乎。此句詞義均有不符。菱應讀作陵。釋名釋山。陵隆也。體隆高也。按載籍訓陵爲越爲升爲上爲乘。均有高義。阿應讀作柯。二字古通。春秋襄十九年。諸侯盟于祝柯。公羊作祝阿。是其證。詩湛露箋。使物柯葉低垂疏。柯謂枝也。是陵亦喬柯亦枝也。散文則通對文則殊耳。

經誹譽　本經

注。經書也。誹惡譽善。按注訓經爲書非是。莊子漁父。而經子之所以。釋文引司馬云。經理也。呂氏春秋察傳。是非之經注。經理也。詩小旻。匪先民是程。匪大猶是經。經與程互文耳。經亦程也。廣雅釋詁。程量也。量與理義相因。經誹譽。謂分理其誹譽。程量其誹譽也。

呼吸侵潭　本經

注。侵潭廣衍也。按潭應讀作尋。原道。故雖游於江潯海裔注。潯讀葛覃之覃也。說山。瓠巴鼓瑟。而淫魚出聽。說文作伯牙鼓瑟。鱏魚出聽。爾雅釋言釋文。覃本又作㷖。是其證也。史記孝武本紀。侵尋於泰山矣。索隱。侵尋卽浸淫也。尋淫聲相近。文選魏都賦。緑芰泛濤而浸潭注。浸潭漸漬也。漸漬與浸淫義相仿。原道。浸潭苽蔣注。浸潭之潤。以生苽蔣。旣言浸潭之潤。亦謂浸淫也

明可見者可得而蔽也　本經

注。蔽或作察。按作蔽者是。晉語。及蔽獄之日注。蔽決也。左昭十四年傳。叔魚蔽罪邢侯注。蔽斷也。決斷義相因。可得而決也。與上言可得而量也。詞例相仿。察雖有分別之義。但下云色可察者。作察則複。

天下有能持之者有能治之者也　本經

注。有能持之者。桀紂之民。有能治之者。湯武之君也。王念孫云。有能治之者也。當作未有能治之者也。言詐僞並起。天下有能以法持之者。未有能以道治之者也。其能治之者。必待至人。下文至人之治也云云是也。文子下德篇。作天下有能持之而未有能治之者也。是其證。高所見本。蓋脫未字。按高注上句就民言。下句就君言。引桀紂湯武以增成其義。殊爲望文生訓。然高所見本。本無未字。至明顯也。文子不達其意而增未字。王反據以改本書。疏矣。且王謂天下有能以法持之者。未有能以道治之者也。夫以法持之猶不得謂之非治也。是王氏望文演訓。與高注同。也邪古字通。詳經傳釋詞。覽冥篇。其失之非乃得之也。也讀邪。正言之其失之乃得之也。此言天下有能持之者有能治之者邪。係反

詰之詞。正言之。天下未有能持之者。未有能治之者也。讀也如字。則失古人之語妙矣。

故周鼎著倕使銜其指以明大巧之不可爲也 本經

注。倕堯之巧工也。周鑄鼎。著倕像於鼎。使銜其指。假令倕在見之。伎巧不能復踰。但當銜齧其指。故曰以明巧之不可爲也。一說周人鑄鼎畫象。鏤倕身于鼎。使自銜其指。以戒後世。明不當大巧爲也。按呂氏春秋離謂。周鼎著倕。而齕其指。先王有以見大巧之不可爲也。與此文略同。注後說是也。

扶撥以爲正 本經

注。撥任也。扶治也。按主術篇。扶撥枉橈。扶謂扶持。撥謂撥正。言枉橈者扶持而撥正之也。亦卽此扶撥以爲正之義也。

嬴鏤雕琢 本經

注。嬴鏤文章。按嬴乃蠃之譌。易說卦傳。爲蠃。釋文。京作螺。姚作蠡。本草。蛞蝓一名陵蠡。古今注作陵螺。文選東征賦。諒不登樔而椓蠡兮注。蠡與蠃古字通。漢書東方朔傳。以蠡測海。假蠡爲蠃。方言六。蠡分也。楚曰蠡。字亦作劙。廣雅釋詁。劙解也。荀子彊國。劙盤盂注。劙割也。然則此文嬴鏤卽劙鏤矣。劙鏤謂分解刻鏤也。

以窮要妙之望 本經

注。盡極要之觀望也。按注以要爲極要。非是。要幽古字通。要妙卽幽妙。詳老子新證。

華蟲疏鏤 本經

按禮記明堂位。疏屏疏。疏刻也。莊子盜跖。內周樓疏。章炳麟云。疏正作㡉。說文。㡉門戶青㡉窗也。釋名釋宮室。樓謂牖戶之閒有射孔慺慺然也。是疏與鏤義相因。刻鏤使其透孔。故謂之疏鏤。

霜文沈居 本經

注。鏡如霜皆沒身中。故曰沈居。按沈湛古字通。載籍習見。荀子性惡。闔閭之干將莫邪鉅闕辟閭注。或曰。辟閭卽湛盧。湛盧言湛然如水而黑也。居語詞。詳經傳釋詞。湛居猶湛然。言其淸澈也。

無所發貺 本經

注。但中心相樂。無以發其恩賜也。按注讀貺如字。訓爲恩賜。殊失本旨。貺皇古字通。書大誥。若兄考。兄考卽皇考。無逸。無皇曰今日耽樂。則皇自敬德。漢石經。皇均作兄。秦誓。我皇多友之。公羊皇作況。書大傳甫刑。皇於聽獄乎注。皇猶況也。詩棠棣。況也永歎。釋文。況或作兄。左僖十五年傳。亦無貺也。釋文。貺本亦作況。禮記聘義。北面拜況。釋文。況本亦作貺。均其證也。然則發貺卽發皇。文選枚叔七發。發皇耳目。是其左證。發謂開發。皇謂張大。發皇卽發張之義。

非强而致之 本經

注。非强行致孝子之情也。情自發于中。王念孫云。非强而致之。强下當有引字。高注當作非强引致孝子之情。今本正文脫引字。注內引字又誤作行。羣書治要引此正作非强引而致之。按非强而致之。義本可通。王依治要於强下增引字。又改注文行字爲引。殊不可據。

尙與人化 主術

按尙應讀作常。金文常字通作尙。

不使鬬爭　主術

按使字不詞。使本應作事。金文使事同字。不事鬬爭。言不以鬬爭爲事也。下文不使風議。亦應作不事風議。

故曰樂聽其音則知其俗見其俗則知其化　主術

王念孫云。樂字與下文義不相屬。當有脫文。文子精誠篇作聽其音則知其風。觀其樂即知其俗。見其俗卽知其化。按王說非是。此應讀爲故曰句。樂句。本無脫文。

而不能與胡人騎騵馬而服騊駼　主術

按大鼎。命取𩣡𩦺卅匹。許印林云。𩣡𩦺疑騊駼。𩦺下有山。如侖之从山也。許疑𩣡𩦺爲騊駼是也。惟以爲如侖之从山則未允。𩦺駼音假。駼魚部。𩦺卽䮾。从岡聲。陽部。魚陽對轉。如撫之通㠿。幠之通荒。吾之通卬。舞之通𦏧。卽其證也。

其猶零星之尸也　主術

劉文典云。北堂書鈔九十引零作靈。按零靈古字通。論衡祭意。靈星者神也。獨斷。明星神一曰靈星。風俗通祀典。辰之神爲靈星。

脩行者競於往　主術

注。往自益也。孫詒讓云。往當爲任。形之誤也。後詮言訓云。君好智則倍時而任己。宋本任亦誤往。可與此互證。按競於任。不得云競於任己。句各有當。無以互證。孫說非是。論語述而。不保其往也。集解引鄭注。往猶去也。管子權修。無以畜之則往而不可止也注。往謂亡去也。上云。主上闇而不明。羣臣黨而不忠。說談者游於辯。此言脩行者競於往。往謂去而不留也。肥遯自修。故注云往自益也。

側耳而聽　主術

劉文典謂御覽側耳作傾耳。按賈山至言有傾耳而聽之語。上云。側目而視。如作側耳。於文爲複。

所以剬有司使無專行也　主術

按剬疑制之形譌。張守節史記論字例。制字作剬。法言淵騫。魯仲連傷而不制。司馬光云。宋吳本制作剬。是其證也。下文云。是故有術則制人。無術則制於人。與此制字用法同。

則奇材佻長而干次　主術

注。奇材非常之材。佻長卒非純賢也。故曰干次也。按佻長與干次對文。玄應一切經音義五引字書。佻輕也。輕其正長而干其次位也。猶今俗言不守分也。

以不知爲道　主術

注。道常未知。吳承仕云。道常未知。語不可通。當作道尙无知。按常字不必改。常尙古通。金文常字通作尙。注未字正釋不字。不應改无。

若發堿決唐　主術

注。堿水堿也。按堿乃坎之借字。玉篇土部。堿口感切。𡒊坷。漢孔耽神祠碑。遭元二轗軻。轗軻卽轗軻。从咸从㦿古字通。易咸釋文。咸感也。左昭二十一年傳。窕則不咸。釋文。咸本或作感。轗軻亦即坎軻。太玄經止次六。坎軻其輿。易說卦傳。坎陷也。玄應一切經音義三引埤蒼。埳亦坑也。埳同坎。注云城水城也。即坎水坎也。

然民有掘穴狹廬所以託身者 主術

王念孫謂掘穴本作堀室。堀古窟字。並引治要御覽爲證。按王以掘爲堀。謂堀古窟字是也。改穴爲室非也。陶方琦引治要許注。窟穴土室。又引說文穴土室也爲證。按陶說是也。詩緜。陶復陶穴。即此所謂窟穴也。

匡牀蒻席 主術

注。匡安也。按莊子齊物論。與王同筐牀。釋文。筐本亦作匡。司馬云。筐牀安牀也。崔云。筐方也。一云正牀也。

澤死暴骸者 主術

按澤死不詞。應讀作釋尸。澤釋死尸字通。古籍習見。釋舍也。釋尸與暴骸相對爲文。

治國上使不得與焉 主術

注。使不得與亡傷之危。是上術也。按注說非是。使事金文同字。治國上事。言治國乃主上之事。故曰不得與焉。俞樾疑治國下脫非字。是讀使如字。故意增非字也。

侏儒瞽師人之困慰者也 繆稱

注。慰可蹶也。一曰慰極。莊逵吉云。困慰本或作困懟。注竝同。疑作懟者是。吳承仕云。案朱本作懟。懟卽慰之譌也。懟訓怨怒。音義與困稍遠。困慰者。假慰爲冢。詩緜。維其喙矣。毛傳云。困也。方言。喙極也。此注一曰慰極。正與方言相應。慰亦作蔚。俶眞篇。五藏無蔚氣。注云。蔚病也。音義正同。此字當爲慰之明證。可蹶之訓未聞其審。疑有譌文。按困喙不詞。可蹶之訓。亦無譌文。吳說未允。慰應讀作鬱。亦與蔚音近相假。莊子外物。慰睯沈屯。釋文引李注。慰鬱也。後漢書仲長統傳。彼之蔚蔚注。蔚與鬱古字通。楚辭憂苦。志紆鬱其難釋注。鬱愁也。困鬱卽困愁。鬱可蹶也卽愁可蹶也。侏儒與瞽師不利於行。故以鬱憂顚蹶爲言。漢書刑法志。師朱儒注。如淳曰。師樂師盲瞽者。朱儒短人不能走者。是其證。爾雅釋言。鬱氣也。李注。鬱盛氣也。素問五運行大論。其令鬱蒸注。鬱盛也。字亦通蔚。兵略篇。設蔚施伏注。草木蕃盛曰蔚。按物盛則極。故注云一曰慰極。

是故聖人制其剟材　繆稱

注。剟疏殺也。按注讀剟如字。故訓爲疏殺。但非本義。剟从叕聲。與贅字通。書顧命。綴輅在阼階面。周禮典路注。綴輅作贅路。公羊襄十四年傳注。君若綴旒然。釋文。綴一本作贅。荀子富國。嚽菽飲水注。嚽與啜同。均其證也。贅讀莊子駢拇附贅懸疣之贅。贅材本無可用。而聖人制而用之。故下云無所不用矣。贅材且如此。則非贅材可知矣。上云。天雄烏喙。藥之凶毒也。良醫以活人。侏儒瞽師。人之困慰者也。人主以備樂。贅材正承此義爲言。

不能使無憂尋　繆稱

注。憂尋憂長也。按憂尋與上文苟易對文。訓憂長則非對文矣。下文其憂尋推之也注。憂尋憂深也。憂深於義亦未符。尋應讀作憛。古从尋从覃字通。詳本經篇呼吸浸潭條。廣雅釋詁。憛思也。釋訓。悇憛懷憂也。王氏疏證謂憂與思同義。然則此文憂憛即憂思。思與憂義相因。猶上文之苟與易也。

句吳其庶乎　繆稱

注。句吳夷語不正。言吳加以句也。按者𣪘鐘作工𠭯。金文吾字亦假𠭯爲之。大差監作攻吳。余所藏公子光戈夫差劍作攻敔。句工攻與吳𠭯敔均一音之轉。

嘰而哀　繆稱

按下文紂爲象箸而箕子嘰注。嘰嘅也。史記十二諸侯年表序作紂爲象箸而箕子唏。唏與嘰音近字通。

金錫不消釋則不流刑　繆稱

注。刑法。按刑謂笵也。言金錫不消釋則不能流之於刑笵。所謂陶鑄也。

岸崝者必陀　繆稱

注。崝峭也。陀落也。陶方琦云。崝因峭字而譌。當是峻字。按陶說非是。崝字義本可通。方言六。崝高也。然則岸崝卽岸高矣。

雙劍誃淮南子新證卷三

拘罷拒折之容　齊俗

注。拘罷圜也。拒折方也。按罷無圜意。罷應讀作盤。古音讀罷如婆。隸歌部。盤元部。歌元對轉。周禮典同。陂聲散注。陂讀爲人短罷之罷。按古籍罷疲字通。不煩舉證。詩東門之枌。市也婆娑。說文作市也媻娑。文選神女賦。又婆娑乎人間。李注。婆娑猶盤姍也。錢大昕論古無輕脣音。謂古讀繁如鞶。又轉婆音。易賁六四。賁如皤如。釋文。皤董音槃。荀作波。是均从皮从般聲通之證。盤古文作般。拘罷本卽鉤盤。金文鉤作句。內公鐘句。內公作鑄從鐘之句。是其證也。禮記曾子問注。又以繩從兩旁鉤之。釋文。鉤本又作拘。莊子徐無鬼。上且鉤乎君。釋文。鉤亦作拘。拒矩古字通。然則拘罷拒折之容。卽鉤盤矩折之容也。周髀算經上。故折矩。以爲勾廣三。股修四。徑隅五。既方之外。半其一矩。環而共盤。得成三四五。按勾俗句字。詩六月傳。夏后氏曰鉤車。箋。鉤鉤般。爾雅釋水。鉤盤。郭注。水曲如鉤流盤桓也。是鉤盤乃古人成語。言其容如鉤之盤。如矩之折。鉤盤與矩折對文。鉤盤圜也。矩折方也。與注義正符。

而仁發怑以見容　齊俗

注。怑色也。按怑與迸通。文選海賦。海水迸集注。字書曰。迸散也。發怑乃謰語。散與發義相因。此言而仁發散以見容也。

含珠鱗施　齊俗

注。鱗施玉紐也。劉台拱云。續漢書禮儀志。金縷玉柙注。引漢舊儀曰。腰以下以玉爲札。長一尺二寸半爲柙。下至足亦縫以黄金縷。紐當是柙誤。按吕氏春秋節喪。含珠鱗施注。鱗施。施玉於死者之體如魚鱗也。亦足以與劉説相發。

其所以作法不可原也　齊俗

按原古謜字。廣雅釋詁。謜度也。

指奏相反　齊俗

按奏應讀作趣。詩緜。予曰有奔奏。釋文。奏本亦作走。書君奭傳。爲胥附奔走。釋文。走又作奏。説林篇。木者走山注。走讀奏記之奏。釋名釋姿容。走奏也。走古亦作趣。詩緜。來朝走馬。玉篇走部作來朝趣馬。書立政。趣馬小尹。金文通作𧻚馬。是其例證。然則指奏即指趣。

瞽師之放意相物寫神愈舞而形乎絃者　齊俗

按愈應讀作喻。謂比喻舞蹈之意而形乎絃也。

夫一是非宇宙也　齊俗

按夫猶彼也。詳經傳釋詞。上言此一是非隅曲也。此與彼對文。

克殷殘商　齊俗

注。殘商誅紂子祿父。按殘商卽詩閟宮實始翦商之翦商。从戔之字與翦音近相借。儀禮既夕禮。緇翦注。今文翦作淺。詩甘棠。勿翦勿伐。釋文引韓詩翦作剗。禮記文王世子。不翦其類也。周禮甸師。鄭司農注作不踐其類也。說文引詩作實始戩商。翦戩一聲之轉。

於是百姓糜沸豪亂　齊俗

按豪應讀作秏。秏亂謰語。秏亦亂也。漢書酷吏傳贊。寖以秏廢注。秏亂也。秏同秏。精神篇。弗疾去則志氣日秏注。秏猶亂也。

夫乘奇技僞邪施者　齊俗

按僞應讀作爲。二字古通。治要逕改作爲非是。上文非批邪施也。是邪施乃古人成語。施亦邪也。字又作迆。說文。迆衺行也。是其證。

褱子疏隊而擊之　道應

注。疏分也。隊軍二百人爲一隊。分斯隊卒擊之。按分隊卒而曰疏隊。甚爲不詞。隊古隧字。謂潛道也。疏謂疏通。言通其隧道而擊之也。

䂮缺繼以雔夷　道應

注。雔夷熟視不言貌。按雔夷卽雔眱。廣雅釋訓。雔眱直視也。與注義符。

中山公子牟　道應

注。中山鮮虞之國。按杕氏壺。鮮虞作鮮于。

寡人得立宗廟社稷 道應

俞樾云。立字無義。疑主字之誤。劉文典云。列子說符篇及藝文類聚五十二引本書。竝作寡人得奉宗廟社稷。可據以訂正。俞說非。按立奉無由致譌。立古涖字。國差𦉜。陳猷釜。並有立事之語。立事卽涖事。涖臨也。此言寡人得臨宗廟社稷也。

是直聖人之糟粕耳 道應

注。糟酒滓也。粕已漉之精也。陶方琦云。莊子釋文引許注作粕已漉粗糟也。今注之精二字。卽粗糟之譌。按注精字乃粗字之譌。本應作粕已漉之粗也。

襄子擊金而退之 道應

注。軍法鼓以進衆。鉦以退之。按文選東京賦。司鐸授鉦。薛注。鉦鐸所以爲軍節。按鉦卽句鑃卽大鐸也。郘鐘尹句鑃作征城。余冄鉦作鉦鍼。

將衰楚國之爵而平其制祿損其有餘而綏其不足 道應

按衰謂等衰。綏讀如字不詞。應讀作委。禮記明堂位。夏后氏之綏注。綏當爲緌。禮記雜記。以其綏復注。綏當爲緌。疏。但經中綏字絲旁著妥。其音雖。訓爲委。均其證也。齊策。願委之於子注。委付也。此言損其有餘而付其不足也。

大貝百朋 道應

注。五貝爲一朋也。俞樾謂高氏泥鄭箋五貝之說。以注此文。殊非塙詁。古者實以二貝爲一朋。按王國維說玨朋。謂五貝一系。二系一朋。俞說未允。

相女童　道應

注。相女童相視之。一曰相匠也。按視女童匠女童均失本義。周禮大僕。王燕飲則相其灋注。相左右。儀禮鄉飲酒禮。相者二人注。相扶工也。衆賓之少者爲之。每工一人。禮記禮器。樂有相步注。相步扶工也。然則相女童。謂以女童爲扶持也。

善之則吾畜也　道應

按畜應讀爲孟子畜君何尤之畜。畜好也。下言不善則吾讎也。謂善之則吾之友好也。不善則吾之讎怨也。畜讎相對爲文。

甲兵未及銳弊也　道應

按銳字不詞。銳應讀作脫。銳脫古本並作兌。故相通也。銳弊即脫弊。

淚注而鳶肩　道應

注。淚水。王念孫云。淚注當爲渠頸。高注淚水當爲渠大。皆字之誤也。俗書渠字或作淭。淚字或作淚。二形相似。故渠誤爲淚。廣韻。淭强魚切。引方言云。杷宋魏之閒謂之淭挐。淭卽渠字。玉篇云。淚俗淚字。皆其證也。頸誤爲注者。注字右邊主爲頸字左邊巠之殘文。又因淚字而誤加水旁耳。按王以淚爲渠。其說至當。惟頸誤爲注。失之牽强。注當讀爲脰。脰古讀如度。故與注通。玄應一切經音義十七。駐古文住尌侸逗四形同。方言七。傺眙逗也注。逗卽今住字也。漢書匈奴傳。逗遛不進注。逗讀與住同。

是均从主从豆字通之證。蓋注與脰爲音假。非注與頸爲形譌也。爾雅釋獸。麐麕短脰注。脰項。說文。脰項也。莊子德充符。其脰肩肩。釋文。脰頸也。然則渠注而鳶肩。卽渠脰而鳶肩矣。

若士者齤然而笑曰　道應

按說文。齤缺齒也。一曰曲齒。讀若權。段玉裁云。按淮南子道應訓。若士齤然而笑。謂露其齒病而笑也。

若我南游乎罔㝗之野　道應

按莊子應帝王。以處壙埌之野。釋文引李注。壙埌無滯爲名也。罔㝗卽壙埌。字異而義同。

吾猶未能之在　道應

注。吾尚未至此地。按注讀在如字不詞。在哉古字通。甲骨文。在字通作才。金文。在哉亦十九假才爲之。書立政。是罔顯在厥世。漢石經在作哉。康誥。今民將在。召誥。智藏瘝在。二在字均應讀作哉。詳尚書新證。此言其餘一舉而千萬里。吾猶未能之哉。本書多此等句法。詳要略篇。

乃止駕柸治悖若有喪也　道應

注。止其所駕之車。楚人謂恨不得爲柸治也。王念孫云。止柸治之止當爲心。隸書心字作㣺。止字或作㣺。二形相似。又涉上句止字而誤也。乃止駕爲句。心柸治爲句。悖若有喪也爲句。柸治疊韻字。言其心柸治然也。莊本刪去止字非是。俞樾云。柸治之義。高注曰。楚人謂恨不得爲柸治也。其實柸治卽不怡也。不怡二字。本於虞書。古人習用之。國語晉語曰。主色不怡。太史公報任少卿書曰。聽朝不怡。此言心不怡。非必楚語。因聲語而爲柸治。其義始晦矣。按俞以柸治爲不怡。其説未允。上言若士舉臂而竦身。遂入雲中。盧敖仰而視之弗見。是當時之情形。心不怡三字實不足以賅之。柸治二字乃叠韻謰語。亦卽誒詒之轉語。莊子達生。誒詒爲病。釋文引李云。誒詒失魂魄也。按失魂魄卽恐懼之意。柸與誒。治與詒。同屬叠韻。柸治又轉爲謾台。方言一。謾台懼也。燕代之間曰謾台。盧敖以若士入雲爲神異。故中心恐懼也。

則不能漏理其形也 道應

注。漏補空也。按注説未允。漏疑滿字之形譌。廣雅釋詁。滿充也。充滿也。上云。此言精神之越於外。智慮之蕩於內。故接以則不能充理其形也。

故大人之形不掩以繩 道應

注。掩猶揮也。俞樾云。掩乃扶字之誤。管子宙合篇曰。千里之路。不可扶以繩。是其證也。按掩扶形殊。無緣致誤。掩應讀作按。此言大人之行。不能按之以繩也。荀子富國。掩地表畝。卽按地表畝。詳荀子新證。至管子言扶繩。義各有當。不應援彼以改此也。

夏日則不勝暑熱蚊虻 氾論

注。虻讀詩云言采其莔之莔也。按今詩載馳作言采其蝱。高習魯詩。知魯詩作莔也。

後世爲之機杼勝複 氾論

按勝應讀作乘。勝乘古互爲音訓。故得相借。詩正月。靡人弗勝傳。勝乘也。書西伯戡黎序。周人乘黎傳。乘勝也。呂氏春秋權勳。天下兵乘之注。乘猶勝也。均其例證。下云。彊弱相乘注。乘加也。漢書王莽傳。前後相乘注。乘積也。算術之乘法。亦卽加積之義。加積與複義相因。上云。緂麻索縷。手經指挂。其成猶網羅。言其疏也。此言後世爲之機杼乘複。以便其用。而民得以揜形御寒。言其麻縷用機杼織之。乘複密緻。故曰揜形御寒也。

抱甄而汲　氾論

注。甄武。今兗州曰小武爲甄。幽州曰瓦。按武卽瓵。亦作瓶作甂作廡。集韻九噳。瓶甂瓵同。廣雅釋器。甂瓶也。儀禮既夕禮。甒二注。甒亦瓦器也。士冠禮。一甒醴注。古文甒作廡。均其證也。

衡絕道路　氾論

按衡絕不詞。衡乃衡字之誤。衡橫古字通。載籍習見。山海經大荒西經。橫道而處注。言斷道也。按橫道猶此言橫絕道路也。史記留侯世家。羽翮已就。橫絕四海。橫絕四海。當可奈何。是橫絕乃漢人成語。

故桀囚於焦門而不能自非其所行　氾論

按主術篇。擒之焦門注。焦或作巢。是焦巢以音近字通。

何謀之敢當　氾論

王念孫云。當字義不可通。羣書治要引作何謀之敢慮是也。慮字隸書或作𢘑。因誤而爲當。俞樾云。當字無義。羣書治要作慮。然謀卽慮也。何謀之敢慮。義亦難通。當疑蓄字之誤。言救罪且不給。不暇更蓍他謀也。按王俞二說並非。當應讀作嘗。二字並諧尙聲。故相通借。荀子性惡。今當試去君上之埶。今當試卽今嘗試。君子。先祖當賢注。當或爲嘗也。此例古籍習見。嘗謂嘗試。上言湯武救罪之不給。此云何謀之敢嘗試。言湯武之不敢以謀嘗試桀紂也。

芎藭之與藁本也　氾論

按芎藭卽营藭。說文。营藭香草也。芎。司馬相如說。营或从弓。史記司馬相如傳。穹窮昌蒲。索隱引郭璞。今歷陽呼爲江離。山海經西山經。其草多葯虈芎藭注。芎藭一名江蘺。

闇主亂于姦臣小人之疑君子者　氾論

按疑應讀作儗。漢書食貨志下。疑於南夷注。疑讀曰儗。儗猶比也。禮記曲禮下。儗人必於其倫注。儗猶比也。

薛燭庸子見若狐甲於劍而利鈍識矣　氾論

注。薛齊邑也。燭庸氏子通利劍。俞樾云。狐甲之義不可曉。狐疑爪字之誤。按俞說是也。然尙未知古狐字本省作瓜。因而致譌也。孚子壺。命瓜君孚子作鑄尊壺。命令金文同用。命瓜卽令狐。是其證。

水生蠬蜄　氾論

劉台拱云。蠬當作蛖。同蚌。音棒。說山訓。明月之珠。光於蛖蜄。說林訓注。蛖大蛤。按劉說是也。墬形篇。硥魚在其南注。硥讀如蚌也。亦其證也。

太祖軵其肘　氾論

注。軵擠也。讀近茸。急察言之。按急察本應作急氣。說林篇。不發戶轔注。轔讀似隣。急氣言乃得之也。是其證。

枕戶橉而臥者鬼神蹠其首　氾論

按說林篇。不發戶轔注。轔戶限也。楚人謂之轔。此篇作橉。是橉轔字通。

詮言訓　詮言

注。詮就也。就萬物之指以言其徵。事之所謂道之所依也。故曰詮言。按玄應一切經音義十引淮南子云。詮言者。所以譬類人事。與相解喻也。較訓詮爲就。於義爲長。當是許高二注之異。

厭文搔法　詮言

注。厭持也。搔勞也。按注訓搔爲勞。蓋讀搔爲慅。爾雅釋訓。庸庸慅慅勞也。然勞法不詞。慅應讀作操。詩白華。念子懆懆。懆懆卽慅慅。廣雅釋訓。慅慅憂也。荀子正論。慅嬰注。慅嬰當爲澡嬰。是从蚤从喿字通之證。操亦持也。厭文與操法對文。注訓厭爲持者。儀禮鄉射禮。賓厭衆賓注。引手曰厭。是其證。

事之敗也不足以獘身　詮言

王念孫云。不足以獘身。不字涉上文而衍。此言功成則不足以償其責。事敗則適足以斃其身也。文子符言篇作事敗足以滅身。是其證。按王說未允。獘應讀作蔽。蔽謂覆蓋。不足以覆蓋其身。亦卽滅身之義。文子改獘爲滅。故刪不字。不應據彼以改此也。

雖有聖賢之寶　詮言

俞樾云。寶字無義。疑當作資。荀子性惡篇。離其資。楊注曰。資材也。謂雖有聖賢之材也。資與寶形似而誤。按俞說非是。論語陽貨。懷其寶而迷其邦。皇疏。寶猶道也。廣雅釋詁。寶道也。王氏疏證云。寶與道同義。故書傳多竝舉之。禮運云。天不愛其道。地不愛其寶。呂氏春秋知度篇云。以不知爲道。以奈何爲寶。太元元衝云。睟君道也。馴臣保也。保與寶同。按王說是也。可證俞改寶爲資之誤。

而邪氣因而不生　詮言

王念孫云。邪氣因而不生。本作邪氣自不生。言治身養性皆得其道則邪氣自然不生。非常恐其生而豫備之也。今本作邪氣因而不生者。自誤爲因。後人又加而字耳。太平御覽引此正作邪氣自不生。按邪氣因而不生。義本可通。不必據類書以改成文也。

行所不得已之事而不解構耳　詮言

按人閒篇。或解搆妄言而反當。構搆字通。亦作解垢。莊子胠篋。解垢同異之變多。則俗惑於辯矣。釋文引崔注。解垢詭曲之辭。此言而不解構。卽而不詭曲耳。

善博者不欲牟　詮言

注。博其棋。不傷爲謀也。按楚辭招魂。成梟而牟注。倍勝爲牟。楚策。夫梟之所以能爲者。以散棊佐之也。夫一梟之不勝五散亦明矣。史記范雎蔡澤列傳。君獨不觀夫博者乎。或欲大投。或欲分功。索隱。言夫博奕或欲大投其瓊以致勝。或觀其勢弱。則大投地分。而分功以救遠。按不欲牟謂五散分功。不欲以一梟取勝也。下云。不恐不勝。平心定意。投得其齊。行由其理。雖不必勝。得籌必多。前後義正相銜。

不足以易其一槩　詮言

按詩載馳傳。進取一槩之義疏。一槩者一端。文選長笛賦。老莊之槩也注。槩猶節也。一節與一端義同。

日月廋而無溉於志　詮言

注。廋隱也。溉灌也。已自隱藏。不以他欲灌其志也。按注訓溉爲灌。至爲迂曲。莊子至樂。我獨何能無槩然。釋文引司馬注。槩感也。槩同慨通溉。史記范雎蔡澤列傳。而不慨於王心邪。集解引徐廣。慨一作溉。音同。文選七發。於是澡槩胷中注。槩與溉同。是其證。此言而無溉於志。卽而無感於志也。

今有美酒嘉肴以相饗卑體婉辭以接之欲以合歡爭盈爵之閒反生鬬　詮言

王念孫云。文選鮑照結客少年場行注引此以相饗。饗上有賓字。反生鬬。反上有乃字。句法較爲完繕。按王說非是。反上不必增乃字。饗上增賓字。於文尤贅。

故神制則形從形勝則神窮　詮言

注。神制謂情也。情欲使不作也。而形體從心以合。形勝謂人體躁動。勝其精神。神窮而去也。俞樾云。文子符言篇作故神制形則從。形勝神則窮。當從之。此申明上文神貴於形之義。言可使神制形。不可使形勝神也。觀高注則其所據本已誤。按此文神對形言。形對神言。神制謂神制形也。形勝謂形勝神也。文子作故神制形則從。形勝神則窮。不逮此文之古質矣。且但言從言窮。不如形從神窮之明憭矣。

含牙帶角　兵略

按唐鈔本帶作戴。當從之。

有毒者螫　兵略

劉文典云。御覽九百四十四引螫作蠚。按唐鈔本作蝫。與蠚同。說文。蠚螫也。

萬人搔動　兵略

按唐鈔本人作民。搔作騷。

故不得不中絕　兵略

注。中絕謂若殷王中相絕滅。按唐鈔本注文作中絕謂若夏殷中相絕滅也。較今本爲優。

故黃帝戰於涿鹿之野　兵略

按唐鈔本涿作蜀。注同。野作壄。

不至於爲炮烙　兵略

按唐鈔本烙作格。是也。

害百姓　兵略

按唐鈔本害作虐。

毋䕭五穀　兵略

注。爇燒也。按唐鈔本爇作熬。注同。

而齊桓之所以成霸也　兵略

按唐鈔本齊桓下有晉文二字。無所字。以上句此湯武之所以致王例之。有所字是。

相支以日　兵略

俞樾云。相支以日。甚爲無義。文子上義篇作相交於前。當從之。交與支形似而誤。交誤爲支。因改於前爲以日。使成文義耳。按俞說非是。上既言至於伏尸流血。下無須再言相交於前明矣。相支以日。謂其兵連禍結而不解也。下云。而霸王之功不世出者。自爲之故也。相支以日。與不世出之義相因。

兵有三詆　兵略

注。詆要事也。按詆乃柢之借。爾雅釋言。柢本也。氾論篇。而利民爲本注。本要。故注訓爲要事也。劉文典謂書鈔引詆作體。按書鈔不解詆之義而改之也。下文總束三柢曰。今夫天下皆知事治其末。而莫知務脩其本。釋其根而樹其枝也。正與柢義相應。

鼓錞相望　兵略

注。錞錞于。大鐘也。按師猷毀。十五錞鐘。周禮鼓人。以金錞和鼓注。錞錞于也。圜如碓頭。大上小下。樂作鳴之。與鼓相和。

釋其根而樹其枝也　兵略

按唐鈔本釋上有是字。語氣完足。

刑德奇賌之數　兵略

注。奇賌陰陽奇祕之要。按唐鈔本注文要下有非常行也四字。

恆有不原之智　兵略

按原猶謜也。廣雅釋詁。謜度也。周禮大司徒。測土深注。測猶度也。是度測同訓。下文是故聖人藏於無原。猶言藏於不測也。

夫論除謹　兵略

注。論除論賢除吏謹愼也。按論掄字通。說文。掄擇也。呂氏春秋當染。勞於論人而佚於官事注。論猶擇也。是其證。

此尉之官也　兵略

按唐鈔本尉上有大字。此大尉之官也下。有營軍辨賦地極錯軍處此司馬之官也十五字。又有注文。軍司馬司主兵馬者也。王引之云。下言五官。而上祇有四官。寫者脫其一也。兵甲治下當有此司馬之官也一句。自論除謹至兵甲治。皆司馬之事。非尉之事。且句法亦與下不同。自正行五以下。乃是尉之事耳。按此應據唐鈔本訂補。且五官分職。既言大尉。其權亦必甚重。此文司馬。係就軍司馬言之。非大司馬也。不應增於兵甲治下明矣。

昔者楚人地南卷沅湘　兵略

劉文典云。昔者楚人地。初學記地部中引作昔荊楚之地。按唐鈔本作昔楚之地。雖無荊字。而之譌作人。固無疑也。

蛟革犀兕　兵略

按唐鈔本蛟作鮫。文選吳都賦。扈帶鮫函。劉注。鮫函鮫魚甲可爲鎧。按蛟鮫有別。蛟龍屬。鮫魚屬。然古書多互錯。

錯車衞旁　兵略

按唐鈔本錯作銷。氾論篇。銷車以鬬注。銷讀綃綃之綃也。

發閻左之戍　兵略

注。秦皆發閻左民。未及發而秦亡也。按唐鈔本注文而上有右字。當據補。

挽輅首路死者　兵略

按唐鈔本作枕輅首路而死者。於義爲長。當據訂。

非有牢甲利兵勁弩强衝也　兵略

按唐鈔本牢作堅。

周錐鑿而爲刃　兵略

注。周內也。揿矜以內鑽鑿也。按唐鈔本錐作鑽。是也。如本作錐。注不應曰內鑽鑿。漢書刑法志。其次用鑽鑿。是鑽鑿古人連稱之證。

至共頭而墜　兵略

注。共頭山名。在河曲。共山墜隕也。按唐鈔本墜作山隊二字。荀子儒效作至共頭而山隧。隧同隊。古墜字。又注文在河曲。唐鈔本作在河內也。當從之。荀子注。共河內縣名。共頭蓋共縣之山名。按古謂大河以北爲河內。至河曲在今山西永濟縣。與此無涉。

力敵則智者勝愚　兵略

按唐鈔本勝愚作制遇。是也。上言德均則衆者勝寡。下言智侔則有數者禽無數。智舊作勢。依王念孫說改。唐鈔本亦作智。三句平列。今本制作勝。則與勝寡之勝複。愚遇古籍多通用。

善形者弗法也　兵略

按唐鈔本善下。無形字。是也。此涉上下文形字而誤衍。上云。此皆以形相勝者也。此不應曰善形者弗法也。下云。皆非善者也。善者之動也。是善下不應有形字明矣。

莫能應圉　兵略

按唐鈔本應作壅。

疾雷不及塞耳　兵略

注。用疾雷之聲。不暇復塞耳也。按唐鈔本用作聞。是也。用聞草書形近而譌。

善用兵若聲之與響　兵略

按唐鈔本兵下有者字。

故紂之卒百萬之心武王之卒三千人皆專而一故千人同心則得千人力　兵略

按唐鈔本作故紂之卒百萬。而有百万之心。武王卒三千。皆專而爲一。故千人同心。則得千人之力。較今本爲完善。惟武王下仍應有之字。

動無墮容　兵略

按唐鈔本墮作惰。容譔爲客。

故民誠從其令雖少無畏民不從令雖衆爲寡　兵略

按唐鈔本從下無其字。寡作累。是也。下言民不從令。與民誠從令反正爲義。有其字於文爲贅。後人以寡與衆反正爲義。而改累爲寡。不知雖衆爲寡。反與雖少無畏不相對。且累與畏韻。作寡則失其韻矣。

誠積踰而威加敵人　兵略

按唐鈔本積下有精字。誠積與精踰相對。當據補。

發筍門　兵略

按唐鈔本發作菽。

一人守隘而千人弗敢過也　兵略

按唐鈔本隘作險。

善用閒諜　兵略

注。言軍之反閒也。按唐鈔本注文言作諜。當據訂。

鈐縣而後動　兵略

按唐鈔本鈐作權。

人不及步鋗 兵略

王引之云。鋗字義不可通。鋗當作趨。隸書趨字作趍。與鋗相似而誤。淮南書中趨字多有作趍者。故知鋗爲趍之誤。人不及步趨者。用兵神速。敵人不及走避也。趨字入聲則音促。正與上下文之木遬轂木角格爲韻。按王說非是。鋗趍形不相近。無由致誤。鋗乃錯字之譌。易小過初六。飛鳥以凶。王注。无所錯足。步之言錯。猶足之言錯也。錯字正與上下文爲韻。

兵之所隱議者天道也 兵略

按廣雅釋詁。隱度也。度議平列。下言所圖畫者地形也。隱議與圖畫對文。又下文云。故善用兵者。上隱之天。下隱之地。中隱之人。隱亦度也。

掩節而斷割 兵略

注。掩覆也。覆其節制斷割也。按注訓掩爲覆。非是。掩按古字通。詳道應篇不掩以繩下。掩節而斷割。即按節而斷割也。

涉水多弓 兵略

注。水中不可引弩。故以弓便。按涉水多弓不詞。本應作涉則用弓。此言水中不便於用弩鐖以發矢。故曰用弓。注故以弓便。以字正釋用字。且易則用車。與險則用騎對文。涉則用弓。與隘則用弩對文。今作涉水多弓。因注文水字及下文晝則多旌夜則多火晦冥多鼓而誤。晝則多旌。夜則多火。二句平列。

晦冥多鼓爲單句。此古人文字奇偶之變。極整齊亦極錯落。中間不應作涉水多弓以自紊其詞例也。

擒之黃池　兵略

按邗王壺。黃池作黃沱。

雙劍誃淮南子新證卷四

是謂玄同　說山

注。玄天也。天無所求也。人能無所求。故以之同也。吳承仕云。之當作天。以讀爲與。注言人能無求。則與天同。故謂之玄同。按吳讀以爲與是也。謂之當作天非也。之字卽指天言。無由誤作天也。

不愛江漢之珠而愛己之鉤　說山

注。江漢雖有美珠。不爲己用。故不愛也。鉤釣鉤也。可以得魚。故愛之。王念孫謂正文鉤字本作釣。劉台拱云。鉤帶鉤也。說林訓。滿堂之坐。視鉤各異。於環帶一也。可見當時之俗。以此相矜。劉文典云。鉤以玉爲之。故得與江漢之珠相對爲譬。釣鉤賤物。豈其類哉。按二劉說是也。晉語。申孫之矢集于桓鉤注。鉤帶鉤也。呂氏春秋貴卒。管仲扜弓射公子小白中鉤注。鉤帶鉤也。莊子胠篋。竊鉤者誅。釋文。鉤謂帶也。按近世發現之周秦帶鉤。或以銅爲之。或以玉爲之。此就玉鉤而言也。注及王說並非。

慶忌死劍鋒不給搏　說山

注。搏捷也。慶忌吳王僚之子也。要離爲闔閭刺之。故死劍不及設其捷疾之力。按注以不給爲不及。是也。晉語。豫而後給注。給及也。兵略篇。疾雷不及塞耳。唐鈔本及作給。是其證。惟注訓搏爲捷。義猶未符。荀子富國。是猶烏獲與焦僥搏也注。搏鬬也。此言慶忌死於劍鋒。不及與要離搏鬬也。

玉待礛諸而成器 說山

注。礛諸攻玉之石。言物有待賤而貴者也。礛廉或直言藍也。按礛諸亦作㢘諸。說文。㢘諸治玉石也。亦作礛儲。廣雅釋器。礛儲礪也。

尾生死其梁柱之下 說山

注。尾生㞱人。按㞱古旅字。說文旅之古文。及古文四聲韻引石經古文。旅並作㞱。旅魯音近字通。史記周本紀。魯天子之命。書序嘉禾篇作旅天子之命。是其證。宋本注文作尾生魯人。是改旅爲魯。仍應作㞱。以存古文也。

死而棄其招簣 說山

注。招簣稱死者浴牀上之栭也。按招本應作柖。廣雅釋器。浴牀謂之柖。

欲學歌謳者必先徵羽樂風 說山

注。樂風者。上以風化下。下以風刺上。故曰風也。按注訓樂風之風爲風化。非是。風者歌曲之謂也。山海經大荒西經。祝融生太子長琴。是處榣山。始作樂風注。創制樂風曲也。然則樂風卽樂之歌曲也。

遺人車而稅其轙 說山

注。轙所以縛衡也。按景宋本轙作轙。注同。說文。轙車衡載轡者。爾雅釋器。載轡謂之轙。郭注。車軛上環。轡所貫也。急就篇。軹軾軫軨轙軜衡。顏注。轙車衡上貫轡環也。衡者橫也。橫木在馬頸上者。轙爲貫轡之環。注稱縛衡之說。當未允也。

乃知其大相去之遠　說山

注。遠猶多也。王念孫云。乃知其大。大字因上文而衍。乃知其相去之遠。文義甚明。句中不當有大字。按有大字於文可通。乃知其大逗。相去之遠句。乃知貫大與相去之遠爲言。乃知其大。係仲述上文視方寸於牛。不知其大於羊。總視其體之義。

懸羽與炭而知燥溼之氣　說山

注。燥故炭輕。溼故炭重。按景宋本溼作濕。泰族。夫濕之至也。莫見其形。而炭已重矣。與注說可互證。

故桑葉落而長年悲也　說山

注。桑葉時將茹落。長年懼命盡。故感而悲也。按文選魏都賦。神惢形茹注。茹臭敗之義也。注言茹落。猶敗落也。

剬靡勿釋牛車絕轔　說山

注。剬切。楚人謂門切爲轔。車行其上則斷之。孟子曰。城門之軌。非兩馬之力。轔讀近藺。急舌言之乃得也。按注以剬爲切。是讀剬爲錣。然錣靡連稱。於古無徵。此剬靡當卽羈縻之假字。漢書刑法志。是猶以鞿而御駻突。集注引晉灼。鞿古羈字也。是剬可讀羈之證。靡縻字通。古籍習見。史記司馬相如傳。其義羈縻勿絕而已。索隱。羈馬絡頭也。縻牛紖也。此分言之耳。合言之則牛馬均可稱羈縻也。

以手抪　說林

按說文。抪擡也。桂氏說文義證云。擡也者。疑推之譌。徐鍇韻譜。抪推也。玉篇。抪引推也。廣韻。抪推抪。按桂說是也。

寒將翔水　說林

注。寒將水鳥。陶方琦云。文選謝惠連擣衣詩注引許注。寒螿蟬屬也。按當從許說。水鳥翔木。與下句各哀其所生之義不符。且上文鳥兎狐並言。不應於鳥之外。再言水鳥也。

偷肥其體　說林

注。偷取也。按注說非是。荀子榮辱。今夫偷生淺知之屬注。偷者苟且也。史記淮南衡山王列傳。王亦偷欲休。集解引徐廣。偷苟且也。晉語。民孰偷生注。偷苟也。偷肥其體。言苟肥其體。上云。狗彘不擇甂甌而食。不擇與苟且之義相符。

而殆於蝍蛆　說林

注。蝍蛆蟋蟀。爾疋謂之蜻蛚之大腹也。上蛇蛇不敢動。故曰殆於蝍蛆也。按莊子齊物論。蝍且甘帶。釋文。且字或作蛆。李云。蝍且蟲名也。廣雅云。蜈公也。爾雅云。蒺蔾蝍蛆。郭璞注云。似蝗大腹長角。能食蛇腦。按蜈公今廣雅釋蟲作吳公。王念孫疏證云。本草蜈蚣陶注云。一名蝍蛆。其性能制蛇。見大蛇便緣而噉其腦是也。按郭注與此注合。二說可並存。

坐者不期而捹皆如一　說林

按拚景宋本作拚。是也。說文。拚拊手也。字亦作抃。呂氏春秋古樂。帝嚳乃令人抃注。兩手相擊曰抃。

倚者易軵也　說林

注。軵讀軵濟之軵。按軵應讀作踣。从付从咅古字通。時則。蟄蟲培戶。培戶卽附戶。風俗通山澤。培塿無松柏。說文培塿作附婁。是其證。爾雅釋言。斃踣也。孫注。前覆曰仆。仆同踣。上言傾者易覆也。踣亦覆也。互文耳。

任動者車鳴也　說林

注。任者輦也。詩云。我任我輦。按注說之誤。已詳俞氏平議。但俞謂任爲考工記之任木。任木而祇稱之曰任。於古無徵。此任字當卽任載之任。動本應作重。涉上文動字而譌。金文動字作童。重童古同用。此言載重者車鳴也。呂氏春秋博志。以重載則不能數里。任重也。是任重乃古人成語。

蔏苗類絮　說林

王念孫謂蔏本作藡。莊本改蔏爲蔏。不知說文玉篇廣韻集韻之皆無蔏字也。按景宋本亦作蔏。金文適字通作啇。則藡之作蔏。正古文之僅存者。王說非也。

涔則具擢對　說林

注。擢對貯水器也。按擢對乃銚銳之假字。集韻三十四嘯。銚燒器。或作銚。从翟从兆古字通。周禮守祧。掌守先王先公之廟祧。鄭司農注。濯讀爲祧。爾雅釋魚。蜃小者珧。釋文。珧衆家本作濯。釋訓。佻佻契契。文選魏都賦注作嬥嬥契契。是其證也。銳从兌聲。兌對聲韻並同。朱駿聲以對爲丵字之誤。失之。方言五。盌謂之盂。或謂之銚銳。方言十三。盂謂之銚銳。

故解捽者不在於捌格在於批伉 說林

王念孫云。劉本伉作伉。王引之云。伉與伉皆抌之誤也。注內推字當爲椎。方言曰。挩抌椎也。南楚凡相椎搏曰挩。或曰攩。列子黃帝篇曰。攩挩挨抌。說文。椎擊也。挩反手擊也。抌深擊也。挩與批同。故高注云。批擊抌椎矣。或謂史記孫子傳。夫解雜亂紛糾者不控捲。救鬬者不搏撠。批亢擣虛。形格勢禁。則自爲解耳。語意略與此同。此言批伉卽史記之批亢。今知不然者。史記批亢擣虛。是謂批其亢擣其虛。日知錄曰。亢與劉敬傳搤其肮之肮同。謂喉嚨也。此文捌格批抌。皆兩字平列。則與史記異義。且高注訓抌爲椎。則非伉字明矣。按王說滯於注義。而改伉爲抌。訓批抌爲擊椎。擊椎安能解捽。且王謂捌格平列。擊椎與捌格有何別乎。說文新附攽謂捌卽別之俗字。按別之通詁爲分。字亦作扒。廣雅釋言。扒擘也。擘與分義相因。格挌字通。說文。挌擊也。伉作伉是也。批伉猶言搤亢。此言解人之捽而相爭者。不在於與之分別格擊。在於批其亢。使不得盡其力。而爭自息。別格批亢。相對爲文。王謂皆兩字平列。疏矣。此與孫子傳言搏撠言批亢文義略同。不應釋此而別爲之說也。注訓伉爲推。伉抗古字通。抗拒與推義相因也。

尾生之信不如隨牛之誕 說林

注。尾生效信於婦人。信之失。隨牛弦高矯君命爲誕以存國。故不如隨牛誕也。俞樾云。隨牛疑當作隨生卽謂漢初之隨何也。按俞說未允。人閒。鄭伯乃以存國之功賞弦高。弦高辭之曰。誕而得賞。則鄭國之信廢矣。爲國而無信。是俗敗也。氾論。乃矯鄭伯之命。犒以十二牛。賓秦師而却之。以存鄭國。故事有所至。信反爲過。誕反爲功。說山。弦高誕而存鄭。誕者不可以爲常。隨牛雖待考。然注說當有所本。未可廢也。

門者止之曰天下探之不窮　人間

注。不窮言深遠。王念孫云。門者止之曰下。不當有天下探之不窮六字。蓋錯簡也高注同。太平御覽兵部八十二引此作門者止之曰。我將出子。無天下探之不窮六字。按王說非是。探謂索取。窮謂窮盡。漢書淮南王安傳。深探其獄注。探窮其根原。天下探之不窮。言天下索取之而不能盡也。下言我將出子。意謂城門雖閉。而有隙可乘。正以天下探之不盡。而可脫出也。無此六字。則語氣未足。

虞之與虢相恃而勢也　人間

俞樾云。勢字義不可通。疑本作相恃而存也。呂氏春秋權勳篇曰。夫虢之不亡也恃虞。虞之不亡也亦恃虢也。若假之道。則虢朝亡而虞夕從之矣。卽淮南所本。虢不亡恃虞。虞不亡恃虢。故曰相恃而存也。今本誤作勢者。蓋因呂氏春秋此文之上。有虞虢之勢是也句。韓子十過篇。亦有虞虢之勢正是也句。疑淮南不當無此句。因以意竄改。非其舊矣。按此文如本作相恃而存也。後人無由改存爲勢。俞氏不解而勢之義而爲臆說也。而猶如也。詳經傳釋詞。如勢者卽承上文輔依於車車亦依輔爲言。謂虞之與虢相恃如輔車之勢也。韓非呂覽均言虞虢之勢。與此義不殊。特彼就虞虢言之。此就輔車言之。此就輔車言之。故有如字耳。

其始成竘然善也 人間

注。竘高壯貌。按注說未允。方言七。竘貌治也。吳越飾貌爲竘。或謂之巧。貌治之說與善義應。且與下文而後果敗之說相符。

是使晉國之武舍仁而後佞 人間

俞樾云。後字義不可通。乃從字之誤。按俞說非是。景宋本後作爲。當據訂。

雖有聖知弗能爲謀耳患禍之所由來者萬端無方 人間

按耳字不詞。景宋本耳作且。下屬爲句。當從之。

羸弱服格於道 人間

按格應讀作輅。服格卽服輅。晏子春秋諫下弟二十。吾將左手擁格。王念孫謂格卽輅字。是其證。

憒然自反 人間

俞樾云。憒然非自反之貌。憒疑隤字之誤。周易繫辭傳。夫坤隤然示人簡矣。虞注曰。隤安也。馬注曰。柔貌。皆與自反之義合。劉文典云。御覽百八十引憒作喟。於義爲長。按俞說非是。憒本應作嘳。憒乃嘳之譌。喟乃嘳之借。嘳喟字通。已詳王念孫說。嘳然係傷感之義。下文喟然有志焉。子發喟然有悽愴之心。卽其證。

此其後子發盤罪威王而出奔 人間

注。盤辟也。發得罪辟於威王。俞樾云。服誤爲般。因又誤爲盤耳。服者負之叚字。按注及俞說並非。盤應讀爲畔。漢張表碑。畔桓利貞。畔桓卽盤桓。是其證。畔叛古同用。此言子發背畔得罪於威王而出奔也。

其重於尊亦遠也　脩務

劉文典云。藝文類聚七十三。御覽七百六十一。引遠也竝作遠矣。當從之。按景宋本也正作矣。

欲事起天下利　脩務

注。事治也。王念孫云。事起天下利。本作事天下之利。故高注云事治也。今本利上脫之字。其事下起字。則後人依文子加之也。事天下之利。除萬民之害。相對爲文。事下不當有起字。藝文類聚人部四。太平御覽人事部四十二七十二。引此竝作欲事天下之利。除萬民之害也。是其證。按王謂今本利上脫之字。是也。王每依文子以改本書。而此起字謂爲後人依文子加之。是不得其解而爲意說也。至類書展轉相鈔。衍奪互同。尤不足據。按注訓事爲治非也。事使金文同字。上言是以聖人不高山。不廣河。蒙恥辱以干世主。非以貪祿慕位。故此接以欲使起天下之利而除萬民之害。使謂使世主爲之也。利言起而害言除。正相對爲文。

亡其苦衆勞民　脩務

按亡乃轉語。亡其猶抑其。景宋本改亡爲忘。失之。

夫墨子跌蹏而趍千里　脩務

注。跌疾行也。蹏趍走也。王引之云。書傳無訓跌爲疾行者。跌當作趹。注當作趹蹏疾行也。趨走也。今本趹字皆誤作跌。注內蹏字又誤在趨走也之上。廣雅。駃奔也。赽疾也。駃赽竝與趹通。玉篇。趹疾也。下文敕蹻趹步。高彼注云。趹趨也。是疾行爲趹也。說文。赽踶也。漢書武帝紀。馬或奔踶而致千里。踶亦奔也。踶蹏古字通。是疾行又爲蹏也。合言之則曰趹踶。古馬之善走者謂之駃騠。駃騠之言趹蹏也。疾行謂之趹蹏。故曰趹踶而趨千里。按趹蹏訓疾行。人之疾行而言趹蹏。他書無徵 兵略。有蹏者趹。趹通赽。說文。赽踶也。卽莊子馬蹄怒則分背相踶之踶也。此文趹字不誤。漢書揚雄傳。不知一跌將赤吾之足也注。跌足失厝也。蹏應讀作蹉跎之跎。易訟上九。終朝三褫之。釋文。褫鄭本作拕。說文。褫奪衣也。讀若沱。人閒。拕其衣被。錢大昕讀拕爲褫。褫之通拕。猶蹏之通跎矣。文選西京賦注引廣雅。蹉跎失足也。是跌跎均謂足之失據也。跌跎而趍千里。乃形容其奔趨之踣頓顛仆也。上言自魯趍而十日十夜。足重繭而不休息。裂衣裳裹足。故以跌跎爲言也。

啳脥哆噅 脩務

注。啳讀權衡之權。急氣言之。脥讀夔。哆讀大口之哆。噅讀楚蔿氏之蔿。皆醜貌。按啳應讀作顴。从卷从雚字通。詩盧令。其人美且鬈。箋。鬈讀當爲權。玉篇女部。婘同孉。是其證。廣雅釋詁。脥醜也。說文。哆張口也。文選辨命論注引通俗文。噅口不正也。顴脥哆噅。言顴部醜陋口大而不正也。

亂脩曲出 脩務

注。亂理之文。脩飾之巧。曲出於不意也。按如注說則亂脩二字平列。有乖本義。亂脩與曲出對文。言所脩者亂。所出者曲。極言其文理之緐縟也。

奮翼攫肆　脩務

注。攫搏也。肆極也。按搏極不詞。注說非是。肆應讀作殺。二字音近相假。詳呂氏春秋新證仲春紀無肆掠下。攫搏與殘殺二義平列。

唐碧堅忍之類　脩務

注。唐碧石似玉。皆堅鑽之物。按忍與肕韌仞字通。管子地員。淖而不肕注。肕堅也。易革初九。鞏用黃牛之革。王注。牛之革堅仞不可變也。詩將仲子。無折我樹檀傳。檀彊韌之木。釋文。韌作忍。是其證。

鈍聞條達　脩務

注。鈍聞猶鈍惛也。王念孫云。案閔與惛聲相近。故高注云鈍閔猶鈍惛。方言曰。鈍愍惛也。江湘之閒謂之頓愍。文子精誠篇作屯閔條達。竝與鈍閔同。舊本閔誤作聞。今改正。按王說非是。金文聞字通作䎽。與惛字通。詳晏子春秋問上第七荆楚惛憂下。䎽之通惛。並諧昏聲也。

稱譽葉語　脩務

注。葉世也。言榮疇見稱譽。世傳相語。至今不止。王念孫云。葉當爲萃。俗書萃字作華。與葉相似而誤。萃榮也。稱譽萃語。至今不休。言榮名常在人口也。高所見本已誤作葉。故訓葉爲世。文子正作稱譽萃語。按王說殊誤。注訓葉爲世是也。金文葉作枼。弓鎛。至于枼。曰武靈成。言至于後世曰武靈成也。儔兒鐘。後民是語。言以此語告後民也。注謂世傳相語。其說不可易也。

齧缺卷銋　脩務

注。齧齒卷鉦。鈍弊無刃。按注文齒字。景宋本作缺是也。莊本亦誤作齒。鉦與卷義相仿。卷鉦猶言卷曲。廣雅釋詁。鉦鞏也。又鞏曲也。

苗山之鋋羊頭之銷　脩務

注。苗山楚山。利金所出。羊頭之銷。白羊子刀。王念孫云。鋋當爲鋌字之誤也。鋌音挺。說文。鋌銅鐵樸也。文選七命注。引此篇苗山之鋌羊頭之銷。又引許慎注曰。鋌銅鐵樸也。高注。苗山楚山。利金所出。義與許同。銷生鐵也。是其證。按王說與許注合。但鋌爲銅鐵樸。銷爲生鐵。銅鐵樸與生鐵。安能水斷龍舟陸剸兕甲乎。且高注自與許說異。高本謂利金所出。可以爲鋋。又謂羊頭之銷。白羊子刀。不訓生鐵明矣。鋋字不誤。說文。鋋小矛也。漢書司馬相如傳。鋋猛氏注。鋋鐵把短矛也。墨子備城門。大鋋前長尺。此就鋋之大者言之耳。劉台拱謂銷同削是也。周禮考工記築氏。爲削。馬注。偃曲却刃也。本經。無所錯其剞劂削鋸注。削兩刃句刀也。曲禮金工疏。削書刀也。按近世所發現之商周古刀。有小而稍曲者。似貨刀。秉末有作羊頭形者。卽此所謂羊頭之銷也。此言苗山之矛。羊頭之刀。其刃雖利而非著名之器。故下云。雖水斷龍舟。陸剸兕甲。莫之服帶。高注云。雖有利用。無所稱託。故無人服帶也。是高本謂因莫之稱託。故無人服帶。非謂銅鐵樸與生鐵之不可服帶也。

燕枝拘　脩務

注。燕枝拘。言其著樹如燕附枝也。按注說乃臆解。不可從。枝拘卽積稛。說文。積稛多小意而止也。廣韻四紙。積曲枝果也。九麌。稛曲枝果也。亦作枳椇。禮記明堂位。殷以椇注。椇之言枳椇也。謂曲橈之也。按木之曲枝爲穦椒。故引伸義爲屈曲之義。龍夭矯與燕枝拘對文。言其舞之姿勢。如龍蟠夭矯燕飛屈曲也。

鋒殺顏澤　泰族

按列子說符亦作鋒殺。韓非子喻老作豐殺。鋒與豐乃音之譌。道應。豐上而殺下。是豐殺古人成語。

不下廟堂而衍四海　泰族

王念孫云。文選東都賦注引此作不下廟堂而行於四海。於義爲長。文子精誠篇亦作不下堂而行四海。按作而行四海是也。石鼓文。佳舟以行之行亦作衍。與衍相似故易譌。

若性諸己　泰族

按性生古字通。金文性字通作生。文子精誠。性作出。義相彷。可證此文之不應讀性如字也。

故因則大化則細矣　泰族

注。能循則必大也。化而欲作則小矣。王念孫云。化字義不可通。化當爲作字之誤也。聖人順民性而條暢之。所謂因也。反是則爲作矣。原道篇曰。任一人之能不足以治三畝之宅也。循道理之數。因天地之自然。則六合不足均也。故曰因則大作則細矣。高注本作能循則必大也。欲作則小矣。今本欲作上有化而二字。則後人依已誤之正文加之耳。按王說非是。化爲古字通。書堯典。平秩南訛。僞傳。訛化也。史記五帝本紀作便程南爲。汲古閣本作南譌漢書王莽傳作以勸南僞。按僞爲字通。古籍習見。不煩舉證。詩正月。民之訛言。說文作民之譌言。方言三。譌化也。是化可讀爲。其證至顯。化則細卽爲則細。爲與作義同。呂氏春秋任數。爲則擾矣。因則靜矣。可爲作爲之證。注文化而欲作。卽爲而欲作。王氏改化爲作。則注之作而欲作爲不詞。遂不得不刪化而二字矣。

甂甌有萐　泰族

按萐堤字通。詮言。瓶甌有堤注。堤瓶甌下安也。

員中規方中矩動成獸止成文可以愉舞而不可以陳軍　泰族

按詮言。員之中規。方之中矩。行成獸。止成文。可以將少。而不可以將衆。文義與此相仿。俞樾謂彼文獸爲獻之誤。訓獻爲賢。殊有未允。俶眞。是故文章成獸。又龍蛇虎豹。曲成文章。漢龍氏竟。刻畫奇守成文章。守獸字通。詳呂氏春秋新證君守篇。石鼓文。□徒如章。謂徒屬之行次如文章也。然則行成獸者。謂獸毛有文理。與止成文相對爲義。不應別爲之說也。

攻不待衝降而拔　泰族

按衝降卽衝隆。降古音讀如洪。與隆音近字通。禮記喪服小記注。以不貳降。釋文。降一本作隆。詩都人士。綢直如髮箋。無隆殺也。釋文。隆俗本作降。是其證。詩皇矣。與爾臨衝。韓詩作隆衝。兵略。故攻不待衝隆雲梯而城拔。是隆衝亦作衝隆。衝隆卽衝降。上言故守不待渠壍而固。渠壍與衝隆對文。

傍戟而戰　泰族

按傍字不詞。傍應讀方。古籍傍旁同用。儀禮士喪禮。牢中旁寸注。今文旁爲方。書堯典。共工方鳩僝功。史記五帝紀。方作旁。是其證。孟子梁惠王。方命虐民注。方猶逆也。按方命卽背命。方與背一聲之轉。故訓爲逆。書堯典。方命圮族。史記五帝紀。方作負。廣雅釋詁。背負也。背通偝。禮記明堂位。天子負斧依注。負之言偝也。釋文。偝本又作背。方戟而戰。猶言背戟而戰。上言倒矢而射。倒與方互文耳。

戎伐凡伯于楚丘以歸　泰族

注。凡伯周大夫。使于魯。而戎伐之楚丘。按今山東曹縣東南有楚丘亭。驫羌鐘。竄敓楚京。楚京猶楚丘也。爾雅釋丘。絕高爲之京。

皆掇取之權一切之術也　泰族

按古言一切與今俗異。史記李斯傳。請一切逐客。正義。一切猶一例。上言今商鞅之啓塞。申子之三符。韓非之孤憤。張儀蘇秦之從衡。下言非治之大本。事之恆常。故曰一例之術也。

劬祿疾力　泰族

按荀子榮辱篇。作軥錄疾力。軥錄與劬祿以音近相假。劬錄猶言劬勞。詳劉師培荀子斠補。

雖未能抽引玄妙之中才繁然足以觀終始矣　要略

按舊讀爲雖未能抽引玄妙之中句。非是。此應讀至才字句絕。才哉音近字通。西周金文哉字皆以才爲之。詳尚書新證召誥篇智藏瘝在下。哉與上下文德事理矣爲韻。漢代習用此等句法。道應。吾猶未能之哉。哉原作在。應讀爲哉。說林。雖不能與終始哉。人閒。雖愉樂哉。揚雄解嘲。雖其人之贍智哉。語例相仿。

贏埒有無之精　要略

注。嬴繞匝也。垀靡煩也。莊逵吉云。垀一本作埒。按注說非是。莊謂垀一作埒是也。嬴乃形之音譌。嬴盈古字通。左宣四年傳。伯嬴。呂氏春秋知分注作伯盈。漢書地理志。城陽國莒縣下。故國盈姓。三十世爲楚所滅。盈卽嬴。易屯象傳。雷雨之動滿盈。集解。盈作形。形之通盈。猶嬴之通形也。然則嬴埒卽形埒。下文而以明事埒事者也注。埒兆朕也。又下文形埒之朕。繆稱。道之有篇章形埒者注。形埒兆朕也。列子天瑞。易無形畤。畤埒字通。形埒有無之精。言兆朕有無之精也。兆朕在有無之際。故有無之精以兆朕爲言也。

浸想宵類　要略

注。宵物似也。按宵肖字通。故云物似也。

埒略衰世古今之變　要略

按史記佞幸列傳。埒如韓嫣也。集解引徐廣。埒者疇等之名。左定四年傳。封畛土略注。略界也。文選吳都賦。故其經略。劉注。略分界也。埒爲疇等。略爲分界。是埒略卽等差類別之義。亦猶下文差次仁義之分之差次也。

所以曲說攻論　要略

按攻疑巧之譌。曲說與巧論對文。泰族。智伯有五過人之材注。攻文辯慧。治要攻文作巧文。是其證。

所以箴縷縩繺之間　要略

注。縩綃煞也。按縩从祭聲。祭讀側賣切。縩繺當卽今俗所謂縩衣繺衣之縩繺。縩繺平列。言縩繺綻裂也。

有符曬晥　要略

按曬疑晛之借。晥係睆之譌。詩燕燕序。生子名完。釋文。完字又作皃。穀梁隱四年傳。君完。釋文。完本又作皃。是从完从皃形近易譌之證。詩凱風。晛睆黃鳥傳。晛睆好貌。晛睆亦作腽腕燕婉。謰語形況無定字也。上稱不妄沒於勢利。不誘惑於事態。故以有符晛睆爲言也。

族鑄大鐘　要略

注。族聚也。按族鑄不詞。族乃匋之譌。金文陶文。陶字均省作匋。番生毀。族字作[illegible]。筍伯大父毀。匋字作[illegible]。形近而譌。陶鑄乃古人謰語。詳墨子新證耕柱篇而陶鑄之於昆吾下。墨子言啓鑄九鼎。其稱昆吾者。以昆吾善作陶。能爲嘉範也。呂氏春秋君守。昆吾作陶。是其諭。墨證未及此義。附識於此。

精搖靡覽　要略

注。楚人謂精進爲精搖。靡小皆覽之。按精進靡小皆覽之。語不可通。注說非是。搖應讀作猶。禮記檀弓。咏斯猶注。猶當爲搖。聲之誤也。秦人猶搖聲相近。是其證。玄眇之中。精猶靡覽。言玄眇之中。精猶不得見也。意謂精之又精。微不可極也。

雙劍誃法言新證序

法言注釋。以汪氏義疏最稱詳博。閒有疏失。尙須訂補。兹就汪書所解。與私説違異者。略爲發正。謏聞陋識。未能有當也。一九三八年十一月海城于省吾。

雙劍誃法言新證

曰必也淫淫則奈何　吾子

汪榮寶云。竊意原文當作或問景差唐勒宋玉枚乘之賦也益乎。曰淫句。必也則。言景差諸人之賦。不免於淫。故爲無益。賦之益者。其惟則乎。故後文直云淫則奈何。淫則二字平列爲義。則非語辭。卽麗以則之則。謂淫與則之別若何。正蒙此文而言。若如今本。則非特義不可通。亦令後文則字上無所承。失文例矣。李注言無益於正也。卽解淫字之義。當在必也字上。此蓋校書者。見必也則淫則奈何連文。誤以則爲語辭。於義不順。遂將必也字移置正文淫字上。而更删去一則字。遂使正文與注均不可解矣。按汪說誤矣。此文本作必也淫=則=奈何。應讀作必也淫則。淫則奈何。下淫則正承上淫則而言。上則字卽涉重文而脫。凡唐以前鈔本及周秦人金石刻辭。上下句中閒重語。皆不複書。必作=以代之。此定例也。詳老子新證六十八章。其餘諸子。因重文而脫字者習見。韓非子尤夥。不勝繁舉。上文或問景差唐勒宋玉枚乘之賦益乎。此接以曰必也淫則。正言景差諸人之未能淫則。故爲無益也。汪氏移淫字於必也上。又增則字於必也下。似此妄改。殊無所據。

愈於妄闕也　吾子

李注。言勝於不學而妄名。不知而闕廢。汪榮寶云。妄謂詭更正文。虛造不可知之書。闕謂不見通學。未嘗覩字例之條。按注及汪說讀妄如字非是。妄荒古音近字通。書無逸。不敢荒寧。毛公鼎。女毋敢妄寧。晉姜鼎。不叚妄寧。是其證也。荒闕義相因。上言或欲學蒼頡史篇。曰史乎史乎。此接以愈於荒闕也。言蒼頡史篇當時幾成絕學。史官主文字。故云勝於荒廢闕佚也。

聖人之治天下也礙諸以禮樂　問道

李注。礙限。汪榮寶云。礙讀爲凝。樂記云。禮樂偩天地之情。達神明之德。降興上下之神。而凝是精粗之體。領父子君臣之節。鄭注云。凝成也。精粗謂萬物大小也。然則礙諸以禮樂者。成之以禮樂也。按注讀礙如字。汪讀礙爲凝。並非。礙應讀作擬。二字並諧疑聲。說文。擬度也。廣雅釋詁。擬度也。字亦作儗。周禮射人注。行則止而擬度焉。釋文。擬又作儗。儗度疊義。聖人之治天下也。擬諸以禮樂者。言聖人之治天下。度之以禮樂也。孝至。君子動則擬諸事。事則擬諸禮。易繫辭傳。而擬諸其形容。是擬諸乃古人語例。

下周者其書譙乎　問神

汪榮寶云。按音義引詩傳云。譙殺也。殺所戒切。故注云酷烈。所引詩傳。鴟鴞毛傳文。說文。譙嬈譊也。嬈譊疊韻連語。煩苛之意。與酷烈義近。按音義說是。注及汪說並非。譙訓殺。殺謂衰殺。儀禮士冠禮。德之殺也注。殺猶衰也。下周者其書衰殺。正承上文爲言。謂無復渾渾灝灝噩噩之意。汪引說文嬈譊爲說。於義轉迂。

迄始皇三載而咸　重黎

李注。皆屬秦也。俞樾云。咸者𢦏之叚字。說文戈部。𢦏絕也。讀若咸。經傳即以咸爲之。尙書君奭篇。咸劉厥敵。周書世俘篇。越五日甲子朝。至接于商。則咸劉商王紂。咸皆𢦏之叚字也。迄始皇三載而咸。謂至始皇三載而絕也。李注云。皆屬秦也。訓咸爲皆。失之。汪榮寶云。榮謂曲園讀咸爲𢦏。義雖與弘範異。其以爲指六國言則同。然下文時激地保人事乎。及孝公以下彊兵力農云云。均謂秦不謂六國。則所謂三載而咸者。自即就始皇言。若以爲指六國。則上下文義不能一貫。李注固非。俞說亦未得也。又云。咸兼也。迄始皇而咸。猶寡見云。至於秦兼也。按注及俞汪說並非。咸猶畢也。逸周書嘗麥解。乃左還自兩柱之閒箴。大夫以爲資箴。箴並應作咸。咸謂畢也。詳逸周書新證。班毀。命錫鈴鋚。咸。臣卣。王餈西宮。登。咸。趩尊。王在周。格大室。咸。史懋壺。王在莽京溼宮。親命史懋路筭。咸。咸亦均謂畢也。此云迄始皇三載而咸。言至始皇三載而畢也。上云。或問六國竝。其已久矣。一病一瘳。係就六國並立時言。至始皇三載而畢者。已無病瘳之可言也。

天曷故焉　重黎

李注。言無私親。惟應善人。司馬云。言何預天事。按注及司馬解故字義殊未憭。故應讀作辜。二字並諧古聲。書酒誥。辜在商邑越殷國滅無罹。辜即故。詳尙書新證。盄盨。有辠有故。故應讀作辜。史記屈賈列傳。亦夫子之辜也。索隱曰。漢書辜作故。均其例證。辜罪也。項羽本紀。此天之亡我。非戰之罪也。是項羽怨天而不罪己也。上云。屈人者克。自屈者負。此接以天曷辜焉。義謂羽自取滅亡。不應罪天也。

喪其靈久矣　重黎

孫詒讓云。靈謂威福之柄。淵騫篇云。游俠。曰竊國靈也。與此義同。按孫說非是。靈令古字通。書盤庚。弔由靈各。靈應讀作令。詳尙書新證。呂刑。苗民弗用靈。禮記緇衣引作苗民匪用命。莊子寓言。復靈以生。復靈卽復命。金文令命同字。淵騫注。靈命也。又淵騫姦臣竊國命與竊國靈並見。則靈可讀作命明矣。此文言人無爲秦也。喪其命久矣。言秦之喪失其命久矣。古者國亦言命。書西伯戡黎。天既訖我殷命。召誥。天既遐終大邦殷之命。多士。殷命終于帝。盂鼎。我聞殷述命。邢侯毁。帝無終命于有周。均其證也。

如矯世則葛溝尙矣　重黎

李注。古者未知葬送之禮。死則裹之以葛。投諸溝壑。若王孫之矯世。此事復尙爲之矣。俞樾謂裹尸何必以葛。葛疑楬之叚字。周禮蜡氏。若有死于道路者。則令埋而置楬焉。汪榮寶疏證。讀溝爲篝訓笿。義疏但釋葛以緘棺。而不釋溝字之義。蓋以前說爲未然也。按注說迂曲。俞汪二說亦非。如俞說則楬溝已較倮葬爲多事。如汪說不知古者均先言棺。後言葛緘。且葛緘較倮葬尤爲煩費。於文義殊乖。葛應讀作介。介古界字。葛从曷聲。曷从匃聲。金文匃字詩均作介。詩甫田。攸介攸止。書酒誥。爾乃自介用逸。林義光均讀介爲愒。其說至允。詳詩經通解。葛之通介。猶愒之通介矣。介界古字通。文選魏都賦注引韓詩章句。介界也。左襄九年傳。使介居二大國之閒注。介猶閒也。左昭二十年傳。偪介之關注。介隔也。是均讀介爲界。此例古籍習見。不勝繁舉。溝者所以通水流。所以爲界畫。故曰界溝。上云。東溝大河。猶云東界大河。又上言揚王孫倮葬以矯世。曰矯世以禮。倮乎。此接以如矯世則界溝尙矣。意謂倮葬矯世之非禮。言倮葬尙須葬。如傳尸溝壑。無須以葬。較諸倮葬。尤爲簡易。則界溝爲尙矣。作反語以詰之也。倮葬以矯世。不如界溝之可尙。然而不爲者。以其非禮也。

魯仲連傷而不制藺相如制而不傷 淵騫

按制應讀作折。二字音近相假。詳荀子新證樂論磬廉制條。音義謂傷與蕩同。是也。史記魯仲連鄒陽列傳。魯仲連逃隱於海上曰。吾與富貴而詘於人。寧貧賤而輕世肆志焉。重黎。藺相如申秦而屈廉頗。詘屈同字。屈猶折也。魯仲連蕩而不折。不折謂其不詘於人也。藺相如折而不蕩。折謂其屈於廉頗也。舊均讀制如字。失之。

未信而分疑 淵騫

宋咸云。言未爲梁王所信。方爲其所疑。雖能分解以免。固亦危矣。胡玉縉訓疑爲謗。汪榮寶謂分疑即辯疑。似以宋義爲長。按宋胡二說並誤。分字應讀今字去聲。分謂分際。此言不但未信。且其分際方爲人所疑。故云未信而分疑。

雙劍誃列子新證序

列子一書爲晉人所僞造。前儒多有論證。已成定讞。但其雜采舊籍。而加以聯系與補苴。亦反映出當時清談玄理之思想情況。至于其書多存古義古名。克資考證。設譬取喻。發人深省。善讀之。自係有益之籍。科學出版社所出版之列子集釋。采錄各説。甄校頗詳。余披覽之餘。於注解方面。偶有所見。錄之於篇。以供讀者之參考。

一九六〇年五月于省吾

雙劍誃列子新證

國不足將嫁於衛　天瑞

張注。自家而出謂之嫁。盧解。不足年饑也。嫁者往也。按古籍無言某人往某地爲嫁者。爾雅釋詁與方言並訓嫁爲往。但郝氏爾雅義疏與錢氏方言箋疏亦衹引列子此文爲據。其實嫁乃借字。本應作家。說文。家居也。家居二字古聲義並相近。說詳王氏讀書雜志史記司馬相如傳。然則國不足將家於衛。謂子列子居鄭圃。鄭國年饑。將居於衛也。若讀嫁如字。以爲猶女子之出嫁。則拘文牽義矣。

生覆者不能形載形載者不能教化教化者不能違所宜宜定者不出所位故天地之道非陰則陽聖人之教非仁則義萬物之宜非柔則剛此皆隨所宜而不能出所位者也　天瑞

按宜定者不出所位。與此皆隨所宜而不能出所位者也。二位字本應作立。古文字以立爲位。有立無位。位乃後起字。周禮小宗伯掌建國之神位。鄭注。故書位作立。鄭司農云。古者立位同字。古文春秋經公卽位爲公卽立。此文不出所立與不能出所立。二所字爲助詞。立爲動詞。莊子天下。天能覆之。而不能載之。地能載之。而不能覆之。大道能包之。而不能辯之。易說卦。是以立天之道曰陰與陽。立地之道曰柔與剛。立人之道曰仁與義。此文卽襲莊子天下與說卦之語而竄改者。說卦既云立天地人之道。故應以不出所立爲言也。

橫心之所念橫口之所言　黃帝

仲尼篇亦有此語。釋文云。橫去聲。按橫光桄古字通。均應訓作充。書堯典。光被四表。僞傳訓光爲充溢。光亦作桄。爾雅釋言與說文並訓桄爲充。漢書引堯典亦多作横被四表。禮記樂記。號以立橫。橫以立武。鄭注。橫充也。此文橫心之所念。橫口之所言。謂充其心之所念。充其口之所言也。下文言橫六合。橫亦充極之義。橫字若讀爲今字去聲則不詞矣。

善養私名　黃帝

許維遹曰。名疑爲客之壞字。注遊俠之徒也。則原文本作客明矣。按許改名爲客非是。私應訓爲隱匿。自私與隱匿之義本相因。故隱亦訓爲私爲匿。呂覽圜道。分定則下不相隱。高注。隱私也。國語齊語。則事可以隱。韋注。隱匿也。私名謂隱匿名字。即亡命之徒。史記張耳陳餘列傳。張耳嘗亡命游外黃。索隱引晉灼曰。命者名也。謂脫名籍而逃。崔浩曰。亡無也。命名也。逃匿則削除名籍。故以逃爲亡命。文選陸士衡謝平原内史表。張皦亡命。李注。命名也。謂所犯罪名已定。而逃亡避之謂之亡命。按俠以武犯禁。因而逃亡隱名。張注訓私名爲遊俠之徒。非謂私客也。

吾與汝無其文未既其實　黃帝

俞樾易無爲貫。王叔岷依盧本吾與汝既其文。未既其實。疑二既字爲玩之誤。均係臆改成文。無字契文作[illegible]。早期金文作[illegible]。本象持帶繐之物以舞之形。即舞之本字。舞者必須行動。故金文舞字亦从辵作遷。从舛之舞乃後起字。周禮鄉大夫。五曰興舞。鄭司農云。故書舞爲無。周禮故書與此文之舞均作無。乃古文之僅存者。無字應讀爲漢書汲黯傳舞文法之舞。如淳注。舞猶弄也。天瑞篇。事之破𥒅而後有舞仁義者。盧解亦訓舞爲弄。上文仲尼答顏淵之問曰。吾與若玩其文也久矣。而未達其實。玩與弄同義。說文。弄玩也。此文本謂吾與汝舞弄其文而未盡其實也。

其如天下與來世矣　仲尼

亡友楊樹達曰。如。如何也。省去何字。特爲罕見。按楊說非是。矣字本應作台。早期古文字以字均作ㄙ。晚期作台。隸變作以。詩天作。彼徂矣岐。卽彼沮以岐。詳詩經新證。管子地圖。期有日數矣。別下齋校宋本矣作以。墨子尚賢下。推而上之以。以卽矣。其如天下與來世台。卽其如天下與來世何。湯問篇。如太形王屋何。其如土石何。句例同。

形無惕　仲尼

陶鴻慶謂惕當爲傷。引說文訓傷爲交傷。以爲卽易之本字。不可據。按惕卽易之孳乳字。弓鎛。虔卹不易。詩韓奕。朕命不易。書盤庚。惟汝含德不惕。蔡侯盧。斅敬不惕。不惕卽不易。契文言王疒齒。亡易。（前六·三二·一）亡易卽無易。言無所變易也。

言美則響美言惡則響惡　說符

按言字本應作音。言與音古同字。後世以用各有當。因而歧化。說文以音爲从言含一。其實金文言字下部所从之口。口中有點與無點往往無別。並非含一。楚王領鐘。其聿其言。卽其聿其音。墨子非樂上。黃言孔章。卽簧音孔章。詳墨子新證。呂氏春秋順說。而言之與響。而讀爲如。卽如音之與響。說文音聲也。天瑞。聲動不生聲而生響。鶡冠子博選。未聞音出而響過其聲者也。莊子天下。其應若響。應指應聲而言。響之附音如影之隨形。前文稱枉直隨形而不在影。係就形與影論之。此稱音美則響美。音惡則響惡。係就音與響論之。音與響對文成義。若作言則文不相類。下文之愼爾言。將有和之。言字亦應作音。音可稱和。言不可稱和也。

其技以雙枝　說符

按雙枝之枝。世德堂本作技。御覽或引作杖。是不解枝字之義而妄改者。作枝者是也。說文。戟有枝兵也。釋名稱兵。戟格也。旁有枝格也。荀子彊國。枝戟加乎首。則十指不辭斷。枝今本僞作拔。方言九。三刃枝。南楚宛郢謂之匽戟。戟之不同於戈者。戟之內有刃。而戈之內無刃。戟所枝出之內有刃。因而說文訓爲有枝兵。有枝兵爲戟之特徵。故稱枝猶稱戟。然則此文之雙枝謂雙戟也。